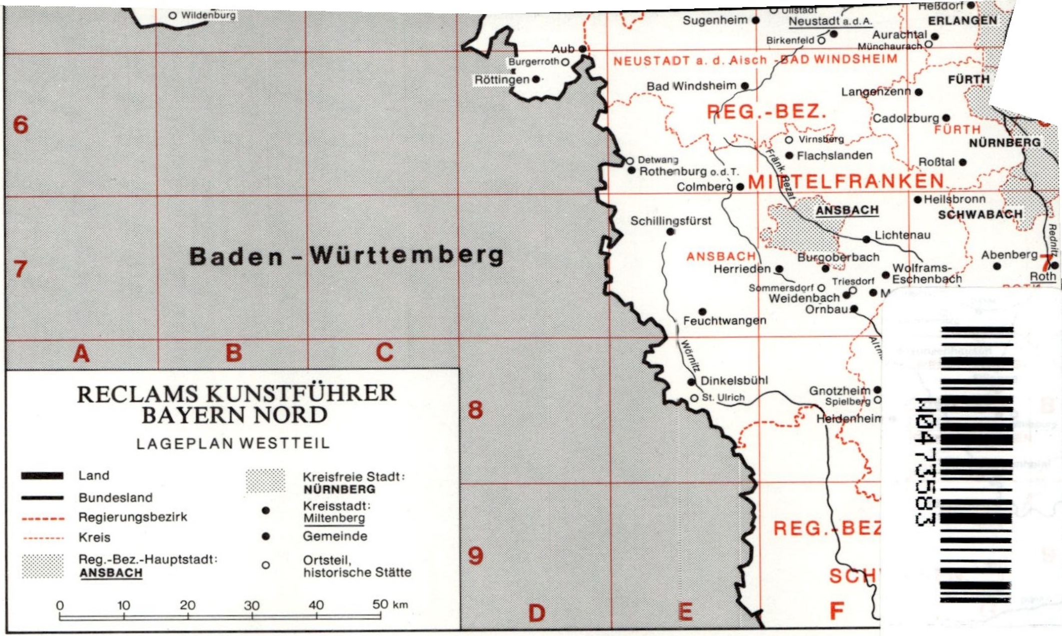
RECLAMS KUNSTFÜHRER
BAYERN NORD
LAGEPLAN WESTTEIL
Land
Bundesland
Regierungsbezirk
Kreis
Reg.-Bez.-Hauptstadt: ANSBACH
Kreisfreie Stadt: NÜRNBERG
Kreisstadt: Miltenberg
Gemeinde
Ortsteil, historische Stätte
0 10 20 30 40 50 km
Baden - Württemberg
REG.-BEZ. MITTELFRANKEN
NEUSTADT a. d. Aisch - BAD WINDSHEIM
ANSBACH
FÜRTH
NÜRNBERG
ERLANGEN
SCHWABACH
Wildenburg
Aub
Burgerroth
Röttingen
Sugenheim
Neustadt a. d. A.
Birkenfeld
Aurachtal
Münchaurach
Heßdorf
Bad Windsheim
Langenzenn
Cadolzburg
Virnsberg
Flachslanden
Roßtal
Detwang
Rothenburg o. d. T.
Colmberg
Fränk. Rezat
Heilsbronn
Schillingsfürst
Lichtenau
Herrieden
Burgoberbach
Wolframs-Eschenbach
Abenberg
Rednitz
Roth
Sommersdorf
Triesdorf
Weidenbach
Ornbau
Feuchtwangen
Wörnitz
Dinkelsbühl
St. Ulrich
Gnotzheim
Spielberg
Heidenheim
REG.-BEZ
A
B
C
D
E
F
6
7
8
9

RECLAMS KUNSTFÜHRER
DEUTSCHLAND I,2

RECLAMS KUNSTFÜHRER

DEUTSCHLAND

BAND I,2

PHILIPP RECLAM JUN. STUTTGART

Bayern Nord

Franken · Oberpfalz

Kunstdenkmäler und Museen

VON
ALEXANDER VON REITZENSTEIN
UND HERBERT BRUNNER

MIT 82 ABBILDUNGEN
UND PLÄNEN
SOWIE 2 ÜBERSICHTSKARTEN

NEUNTE, NEUBEARBEITETE
UND ERWEITERTE AUFLAGE

PHILIPP RECLAM JUN. STUTTGART

Universal-Bibliothek Nr. 10318

Satz: Wilhelm Röck, Weinsberg. Druck und Bindung: Reclam, Ditzingen
Printed in Germany 1983. Zeichnungen: Werner Meyer, München;
Marianne Haelssig, Stuttgart; Theodor Schwarz, Urbach
ISBN 3-15-010318-5

VORWORT ZUR 9. AUFLAGE

Die seinerzeit im Vorwort zur 1. Auflage gestellte Frage, was dieser Kunstführer beabsichtige, sei hier noch einmal beantwortet: Er will dem an den Kunstdenkmälern Bayerns interessierten Laien ein Handbuch für die Reise mitgeben, das ihn in lesbarer, nicht zu breiter, doch auch nicht zu knapper Darstellung über die wissenswerten geschichtlichen und hier insbesondere kunstgeschichtlichen Tatsachen der von ihm aufgesuchten Denkmäler unterrichtet. Und wiederholt sei auch das an sich Selbstverständliche: daß wohl oder übel eine Ranggrenze zu ziehen war, denn Verlag und Bearbeiter mußten sich im Interesse der Handlichkeit des Werkes zu einer Auswahl aus dem Reichtum an Denkmälern entschließen. Er läßt ja im Lande Bayern wahrlich nichts zu wünschen übrig.
Trotz dieser Einschränkung hatte der einbändige Kunstführer Bayern bis zu seiner 8. Auflage die Grenzen der für ein »Handbuch« wünschenswerten Handlichkeit erreicht, und deshalb erschien es so nützlich wie nötig, die bedrängende Fülle des Stoffes aufzuteilen. In diesen beiden Bänden der 9. Auflage liegt Bayern, wie in den älteren Auflagen, mit allen seinen 7 Regierungsbezirken vor. Dabei bringt nun Band I,1 die Regierungsbezirke Ober- und Niederbayern – das sind die beiden Kernbezirke des altbaierischen Stammgebietes (wir schreiben es mit i; das y bleibt dem Staate Bayern überlassen) – und das wohl nicht so selbstverständlich zugehörige, aber doch auch eng verbundene Schwaben (Bayerisch-Schwaben). Band I,2 bringt die fränkischen Regierungsbezirke Ober-, Mittel- und Unterfranken und die – immer noch konservativ so genannte – Oberpfalz, die, in der Grundlage unbestreitbar baierisch, altbaierisch ist, indessen im Laufe ihrer politisch, dynastisch (pfälzisch) gesteuerten Entwicklung gleichwohl immer wieder kenntliche Mitgifte von ihren fränkischen Anrainern übernommen hat.
In beiden Bänden der neuen Auflage kam eine Anzahl »guter«, ja wichtiger Orte hinzu, andere konnten breiter fundiert werden. Daß an Berichtigungen und Verbesserungen nicht gespart wurde, ist selbstverständlich.
Die von dem so unerwartet früh von uns genommenen Herbert Brunner als Mitautor geleistete Arbeit wurde in vielen Teilen übernommen. So stehen die Namen der beiden Autoren nach

wie vor auf den Titelseiten dieser wie der älteren Auflagen. Auch der anderen früheren kollegialen Helfer und Ratgeber, insbesondere des Herrn Dr. Hans Ramisch, München, und weiterer Mitarbeiter des Bayerischen Landesamtes für Denkmalpflege, sei noch einmal mit verbindlichem Dank gedacht. Ihnen gesellen wir jetzt zu: Dr. Tilman Breuer, München, Prof. Dr. Walter Haas, Darmstadt, Dr. Gottfried Schäffer, Passau, und natürlich auch und nicht zuletzt die Herren des Verlages, denen ich unmittelbar folgen lassen darf und muß meine mir mit Rat und Tat beiständige Frau Dr. Helene von Reitzenstein.

Im Januar 1983 *Alexander von Reitzenstein*

ZUR ANLAGE DES BANDES

Verbindlich für die *Reihenfolge der Ortsartikel* ist die alphabetische Ordnung nach Gemeindenamen, wie sie sich aufgrund der Gebiets- und Gemeindereformen in Bayern ergeben hat. Die *Ortsüberschriften* geben die Regierungsbezirks- und (sofern der Ort nicht kreisfrei ist) die Kreiszugehörigkeit an und nennen ferner die Plankoordinaten für die Lage des Ortes oder Ortsteiles auf den *Übersichtskarten* (westlicher Teil: vordere Vorsatzseiten; östlicher Teil: hintere Vorsatzseiten). Dadurch lassen sich auch geographische Zusammenhänge unschwer ermitteln.
An alphabetischer Stelle im *Orts- und Objektverzeichnis* eingefügte *Verweise* erschließen auch die unselbständigen Orte, Ortsteile und bedeutenderen Einzelbauten (Burgen, Schlösser, Klöster). Auf Verweise im Haupttext wurde verzichtet, so daß sich in vielen Fällen für das Auffinden eines Artikels der Weg über das Register empfiehlt.
Ein ● neben dem Text soll auf künstlerisch-kunsthistorisch herausragende Bauten oder Details aufmerksam machen. Zusätzlich wurde – auf den anschließenden Seiten – eine Liste von *Hauptsehenswürdigkeiten* im Bereich dieses Bandes zusammengestellt.

HAUPTSEHENSWÜRDIGKEITEN

Bad Neustadt a. d. Saale: Salzburg (S. 308)
Nürnberg: Stadtbild (S. 312) mit Befestigungen (S. 313); Burg (S. 316); Sebalduskirche (S. 319); Lorenzkirche (S. 324); Frauenkirche (S. 329); Johannisfriedhof (S. 335); Germanisches Nationalmuseum (S. 339); Fembohaus mit Stadtmuseum (S. 342); Schöner Brunnen (S. 343)
Ochsenfurt: Rathaus (S. 349). – Tückelhausen: Ehem. Kloster (S. 350)
Ostheim v. d. Rhön: Kirchenburg (S. 352)
Pommersfelden: Schloß (S. 357)
Pyrbaum. Seligenporten: Ehem. Klosterkirche (S. 363)
Regensburg: Stadtbild; Dom (S. 368); Dombereich (S. 375); St. Emmeram (S. 378); Alte Kapelle (S. 385); St. Jakob (S. 391); Ehem. Dominikanerkirche (S. 392); Ehem. Minoritenkirche (S. 394) mit Museum der Stadt; Altes Rathaus (S. 398); Geschlechterhäuser des 13. und 14. Jh. (S. 399 ff.); Steinerne Brücke (S. 403). – Prüfening: Klosterkirche (S. 405)
Reichenbach: Ehem. Klosterkirche (S. 412)
Rimpar. Maidbronn: Ehem. Klosterkirche, »Beweinung« von Riemenschneider (S. 416)
Rothenburg ob der Tauber: Stadtbild mit Befestigungen (S. 419); Jakobskirche (S. 421); Rathaus (S. 424). – Detwang: Ev. Kirche, Riemenschneider-Altar (S. 427)
Schwabach: Ev. Pfarrkirche (S. 434)
Schweinfurt: Johanniskirche (S. 438); Rathaus (S. 440)
Speinshart: Klosterkirche (S. 445)
Staffelstein. Banz: Ehem. Kloster (S. 449). – Vierzehnheiligen: Wallfahrtskirche (S. 453)
Sugenheim. Ullstadt: Schloß (S. 459)
Sünching: Schloß (S. 464)
Thurnau: Schloß (S. 465)
Triefenstein: Ehem. Klosterkirche (S. 469)
Veitshöchheim: Schloß und Park (S. 471)
Volkach: Wallfahrtskirche St. Maria im Weingarten (S. 477). – Gaibach: Schloß (S. 479)
Walderbach: Ehem. Klosterkirche (S. 482)
Waldsassen: Klosterkirche (S. 483) und -bibliothek (S. 485). – Kappel: Wallfahrtskirche (S. 486)
Weidenbach. Triesdorf: Schloß (S. 491)
Weißenburg i. Bay.: Andreaskirche (S. 493); Wülzburg (S. 496)
Wendelstein. Kleinschwarzenlohe: Ev. Kirche (S. 497)
Werneck: Schloß (S. 498)
Wiesentheid: Kath. Pfarrkirche (S. 501); Schloß (S. 501)
Wolframs-Eschenbach: Stadtbild (S. 506); Kath. Pfarrkirche (S. 506)
Wonsees. Sanspareil: Burg und Park (S. 507)
Würzburg: Dom (S. 514) mit Grabdenkmälern (S. 520) und Schönborn-Kapelle (S. 522); Neumünster (S. 524); St. Burkard (S. 527); Marienkapelle (S. 531); Wallfahrtskirche Käppele (S. 533); Stift Haug (S. 534); Schloß und Festung Marienberg (S. 537) mit Marienkirche (S. 538) und Mainfränkischem Museum; Residenz (S. 540) mit Hofkirche (S. 545) und Martin-von-Wagner-Museum (S. 544); Rathaus (S. 547); Ehem. Neubaukirche (S. 548); Juliusspital (S. 549); Alte Main-Brücke (S. 551)
Zell a. Main: Kloster Oberzell (S. 553)

ERKLÄRUNG DER WICHTIGSTEN ABKÜRZUNGEN

Es ist das Prinzip des Kunstführers, einen ohne weiteres lesbaren Text zu bieten. Einige immer wiederkehrende Wörter und Begriffe wurden zum Teil abgekürzt. Obwohl diese Abkürzungen auch sonst gebräuchlich und wohl jedermann verständlich sind, werden sie im folgenden erklärt:

beg. = begonnen
bez. = bezeichnet
bzw. = beziehungsweise
dat. = datiert
d.Ä. = der Ältere
d.Gr. = der Große
d.J. = der Jüngere; des Jahres (u.ä.)
d.T. = (Johannes) der Täufer
ehem. = ehemalig, ehemals
ev. = evangelisch
Ev. = (Johannes) Evangelist
geb., * = geboren
gegr. = gegründet
gen. = genannt
gest., † = gestorben
got. = gotisch
hl. = heilig, Heilige(r)
hll. = heilige, Heilige (Mz.)
i.J. = im Jahre
i.ü. = im übrigen
Jh. = Jahrhundert
karoling. = karolingisch
kath. = katholisch
klassizist. = klassizistisch
lt. = laut
MFr. = Reg.-Bez. Mittelfranken
mittelalterl. = mittelalterlich
N = Norden, Nord-
nördl. = nördlich
O = Osten, Ost-
OFr. = Reg.-Bez. Oberfranken
OPf. = Reg.-Bez. Oberpfalz
östl. = östlich
prot. = protestantisch
rd. = rund
ref. = reformiert
roman. = romanisch
S = Süden, Süd-
s., → = siehe
s.a. = siehe auch
s.d. = siehe dort
s.o. = siehe oben
s.u. = siehe unten
sel. = selig, Selige(r)
sign. = signiert
sog. = sogenannt
St. = Sankt
südl. = südlich
u.a. = unter anderem; und andere
u.ä. = und ähnliche(s)
UFr. = Reg.-Bez. Unterfranken
urspr. = urprünglich
v.a. = vor allem
vgl. = vergleiche
W = Westen, West-
westl. = westlich
z.T. = zum Teil
z.Z. = zur Zeit

ABENBERG (MFr. / Roth G7)

Burg A. war Stammsitz der Grafen des Rangaues, die sich im 11. und 12. Jh. nach ihr nennen, um 1200 erlöschen und ihren Besitz an die Nürnberger Burggrafen vererben. Konrad d. Fromme verkauft aber 1296 Burg und Burgflecken an Eichstätt, das die Siedlung 1299 zur Stadt erhebt und hier bis zur Besitzergreifung durch Preußen, 1796, regiert. Mit Ansbach fällt A. 1806 an Bayern.

Die **Burg** ist eine Anlage der 20er bis 50er Jahre des 13. Jh. Ganz steht noch die Ringmauer, wenn auch nicht in der alten Höhe. Ein gutes frühgot. Tor läßt südöstlich ein, ein ausgedehnter Hof tut sich auf. Die Wohnbauten sind bis auf einen (spätgotischen) verschwunden. Die beiden die Burg überragenden Türme gehören, der eine (mit dem Fachwerkkopf) ganz, der andere obernteils, dem 19. Jh. an. ●

Unterhalb der Burg entwickelte sich der Burgflecken und aus ihm die kleine **Stadt.** Von den um 1300 aufgeführten, um Mitte des 15. Jh. erneuerten Mauern blieb nicht viel übrig, doch stehen die beiden **Tortürme.** Das Dreieck des Stadtgrundrisses hat seine höher liegende Spitze in der Burg. Eine starke, im östl. Teil steigende, im westlichen fallende Achse verbindet die beiden Tore, die breite Marktstraße mit Platzerweiterung (Rathausplatz) nahe dem Oberen Tor.

Kath. Pfarrkirche St. Jakob. Der roman. Bau wurde im 15. Jh. weitgehend erneuert, das Schiff 1624–27 um 2 Achsen verlängert und 1854 noch einmal erweitert. Der alte Turm (1294/1300), 1468 erhöht, erhielt 1769 seinen Helm.

Kloster Marienburg ●

Die sel. Stilla, eine Tochter des Grafenhauses, soll hier im frühen 12. Jh. ein Peterskirchlein gegründet haben. Bei diesem richtete der Eichstätter Bischof 1482 ein Kloster für Augustinerinnen ein. Nach einem schweren Brand 1675 kam es zu einem Neubau der (spätgot.) Kirche, der dem Eichstätter Hofbaumeister Jakob Engel übertragen wurde. Das Klostergebäude, großenteils vom Eichstätter Baudirektor Gabriel Gabrieli 1720 errichtet, erlag bis auf den N-Flügel und einen Teil des W-Flügels der Säkularisation. Seit 1920 im Besitz der Schwestern von der Schmerzhaften Mutter.

Die **Kirche St. Peter** ist nicht groß; eingezogener, halbrund schließender Chor, rechteckiges Schiff, dessen größere westl. Hälfte die Nonnenempore einnimmt; Kreuzgewölbe decken.

Die Ausstattung einheitlich, spätes 17. Jh. Vor dem linken Seitenaltar der sehr primitive, um 1250 entstandene Grabstein der sel. Stilla, Deckplatte einer neuroman. Tumba. An der S-Wand des Schiffes in Nische sitzender hl. Augustin, vortreffliche Holzfigur Eichstätter Prägung des späten 15. Jh. An der N-Wand kleiner (80 cm hoher) Holzkruzifixus in anscheinend urspr. Fassung, frühes 14. Jh. – Außen an der N-Wand Kalvarienberg, 1926 gestiftet, wohl Arbeit eines niederbayerischen Schnitzers der 1. Hälfte des 18. Jh.

Die schon im Spätmittelalter (1450 bezeugt) im Ort geübte Spitzenklöppelkunst hat 1981 zur Gründung eines kleinen **Museums** (Rathaus, Stillapl. 1) geführt. Auch eine **Klöppelschule** (Spalterpl. 1) besteht in der Stadt.

ABSBERG (MFr. / Weißenburg-Gunzenhausen G7)

Kalbensteinberg (G7)

Aus Oettingenschem Besitz kommt das reichsunmittelbare Rittergut 1412 an den Nürnberger Ulrich Stromer, dann, 1414, an dessen Schwiegersohn Andreas Wernitzer, der es wieder dem seinigen, Hans Rieter, vererbt. Besitz der Rieter bleibt es bis zur Erwerbung durch die Reichsstadt Nürnberg 1754.

● **Ev. Pfarrkirche** (ehem. St. Maria und St. Christoph)

Der älteste Teil der erstmals 1194 bezeugten Kirche ist der Turm, der wohl im späten 14. Jh. gebaut wurde. 1463 beginnt man die Kirche, die 1469 geweiht wird. 1507–11 wird der Turm aufgestockt. 1609–13 findet eine Erneuerung statt, bei der altes, im 16. Jh. hinausgeräumtes Inventar wieder zu Ehren kommt.

Die Kirche ist 1schiffig; der stark eingezogene, an Höhe überlegene, in 3 Seiten des Achtecks schließende Chor ist mit Sterngewölben gedeckt, das Langhaus flach (1620). Der 4geschossige Turm steht westlich und nicht in der Achse. Die reichen Maßwerkbalustraden der Orgelempore und der beiden Herrschaftsemporen (Chor und SO-Wand des Langhauses) sind schöne und typische Zeugnisse der »Nachgotik«, zu danken dem Kirchenherrn Hans Rieter, der die Erneuerung ins Werk setzte. Die Sakristei an der S-Seite des Chores mit ihrem Fischblasen-Rippengewölbe ist ein feines Stück spätgot. Kleinarchitektur.

Der Hochaltar, 1611 aufgerichtet, kompiliert Altes und Neues; im gotisierenden Schrein des sonst in Renaissanceformen gehaltenen Werkes spätgot. Muttergottesfigur (um 1470). Kompilationen sind auch die Seitenaltäre. Die Flügeltafeln des südlichen mögen von Michael Wohlgemut sein. Ein Unikum ist das *Theodorus-Bild,* dem schon 1724, von M. J. A. Döderlein, eine Abhandlung gewidmet wurde: »Slawenisch-russisches Heiligtum mitten in Teutschland.« Diese durch einen Rieter im 17. Jh. hierher gelangte Ikone (Nowgorod, 16. Jh.) enthält in 12 Bildern die Legende des hl. Theodor d. Strateloten, dessen Figur die Mitte der Tafel einnimmt. Wir führen noch an: die Glasscheiben in den Chorfenstern (die spätgotischen vor 1480), das Chorgestühl, um 1490, den Palmesel, um 1460. – Nur einiges aus der Fülle dieses Kirchenbesitzes konnte angemerkt werden. Kalbensteinberg, die Grablege der Rieter, ist schon so etwas wie ein Museum, und man muß wohl annehmen, daß Hans Rieter mit der Lust eines Antiquitätensammlers hierher zusammentrug, was er an »Altfränkischem« aufgreifen konnte.

AHORN (OFr. / Coburg G2)

Die Burg zeigt sich schon 1075, das Geschlecht »von Ahorn« 1130. Nach wiederholtem Herrenwechsel kommt A. 1501 an die reich gewordenen Coburger Münzmeister-Rosenau, 1615 an die Streitberg. Seit 1821 ist das Schloß Besitz der Frhrn. v. Erffa.

Schloß. Die Schloßprägung, die den Eindruck der ehemals allseitig von Gräben umfaßten Baumasse bestimmt, ist das Ergebnis der umwandelnden Tätigkeit des 16. Jh. Das südlich stehende Hauptgebäude schiebt an den Ecken 2 starke Rundtürme vor; ein steiles Satteldach, mit Zwerchhaus in der Mitte, überwächst die zwischen die Türme eingespannte Front. Ein Treppenturm legt sich der Hofseite an. Ein zweites, nördlich stehendes Gebäude begrenzt den sonst von Mauern geschlossenen Hof. Bauherr war ein Münzmeister-Rosenau, Bauzeit das 6. Jahrzehnt des 16. Jh. Das reiche Portal und die köstliche Schneckenspindel des Treppenturmes entstanden 1621.

Die vielfältige Baugruppe erfährt noch eine Bereicherung durch die östlich angrenzende **ev. Pfarrkirche,** deren Turmhelmspitze die sonst durch Mauerschwere niedergehaltene Vertikale ins Recht setzt. Der Bau ist ins 15. Jh. zu stellen. Das Langhaus wurde allerdings erst im 17. Jh. und noch einmal gegen Ende des 18. zu dem, was es ist – ein einfacher, an der N-Seite mit Empore besetzter Saalraum.

Prachtstück der Ausstattung ist das große figurenreiche Grabdenkmal des 1631 verstorbenen Wilhelm v. Streitberg, das zwischen 1615 und 1623 von Hans Werner begonnen und nach 1623 von dessen Schwiegersohn Veit Dümpel vollendet wurde; Werk einer bravourösen Steinmetzenkunst, stilgeschichtlich schon auf der Schwelle des frühen Barock. Beachtlich auch das in Holz gearbeitete Grabmal des letzten Streitberg, Wilhelm Ludwig (1638), das erst im späten 17. Jh. gesetzt worden sein dürfte.

Ein beachtenswertes wirtschaftliches Denkmal ist die wohlerhaltene **Alte Schäferei,** eine Gruppe zweckdienlicher Baulichkeiten des 18. Jh. Hier ein (in specie der Schäferei gewidmetes) **Gerätemuseum.**

AHORNTAL (OFr. / Bayreuth H4)

● **Burg Rabenstein**

Die im 12. Jh. begründete Burg ist zunächst in der Hand der Schlüsselberg. Im 14. Jh. burggräflich, 1558–1742 Besitz der Rabenstein. Seit 1744 gehört sie den Grafen Schönborn.

Standort ist ein ins Ailsbach-Tal vorstoßender Felssporn. Das im Kern ins späte 15. Jh. zurückgehende Hauptgebäude liegt im W-Teil des Burgfelsens, ein 3geschossiger Bauklotz, dessen nördl. Giebelseite von Rundtürmen (des späten 16. Jh.) flankiert ist. Das 1570 datierte Allianzwappen über dem Portal von 1495 ist das der Rabenstein und Kerppen. Ein Halsgraben, mit neuer Brücke, trennt die Hauptburg von der Vorburg, die im 19. Jh. in eine Parkanlage umgewandelt wurde.

In geringer Entfernung nördlich steht auf dem Platz der im späten 13. Jh. abgegangenen Burg Ahorn die **Klausstein-Kapelle** (ev. Filialkirche). In den Mauern ihres Schiffes stecken noch roman. Teile; der Chor ist spätgotisch. Die reizvolle Ausstattung kam in der 1. Hälfte des 18. Jh. zustande. Die Stukkaturen lassen sich 1738/39 datieren; 1739 bemalte der Bayreuther Friedrich Marian Herold die Emporen. Nach einem Riß Herolds wurde, doch schon 1723, vom Auerbacher Bildhauer Johann Michael Doser der Kanzelaltar gearbeitet, eine schöne 4säulige Anlage mit sich frei entwickelndem Aufsatz. Die Orgel, vielleicht aus der Bayreuther Räntz-Werkstatt, ist 1723 datiert. Das Holzbild eines sitzenden hl. Nikolaus geht noch ins letzte Spätmittelalter zurück.

AIDHAUSEN (UFr. / Haßberge F3)

Friesenhausen (F3)

Die **kath. Pfarrkirche Mariae Himmelfahrt** von 1713–15 läßt an Joseph Greising denken. Die Fassade verbindet sich mit dem in sie eingestellten, aus ihr hervortretenden 3geschossigen Turm. Kräftig-plastische Gliederungen.

Das 1563 errichtete **Schloß** ist ein reizvolles Gewächs fränkischer Renaissance. Horizontale Gliederungen und mehrteilige, von Voluten begleitete Giebel bestimmen das Aussehen der unregelmäßig rechteckigen Anlage.

ALLERSBERG (MFr. / Roth H7)

Eichstättisches Lehen der Herren v. Wolfstein, kommt der Markt 1475 an den Herzog von Bayern-Landshut, 1505 an die Junge Pfalz, 1542 an die Nürnberger, die ihn aber nur bis 1578 behaupten. Seither wieder pfalzneuburgisch. Die 1323 erteilte kaiserliche Bewilligung zu Graben- und Mauerbau läßt auf Marktwerdung schließen. Zu einer Befestigung kam es allerdings nicht. Nur 2 Tore entstanden, von denen das »Untere« noch da ist. Hinterer und Vorderer Markt sind die Achsen: Die ältere (Dorf-) Siedlung lag um den Hinteren Markt, der auf die westlich (außerhalb) liegende alte Pfarrkirche zuläuft; die jüngere (Markt-)Siedlung entwickelte sich um den Vorderen. Nördlich lag das von Weihern eingehegte Wolfstein-Schloß.

Die **alte kath. Pfarrkirche Allerheiligen** – mittelalterlich, im Turm noch romanisch – mußte ihren Rang im 18. Jh. an die **neue (Mariae Himmelfahrt)** am Vorderen Markt abgeben, die 1708 ff. vom Obermässinger Maurermeister Johann Bapt. Camesino aufgeführt wurde.

Am wohlerhaltenen Markt, dessen Bild von den einfachen **Giebelhäusern** bestimmt ist, den der Turm der am N-Ende vortretenden Pfarrkirche beherrscht und den das in der Erscheinung barocke **Untere Tor** abschließt, steht etwas fremd und doch alles andere als störend das **Gilardihaus** (Nr. 20), das sich der Inhaber der 1689 von Hans Georg Heckel begründeten Leonischen Drahtfabrik, der Italiener Jakob Gilardi, vom Eichstätter Baudirektor Gabriel Gabrieli 1723–28 bauen ließ. Ein flacher Risalit mit durchgreifenden Pilastern und Giebelschluß hebt die Mitte des 2geschossigen Gebäudes heraus, dem eine Mansarde mit einem offenen Firstdachreiter aufsitzt. – Auch das **Heckelhaus** (Nr. 25/27) geht wohl auf Gabrieli zurück.

ALTDORF b. Nürnberg (MFr. / Nürnberger Land H6)

Der fruchtbare Boden, eine gegen das Waldland des Keuper vorgreifende Terrasse des Schwarzen Jura, ist schon in der Jungsteinzeit besiedelt. Auf frühe germanische Landnahme deuten die 1949 und 1950 aufgedeckten merowingerzeitlichen Reihengräber. In A., das sich schon namentlich als eine älteste Siedlung der Landschaft ausweist, darf ein fränkischer Königshof vermutet werden. Wahrscheinlich Verwaltungsmittelpunkt des umliegenden Reichsgutes, tritt es um die Mitte des 11. Jh. diese Vorzugsstellung an das jetzt aufkommende Nürnberg ab. Die Erstbezeugung liegt allerdings spät: 1281 befreit König Rudolf seine Altdorfer vom Nürnberger Reichszoll. Wenig später, 1299, verpfändet sein Nachfolger, Albrecht I., A. an den Grafen Emicho von Nassau und entfremdet es so dem Reiche. Nach mehrfachem Herrschaftswechsel fällt A., das 1387 Stadt ist, 1393 an den Pfalzgrafen Rupprecht. Bei Pfalz-Bayern bleibt es bis zum Bayerischen Erbfolgekrieg, der es 1505 an Nürnberg bringt. Nürnberg verpflanzt 1575 in die kleine, wenig bedeutende, 1553 im Markgrafenkrieg niedergebrannte Landstadt sein Gymnasium, das sich 1578 zur Akademie und 1622 zur Universität entwickelt. Und wenn der Name A. einen guten geschichtlichen Klang hat, dann dank dieser Hohen Schule, die 1623 bis 1809 Bestand hatte.

● Die tragende Achse des Stadtgrundrisses ist der Markt, eine geräumige Marktstraße, östlich und westlich von den beiden **Toren,** dem Oberen und dem Unteren, begrenzt. Hier das freistehende, 1565 errichtete, 1860 weitgehend erneuerte **Rathaus,** ein 2geschossiger Quaderbau ohne Aufwand, und, an der N-Seite, parallel zur Marktachse, die Pfarrkirche. Die Häuserzeilen stehen in guter alter Ordnung.

Ev. Stadtpfarrkirche (St. Lorenz). Ursprünglich Filiale von Rasch, zieht die Altdorfer Laurentius-Kirche zwischen 1308 und 1345 die Pfarrechte an sich. Von einem spätgot. Bau, wahrscheinlich des frühen 15. Jh., steht noch der Chor. Das ansehnliche Langhaus wurde 1753–55 aufgeführt. Auch der Turm, an der N-Seite des Chores, der in den unteren Teilen noch spätgot. Mauer enthält, gewann damals seine barocke Gestalt. 5 hohe Rundbogenfenster gliedern die Langseiten des Schiffes, 4 die W-Front, die ein geschweift konturierter Giebel beschließt. Der robust stämmige, in (kaum originalen) Spitzbogenfenstern geöffnete Turm steigt in 4 Geschossen auf und schließt mit Oktogon, Kuppelhaube und Laterne. Im Inneren spricht der 2 Joche tiefe, mit Kreuzrippengewölben gedeckte, polygon gebrochene Chor noch die Sprache der Spätgotik. Das protestantisch einfache Langhaus ist ein Saalraum mit umlaufender doppelgeschossiger Freiempore.

● Ehem. Universität

1575 entschließt sich der Nürnberger Rat zur Verlegung des 1526 begründeten Gymnasiums Aegidianum an eine stillere, den Musen genehmere Örtlichkeit. Die Wahl fällt auf Altdorf. Das Gymnasium gewinnt 1578 die Rechte einer Akademie und 1622 die einer Universität. Die Altdorfer Hohe Schule ist bis ins 18. Jh. eine hervorragende Pflanzstätte der Wissenschaften. Ihre im Vordergrund des populären Interesses stehende Beziehung zu Wallenstein, der hier 1599/1600 studierte und tumultuierte, sei nur beiläufig angemerkt. Sie konnte sich auf bessere Nutznießer ihrer wissenschaftlichen Arbeit berufen, so auf den großen Leibniz, der hier 1666 seinen juristischen Doktorhut erwarb. Durch die Konkurrenz der neuen markgräflichen Universität in Erlangen erdrückt, wurde sie vom neuen Landesherrn, Bayern, 1809 liquidiert.

Das 1571–74 aufgeführte, durch eine schmale Gasse mit dem Markt verbundene Gebäude umgibt in 3 Trakten einen vierekkigen Hof. In der nördlich abschließenden Mauer steht das Tor. Der 3geschossige Hauptbau, südlich, öffnet sich im Erdgeschoß in rundbogigen Arkaden. Ein hoher Uhrturm besetzt die südwestl. Ecke; 2 in Nischen gestellte Statuen, ein Chronos und ein Dignitär der Hohen Schule, flankieren das Zifferblatt der Uhr. Die seitlichen Trakte sind 2geschossig, der westliche mit Blendarkaden im Erdgeschoß, der (etwas später, 1581/1582 gebaute) östliche mit vortretendem polygonem Treppenturm. Solide glatte Quaderflächen, Fensterreihungen, wenig Schmuck.

Um so wirkungsvoller der in ein Achteckgitter eingeschlossene feine *Bronzebrunnen* inmitten des Hofes, das 1575 oder 1576 zu datierende Werk des Nürnberger Rotgießers Georg Labenwolf: über der Brunnenschale ein Dreifuß, Widderköpfe, wasserspeiende Delphine, eine Balustersäule und auf ihrem Urnenknauf die mit Schild und Speer gerüstete Minerva.

An der südl. Stadtgrenze südwestlich der Universität, steht das **ehem. Pflegschloß** der Reichsstadt, ein ansehnlicher Quaderbau d. J. 1585.

Vor dem Unteren Tor der 1527 angelegte **Friedhof** mit 1711/12 errichteter Kapelle. In der gedeckten Gräberhalle der W-Seite (1718) steht, in der Einhegung reichen schmiedeeisernen Gitterwerkes, ein beachtliches Professorendenkmal: des Theologen Christoph Friedrich Tresenreuther von 1746.

ALTEGLOFSHEIM (OPf. / Regensburg L9)

Schloß ●

Ein sich nach Eglofsheim nennender hochstiftisch-regensburgischer Dienstadel blüht bis ins frühe 14. Jh. Nach häufigem Besitzwechsel fällt Eglofsheim 1659 an die Freiherren (seit 1685 Grafen) v. Königsfeld, deren dritter, Hans Georg, Inhaber hoher kurfürstlicher Hofämter, Reichsvizekanzler Kaiser Karls VII., der Schöpfer des das übliche Maß ländlicher Herrschaftssitze weit überschreitenden, man darf wohl sagen, fürstlichen Schlosses ist. – Nach Ausgang der Königsfeld folgen 1810 die Frhrn. v. Cetto, dann, 1835, die Fürsten Thurn und Taxis, die sich runde 100 Jahre später (1938) des Besitzes entäußern. »Zweckentfremdungen«, die der 2. Weltkrieg und die Folgezeit mit sich brachten, schädigten die Ausstattung des Schlosses empfindlich. Seit 1980 im Besitz der Universität Regensburg, ist das Gebäude mit seiner Ausstattung – die ein Kunstwerk ersten Ranges ist – durch umfassende Restaurierung gesichert.

Die Unregelmäßigkeit des Äußeren verrät, daß wir es mit einem Konglomerat zu tun haben. Ein mittelalterl. Bergfried überragt im W den hohen Giebel eines Baukörpers, an den das frühe 17. Jh. 2 runde Flankentürmchen setzte. Südlich an diesen lehnte man um 1680 einen Trakt, der in seinem Untergeschoß die 2schiffige Kapelle beherbergt. Um 1730 wurde er nach W verlängert, nachdem man rechtwinklig zu ihm den langen, von S nach N orientierten Flügel begonnen hatte, dessen Festsaal sich halbrund gegen O herausschiebt. Die Außengliederung ist einfach – um so überraschender der Glanz des Inneren.

Betreten wir das *Stiegenhaus* im alten Trakt zu Füßen des Bergfrieds, so umfängt uns das frühe Rokoko (um 1730). Bandwerkstuck mit Netzkartuschen umrahmt den gemalten Götterhimmel Nikolaus Gottfried Stubers mit dem Wappen der Königsfeld (zerst.). Das Hauptgeschoß leitet durch die beiden *Erkerzimmer,* deren eines schönen Bandwerkstuck und ein Gemälde Cosmas Damian Asams (Endymion und Diana) bewahrt, in einen *Saal,* in dessen Stukkatur um 1730 ältere Plafondgemälde einbezogen wurden. Das mittlere hat das Paris-Urteil zum

Thema. Interessant die im Fußboden eingelassene, durchbrochene Messingplatte für die Beheizung aus dem Erdgeschoß. Die besonders delikate Ausschmückung des gegen W anschließenden Gemaches deutet auf Mitwirkung François Cuvilliés' d. Ä. Durch den folgenden Raum mit einem Fresko Stubers (Merkur mit dem Haupte des Argus vor Jupiter und Jo, 1779 übergangen) gelangen wir in das *»Grüne Zimmer«* mit flotter Dekorationsmalerei in der Art Stubers und dann in den *»Kaisersaal«*. Hier quellende Stuckdekoration italienischer Prägung, wie sie die Stilstufe um 1680 kennzeichnet. Zwischen Akanthus, Laub- und Fruchtgirlanden präsentieren sich die 4 Erdteile. Durch die Hohlkehle zieht sich zarterer Stuck von 1730. Die Rahmungen enthalten Gemälde des späten 17. Jh.: Kaiser Leopold I. mit seinen Vasallen. 4 kleinere Bilder haben mythologische Szenen zum Vorwurf: Geburt der Venus, Venus und Mars, Boreas und Orithyia, Rinaldo und Armida. Der prunkende Ofen entstammt gleicher Zeit. Weitere fein dekorierte Räume reihen sich gegen W an, deren gediegene Ausgestaltung eine bedeutende Künstlerhand verrät, wie sie eben nur der kurfürstliche Hof vermitteln konnte.

Der vornehmste Repräsentationsraum ist der *Ovalsaal* im Querflügel. Aus einer gewölbten, offenen Halle im Erdgeschoß führt das breite, festliche Stiegenhaus mit doppelläufiger Treppe unter dem Fresko des Parnaß zu ihm empor. Die Gliederung ist 2geschossig. Hermenpilaster tragen die untere Kehle. Darüber verläuft eine Brüstungszone mit anmutigen Puttenreliefs oder vollplastischen Trophäen über den Seitentüren. Locker kurvendes Rahmenwerk umschlingt die Fenster und Gemälde des Obergeschosses (Stilleben von Frans Snyders und Jagdstücke von Jan Weenix). Vergleiche mit Schleißheim lassen an den Dekorationskünstler Charles Dubut denken. Als Krönung des Ensembles leuchtet von der Flachkuppel ein Fresko, das zu den preiswürdigsten des bayerischen Barock gehört: Der Tag, von C. D. Asam. Aus den Wolken sprengt der Gott des Tages auf hohem Triumphwagen, Apollo. Vor ihm fliehen die Gewalten der Nacht. Die Musen heben an zu frohlocken. Die Genien des Gartenbaues und der Jagd rüsten zu heiterem Tagewerk. Und über allem lächelt Frau Venus, von der sich Mars – zu neuer Heldenoper geharnischt – verabschiedet.

ALTENKUNSTADT (OFr. / Lichtenfels H3)

Kath. Pfarrkirche Mariae Geburt. Die in der Gründung sehr alte (vorbambergische) Kirche wurde 1528–37 massivsteinern neu gebaut (nur Chor und Sakristei 18. Jh.). Der Turm mit dem hohen Spitzhelm ist Blickpunkt der südlich vom Jura, mit Kordigast, begrenzten Landschaft. Das Innere bewahrt eine gute Steinmuttergottes der 70er Jahre des 14. Jh., wohl die Arbeit eines Bamberger Steinmetzen, und eine Reihe monumentaler Epitaphien (Aufseß, Redwitz, Schaumberg) des 16. Jh.

Schöner **Pfarrhof,** vermutlich von Lorenz Fink, 1784.

ALZENAU i. UFr. (UFr. / Aschaffenburg A3)

Der frühmittelalterl. Ortsname Willmundsheim *trat erst im Spätmittelalter hinter dem der mainzischen Burg nordöstlich der Siedlung zurück. Das der Sage nach von Kaiser Friedrich I. verliehene und wohl auch tatsächlich auf ihn zurückgehende »Freigericht Willmundsheim vor der Hart« (das mehrere Gemeinden als »Märker« einschloß) verlor seine Freiheit 1500 an Hanau und Mainz, das sich schon 1425 im Hauptort der Märker, dem 1412 zur Stadt erhobenen A., die Herrschaft hatte sichern können. Bei Mainz bleibt es bis zur Säkularisation; 1816 kommt es an Bayern.*

Die **Burg** entstand um 1400 als mainzische Gründung; sie trägt auch im Erhaltenen die Prägung dieser Zeit. Der Saal des Palas verdient als wohl erhaltenes Relikt profaner Raumarchitektur der Spätgotik besondere Beachtung. Ein feines Zierstück ist der seiner NO-Wand anhängende Kapellenerker.

Kath. Pfarrkirche St. Johann von Nepomuk. Der Miltenberger Baumeister Johann Martin Schmidt entwarf sie, ein Aschaffenburger Maurermeister führte sie 1754 ff. aus. Bruchsteinmauer mit Hausteingliederung charakterisiert das Äußere. Das durch Wandpfeiler gegliederte Innere ist durch eine gute einheitliche Ausstattung des späten 18. Jh. ausgezeichnet.

AMBERG (OPf. / K 6)

Die Stadt, an der Kreuzung der böhmischen Straße mit der Vils, erwächst aus 2 Siedlungszellen. Die ältere, um St. Martin, dürfte in karolingische Zeit zurückgehen, die jüngere, bei St. Georg, trat im 11. Jh. hinzu. Eine Kaiserurkunde, 1034, die A. erstmals nennt und den Bamberger Bischof mit bestimmten Rechten (Markt, Zoll, Schiffahrt) belehnt, läßt schon einen Handelsplatz von Bedeutung erschließen. Die Vereinigung der Ursprungszellen im 13. Jh. begründet die Stadt, als die A. jedenfalls um die Mitte des Jahrhunderts zu bezeichnen ist. Die Quelle ihrer Prosperität ist der 1270 erstmals ausdrücklich bezeugte (doch sicher ältere) Erzbergbau, dessen Schwerpunkte A. und Sulzbach sind. – Als Bamberger Lehen kommt A. an die Sulzbacher Grafen, dann an die Staufer, endlich, 1268, an die Wittelsbacher, 1329 mit dem »oberen Fürstentum« an deren pfälzische Linie. Neben Heidelberg Hauptort der Kurpfalz, dient es bis ins 17. Jh. als Warte-Residenz der hier als Statthalter regierenden Kurprinzen. – 1628 fällt A. (mit dem Großteil der Oberpfalz) an Kurbayern, das die seit 1538 protestantische Stadt rekatholisiert. Der 30jährige Krieg knickt die Handelskraft. Die Heimsuchungen des 18. Jh. schwächen die Stadt: Einnahme durch die Österreicher in den beiden Erbfolgekriegen 1703, 1743, 1745, Bedrohung durch Preußen 1757/58, Einzug der Franzosen 1796. Im frühen 19. Jh. verliert A. seinen oberpfälzischen Vorrang an Regensburg.

Das bis ins frühe 14. Jh. links der Vils (östlich) nur bis zum Spital, rechts

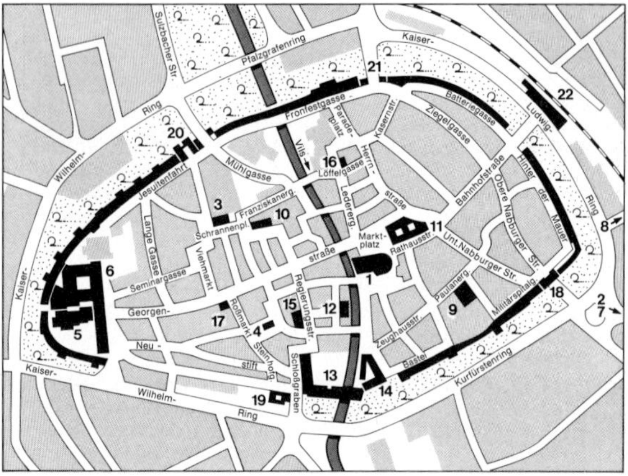

1 St. Martin, kath. Pfarrkirche
2 zur Dreifaltigkeitskirche
3 Ehem. Franziskanerkirche, Stadttheater
4 Frauenkirche (Hofkapelle)
5 St. Georg
6 Ehem. Jesuitenkolleg
7 zur Kirche Hl. Familie
8 zur Wallfahrtskirche Maria Hilf
9 Ehem. Paulanerkirche, ev. Pfarrkirche
10 Deutsche Schulkirche
11 Rathaus
12 »Eichenforst«, Museum der Stadt Amberg
13 Ehem. Schloß, Landratsamt und »Stadtbrille«
14 Ehem. Zeughaus, Finanzamt
15 Ehem. Regierungskanzlei, Landgericht
16 Walfischhaus
17 Fenzlhaus
18 Nabburger Tor
19 Wingershofer Tor
20 Vilstor
21 Ziegeltor
22 Bahnhof

Amberg. Innenstadt-Lageplan

(westlich) nur bis zu einer durch die Frauenkirche bezeichneten Linie reichende Stadtgebiet wurde unter Ludwig d. Bayern bis zu den heutigen Endpunkten der Altstadt erweitert; Kaiser Ludwig stiftete 1317 das Spital noch außerhalb des Grabens (»Spitalgraben«) und verlieh 1326 seinen Bergbauzoll »pro reformatione civitatis«, also für die Erneuerung, sagen wir auch gleich Erweiterung der Stadt.

● **Stadt.** Dank des großenteils erhaltenen Wehrgürtels, der Mauern mit Zwinger und Graben, der Tore und Türme ist Amberg eine der eindrucksvollsten deutschen Städte guten alten Aussehens. Die beiden mächtigen Pfarrkirchen setzen die monumentalen Gewichte; das hervorragende Rathaus bezeugt ein selbstbewußtes Stadtbürgertum; die Bau-

ten der kurfürstlichen Herrschaft sind ansehnlich, aber nicht augenfällig genug, um den Charakter des Stadtbildes zu bestimmen. Eine anmutige Zugesellung ist die vom (namengebenden) Berg hereinblikkende Wallfahrtskirche Maria Hilf; sie mischt den an der äußeren Erscheinung Ambergs sonst wenig beteiligten Barock ins Spiel.
Der Grundriß der Stadt ist annähernd oval. Die Vils trennt das Stadtgebiet in etwa gleich große Teile. Die erste Pfarrkirche, St. Georg, steht im W des Beringes, die zweite, St. Martin, grenzt mit ihrer W-Seite an das linke Ufer der Vils. Rückgratachse ist die von St. Georg ausgehende Georgenstraße, die in geradem Verlauf auf die **Krämerbrücke** trifft. Hier schließt sich jenseits der Vils der rechteckige, südlich von der Martinskirche begrenzte Marktplatz an, der östlich die Rathausstraße entläßt.

Kath. Pfarrkirche St. Martin (Marktplatz) ●

Die älteste, ehemals vor den Mauern gelegene Pfarrei St. Georg gab ihre Rechte 1629 an St. Martin ab, dessen Kirche in der Stadt erwachsen war. Ein Vorgängerbau fiel dem Brand von 1356 zum Opfer. Erst 1421 konnte St. Martin als größere Kirche wiedererstehen. Der Bau zog sich lange hin. 3 Baumeister sind überliefert: Marsilius Poltz, der vorübergehend 1460/61 durch Hans Zunter ersetzt wird und 1476 seine Bauhütte dem Hans Flurschütz überläßt. 1483 schlossen sich die Gewölbe. Der Turm mußte bereits 1509 einem Neubau Platz machen (vollendet 1584). Um 1720 bekam er sein heutiges Aussehen. Inzwischen hatte die Barockisierung der Einrichtung begonnen. Sie mußte 1869–74 der Neugotik weichen.

Der fast völlige Verzicht auf vertikale Außengliederung erhöht die Geschlossenheit dieser gewaltigen, einheitlichen Baumasse aus Sandsteinquadern. Um so deutlicher erscheint die Baufuge östlich der Portale in der 5. Fensterachse. Obwohl der Bauplan von 1421 nahezu konsequent durchgeführt wurde, zeigen sich diesseits und jenseits dieser Naht Unterscheidungen: Bis hierher war der Bau gediehen, als man 1442 den Chor einzuwölben begann. Erst 1461 wurden die Umfassungsmauern gegen W weitergeführt, an die der Baumeister Poltz schmale Dreieckspfeiler anlehnte. Der W-Turm ist in das Langhaus einbezogen. Obergeschoß und Haube gehören dem 18. Jh. an. Das Fenstermaßwerk bevorzugt Fischblasenmotive.

An der N-Wand, nahe dem östl. Portal, 2 Konsolenfiguren: Maria und der Verkündigungsengel, aus dem späten 13. Jh. Schöne Rotmarmorplatte für den Büchsenmeister Merz († 1501, südl. Außenwand) mit dem Reliefbildnis des Verstorbenen, das Kanonenrohr-Attribut zu Füßen.

Das Innere zeigt das Wesen einer spätgot. Hallenkirche zu 3 Schiffen. Schlanke Rundstützen entsenden das elastische Rippensystem der Gewölbe. Eingezogene Strebepfeiler scheiden an den Wänden Kapellen aus und sind durch eine umlaufende *Empore* verbunden. Diese Empore ist bedeutsame Auszeich-

Amberg. St. Martin. Querschnitt

nung der Kirche. Nirgends sonst gibt es bis dahin ähnliche Wandpfeileremporen von solcher Tiefe. Vermutlich bot sie den um die Kirche verdienten Bürgern Platz. Ihre Wappen an der geschnitzten Brüstung deuten es an. Der ganze gewaltige Kirchenbau, nach dem Regensburger Dom der bedeutendste gotische der Oberpfalz, berichtet vom bürgerlichen Wohlstand der einstigen Handelsstadt.

Die Einrichtung entstammt zumeist dem 19. Jh. Lediglich ein bronzenes Taufbecken von 1417 blieb erhalten (Fuß klassizistisch, Deckel um 1730). An der S-Wand, über der Sakristeitür, hängt das ehem. Hochaltarblatt von dem Rubens-Epigonen Gaspar de Crayer 1658: die Schutzheiligen der Kirche unter der himmlischen Marienkrönung. An den Wänden der Turmpfeiler 2 weitere Gemälde Crayers: Enthauptung des Täufers Johannes und Petrus und Johannes an der Goldenen Pforte. In der Kapelle westlich vom S-Portal eine Replik Crayers (1644) zu dem ähnlichen Gemälde der Münchener Staatsgemäldesammlungen: Thronende Maria mit Heiligen, Tafelgemälde mit Kreuzauffindung der hl. Helena im Altar ihres Namens in der 2. Kapelle nördlich, dem Münchner Jan Pollak zugeschrieben, um 1490. – Hinter dem Hochaltar Sandsteintumba des Pfalzgrafen Ruprecht Pipan († 1397). Das vorzügli-

che Werk ist Weicher Stil mit böhmischen Anklängen. Auf dem Deckel die prächtige Relieffigur des Verstorbenen; die Wände zeigen Szenen aus der Heilsgeschichte. – Nördlich vom Hochaltar ein Flügelaltar mit geschnitzter Muttergottes um 1510–20 und Seitentafeln um 1480. – In der Kapelle östlich des N-Portals Grabdenkmal für Prinz Friedrich Philipp († 1562) mit dem Relief des kindersegnenden Christus. Hier auch das Epitaph für Prinz Philipp († 1575) mit einem Relief der Kreuztragung. – In einer der südl. Kapellen altniederländisches Muttergottesbild aus dem Umkreis des Hugo van der Goes, um 1480.
Sakristei, urspr. Leonhardskapelle, aus dem späten 14. Jh. – Ölbergkapelle mit Skulpturen des frühen 16. Jh.

Dreifaltigkeitskirche (Regensburger Straße), ehem. Siechenhaus-, später Friedhofskapelle. 1514 begonnen, im 18. Jh. verändert. Die Altäre um 1710–25.

Ehem. Franziskanerkirche (**Stadttheater;** Schrannenplatz).
Gründung angeblich 1452. 1464 wird vom Bau des Chores berichtet. Die Reformation unter Pfalzgraf Friedrich vertrieb die Bettelmönche. Unter Kurfürst Maximilian I., 1624, kehrten sie wieder. Instandsetzungen 1627–68. Die Säkularisation verwandelte die Klosterkirche in ein Stadttheater (in jüngerer Zeit modernisiert).
Der 1schiffige Raum mit eingezogenem Strebewerk und schmalem Chor wurde durch Einbauten weitgehend verändert. – Die **Klostergebäude** schließen sich um einen Kreuzhof. Ein polygonaler Erker im O trägt das Datum 1482.

Frauenkirche (Hofkapelle; Frauenplatz)
Eine Inschrift am W-Portal nennt 1312 als Jahr der Erbauung. Die Bauformen weisen jedoch ins frühe 15. Jh. Auch die Inschrift wurde in dieser Zeit gefertigt.
Die kleine 3schiffige Hallenkirche auf Rundpfeilern trägt zu seiten des W-Portals Figuren der Verkündigung, Maria und Gabriel, bedeutende Arbeiten der Zeit um 1440–50.

Kirche St. Georg (Neuthorgasse) •

1094 als Pfarrkirche genannt. Der Stadtbrand von 1356 vernichtete sie. Ihr Neubau begann 3 Jahre später und wurde noch im 14. Jh. zu Ende geführt. Genannt wird 1379 ein Baumeister Heinrich Hirssel. Im 16. Jh. diente sie der lutherischen, später der kalvinischen Lehre. Dann zogen die Jesuiten ein. Diese erweiterten seit 1652 die Seitenschiffe durch je 2 Kapellen und veranlaßten seit 1718 eine Umgestaltung des Inneren. 1773–1811 wirkte hier der Malteserorden. Dann wurde der Bau Studienkirche.
Das Äußere zeigt die Formen einer got. Basilika mit eingezogenem, langgestrecktem Chor und mächtigem W-Turm. Kräftige Strebepfeiler gliedern das Mauerwerk. Das W-Portal ist eine großzügige Gewändeanlage des späten 14. Jh. – Im Inneren hat sich die Gliederung des 14. Jh. zwar erhalten,

doch wird sie von der meisterlich ausgeführten Stuckdekoration übertönt. Die Arkadenpfeiler haben sich in ionische Säulen verwandelt, Kompositpilaster beleben die Wände des Chores. Auch die Gewölbe verraten noch ihre got. Rippenstruktur, doch schwingen sich von den Konsolen im Langhaus, von den Gebälkstücken im Chor Girlandenstäbe, um sich im Scheitel unter Stuckrosetten zu kreuzen. Bandwerk- und Stuckranken füllen die Kappenfelder.

An der Hochschiffwand reihen sich Relieffiguren der 12 Apostel. Mit ihnen begann 1718 die Ausgestaltung des Raumes, wahrscheinlich durch Stukkateure aus Wessobrunn (vermutlich Andreas Rauch und Philipp Jakob Schmuzer). Daß sie sich bis über die Jahrhundertmitte hinzog, beweist der Rocaillestuck in den Seitenkapellen. Die Größe der Gewölbefresken mußte auf die got. Gewölbestruktur Rücksicht nehmen. Johann Adam Müller schildert hier und an den Hochschiffwänden Szenen aus der Legende des hl. Georg. Den Chorschluß füllt der mächtige Hochaltar von 1694, entworfen von Frater Johannes Hörmann, mit dem Gemälde von Johann Nepomuk Schöpf: Apotheose des hl. Georg. Die Seitenschiff-Altäre wurden 1668 aufgestellt, 1700 überarbeitet und 1720–30 mit Antependien versehen. Ihre Gemälde stammen von Gaspar de Crayer 1672 (Heidentaufe durch Franz Xaver, Vision des Ignatius). Auch Kreuzaltar und Marienaltar entstanden Ende des 17. Jh. – jener mit einem weiteren Gemälde Crayers (Kreuzabnahme), dieser mit einem Altarblatt von Andreas Wolff (Mariae Himmelfahrt) –, Schutzengel- und Aloysius-Altar erst 1754. Am Altar der Marienkapelle kleines Gemälde, Muttergottes mit Kind, in der Art des Dirk Bouts, spätes 15. Jh., 1695 aus Kastl hierhergebracht. Die Kanzel zeigt den üppigen Akanthusschmuck ihrer Entstehungszeit, 1702. Ein trefflich geschnitztes Chorgestühl von 1701 begleitet 2 Joche des Langchores. Der Orgelprospekt ist bestes Rokoko.

Ehem. Jesuitenkolleg (Malteserplatz)

1665 wurde der Grundstein gelegt, Fertigstellung 1689. An Baumeisternamen ist nur einer überliefert, Wolfgang Hirschstötter. Georg Dientzenhofer als Erbauer des N-Flügels 1684 beruht auf Annahme.

Der viereckige Binnenhofkomplex schiebt hinter dem Chor der Kirche einen langgestreckten Flügel gegen S. Das Äußere ist einfach. – Unter den Innenräumen verdient der *Kongregationssaal* Aufmerksamkeit: ein anderthalbgeschossiger Saalraum, rechteckig mit schöner Kassettendecke nach Entwurf Frater Hörmanns, 1678. Der prächtige, von Oratoriengittern flankierte Altar ist ein Werk des Rokoko, 1764. Das Altarblatt, Mariae Himmelfahrt, lieferte G. de Crayer (erworben 1672). – Der *Bibliothekssaal* mit Stukkaturen um 1730 und schön geschnitztem Schrankwerk um 1680 (Zutaten 1715) ist ein gediegenes Beispiel barocker Bibliotheken. – Raumausstattungen des späten 17. Jh.: der *Speisesaal* mit Wandvertäfelung und Lesepult nach Entwürfen Hörmanns und der ehem. *Rekreationssaal.*

Wallfahrtskirche Maria Hilf (Mariahilfberg)

Der »Amberg« ist wohl schon in vorbambergischer Zeit, unter den Babenbergischen Nordgaugrafen, befestigt. Von der mittelalterl., bambergischen, dann herzoglichen Burg verschwinden die letzten Reste im frühen 17. Jh. Das Pestjahr 1634 veranlaßt die Bürger zum Bau einer Votivkapelle, eines kleinen Rundbaues, der 1640–43 aufgeführt wird. Der wachsende Andrang der Wallfahrer erfordert den Bau einer großen Kirche, der, vermutlich nach 1696 vorgelegten Rissen Wolfgang Dientzenhofers, 1697 von Georg Peimbl als Bauführer ins Werk gesetzt wird. 1699 steht das Schiff im Rohbau, 1700 auch der Chor. 1711 Weihe. Der Turm folgt 1724–26. Die monumentale Treppenanlage, die sich in schrägem Achsenstoß der Fassade vorlegt, auf die der bergansteigende Pilgerweg zuhält, kam erst 1856 hinzu.

Der massive Quaderbau, mit dem gedrungenen Turm rücklings des Chores, folgt dem geläufigen Wandpfeilerschema mit Querschiff und Emporen.

Die Ausstattung ist von hoher Güte. Giovanni Battista Carlone wurde hierzu gewonnen (1702). Doch schon im folgenden Jahr mußte wegen der »Kriegstroublen« die Ausführung unterbrochen werden. Erst 1717 wurde sie durch den Carlone-Schüler Paolo d'Aglio vervollständigt. Prächtige, gut disponierte Anordnung der *Stukkaturen* kennzeichnet den Carlone-Trupp. An den Pfeilern stehen Figuren von Propheten und Heiligen. Geschwungene, auch pflanzlich dekorierte Rahmungen gliedern die Gewölbe. Dazwischen meisterhaft modellierte Putten. Ebenfalls 1717 konnte Cosmas Damian Asam die *Fresken* in Angriff nehmen. Er erzählt die Geschichte der Wallfahrt und stattet sie mit allegorischen Nebenbildern aus. Von Carlone und d'Aglio stammt der Hochaltar (1703), in den 1760 der silberne Rahmen für das Gnadenbild eingesetzt wurde. Zugleich entstand das Tabernakel. An den Außenseiten des Retabels stehen die Figuren von Joachim und Joseph, im Auszug Gottvater zwischen 2 Sibyllen. Die übrigen Altäre 1710–12, die Kanzel 1713.

Ehem. Paulanerkirche, ev. Pfarrkirche (Paulanergasse). Der 1schiffige Bau Wolfgang Dientzenhofers wurde 1729 geweiht. Die Stuckarbeiten vermutlich von Franz Christoph Muttone aus Waldsassen. An die Stelle der urspr. Fassadentürme von 1759 trat 1866 ein neuer Turmbau. Das Innere wird durch eingezogene Pfeiler mit umlaufender Empore gegliedert.

Deutsche Schulkirche, ehem. Salesianerinnenkirche (Deutsche Schulgasse) ●

1692 kommen die Salesianerinnen nach Amberg; 1693 wird ihr Kloster nach Modell Wolfgang Dientzenhofers und auch unter seiner Leitung begonnen. 1696 stuckieren Mitglieder des G.-B.-Carlone-Trupps die Räume. 1697 wird der Grundstein zur Kirche gelegt, die 1698 annähernd fertig ist; 1699 wird sie geweiht; 1701 ist sie vollendet. 1738 westl. Erweiterung des ursprünglich zentral gestalteten Schiffes, 1757 Erneue-

rung der Ausstattung. – Das 1802 säkularisierte Kloster kommt 1847 an die Armen Schulschwestern. Seither heißt die Kirche, unterschiedlich zur Lateinischen bei St. Georg, Deutsche Schulkirche.

Der Geschmack des Rokoko bestimmt das Raumbild. Ein prächtiges Portal (1738) mit den Giebelfiguren der hll. Augustin und Franz von Sales führt ins Innere. Aus der eingezogenen Vorhalle, in die der starke Muschelkorb der Empore vorstößt und die ein vortreffliches, 1679 gefertigtes und vermutlich 1759 ergänztes Eisengitter schließt, überblickt man den 1schiffigen Raum, seinen eingezogenen Chor und seine gerundeten Eckkapellen. Z. T. vergoldetes Rocaillewerk, Strahlenbesatz und Rankenmotive erzeugen ein Gefühl festlicher Fröhlichkeit. Die Stuckarbeiten (darunter die Emblemvasen auf den Konsolen des Gewölbeansatzes, Elemente und Jahreszeiten vorstellend) stammen von 1758. Gottfried Bernhard Götz malte gleichzeitig die Fresken: am Langhausgewölbe Szenen aus der Gründungsgeschichte des Salesianerinnenordens, an den Seitenwänden Heilige und Allegorien.

Die junge Wohnanlage an Ambergs SO-Peripherie hat durch die **kath. Pfarrkirche zur Hl. Familie** (Königsberger Straße) von Friedrich Haindl (1955) ihren Akzent erhalten. Besonderheit: Stahlbetonstützen, Vereinheitlichung von Presbyterium und Langhaus.

● **Rathaus** (Marktplatz). Der Bau wurde nach dem Brand von 1356 im O des Platzes begonnen. Seine W-Fassade mit dem schlanken, reich verblendeten Giebel trägt die Züge dieser ersten Bauzeit. Die Balustrade mit ihrem Treppentürmchen kam 1552 hinzu. Unter der S-Front einst Arkadengänge. Sie wurden 1761 geschlossen. Der westl. Teil bis zum schön dekorierten, flachen Erker gehört noch der ersten Bauperiode an. Der gegen O folgende und der ganze nördl. Komplex wurde als »Neues Rathaus« 1572/73 aufgeführt.

Das Obergeschoß im Alten Bau umfängt den *Großen Ratssaal* mit rautenförmig kassettierter Holzdecke des späten 16. Jh. An seine NW-Seite lehnt sich das *Zeugenzimmer,* ein kleinerer Raum, 2 Joche lang, mit Kreuzrippengewölbe. Im SW der Anlage, also im »Neuen Rathaus«, liegt der *Kleine Ratssaal* von 1573. Seinen Vorplatz schmückt das in Renaissanceformen gehaltene Treppengeländer. Im Inneren vornehme Wandvertäfelungen mit säulenflankierten Türen und eine kassettierte Holzdecke.

Ratstrinkstube (Kreissparkasse), ein vornehmer Bau von 1728, erweitert 1756–64. In Muschelnischen der Außenfront plastische Allegorien der 4 Elemente.

Sog. **Eichenforst** (auch: »Klösterl«; jetzt **Museum der Stadt Amberg;** Eichenforstgasse 12). Der Name für diesen ältesten Pfalzgrafensitz in Amberg ist noch nicht erklärt. Sein Kern reicht wohl ins frühe 14. Jh. zurück. Der hochgiebelige Bau wurde in der Folge verändert. Von hohem Interesse ist die *Hauskapelle,* deren Chörlein sich auf kantigem

Pfeiler über dem Vils-Ufer erhebt. Sie entstand im späten 14. Jh. Ihr Inneres ist durch rippenbesetzte Flachdecke geschlossen, Beispiel für die rein ornamentale Bedeutung des spätgot. Rippennetzes. Die Glasgemälde zum größeren Teil aus dem 15. Jh.

Ehem. Schloß (**Landratsamt**; Schloßgraben)

Ursprünglich diente den Pfalzgrafen der sog. Eichenforst als Residenz. 1416 Beschluß zum Neubau. Die Arbeit lag überwiegend in Händen der Bauhütte von St. Martin. Es erwuchs ein 4flügeliger Komplex, umzogen von Wall und Graben, in der Mitte den Hofgarten umschließend. Durchgreifende Erneuerungsarbeiten 1602/03 unter Leitung von Johann Schoch aus Heidelberg. Damals entstand der erhaltene S-Trakt. Brandschäden und Baufälligkeit führten im 18. Jh. zum Abbruch der übrigen Teile.

Der bestehende S-Flügel ist ein 3geschossiger Bau mit hohem Volutengiebel. Der kleine Torbau im S, mit seiner zu beiden Seiten erkerartig eingerollten Balustrade (ausgeführt nach 1605, Balustrade 18. Jh.), führte in das ehemals prächtige Innere.

Ehem. Zeughaus (**Finanzamt**; Zeughausstraße). Der Bau des späten 15. Jh. wurde durch Johann Schoch 1604 gründlich erneuert. Aus dieser Zeit stammt der S-Flügel mit seinen Volutengiebeln. Im SO blieb ein zinnenbekrönter Treppenturm erhalten.

Ehem. Regierungskanzlei (**Landgericht**; Regierungsstraße)

Der Bau entstand auf Geheiß des Pfalzgrafen Friedrich II. 1544/45. 1601 kam der Treppenturm hinzu. Das 18. Jh. leistete im südl. Erweiterungsbau Beitrag.

Auffallend überragt der hohe Renaissance-Giebel die Flucht der Regierungsstraße. Ein rechteckiger *Erker* über dem säulenflankierten Portal trägt die Wappen des Pfalzgrafen und seiner Gemahlin Dorothea von Dänemark, im Obergeschoß ihre und ihrer Väter Reliefbildnisse. Feine Rankenornamente füllen die rahmenden Pfeilerflächen. Auch die Hofseite im W trägt einen Renaissance-Erker mit allegorischen Reliefs, 4 Laster darstellend. Hier das Vollendungsdatum 1546. Im Winkel der beiden Gebäudetrakte führt seit 1601 ein Portal mit dem Allianzwappen in den polygonalen Treppenturm. Die Gewölbe der Torhalle und einzelner Zimmer sind mit reichen Netzrippenfiguren versehen.

Nicht zuletzt dem wirtschaftlichen Niedergang im 19. Jh. ist die Zahl erhaltener alter **Wohnhäuser** zu danken, die sich im Wechsel von hohen Giebelfronten des 15. und 16. Jh. mit den horizontal abschließenden Breitseiten der Bauten des 17. und 18. Jh. zu malerischen Straßenbildern vereinigen. – Beim **Walfischhaus** (Löffelgasse 2) ruht die Dachvorkragung auf 2 Konsolen, die das Walfischwunder des Jonas schildern. – Malerische Bilder am Ufer der Vils im Verein mit den einzelnen, z. T. überdachten **Brücken.**

Stadtbefestigung

Schon im 12. Jh. war Amberg befestigt. Der Mauergürtel umgab ein annähernd rechteckiges Geviert, das durch den Lauf der Georgenstraße und die Vils bestimmt wurde. Erst unter Ludwig d. Bayern, nach 1326, begann die neue Ummauerung der mittlerweile zum langgestreckten Oval angewachsenen Stadt. Diese Umfriedung wurde in Etappen durchgeführt, bis ins 15. Jh. Verstärkungen im 16. Jh. und v. a. unter Kurfürst Maximilian im 30jährigen Krieg. Bei der Schleifung, 1796, und im 19. Jh. wurde viel zerstört.

Im N der Stadt erhielten sich Graben, Zwinger und Ringmauer. Nur in der südl. Partie zwischen Schloß und St. Georg fehlt heute die Stadtmauer ganz. Zuweilen wurden später Wohnbauten ans Innere des Beringes gesetzt.

Von den 5 Toren stehen noch 4: Wenn wir vom Bahnhof aus, uns südwärts wendend, die Stadtmauer umwandern, begegnen wir zunächst dem **Nabburger Tor.** 2 mächtige Rundtürme mit polygonalen Obergeschossen von 1587 flankieren die Torwölbung. Die Vorbauten verfielen der Spitzhacke. Rundtürme begleiten das starke Mauerwerk westwärts bis zur Vils-Brücke. Hier überquert die Mauer in 2 Bögen den Fluß. Die Bogenrundungen ergänzt der Wasserspiegel zu Kreisen, daher der Name **»Stadtbrille«.** Etwas weiter gegen W folgt das **Wingershofer Tor,** ein wehrhafter Bau in Rustikaquadern, 1579/80. Dann reißt der Mauergürtel ab, um erst wieder nördlich von St. Georg, in fast unberührter Form, anzuheben. Er leitet ostwärts zum **Vilstor** mit seinem hohen Viereckturm des 15. Jh., der eine niedrige Befestigungsmauer von 1574 vorschiebt, innen vom Wehrgang umzogen. Der weitere Mauerverlauf gegen O war Veränderungen und Verwüstungen ausgesetzt. Es folgt das **Ziegeltor,** dessen Unterbauten aus dem 15. Jh. stammen, während die oberen Teile gegen 1581 hinzutraten. Die flankierenden Batterietürme sind durch einen Wehrgang verbunden. Von hier führt der turmbewehrte Bering zum Ausgangspunkt zurück.

AMORBACH (Ufr. / Miltenberg B5)

● Ehem. Benediktinerabtei

Die Klosterlegende läßt den hl. Pirmin 713 eine erste Niederlassung an dem später »Amorsbrunn« genannten Heilquell gründen und mit deren Verlegung an den Mudbach, 734, die Geschichte Amorbachs beginnen. Der erste (hl.) Abt Amor scheint seine Existenz einer Namensdeutung (Amerbach = Amorbach) zu verdanken. Immerhin dürfte die Legende – es fehlt nicht ganz an stützenden Gründen – eine frühe, vermutlich irische Klostergründung wahrscheinlich machen. Eine Urkunde Ludwigs d. Deutschen, 849, bezieht sich auf das (sicher schon seit längerem) bestehende Kloster. Die nächste sichere urkundliche Nachricht: 993 übereignet Kaiser Otto III. das Kloster an Würzburg. Durch die von Kaiser Friedrich I. bestellten Vögte, die Herren v. Dürn, und deren Nachfolger, die Erzbischöfe von Mainz (seit 1272), lockern sich die Beziehungen zu Würzburg. Dank seiner Stellung zwischen Würzburg und Mainz ist Amorbach schließlich nahezu exemt. 1803 fällt es an die Fürsten Leiningen, 1816 an Bayern.

Amorbach. Ehem. Abteikirche. Fassade

● **Ev. Pfarrkirche,** ehem. Abteikirche
Eine Kirche des frühen 11. Jh. läßt sich aus den erhaltenen W-Türmen erschließen. Sie überragten, nach Abbildungen zu urteilen, ein in 2 Geschossen 2 Kapellen einschließendes Westwerk. Die wohl im späten 12. Jh. teilweise erneuerte 3schiffige Basilika des 9. Jh. (?) wich einem großartigen Neubau nach Plänen des Mainzer Baudirektors Maximilian v. Welsch (1742–47, unter Beibehaltung der Umfassungsmauern und der Türme ausgeführt). Seit der Säkularisation (1803) ev. Pfarrkirche.

Außenbau. Über die 2flügelige Treppe erreicht man die Rampe, auf die der Bau gestellt ist. Die W-Ansicht beherrschen stärker als die vorgeblendete 2geschossige, durch gedoppelte Pilaster gegliederte barocke Front die beiden roman. Türme, die, gedrungenen Wuchses, in 6 Geschossen bis zu den barocken Hauben aufsteigen. Die 3 Untergeschosse sind karg, verschlossen; nur die Lisenen und die sie verbindenden Rundbogenfriese gliedern die Flächen. Um so reicher wirken die Obergeschosse dank der 4fach gereihten Klangarkaden. – Hochschiff und Seitenschiffe übernehmen das Pilastermotiv der Fassade. Urnen besetzen die unteren Seitenschiffdächer in den Abständen der Pilaster. Die Fassade ist ganz Buntsandstein; am übrigen Bau wechseln Putzflächen mit Sandsteingliederungen.

Inneres. Das Raumschema einer kreuzförmigen Basilika ist nicht eben originell. Bewog dazu der Grundriß der älteren roman. Kirche? Die Kenntnis anderer Planungen des Mainzer Baumeisters (Entwurf für Vierzehnheiligen) läßt eher auf freie, klassizistisch bestimmte Wahl schließen. In diesen mächtigen Raum eintretend, wird man aber die Kritik rasch vergessen. Die hohen Arkaden des Schiffes herrschen und führen, Pilasterpaare trennen die Arkaden, ein schweres, über den Pilastern verkröpftes Gesims setzt die schon von den Gewölbefüßen angegriffene Hochwand ab und markiert zugleich die Tiefenachse. Die auf Hängezwickeln überkuppelte Vierung sammelt zentral die ihr anliegenden Arme des Querschiffes und des Chores.

● Der hohe Beitrag der Amorbacher Klosterkirche zur deutschen Kunstgeschichte des 18. Jh. liegt in erster Linie in ihrer grandiosen Ausstattung. Die *Fresken* schuf der Augsburger Matthäus Günther, die *Stukkaturen* arbeiteten die beiden Wessobrunner Johann Michael Feichtmayr (II) und Johann Georg Üblherr. Die Fresken im Langhaus sind der Legende des Ordensheiligen gewidmet, das im Chor dem apokalyptischen Johannes, die im Querschiff und in den Seitenschiffen verschiedenen Heiligen. Der riesige, durch die 6 hellroten Marmorsäulen beherrschte, nur im Aufsatz ornamental gelöste *Hochaltar* (1750) läßt für die in Stuck ausgeführten Teile (Joachim und Anna unten, Trinität oben) wieder die beiden Wessobrunner, für das Gemälde, Himmelfahrt Mariae, wieder Günther nennen. Die gleichen Namen haften auch an den Altären des Querschiffes und den meisten der Seitenschiffe (1747–49); sie sind, Stuckmarmor, beschwingtestes Rokoko. Die sehr reiche, wundervolle *Kanzel* ist Werk des Würzburgers Johann Wolfgang van der Auvera (1749–52). Die Orgel kam 1776–82 hinzu; sie fängt in ganzer Breite des Schiffes den Rückblick nach W, über der von entzückender Rocaille-Balustrade beschlossenen Empore. Das eichene Chorgestühl arbeitete der Würzburger Bildhauer Georg Adam Gutmann (mit dem Schreiner Kilian Koch), dem auch die Tür des Hauptportales gehört. Das hoch zu rühmende, die 3 Schiffe durchstellende Gitter schuf der Würzburger Schlosser Marx Gattinger.

Klostergebäude. Sie lehnen sich der S-Seite der Kirche an. Der W-Flügel, Mitte des 17. Jh., mit nördl. Verlängerung von 1786, ist einfach. Kaum aufwendiger der klassizistische von 1783, doch gliedern hier 3 Pavillon-Risalite die langen Fluchten. Und im Inneren birgt er 2 ausgezeichnete Raumschöpfungen eines frühen, konsequenten Klassizismus: Die reichen Stukkaturen des *Grünen Saales* schuf Andreas Dittman (1792/93), der auch in der Bibliothek mitarbeitete; von ihm auch der noble Vorraum. Die Wirkung der *Bibliothek* beruht in ihrem, den rechteckigen Raum flächig umwandenden Geschränk, der geschnitzten Plastik der Treppen- und Galeriebrüstungen (von Joseph Bonaventura Berg, 1797/1798) und dem die flache Spiegelwölbung füllenden Fresko, das Konrad Huber malte (1798); Thema des Gemäldes sind Allegorien (Weisheit, Tugend, Wissenschaften); im Gegensatz zu Raum und Raumzier blüht hier noch das späte Barock. – Der der S-Seite der Kirche entlang laufende **»Kirchgang«** (1786) ist bemerkenswert durch die in ihn versetzten Arkadensäulen des roman. Kreuzganges. – Die der W-Seite des Klosterplatzes anliegende **Klostermühle,** mit steilen Staffelgiebeln, stammt von 1448.

Fürstlich Leiningensches Schloß. 1724–27 als Wohnung des Mainzer Oberamtmannes nach Plänen von Anselm Franz v. Ritter zu Grünstein errichtet, von den Fürsten Leiningen im 19. Jh. umgebaut und erweitert.

Stadt

Die dem Kloster zuwachsende Siedlung verdankt ihre Erhöhung zur Civitas dem Klostervogt Konrad v. Durn, 1253, der sie auch befestigen ließ. Sie kommt 1272 durch Kauf an das Erzstift Mainz, das im 14. Jh. seine Amtskellerei hierher verlegt. 1356 mit Privilegien ausgestattet, die der Stadt ein hohes Maß an Selbstverwaltung gewähren. Wegen ihrer Haltung im Bauernkrieg geht sie ihrer Rechte verlustig. 1816 kommt sie, wie das Kloster, an Bayern.

Die nur in geringen Resten erhaltene Mauer umschloß ein Oval nördlich des in eigener Mauer liegenden Klosters. Die sammelnde Hauptachse ist der gestreckte, in leichter Krümmung verlaufende Marktplatz, auf den die von O her kommende Pfarrgasse trifft.

An den mainzischen Stadtherrn erinnert die **Kellerei** (**Heimatmuseum**), an der S-Grenze des alten Stadtkerns, ein schlößchenartiger Bau, wahrscheinlich von 1482–85. – Etwa gleichzeitig entstand das **Rathaus** am Marktplatz, dessen massives Erdgeschoß sich in einem breiten Kielbogen öffnet; Obergeschoß und Giebel, verschiefert, kragen vor, ein Schopfwalm schneidet den Giebel, ein Dachreiterchen, übereck gestellt, krönt den First des Satteldaches. – Das 1475 errichtete sog. **Alte Stadthaus,** am Markt südlich des Rathauses, ursprünglich wohl Kaufhaus, verbindet ein massives, über Freitreppe zugängliches Erdgeschoß mit Obergeschossen in (verputztem) Fachwerk und Schieferverkleidung; auch hier schneidet ein Schopfwalm (ortsübliche Dachform des 17. Jh.) die Giebelstirn.

● Kath. Pfarrkirche St. Gangolf

Der 1182 gebaute, 1500 veränderte Vorgängerbau steht bis 1751. In diesem Jahre begann der 1753 vollendete Neubau nach den (wahrscheinlich von Ideen des mainzischen Oberbaudirektors Anselm Franz v. Ritter zu Grünstein inspirierten) Plänen des Mainzer Ingenieurfähnrichs Alexander Schmitt.

Nicht eben zeitüblich ist der Raumtypus: 3schiffige Halle. Die wenig ältere Mainzer Peterskirche mag ihn eingegeben haben. Auch der Außenbau trägt das Gepräge des Mainzer Spätbarock. Großzügige, straffe Pilastergliederung, hohe, rund geschlossene Fenster. Das gilt ähnlich auch für die um ein Giebelgeschoß überhöhte Fassade. An den Flanken des apsidial schließenden Chorarmes 3geschossige, stark plastisch gegliederte, zwiebelbehelmte Türme. Das breitgelagerte Innere der Halle ist weit und hell.

Der Raum lebt nicht zuletzt vom Schmuck der der Stichkappentonne aufgetragenen Fresken von Johann Zick (1753): Legende des Titelheiligen St. Gangolf im Chor, des hl. Sebastian im Mittelschiff (3 Joche zusammengreifend), verschiedener Heiliger in den Seitenschiffen, Engelskonzert über der W-Empore. Der Hochaltar (Marmor) ist mit 4 guten Statuen des Mainzers Georg Schrantz besetzt; der Kruzifixus kam 1808 hinzu; ihn schuf der Amorbacher Joseph Bonaventura Berg. Die Seitenaltäre, von etwa 1720, wurden aus der älteren Kirche übernommen. Die beiden Stuckmarmorkanzeln (die Symmetrie wollte eine zweite) arbeitete der Würzburger Antonio Bossi (1753/54). Die Orgel (um 1720) stand ursprünglich in der Klosterkirche in Neustadt a. M.

Gotthardsberg

Das Frauenkloster auf dem benachbarten Frankenberg entstand auf der Stätte einer zum Schaden Amorbachs errichteten, auf Geheiß Kaiser Friedrichs I. 1168 zerstörten Burg, wohl gegen Ende des 12. Jh. Die 1138 bezeugte Burgkapelle gab ihr Patrozinium, St. Gotthard, an die Kirche des Klosters weiter, das es zu keinem Flor brachte und 1439 mit Amorbach vereinigt wurde. 1714 zerstörte ein Unwetter Kirche und Kloster. 1956 wurde die Kirchenruine überdacht.

Die **Kirche** steht noch in den Umfassungsmauern der 3schiffigen Basilika. Das nachgot. Äußere (eingreifender Umbau 1628/29) verschweigt den roman. Kernbau, der in einigen Arkaden des Mittelschiffes noch erhalten ist.

Amorsbrunn (B5)

Kath. Wallfahrtskapelle St. Amor •

Die Klostersage von Amorbach verlegt hierher den Gründungsbau. Über dem Brunnen, einer wohl uralt heiligen Quelle, steht schon im 12. Jh. ein damals und noch im 13. Jh. marianisches Kirchlein, das, 1273 erstmals genannt – damals mit einer (bis 1792 bestehenden) Einsiedelei verbunden –, im 15. Jh. (Statue des hl. Amor von 1446 im Chor) eine Wallfahrt weckt. Die Kapelle wurde, mit Beibehaltung roman. Mauerteile, im 16. Jh. (Jahr 1521 an der S-Pforte) umgebaut: Einwölbung des Chores, Erweiterung des Schiffes nach N zur Einbeziehung der Heilquelle. 1939/1940 wurde renoviert.

Ein Rechteck mit 3seitig schließendem Chor, das Schiff mit Flachdecke, der Chor mit Netzrippengewölbe. Schönster Schmuck ist der Schnitzaltar von etwa 1500 mit der Wurzel Jesse, wohl Arbeit eines Mainzer Bildschnitzers. Die beiden Seitenaltäre (um 1700) tragen das Schönbornsche Wappen. Die Freikanzel von 1576, das 1565 gefaßte Heilbad – gespeist von dem im Inneren der Kirche entspringenden Quell – und die Mariensäule von 1720 sind Stimmungsträger des Idylls Amorsbrunn.

ANSBACH (MFr. / F7)

»Onoldisbach« *erwächst aus einer Klostergründung des 8. Jh. Der Würzburger Bischof ist Grundherr, doch entrechtet ihn der von ihm bestellte Vogt. Obervögte des Stiftes sind im 12. Jh. die Staufer, Untervögte die Herren v. Dornberg, denen der Abgang des staufischen Kaiserhauses zustatten kommt: In der 2. Hälfte des 13. Jh. herrschen die Dornberger; die Lehenshoheit der Bischöfe bedeutet nicht mehr viel. Die Dornberger, deren Wappen das der Stadt wird, sterben 1288 aus, die Vogtei über Stadt und Stift fällt an die Grafen v. Oettingen. Diese verkaufen 1331 ihr Erbe an den Burggrafen Friedrich v. Nürnberg. Seit etwa 1456 ist Ansbach markgräfliche Residenz. – Die Siedlung wuchs der Klosterkirche zu, sie mag im 10. Jh. ihre erste Pfarrkirche St. Johannes Bapt. gebaut haben. Im 12. Jh. vollzieht sich die Stadtwerdung, 1165 läßt sich ein Mauerring voraussetzen, gegen Ende des Jahrhunderts treten »Bürger« auf, 1221 fällt das Wort »Stadt«. – Markgraf Albrecht Achilles, der als erster in Ansbach zu residieren beginnt und auch das Schloß (dem eine in wenigen Raumfragmenten noch aufspürbare Wasserburg vorausging) begründet, erweitert die Stadt im S um die »neue Stadt«. Der Herrieder Torturm rückt aus der Uzstraße südlich vor. Die von Albrecht veranlaßten Mauern werden im 18. Jh. aufgelassen. – 1528 siegt die Reformation. Unter dem ausgezeichneten Georg Friedrich (1557–1603) gewinnt die Stadt einige ihrer charakteristischen Bauten (Gumbertus-Turmgruppe, Kanzlei, Neuer*

Bau). Der Große Krieg wird mit Schaden, doch begrenztem, überstanden. – Das prägende Jahrhundert ist das 18. Markgräfin Christiane Charlotte, die 1723–29 vormundschaftlich regiert, und ihr Sohn, Markgraf Karl Wilhelm Friedrich (1729–57), machen Ansbach zu Ansbach. Unter dem »wilden« Markgrafen entsteht vor dem Herrieder Tor die »Neue Auslage«, die zu den beachtlichen städtebaulichen Leistungen des 18. Jh. gehört. Seine »Baugnaden« befeuern den Baueifer des Bürgers. – Der letzte Markgraf, Karl Alexander, tritt die Markgrafschaft (Ansbach-Bayreuth) 1791 an Preußen ab. 1806 Übergang an die Krone Bayern.

● Zwei Zeiten haben das **Stadtbild** Ansbachs geprägt, das 16. und das 18. Jh. Das 16. hat, vom Stadthaus angefangen bis zur Turmgruppe von St. Gumbertus, die monumentalen Blickfänge geschaffen; das 18. Jh. hat die Ansicht der Plätze, Straßen, Gassen, durch Neu- oder Umbau, barock überarbeitet. Lehrreich v. a. der Obere Markt, der seine Erscheinung vornehmlich durch Abbau der alten Giebelstirnen gewann. Horizontale Trauflinien riegeln die urspr. Spitzung ab, die aber doch noch in den dem Dachwalm vorgesetzten Zwerchhäusern nachklingt; diese die Dachregion in vielen Varianten belebenden Zwerchhäuser sind charakteristisch ansbachisch. Der von der Zeit so bescholtene »irreguläre« Grundriß mittelalterl. Verkehrswege wie der Uzstraße ließ sich allerdings nicht mehr geradebiegen, glücklicherweise, denn eine durch Krümmung, Staffelung, Verschränkung so abwechslungsreiche »malerische« Straße wie die Uzstraße gehört ebensowohl zu den Auszeichnungen dieser Stadt wie die im S der Altstadt in der Promenade (vorher Breiter Graben), in der Maximilianstraße vor dem Herrieder Tor und in der durch die Karlsstraße mit der Altstadt verbundenen »Neuen Auslage« regulär geschaffenen Straßen und Plätze des Barock. Eine hervorragende Leistung barocken Städtebaues ist die **Neue Auslage** (um den Karlsplatz), welche die Namen der markgräflichen Baumeister Leopold Retti und Johann David Steingruber nennen läßt. Steingruber insbesondere leistete für das Stadtbild viel. Auch die sehr anmutige Gestaltung der Außenseite des **Herrieder Tores** mit den beiden vorgerundeten Bürgerhäusern an den Flanken ist sein Werk. Bis ans Ende des Jahrhunderts wirkt seine gute, schlicht bürgerliche Art fort; denn noch der letzte der markgräflichen Baumeister, Johann Caspar Wohlgemuth (dem die Maximilianstraße viel verdankt), hängt an ihr.

● **Ev. Stadtpfarrkirche St. Gumbertus,** ehem. Stiftskirche

Kurz vor der Mitte des 8. Jh. gründet ein Graf Gundpert das später nach ihm genannte Benediktinerkloster an der Rezat, das, zunächst Reichskloster, nach 768 an den Würzburger Bischof übergeht und sich im 10., spätestens 11. Jh., in ein Chorherrenstift umwandelt. – Von einem frühroman. Kirchenbau (Mitte 11. Jh.) hat sich, unter dem östl. Teil des barocken Langhauses, die (1934 freigelegte) Krypta erhalten. Ein Neubau fand im 12. Jh. statt (Weihe 1165); von ihm haben sich nur wenige Mauerzüge (N-Seite) erhalten. Der hochmittelalterl. Bau, eine 3schiffige flach gedeckte Pfeilerbasilika mit östl. Querschiff, wird nach 1280

Ansbach. Ehem. Stiftskirche St. Gumbertus. Westseite

(Brand) durch einen Umbau ersetzt, dieser wieder im späten 15. Jh. (1475 ff.) durch Seitenkapellen erweitert und mit 2 neuen Fronttürmen ausgestattet. 1501–23 entsteht der Chor, der, 1817 durch eine Mauer vom Langhaus abgetrennt, heute die »Schwanenritterordenskapelle« ist. Wir kennen die Meister, die ihn bauten: Martin Kugler aus Nördlingen (1501–07), Endres Emhart d. J. (1508 ff.), Jörg Steltzer und Stephan Weyrer d. Ä., beide aus Nördlingen (1516 ff.), und Hans Beheim aus Nürnberg (1521–23). – Seit 1563 ist die Stiftskirche Hofkirche. Der Ulmer Gideon Bacher führt 1594–97 den breiten, starken Mittelturm auf; er behält den 1493 vom Nördlinger Meister Heinrich Kugler (Vater des Martin, auch Echser genannt) gebauten südlichen der beiden spätgot. Fronttürme bei, erneuert aber den (1483 errichteten) nördlichen. Die Turmhelme wurden 1953 erneuert. – 1736 betraut der Markgraf seinen Baumeister Leopold Retti mit dem Neubau des Langhauses, das 1738 eingeweiht ist.

Äußeres. Der Bau kehrt seine offene *südl. Langseite* dem Unteren Markt zu, dessen Häuserzeile dem pompösen Fremdling schlicht-bürgerlich gegenübersteht. Die Aufrißgliederung ist klassizistisch kühl, man könnte sagen: protestantisch; die Reihung der hohen Rundbogenfenster bestimmt den Aufriß, nur daß die 2. und die vorletzte Achse durch flache Risalite und diese durch die der Attika aufgesetzten, von Fanfarenengeln begleiteten Wappenkartuschen betont sind. Gegen diesen, durch Gesimse 3geschossig geteilten, unter schwerer Mansardendachung liegenden Block steht nun einerseits, östlich, der Chor, andererseits, westlich, die dreifältige Turmgruppe. Der *Chor,* polygon gebrochen und an den Kanten verstrebt, in hohen, breiten, mit Maßwerk geschmückten Fenstern geöffnet, durch Friese unter Sockel- und Dachgesims belebt, durch einen Rechteck-Erker (für die Reliquien des hl. Gumbert) auffällig, gleicht sich lediglich in der schweren Bedachung dem Retti-Bau an, der, ohne Rücksicht auf die älteren Bauteile, mit der Selbstverständlichkeit eines sich absolut überlegen wissenden modernen Geschmacks hingesetzt wurde. Wie anders verhielt sich noch der Meister der *westl. Turmgruppe,* Gideon Bacher! 1594 führte er zwischen den beiden spätgot. Achtecktürmen, deren nördlichen (von 1483) er gleichzeitig völlig erneuerte, einen massigen, erst in den beiden Obergeschossen in Fensterpaaren geöffneten Stirnblock empor, dem er einen hohen, 8eckig gesockelten Achteckhelm aufsetzte; aber, wohlgemerkt, anpassungswillig, in got. (gotisierenden) Formen. In gleichen, nur entsprechend kleineren (1953 erneuerten) Helmen strahlen auch die Flankentürme aus. Diese hochoriginelle Dreiturm-Gruppe beherrscht das Stadtbild absolut.

Inneres. Der vom Langhaus abgesperrte Chor bricht nach 2 Jochen im 5/8-Schluß, öffnet sich über dem durch Friese begrenzten Sockel in Maßwerkfenstern und ist mit reich figuriertem Netzgewölbe gedeckt. Er nahm in den 20er Jahren des 19. Jh. den Namen der an der N-Seite des Langhauses stehenden *Georgskapelle des Schwanenritterordens* an, dank des übertragenen Inventars dieser 1736 erstellten Kapelle.

Der spätgot. Altar ist der der Georgskapelle, Stiftung des Markgrafen Albrecht Achilles (1484), doch nicht im urspr. Zustand. Unter den 11 *Grabsteinen* von Rittern des Schwanenordens (seit 1825 hier aufgestellt) einige charaktervolle wie die des Lorenz v. Eberstein (1480) und des Sebastian v. Luchau (1520). 7 dieser Rittersteine stammen von der Hand eines Anonymus, des »Meisters der Ansbacher Schwanenordensritter«, dessen das Monogramm JA einschließendes Zeichen noch keine sichere Deutung gefunden hat. Eine lange Reihe von Totenschilden an den Wänden und einige gute Scheiben (16. Jh.) in den Fenstern.

Das über den alten Umfassungsmauern aufgeführte *Langhaus* ist ein hoher heller Saalraum, dessen in rundbogigen Fenstern geöffnete Wände durch in Stuck aufgesetzte Lisenen gegliedert sind. Eine Stichkappentonne deckt.

Der die sparsame Ausstattung beherrschende Kanzelaltar wurde nach Angaben Paul Amadeus Biarelles 1738/39 von einem Münchner Kistler gearbeitet. Die Orgel datiert 1735/36.

Die frühroman. *Krypta* ist ein 3schiffiger Hallenraum, dessen Kreuzgratgewölbe auf den Würfelkapitellen stämmiger Säulen aufsitzen, 3 (urspr. 5) Joche tief, mit mittlerer Chorapside.

Seit 1973 ist St. Gumbertus die Herberge der in Zinnsärge gebetteten sterblichen Reste von 25 Markgrafen und Markgräfinnen des 17. und 18. Jh. (zuvor in der Fürstengruft in St. Johannis).

Ev. Pfarrkirche St. Johannis

Die Pfarrei ist erstmals 1139 bezeugt: Der Würzburger Bischof schenkt sie an den Altar des hl. Gumbert. Erst im Spätmittelalter gelingt es der Stadt, das Stift zurückzudrängen. Der bestehende Bau wird im 2. Jahrzehnt des 15. Jh. begonnen; das Langhaus ist 1435 unter Dach. Um diese Zeit entstehen wohl auch die beiden Türme. Der Chor wird 1441 (Inschrift) in Angriff genommen. Der 1463 genannte Endres Steinmetz (Emhart, d. Ä.) dürfte ihn großenteils aufgeführt haben. Der Chorboden wurde bei Einbau der Fürstengruft 1660 erhöht, 1885 aber wieder tiefer gelegt.

Das Äußere, das seine durch gereihte Streben gegliederte nördl. Langseite dem Oberen Markt zuwendet, fällt durch das Paar der östlich stehenden Türme auf, deren ungleiche Höhen und ungleiche Abschlüsse von den Heutigen nicht bescholten werden. Wenig Aufwand bieten die in Sandsteinquadern aufgeführten Mauern; reicher, dank der gestaffelten Streben, ist nur der zwischen den Türmen hervortretende Chor. – Auch die 3schiffige *Halle* bietet nicht viel auf, »banal« wollen wir sie (mit Dehio) aber nicht nennen. Der in 3 hohen, 3- und 5teiligen Fenstern aufgebrochene, mit einem feinsträhligen Netzgewölbe gedeckte, mit dem Mittelschiff des Langhauses zu räumlicher Einheit verbundene Chor muß jedenfalls gelobt werden. Die Fürstengruft, eine 2schiffige, 2 Joche zählende Halle unter dem Chor, gab ihre Markgrafen-Sarkophage an St. Gumbertus ab.

Die **kath. Stadtpfarrkirche St. Ludwig,** in der »Neuen Auslage« (Karlspl. 10), ist ein klassizist. »Tempel«, der den Münchner Leonhard Schmidtner zum Urheber hat; errichtet 1834–40.

Die **Friedhofskapelle Hl. Kreuz,** im 1521 von St. Johannis ins südl. Vorgelände der Altstadt verlegten Friedhof, entstand 1461–78 als Pilgerkapelle. 1602–12 wurde sie nördlich und östlich erweitert; zugleich wurde der westlich anliegende Turm aufgestockt.

Die sog. **Karlshalle** (Karlspl. 5), erste kath. Kirche Ansbachs, ein wenig aufwendiger Kirchensaal, entstand 1777/78, gebaut nach Plänen Johann David Steingrubers.

Die beachtenswerte **Synagoge** (Rosenbadstr. 3) ist ein Werk Leopold Rettis, 1744–46, mit guter, gleichzeitiger Ausstattung (Almemor, Hl. Lade).

● Residenz

Der Ausgang ist eine »an der Steynen brucken« (der Rezat) am O-Rand der Stadt um 1400 erbaute Wasserburg, die in den 20er Jahren des 16. Jh. durch den Nürnberger Hans Beheim umgebaut und wohl auch erweitert wird. Teile des Beheim-Baues haben sich in den Erdgeschoßräumen des NW-Flügels erhalten. Der baufreudige Markgraf Georg Friedrich baut wieder, 1587ff., durch den Stuttgarter Blasius Berwart und den Ulmer Gideon Bacher den Umbau um. Das Geviert, dessen Grundriß aus den Fundamenten heraus noch den Bau des 18. Jh. an bestimmte Linien und Flächen bindet, dauert nun das 17. Jh. aus. Gegen Ende des Jahrhunderts taucht die Absicht einer Umgestaltung auf, die der 1694 aus Wien geholte, aus Graubünden stammende Gabriel Gabrieli übernehmen soll. Die Absicht gedieh aber erst 1705 zur Tat. 1705–15 entsteht der O-Teil des SO-Traktes (9 Achsen). Auf Gabrieli treffen auch einige Abschnitte der Hofarkaden, trifft also das für 3 Seiten verbindliche System der Gliederung der Hofwände. Gabrieli vertauscht dann, 1716, den markgräflichen Dienst mit dem bischöflich-eichstättischen. Er läßt ein zwar noch unvollendetes, aber durch ihn entscheidend geprägtes Schloß zurück. Die beiden Herren v. Zocha, »Kavalier-Architekten«, lösen den Welschschweizer ab; bedeutender der jüngere, Karl Friedrich, ein Klassizist französischer Schulung. Seine Entwürfe blieben aber zumeist auf dem Papier. Zwischen 1716 und 1731 dürfte wenig gebaut worden sein. Erneute Aktivität erst mit der Berufung des jungen Leopold Retti, 1731. Retti vollendet (1732/33) unter Preisgabe des von Gabrieli geplanten Mittelrisalits den von diesem begonnenen SO-Trakt – Ergebnis: die repräsentative Fassade an der der Stadt abgewendeten Seite –, modernisiert, nur äußerlich umgestaltend, die im Kern älteren Trakte im NO und NW, führt, anscheinend ganz, den SW-Trakt auf (1731–35), bringt die Arkaturen des Hofes zu Ende, fügt die Gebäudegruppe an die N-Ecke hinzu, Küchenbau (1736) und Marstall (1740/41), und wohl auch den Annex an der W-Ecke, die Hauptwache. Die Prägung der Rettischen Bauteile ist kühl-klassizistisch, vielleicht durch die französisch reglementierten Planideen Zochas eingegeben. Sein eigenstes Werk ist die von ihm geleitete Ausstattung der markgräflichen Wohnung, für die er eine Reihe fähiger Künstler nach Ansbach holt, den Maler Carlo Carlone, den Stukkator Diego Carlone, den Bildhauer Antonio Sylva u. a. m. Wichtiger die beiden Biarelle, der Maler Johann Adolf und, insbesondere, der Bildhauer Paul Amadeus, der, als Dessinateur an der Spitze einer Gruppe Münchner Arbeitskräfte (aus dem Umkreis Cuvilliés' d. Ä.), den leichten, intimen Stil bestimmte. Die Raumausstattung, die 1734 mit dem Großen Saal beginnt, zieht sich viele Jahre hin; seit 1745 leitet sie Johann David Steingruber; die Künstlerhände wechseln vielfach; erst in den 70er Jahren findet sie ihr Ende. – 1791 verläßt der letzte, zugunsten Preußens resignierende Markgraf, Karl Alexander, die Residenz, die nun ihres lebendigen Inhaltes beraubt bleibt.

Äußeres. Gräben an 2 Fronten (SO und NO) erinnern noch an das Wasserschloß des späten Mittelalters wie der Geviertgrundriß an das Schloß der Spätrenaissance. Aber die glänzende *Fassade* Gabrielis (SO), die, wenn auch nur z. T. von ihm gebaut, doch ihm gehört, mit ihrer breiten, von steinernen Schilderhäuschen flankierten, den Graben querenden Zufahrt läßt diese Rückstände kaum wirksam werden. Eine Palastfassade, fluchtet sie in 21 Fensterachsen, lang hingereiht stehen die dem Rustikasockel entwachsenden Kolossalpilaster, nur zweimal, in wenig betonten Risaliten, hebt sich die durch die Reihung gleichförmiger Glieder charakterisierte Front, deren Länge zu unterstreichen auch die Dachbalustrade bestrebt ist. Gehäufte Wiederholung ermüdet, aber die große Wirkung dieser Fassade beruht auf der Wiederholung. – Die Einfahrtshalle des Gabrieli-Flügels durchschreitend, erreicht man den *Binnenhof* des Geviertes, dessen Trapez in den gegenüberliegenden Ecken abgeschrägt ist (wozu ein älterer Turm, in der N-Ecke, Anlaß bot). Die einheitliche Gestaltung der Hoffassaden durchbricht nur die südöstliche, die K. Fr. v. Zocha (vermutlich) hinzufügte, kühl-nüchterne Ergänzung der Hoffassaden Gabrielis. Zusammengreifende Pilaster gliedern auch hier, gedoppelt an den Risaliten der Mitten; eine horizontale Dachbalustrade schließt auch hier ab. Dazu kommen nun aber die durch Säulen 3geteilten Erdgeschoßarkaden und die gleichgestalteten Fenster der beiden Hauptgeschosse, die die Wandflächen in ganzer Breite der Pilasterabstände öffnen; es resultiert der Eindruck des Heiter-Offenen, dazu, dank der kräftig runden Säulen, der des plastisch Geformten. – Die Außenfassaden der 3 Flügel schuf Retti. Er gliederte sparsam, sparsamer noch als an der südöstl. Hoffassade; eine vornehme Simplizität muß seinen französisch-klassizistisch bestimmten Schöpfungen zuerkannt werden.

● Inneres. Die Raumausstattungen der Residenz sind hohen Ranges. Durch das mehr als zurückhaltende, 3 Geschosse einnehmende *Treppenhaus* erreicht man die Gesellschaftsräume. Da ist der von L. Retti gestaltete *Große Saal* (1735–37), in der Höhe der beiden Obergeschosse, deren zweitem er, in der Tiefe, einen Balkon vorlegte; die elegante Stuckzier gehört D. Carlone, das Deckenfresko (Glorifikation des Markgrafen Carl Wilhelm Friedrich) C. Carlone. Da sind die *Wohnräume des Markgrafen Carl Wilhelm Friedrich,* die ebenfalls Retti (nach Entwürfen J. A. Biarelles) gestaltete. D. Carlone und Carlo Daldini stuckierten, P. A. Biarelle schnitzte. Der Weiße Saal trägt allerdings, seit 1774/75, den Stempel des Klassizismus, der auch sonst da und dort im Spiel ist. Nennen wir noch das durch zarten, reizvoll ornamentalen Stuckdekor ausgezeichnete Schlafzimmer des Markgrafen, das durch den Holzton des Eichengetäfels bestimmte Braune Kabinett, das von den Farben des Stuckmarmors getragene Marmorkabinett. Weiter die *Wohnräume der Markgräfin Friederike Luise* (Schwester Friedrichs d. Gr.), fast alle 1738–44 ausgestattet, mit dem weiß getäferten Schlafzimmer, dem prachtvollen Spiegelkabinett, dessen geschnitzte Vertäfelungen der Münchner Bildhauer Johann Kaspar Wezlar leistete (die Stilnähe zu den Reichen Zimmern der Münchner Residenz [1733–38] wird nicht überraschen), dem wieder durch Braun und Gold bestimmten Braunen Wohnzimmer, dem Audienzzimmer mit wahrscheinlich auch von Wezlar geschnitzter weißer Vertäfelung, dem Jagdzimmer (mit 1774 hinzugekommenen Jagdbildern, deren 2 von Jean-Bapt. Oudry, 1722 und 1724, sind), dem Gobelinzimmer, dessen Wandzier nun wieder Stukkatorwerk ist, bis auf die 1700 in der Pariser Manufaktur gearbeiteten 3 Gobelins.

Wir führen noch an die *Gastzimmer* im NO-Flügel, das 1745–49 ausgestattete *Kabinett,* das *Audienzzimmer* (1775/76), das *Monatszimmer* von 1763 und den 1763/64 nach den Entwürfen Steingrubers geschaffenen, mit Kacheln der Ansbacher Fayencemanufaktur ausgekleideten *Speisesaal,* und schließlich die *Galerieräume* (im ältesten Teil des Gabrieli-Flügels) mit dem Vorzimmer, der 1771 neu gestalteten Galerie (Spiegelgalerie) und dem Bilderkabinett, das noch die älteste Ausstattung dieser Raumfolge, von 1726–29, bewahrt.

Ansbach. Residenz. Spiegelkabinett

● **Hofgarten** (östlich des Schlosses, außer Zusammenhang mit diesem)

Sicher schon im frühen 16. Jh. begründet, im frühen 18. Jh. neu gestaltet und zugleich östlich und südlich erweitert. 1723/24 entstand die große, von O nach W verlaufende Doppelallee und 1726ff., nach den Plänen Karl Friedrich v. Zochas, die Orangerie an der N-Seite (das »Pomeranzenhaus«), 1730 im Rohbau fertig, 1743 noch nicht ganz vollendet.

Die **Orangerie** bestimmt nun den Park als der, wenn auch exzentrische, architektonische Beziehungspunkt: ein 1geschossiger, 29 Achsen (102 m) zählender Langbau, durch ionische Pilaster, Gebälk und hohe Rundbogenfenster gegliedert, durch verhältnismäßig schwache Risalite mitten und seitlich modelliert. Stärker stoßen die Risalite auf der Rückseite, gegen die Rezat, vor. Hier legt sich der fensterlosen Wand eine pompöse Kolonnade vor. Die Inspirationsquellen: das Grand Trianon, Versailles (für die S-Seite), die Louvre-Kolonnade, Paris (für die N-Seite). Die diesen Vorbildern nicht entsprechende Mansarde entstand, in ihrer letzten Form, erst um 1760.

Die geometrische Anlage vor der Orangerie ist Zutat d. J. 1945. Doch konnten auch die großen Achsen, die von der Orangerie ausgehende Querachse (N-S) und die durch die prächtige doppelte Lindenallee gegebene Längsachse (O-W), als Dominanten wiedergewonnen werden. – In den 80er und besonders 90er Jahren des 18. Jh. verdrängte, hier wie allenthalben, der »natürliche« englische Gartenstil den »künstlichen« französischen. – Das 19. Jh. stattete den (inzwischen etwas verkürzten) Park mit **Denkmälern** aus, dem des »Anakreontikers« Johann Peter Uz (1720–96), eine Bronzebüste Karl Alexander v. Heideloffs von 1825, und dem des »occultus occulto occisus«, des vielumrätselten Kaspar Hauser, der am Platze dieses Steinpfeilers 1833 (durch wen?) auf den Tod verwundet wurde.

● **Ehem. markgräfliche Kanzlei.** Sie besetzt das Areal der einst um den Kreuzgang gruppierten Stiftsgebäude von St. Gumbertus. Angelehnt an die N-Seite der Stiftskirche, verträgt sich der wuchtige, 1594 errichtete Bau vorzüglich mit deren vom gleichen Baumeister, Gideon Bacher, gestalteten Turmfront: breitgelagertes Gegengewicht, trotz Aufreckung in 7 Zwerchgiebeln. – Diese Giebel charakterisieren auch den vom selben Bacher etwa gleichzeitig aufgeführten **»Neuen Bau«** (für die Gäste des Hofes) am Unteren Markt, dessen hoher mauerstarker Körper den Kolossen der benachbarten Stiftskirche und des im Hintergrund aufragenden Schlosses standhält.

Stadthaus. Zwischen den beiden Märkten gelegen, steht das spätestens 1532 von Sixt Kornburger aufgeführte Stadt- oder Landhaus an wichtigster Gelenkstelle des Stadtkörpers, und der massive, seine Langseiten beiden Märkten zuwendende

Block erfüllt auch seine städtebauliche Aufgabe ausgezeichnet. Regelmäßige Anordnung der durch 2 Pfosten unterteilten Fenster ist der sichtlichste Beitrag der »neuen Zeit«, die sonst nur die Portale mit antikischem Zierat geschmückt hat. Die steilen, in Blenden aufgelockerten Giebel mit den fialenartigen Aufsätzen über den Schrägen (ursprünglich mit Statuen, Kaiser und Kurfürsten, besetzt) sind altdeutsches Erbe, die Fenster sind es auch, und der Stiegenturm mit den feinen Pförtchen und der Spindel lebt noch aus bester Steinmetztradition.

Rathaus. Am Oberen Markt, in Ecklage zur Uzstraße, auf dem Platz eines 1531 erstellten Vorgängers. Er greift nicht weit hinaus über das ein rundes Jahrhundert vorher vom Stadthaus Gebrachte. Nur daß das Volumen und mit ihm das Gewicht der Horizontalen gewachsen ist. Valentin Juncker gab 1621 die Risse des 1622/23 errichteten Gebäudes. •

Gymnasium (Reuterstr. 9)

Das 1727 an der SW-Ecke der Stadtmauer, über dem Graben, errichtete Zuchthaus verwandelt sich 1735 in das Gymnasium. Die Entwürfe von Johann Christoph Hornung, doch von Karl Friedrich v. Zocha abgeändert.

Das in 4 ursprünglich 2geschossigen Flügeln, mit offenen Pfeilerarkaden im Erdgeschoß, einen Hof einschließende Gebäude wurde 1882 um ein 2. Obergeschoß erhöht. Der kräftige Turm an der SO-Ecke ist Relikt der alten Stadtbefestigung.

Prinzenschlößchen (Schloßstr. 39)

Gabriel Gabrieli baut es 1699–1701 für den Hofrat Georg Chr. Seefried, doch kommt es erst unter dessen Nachfolger im Besitz, Hofrat J. F. Weyl, 1708ff. zu Ende. 1721 gelangt es an den Erbprinzen, und seither heißt es Prinzenschlößchen, obgleich schon 1757 an Private veräußert.

Die 2geschossige Front wölbt sich in 3 Achsen vor, eine der Mansarde vorliegende Attika beschließt sie, die beiden Schornsteine auf dem First des Daches sprechen auch vernehmlich mit. Überraschend diese zarte heitere Anmut in einer sonst das Gewichtig-Wuchtige schätzenden Zeit.

Wohnhäuser. Der noch sehr umfangreiche Bestand an guten alten Wohnhäusern des 16.–18. Jh. sei wenigstens in Hinweisen gestreift.
Die Straßenfassaden des 18. Jh. verblenden nicht selten ältere Baukörper. Beispielhaft Johann-Sebastian-Bach-Platz (Unterer Markt) **Nr. 5,** eine ehem. Stiftskurie, die einen vortrefflichen Innenhof (Arkaden im Erdgeschoß, Treppenturm) aus der 2. Hälfte des 16. Jh. einschließt. Oder **Nr. 7,** die ehem. Stiftsdechantei, mit von Karl Friedrich v. Zocha gestalteter Fassade, die nicht den ins 16. und 17. Jh. zurückweisenden altfränkischen Hof (mit Fachwerk) erwarten läßt.

Am Martin-Luther-Platz (Oberer Markt) seien (aus vielem) **Nr. 6** und **Nr. 12** herausgehoben, beide nach 1719 neu gestaltet, 6 von Gabrieli, 12 von Zocha.

Vorzügliche, nahezu geschlossen barocke Bebauung zeichnet die Maximilianstraße aus, an deren Beginn die beiden, mit ihren Rundungen das Herrieder Tor so reizvoll einfassenden Häuser **Nr. 1** und **Nr. 2** (von Leopold Retti und Johann David Steingruber) stehen. **Nr. 4** ist das Wohnhaus Steingrubers (1737). **Nr. 3, 5, 7, 9, 11, 13, 15** sind rühmliche Wohnhausgestaltungen des späten 18. Jh.

Vorwiegend barock auch die dem Graben folgende Promenade, mit stattlichen, meist 3geschossigen Hausbauten. Hier, **Nr. 26 bis 28** das 1715–19 errichtete markgräfliche Jagdzeughaus und das 1718 aufgeführte ehem. Gesandtenhaus, **Nr. 24** (jetzt **Verwaltungsgerichtshof**), beide von Zocha; der Gesandtenbau, für einen Hofmusikus bestimmt, ein Palais, 2geschossig, mit Mansarde, 9 Achsen zählend, deren mittlere Risalit ist.

Wir verweisen nur noch auf einige Straßen, die von insgesamt guter Architekturhaltung sind: Platenstraße, Jäger- (jetzt Bischof-Meiser-)Straße, Pfarrstraße, Neustadt, Nürnberger Straße, und schließen mit der (doch offenbar nötigen) Feststellung, daß die städtebaulichen Werte Ansbachs außerordentlich sind. Man kann nicht sagen, daß Ansbach eine barocke Stadt ist. Das bürgerliche Mittelalter wurde durch die Zielsetzungen der absolutistischen Ära doch nur äußerlich angegriffen, in den (verhältnismäßig engen) Grenzen des noch Möglichen korrigiert. Unterschichtig wirkte es fort. Und nicht zuletzt in diesem Mit- und Ineinander der gewachsenen und der gewollten städtebaulichen Formen beruht die ganz eigene, freie Lebendigkeit des Ansbacher Stadtbildes.

Markgrafenmuseum, Kreis- und Stadtmuseum Ansbach (Schaitbergerstr. 10): Vor- und Frühgeschichte, Markgrafenzeit, Fayencen, Porzellan, zeitgenössische Kunst.

ARNSTEIN (UFr. / Main-Spessart D3/4)

839 tritt A. namentlich hervor. Seit 1292 ist es würzburgisch; das Hochstift dürfte aber schon im 12. Jh. die Lehensrechte besessen haben. In der Folge mehrfach, an die Hutten und Thüngen, verpfändet. 1317 erscheint die der vermutlich von den Henneberg begründeten Burg zugewachsene Siedlung als Stadt.

Das Schloß, auf der Zunge des zwischen Wern und Schwabach ausstreichenden Höhenzuges, und die Pfarrkirche auf einer Schwelle dieser Höhe, überragen die **Stadt,** deren Hauptstraßenzug (Marktplatz – Marktgasse) der Rundung des Schloßberges folgt. – Das auf 3 Seiten von Gräben umgebene **Schloß** (jetzt **Amtsgericht**), 1525 zerstört, wurde in den 40er Jahren des 16. Jh. wiederaufgebaut. Die von ihm ausgehende und zu ihm zurückkehrende Ringmauer ist nur in einigen (meist in Häuser verbauten) Teilen erhalten. Das auf den keilförmig zur Pfarrkirche aufsteigenden Markt gestellte **Rathaus** ist ein 3geschossiger Bau des frühen, teilweise auch des späten 16. Jh.

Kath. Stadtpfarrkirche St. Nikolaus. Der Neubau von 1617 übernahm im Chor die Rückstände einer got. Kapelle. 1722 wird das Schiff erweitert. 1725 der Turm aufgesetzt. Der Maler des Deckengemäldes im Chor ist Sebastian Urlaub (1726), der Bildhauer der frühklassizist. Seitenaltäre (um 1790) der Würzburger Georg Winterstein. Die schöne, reiche Kanzel von etwa 1700 stand ehemals in der Würzburger Karmeliterkirche. Der prächtige Orgelprospekt stammt aus dem frühen 18. Jh.

Kath. Pfarr- und Wallfahrtskirche Maria Sondheim ●

Sie liegt, wie schon ihr Name sagt, südlich von Arnstein, das einmal hierher pfarrte. Angeblich ging ein Frauenkloster voraus. 1307 verlautet erstmals von der Kirche. Um die Mitte des 15. Jh. entsteht sie neu. Der Turm kommt im 16. Jh. hinzu. Restaurierungen 1892/93, 1954–60.

Ein Schiff, flach gedeckt, in 3 Achteckseiten schließend. Etwas Sonderliches ist die hohe Dreierarkade, die den Raum hälftlings teilt (vergleichbar der 3teilige Chorbogen der Ritterkapelle in Haßfurt). Offenbar war eine im Mittelschiff überhöhte Halle geplant; die Dreierarkade zeigt ihren Querschnitt an.

Kontrastierend zum spätgot. Raumbild das auf die Flachdecke des Chores gesetzte Gemälde der Maria vom Siege (Lepanto), Werk des Malers Philipp Rudolf, 1770. An der N-Wand des Schiffes eine gute Steinstatue der Muttergottes, auf Konsole unter Baldachin, frühes 14. Jh. Die ausgezeichneten Renaissance-Reliefs der Evangelisten Johannes und Lukas, um 1520, Relikte einer verlorenen älteren Kanzel, jetzt im Verband einer neu geschaffenen. – Am nördl. Seitenaltar das Gnadenbild, eine geschnitzte Pietà von etwa 1470, zwischen den Figuren der hll. Michael und Jakobus von etwa 1520. – Im Chor eine Reihe guter gemalter Scheiben des 15. und frühen 16. Jh. – Reicher Besitz an *Grabsteinen* und *Epitaphien* (32), großenteils der Hutten, die von der Überlieferung als Stifter der (nicht zu Recht so genannten) »Ritterkapelle« angesprochen werden; sicher, daß die Kirche ihrer Munifizenz viel zu danken hat; schon 1419 Hutten-Stiftung einer ewigen Messe. Wir heben hervor: den Grabstein eines nicht näher bezeichneten Hutten mit dem Todesjahr 1447 (im Harnisch); den des Konrad v. Hutten (ebenfalls im Harnisch), 1502; das Epitaph des Philipp v. Hutten, das den 1546 in Venezuela Erschlagenen mit seinem Bruder, Bischof Moritz von Eichstätt (Stifter des Epitaphs), kniend vor dem Gekreuzigten darstellt, Arbeit des Loy Hering; das des Stephan Zobel v. Giebelstadt, 1585, Arbeit des Hans Juncker; den Grabstein des Kindes Martin Strigler, 1598 (dieser an der nördl. Außenwand).

ASCHAFFENBURG (UFr. / AB3/4)

Der Name deutet schon an, daß die Stadt bei einer Burg erwuchs, einer ursprünglich wohl keltischen, dann alemannischen Volksburg, die mit dem vom Geographen von Ravenna (Ende 7. Jh.) genannten Ascapha *(-burg) gleichgesetzt werden darf. Im 6. Jh. wird diese Burg fränkisch, Bestandteil des Fiskus. Im frühen 10. Jh. kommt sie an die sächsischen Liudolfinger. Die erste urkundliche Nennung, 974, betrifft die Stiftskirche St. Peter, die als Gründung Herzog Liudolfs († 957), eines Sohnes Kaiser Ottos I., anzusprechen und also spätestens 957 anzusetzen ist. Die Annahme karolingischer Abkunft hat aber gute Gründe. Die Stiftskirche ist der Kristallisationskern der (975/976 und 981 als Civitas bezeugten) Stadt. Ende des 10. Jh. geht sie ans Erzstift Mainz, dem sie als Vorort des Oberstiftes verbunden bleibt. Erzbischof Willigis schlägt, um 1000, über den Strom eine Brücke, und jetzt entwickelt sich die so günstig am auslaufenden Spessart über einem östl. Main-Bogen situierte Siedlung rasch zu Markt und Stadt, sie sich im 12. Jh. in einen Mauerring einschließt. 1171 heißt die Marienpfarrkirche noch »in campis«, in den Feldern; 1184 liegt sie bereits innerhalb der Mauer. Der Befestigung der hoch gelegenen »Oberen Stadt« (auch »Altstadt«), von der Burg an der N-Spitze den Main entlang zum westl. Tor am Windfang und zur Stiftskirche an der O-Spitze und wieder zur Burg zurück, folgt im 13. Jh. die der Vorstadt, die im 14. Jh. erweitert wird. Die Vorstadt St. Agatha (NO), noch 1279 außerhalb der Mauern, folgt 1346, die Fischervorstadt 1374, zuletzt die nördliche, gegen Mitte des 15. Jh. Das sich spannende Verhältnis der Erzbischöfe zu ihrer Stadt Mainz führt zu häufiger Verlegung der Hofhaltung nach A., dessen Bürger sich beträchtliche Freiheiten zu sichern wissen, die sie dann durch ihr Zusammengehen mit den Bauern 1525 wieder verlieren. Die Blüte der Stadt liegt im 15. und 16. Jh., der Große Krieg des 17. Jh. knickt sie. Nach Auflösung des Mainzer Kurstaates wird A. Residenz eines Fürstentums, das kurzen Bestand hat; 1816 fällt es an Bayern. In den Gründerjahren entwickelt es sich zur Industriestadt. Heute greift es mit einem immer noch wachsenden Gürtel von Vororten schon weit ins Umland hinaus. – Der 2. Weltkrieg zerstört viele Teile der Altstadt, die aber doch ihre großen Baudenkmäler (einige freilich nur trümmerhaft) bewahren kann.*

● **Kath. Stadtpfarrkirche St. Peter und Alexander,** ehem. Stiftskirche

Gründung des Herzogs Liudolf am Ort einer durch Grabung festgestellten karolingischen Kirche, läßt sich das Kollegiatstift Mitte des 10. Jh. voraussetzen. Seine stadtgeschichtliche Bedeutung ist hoch einzuschätzen; nicht von ungefähr legte sich der Stiftskirche der Markt vor. Von Anfang an steht es in nahen Beziehungen zu Mainz, seit 1262 (spätestens) müssen seine Pröpste dem Mainzer Kapitel entnommen werden, mehrere seiner Pröpste besetzen dann wieder den Mainzer Stuhl, seit 1588 behält der Erzbischof die Propstei für sich. – Gegen Ende des 12. Jh. beginnt das Langhaus zu entstehen, um die Mitte des 13. Jh. der Chor, der in den

80er Jahren zu Ende kommt. Bald nach Mitte des Jahrhunderts müssen die beiden Vorhallen (W- und N-Seite) entstanden sein. Im frühen 15. Jh. wächst der Turm auf; fertig ist er wohl erst gegen Ende des Jahrhunderts. 1516 wird die der N-Seite anhängende Maria-Schnee-Kapelle, Stiftung der Kanoniker Georg und Kaspar Schanz, geweiht. 1618 kommt noch die vom kurmainzischen Baumeister Matthias Erb errichtete W-Empore hinzu, ein für die Zeit bezeichnendes Exempel posthumer Mittelalterlichkeit. – Der Beitrag späterer Zeiten zur Baugeschichte: Abbruch des spätgot. Lettners gegen Ende des 17. Jh., geringe Erhöhung der Langhausmauern, Abtragung der 4 Giebel und Neubedachung 1719–22, zugleich Erneuerung der Decke des Langhauses. 1723 entsteht die große Treppe an der N-Seite. – 1802 erlischt das Kollegiatstift; 1821 wird seine Kirche Pfarre. 1880–82 und 1956/57 wird sie restauriert.

Durch das Gelände aufgesockelt, von N her über den schönen Treppenaufstieg (1723) zugänglich, liegt der gestreckte, durch das Mansardendach belastete Körper der Kirche nur an W- und NW-Seite offen; die NO-Seite verstellen Kreuzgang und Stiftsgebäude. O- und S-Seite stoßen gegen die Stadtmauer. Der Grundriß steckt ein Kreuz mit allerdings nur wenig vorspringenden Armen ab; der Querschnitt ist basilikal.

Äußeres. Als Schauseite konnte sich nur die zum Markt hin offene NW-Seite anbieten, und sie empfing auch alle Auszeichnung. Hier baut sich, wie der Flügel eines westl. Querschiffes, die *Maria-Schnee-Kapelle* vor. Der reiche Giebel ist freilich erst Restauratorenwerk des 19. Jh. (1870), der 1719 beseitigte war ein schlichter, kaum geschmückter Staffelgiebel. An diese Kapelle legt sich die in Rundbogenarkaden geöffnete gangartige Vorhalle an, deren längerer Teil der W-Fassade vorliegt, ein liebenswürdiges Bauwerk spätroman.-frühgot. Prägung. Sie leistet schönsten Beitrag zum Erscheinungsbild der so reichen Baugruppe. In ihrem W-Flügel steht das *W-Portal* der Kirche, nicht groß, aber eine der besten Portalschöpfungen spätroman. Stils. In der äußeren der beiden Gewändestufen stehen Säulen, ein prächtig berankter Rundwulst umfährt die innere; die Hochrelieffiguren Christi und der beiden Stiftspatrone, Petrus und Alexander, füllen, in starker Plastik, die Ränder überdrängend, das Bogenfeld. 2 einfachere Portale an der N-Seite, das erste unter der Maria-Schnee-Kapelle, das zweite gegen den Kreuzgang. – Am W-Ende des südl. Seitenschiffes steht der Turm (sein geplantes nördl. Pendant fand keine Verwirklichung). Gegen die Putzflächen des nur in den Gliederungen gequaderten Langhauses steht das kräftige Rot seines Buntsandsteins. Dem untersetzten, durch Streben verstärkten quadratischen Untergeschoß, das mauerhaft schwer und nur wenig geöffnet ist, entwächst das schlankere und im oberen Teil ringsum fensteroffene Achteck, dem wieder der hohe, ebenfalls 8eckige Helm entwächst.

Inneres. Der Blick des westlich Eintretenden dringt durch das noch ganz romanisch gefügte, rundbogige Pfeilerarkaden reihende Mittelschiff und die beiden nun schon spitz gebrochenen Vierungsbögen in den flach geschlossenen Chor, aus dem Älteren ins Jüngere, denn im Querschnitt übernimmt der Spitzbogen die Führung. Das Langhaus ist mit seinen 3 Schiffen flach gedeckt (1719), Kreuzrippengewölbe schließen die beiden Chorjoche und die 3 Joche des Querschiffes. Der Blick zurück trifft auf die W-Empore, bei deren Aufbau roman. Spolien verwendet wurden; die nachmittelalterl. Kreuzgratgewölbe der 2×3 Joche ruhen auf Säulen des frühen 13. Jh., die durch saftig beblätterte Kelchblockkapitelle ausgezeichnet sind. – Eine Reihe von *Seitenkapellen* leistet räumlichen Zuschuß: 5 an der S-Seite des Langhauses, deren 4 westliche infolge später (im frühen 19. Jh.) herausgenommener Zwischenmauern ein äußeres Seitenschiff bilden; bis auf die erste, östliche, noch frühgotische, sind sie spätgotisch; weitere 3 an der N-Seite des Langhauses. Deren westliche ist die bedeutendste, die Maria-Schnee-Kapelle; ihr Untergeschoß ist Vorhalle; das Obergeschoß ist in seinen 2 Jochen mit einem vorzüglichen spätestgot. Netzrippengewölbe gedeckt.

Die Ausstattung ist reich: Hochaltar, eine Baldachinanlage, 1771/1772, Arbeit des Mainzer Schreiners Johann Michael Henle. Kanzel, Spätrenaissance, verschiedene Werkstoffe (Sandstein, Marmor, Alabaster) kombinierend, ein frühes Werk des bedeutenden Aschaffenburger Bildhauers Hans Juncker, 1602, der auch den Magdalenenaltar von 1618 aus Marmor und Alabaster (im südl. Seitenschiff) beisteuerte. Taufstein (im S-Flügel des Querschiffes), 1487 datiert und einem Meister Conrat von Mosbach zuschreibbar, mit wieder freigelegter Fassung vom Aschaffenburger »Meister Mathis« (dessen Gleichsetzung mit Grünewald irrig ist). Altar der Maria-Schnee-Kapelle, lt. Stiftungsinschrift (Rahmen) 1519 errichtet; er wurde seines wertvollsten Teils, der Haupttafel und der Flügel, beraubt; die Haupttafel (durch moderne Kopie ersetzt) steht heute in Stuppach bei Mergentheim, eine der beiden Flügeltafeln, mit der Darstellung des Schneewunders, gelangte über München (1852) ins Freiburger Museum; über den Meister belehrt das der Stifterinschrift beigesetzte Monogramm, das in Mathis Gothardt Nithardt (Grünewald) aufzulösen ist. Nothelferaltar, neugotisch, aber mit einer guten »Gedräng«-Kreuzigung des späten 15. Jh. besetzt. – Führen wir jetzt die bedeutendsten einzelnen Kunstwerke an: die großartige *»Beweinung Christi«* Grünewalds (Predella eines verlorenen Altars von etwa 1525), in der 1. Kapelle südlich (hier auch das Epitaph des Grünewald so nahestehenden Kanonikers Heinrich Reitzmann), den *»Auferstehenden Christus«* aus der Cranach-Werkstatt (ursprünglich in der Stiftskirche zu Halle, um 1530), die hll. Martin und Georg, früher Grünewald zugeschrieben (um 1520). Unter den Holzbildwerken sei der große roman. Kruzifixus (um 1200) hervorgehoben, der jetzt von entstellender Nachfassung befreit ist. – Aus der langen, z.T. hochbedeutenden Reihe der Denkmäler und Grabdenkmäler sind zu nennen: Stifterdenkmal (S-Wand des Chores) von 1524, gewidmet Herzog Otto von Schwaben; die Bronzetafel wohl aus der Vischerschen Hütte in Nürnberg. Der jetzt im N-Flügel des Querschiffes aufgestellte, wahrscheinlich für die (beabsichtigte) Hallesche Grabstätte des Kardinals Albrecht von Brandenburg, eines der großen Mäzene der Renaissance, bestimmte Bronze-Baldachin von 1536 ist ein Werk der Vischerschen Hütte in Nürnberg, wie das Peter Vischer d.J. zuzuweisende Bronze-Epitaph des Kardinals von 1525 und das schöne, inschriftlich für Hans Vischer gesicherte Relief der Glorienmuttergottes von 1530 (beide jetzt an der Wand hinter dem Baldachin); der Reliquienschrein, »Margaretensarg«, auf dem Baldachin, befand sich einmal im berühmten »Halleschen Heiltum« des Kardinals. Merken wir hier auch das Grabmal des letzten der Mainzer Kurfürsten, Friedrich Karl Joseph v. Erthal, in der Turmkapelle an, klassizist. Werk Heinrich Philipp Sommers von 1816.

Die Schatzkammer konnte, über alle Schmälerungen hinweg, doch noch einen reichen Bestand an Kleinodien bewahren. Hauptstücke: Turmmonstranz des frühen 15. Jh.; etwa gleichzeitige silberne Reliquienbüste des hl. Alexander und die jüngere, 1473 vom Frankfurter Hans Dirmsteyn geschaffene des hl. Petrus; Kapitelkreuz um 1480; sog. Stola des hl. Martin, 12. Jh.; die beiden großen Kirchenbücher, Missale und Passionale, die Kardinal Albrecht vom Nürnberger Nikolaus Glokkendon ausstatten ließ.

An der N-Seite der Stiftskirche liegt das Geviert des Kreuzganges mit den **Stiftsgebäuden.** Der **Kreuzgang** hat hohen Rang. Bei spätroman. Grundhaltung regt sich in den Knospen- und Blattwerkkapitellen, zart und doch kräftig, erste Frühgotik. Die Bauzeit wird kaum weit von der des Chores abliegen. Die 4 Flügel, deren südlicher der Kirche anliegt, sind (bis auf ein spätgot. Joch in der NO-Ecke) flach gedeckt; sie öffnen sich hofseits in je 4 dreigeteilten Fensterarkaden, deren Rundbogen auf runden oder 8eckigen Säulen sitzen; Pfeiler trennen die Fenstergruppen; die Kapitelle variieren von einem zum andern, neben verhältnismäßig strengen (romanisch, stilisierten) Formen stehen gelöste, mit dem realistischen Laubwerk der frühen Gotik.

Der Kreuzgang bewahrt eine große Anzahl von Grabdenkmälern, darunter so bedeutende wie die Epitaphien der Kanoniker Peter Schenk v. Weibstadt (1437), Johann v. Kronberg (1439), Theodor Kuchenmeister (1493).

Das **ehem. Stiftskapitelhaus** (Stiftsplatz) beherbergt das **Stiftsmuseum** der Stadt Aschaffenburg.

Kath. Pfarrkirche St. Agatha (Erthalstraße). Gegründet im 12. Jh., reicht die zweite Pfarrkirche der ihren Kern (Obere Stadt) überwachsenden Siedlung im Grundbau auch dahin zurück. Der 1schiffige Erstbau erfuhr in der 2. Hälfte des 13. Jh. (Chor, Glockengeschoß des Turmes) und in der 2. Hälfte des 14. (die Seitenschiffe) Zufügungen; im frühen 15. Jh. erweiterte sich der frühgot. Chor um das abschließende Polygon. Im 2. Weltkrieg großenteils zerstört; nur Chor und Turm blieben erhalten; ein Neubau Albert Boßlets, 1959, ersetzte das Langhaus. Der Turm wurde 1960 abgetragen und neu aufgeführt. 1963 kam ein durch Gustav Heinzmann, Würzburg, errichtetes Westwerk hinzu.

Kath. Pfarrkirche Unserer Lieben Frauen (Muttergottespfarrkirche; Schloßgasse). Vom ältesten Bau der ältesten Pfarrkirche der Stadt hat sich das in die N-Wand des Turmes vermauerte Tympanonrelief (Muttergottes zwischen hl. Katharina und hl. Johannes Ev.), Ende 12. Jh., erhalten. Der zu dieser Zeit aufgeführte, in der 1. Hälfte des 13. Jh. um das Glockengeschoß erhöhte Turm überstand den Neubau von 1768–75. Dieser von Franz Bockorni errichtet, ein Rechtecksaal mit rund geschlossenem Chor. Teile der Ausstattung, der 70er und 80er Jahre des 18. Jh., wurden 1944 zerstört. Modernes Deckengemälde, 1965–67, von Hermann Kaspar.

Ehem. Jesuitenkirche zur Hl. Dreifaltigkeit (ehem. Studienkirche; Schloßplatz)

1612 kommen die Väter der Gesellschaft Jesu nach Aschaffenburg; 1619 bauen sie ihre Kirche, die 1621 geweiht wird. Nach Aufhebung des Ordens wird sie profaniert, 1810 »auf neue Art und nach dem neuen Zeitgeist« restauriert. Im 2. Weltkrieg schwer geschädigt; 1975/76 für Kulturveranstaltungen wiederhergestellt.

Einer der Nachkommen der Münchner Jesuitenkirche (St. Michael), im Grund- und Aufriß allerdings vereinfacht. Das von je 3 flachen Seitenkapellen begleitete Schiff buchtet östlich in einer Halbrundapside aus. Eine Stichkappentonne, mit Teilung durch Gurte, deckt das Schiff; Halbtonnen decken die Kapellen. Die alte Stuckdekoration hatte Eberhard Fischer aus Babenhausen gearbeitet (restauriert).

Kath. Pfarrkirche St. Joseph. 1928/29 von Albert Boßlet errichtet. Der 2. Weltkrieg ließ nur Turm und Teile des Langhauses übrig. 1950/51 wurde sie erneuert. – Auch die gleichzeitige **Herz-Jesu-Kirche** (Saarstr. 2), ebenfalls von Boßlet, wurde teilweise (westlich) zerstört.

Auf der Schweinheimer Höhe entstand die **kath. Pfarrkirche St. Gertrud,** 1959, nach den Entwürfen von Rudolf Schwarz, eine der Kirchen, die er, um ihn selbst zu zitieren, »nach dem großen Gedanken des heiligen Weges« gebaut hat. An das hohe Rechteck des Kirchenkörpers legt sich südlich die Pfarrsiedlung; östlich, isoliert, der Glockenturm.

Schloß Johannisburg

Eine mittelalterl. Burg, 1552 geplündert und verbrannt, wird 1605 durch den Schloßbau des Straßburger Meisters Georg Ridinger ersetzt. 1607 steht die mächtige Terrassenmauer gegen den Fluß, 1614 ist der Bau vollendet. Vom Bestand des mittelalterl. Burgschlosses wurden der Bergfried und die östl. Terrassenmauer übernommen. Änderungen, die aber nur das Innere betrafen, fanden in der Endzeit des Mainzer Kurstaates um 1800 statt. Ergebnis dieser von Emanuel Joseph d'Herigoyen geleiteten Eingriffe: das noble Treppenhaus im O-Flügel, das zu ihm führende Portal dieses Flügels, die Beseitigung der den Hoffronten vorgelegten Arkaden. Der 2. Weltkrieg verwandelte die »St. Johannisburg« in eine Ruine; der Wiederaufbau ist abgeschlossen.

Eine der ersten deutschen plangerecht einheitlichen, regelmäßigen Schloßanlagen, umschließt das durch Erdaufschüttungen hoch aufgesockelte, der Böschung des rechten Main-Ufers aufgesetzte Schloß mit 4 Flügeln einen Innenhof, dem nördlich

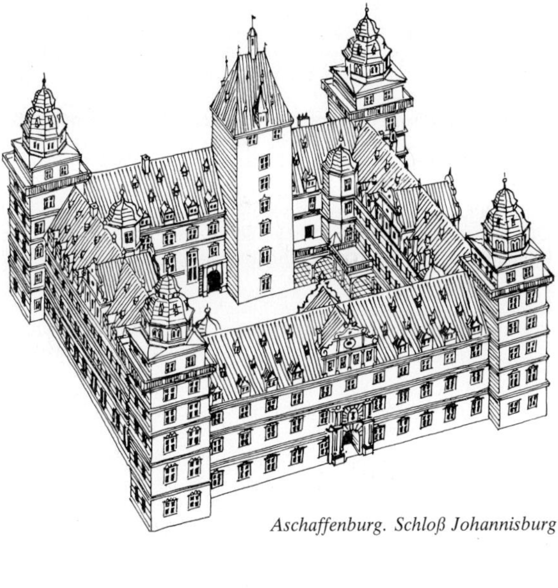

Aschaffenburg. Schloß Johannisburg

der alte Bergfried einbezogen ist. 4 quadratische Türme springen aus den Ecken. Die 3geschossigen Flügel sind nur waagerecht durch die Gurtgesimse gegliedert, die ihren Mitten aufsitzenden 3stufigen Zwerchgiebel bringen aber doch noch die alte got. Vertikale zum Einsatz. Die Horizontale beherrscht auch, und fast stärker noch, die gedrungenen vielgeschossigen Türme, die aus dem etwas eingezogenen Obergeschoß ins Achteck übergehen. Der »horror vacui«, der deutschen Renaissance so lange wesentlich, ist zum Schweigen gebracht. Das Dekorum häuft sich nur an den Zwerchgiebeln, in denen sich die Verhaltenheit der nur durch die Fenster und ihre Gesimsverdachungen belebten, sonst lakonischen Mauerflächen redselig öffnet. Der immer noch spürbare Einschuß deutscher Steinmetzengotik zeigt sich in den Spindeln der in die Hofecken eingestellten Treppentürme und der im N-Flügel liegenden, 2 Geschosse durchgreifenden **Schloßkirche** mit ihrem der deckenden Flachtonne unterlegten Rippennetz.

Ihr nun allerdings von einem nicht mehr zu überbietenden »horror vacui« beherrschter Marmor-Alabaster-Altar, ein Werk Hans Junckers, ist als eine von deutsch-got. Formantrieben gesteuerte Renaissance zu definieren, gleicherweise die Kanzel, gleichfalls von Juncker, einem der fähigsten fränkischen Steinmetzen-Bildhauer des frühen 17. Jh. Auch das in den Hof führende Portal der Kirche, mit dem Relief der Taufe Christi, gehört ihm.

Die Johannisburg leitet großartig den repräsentativen neuzeitlichen Schloßbau ein. Die Wucht, die ihr eignet, wuchs ihr vom Festungsbau (des Festungsbaumeisters Ridinger) zu, aber auch die genaue Regularität, wenn schon der Grundriß des eckbetürmten Geviertes ältere, mittelalterl. Voraussetzungen hat. –

● Das Schloß beherbergt das **Schloßmuseum** der Stadt und eine **Filialgalerie der Bayerischen Staatsgemäldesammlungen.**

● **Pompejanum**

1842–49 im Auftrag König Ludwigs I. von Friedrich v. Gärtner und den Professoren Joseph Schlotthauer (München) und Louis (Aschaffenburg) in der Anlage westlich des Schlosses errichtet. 1945 Ruine; Wiederherstellung beendet.

Vortrefflich in den landschaftlichen Rahmen des Main-Hochufers eingefügtes quasi-antikes Baudenkmal nach dem Vorbild des Hauses der Castor und Pollux in Pompeji.

● **Schönbusch**

Wenige Kilometer südlich der Stadt schaffen sich die Mainzer Kurfürsten einen Tiergarten, den Kurfürst Friedrich Karl Joseph v. Erthal 1775 erweitert und durch seinen Baudirektor Jakob Schneider gestalten läßt.

Französischer und englischer Gartenstil streiten in diesem ersten »Schönbusch« noch um die Vorhand. Seit 1778 leitet den Parkausbau der kurmainzische Minister Graf Wilhelm v. Sickingen, der seinen Architekten, den in Paris geschulten Portugiesen Emanuel Joseph d'Herigoyen, einführt. Der englische Stil setzt sich jetzt entscheidend durch, wenn auch der französische (der z. B. den Kanal eingab; die Natur kennt keine Kanäle) noch nicht konsequent abgeschafft ist. 1782 scheidet Sickingen aus. Jetzt tritt aber einer der künftig berühmtesten »modernen« Gartengestalter auf, der Schwetzinger Hofgärtner Friedrich Ludwig v. Sckell, und was der Schönbusch noch werden konnte und was er noch wurde: einer der frühesten »Englischen Gärten«, das wurde er durch ihn.

Waldstücke, Lichtungen, Wiesen, Seeflächen sind die wechselnden Komponenten des sehr großen, schon durch seine Größe »Landschaft« aufnehmenden **Parks,** der nun eigenstes Leben doch erst aus den in seinen N-Teil eingestreuten Architekturen gewinnt, deren Autor Herigoyen ist. Da ist zunächst das **Schlößchen** (»Pavillon«) zwischen See und Kanal, 1778/79 errichtet, ein rechteckiger Kubus, 2½ Geschosse hoch und von einer Attika beschlossen; nur die Fenster und, an der leicht vorgezogenen Mitte, die Fenstertüren gliedern. Einfach und edel, so steht dieses kleine feine frühklassizist. Bauwerk in der Parknatur. Den Eintretenden nimmt eine Vorhalle auf; über einige Stufen erreicht er das durch Säulen abgegrenzte Treppenhaus, dessen Treppe in 2 Armen ansteigt und in einem weiterführt. Oben, über der Vorhalle, ist der Große Saal, dessen Wandaufriß durch die kannelierten Pilaster bestimmt ist, welche die hohen Türen und Fenster einfassen. Bewundernswert diese »edle Einfalt«, Ausdruck einer selbstsicheren Noblesse. – Mehrere kleine **Pavillons** (neben den schlicht-anmutigen **Wirtschaftsgebäuden** von 1783) durchsetzen die Parklandschaft: der **Speisesaal,** ein Vierpaß im Grundriß, um 1800 errichtet, der gleichzeitige **Freundschaftstempel,** dessen quadratischer Plan ein überkuppeltes Achteck einschließt, der **Tanzsaal,** die **Waage** etc. Ein wichtiger Stimmungsträger (zur Landschaft die Ländlichkeit!) ist schließlich das, auch von Herigoyen, 1788 geschaffene **Dörfchen.** Eingestaltung menschlicher (natürlicher) Gefühle in die Natürlichkeit der Landschaft: das ist der Sinn aller dieser kleinen anmutigen Baulichkeiten.

AUB (UFr. / Würzburg D5/6)

Das Recht, sich mit Mauern und Gräben zu umführen, erhielt der Ort 1404. Ein Teil der Mauer fiel im 19. Jh.

Lange Strecken der **Stadtmauer** stehen noch aufrecht und geben der von der Burg überhöhten Stadt noch den guten alten Zusammenschluß.

Schloß. Die Burg der Hohenlohe kommt im 16. Jh. an Würzburg. Wahrscheinlich im Bauernkrieg zerstört, entsteht um die Wende des 16. Jh. auf und bei der Burgstatt das (nun als Amtsgericht bedienstete) Schloß. Ein Rundturm (15. Jh.) und mehrere 3stufige Giebel charakterisieren die Baugruppe.

Kath. Pfarrkirche Mariae Himmelfahrt

Die Kirche ging aus einer Benediktinerpropstei, abhängig von St. Burkard in Würzburg, hervor, die wahrscheinlich schon um die Wende des 10. Jh. bestand. Sie wurde bei Verwandlung des Würzburger Klosters in ein Ritterstift 1464 aufgelöst.

Von der frühgot., wohl in den 70er, 80er Jahren des 13. Jh. aufgeführten Propsteikirche überstand nur der W-Teil den Neubau Bischof Julius Echters, 1615, der, eine 3schiffige Halle, in einen flachgedeckten Saal umgewandelt wurde (nach 1945, bis 1951, in die alte Fügung zurückgebracht); nur der Chor blieb. Der älteste W-Teil ist die 3schiffige Empore, deren Pfeiler (im Obergeschoß Bündelpfeiler) und Gewölbe (Kreuzrippen) die straffen plastischen Formen der Frühgotik zeigen; gute figürliche und ornamentale Steinmetzarbeit in Kapitellen, Schlußsteinen etc. Gut auch das große Maßwerk-Radfenster im W.

Der beherrschende Choraltar entstand 1682. Relikt des 1637 vom Windsheimer Georg Brenck geschaffenen Kreuzaltars ist der Chorbogenkruzifixus. Über dem nördl. Seitenaltar steht jetzt die 3figurige ● *Kreuzigungsgruppe* Tilman Riemenschneiders, ein hoch zu rühmendes, ins 2. Jahrzehnt des 16. Jh. zu setzendes Werk des Meisters. Die Kanzel, ehemals in Oberzell, frühklassizistisch. Das Grabmal des Jörg Truchseß v. Baldersheim und seiner Gattin Margarete, an der N-Wand des Langhauses, vielleicht Arbeit Jörg Riemenschneiders, Tilmans Sohn.

Burgerroth (D6)

St. Kunigund. Die über dem Gollach-Tal liegende ummauerte Kunigundenkapelle ist vermutlich eine Hohenlohesche Stiftung des frühen 13. Jh. An ein rechteckiges Schiff legt sich ein quadratischer, ursprünglich untergrufteter Chorturm mit Erkerapside. Bei aller Schlichtheit verleugnet der kleine, doch in gutem Quaderwerk aufgeführte Bau nicht die Zeit, die staufische.

AUERBACH i. d. OPf. (OPf. / Amberg-Sulzbach I5)

Seit 1107 bezeugt, dank Kloster Michelfeld schon 1144 Markt, 1184 von Bamberg erworben. Als an die Staufen ausgegebenes Lehen geht es Bamberg verloren; 1266 kommt es über Konradin an die Wittelsbacher. Vorübergehend »neuböhmisch«, seit 1400 kurpfälzisch.

Die regelmäßige, ehemals völlig umfriedete Stadtanlage zeigt den in Bayern häufigen Typus der breiten Marktstraße, die eine Reihe senkrecht einmündender Gassen in sich aufnimmt. In ihrer Mitte steht das **Rathaus** von 1418 (umgestaltet 1928/29). Seine Fassade trägt ein Wappenrelief von 1552. – Gegen O gabelt sich die Straße vor der

kath. Pfarrkirche St. Johann Bapt. Unter Beibehaltung got. Mauerteile und des Turmes wurde der Bau 1686/87 durchgeführt. 1779 machte der alte got. Chor dem bestehenden Neubau Platz. Im Ganzen eine schlichte, emporenbesetzte Wandpfeileranlage mit eingezogenem Chor. Die Dekoration beschränkt sich auf Gesimse und einfaches Rahmenwerk im Chorgewölbe. Von hohem Reiz ist der gegen 1785 geschaffene Hochaltar mit seiner eleganten, vorgeschobenen Säulenkulisse. 4 Seitenaltäre (2 um 1690, 2 um 1710) zeigen vorbildlich die derzeit in der Oberpfalz beliebten geschnitzten Akanthusrahmungen. *Annakapelle* 1730, mit Taufstein von 1525.

Spitalkirche 14. Jh. – **Friedhofskirche St. Helena.** Ein Nachhall der Gotik prägte 1595–99 den kleinen Bau. Von hohem Reiz ist seine bemalte Balkendecke (1611). Auch die Brüstung der W-Empore trägt Malereien. – **Roman. Stadel** im Hof des Hauses Nr. 105.

Michelfeld (I5)

Ehem. Benediktinerkloster

Das Kloster ist eine Gründung Bischof Ottos I. von Bamberg (1119). Es wurde vermutlich mit Mönchen aus dem Reformkloster Michelsberg in Bamberg beschickt. Hussiten (1429), Bildersturm (1536) und Schweden (1634) haben ihm übel mitgespielt. Gegen Ende des 17. Jh. Neubau. Als Baumeister der Kirche wird 1697 Wolfgang Dientzenhofer, Amberg, genannt, als Ausführender Christoph Grantauer, des »Closters Unterthan und Maurermeister alhie«. 1700 ist der Rohbau vollendet. Die Innendekoration verzögert sich. 1714 wird auf der Orgelempore das Wappen des kunstsinnigen Abtes Wolfgang Rinswerger angebracht. Die Stukkaturen entstehen lt. Inschrift im Psallierchor 1716. Egid Quirin Asam hat sie geschaffen. Sein Bruder Cosmas Damian ist Schöpfer der Gemälde, dat. 1717. – Das Kloster hat die Säkularisation, 1802, nicht überlebt. Die Kirche dient seitdem der Pfarrei.

Hohe Mauern und starke Türme umgrenzen das Kloster. Sie entstammen zu großen Teilen dem 15. Jh. **Wirtschaftsbauten** des 17. und 18. Jh. bilden den gegen W gelagerten Vorhof. Eine schmale Brücke überquert die Pferdeschwemme und leitet durch den **inneren Torturm** (mit Dach des 18. Jh.) in den Klosterhof.

Ehem. Klosterkirche St. Johannes Ev. Durch den behäbigen Kirchturm von 1695 führt der Zugang in den Kirchenraum, ein nicht eben originelles Beispiel der landläufigen emporenbesetzten Wandpfeileranlage, 3 Joche lang, mit querrechteckigem Chor. Doppelpilaster bestimmen den Rhythmus der Raumfolge. Im Chor sind es schräge hervortretende Ecksäulen.

E. Qu. Asams Stukkaturen, flaches, zartes Ranken- und Blattwerk, Weiß auf Rosa oder Hellgrün, kennzeichnen die früheste Stufe seiner ● fruchtbaren Tätigkeit an der Seite seines Bruders. Auch der *Hochaltar* verrät Asamschen Entwurf. Aus ihm klingt zum erstenmal die Idee des »Gesamtkunstwerks« auf, das später in Weltenburg oder St. Johann Nepomuk in München zur Einheit von Architektur, Plastik und Malerei führen sollte, zum Theatrum sacrum. Im Altarblatt schildert (1721) C. D. Asam das letzte Abendmahl des Herrn, an dessen Brust der Patron des Gotteshauses ruht, Johannes Ev. Auf diese Gruppe deutet der gemalte Engel im Oberteil des Bildes. Links im Auszug wiederholt eine plastische Engelsgestalt seine Bewegung. Sie wendet sich zugleich gegen die Auszugsmitte, dem thronenden Gottvater zu. Über diesem vervollständigt das Gewölbefresko die Vision der Hl. Dreifaltigkeit: Inmitten der 7 Gaben des Hl. Geistes, allegorische Gestalten unter prächtiger Kuppelillusion, schwebt die göttliche Taube. Das Programm erfüllt sich also durch Richtungs- und Sinnbezüge und greift in gelockerter Form über den Chorraum hinaus. Szenen aus dem Leben Christi geleiten in den Gewölbejochen zur Chor-Apotheose, hier umgeben von den Evangelisten, dort von den Kirchenvätern. Stuckfiguren der 14 Nothelfer (wahrscheinlich Frühwerke des E. Qu. Asam) ordnen sich in den Kapellen der Heilsidee unter, in gleicher Sockelhöhe wie die Gründerfiguren zu seiten des Hochaltars, Bischof Otto von Bamberg und St. Wolfgang. Kleine Kollisionen zwischen Raum- und Altararchitektur und die konventionelle, etwas ungelenke Anlageform leisten dem programmatischen Einheitsstreben Widerstand. Die beiden großen Dekorationskünstler des bayerischen Barock können ihre Kräfte nicht im vollen Maß entfalten. Kanzel und Seitenaltäre ordnen sich dem Raumganzen ein. Diese können als Vergröberungen Asamscher Entwürfe gelten. Interessant ist die Einbeziehung der Fenster in den Altaraufbau.

Das **Klostergeviert** um den **Kreuzgang** (überwiegend 18. Jh.) sendet gegen O den doppelgeschossigen Bau der **ehem. Marienkapelle** aus, eine Anlage des 15. Jh., deren Oberteil 1728 zur Bibliothek umgestaltet wurde. – Die **Friedhofskirche St. Leonhard** ist Neubau von 1730, eine schlichte Anlage mit Rocaille-Dekoration um 1750. Hochaltar 1755. Westlich davon **Ölbergkapelle** des 18. Jh. mit spätgot. Steinfiguren um 1500.

AUFHAUSEN (OPf. / Regensburg L9)

Stiftskirche Maria Schnee ●

Ein kleines Marienbild findet in einer Holzkapelle Aufstellung, eine Kirche ersetzt bald die Kapelle (Weihe 1672), und diese wird wieder durch die große, die vor uns steht, ersetzt. 1736 begonnen, wird die Stiftskirche 1751 geweiht. Johann Michael Fischer ist ihr Baumeister. Es genügt, dies zu wissen, um mit gespannter Erwartung das (wie das schon der Ortsname andeutet) hoch in die Landschaft gestellte Wallfahrtsziel anzugehen.

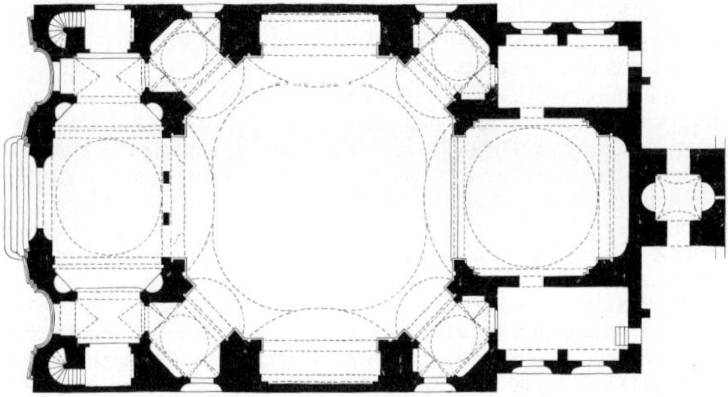

Aufhausen. Stiftskirche. Grundriß

Der Außenbau zeigt nur gerade Begrenzungen. Die übergiebelte Fassade ist sparsam – Portal, wenige Fenster, einige Nischen. Am Scheitel des nördlich gerichteten Chores reckt sich ohne viel Ehrgeiz ein zwiebelbehelmter Turm. Wie so oft in Altbayern: Die Kunst des Künstlers galt dem Raum. In dem ist nun alles getan, die den äußeren Umriß führende Gerade abzusetzen; Brechung und Kurve haben das Wort. Das Schiff ist eine Rotunde, genauer ein Achteck, das Schiff ist der Hauptraum, Zentrum der Komposition; alle anderen Räume – die rechteckige Vorhalle südlich, der quadratische Chor nördlich – ordnen sich ihm zu. 8 Wandpfeiler besetzen die Ecken des Oktogons, breite Kapellennischen vertiefen die Querachse, etwas tiefere, aber weniger breite die Diagonalachse; diese 2geschossig unterteilt: Kapelle unten, Oratorium oben. Die Aufhöhlungen der Schrägwände der Rotunde sind eines der bevorzugten Motive des großen Raumgestalters Fischer. Sie legen eine zweite äußere Raumschicht um die erste innere, sie komplizieren und bereichern das System der Raumachsen, und ihre Wirkung wächst noch, wenn sie sich mit benachbarten Raumausweitungen, hier den Oratorien, die sich in den Chor öffnen, zusammenschließen. So ist der Raum allseitig von einer Raumgalerie umfangen. Auf 8 Bogen, alternierend breiter und schmaler Spannung, ruht die große Flachkuppel, der sich wieder die kleineren Kuppeln der zugeordneten Räume angleichen. Gedoppelte Pilaster straffen und schmücken die Pfeiler, sie tragen reiche Kapitelle, das vorgreifende Gebälk setzt die stützenden Raumkräfte von den lastenden oberen in schönster und richtigster Lage ab.

Der Stukkator hat die Mittel seiner Dekorationskunst mit Maß eingesetzt; sein leichtes Laub- und Bandwerk, das schon die Rokoko-Muschel aufnimmt, hat nicht eben viel Platz. Denn der Freskomaler gibt groß an. Die Themen, die er (ein noch Unbekannter) an die Wölbschalen setzt, sind: der hl. Philippus Neri (Patron der Oratorianer, die bis 1687 die Wallfahrt betreuten) vor der Muttergottes (Chor), die Geschichte des Maria-Schnee-Wunders (Langhaus), die Evangelisten und die Kirchenväter (Kapellen und Oratorien der Schrägseiten), Opferung Isaaks und König David (Vorhalle und Empore). – Daß die Altar-Ausstattung, älter als der Raum, eine ältere zähere Sprache spricht, ist der einzige anzumerkende Mangel. Erfreue man sich aber an der Altartafel der Kapelle links vom Chorbogen, die ein bestes Werk früher deutscher Renaissance ist. Die Halle, vor der die Muttergottes sitzt, erinnert an die Fuggersche bei St. Anna in Augsburg, und ein Augsburger, Jörg Breu d. Ä., ist auch der Meister des um 1510 entstandenen Werkes.

AUFSESS (OFr. / Bayreuth H4)

Edelfreie des Namens treten im frühen 12. Jh. (1114) hervor. Sie erlöschen wahrscheinlich um die Wende des 12. Jh. Die seit Ende des 13. Jh. bezeugten Herren v. Aufseß sind ministerialischen Standes.

Die wohl im frühen 12. Jh. begründete **Burg** liegt auf dem von einer Schlinge des Aufseß-Baches umfaßten Sporn eines Felsrückens; ein in den Fels gehauener Graben trennt sie westlich vom Dorf. Bis in den 30jährigen Krieg bestand nördlich, südlich und östlich eine ausgedehnte Vorburg (sog. Muntat). – Ältester, in der Grundlage wohl noch ins 13. Jh. zurückreichender Burgteil ist der viereckige Bergfried mit starken Quadermauern, im westl. Sektor des Burgkomplexes. An seiner N-Seite das (1359 so bezeugte) »Meingotz Steinhaus«. Die ehemals doppelte, nur im inneren Zug wohlerhaltene Ringmauer schließt auch die jüngere Burg im SO-Eck ein; sie wurde 1525 und noch einmal 1633 verwüstet und dürfte im aufgehenden Mauerwerk großenteils erst im 17. und 18. Jh. entstanden sein. Von den beiden im stumpfen Winkel aneinanderstoßenden, mit 3 Rundtürmen bewehrten Flügeln wurde der südliche 1677 erneuert. Über dem Eingang des Treppenturmes das Allianzwappen Aufseß-Wiesenthau und die Jahreszahl 1615. Die 1840 eingerichtete Kapelle dieses Flügels birgt einen guten, um 1520 anzusetzenden Schreinaltar Nürnberger Herkunft, mit dem Schnitzwerk eines Jüngsten Gerichtes und gemalten Martyrien. – An den S-Flügel schließt westlich das Haupttor an. Der O-Flügel jünger, wohl 18. Jh.

Die Kapelle im Schloßhof, jetzt **ev. Pfarrkirche,** steht auf dem Platz der alten (1309 bezeugten) Burgkapelle; sie wurde 1740–42 neu aufgeführt. Erwähnenswert das vorzügliche heraldische Epitaph des Albrecht v. Aufseß (1356).

AURA a. d. Saale (UFr. / Bad Kissingen D3)

Ehem. Benediktinerkloster

Aus dem Besitz Herzog Ernsts von Schwaben (vom Stamme der sog. jüngeren Babenberger) kommt Aura um 1015 an das Bamberger Bistum. 1108 errichtet Bischof Otto I. das Kloster, das er mit Hirsauer Mönchen besetzt. 1113 wird die Kirche geweiht. Erster Abt ist Ekkehard, berühmt als Historiograph, Kompilator einer (großenteils auf den Prior des Bamberger Michaelsklosters Frutolf zurückgehenden) Weltchronik. – Bauern- und Markgräflerkrieg schädigen das Kloster so schwer, daß es 1564 aufgehoben werden muß. Bischof Julius erhöht die Kirchenmauern und fügt den Turm hinzu. 1668 wird die Klosterkirche Pfarrkirche. 1687 wird sie von ihrem »unnötigen Anhang«, d. h. von allen entbehrlichen Bauteilen befreit: westlich um das Querschiff, östlich um die Hälfte des Chores und die Apsiden verkürzt. Erneute Umgestaltung 1742–45.

Kath. Pfarrkirche St. Laurentius, ehem. Klosterkirche. Der Torso ist eine roman. 3schiffige Basilika, flach gedeckt, nur das östl. Joch des (8 Joche zählenden) Mittelschiffes mit Halbtonne, die östl. Joche der Seitenschiffe (über ihnen ehemals nach hirsauischer Übung die Türme) mit Gratgewölben gedeckt. Die Arkadenpfeiler verbergen unter Ummantelungen des 18. Jh. einen urspr. Stützenwechsel. Die Rekonstruktion ergibt ein W-Querschiff und 3 parallelgestellte Apsiden im O.

Vom **Kloster,** an der N-Seite der Kirche, mit 3 Flügeln den Kreuzhof umfassend, sind nur (1874 kombinierte) Teile des roman. Vorgängers erhalten, mit ihnen auch Relikte des Kapitelsaales.

Im 2. Jahrzehnt des 17. Jh. begann Bischof Gottfried v. Aschhausen östlich des Klosters eine **neue Klosterkirche** zu bauen, die aber (1622) mit kaum halbhohen Mauern liegenblieb.

AURACHTAL (MFr. / Erlangen-Höchstadt G5)

Münchaurach (G5/6)

Ehem. Benediktinerkloster

Die Gründung, durch Graf Gozwin v. Stahleck, wird ins frühe 12. Jh. (1108) gesetzt. Bischof Otto I. von Bamberg übernahm das eine Burg verdrängende Kloster, angeblich 1132, und besiedelte es mit Hirsauer Mönchen. Von den Bauern 1525 verbrannt, wurde das nie viel bedeutende Kloster 1528 vom Ansbacher Markgrafen säkularisiert. Die Klostergebäude verschwanden. An den spätgot. Kreuzgang erinnert ein erhaltenes Joch im SO-Winkel des Kirchenquerschiffes.

Ev. Pfarrkirche, ehem. Klosterkirche St. Peter und Paul

Vermutlich im 3. Jahrzehnt des 12. Jh. errichtet, erlitt die Kirche 1891–93 eine purifizierende Wiederherstellung.

Der gediegene Sandsteinbau ist eine 3schiffige Basilika mit östl. Querschiff. Die Dominante des die basilikale Fügung der Schiffe aussprechenden Langhauses ist der an der N-Seite des Querschiffes stehende, 6 Geschosse hohe Turm, der, wie der Chor, spätgotisch ist. Das Rundbogenportal der W-Front, mit geschachten Kämpfern, weitgehend erneuert. – Das Innere des Langhauses ist durch die reine roman. Prägung ausgezeichnet, ein Paradigma der Hochstufe des Stiles, einfach, streng in Flächen und Gliedern. Das Mittelschiff reiht 7 Arkaden, deren Rundbogen auf Monolithsäulen (grauer Sandstein) ruhen; die schweren Würfelkapitelle der auf nicht minder schweren attischen Basen mit Ecksporen stehenden Säulen sind wechselnd mit Schilden oder mit Riefelungen über je 3 Schildchen, die Kämpfer mit Schachbrettfriesen geschmückt. Ein aus Wulst und Leiste bestehendes Gesims scheidet den in 7 Rundbogenfenstern geöffneten Hochgaden. Eine (erneuerte) Flachdecke schließt. Im westl. Joch eine unterwölbte Empore; die schweren gekanteten Wulstrippen der querrechteckigen Wölbung deuten ins frühe 13. Jh. Das ausladende Querschiff wurde im frühen 15. Jh. gewölbt; Kreuzrippengewölbe wie im Chor. Der (roman.) Chorbogen sitzt auf Vorlagen, die auf dem Gesims fußen und mit diesem verkröpfen. Der Chor selbst, spätgotisch, Anfang 15. Jh. gänzlich neu aufgeführt, schließt nach einem quadratischen Joch in 5 Seiten des Achtecks. Der urspr. Chor schloß in 3 Apsiden. – Der hohe Rang der Kirche liegt in ihren roman. Schiffen, die einen Eindruck von der schlichten und doch großen Mönchsarchitektur des 12. Jh. vermitteln.

BAMBERG (OFr. / G4)

902 als Sitz des ostfränkischen Grafengeschlechtes der Babenberger bezeugt, seit 973 durch kaiserliche Schenkung Besitz des Herzogs von Bayern, Heinrichs »d. Zänkers«, entfaltet sich B. rasch und reich unter dessen Sohn, Kaiser Heinrich II. Das entscheidende Jahr ist das der Erhebung zum Bistum, 1007, dessen auf Kosten Würzburgs (v. a.) und Eichstätts geschaffener geistlicher Sprengel im großen und ganzen das heutige Oberfranken einschloß. Vom Gründer dem Schutze der Römischen Kirche unterstellt, konnte sich das Bistum im 13. Jh. aus dem Suffraganenverhältnis zum Mainzer Erzstuhl lösen und eine unmittelbare, im Grunde erzbischöfliche Stellung behaupten. Die reiche Güteraussteuer griff weit über die Grenzen des Sprengels hinaus, sie schloß auch einen Teil Kärntens (mit Villach und Klagenfurt) ein, konnte aber meist nur im Bereich der dichtesten Ballung, an Main und Rednitz, auf die Dauer gehalten und gemehrt werden. Nur hier, im »Radenzgau«, konnte, auf der Grundlage grafschaftlicher Rechte, der Ausbau eines reichsfürstlichen Territoriums, des Hochstiftes Bamberg, gelingen. Die Konkurrenz einer starken Laienherrschaft, der Markgrafen von Schweinfurt (»jüngeren Babenberger«) und ihrer Erben – zunächst der Grafen von Andechs, Herzoge von Meranien bis 1248, dann der Burggrafen von Nürnberg, seit 1415 Markgrafen von Brandenburg – konnte allerdings nicht bezwungen werden; sie kostete das Bistum, bei Anbruch der Reformation, mehr als die Hälfte seines Sprengels.

Ausgang der Siedlung ist die Grafenburg auf dem Domberg (»Burg« bis ins 18. Jh.). Eine älteste Bürgersiedlung wird sich am Fuße der Burg, auf dem schmalen Streifen zwischen Berg und linkem Arm der Regnitz (Rednitz), dem »Sand«, annehmen lassen. Ihre Pfarrkirche (die doch wohl älteste der Stadt; die karolingische Herkunft der unteren, St. Martin, ist nicht zweifelsfrei) ist die »Obere« am Kaulberg, der kaum später als der Sand besiedelt wurde. Die von den beiden Flußarmen umfaßte Siedlung mit der alten Martinspfarrkirche am O-Rand begann sich erst im Laufe des 12. Jh. dank Verlegung des Marktes hierher durch Bischof Otto I. zu entwickeln. Das Rathaus dieser neuen, entwicklungsfähigen Marktstadt stand am Platze der (1945 zerstörten) Maut am Grünen Markt. Eine sehr alte (dörfliche) Siedlungszelle birgt sich in der »Theuerstadt«, jenseits, östlich des rechten Flußarmes, längs des »Steinwegs« (Königstraße), den der der S-N-Achse der Regnitz folgende Überlandverkehr passieren mußte. – Die dem Dom folgenden bischöflichen Kirchengründungen besetzten die Hügel nördlich und südlich des Domes bzw. der Marienkirche (Obere Pfarrkirche) auf dem Kaulberg: das Benediktinerkloster St. Michael und die Kollegiatstifte St. Stephan und St. Jakob; nur das letztgegründete St. Gangolf entsteht in der Niederung, weit drüben in der Theuerstadt. Die geistliche Stadt breitete sich also oben, auf den Höhen (den »7 Hügeln«) aus, die bürgerliche unten.

Die Bevorrechtungen der geistlichen Stadt durch »Immunitäten« (Steuerfreiheiten) führte im Spätmittelalter zu Zusammenstößen mit der das »Mitleiden« der »Muntäter« fordernden Stadt, schwersten sozialen

Erschütterungen der Bamberger Geschichte, die, da sich der geistliche Teil als der stärkere erwies, nur zu einer dauernden Schwächung des stadtbürgerlichen Teiles führten. Die Immunitäten behaupteten sich bis ins

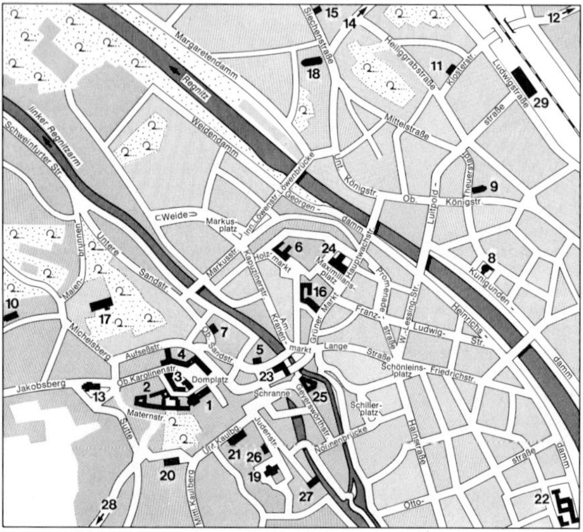

1 Dom St. Peter und Georg
2 Domberg, Domherrenhöfe
3 Alte Hofhaltung, Historisches Museum
4 Neue Hofhaltung, Residenz, Staatsbibliothek, Staatsgalerie
5 Ehem. Dominikanerkirche St. Christoph
6 Hl. Dreifaltigkeit, Institut der Englischen Fräulein
7 St. Elisabeth
8 Erlöserkirche
9 St. Gangolf
10 St. Getreu
11 Dominikanerinnenkirche Hl. Grab
12 nach St. Heinrich
13 St. Jakob
14 nach St. Kunigund
15 Friedhofskapelle St. Maria
16 St. Martin, Ehem. Jesuitenkolleg
17 St. Michael, Bürgerspital
18 St. Otto
19 St. Stephan
20 St. Theodor, Karmelitenkloster
21 Unsere Liebe Frau, Obere Pfarrkirche
22 Priesterseminar
23 Altes Rathaus, Obere Brücke
24 Rathaus
25 Schloß Geyerswörth
26 Böttingerhaus
27 »Concordia«
28 zur Altenburg
29 Bahnhof

Bamberg. Innenstadt-Lageplan

18. Jh. – 1803 fiel das säkularisierte Hochstift an Bayern. Seine jetzt ausschließlich geistlichen Bischöfe sind seit dem Konkordat von 1817 in den Rang von Erzbischöfen erhoben.

Die Stadt. •

Bamberg ist, nach dem vielzitierten (nicht sicher verbürgten, aber treffenden) Wort eines seiner schwedischen Okkupanten, ein großer weitläufiger Ort gleichsam von unterschiedlichen Städten. Erst die bayerische Landstadt (seit 1803) vereinheitlicht das Konglomerat. Innerhalb der modernen Wachstumsringe (im N und O) heben sich die verschiedenen Siedlungszellen als städtebauliche Sonderheiten noch deutlich ab. Auf den Hügeln von N nach S: der Michelsberg (Klosterimmunität), der Domberg (bischöfliche Immunität), der Jakobsberg (Stiftsimmunität), der Kaulberg (Immunität des Domkapitels) und der Stephansberg (Stiftsimmunität). Kennzeichnend die lockere, von Gärten durchsetzte Bebauung der in sich abgeschlossenen, von ihren aufragenden Kirchen beherrschten Immunitätsbezirke; enger bebaut nur der von Kleinbürgern, auch Häckern (Weingärtnern) bewohnte, der hier herabkommenden Steigerwaldstraße anliegende Kaulberg. Dann der rechtlich zur Stadt gehörige, gedrängt bebaute Sand zwischen den Hügeln und dem inneren, wahrscheinlich schon im frühen Mittelalter künstlich geschaffenen (oder doch regulierten) Flußarm; aufschlußreich für die ältere Bamberger Siedlungsgeschichte, daß sich hier, südlich der Sandstadt, die Dominikaner, Franziskaner und, hinter ihnen, die Juden ansiedelten. Die in die 70er Jahre des 13. Jh. zurückgehende Franziskanerkirche wurde 1812 abgebrochen. Die Juden wurden nach 1459 ausgetrieben; ihre Synagoge verwandelte sich in die (jetzt profanierte) Marienkapelle an der Judenstraße. – Jenseits, in der Niederung zwischen den beiden Flußarmen die eigentliche Bürgerstadt. Ihre richtende Achse ist der Grüne Markt, ein geräumiger Straßenmarkt, von dessen westl. Ende die zweite bedeutende Verkehrsader, die Lange Straße, abzweigt. Das große Platzgeviert zwischen Markt und äußerem Flußarm, der Maxplatz, ist erst spät durch den Abbruch der alten Pfarrkirche St. Martin entstanden. – Jenseits des äußeren Flußarmes die Theuerstadt, stadtbürgerlichen Aussehens in der tragenden Achse (Königstraße), bäuerlichen an deren Fortsetzungen südlich und nördlich (Gärtnerviertel), bis auf die hier, südlich, eingesprengte ehem. Immunität von St. Gangolf mit Stiftskirche und Kuriengürtel. – Rings um die Teuerstadt greift die moderne Stadt

wachsend, auf Kosten der Gärtner, in die offene Talbreite hinaus.
Die Stadtlandschaft Bamberg, wie sie sich von einem der sammelnden Blickpunkte, etwa am Austritt der Nürnberger Straße aus dem Hauptsmorwald, panoramatisch erschließt, zählt zu den schönsten. Glückliche Nützung der geologischen Fundamente: der Randhöhen des niedergehenden Steigerwaldes, deren höchste die Altenburg besetzt, die sich in Wellen, sanft, ohne Eile, herabsenken bis zu den auslaufenden, auf- und abschwingenden Hügeln, deren jeder eine Kirchenkrone emporhebt, am höchsten der »Mönchsberg« des hl. Michael, den der etwas tiefer liegende Domberg doch dank seines Türmegeviertes überherrscht. Ein anderer Blickpunkt, auf einer der Höhen, etwa der Altenburger, schwächt das Relief der vordergründigen Hügel und läßt sie mit der Talstadt zu einer nur leicht gestuften, durch das warme Rot der alten Dächer farbig getönten ausgebreiteten Stadtganzheit zusammenfließen, aus der sich doch immer noch, bindende Mitte, der Dom des hl. Kaisers hebt. – Heinrich II. zog die Grundlinien dieser großen Stadtlandschaft. Aber Bamberg ist keine romanische Stadt (wie Regensburg), auch keine gotische (wie Nürnberg), sondern trotz der mächtigen Aufragungen des Mittelalters, Dom und Obere Pfarrkirche, eine barocke, dank der reichen, von den Schönborn-Bischöfen Lothar Franz und Friedrich Karl gesteuerten Bautätigkeit des 18. Jh., die das überdauernde Mittelalter zwar nicht gern, doch mit einem erstaunlichen Verstehen in das eigene Planen einbezog.

Dombezirk

● Dom St. Peter und Georg

Die Annahme, daß die Babenberger-Burg eine Kapelle hatte, konnte bei Grabungen 1971/72 gestützt werden; es wurden wenige, doch aufschlußreiche Mauer- und Bodenrelikte eines wohl kirchlichen Rechtecksaales im nördl. Bereich des Domlanghauses, dem sich südlich ein Gräberfeld zuordnete, aufgedeckt. Patronin der Kapelle dürfte die Muttergottes gewesen sein, die auf den folgenden Großkirchenbau überging.
König Heinrich II. beginnt 1003 oder 1004 eine doppelchörige Kirche, die – 1007 schon großenteils aufrecht – am 6. Mai 1012 als Domkirche St. Maria (Haupttitel, der in der Folge hinter St. Peter zurücktritt), St. Peter (W-Chor) und St. Georg (O-Chor) geweiht wird. Mit etwa 75 m Länge ein rundes Viertel kürzer als der roman.-got. Nachfolger, in der Achse nur leicht südlich abweichend, gab er doch die wesentlichen Grundrißdispositionen an diesen weiter. Türme standen nur im O; gewölbt waren nur

die Apsiden und die Krypten; das ausladende, nördlich mit der nun auf dem Burgplatz stehenden Pfalz verbundene Querschiff versagte sich noch die Ausscheidung der Vierung; die Baulichkeiten des Domklosters lagen – wie dann in aller Folge – südlich. Der Neubau des 13. Jh. hat den Heinrichsbau bis auf Restteile der W-Krypta beseitigt, die doch die Rekonstruktion dieses in den 3 Schiffen mit Halbtonne gedeckten, in gestaffelten Apsisnischen endenden Raumes gestatten. Eine entsprechende Anlage konnte auch für den Schluß der O-Krypta ermittelt werden.

Der durch Brandschaden 1185 veranlaßte Neubau wurde vielleicht schon – in der O-Krypta und den Sockelgeschossen der O-Türme – in den ersten Jahren des 12. Jh. begonnen, im großen aber doch erst durch Bischof Ekbert aus dem Hause der Grafen von Andechs und Herzöge von Meranien ins Werk gesetzt. Im 2. Jahrzehnt in Angriff genommen, wurde es im 4. zu Ende gebracht; die Weihe am 6. 5. 1237 (Weihetag des ersten Domes) schloß ihn ab. – Der Bauverlauf darf, in großen Zügen, etwa so zurechtgelegt werden: 1. Ein Meister oberrheinischer Schulung errichtet etwa 1212–25 den O-Chor, doch ohne Wölbung (außer der Apsiskalotte und der ihr vorgelagerten Schmalhalbtonne), einschließlich der den Chor begleitenden Seitenschiffjoche bis zum Fürstentor, dessen Anlage ihm noch zuzuteilen ist, und der flankierenden Türme bis zu 4 Geschossen. – 2. Er wird durch eine Bauhütte burgundisch-got. (zisterziensischer?) Schulung abgelöst, welche die Chorjoche einwölbt, die O-Türme vollendet und das zunächst noch flach gedeckte, dann gewölbte Langhaus aufführt. – 3. Ihr folgt gegen Ende des 3. Jahrzehnts, vor 1229, ein Zisterzienser, Baumeister-Konverse des Steigerwaldklosters Ebrach (vielleicht der 1229 genannte »magister operis frater Wortwinus«), der in den Formen zisterziensischer Frühgotik das Querschiff, erst südl., dann nördl. Teils, und den W-Chor bis zu den Gewölbekämpfern (auch die im Dach verborgene westl. Giebelwand) baut, die W-Türme mit 3 bzw. (nördlich) 2 Geschossen aufstockt, die Silberkammer (urspr. Sagerer) am N-Flügel des Querschiffes und die Sepultur (urspr. Kapitelsaal) am S-Flügel des Querschiffes errichtet. – 4. Die Ebracher werden spätestens 1233 von den auf den Bauplätzen nordfranzösischer Kathedralen, vorab Reims, geschulten »Gotikern« abgelöst, die den Chor wölben und die Türme (nach dem Vorbild Laon) vollenden. Sie werden auch den Polygonwänden des Chores den Kranz von Giebeln aufgesetzt haben, der in seiner fragilen Beschaffenheit das Mittelalter nicht überdauerte. Sie bringen – unter Führung des Großen, den wir »Reitermeister« nennen – die neue, statuarische Plastik.

Spätere Änderungen des Baubestandes: die durch Einsturzgefahr veranlaßten Streben an den O-Türmen, wohl nach 1274; 1508 Vorlage der östl. Estrade, des Domkranzes, als monumentaler »Fuß« des O-Chores; 1743 Erneuerung der gesamten Dachung, mit Schiefer- statt Ziegeldeckung, Abnahme des Dachreiters (der, in der Anlage wahrscheinlich ins 13. Jh. zurückgehend, die Firstlänge des Langhauses akzentuiert hatte); 1765–68 Aufstockung der O-Türme, in Angleichung an die um 1 Geschoß höheren westlichen, die jetzt die 4 Ecktürmchen verloren, beide Maßnahmen durch

Johann Jakob Michael Küchel; 1777 Einzug von Eisenankern zur Sicherung der Gewölbe des O-Chores. – Die Domwiederherstellung 1828–37 (»in dem Geiste seines Styles«) durch Friedrich Karl Rupprecht, Karl Alexander v. Heideloff und Friedrich v. Gärtner nach den Direktiven König Ludwigs I. betraf das Äußere nur wenig, um so mehr (von der Farbe bis zu den Altären und Grabmälern) das Innere; sie räumte das im Laufe der Jahrhunderte angesammelte Inventar hinaus, wenn es sich nicht auf den gewünschten Stilnenner bringen ließ. Letzte, mit Grabungen verbundene Eingriffe 1969–73: Reinigung und farbige (hellrote) Fassung der Wände, Korrektur der östl. Chortreppe und der Position des Kaisergrabes, Aufstellung des (von der modernen Liturgie geforderten) Altars im W-Joch des Mittelschiffes.

Die Abmessungen: Etwa 101 m entfallen auf die Gesamtlänge (O/W), 31 m auf die Breite des Lang-, 41 m auf die Länge des Querhauses (N/S); 24,5 m mißt die Scheitelhöhe.

Äußeres. Einheitlich wirkend trotz der Beteiligung mehrerer Bauhütten, deren erste noch spätroman. Formen verwendet. Trotz des Spitzbogens weichen auch die spätesten westl. Teile nicht vom Charakter roman. Mauerschwere ab, und wenn die W-Türme vergleichsweise entschwert sind, so folgen sie doch in der Lagerung ihrer Würfelgeschosse den östlichen. Der Grundriß einer doppelchörigen 3schiffigen Basilika mit westl. Querschiff und Turmpaaren an den Flanken der Chöre erweist sich dem des Gründungsdomes verpflichtet. Häufung der Wirkungsmittel an der gegen Stadt und Tal gewendeten O-Seite, insbesondere an der in 5 hohen Rundbogenfenstern und den Drillingen der Zwerchgalerie aufgebrochenen Chorapsis, die eine der glanzvollsten Leistungen des roman. Spätstiles in Deutschland ist. Sparsam die Gliederung des Schiffes: am Hochgaden lediglich die Reihung der Rundbogenfenster (die zugesetzten lassen auf eine ursprünglich geplante Flachdecke schließen), an den aufwendiger gehaltenen Seitenschiffen eine Folge von Lisenen und ein im Vergleich mit dem Hochschiff bereicherter Fries; hier legt sich auch das prächtigste der 4 Portale vor. Das Querschiff ist von herber Großartigkeit, felsenhaft karg, zisterziensische Mönchsarchitektur. Dann aber wieder ein reiches Aufblühen in den W-Türmen, die man als Bildhauerarchitektur bezeichnen möchte (wie es ja auch wahrscheinlich ist, daß sie der »Reitermeister« erdacht hat).

● Portale. 2 an der O-Seite, in den Sockelgeschossen der Türme: Rechts die *Gnadenpforte* mit schmuckreichem Stufengewände, das ein mit ornamentaler und figürlicher Plastik ausgestattetes Kapitell- und Kämpferband von den Archivolten trennt; ein Hochrelief-Tympanon füllt die Lünette: Der in der Mitte thronenden Muttergottes sind links der hl. Petrus und Georg (die Dompatrone) und die kleine Figur eines Bischofs (der bischöfliche Bauherr, Ekbert), rechts das hl. Kaiserpaar Heinrich und Kunigunde und die kleine Figur eines Klerikers (vermutlich Dompropst Boppo von Andechs-Meranien) zugeordnet; der zu Füßen der Maria hingeworfene Adorant mit dem Kreuz auf dem Mantel ist wahrscheinlich als der Bruder des Bischofs, Herzog Otto VII. von Meranien, zu deuten. Die durch ein Spruchband zusammengefaßten je 6 kleinen Figuren am Kämpfer über dem berankten Kapitellfries dürften

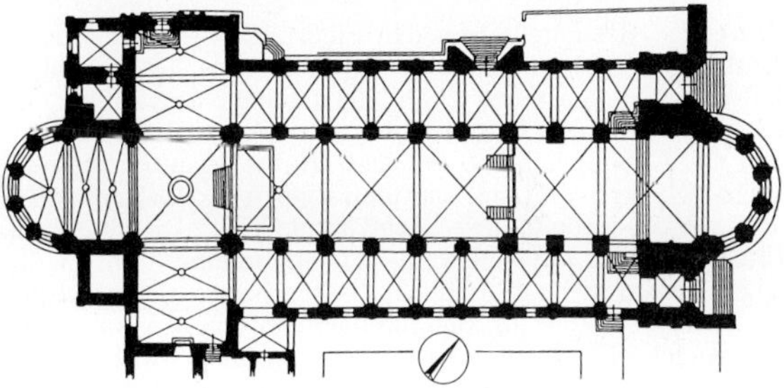

Bamberg. Dom. Grundriß

als Apostel zu deuten sein, wenn auch ihre Attribute (Kreuz, Schwert, Lanzenspitze) ungewöhnlich sind. Neben der Reihe links Christus (mit Kreuznimbus) und mehrere Engel, wie sie auch rechts noch erkennbar sind. Eine schlüssige Deutung scheitert am schlechten Erhaltungszustand. – Das Portal links, die *Adamspforte*, wurde als einfaches Pfeilerstufenportal mit im normannischen Zickzack gebrochenen Bögen wahrscheinlich im 1. Jahrzehnt des 13. Jh. angelegt und um 1235 mit 6 Statuen besetzt, deren nächste Verwandte an der Kathedrale von Reims stehen; sie stehen jetzt im Diözesanmuseum des Kapitelhauses; am rechten Gewände standen der hl. Petrus und das Urelternpaar, am linken das hl. Kaiserpaar und der hl. Stephanus; die einigende Idee: Gründer und Beginner, der Gründer der Römischen, die Gründer der Bamberger Kirche, die ersten Menschen, der erste Märtyrer. Man darf daran erinnern, daß der (jetzt vom Domkranz eingenommene) Platz im Mittelalter als Atrium, Paradies, bezeichnet wurde. – Das dritte und reichste Portal, das *Fürstentor,* befindet sich, als zentraler und stets nur höchsten Festtagen vorbehaltener Zugang, an der Langseite des nördl. Seitenschiffes; noch von der ersten Hütte spätromanisch angelegt und aufgeführt, wurde es von der letzten frühgotisch vollendet, der das Tympanonrelief des Jüngsten Gerichtes, die beiden Statuen an den Portalflanken, Ecclesia und Synagoge, und die auf den linken Gewändekämpfer gesetzten des Abraham und seines Posaunenengels gehören (die Statuen jetzt im südl. Seitenschiff, die Trägerdienste der Ecclesia und Synagoge mit den Relieffiguren des Ezechiel und eines vom Teufel geblendeten – im Kopf ergänzten – Juden an den Kapitellen noch in situ); die an den Gewänden der Portalbucht stehenden Propheten und Apostel (auf den Schultern der Propheten) sind noch mit den Stilmitteln des Meisters der Gnadenpforte geschaffen, zeigen sich aber in der Reihe rechts schon von der jungen Gotik berührt. – Die *Veitspforte* am nördl. Querschiff ist ohne bildnerischen Schmuck; ihr Wirkungsmittel ist der Kleeblattbogen der Zisterzienser.

Inneres. Bestimmend für den Eindruck ist die bedeutende Aufhöhung der beiden, ursprünglich (bis ins 17. Jh.) durch Lettner abgeschlossenen Chöre, die durch die *Krypten* bedingt ist. Deren östliche (Patron St. Johannes Bapt.), baugeschichtlich am Anfang stehend, um 1210–20, ist 3schiffig; die 3×7 Joche, kreuzgewölbt, mit schweren Rippen und Gurten, ruhen auf starken Rund- und Achtkantpfeilern. Die westliche (St. Mauritius), ein Relikt des Heinrichsdomes, im 13. Jh. zugeschüttet, ist nur fragmentarisch erhalten. Der *Ostchor* (St. Georg) besteht aus der rund geschlossenen Apsis, deren Halbkugel 1928 durch Karl Caspar ausgemalt wurde, und 2 quadratischen Jochen mit einem 6- und einem 4teiligen Rippengewölbe. Schmuckreichste Bildhauerarbeit ist die im Halbrund geführte Sockelzone der Apsis, Blendnischen mit eingestellten, durch Kleeblattbögen verbundenen Säulen, gleichen Stiles wie die Arkaden der nördl. Chorschranke. Der Werkumfang der ersten, spätroman. Hütte reicht bis zu dem das Sechserjoch teilenden Wandpfeiler, doch trifft die spitzbogige Überwölbung schon auf die nächste, für das folgende Chorjoch und die 3 Joche des Hochschiffes verantwortliche burgundisch-frühgot. Hütte. Das zweite 4teilige Chorjoch und die gleichförmigen 3 Joche des Hochschiffes öffnen sich in je 2 Spitzbogenarkaden in die Seitenschiffe, deren 3 östl. Joche wenigstens im Wandaufbau noch der ersten Hütte zuzurechnen sind. Pfeiler und Gurte trennen die Joche, deren jedem 2 Seitenschiffsjoche entsprechen. Die Fenster des Hochschiffes wie die der Seitenschiffe rundbogig. Mit der dem W-Chor zugeschlagenen Vierung und den ihr anliegenden Querarmen setzt Mitte der 1220er Jahre die zisterziensische Hütte ein (Altarweihe 1229 im S-Arm). Sie führt den die – jetzt zugeschüttete – Krypta des Heinrichsdomes überhöhenden *Westchor* auf und überläßt allein noch die Einwölbung der Chorjoche der letzten, 1232 antretenden frühgot. Hütte. Das Querschiff wandgeschlossen, karg, streng, doch durch kraftvoll plastische Gliederungen (Dienste, Rippen) und 2 Fensterrosen ausgezeichnet. Der Vierung folgen 2 Schmaljoche und der 5seitig gebrochene Chorschluß; die gebündelten, durch Tellerringe unterteilten Dienste und die gedrängten, wie Schienen wirkenden Rippen bestimmen den durchaus got. Eindruck.

Ausstattung. *Steinbildwerke* des 13. Jh.: An den den O-Chor von den Seitenschiffen trennenden Schrankenmauern je 6 Reliefdarstellungen der Apostel (südlich) und Propheten (nördlich); Werk der ersten Hütte in der Apostelreihe, deren erste 3 Paare (»Petrusreihe«) noch eng mit der Plastik der Gnadenpforte (und der Zierplastik der Chorapsis) verbunden sind, deren letzte (»Paulusreihe«) aber schon die lineare Bewegung der Faltenläufe zu stärkerem, »leidenschaftlichem« Ausdruck steigern. Die Prophetenreihe setzt, wenn sie sich auch noch gleicher Stilmittel bedient, doch schon die Anwesenheit der letzten Hütte voraus; der berühmte Kahlköpfige (Jonas) steht schon auf der Schwelle der neuen statuarischen Plastik. Die Werke der sicher schon hier beteiligten got. Hütte an den Chorpfeilern des nördl. Seitenschiffes: Gruppe der *Heimsuchung,* Maria und Elisabeth (»Sibylle«), formal abhängig von der »Visitatio« am W-Portal der Kathedrale von Reims und doch unvergleichlich eigen, eines der Gipfelwerke des »klassischen« 13. Jh.; Gruppe des hl. Dionysius und des ihm die Märtyrerkrone reichenden »lachenden« Engels; Grabbild des Papstes Clemens II. (Bischof Suitger von Bamberg). Die Statuen wurden wahrscheinlich schon im 13. Jh. an diesen oder doch an benachbarten Plätzen des nordöstl. Seitenschiffes aufgestellt; Umgruppierungen (spätestens im 17. Jh.) zerrissen die thematischen Zusammenhänge Maria-Elisabeth, Engel-Dionysius. Am nordwestl. Chorpfeiler der *»Reiter«,* dessen Meister, wahrscheinlich Haupt der got. Bauhütte, auch die Heimsuchung geschaffen hat; ideale Verkörperung des Ritters und Königs staufischer Zeit; die Benennung hl. Stefan von Ungarn (Schwager Kaiser Heinrichs II.), seit rd. 1700 bezeugt, durch neuere Umtaufen (König Konrad III., der im Dom ruht, Philipp von Schwaben, der in Bamberg 1208 ermordet wurde, Kaiser Konstantin, Heinrich II.) nicht widerlegt. – Den Schrankenreliefs nächst verwandt das der Verkündigung am südwestl. Chorpfeiler (ursprünglich am östl. Beginn der nördl. Chorschranke) und das des hl. Michael am Beginn der südl. Chorschranke. An den Chorpfeilern des südl. Seitenschiffes die vom Fürstentor stammenden, 1937 hierher geborgenen Statuen der *Ecclesia* und *Synagoge* (nur dem Straßburger Paar vergleichbar, doch erblühter noch), des *Abraham* (Abrahams Schoß) und des *Posaunenengels,* ehemals auf dem Kämpfer des Portals. Auf dem W-Chor die Tumba des Papstes Clemens II. († 1047), aus grauem kärntnischem Marmor; an den Wandungen die Reliefdarstellungen der 4 Kardinaltugenden und der Personifikation des Paradiesflusses, des sterbenden Papstes und des hl. Johannes Bapt.; die schon erwähnte Statue des Papstes im nördl. Seitenschiff war für die Deckplatte eines die Tumba überhöhenden Baldachins gedacht. Von gleicher Hand wohl

Bamberg. Dom. »Bamberger Reiter«

auch die Grabplatte des Bischofs Gunther († 1065), auf der bis 1934 im O-Chor, jetzt in der O-Krypta stehenden Tumba mit dem im Profil dargestellten Bischof; die symbolischen Tiere in Tiefrelief sind noch frühromanisch. Eine der Heimsuchungs-Maria gegenüber aufgestellte Muttergottes führt schon ins weitere 13. Jh. (um 1240).

Um die Mitte des 14. Jh. setzt die Reihe der *Bildgrabplatten* der Bischöfe ein (von einigen älteren, wie der des Gunther und der von ihr abhängigen, aber viel geringeren und wahrscheinlich auch nachmittelalterlichen der Bischöfe Ekbert [† 1237] und Berthold [† 1275] abgesehen). Hervorragend v. a. die des *Friedrich v. Hohenlohe* († 1352) am 3. Pfeiler des Mittelschiffes, Werk des Würzburger »Wolfskeelmeisters«, eine der stärksten Verkörperungen der Hochgotik; ihm nahe der Friedrich v. Truhendingen († 1366) an der Wand des nördl. Seitenschiffes; die des Albrecht v. Wertheim († 1421) an der gleichen Wand, Weichen Stils, und die des Philipp v. Henneberg († 1487) im südl. Querschiff, »eckigen Stils«, Werk eines Mainzer Meisters. Eine Anzahl von Bronzegrabplatten, aus der Vischerschen Hütte in Nürnberg, der Bischöfe Georg v. Schaumberg († 1475), von Hermann Vischer d. Ä.; Heinrich Groß v. Trockau († 1501), Veit Truchseß v. Pommersfelden († 1503), auf dem W-Chor; Georg Marschalk v. Ebnet († 1505), auf dem O-Chor, von Peter Vischer d. Ä. Die nachmittelalterl. Epitaphien wurden bis auf einige wenige, wie die des Georg Schenk v. Limburg (1518–21) von Loy Hering (W-Chor), 1838 im Zuge der alles nicht Stilgemäße ausräumenden Restaurierung in die Michaelskirche gebracht; die beiden Schönborn-Epitaphien (Lothar Franz und Friedrich Karl, 1746/48), an das Haus Schönborn zurückgegeben, stehen seit 1950 im Mainfränkischen Museum in Würzburg.

Zwischen den O-Chortreppen das *Grabmal Kaiser Heinrichs II. und der Kaiserin Kunigunde,* 1499 ff. von Tilman Riemenschneider in Solnhofer Kalk gearbeitet und 1513 auf dem Platz der Gräber (vor dem O-Chor) aufgestellt, 1837 in der Mitte des Schiffes; auf der Deckplatte die ruhenden Gestalten des Kaiserpaares, an den Wandungen Darstellungen aus der Legende: die Feuerprobe der hl. Kunigunde, die Auszahlung der Bauleute von St. Stephan aus leerer Schüssel, Heilung des am Stein leidenden Kaisers durch den hl. Benedikt, sein Sterben und seine Wägung durch den Erzengel; hervorragendes Werk des Würzburger Meisters, wahrscheinlich nach Visierungen des Bamberger Hofmalers Wolfgang Katzheimer.

Chorgestühle. Das des O-Chores ist ins früheste 14. Jh. zu setzen; 1835 ff. stark ergänzt, doch blieben die plastischen Teile, wie die sitzenden Figuren des hl. Kaiserpaares, die Ritter Georg und Mauritius (?), die Tiere und Monstren, intakt. Das jüngere Gestühl des W-Chores, um 1380–90, Zeit und auch Stil der Parler, ist eines der besten der ersten Spätgotik; reiche Ausstattung mit Figürlichem, dessen auf das Heil der Seele gerichtete Inhalte sich nicht in jedem Falle eindeutig festlegen lassen. – Mehrere spätgot. *Altäre* aus anderen Kirchen wurden erst in neuerer Zeit hierher versetzt, 1888 der Flügelaltar aus Mühlhausen (Kr. Erlangen-Höchstadt) von etwa 1510 (N-Querschiff), 1919 der aus Kirch-

Bamberg. Dom. Anbetender Hirte
im Mittelschrein des Marienaltars von Veit Stoß

gattendorf (Kr. Hof) von etwa 1515 (N-Seitenschiff), zuletzt, 1937, der großartige, ursprünglich für die Nürnberger Karmelitenkirche bestimmte, dann in der Bamberger Oberen Pfarrkirche aufgestellte *Marienaltar* des Veit Stoß von 1523 (dat. und sign.). Von der in den 30er Jahren des 19. Jh. unter Heideloff ausgeschafften barocken Ausstattung konnte die große *Kreuzigungsgruppe* des Justus Glesker von 1648ff. 1912 zurückerworben werden; jetzt über dem westl. Choraltar (ursprünglich auf dem Kreuzaltar an der Rampe des O-Chores).

Annexe

Am S-Arm des Querschiffes die **Nagelkapelle,** ehemals »Kapitel«, dann Sepultur; in den ersten beiden Doppeljochen das Werk der zisterziensischen Bauhütte, in den folgenden eine Erweiterung von 1456.

Die seit 1762 an den Wänden aufgestellten 97 Bronzegrabplatten von Domherren reichen vom späten 15. bis ins 17. Jh.; die spätgotischen meist Güsse der Vischerschen Hütte in Nürnberg, die auch einige des 16. Jh. beisteuerte. Der an der O-Wand stehende Altar mit dem Holzrelief der (im spätgot. Bamberg beliebten) Apostelteilung wird dem Bamberger Bildhauer Hans Nußbaum zugeschrieben, um 1500; die Predella ist älter, Relikt eines 1456 gestifteten Altars.

Der südlich angrenzende **Kreuzgang** des ehem. Domklosters ist spätgotisch, um die Wende des 14. Jh. errichtet, doch in der Wölbung erst gegen Mitte des 15. Jh. vollendet. Das Baujahr der ihrem W-Flügel aufgesetzten *Andreaskapelle* ist 1412.

Der Kreuzgang verwahrt als Lapidarium eine Anzahl bedeutender Steinbildwerke, meist 14. Jh.

Schatzkammer. Der Domschatz reicht bis in die Gründungszeit des Bistums zurück. Das älteste erhaltene Inventar ist von 1127. Die Säkularisation hat den Bestand geschmälert; Kostbarstes heute in der Münchner Staatsbibliothek und in der Schatzkammer der Residenz. Aber immer noch großartig genug ist der verbliebene Bestand. Wir nennen den Sternenmantel Kaiser Heinrichs (um 1020), den Mantel der Kaiserin Kunigunde (frühes 11. Jh.), die Dalmatika des Kaisers (11. Jh.), Schale, Lampe, Gürtel der Kunigunde (10. und 11. Jh.), das Grabtuch Bischof Gunthers (Mitte des 11. Jh.), den bronzenen Osterleuchter (um 1160), den Grabornat Papst Clemens' II., der 1951/55 restauriert und in den Schatz geborgen wurde (um 1040). Teile des Domschatzes jetzt im Diözesanmuseum des Kapitelhauses.

Der **Domberg** (»die Burg«) ist eine städtebauliche Einheit und vom Dom nicht abzutrennen. Die nach 3 Seiten abfallende Böschung schon im 11. Jh. bemauert, die (allseitig) erhaltenen Mauerzüge aber doch meist erst aus nachmittelalterl. Zeit (16.–18. Jh).

An den Mauerzug lehnt sich ein Ring von Domherrenkurien an, deren einige, wie die **»Curia S. Elisabethae«** (Domstr. 7), noch die ehemals allgemeine burgliche Abgeschlossenheit der einzelnen Höfe in ihren Vorwerken erkennen lassen. Eindrucksvoll die lediglich von Kurien besetzte Domstraße, reizvoll altfränkisch der Innenhof der **ehem. Erthalschen** (Nr. 11).

An der (nicht ursprünglich) platzgleichen Erweiterung der Oberen Karolinenstraße das in dieser sonst altfränkischen Umgebung prätentiös ansprechende **Erzbischöfliche Palais,** ein vom Stadtbaumeister Martin Mayer in den 1760er Jahren errichteter spätbarock-frühklassizist. Domherrenhof. – Die Straße, ehemals »In der Bürg«, trifft wenig oberhalb auf die aus der Burg entlassende Torenge (Jakobstor), die durch 2 Kurien, den **ehem. Langheimer Hof** (im Kern mittelalterlich) und den in wirkungsvoller Schräge postierten **ehem. Markgräflich Brandenburgischen** (um 1780), flankiert ist.

Die offenen Plätze um den Dom sind ursprünglich, nicht Freilegungen, wenn auch in der Erscheinung erst durch das späte 16. und v. a. das frühe und späte 18. Jh. bestimmt. Der östlich und nördlich dem Dom anliegende Domplatz (Karolinenplatz) liegt in der Umklammerung der beiden Hofhaltungen, der Alten im W und der Neuen im NO. An der offenen Seite, zur Stadt, begrenzt ihn die 1794 von Lorenz Fink erbaute, von Georg Joseph Mutschele dekorierte, mit Seehofer Gartenfiguren von Ferdinand Dietz (Justitia) und Michael Trautmann (Jahreszeiten) ausgestattete frühklassizist. **Brunnenmauer.**

● **Alte Hofhaltung** (Dompl. 7)

Erwachsen aus und über der Pfalz des 10./11. Jh., die mit der Gründung des Bistums an den Bischof überging. Der Saalbau der Pfalz, bildlich überliefert, wurde erst 1777 abgebrochen.

Mauerteile der ins frühe 11. Jh. zu setzenden oktogonen Pfalzkapelle St. Andreas haben sich am SO-Eck erhalten. Der 1937 freigelegte untere O-Teil der Thomaskapelle (bischöfliche Hauskapelle), im Erdgeschoß des nach 1185 aufgeführten, leider auch 1777 abgetragenen Turmes (»Hohe Warte«, an der Flanke des Haupttores), reicht ebenfalls ins frühe 11. Jh. zurück; die schöne reiche Weihe-Inschrift, Weiß auf Purpur, in der Apsis deutet in ihren erhaltenen Zeilen auf den Papstbesuch d. J. 1020. – Der über der Ruine befindliche spätroman. Chor der **Katharinenkapelle** umfaßt 6 Kreuzgratgewölbe, die auf den Würfelkapitellen zweier Säulen ruhen. – Die den Hof umschließenden Fachwerkflügel, die das im hohen Grade malerische Bild der weitläufigen Anlage bestimmen, entstanden unter den Bischöfen Philipp v. Henneberg (1475–87) und Heinrich Groß v. Trockau (1487–1501), dessen Verdienst die Inschrift des (nach den Stilindizien) von Adam Krafft 1498 gemeißelten Wappensteines über dem Spitzbogentor des NO-Flügels rühmt. Das Areal wurde damals um die Hälfte (gegen

N) erweitert. Der prächtige Renaissancebau der **»Ratsstube«** wurde unter Bischof Veit von Würzburg 1570–77 nach Entwürfen des markgräflichen Baumeisters Caspar Vischer (s. Kulmbach, Plassenburg) von dem Bamberger Erasmus Braun errichtet. Das bei seiner Höhe schmale gequaderte Gebäude mit dem aus der Achse verschobenen doppelgeschossigen Erker, dem zurückstehenden Treppenturm, dem von Voluten begleiteten Giebel ist durch die besten Eigenheiten einer schmuckfrohen deutschen Renaissance geprägt.

Ein köstliches Ding ist auch die Treppenspindel im Inneren, wo jetzt das **Historische Museum** beherbergt ist. – Das angrenzende, Tor und Törchen kombinierende *Portal,* dessen plastische Ausstattung, wie wohl auch die des Ratsstubenbaues, der Bildhauer Pankraz Wagner besorgte, bereichert noch einmal die reiche Baugruppe. Man beachte das erstaunlich genaue Dommodell in der Mitte der Figurenreihe (mit den Bistumspatronen wie im Tympanon der Gnadenpforte des Domes) vor der Attika des Tores.

Neue Hofhaltung (Residenz; Dompl. 8)

Ihre Geschichte beginnt mit dem für Fürstbischof Johann Philipp v. Gebsattel 1608 ff. nach den Plänen des Nürnberger Ratsbaumeisters Jakob Wolff d. Ä. aufgeführten Schloßbau gegenüber der (nun) Alten Hofhaltung.

Der erste Bau umfaßt 2 Flügel, deren einer die Obere Karolinenstraße begleitet, deren anderer nur mit seiner Giebelseite an sie herantritt, im stumpfen Winkel zur Richtungsachse der Straße. Die stilistischen Merkmale sind die kennzeichnenden der letzten deutschen Renaissance: geschlossene Wandflächen, sparsame Schmückung, vorherrschend horizontale Gliederungen; nur der Giebel (in der Blickachse des Domplatzes) sucht die horizontale Lagerung noch zu bestreiten.

Dieses Schloß erschien dem 1693 ins Regiment tretenden Fürstbischof Lothar Franz v. Schönborn (seit 1694 auch Kurfürst von Mainz) zu dürftig; er setzte eine zunächst ins Auge gefaßte Kompromißlösung bald wieder ab und entschied sich für eine ausgreifende Neuanlage östlich der alten, die den Domplatz, zum wenigsten auf 2 Seiten, mit einheitlichen Trakten umschließen sollte. Die Idee fand rascheste Verwirklichung: 1697 begonnen, steht die Schönbornsche Residenz schon 1703 unter Dach. Der Baumeister, Johann Leonhard Dientzenhofer, erwies sich auch hier, wie bei den kurz zuvor begonnenen Klosterbauten von St. Michael und Banz, als ein sicherer Gestalter ausgedehnter Baumassen.

Wenn die in sozusagen endlosen Fensterreihungen ablaufenden Fronten, die das Gesetz der 3 Ordnungen so genau erfüllen, auch akademisch trocken sind, so muß die städtebauliche Leistung dieser mächtigen Blöcke doch hoch bewundert werden. Die nördl. Außenfront, unmittelbar über der Böschung der Burgmauer, monumentalisiert das Profil des Domberges; der um ein 4. Geschoß erhöhte O-Pavillon begrenzt wie ein Riesenpfeiler die gedehnten Trakte und tritt auch mit einer immer noch standhaltenden Wucht dem Koloß des Domes gegenüber. Erst dieser Residenzbau befreite den Platz von der kleinteilig mittelalterl. Bebauung und schloß seine noch burgliche Hofenge auf. – Das Innere hält noch an den Raumdispositionen des 17. Jh. fest. Das Treppenhaus ist ohne den Anspruch der großen Treppenhäuser der nächsten Folgezeit. Die Treppenläufe legen sich um ein offenes Viereck, dessen Umfassungen die aufsteigenden Arkaden sind. Die Räume des fürstlichen Wohnens und Repräsentierens, im 1. und 2. Obergeschoß, reihen sich (ohne Enfilade) an den verbindenden Korridoren auf. Der große Saal, der »Kaisersaal«, in der Mitte des 2. Obergeschosses (des Mittelflügels) bescheidet sich mit der Geschoßhöhe.

● Sehr bedeutend, teilweise hohen Ranges, die Ausstattung. Die Stukkaturen meist von Johann Jakob Vogel, Höchstleistungen im ausgebreiteten Werk dieses Bamberger Meisters, der sein Metier vorzüglich beherrschte. Die Gemälde im *Kaisersaal* vom Tiroler Melchior Steidl; sie weiten mit allen Mitteln der täuschenden Perspektive den bei geringer Höhe lang und breit gelagerten Raum und bedrängen ihn zugleich durch die aggressive Plastik der sich scheinbar aus den Flächen von Wand und Decke lösenden Körper. Die greifbare Plastik der Stukkaturen vollendet diese überreiche, überschwere, wahrlich barocke Dekoration. – Von der Hochstufe des Barock zur Spätstufe: den feinen zarten Stukkaturen der 1770er Jahre von Materno Bossi in mehreren Räumen des 1. Obergeschosses, im *Spiegelzimmer* oder im *Kleinen Marmorsaal*. – Die Residenz beherbergt eine vorzügliche (staatl.) **Gemäldegalerie** (auch Werke aus dem Gemäldebesitz der Stadt) sowie die **Staatsbibliothek.**

Der **»Rosengarten«** im Rücken des Haupttraktes bietet Blick auf den Michelsberg. Feiner **Gartenpavillon** von der Hand Johann Jakob Michael Küchels.

Der kleinere Platz (früher »Hofplatz«) südöstlich und östlich des Domes, der mit seiner O-Apsis und der Estrade des »Domkranzes« (1508–10) hineinragt, wird einerseits von Kurien, andererseits vom **Kapitelhaus** (Dompl. 5), einem kostbaren Werk Balthasar Neumanns (1731–33), begrenzt, das mit unaufdringlicher Würde die große Nachbarschaft des Domchores beantwortet, der nicht hohe 2geschossige Bau strafft sich in den Pilastern des flachen Risalits der Mitte und mildert seine französische Noblesse in der verhältnismäßig schweren, von Lukarnen und Kaminen reizvoll belebten Dachhaube. – Im Obergeschoß das **Diözesanmuseum.**

Bamberg. Neue Hofhaltung. Kaisersaal

Der Eckbau der östl. Kurienzeile, der **ehem. Stadionsche Hof** (Dompl. 1), von Justus Heinrich Dientzenhofer unter Beteiligung Neumanns 1739 errichtet, korrespondiert als ein die Platzöffnung festigendes Gewicht mit dem gegenüber aufragenden Pavillon der Residenz.

Die **ehem. Laurentiuskurie** (Dompl. 3) birgt in ihrem Rücken die an den Zwinger der Burgmauer gestellte Hauskapelle, deren spätroman. Apside Zeitgenosse des östl. Domchores ist.

Abschluß des Platzes südlich ist die von Küchel 1737 gebaute **ehem. Domdechantei** (Dompl. 4).

Kirchen und Klöster

Ehem. Benediktinerkloster St. Michael (Bürgerspital; Michelsberg)

Auf dem Hügel nördlich des Domes, neben diesem der stärkste Akzent im Stadtbild. Bischöfliche Gründung, doch sicher unter Anteil Kaiser Heinrichs II. Blüte im 11. und 12. Jh. Der Prior Frutolf († 1103) ist einer der großen Chronisten des Mittelalters. Bischof Otto d. Hl. führt die Hirsauer Reform ein; Restaurator des Klosters, wird er auch in dessen Kirche begraben (1139). – Im Aufruhr der Bürger gegen die stiftischen Immunitäten, 1435, schwer geschädigt, tritt das Kloster doch wenig später, in der 2. Hälfte des 15. Jh., unter dem bedeutenden Abt Andreas Lang, in eine Periode erneuter Kraftentfaltung. Seine letzte Hoch-Zeit fällt in die Jahre des Abtes Christian Ernst v. Guttenberg (1689–1715); sie wirkt fort bis ins späte 18. Jh. Die Säkularisation, 1803, vernichtet eine noch unerschöpfte Lebenskraft. Die Stadt erwirbt die Gebäude und belegt sie mit ihrem Spital.

● Ehem. Klosterkirche

Der 1021 geweihte Gründungsbau der Klosterkirche wurde durch ein Erdbeben, 1117, vernichtet. Der zweite, Bischof Otto zu dankende Bau wurde 1121 geweiht: eine 3schiffige, in 3 Apsiden schließende Kreuzbasilika mit 2 Türmen westlich und vielleicht auch östlich. Der Otto-Bau muß (was wir aus Merkmalen seines Erhaltenen, i. ü. aus Abbildungen des Spätmittelalters erschließen) in den 30er Jahren des 13. Jh. (Ablaß 1238) Veränderungen erfahren haben. Der Chorbau wurde in den oberen Teilen erneuert, die O-Türme (wenn vorhanden) wurden abgetragen, die W-Türme neu aufgeführt; auch die Profile der Arkaden (Rundstäbe) müssen damals entstanden sein. Das Spätmittelalter, die ergiebige Zeit des Abtes Andreas, wölbte die O-Teile neu (erhalten die Wölbungen des Chorrechteckes und des Querschiffes) und beschaffte eine reiche (doch gänzlich verschollene) Ausstattung. Etwa 100 Jahre später entsteht (am Chorgewölbe das Jahr 1583) in posthum got. Formen ein neuer Chorschluß. Dann nötigt ein Brand, 1610, zu weitgehender Erneuerung; vom Otto-Bau können nur die Arkaden des Mittelschiffes, das Querschiff, das östl. Joch des Langhauses (chorus minor) und die Umfassungsmauern der Seitenschiffe übernommen werden. Die westl. Türme wachsen neu auf. Nachgeborene Gotik kennzeichnet diese Wiederherstellung, die von einem sonst unbekannten Münchner, Georg Niedermeier, ausgeführt wurde; für das Netzrippengewölbe des Langhauses steht der Name des Italieners Lazaro Augustino zur Verfügung. 1614 sind diese Arbeiten abgeschlossen. – Der auf eine gründliche Um- oder auch Neugestaltung zielende Baueifer des anhebenden Barock blendet dem Außenbau die Fassade vor; Johann Leonhard Dientzenhofer errichtet sie, 1696ff. Sein Bruder Johann legt ihr 1723 Freitreppe und Terrasse vor. Er stellt auch die beiden Kapellen (Sakristei und Marienkapelle) in die östl. Winkel des Querschiffes und, wahrscheinlich, die Hl.-Grab-Kapelle an die Stirn des S-Armes. Das Querschiff verliert seine Apsidiolen. Im Inneren wird die Chorbühne erhöht und mit der zuführenden Treppe ausgestattet (um 1725); auch die Oratorien westlich unter der im Kern spätgot. Orgelempore und an den Stirnseiten des Querschiffes sind Zutaten dieser Zeit. Was der geschonte alte Bau versagte, suchte die Ausstattung zu erreichen. Ihr voller Einsatz beschränkte sich auf Vierung und Chor, erzielte aber hier die reichste Verwandlung, ohne den alten (roman. oder nachgot.) Baukörper auszuschalten. Diese Ausstattung ist eine der glänzendsten jener Zeit.

Äußeres. 3schiffige Basilika mit östl. Querschiff und 2W-Türmen, freiliegend bis auf die durch die Abtei verstellte N-Seite. Der roman. Otto-Bau, von einem Laien Richolf aufgeführt, folgt den Gewohnheiten der Hirsauer. O-Türme, auf die die gewölbten O-Joche der Seitenschiffe schließen lassen, sind fraglich; die W-Türme wird der Gründungsbau des 11. Jh. vermittelt haben. Der Chor staffelte in 3 Apsiden; 2 weitere traten aus den O-Wänden des Querschiffes. Der roman. Bau, Langhaus und Querschiff, wendet sich offen gegen S (Blickpunkt bei St. Jakob). Der 3seitig gebrochene nachgot. Chor, über unterfangender Sockelterrasse schmal und steil aufwachsend, von den barocken Annexen, Sakristei und Marienkapelle, wie von breiten Streben flankiert. Die *Fassade* J. L. Dientzenhofers übergreift die Untergeschosse der (nachgot.) Türme, die sich erst in ihren 3 oberen befreien. Gehoben durch die auf Freitreppe zugängliche, in prächtiger Kurve vor- und zurückschwingende Terrasse, strebt sie in 2 Geschossen empor: das Portalgeschoß breit gelagert, die Mitte durch starke Säulenpaare betont, durch Gebälk und Attika vom eingezogenen, durch einen dreieckigen Giebel beschlossenen Obergeschoß abgesetzt, zu dem der über die Mitte geschlagene Segmentbogen vermittelt; die sehr kräftige Körperlichkeit der Gliederungen wirkungsvoll unterstützt durch die kontrastierend einfachen Mauerwürfel der Türme und die kaum geschmückten Wandungen der anschließenden Klostertrakte.

Die Nischenstatuen (Heinrich und Kunigunde, Benedikt und Scholastika, Maria) und der Erzengel auf der Giebelspitze sind Werke des Bamberger Bildhauers Johann Kaspar Metzner, 1698, die beiden großen Schutzengel und die hll. Petrus und Paulus auf der Balustrade Leonhard Goldwitzers, 1723/24.

Inneres. Die Abfolge der auf Rechteckpfeilern ruhenden Arkaden bewahrt noch roman. Raumfügung. Der durch Pilaster gegliederte Lichtgaden mit den hoch liegenden Spitzbogenfenstern ist Ergebnis der Erneuerung 1610–14. Nur das letzte (östl.) Joch, das, als »chorus minor«, durch hochgeführte Pfeiler und Schwibbögen abgesetzt ist, und das ausladende, 3 Quadrate addierende Querhaus kommen einheitlich aus der roman. Anlage herüber. Die nachgot. Decke, Tonne mit Stichkappen, von zarten Rippen übernetzt, erfreut durch den aufgemalten »Botanischen Garten«: an die 600 Pflanzenarten in treuer Wiedergabe. Der nach Hirsauer Gewohnheit ursprünglich kryptenlose Chor wurde erst 1725 durch J. Dientzenhofer erhöht.

Ausstattung des Barock. Das frühe 17. Jh. gab die Orgelempore einschließlich des schönen Orgelprospektes. Die reizvollen Oratorien unter ihr mit den feinen Filigrangittern kamen um 1725 hinzu. Damals entstanden auch die 6 Seitenaltäre an den Arkadenpfeilern, deren plastische Teile L. Goldwitzer besorgte, erhielten Vierung und Chor die neue, so reiche Ausstattung, an deren Vollendung bis um die Mitte des Jahrhunderts gearbeitet wurde. In der Vierung der Sakramentsaltar, den die auf 2 seitlichen Läufen zugängliche Treppenestrade hinterfängt. Die dem Altar seitlich zugesellten mächtigen Figuren des hl. Kaiserpaares stammen, fraglich allerdings, ob auch im Entwurf, sicher aber in der Ausführung vom damals noch sehr jungen Johann Peter Benkert. Das Theatrum sacrum des Chorraumes, das ganz im Zeichen der Engel steht, schirmt sich durch ein schmiedeeisernes Gitter ab. Ein in der Fülle des Zierats unbeschreibliches *Gestühl* besetzt prächtig die Flanken des Chorraumes, nicht genug zu rühmendes Werk des Schreiners Hugo Eberhard Kempel und (Intarsien) des Ebenisten Servatius Brickart. Endlich, in der Brechung des Chorschlusses, aufsteigend bis zur Wölbung, der *Hochaltar,* dessen Gemälde (des jüngeren Johann Joseph Scheubel) der »Königin der Engel« und den sie umschwebenden Chören der Engel selbst gewidmet ist. Engel am Fuße des Rahmens und v. a. in der von Gott Vater ausgehenden Glorie des Aufsatzes, den wieder Engel mit Wand und Wölbung verbinden; Werk des Franz Anton Schlott und (Gemälde) des älteren Johann Joseph Scheubel, doch erst in den 40er Jahren vollendet. Beitrag dieser späteren Zeit ist auch die 1751 ff. von Franz Anton Thomas und Georg Reuß geschaffene *Kanzel.* Nonplusultra einer wuchernd blühenden, zuletzt im Aufbau des Daches aufrauschend zersprühenden Dekoration. Alles Figürliche, die Evangelisten unten, die Kirchenväter oben und der kämpfende Erzengel zuhöchst, in den Strom des Ornamentes eingeschlossen.

Ältere Ausstattung. Mittelalterl. Herkommens: Das *Grab* des (1189 kanonisierten) hl. Gründer-Bischofs *Otto;* auf der Steintumba in der Gruft unter der Chorbühne die liegende Gestalt des Heiligen, an den von einem Tunnel (zum Durchkriechen) durchbrochenen Wandungen die Reliefdarstellungen der Muttergottes, der hll. Michael, Otto, Heinrich, Kunigunde, Johannes Bapt., Stephan und Lorenz, um 1430; eine um 100 Jahre ältere Bildgrabplatte des Heiligen an der Wand hinter der Tumba. Ein hervorragendes Steinbildwerk der hohen Gotik ist der in die Zeit des Abtes Walther, 1334–50, zurückgehende Erbärmde-Christus, dem in den 20er Jahren des 18. Jh. die ausgezeichnete, Fz. A. Schlott zugeschriebene Mater Dolorosa (Holz mit Stuckverkleidung; Fassung neu) beigeordnet wurde (N-Arm des Querschiffes). – Die *Epitaphien der Bamberger Bischöfe,* im südl. Seitenschiff, standen bis 1833 im Dom: 1. Weigand v. Redwitz, 1558, von Hans Polster; 2. Johann Philipp v. Gebsattel, 1611, von Michael Kern; 3. Johann Georg Zobel v. Giebelstadt, um 1585, von Hans von Wemding; 4. Ernst v. Mengersdorf, 1596, von Hans Werner; 5. Melchior Otto Voit v. Salzburg, 1659, von Matthias Seber nach Entwurf Justus Gleskers; 6. Neithard v. Thüngen, 1610, von M. Kern; 7. Veit II. v. Würtzburg, 1580, von Hans von Wemding; 8. Franz Konrad v. Stadion, um 1757, von einem der Würzburger Auvera; 9. Adam Friedrich v. Seinsheim, 1779/80, von Martin Mutschele und Friedrich Theiler; 10. Johann Philipp v. Franckenstein, um 1753, von Martin und Joseph Bonaventura Mutschele.

Annexe. Neben der Marienkapelle, an der Chorflanke, südlich, mit guter Ausstattung im Stil des frühen Rokoko, die eigenartige, an den südl. Querarm anschließende Hl.-Grab-Kapelle, die in den 20er Jahren des 18. Jh., wahrscheinlich von Johann Dientzenhofer, auf dem Platz der Sepultur aufgeführt wurde. Der originelle Aufbau des Grabes, das den quadratischen, überkuppelten Raum fast ganz einnimmt, darf dem älteren Mutschele, Johann Georg, zugeschrieben werden. Die ausgezeichneten Stukkaturen der Decke – Thema ist ein »Totentanz«, den auch die Malereien illustrieren – leistete Martin Grasser.

Klostergebäude. Die Haupttrakte umschließen einen der N-Seite der Kirche anliegenden Rechteckhof, dessen Länge der des Schiffes entspricht; nur der N-Trakt stößt nach beiden Seiten, östlich und westlich, über diese Ausdehnung vor. Westlich vor der Kirche der gegen sie ansteigende große Wirtschaftshof, durch dessen W-Flügel – hier die beiden Tore – der klösterliche Bereich betreten wird; er umfaßt ein unregelmäßiges Viereck. Diese schon in ihren Dimensionen großartige Anlage entstand in allen wesentlichen Teilen unter dem Abt Christian Ernst v. Guttenberg, der unter die bedeutendsten Bauherren der Zeit zu stellen ist. Sein Baumeister war Johann Leonhard Dientzenhofer, der 1696 ff. die mächtigen Trakte nördlich der Kirche aufführte. Nach seinem Tode (1706) löste ihn sein Bruder Johann ab, der den kurzen Kanzleitrakt südlich der Kirchenfassade errichtete und diese den Hof beherrschende Fassade mit der sie von unten her vollendenden, so wirkungsvollen Treppenterrasse ausstattete.

Nach J. Dientzenhofers Entwurf entstand auch der **Brunnen** (1710, von Johann Nikolaus Resch): in Kurven schwingende Beckenbrüstung, ein Merkur auf der Säule; er stünde glücklicher, isolierte ihn nicht eine unnötige Rasenfläche.

Die Trakte, die den Wirtschaftshof umgeben, entstanden in den 20er und 30er Jahren; gegen Ende der 40er Jahre, spätestens, sind sie fertig. Der Anteil Balthasar Neumanns, den der Fürstbischof Friedrich Karl v. Schönborn zuzog, bedarf noch der Klärung.

Gegen Ende der Hauptbauzeit, 1743, entstand auch das wahrlich preiswürdige kleine *Portal* an der Außenseite des S-Traktes, das auf steiler schmaler Treppe von der Michelsberger Straße her zugänglich ist; seitlich in Nischen die Statuen des hl. Kaiserpaares und darüber im Giebel St. Michael, mit rauschenden Schwingen über dem niedergeworfenen Unhold. – Die Klostertrakte bergen noch eine Fülle vortrefflicher Raumdekorationen. Hinweise müssen genügen. Genannt seien: das Refektorium (Deckengemälde von Sebastian Reinhard, 1714/15, Stukkaturen von Johann Jakob Vogel), die Zimmer des Abtes, die Kapelle (Deckengemälde von Carlo Ludovico Castelli 1699, Stukkaturen von Giovanni Battista Brenno 1700).

Der Komplex der Klostergebäude ist an den Böschungen von **Terrassen** und **Gärten** umgeben, einer Natur und Kunst mischenden Rand- und Rahmenzone, in der sich erst die schöne Gesamtheit »Michelsberg« vollendet. Eine Stützmauer tritt gegen die unten, nördlich, vorbeiziehende Straße nach Gaustadt vor, über der ein Pavillon steht, anmutig auf chinesische Art bekuppelt, 1751/52 wahrscheinlich von Küchel errichtet. Die große Terrasse östlich der Kirche, 2fach gestuft, und der Garten unter ihr entstehen nach 1759. Die beiden Achteckpavillons (von Lorenz Fink), die, an die Böschung gestellt, den Garten zwischen sich nehmen, festigen den grünen Gürtel. – Der Blick von der unteren (zugänglichen) der beiden Terrassen umgreift die Stadtlandschaft. Der Domberg insbesondere präsentiert sich hier unvergleichlich; die Blöcke der Residenz treten in ihrer Mächtigkeit hervor. Sie erwuchsen in der gleichen Zeit wie die großen Trakte des Klosters, unter der Hand des gleichen Meisters, J. L. Dientzenhofer, der kaum je eine durch die Idee überraschende Architektur erfand, aber untrüglich sicher große Baumassen zu beherrschen wußte.

● **Ev. Pfarrkirche St. Stephan,** ehem. Kollegiatstiftskirche (Stephanspl. 3)

Wahrscheinlich Gründung des ersten Bischofs, spätestens um 1009, doch wohl im Auftrag König Heinrichs und mit Anteilnahme der Königin

Kunigunde, in der das Stift seine Gründerin verehrte; feierliche Weihe in Anwesenheit des Kaisers durch Papst Benedikt VIII., 1020. Der durch die Um- und Neubauten des 13. und 17. Jh. verschwundene Urbau gab wahrscheinlich den Grundriß (griechisches Kreuz) an die Nachfolgebauten weiter. 1628 ff. wurde die heutige Kirche aufgeführt, von Giovanni Bonalino, doch wahrscheinlich nach Entwürfen des markgräflichen Baumeisters Valentin Juncker. Nach vollendetem Chor erzwang der Krieg längere Unterbrechung. Erst 1658 konnte der Bau wiederaufgenommen werden. Doch entschloß man sich, das 1658–62 mangelhaft errichtete Langhaus wieder abtragen zu lassen und mit Antonio Petrini abzuschließen, der 1677 ans Werk ging und 1680 fertig wurde. Die Ausstattung zog sich allerdings noch hin, und die Weihe geschah erst 1717. – Ev. Pfarrkirche seit 1807.

Äußeres. Der Grundriß nähert sich dem griechischen Kreuz. Die antikische Gliederung (dorische Pilaster) gab Bonalino am Chor an; Petrini führte sie weiter und prägte seine Eigenart der schweren wuchtigen Fassade auf. Aus dem 13. Jh. (Zeit des Dombaues) steht noch der 5geschossige, Rundbogenfriese und Spitzbogenfenster kombinierende Turm, der die oberen Geschosse der Dom-O-Türme voraussetzt. – Inneres. Der in 5 Achteckseiten geschlossene Chor Bonalinos ist noch durch den Spitzbogen bestimmt. Schiff und Querschiff zeigen die wie stets durch eine kraftvolle Plastik ausgezeichneten Gliederungen Petrinis. Die geplante Vierungskuppel kam nicht zur Ausführung.

Die vortrefflichen Stukkaturen im Chor entwarf der Bayreuther Abraham Graß. Die ab 1683 aufgetragenen anderen Stukkaturen gehören mehreren Italienern und dem Bamberger Johann Jakob Vogel, der einen Teil des Langhauses und die Vierungskuppel (Steinigung des Titelheiligen) dekorierte. – Johann Georg Götz schuf das prächtige Orgelgehäuse, 1695.

Kath. Pfarrkirche St. Gangolf, ehem. Kollegiatstiftskirche (Theuerstadt 4)

Gründung durch Bischof Gunther dank Stiftung eines Edelfreien (Walbot) des Juralandes 1057. Weihe 1063. Der Gründungsbau hat sich in der Mauer von Schiff und Querschiff erhalten, das westl. Turmpaar fügte Bischof Otto I. Anfang des 12. Jh. hinzu; die durch Rundbogenfriese abgesetzten beiden Untergeschosse stammen aus dieser Zeit. Das 15. Jh. erweitert das nördl. Seitenschiff um die Kapellenreihe und ersetzt die Rundbogenarkaden des Mittelschiffes durch 3 breiter spannende spitzbogige auf Achtkantpfeilern. Auch der spätgot. Chor muß noch in der 1. Hälfte des 15. Jh. entstanden sein; er wurde, lt. Jahreszahl auf einem der Schlußsteine, 1458 gewölbt. Der offenbar nicht unbeträchtliche Schaden eines Teileinsturzes der Chorwölbung, 1563, wurde rasch wieder behoben. Das 18. Jh. zog das Holzgewölbe der Schiffe ein, fügte auf

Kosten des Kreuzganges die südl. Kapellenreihe hinzu und schuf die barocke Ausstattung, die das stilreinigende 19. Jh. wenigstens zu einem Teil (Chor und Seitenkapellen), ohne die Stukkaturen, beließ.

Äußeres. Die Fassade wirkt trotz des hohen, die Front öffnenden Spitzbogenfensters verschlossen mauerhaft. Die beiden Türme, in den unteren Geschossen, mit Rundbogenfriesen, romanisch, in den beiden oberen wohl im frühen 15. Jh. aufgestockt; die Zwiebeln 1671. Langhaus und Querschiff ohne Aufwand an Gliederungen, der Chor von Streben umstellt. – Inneres. Die roman. Raumfügung noch im Aufblick zu der Reihe der Rundbogenfenster in Schiff und Querschiff spürbar. Das Querschiff ohne ausgeschiedene Vierung. Gegen die Wortkargheit von Lang- und Querhaus steht der dem Mittelschiff an Breite etwas überlegene und fast gleich lange, nach 4 Jochen 5seitig schließende Chor mit der dichten Folge seiner Kreuzrippen.

Hier spricht auch noch die spätbarocke, hauptsächlich von den Mutschele, Johann Georg und den Söhnen Joseph Bonaventura und Martin, ● besorgte Ausstattung (1705 ff.), die reich und reizvoll ist. Hochaltar von M. Mutschele, 1709, ein offener Baldachinaufbau, zugleich Rosenlaube, in der die Immaculata ihrer Krönung entgegenschwebt; St. Gangolf und St. Johannes Bapt. assistieren. Das ausgezeichnete Chorgestühl, in dem sich das leichte sprühende Formengeranke fortsetzt, ist Werk der beiden Brüder Mutschele und des Schreiners Franz Anton Thomas (1753). Auch die Altäre der Seitenkapellen, bewegtestes Rokoko, sind rühmenswerte Leistungen der beiden Mutschele. Die von Johann Bernhard Kamm geschaffene Kanzel (1786) stand ehemals in der Kirche des Katharinenspitals. – Kostbare, aus anderen Kirchen hierher gebrachte Hinterlassenschaften des Mittelalters auf den beiden 1938 neugeschaffenen Querschiffaltären: Der Kruzifixus (Astkreuz) stammt aus der Mitte des 14. Jh. (ehemals in Alt-St.-Martin) und die Muttergottes aus dem frühen 16. Jh. (ehemals in der Franziskanerkirche).

Annexe. Am nördl. Querschiff die Sepultur der Stiftskirche, Anbau des 13. oder 14. Jh., 1816 verlängert und in eine **»Göttliche-Hilf-Kapelle«** verwandelt, wozu das aus der 1803 aufgelassenen Hl.-Grab-Kirche hierher geborgene *Bild der göttlichen Hilfe* (St. Kümmernis), ein Nachbild der »Sente Hulf« auf dem Hulfenberg in Thüringen von etwa 1360, Anlaß bot. – An der N-Seite der Kirche das **ehem. Kapitelhaus** (1733) und der **Kreuzgang,** dessen N- und O-Flügel in der Substanz wohl noch ins 12. Jh. zurückreichen. – Die *Statue des hl. Sebastian* links neben der Kirche ist eine Dedikation des Bildhauers Joseph Bonaventura Mutschele (1771), ausgeführt von seinem Bruder Martin und dessen Gehilfen Friedrich Theiler 1780 (wiederholt restauriert).

Die nahe Umgebung von St. Gangolf trägt dank der Kurien immer noch den Charakter eines abgeschlossenen geistlichen Quartiers.

Kath. Kirche St. Jakob (Jakobsplatz) ●

Um 1070 westlich des Domes, doch schon »extra urbem« (außerhalb der Burg) von Bischof Hermann I. als Kirche eines Chorherrenstiftes gegründet, 1075 an das Kloster St. Michael übertragen, aber noch im gleichen Jahre, nach der Amtsenthebung des Stifters, der ersten Bestimmung zurückgegeben. Die Kirche wird unter Bischof Otto I. in enger Bindung an den vermutlich schon weitgehend abgesteckten Grundriß vollendet, 1109 und (O-Krypta) 1112 konsekriert: eine 3schiffige Basilika mit 2 Chören und Krypten, westl. Querschiff und 2 O-Türmen. Das Weihejahr des Altars der W-Krypta, 1072, läßt die Vermutung zu, daß damals der W-Sektor des Gründungsbaues (Chor und Querschiff) bereits stand. Erhalten von der 1109/12 vollendeten Kirche sind Querschiff, Langhaus, O-Chor und Erdgeschoß des S-Turmes. Eine wahrscheinlich umfänglicher gedachte Erneuerung des 13. Jh. betrifft lediglich das Untergeschoß des N-Turmes; er trägt am 2. Geschoß das als frühes Denkmal lapidarer Heraldik bemerkenswerte Wappen der Andechs-Meranien (gekrönter Adler), das wohl nur auf den Stiftspropst (seit 1203 auch Dompropst, 1237–42 Bischof) Boppo v. Andechs bezogen werden kann. Wahrscheinlich in der 1. Hälfte des 15. Jh. wird der W-Chor durch den seinen Abmessungen folgenden, nur im Polygon etwas weiter vorstoßenden gotischen ersetzt. In die gleiche Zeit fallen wohl auch die Obergeschosse des N-Turmes. 1491 entsteht die dem W-Chor zugeordnete südl., wenig später die nördl. Sakristei. 1652 (spätestens) verschwindet die östl., Anfang 18. Jh. die westl. Krypta. 1770 wird, Werk des Würzburgers Johann Michael Fischer, die Fassade vorgeblendet, das Innere barockisiert, die Flachdecke durch ein Lattengewölbe ersetzt.

1805 beendet das säkularisierte Stift seine Existenz. Die Marianische Bürgerkongregation übernimmt die Kirche; 1852 wird sie franziskanisch. 1867–82 wird renoviert, der barocke Zustand korrigiert, das Holzgewölbe – bis auf die Kuppel über der Vierung – durch eine Flachdecke ersetzt. Die Restaurierung 1954–56 entfernte wieder einen Teil der Addidamente der Purifizisten (nicht die Altäre), zog eine neue Holzdecke ein und stimmte die farbige Fassung des Raumes auf das schöne warme Rot des in den Arkadensäulen gegebenen »Miltenberger« Sandsteins ab.

Äußeres. Die roman. Teile, Langhaus und Querschiff, sind schmucklos, nur durch die Aufreihung der Rundbogenfenster belebt. Auch der spätgot. durch die Streben gegliederte, in 5 Seiten des Achtecks schließende Chor treibt keinen Aufwand. Die wahrscheinlich nach Entwurf J. M. Fischers gebaute Fassade, die der in 2 Würfelgeschossen aufsteigende got., 1737 bekuppelte Turm überragt, hält sich an das Schema der Bamberger Barockkirchen, kühlt es nur klassizistisch ab. Wirkungsvolle Mitte ist der in die große Nische des Obergeschosses gestellte hl. Jakobus des Ferdinand Dietz. – Inneres. Die klaren Raumkuben der Schiffe drücken vollendet den roman. Stilwillen aus, der auf eine einfache, sparsame Monumentalität gerichtet ist. Der gleichförmigen Reihung der monolithen Säulen aus rotem und gelbem Sandstein mit starken Basen und Würfelkapitellen entspricht die Fensterreihung des Hochgadens. In gleicher Weise streng und einfach das Querschiff in seinen ausladenden Flügeln, deren O-Wände in Apsidiolen ausbuchten. Anlehnung an den frühroman. Dom darf vermutet werden. Die von einem schmalen Vorjoch eingeleitete östl. Chorapsis (hinter der Orgelempore) ist in einen rechteckigen Stirnblock eingemuldet, der auch die Untergeschosse der Türme einschließt. Das des südlichen (in den oberen Geschossen abgetragenen) ist noch von der roman. Halbtonne gedeckt. Das des nördlichen (Eingangshalle) deutet in seinen kraftvollen plastischen Diensten und Rippen auf die um 1220 tätige Dombauhütte.

Ausstattung. Sie ist, bis auf das Gemälde der barocken Vierungskuppel, neugotisch (1867 ff.). Die früher im nördl. Querschiff befindlichen 2 Bildteppiche mit Kreuzigung und Grablegung, wahrscheinlich Arbeiten der Dominikanerinnen vom Hl. Grab, 1470, sind jetzt im Diözesanmuseum (Domkapitelhaus) aufzusuchen; die sehr gute Glorienmuttergottes im Hochaltar ist mit rd. 1460 anzusetzen. – Die dem S-Arm des Querschiffes anliegende Josephskapelle, urspr. Kapitelsaal des Stiftes und, sub titulo Mariae Magdalenae, Sepultur (vgl. Dom, Nagelkapelle), geht in der Anlage ins 12., in der Mauer wohl ins 13. Jh. zurück. Hier eine gute Muttergottes von etwa 1490, die ehemals ein Bürgerhaus geschützt und geschmückt haben soll.

St. Getreu (St. Fides; St.-Getreu-Straße)

Ehem. Propstei des Klosters St. Michael, 1124 durch Bischof Otto errichtet. Die Barockkirche entstand 1670 (Schiff) und 1732 (Chor).

● Reiche originelle Ausstattung, plastischen und dekorativen Teils meist von Franz Anton Schlott. Der Maler der vorzüglichen Fresken ist noch nicht sicher ermittelt. Hochaltar von 1733, mit spätgot. Muttergottes. Sehr eigenartiger Dreifaltigkeitsaltar von Georg Reuß. In der nordöstl. Seitenkapelle die ausgezeichnete steinerne Grablegung, 1500. Gleichzeitig die steinerne Kreuzigung, Endstation des bei St. Elisabeth am Sand beginnenden Kreuzweges, des ältesten, der sich erhalten hat, Stiftung des Heinrich Marschalk v. Rauheneck, dem auch der Nürnberger des Adam Krafft verdankt wird, Anfang 16. Jh. Beste Leistungen auch die 8 Holzreliefs der Passion von 1493 an der N-Seite der Kapelle, Relikte des spätgot. Hochaltars der Michaelskirche, wahrscheinlich von der Hand des Bamberger Malers Ulrich Huber.

Karmelitenkirche St. Theodor (Karmelitenpl. 1)

Auf der Höhe des Kaulberges, seitlich der nach Würzburg führenden Steigerwaldstraße, entsteht in der 1. Hälfte des 12. Jh. durch das Domkapitel ein Hospital mit Kapelle St. Theodor, die sich dank Stiftung der Pfalzgräfin Gertrud v. Stahleck 1157 und des von ihr veranlaßten Zuzugs von Wechterswinkeler Nonnen in ein in der Folge aber doch stärker durch die benediktinische Observanz gebundenes Zisterzienserinnenkloster verwandelt. An die Stelle des 1554 aufgelösten Nonnenkonvents treten 1589 die Karmeliten, die seither (mit Unterbrechung 1803–1902) Kirche und Kloster besitzen.

Die Kirche der Zisterzienserinnen aus dem Anfang des 13. Jh., von der sich die W-Fassade und westl. Teile der Umfassungsmauern erhalten haben, kann als 3schiffige, 6jochige Basilika mit Emporen über den Seitenschiffen, östl. Apsiden und 2 W-Türmen rekonstruiert werden. Barocker Umbau durch Johann Leonhard Dientzenhofer seit 1692, im Inneren offenbar 1694 nahezu vollendet, doch Weihe – nach zweiter, 1701 einsetzender Bauperiode – erst 1706. Der Chor wurde nach W verlegt; an die Stelle des urspr. (apsidialen) Chores trat die jetzt dem Kaulberg zugekehrte Fassade. – 1973 und bis 1982 Restaurierungen.

Äußeres. Einheitlich barock, bis auf die ehemals gegen die »Sutte« gewendete Fassade des frühen 13. Jh., die durch ein Stufenportal mit normannischem Zickzackprofil und seitlich angeordneten Löwenpaaren ausgezeichnet ist. Die Stirnwand, ab Fensterhöhe, und der südl. Turm, offenbar nach längerer Bauunterbrechung, erst zu Anfang des 14. Jh. vollendet; der N-Turm wurde 1819 abgetragen. Die in einem flachen Relief gehaltene, nur im Mittelabschnitt stärkere plastische Akzente aufnehmende 2geschossige Fassade – mit Statuen von Leonhard Goldwitzer in den Nischen und am Giebel – steht im rechten Winkel zu einem Klostertrakt (**Bibliotheksbau**), der, um 1593 errichtet, 1675/76 frühbarock überholt wurde und im S den Vorplatz sehr gut räumlich schließt. – Inneres. Ein heller, weiter Raum ohne dekorativen Aufwand im umschließenden Mantel. Das 3jochige kreuzgewölbte Langhaus wird von hohen und tiefen Seitenkapellen begleitet. In Stuck aufgetragene Pilasterpaare und ein stark ausladendes Kranzgesims, auf dem die Gewölbe fußen, gliedern den Aufriß. Der eingezogene, vergleichsweise schmal und steil wirkende Chor von Emporen flankiert.

Die Ausstattung wurde nach der Säkularisation zerstreut. Kanzel und Josephsaltar (zurückerworben) von L. Goldwitzer, dem angeblich die Söhne des Johann Georg Götz zur Seite standen.

Der **Kreuzgang** auf der S-Seite ist, bei aller Verstümmelung, immer noch hohen Lobes würdig. Lange für ein Werk des 13. Jh. gehalten, auf das ja auch die wesentlichen Merkmale hindeuten, kann nun doch kein Zweifel daran bestehen, daß erst das späte 14. Jh. (die einem Kapitell des S-Flügels eingemeißelte Jahreszahl 1392 dürfte, wenn auch nicht authentisch, einen Anhalt bieten) in enger Anlehnung an die Spezifika spätroman. Kreuzgänge diese retrospektive Architektur geschaffen hat, der ja doch wohl eine originale Gestaltung des frühen 13. Jh., vermutlich aus den Jahren der Äbtissin Mechtild, Schwester Bischof Ekberts, vorausging. Die reiche, stilistisch eindeutig spätgot. *Kapitellplastik* – Laubwerk und, mehr noch, Figürliches aus vielen Sinnbereichen – läßt keine andere Deutung zu. Nächst Verwandtes in der Bauplastik am Chor der Oberen Pfarrkirche. Die schönen Arkadenreihen mit ihren schlanken, einzelnen und gepaarten Säulen wurden, im O-Flügel, schon gelegentlich der spätgot. Einwölbung 1466 durch die in sie eingestellten Stützpfeiler empfindlich gestört; weitere Störungen durch Einwölbung oder Umbau im späten 17. und um die Mitte des 18., grobe Mißhandlung (durch Ausbrechen von Säulen) im 19. Jh. Im O-Flügel noch einige Reste des alten roman. Kapitelsaales: Bogenöffnungen (Eingang und Fenster). – Restaurierungen 1934 und 1973.

Kath. Stadtpfarrkirche Unserer Lieben Frau (**Obere Pfarrkirche**; Unterer Kaulberg)

Eine Kapelle oder Kirche besteht hier wohl schon im 10. Jh., wenn auch erst Mitte des 12. Jh. (parochia s. Marie) bezeugt. Das Langhaus des bestehenden Baues wurde wahrscheinlich (lt. – infolge ausgefallener Jahrhundertzahl allerdings problematischer – Inschrift am nördl. Seitenschiff, unter der Dachtraufe) 1338 begonnen und 1378 (oder 1387?) geweiht. Der sehr großartige Chor wuchs wahrscheinlich erst in den 70er Jahren nach der Langhaus-Weihe, auf; er wurde, nach Ausweis der Wappenschlußsteine, im 3. Jahrzehnt des 15. Jh. vollendet. Auch der Turm, in den beiden unteren Geschossen wohl um und nach Mitte des 14. Jh. geschaffen, dürfte erst in dieser Zeit (bis auf den 1535 in Holz aufgesetzten Kopf) zu Ende gebracht worden sein. – Barocke Restaurierung 1711–13, veranlaßt und gestiftet von dem Domherrn Johann Philipp v. Franckenstein, ausgeführt vom Stukkator Johann Jakob Vogel. Die Chorbedachung, ursprünglich mit westl. Giebelschluß, wurde 1763 abgeändert. Damals wurde auch, zum Nachteil der der N-Wand vorliegenden Friedhofsterrasse, die enge Kaulbergstraße verbreitert.

Äußeres. 3schiffige Basilika mit das Langhaus stark überragendem Chor und einem hohen, 5geschossigen Turm an der SW-Seite der Fassade. Diese wie auch die Flanken des Langhauses von einer an Bettelordenskirchen gemahnenden Schlichtheit. Um so wirkungsvoller die Friesbordierungen des *Turmes,* deren Aufwand sich in den oberen Geschossen verdoppelt. Statt eines Spitzhelmabschlusses kam es im 16. Jh. zu dem Provisorium der in Holz ausgeführten, mit kleiner Kuppel bedachten Türmerstube. Die dem nördl. Seitenschiff vorgelegte, die herbe Fassade freundlich schmückende Ölbergkapelle kam 1502 hinzu. Die der Kaulbergstraße zugekehrte N-Seite des Langhauses weist als reizvolles Schmuckstück die Ehepforte auf, die um 1360 hinzugefügt wurde; an den Gewänden die Klugen und die Törichten Jungfrauen, im Tympanon Himmelfahrt und Krönung Mariae. Gegen die Kargheit des Langhauses setzt sich der über der Abschüssigkeit des niedergehenden Berges mächtig aufragende *Chor* im Sinne des Wortes prachtvoll ab. Das Dekorum, Fialen, Krabben, Friese, läßt nur wenig Fläche unbeschrieben. Aus dem in 9 Seiten eines Sechzehnecks gebrochenen Umgang wächst steil, von offenen Strebebögen gestützt, der Hochchor; daß der auch steil geböschte Sattelwalm dem 18. Jh. (Küchel) angehört, muß man wissen. Der Stil dieses für das Stadtbild Bambergs so bedeutungsvollen Chorbaues verweist auf die Parler-Kunst Böhmens. – Inneres. Das Hauptschiff hat durch die den Querschnitt zugunsten der Breite und der Horizontale korrigierende barocke Restaurierung den mittelalterl. Charakter verloren. Die Pfeiler waren ursprünglich 8kantig, die Arkaden und Fenster selbstverständlich spitz, die Decke war wohl anfänglich flach (wie es die der Seitenschiffe noch ist), die franziskanische Haltung unterstreichend; doch ging der barocken Wölbung schon eine Holztonne voraus. Der Chor, zwar im Hochschiff auch von der Hand des barocken Restaurators erfaßt, hat doch die alten Fenster und Gewölbeformen bewahren können. Dieses 3jochige, 3seitig geschlossene Chorschiff liegt in der Umfassung eines 9seitigen Umganges, der noch um eine zwischen die »eingezogenen« Streben gelegte Kapellenreihe erweitert ist. Hier, im Umgang, liegt die spätgot. Struktur noch frei. Der Umgang erreicht nicht die Breite der Seitenschiffe. In den Wappen der Schlußsteine der wechselnd 3- und 4seitigen Wölbfelder hat sich das (die Pfarre besitzende) Domkapitel der 20er Jahre des 15. Jh. verewigt.

Das die Schiffswölbung überziehende Stukkaturengespinst gab J. J. Vogel; die Fresken (Johann Jakob Gebhards) mußten 1886/87 modernen weichen.

Ausstattung. Der mächtige, die Sicht in den Chorschluß versperrende Hochaltar, vom Fürstbischof Lothar Franz v. Schönborn gestiftet, wurde 1710–13 nach dem Entwurf eines Karmeliten Leopold ausgeführt; er beherbergt in der Mitte eine vortreffliche sitzende Muttergottes von etwa 1330 (Gnadenbild). Die beiden Altäre am Chorbogen annähernd gleichzeitig (1711–17). Die Kanzel älter, 17. Jh., doch 1712 bereichert; im Deckelaufbau eine Muttergottes des frühen 16. Jh. –

● Hervorragendes Gemälde *»Christi Himmelfahrt«* an der W-Wand des südl. Seitenschiffes, sehr wahrscheinlich ein Werk Jacopo Tintorettos der 40er Jahre des 16. Jh.; der bis 1937 hier, vor der W-Wand, stehende Marienaltar des Veit Stoß von 1523 (seit 1543 in Bamberg) jetzt im Dom. Im Chorumgang, in der 6. Kapelle, das aus der Bauzeit des Chores stammende, 1392 datierte Sakramentshaus mit einer Fülle von Bildwerk: unten Grablegung, in den Nischenreihen die Apostel und die Evangelisten, oben Jüngstes Gericht. Spätmittelalterlich: Taufstein in der 13. Chorkapelle mit den Reliefdarstellungen der Taufe Christi und der 7 Sakramente an der Holzverschalung, feinen und originellen Arbeiten aus dem 2. Jahrzehnt des 16. Jh. von typisch bambergischer Art. Hl. Anna im Wochenbett, Holz, Ende 15. Jh.; Himmelfahrt und Krönung Mariae, um 1500 (beide Werke im Umgang). An den Pfeilern von Chor und Langhaus Holzfiguren, Christus, hl. Christoph und die Apostel, 1480/81 datierbare Arbeiten des Bamberger Bildschnitzers Ulrich Widmann. – Der große Holzkruzifixus am Choräußeren ist in die 20er oder 30er Jahre des 16. Jh. zu setzen.

Ehem. Dominikanerkirche St. Christoph (Dominikanerstraße)
Bald nach 1304 siedeln sich die Dominikaner in der Stadt an, 1310 bauen sie schon an ihrer Kirche, »auf dem Brand«, am Eingang der Sandstadt, nicht weit von der etwas früher begründeten der Franziskaner. 1803 erleiden Kirche und Kloster das allgemeine Schicksal der Säkularisation, welche die Kirche ausräumt und profaniert. Heute ist sie Konzertsaal bzw. Kulturraum.

Die breitflächige, in einem Giebel aufragende Stirn, die in ihrer Grundlinie den Knickungen der von der Sandstraße herkommenden, auf die Untere Brücke zuhaltenden (Dominikaner-) Gasse folgt, wendet sich als abschließende Wandung dem kleinen Platzgefüge der Herrenstraße zu. Der wenige Schmuck beschränkt sich auf ein barockes Portal (1711), über dem das gute Holzbildwerk des hl. Christoph von etwa 1520 steht, und die Blenden des Giebels. Das Langhaus ist eine Halle. Rundpfeilerarkaden trennen das breitere Mittelschiff von den Seitenschiffen, Holzdecken schließen. In diesen schlichten frühgot. Raum mündet ein 3jochiger, polygon gebrochener Chor, der etwas später, um die Mitte des 14. Jh., gebaut und noch einmal später, gegen Ende, mit den Kreuzrippengewölben gedeckt wurde. Er winkelt gegen die Achse des Langhauses; indessen weist der Grundriß dieser auf einem offenbar »verzwickten« Areal gebauten Kirche mehr als eine Unregelmäßigkeit auf.

Auf der Flußseite lehnt sich der aus dem späten 15. Jh. herrührende Kreuzhof mit den 4 gewölbten Gängen an. Das umschließende **Kloster** meist barock um- oder neugebaut; der gegen den Fluß gestellte, wenig gegliederte Langtrakt von 1732–34 ist Werk Justus Heinrich Dientzenhofers.

Dominikanerinnenkirche zum Hl. Grab (Klosterstraße)

Ein Hostienwunder, angeblich 1314, veranlaßte den Bamberger Bürger Franz Münzmeister 1354 zur Stiftung von Kirche und Kloster, das 1356 von Dominikanerinnen bezogen wurde. Die Säkularisation profanierte Kirche und Kloster, das 1874 abgetragen wurde. Die Kirche gelangte 1926 an die Dominikanerinnen zurück.

Die Grabkirche, am östl. Rand der Theuerstadt, ist ein massiver Quaderbau des mittleren 14. Jh., 1schiffig, mit einem 3seitig geschlossenen Chor ohne Absetzung. Später, etwa Mitte des 15. Jh., das reiche Netzgewölbe. – Bauern- und Schwedenkrieg, besonders die Säkularisation haben die kleine Kirche ausgeräumt. Das wundertätige Kreuz, die »göttliche Hilfe« (St. Kümmernis), Stiftung des Stifters, 1364, heute in St. Gangolf.

Kath. Kirche St. Elisabeth (Obere Sandstr. 42)

1330 stiftet der Bürger Konrad Esler das Spital am Sand. Die Kirche entstand wohl bald nach Mitte des 14. Jh. Das Spital ging 1738 im Katharinenhospital (Gründung des frühen 13. Jh. bei St. Martin, extra muros) auf. Die 1826 profanierte und entleerte Kirche wurde 1888 ihrer gottesdienstlichen Bestimmung zurückgegeben.

Die kleine Kirche ist 1schiffig und von einem leicht eingezogenen Chor polygonal geschlossen.

Vor der Kirche die 1. Station des spätgot., den Weg nach St. Getreu begleitenden **Kreuzweges,** der 1500, wahrscheinlich vom Bamberger Bildhauer Hans Nußbaum, begonnen und gegen 1510 vollendet wurde.

Kath. Stadtpfarrkirche St. Martin (An der Universität 2) ●

Ehem. Jesuitenkirche, auf die Titel und Rechte der 1804 abgebrochenen Pfarrkirche (auf dem Maxplatz) übergingen. Die Jesuiten kommen 1620 nach Bamberg, um die Leitung der 1580 begründeten Schulanstalten, Gymnasium und Seminar, zu übernehmen. Die bis 1589 von den Karmeliten bewohnten Gebäude an der (später so genannten) Jesuitengasse werden 1689 ff. von Grund auf erneuert. Auf einem jetzt hinzuerworbenen Grundstück am Grünen Markt beginnt gleichzeitig die Kirche zu entstehen. Georg Dientzenhofer gibt die Pläne, Johann Leonhard, der Bruder, mit dem die altbayerische Baumeistersippe der Dientzenhofer in Bamberg Fuß faßt, führt sie aus. Um 1690 ist die Fassade vollendet, 1693 findet die Weihe statt. Restaurierungsarbeiten bis 1982.

Der bis auf den halbrunden Chor rechteckig umrissene starke Quaderbau, auf 2 Seiten eingeschlossen, südlich von schmaler Gasse begrenzt, wendet seine Schauseite gegen den Grünen Markt, in dessen Wandung sie eingebunden ist. Der Turm steht, versteckt, am Scheitel des Chores. Hochbarocke Wucht zeichnet die 2geschossige, in der Mitte in 2 großen, an den Flanken in 2 kleineren Rundbogennischen aufgebrochene Fassade aus. Die noch vom hohen 17. Jh. übernommene Häufung der Gliederungsmotive wird durch die großen führenden Gliederungen bezwungen. In weitem kraftvollem Schwung reißt ein flach gespannter Bogen die durch ihre Vielteiligkeit bedrohte Mitte des Portalgeschosses zusammen. Die tiefen Höhlungen der Nischen sammeln Schattenmassen; der schwere kompakte Mauerkörper öffnet und schließt sich im bewegten Wechsel. – Inneres. Die in Kapellen und Emporen aufgeteilten Abseiten begrenzen ein breit proportioniertes, mit Stichkappentonne überwölbtes 2jochiges Schiff, dem sich ein weniger breites, äußerlich nicht hervortretendes Querschiff vorlegt.

Die mächtigen Gewölbeschalen des Schiffes sind ungeschmückt (doch kaum so beabsichtigt); nur die Flachkuppel über der Vierung mit gemalter, perspektivisch auf das Schiff bezogener Tambourkuppel, von Giovanni Francesco Marchini (nach Vorlage des Andrea Pozzo), ausgestattet. Von starker beherrschender Wirkung die 3 großen Altäre: der Hochaltar und die schräggestellten beiden Seitenaltäre am Übergang des Querschiffes zum Chor, die sich durch gleiche Bauformen zu kompositioneller Einheit zusammenschließen. Die Kanzel, am Übergang des Schiffes zum Querschiff, tritt mitwirkend hinzu. Der 1701 vollendete Hochaltar inschriftlich für den italienischen Stukkator Giovanni Battista Brenno gesichert. Von ihm auch die Kanzel (1711–15). Der rechte Seitenaltar (1707) umschließt in seiner Nische ein ausgezeichnetes mittelalterl. Holzbildwerk, eine Pietà der 30er Jahre des 14. Jh., das ehemals in Alt-St.-Martin stand. – Die Altäre in den Seitenkapellen des Langhauses, verwandt mit den 3 großen und wie diese in Stuckmarmor ausgeführt, gehen vermutlich auf Entwürfe des A. Pozzo zurück, der übrigens auch das Hochaltarbild, Verehrung des Namens Jesu (jetzt an der Portalwand), malte. – Die beiden Seitenkapellen neben dem Chor durch feine, stilistisch jüngere Stukkaturen der 20er Jahre ausgestattet. – Wie die Pietà stammt auch das zweite mittelalterl. Bildwerk, das Ölbergaltärchen, mit Abendmahl und Gefangennahme auf den Flügeln, aus Alt-St.-Martin, Werk eines guten Bamberger Schnitzers aus dem 2. Jahrzehnt des 16. Jh.

Im Rücken der Kirche das (jetzt den Fachbereich Kath. Theologie der Gesamthochschule und die Zentralbibliothek beherbergende) **ehem. Jesuitenkolleg,** das gleichzeitig begonnen, doch erst 1735 abgeschlossen wurde. Die den Hof, in den Chor und Turm der Kirche einragen, umgebenden Trakte, mit offenen Erdgeschoßarkaden, jedenfalls vom Baumeister der Kirche, J. L. Dientzenhofer. – Die Begehung des Inneren gelte vorzüglich dem (ehem.) *Refektorium* (Erdgeschoß) mit der reichen, sicher Johann Jakob Vogel zuzuschreibenden Stuckdecke, dann der *Bibliothek* mit 1739 geschaffenem Deckenstuck und dem 1794 in die bestehende räumliche Ordnung gebrachten *Naturalienkabinett* (Querflügel, Obergeschoß), das auch als einer der frühen Museumssäle

Beachtung verdient. Die klassizist. Ausstattung von den Meistern Lorenz Fink (Planung) und Georg Joseph Mutschele.
Die vom Kollegium durch die Jesuitenstraße getrennte **Aula** (jetzt des links angrenzenden Alten Gymnasiums) des 1595/96 gestifteten ernestinischen Priesterseminars von 1611/12 verlor durch den Umbau 1819/20 ihre (auch 2 Giebel einschließenden) dekorativen Teile. Überständig nur das stattliche Portal von Nikolaus Lenkhart.

Hl. Dreifaltigkeit, Kirche des Instituts der Englischen Fräulein (Holzmarkt). Bau d. J. 1724–27. Eingefügt in den 1737 vollendeten Klostertrakt, einfacher Rechtecksaal mit eingezogenem Chor. Pilastergliederung, flachgewölbte Holzdecke. Die Ausstattung (soweit nicht modern) meist aus der Mitte des 18. Jh.

Friedshofskapelle St. Maria (sog. Gönningerkapelle; im Friedhof an der Siechenstraße), Bauzeit 1761–68, Stiftung des Bürgers Johann Jakob Gönninger, der von der Einsiedelner Gnadenkapelle ein Modell nehmen ließ, nach der die Bamberger Kapelle gebaut wurde. Die Fassade, schon an der Grenze zum »Zopf«, tut sich durch eine reiche Schmükkung mit Bildhauerwerk – besorgt von den beiden Mutschele – hervor.

Kirchliche Bauten des 20. Jh.

Kath. Pfarrkirche St. Otto (Siechenstraße), 1912–14 von Otho Orlando Kurz, an der Straße nach Hallstadt im Gärtnerviertel, dem ihr hoher schlanker Turm eine wohltuende Senkrechte setzt.

Kath. Pfarrkirche St. Heinrich (E.-Pacelli-Platz, im neuen Außenviertel Bamberg-Ost), 1927–29 von Michael Kurz, 1968 renoviert mit liturgiegerechter Umgestaltung des Altarraumes.

Ev. Erlöserkirche (Kunigundendamm 14), 1930/31 von German Bestelmeyer, ein Zehneck mit freistehendem Glockenturm, das nun die sonst akzentlose Flußlandschaft oberhalb der Kettenbrücke beherrscht.

Kath. Kirche St. Kunigund (Gartenstädter Markt), 1953 von Josef Lorenz, in der Gartenstadt im NO.

Als ein das Stadtbild (im Blick von S her oder von den Höhen herab) heute mitbestimmender moderner Beitrag sei noch das **Priesterseminar** (Heinrichsdamm) genannt, 1927/28 von Ludwig Ruff erbaut, das sich in hoher blockiger Turmgruppe über eine flache Umgebung emporhebt.

Profanbauten

Altes Rathaus (**Obere Brücke**). Mitten im Fluß auf Rosten errichtet. Einzigartig durch die gewissermaßen neutrale Lage zwischen geistlicher und bürgerlicher Stadt, die auch städtebaulich aufs schönste genützt wurde. •

Die Brücke ist erstmals 1157 unmißverständlich bezeugt, wird sich aber schon im frühen 11. Jh. voraussetzen lassen; als »obere« wird sie 1375 unterschieden. Die 3teilige, aus Rathaus, Turm und »Häuslein« bestehende Baugruppe begegnet erstmals 1386 (das ältere Rathaus stand auf dem Platz der »Maut« am Grünen Markt). Brandschaden 1440 führt zur Erneuerung der gesamten Baugruppe und zugleich auch der wiederholt durch Hochwasser und Eisgang ruinierten (hölzernen) Brücke, die durch den Stadtbaumeister Hans Bauer gen. Vorcheimer 1452 begonnen und lt. (jetzt verlorener) Inschrifttafel 1456 vollendet wurde. Die Jahreszahl 1467 an der N-Seite des Rathauses dürfte dessen Fertigstellung angeben.

Die **Obere Brücke,** 1945 durch Sprengung des östl. Bogens schwer beschädigt, hat im Mauerkörper seit ihrer Errichtung keine Wandlungen mehr durchgemacht. 1715 wurde ihr die sie an bester Stelle schmükkende große Kreuzigungsgruppe von der Hand Leonhard Goldwitzers aufgesetzt (1888 und 1907 weitgehend erneuert; das originale Holzmodell im Germanischen Nationalmuseum). Auf der Gegenseite Statue des hl. Johannes Nepomuk von gleicher Hand.

Rathaus und **Torturm** gewannen die heutige Erscheinung 1744 bis 1756. Neu- bzw. Umbau (der alte spätgot. Mauerbestand erhielt sich im hohen Sockelgeschoß des Rathauses, im Erdgeschoß und in Teilen des 1. Obergeschosses des – jetzt um ein 3. Geschoß erhöhten – Turmes) nach Plänen Johann Jakob Michael Küchels.

Die einer blühenden Bildnerphantasie entsprungene Bauplastik des Turmes (Balkone, Wappen) wurde von Joseph Bonaventura Mutschele ausgeführt (1883 und 1888 erneuert, die Originale z. T. im Hof des Geyerswörth-Schlosses). Am Rathausbau selbst begnügte man sich mit Freskierung der nach 3 Seiten offenen Wände; sie wurde von dem Dillinger Johann Anwander geleistet (1960 ff. erneuert und rekonstruiert von Anton Greiner). – Im Inneren noch gute Raumausstattungen, wie der *Sitzungssaal* im 1. Obergeschoß mit Stuckdecke, Gemälden von Anwander und Holzschnitzereien von Johann Georg Reuß.

In geringer Distanz abwärts, den Rathausbau nördlich tangierend, die neue **Untere Brücke** mit einer von der alten stammenden Statue der hl. Kunigunde von Johann Peter Benkert (1744/45).

Die alte Untere Brücke, 1739 errichtet und Mitte der 40er Jahre mit Statuen Benkerts ausgestattet, erlag 1784 dem Angriff des Hochwassers.

Ihm war, im gleichen Jahr, auch die den äußeren Regnitz-Arm überquerende Seesbrücke zum Opfer gefallen. 1312 erstmals (als »Sespruck«) erwähnt, war sie 1752 nach Neumannscher Planung von Küchel aufgeführt und 1768 von Ferdinand Dietz reizvoll geschmückt worden (Holzbozzetto der Georgs-Gruppe in den Städt. Sammlungen). Die 1827–29 für sie gesetzte Hängebrücke hat ihren standhaften Namen **»Kettenbrücke«** *an die heutige Brücke (1953) weitergegeben.*

Schloß Geyerswörth (Geyerswörthstraße)

Gebäudekomplex auf der von Regnitz und Nonnengraben gebildeten Insel oberhalb der Oberen Brücke, die 1548, endgültig 1580 für das Hochstift erworben wurde. Errichtet in den 80er Jahren des 16. Jh., 1587 annähernd vollendet. Baumeister wohl sicher Erasmus Braun. Über die

Bamberg. Altes Rathaus und Torturm der Oberen Brücke

spätgot. Erscheinung dieses schloßartigen Bürgersitzes (der aus Nürnberg zugewanderten Geyer) befrage man eine der Katzheimer-Zeichnungen im Berliner Kupferstichkabinett. Fürstbischöfliche Wohnung bis ins späte 17. Jh. Veränderungen im 18. Jh. haben die ursprünglich viel reichere Baugruppe geschädigt. Der Einsturz des N-Flügels 1743 führte zu Wiederherstellungen durch Johann Jakob Michael Küchel. Der einmal sehr berühmte, botanisch wohlbestellte Garten südlich des Schlosses ist dahingegangen. Das Gebäude ist seit 1890 städtischer Besitz.

5 Flügel umschließen einen Innenhof mit einbezogenem mittelalterl. Turm, der wesentlicher Faktor der unregelmäßigen Baugruppe ist.

Quaderbau, verputzt, ohne schmückende Gliederung. Über dem Tor Wappentafel des Fürstbischofs Ernst v. Mengersdorf (1587), wahrscheinlich von Hans Werner.

● **Böttingerhäuser**

Berühmte Beispiele privater Bauinitiative und eines Bauens aus Leidenschaft weit über den Zweck hinaus. Der Bauherr, der hochfürstlich bambergische Geheimrat und Kreisdirektorialgesandte Johann Ignaz Böttinger (1675–1730), war ein bereister Mann, und man darf glauben, daß ihm für seine »Paläste« italienische Palazzi (Venedig, Genua) vorschwebten.

Das **Böttingerhaus Judenstr. 14,** mit der Front in die Gassenenge gestellt, der Böschung des Stephansberges angelehnt, zieht aus der doppelt bedrängten Lage doch viel mehr Vor- als Nachteil. In der Klammenge der Gasse kommt die es im Ganzen wie im Einzelnen auszeichnende körperliche Wucht zu um so stärkerer Entladung. Der wesentliche Anteil des Bildhauers, Johann Nikolaus Resch, in Portal, Fensterrahmungen, Gesimsen, dürfte eher auf den Wunsch des Bauherrn als den des Baumeisters zurückzuführen sein. Ausführender (fraglich ob auch planender) Baumeister des 1713 vollendeten Hauses war der vorher in Eichstätt und Ansbach tätige Johann Ammon.

Hofseite und Terrassengärten wurden 1900 durch Abbau verstümmelt; die abgebauten Teile fanden am »Bamberger Haus« im Münchner Luitpoldpark Verwendung.

Das andere Böttingerhaus (Concordiastr. 28), seit dem 19. Jh. unter dem Namen der Gesellschaft **»Concordia«** bekannt, wurde 1716–22 gebaut, wahrscheinlich von Johann Dientzenhofer. 2 Flügel in Rechtwinkelstellung kehren ihre offenen Fronten der Regnitz zu. Säulen in großer Ordnung steigern die nach S, dem Fluß entgegengerichtete Schauseite des längeren, mit der O-Seite unmittelbar dem Wasser entwachsenden Flügels, Dachbalustrade und Dachgaube betonen sie.

Terrassen architektonisieren den dem Stephansberg angelehnten **Garten;** ihre Brüstungen tragen immer noch 22 Statuen.

Plätze und Straßen

Grüner Markt. Ältester Platzraum des Stadtkerns zwischen den beiden Flußarmen, trotz einiger Störungen und Verluste noch gut bewandet. Beherrschend die hochbarocke, stark plastische Fassade der **Martinskirche.** Empfindlichster Verlust die im Krieg ruinierte, dann abgetragene sog. Alte Maut, eines der ältesten öffentlichen Gebäude der Stadt (spätgotisch), das mit der hohen, breiten Giebelstirn des wuchtigen Blockes den Platzraum am südl. Ende abfing. – Gegenüber, in bester

Position, vor der Einmündung der Keßlerstraße, der **Marktbrunnen,** Neptun (»Gabelmann«) über kurvigem Becken, Werk des Bildhauers Johann Kaspar Metzner von 1689. – In der östl. Häuserzeile **Nr. 14** (**Raulinohaus**) von 1709–11, 3geschossiger Quaderbau mit Mansarde, im Erdgeschoß durch die das Tor rahmenden Pilaster und die das Gesims stützenden Hermen plastisch gegliedert.

Nördlich folgt der Maximiliansplatz, erst durch Abbruch der alten, in letzter Erscheinung spätgot. Martinspfarrkirche 1804 geschaffen. Dank der Monumentalbauten südlich und nördlich ergab sich ein Platzgeviert, das den Eindruck überlegter Planung erweckt. – Die beiden großen korrespondierenden Baublöcke an den Längsflanken: **ehem. Priesterseminar** rechts (Nr. 3, jetzt **Neues Rathaus**), 1732–37, und **ehem. Katharinenspital** links (Nr. 1), 1729–34; beide von Balthasar Neumann und (Ausführung) Justus Heinrich Dientzenhofer, 3geschossige Blöcke, die ihre aufwendiger geschmückten Eckpavillons den tangierenden Straßenzügen (Hauptwachstraße, Grüner Markt) zuwenden. Die schmalseitigen Platzwandungen kleinteilig bürgerlich bebaut; in der östlichen das vorzügliche **Haus Nr. 8,** wohl von Johann Dientzenhofer, 1709–11; die Mitte durch das Portal mit aufwärtsschwingendem Gesims betont und noch einmal durch das Relief der Marienkrönung auf dem Kurvengesims des Mittelfensters, das eine Welle von Kurvengesimsen akzentuiert.

Der Schillerplatz (ehemals Zinkenwörth), abseits und still, durch gute, meist spätbarocke Bebauung ausgezeichnet. – In der (durch diese Einsprengung gestörten) östl. Zeile (Nr. 7) das 1808 von Ferdinand v. Hohenhausen gebaute **Theater,** das als Architektur wenig zu sagen hat, um so mehr als Bildungsstätte, an die sich zudem der Name E. T. A. Hoffmanns (1809–13 in Bamberg) knüpft. – In der klein parzellierten westl. Zeile (in der auch, **Nr. 26,** das von Hoffmann bewohnte, nun als Gedenkstätte eingerichtete Schmalbrust-Häuschen steht) das in dieser kleinbürgerlichen Umgebung ungewöhnlich stattliche **Haus Nr. 4** von etwa 1720, mit dem eigentümlichen »gotischen« Kielbogen über dem Portal. – Wirkungsvoller Teilhaber am Platzgefüge das Haus am Eck (**Nonnenbrücke 1**) von etwa 1740, das als Wohnhaus des letzten Dientzenhofer, Justus Heinrich, angesprochen wird.

Lange Straße. Die zweite Hauptverkehrsader der Altstadt, vom Grünen Markt ausgehend, vom modernen Schönleinsplatz begrenzt. Geräumiger, fast geradeläufiger, vorwiegend barock gewandeter Straßenzug, den ehemals eines der Tore beschloß. – **Nr. 3,** das große **»Haus zum Saal«,** ist eines der sehr wenigen Bürgerhäuser, die ihren got. Kern erhalten haben, was allerdings nur der Blick auf die steilen Staffelgiebel erkennen läßt. Die dem 3geschossigen Block vorgeblendete Fassade, 1717 vollendet, öffnet sich in einem hohen Portal, das mit seinem kraftvoll plastischen Kielbogengesims (vgl. Schillerpl. 4) in das Obergeschoß eingreift und sich mit der in die Flucht der Fenster eingestellten Statuennische bekrönt. – In der gleichen Zeile, **Nr. 57,** das Haus des ausgezeichneten Bamberger Baumeisters Johann Jakob Michael

Küchel, 1739 errichtet, ein 3geschossiger Putzbau mit leichtem, 3 Achsen zusammengreifendem Risalit in der Mitte und Gitterbalkon über dem Korbbogen des Portals.

Hauptwachstraße. Zwischen Kettenbrücke und Grünem Markt, schmaler kurzer Straßenzug. – Die **Hauptwache** (Nr. 16), die ihr den Namen gibt, ein niedrig gehaltener 2geschossiger Quaderbau mit gereihten Arkadenbögen im Erdgeschoß, plastischem Wandkörper und behäbiger Mansarde, trotz des späten Entstehungsjahres, 1776 nur obenhin vom Klassizismus berührt. Planer war der bambergische Hofkriegsrat und Oberbaumeister Johann Georg Roppelt. – Köstlich das um 1750 von Johann Joseph Vogel gebaute **Haus Nr. 7** mit der durchlaufenden Welle der horizontalen Gliederungen, Übersetzungen der Motive des älteren Hauses Maximilianspl. 8 ins gelöste Rokoko.

Die Königstraße, der »Steinweg« der Theuerstadt, jenseits der Brücke, einfacher bebaut, als Straße des großen N-S-Verkehrs durch eine Reihe von Gasthäusern gekennzeichnet, ohne besondere Hervorragungen im einzelnen, es sei denn das Haus am Eck zur Kettenbrücke (**Untere Königstr. 1**), ein guter ansehnlicher Steinbau des frühen 18. Jh., Dientzenhoferscher Prägung.

Nun auf die Seite der Hügelstadt, die wir vom Grünen Markt her durch die enge, gebogene Brückenstraße und über die – schönsten Blick auf Flußlandschaft (**»Klein-Venedig«**) und Bergstadt erschließende – Obere Brücke erreichen.

Die (Untere) Karolinenstraße, mit sehr guter Eckbetonung der von der Brücke herabkommenden Straßenzeile (links durch das **Haus Nr. 6,** wahrscheinlich von Johann Dientzenhofer, und den **Brunnenpfeiler** des jüngeren Franz Ignaz Michael Neumann), gewinnt in mählich sich steigerndem (ursprünglich, bis ins 18. Jh., schärferem) Anstieg die Höhe des Domplatzes. – Links, am unteren Anstieg, das **Haus Nr. 11,** vermutlich von J. Dientzenhofer, 1714–16, mit dem kraftvoll plastischen Portal, rechts das etwas zurückgesetzte, außen wenig verratende **Haus Nr. 18,** das eine der schönsten Bürgerhaustreppen des 18. Jh. (um 1730) birgt. – Die Schranne, der große Platz links dieser Achse, entstanden auf Kosten der Franziskanerkirche, läßt diesen Verlust (1812) als Leere spüren. – Von hier über das sammelnde, bis dahin wohlbeschlossene, jetzt südlich aufgerissene Pfahlplätzchen, dem links die auf die Portalfront des Böttingerhauses zuhaltende Judenstraße entzweigt, zum

Unteren Kaulberg, den links der dem Anstieg des Berges aufgesockelte mächtige Baukörper der **Oberen Pfarrkirche** begrenzt. – In der 1761 zugunsten der Straßenbreite etwas zurückgesetzten Zeile rechts der hervorragende **Ebracher Hof** (Nr. 4), rühmliche Leistung des Stadtmaurermeisters Martin Mayer (mit oder ohne Küchel?), 1764–66, paßt sich aufs schönste der Steigung an. Das Bildhauerwerk von Ferdinand Dietz (1766/67). – In geringer Entfernung, im Bach, d. i. die Senke zwischen Kaulberg und Domberg, der **ältere Ebracher Hof** (Vorderer Bach 5), eines der wenigen frühbarocken Gebäude, 1679–82; 3geschossiger Block mit rustiziertem Giebel und der im frühen 18. Jh. hinzugefügten Reliefgruppe der Vision des hl. Bernhard, einem der besten Werke der Bamberger Steinplastik des Barock.

Nun noch, zum Beschluß dieser gedrängten Auslese-Umschau, ein Blick in die rechts der Karolinenstraße ansetzende Obere Sandstraße, in der Enge zwischen Berg und Fluß, dem sie abwärts folgt, mit um so überraschenderem Blick auf den in sie eintretenden Michelsberg. – An ihrem unteren Verlauf das 1786 von Fürstbischof Franz Ludwig v. Erthal gestiftete, 1787–89 von Lorenz Fink und Johann Philipp Geigel gebaute **Krankenhaus** (Untere Sandstr. 32), rühmliche Leistung eines sachlich bestrebten, klassizistisch gedämpften letzten Barock.

Altenburg •

Unter diesem Namen erscheint sie schon in der 1. Hälfte des 12. Jh. Aus einer viel älteren (letztlich vorgeschichtlichen) Befestigung dürfte sie – Vorwerk der Burg auf dem Domberg – erwachsen sein. 1109 an das Kollegiatstift St. Jakob gegeben, gelangt das »castrum in Altenburch« 1251 an den Bischof zurück, der bis ins 16. Jh. häufig hier residiert. Der Markgrafenkrieg, 1553, legt die Burg in Asche. Eine Erneuerung geschieht anschließend, 1554–84. 1801 geht die Burg durch Kauf an den Arzt Dr. Marcus über, der ein Turmzimmer nach den Ideen E. T. A. Hoffmanns ausmalen läßt (nicht erhalten). Seit 1815 ist sie im Besitz des Altenburgvereins, der für ihre Instandsetzung sorgt, 1832–34 die Kapelle, 1853–56 die jetzt um 8 m zurückgesetzte O-Mauer und den O-Teil der N-Mauer erneuern und 1901/02 das Palasgebäude aufführen läßt.

Die Altenburg hat seit dem 15. Jh. zu viel über sich ergehen lassen müssen, um noch zu sein, was sie war. Aber ihr Anteil an der Bamberger Landschaft ist bedeutend. Eine östl. Randhöhe des Steigerwaldes krönend, übergipfelt sie die »Siebenhügelstadt«, die ihr in einem mählichen Stufenanstieg entgegenwächst, alle anstrebenden Linien sammelnd und zur Ruhe bringend. – Der runde **Bergfried** wird in seinem stärkeren unteren Teil in die Zeit nach 1251 zurückreichen; der eingezogene obere Teil ist um 1400 anzusetzen. Ende 15. Jh. ist die den Zwinger einschließende äußere Mauer. Auch der **Torbau** spätgotisch, nur das begiebelte Obergeschoß jünger (nach 1554). Die dem Torbau anliegende **Kapelle** ist eine neugot. Schöpfung Karl Alexander v. Heideloffs. Sie übernahm aus säkularisierten Kirchen der Stadt einige gute *Bildgrabsteine*; beachtlich der des Martin v. Redwitz (1505), »Schule« Riemenschneiders, und der marmorne des Georg v. Schaumberg (1520), beide ehemals in der Dominikanerkirche. Der des Wolf Christoph v. Streitberg (1560) ist eine Arbeit des Kilian Sorg. Das im Torhaus 1824 aufgestellte, nach Zeichnung eines 1525 zerstörten Vorbildes im späten 18. Jh. von Johann Thomas Wagner geschaffene Denkmal des Grafen Adalbert v. Babenberg stand ehemals im Kloster Theres.

Die große steinerne **Kreuzigungsgruppe** vor der Burg, nächst der Grabenbrücke, eines der besten Werke des Bildhauers Georg Reuß (1. Hälfte d. 18. Jh.), wurde hier erst 1860 aufgestellt.

BASTHEIM (UFr. / Rhön-Grabfeld E1/2)

Wechterswinkel (E2)

Ehem. Zisterzienserinnenkloster
In der 1. Hälfte des 12. Jh. gegründet, blüht das Kloster so rasch auf, daß die Zahl der Nonnen 1231 auf 100 beschränkt werden muß. Durch die Kriege des 16. Jh. verödet es, Bischof Julius von Würzburg hebt es 1589 auf.

Kath. Pfarrkirche St. Cosmas und Damian. Die 1179 geweihte ehem. Klosterkirche, eine 3schiffige flachgedeckte Pfeilerbasilika, erlitt im frühen 19. Jh. Änderungen: Verkürzung des Langhauses im W, des Chores im O. Das Mittelschiff hat die roman. Prägung bewahrt. Rundbogige Pfeilerarkaden, geschlossene Wandungen mit hochsitzenden Fenstern. Das Äußere des Quaderbaues ist schlicht. Ein Rundbogenfries umfährt die halbrunde Chorapsis (1811 aus dem alten Material wiederaufgebaut). Ein von 2 Säulen gerahmtes Rundbogentor, über dem 3 Reliefkreuze angebracht sind, schmückt die W-Seite.

Die **Konventsgebäude,** in südl. Anlehnung an die Kirche, sind spätgotisch, doch vielfach umgestaltet.

BAYREUTH (OFr. / I4)

Der Name sagt aus: Rodung eines Baiern. Ein baierisches Grafengeschlecht, das der Andechs (Herzöge von Meranien), beherrscht auch, vom mittleren 11. bis ins mittlere 13. Jh., das obere Mainland. Neben einer älteren Siedlung, westlich, »Altenstadt«, erwächst im späten 12. Jh. (erste Nennung 1194) als andechsische Pflanzung eine »nova villa«, aus der sich die Stadt entwickelt. 1231 ist sie bezeugt. Der ältere Kern, zwischen Kanzleistraße (urspr. Schmiedgasse) südlich und Sophienstraße (urspr. Breite Gasse) nördlich, schloß Burgsitz und Kirche ein. An diesen kleinen, eng bebauten Bering legte sich wohl schon im frühen 13. Jh. östlich der Markt an, ein breiter Straßenmarkt (mit ursprünglich freistehendem Rathaus) von unverkennbar baierischer Art. Schon damals dürfte der endliche, bis in die Neuzeit geltende Umfang der die Burgsandsteinterrasse über dem Roten Main besetzenden Stadt erreicht worden sein. – Aus dem Erbe der Andechs-Meranier kommt B. 1248 (endgültig 1260) an die Nürnberger Burggrafen, und bei ihnen, die sich seit ihrem Einzug in die Mark Brandenburg, 1415, auch in ihren fränkischen Gliedern Markgrafen nennen, bleibt es bis zum Anfall an Bayern, 1810. 1430 von den Hussiten zerstört, erholt sich die Stadt rasch; Markgraf Albrecht Achilles nennt sie, 1457, auszeichnend eine »der eltistin und wesentlichsten Städt« seiner fränkischen Herrschaft ober und unter Gebirgs.
1542 wird die Hofkanzlei von Kulmbach nach B. verlegt; ein gutes Halbjahrhundert später verläßt dann auch der Hof des Markgrafen von Kulmbach-Bayreuth die Plassenburg, um nach B. zu gehen. Zunächst änderte sich die spätmittelalterl. Prägung der bürgerlichen Stadt nur wenig;

erst im ausgehenden 17. Jh., mit dem Bau des Alten Schlosses, beginnt die Tatsache »Residenz« monumental sichtbar zu werden, und erst so recht im 18. Jh. wird der Habitus der Stadt »markgräflich«. Ihre glücklichste Zeit ist die des Markgrafen Friedrich »des Vielgeliebten«, dem Wilhelmine, Schwester Friedrichs d. Gr., als Gattin zur Seite steht. Mit dem Heimgang Friedrichs 1763 (Wilhelmine ging ihm 1758 voraus) endet das Wachstum der markgräflichen Stadt, der der Markgraf 1742 auch eine Akademie, seit 1743 kaiserliche privilegierte Universität, zugebracht hatte, die aber alsbald (schon 1743) nach Erlangen verlegt wurde. 1974 wird der Grundstein zur neuen, 1970 durch die Landesregierung ins Leben gerufene Universität auf dem Gelände des Birkengutes gelegt. – Das 19. Jh. läßt die Stadt wohl, nach außen, wachsen, doch ohne Gewinn für ihre Gestalt. Richard Wagner macht zwar ihren Namen weltgültig, aber gestaltlichen Gewinn kann die Stadt aus ihrer Allianz mit dem Bringer der Festspiele (1876) nicht ziehen, es sei denn in der umgrünten Sichtmarke des mit ihr durch eine Allee verbundenen Festspielhauses auf dem Grünen Hügel. Die in den Jahrzehnten nach dem 2. Weltkrieg herangewachsene Industriestadt kann das Gelände des (längst trockengelegten) »Brandenburger Sees« besetzen.

Die Stadt ●

Die lange, breite, leicht gekrümmt verlaufende Maximilianstraße ist, trotz des ihr anliegenden **Alten Schlosses,** gut bürgerlich. Sehr stattliche Hausbauten, auch noch einige in Giebelstellung, mehrere, wie die **Mohrenapotheke** (Nr. 57; 1605–10), das **Alte Rathaus** (Polizei; Nr. 33) und das ihm am Zugang der Brautgasse gegenüberliegende **Stirnerhaus** (Nr. 31), durch doppelgeschossige und auch gedoppelte Erker ausgezeichnet, besetzen (schmerzliche Lücken riß der Krieg) die Wandungen. Die breite Front der **Spitalkirche** stellt sich der herankommenden Straße entgegen, eben da, wo sie in die (westl.) Beuge geht. 3 Brunnen beleben die geräumige Fläche, **Herkules-, Fama-, Neptun-Brunnen;** ihre Entstehungsjahre sind 1676, 1708, 1766.

Die Achse des markgräflichen Bayreuth ist die dem Markgrafen Friedrich zu dankende, durch die Hofarchitekten Joseph Saint-Pierre und Karl Philipp v. Gontard geprägte Friedrichstraße, die, als eine ganz einheitliche Straßenschöpfung des 18. Jh., ihresgleichen sucht. Das **ehem. Waisenhaus** (Ämtergebäude) an der auch einheitlichen, rechteckig begrenzten Platzerweiterung (Nr. 14), ein durch 2 starke Risalite gegliedertes, bei aller Nüchternheit stattliches Bauwerk des Johann David Räntz, 1732/33, gab die Richtung an. Unter den meist sparsam behandelten, doch immer guten soliden **Häusern,** die der Straße anliegen, sind hervorzuheben: das **Liebhardt-Steingräbersche** (Nr. 2; 1753, vermutlich von Gontard) und das weiland **Ellrodtsche** (Nr. 7; 60er Jahre des 18. Jh., Gontard), das erste wirksam durch seine 3teilige Gruppierung, das zweite durch den hier ungewöhnlich pompös wirkenden Säulenportikus. Das benachbarte Haus (Nr. 3, 5) ist durch den Namen seines ehem. Bewohners **Jean Paul** geweiht.

Der spätbarocke klassizist. Hausbau gipfelt in den stets vorzüglichen, proportionssicheren Bauschöpfungen Gontards, wie **Hofapotheke** (Richard-Wagner-Str. 2; 1756), **Harmonie, Gontard-Haus** (1759/60; beide in schönster Gruppierung die N-Ansicht der Altstadt, im Blick vom Luitpoldplatz, beherrschend; das erste als Palais des 1752 dank Voltaire nach Bayreuth berufenen und hier als Großhofmeister bestallten Marquis d'Adhémar erbaut). Eine der besten, imposantesten Gontard-Architekturen, das weiland **Reitzensteinsche Palais** (Luitpoldstr. 13; 1761; zuletzt Neues Rathaus), wurde 1945 bis auf das Erdgeschoß vernichtet. Es weht etwas wie preußische Luft um diese noblen, meist ruhigen, zuweilen auch trocken wortkargen Fronten. Die dem Tode des Markgrafen Friedrich, 1763, folgende Berufung nach Berlin-Potsdam, durch Friedrich d. Gr., verpflanzte die Gontard und Räntz in das verwandteste Kulturklima. Der Genius loci spricht ebensowohl aus dem Alten wie aus dem Neuen Schloß und auch schon aus dem in den 20er Jahren des 17. Jh. errichteten, doch erst im 18. Jh. auf seine endliche Länge gebrachten Gebäude der **ehem. Markgräflichen Kanzlei** (**Regierung von Oberfranken**; Kanzleistraße), das der durch den Verlauf der Stadtmauer bedingten Krümmung der nach ihm benannten Straße folgt. Eine kühle, vernünftige, protestantische Haltung streitet zuweilen mit dem Prunkbedürfnis, und der strenge Anspruch des Zweckes weicht, freilich nur im Bereich der fürstlichen Laune, dem der Phantasie. Das glücklichste Gewächs dieses eigenartigen, kleinen, aber intensiv erfüllten Kulturraumes ist die Eremitage.

Die Bausymbole der neuen Stadt sind **Haus Wahnfried** (Richard-Wagner-Str. 48; 1873, im 2. Weltkrieg zu einem Drittel zerstört, 1975/76 wiederaufgebaut, jetzt **Richard-Wagner-Museum**) und das **Festspielhaus** (1872–76, 1925 erweitert). Vergessen wir aber nicht, was den Meister, dessen Name sich so eng und so weltgültig weit mit dem Namen Bayreuth verband, hierher zog: das gute alte Gesicht der Markgrafenstadt.

● **Ev. Stadtkirche Hl. Dreifaltigkeit** (Kirchplatz)

Sie ist eine Tochter der Altenstädter St.-Nikolaus-Kirche, die wieder zu den Filiationen der Pfarrkirche Bindlach gehörte. Der urspr. Titel St. Maria Magdalena wurde 1614 durch den der Hl. Dreifaltigkeit ersetzt. Der Gründungsbau des (eher späten als frühen) 13. Jh. (ein Pfarrer zeigt sich erstmals 1311) hinterließ das untere Geschoß des N-Turmes, der später auch der »alte« genannt wurde, in Absetzung vom südlichen »neuen« (1457). Seine Achse weicht von der in der Turmfront gegebenen leicht südlich ab. – In den 70er oder 80er Jahren des 14. Jh. ging man nach Ausweis der Stilmerkmale an den Neubau, der den von Sakristei nördlich und Treppenturm südlich begleiteten Chor voranstellte, dann aber offenbar nur langsam fortschritt. Wie weit der Bau im schlimmen Hussitenjahr 1430, das ihn wahrscheinlich großenteils zerstörte oder doch hart beschädigte, gediehen war, entzieht sich der Kenntnis. 1439 wird die Erneuerung begonnen. 1440/41 entstehen die Umfassungsmauern; etwa gleichzeitig wächst die Doppelturmfassade den oberen Geschossen zu. Bauleiter ist bis 1445 der Bamberger Meister Oswald, dann bis 1472 dessen

Polier Hans Pul. 2. und 3. Geschoß des S-Turmes, auch die beiden Aufstockungen des N-Turmes und die Eingangshalle mit der Michaelskapelle gehören in die 40er und 50er Jahre. Unter H. Pul werden die Langhausmauern erhöht; auch die Strebebögen kommen jetzt hinzu. Die Gewölbe schließen sich um 1470. Im frühen 16. Jh. (1518/29) kommt es noch zu den Kopfbauten der Türme durch den Kulmbacher Meister Heinrich Teusing. Soweit die mittelalterl. Baugeschichte. Die nachmittelalterliche setzt mit dem Stadtbrand von 1605 ein, der die Pfarrkirche nicht ausließ. Der markgräfliche Baumeister Michael Mebart erneuerte 1611–14 Außenwände und Strebewerk. Die Neuwölbung besorgte der aus Hof kommende Meister Philipp Hofmann, der sich noch auf die »Reyhen« (Reihungen der Rippennetze) verstand. Die Wiederherstellung hielt sich erstaunlich treu an den got. Bestand; posthume Gotik blühte ja, um die Wende des 16. zum 17. Jh., an mehr als einer Stelle. Nach einem zweiten Brand 1621 wurden die Türme (Oktogone und Welsche Hauben) zu Ende gebracht; Ausbau des nordlichen aber erst 1666–68; gleichzeitig entstand die steinerne Brücke. – Ein den Bränden fast vergleichbares Unheil bedeutete die »Stilreinigung« 1871/72, die alles barocke Inventar entfernte. Auch der Baukörper mußte sich Glättungen gefallen lassen.

Äußeres. Eine der ansehnlichsten got. Pfarrkirchen im oberen Franken. Die Türme, in fast noch roman. Weise ein Würfelgeschoß auf das andere setzend, flankierten die westl. Stirnseite des Mittelschiffes, die sich in einem – allerdings ganz erneuerten – reich profilierten, kielbogig umrissenen Portal öffnet; eine Brücke verbindet ihre Obergeschosse. Der basilikal gestufte Körper des Langhauses liegt im Gerüst der Strebepfeiler und -bögen; der Chor ist nur von steilen Streben umstellt, die durch Gesimse unterteilt und mit Blenden belebt sind. Wenig hohe Fenster im Lichtgaden des Mittelschiffes, breite in den Seitenschiffen, sehr hohe im Chor; Gestäb und Maßwerk kaum noch in einem Stück original. Friese nur an den beiden Untergeschossen des S-Turmes. – Inneres. Arkaden auf abgekanteten Pfeilern schreiten die Tiefe des Hochschiffes ab; ihre Spitzbogen wirken wie aus der Wand geschnitten, die ohne Trennung bis zu der auf halbrunden Diensten fußenden (im 17. Jh. erneuerten) Wölbung aufgeht. Der 3seitig gebrochene Chor ist durch die hohen, noch in die Gewölbekappen hineinreichenden Fenster bestimmt: Ein Fenstergehäuse; zwischen den Fenstern nur schmale pfeilerartige, durch Dienststrahlen gegliederte Wandbrücken. Die Raumwirkung durch die vom Restaurator für gut befundene Entleerung geschädigt.

Nur der verschonte Spätrenaissance-Altar von 1615, Werk Hans Werners, setzt noch erwünschten Akzent. Von Werner auch die Alabasterreliefs des (neugot.) Taufsteines.

Ev. Spitalkirche (Maximilianstr. 64). An Stelle einer älteren von Joseph Saint-Pierre 1748–50 aufgeführt. Die eigenartige Stirnseite des Quaderbaues steht wirkungsvoll zum Markt, dessen Zug sie schließend auffängt. Klassizistisch, überrascht sie durch die Auftürmung über der mit Giebel und Attika beschlossenen, durch die hoch gestühlten Pilaster nur leicht reliefierten Fassade. Der einfache Raum ist dank seiner Schmückung hell und heiter.

Das Deckenbild (Vision des Jesaias, Verleihung der Rednergabe) schuf Johann Benjamin Müller aus Dresden, 1750. Der den Raum bestimmende Kanzelaltar ist Werk des Johann Gabriel Räntz. Das Orgelgehäuse, auch von Räntz, wanderte in die Friedhofskirche ab.

Ev. Gottesackerkirche (Erlanger Str. 40)

Der Friedhof war schon 1533 hierher, vor die Stadt, verlegt worden. Die kleine Kirche entstand, eine ältere Kapelle ersetzend, 1779–81. Als Autor ist der Hofbaumeister Johann Gottlieb Riedel zu vermuten.

Rechteck mit abgeschrägten Ecken und Mitteleingängen, die Mitte auch durch einen den Ernst etwas aufheiternden Dachreiter betont.

Der **Friedhof,** auf dem einige Berühmte (Jean Paul, Liszt, Mitglieder der Wagner-Familie) ihrer Urständ warten, besitzt noch beachtliche Grabsteine, auch Gruftkapellen, des 18. Jh.

Ein neuer Kirchenbau ist die 1956 von Karl Pfeiffer-Hardt errichtete 3türmige **ev. Christuskirche** (Nibelungenstr. 2, in der Nähe des Hauptbahnhofes), die sich sehr gut einem Rundplatz und den von ihm ausgehenden Straßen zuordnet. – Andere moderne Kirchen sind die **kath. St.-Hedwig-Kirche** (Holbeinstr. 1), 1958–60, von Emil Steffann und Walter Schilling; die **ev. Erlöserkirche** (Hans-Meiser-Str. 1), 1966; die **ev. Friedenskirche** (Friedensstr. 3), 1969.

● **Altes Schloß (Finanzamt**; Maximilianstraße)

Die Annahme eines (meranischen) Burgsitzes an der S-Seite des Mauerringes (Kanzleistraße) hat ihre Glaubwürdigkeit verloren. Die Burggrafen dürften sich bald nach ihrem Einsitz ins meranische Erbe, um die Mitte des 13. Jh., ein festes Haus an der SO-Ecke, am Platze des Alten Schlosses, geschaffen haben; von »castris« ist bereits 1268 die Rede. Der spätmittelalterl., in der 2. Hälfte des 16. Jh. neugestaltete Bau muß bis ins späte 17. Jh. genügen. 1667 nimmt sich Markgraf Christian Ernst vor, die 2 vorderen Teile gleich den 2 hinteren aufzuführen und »in eine Vierung und rechte Form« bringen zu lassen. Im nächsten Jahr beginnt der Umbau der alten unregelmäßigen Viereckanlage. Aber erst in den 90er Jahren wandelt sich das altfränkische Gebäu zu »rechter Form«, dank dem 1691 berufenen (vorher in Güstrow und Berlin tätigen) Charles-Philippe Dieussart. Er muß zwar die alten Trakte stehenlassen, überblendet sie aber an der dem Hof zugekehrten Seite mit vereinheitlichenden Fassaden und bringt so »die gantze circonferentz des einwendigen Platzes auf ein Modell der Architektur«. Dieussart erlebt die Vollendung nicht, indessen findet sein Nachfolger Johann Leonhard Dientzenhofer (der bald nach Bamberg geht) nicht viel mehr zu tun, als den 8eckigen Treppenturm (des frühen 17. Jh.) unteren Teils, bis zur Traufinie der Trakte, mit der von Dieussart angegebenen, Pilaster und Arkaden verbindenden Blendgliederung zu ummanteln. Die gegen die Marktstraße vorgreifenden Flügel werden später, schon unter Georg Wilhelm, um 1700, nach den Plänen von Dieussart, aufgeführt. 1945 wurde das Schloß bis auf die standhaltenden Mauern zerstört, 1952/53 wiederaufgebaut.

Ältester Teil des 1753 durch Feuer heimgesuchten Schlosses ist der hohe, für das Fernbild so wesentliche Achteck-*Turm* mit der Stiege (»schneckenweis ohne Stupff«: Fahr- oder Reittreppe), der 1565/66 von Caspar Vischer gebaut wurde. Die *Fassaden* Dieussarts sind durch ein kraftvolles Relief der Gliederungen und die strotzende Plastik der über den Fenstern des Erdgeschosses angebrachten Büstenmedaillons ausgezeichnet.

Diese Reliefs, die nicht einheitlich sind (es sind ältere der 20er und der 60er oder 70er Jahre, also hier wieder verwendete, darunter), meißelte zu einem Teil wahrscheinlich der Baumeister selbst, zum anderen der aus Regensburg stammende Elias Räntz, ein Mentor des Bayreuther Barock, der dann auch begabte Söhne zur Verfügung stellte.

Die nach dem Brand von 1753 durch Joseph Saint-Pierre gründlich erneuerte, 1758 vollendete **Schloßkirche** (seit 1812 **kath. Pfarrkirche Mariae Himmelfahrt,** Schloßberglein) wendet sich in einfacher Lisenengliederung nach außen.

Das Innere ist durch köstliche Stukkaturen des Jean-Baptiste Pedrozzi geschmückt, die, voll profaner Heiterkeit und, bis in die Themen, »katholischen« Geistes, leicht, flüssig, sprühend, zum Besten des Rokoko gehören. – Die vermutlich von Karl Philipp v. Gontard entworfene Fürstengruft birgt die Sarkophage des Markgrafenpaares Friedrich und Wilhelmine.

Neues Schloß (Ludwigstraße) ●

Brandschaden des Alten Schlosses, 1753, gibt den Anlaß zum Neuen Schloß. Vom nur langsam vorrückenden S-Flügel abgesehen, ist der Bau bereits 1754 unter Dach. Baumeister ist Joseph Saint-Pierre, der zuvor (1744ff.) die hier befindliche Reitbahn zum regelmäßigen Platz (Schloßplatz) gestaltet hatte und nun, Sparens halber, mehrere der von ihm hier errichteten Bauten in die Schloßplanung einbeziehen mußte. Die Freiheit des Planens war also beengt, und wenn die vom Bruder der Markgräfin, Friedrich d. Gr., geäußerte Kritik auch nicht des Grundes entbehrte, so müssen dem Architekten doch die erschwerenden Umstände (mit denen er sich aufs bestmögliche abfand) zugute gehalten werden.

In beiden Flügeln stecken etwas ältere Relikte; der die Flügel verbindende Mittelbau entwickelte sich aus der ref. Kirche. Das Ergebnis der Kompilation: ein sehr langgestreckter 3geschossiger Trakt mit einem vorgezogenen Mittelbau. Bieten die (ursprünglich nur 2geschossigen) Flügel wenig auf, so um so mehr die prätentiöse Mitte: Über dem rustizierten Sokkelgeschoß erhebt sich das in 3 hohen Rundbogenfenstern geöffnete Hauptgeschoß; die ihm vorgesetzten korinthischen Säulen tragen ein verkröpftes Gebälk, dem eine Attika aufsitzt.

Zu diesem barocken Klassizismus französischer Prägung verhält sich der auf dem Platz stehende, sehr barocke **Markgrafenbrunnen** nicht gerade zustimmend. Er ist älter; 1700 schuf ihn, nach Angaben Johann Leonhard Dientzenhofers, Elias Räntz; erst 1748 wurde er vom Alten Schloß hierher übertragen.

1759 wuchs noch südlich der **»Italienische Bau«** hinzu, der, zunächst noch ohne Anstoß an das Schloß, später, 1764, mit diesem durch einen Zwischenbau verbunden wurde. Werk Karl Philipp v. Gontards, trägt dieses nur schwach und flach gegliederte Gartenschlößchen schon frühklassizist. Charakter.

Das Innere des **Neuen Schlosses** birgt eine Reihe wohlerhaltener Räume aus der Zeit des Markgrafenpaares Friedrich und Wilhelmine, beste und zugleich höchst originelle Ausstattung des späten Rokoko.
● Hervorgehoben seien das *Zedern-* und das *Spalierzimmer* (im Obergeschoß des S-Flügels): Ausklang des Rokoko, dessen ornamentale Formensprache hier nicht der Antike, sondern der Natur weichen muß. Man wird für dieses eigentümliche sentimentale Rokoko die Markgräfin selbst verantwortlich machen dürfen, die es, später, auch in das Neue Schloß ihrer Eremitage einführte. – Der *Große Saal* im **Italienischen Bau**, für die zweite Gemahlin des Markgrafen errichtet, zieht noch einmal die Register des späten Barock; die klassizist. Motive ordnen sich unter. Die Ausstattung der Räume gehört Rudolf Heinrich Richter, der entzückende Stuck Jean-Baptiste Pedrozzi. Das *Blumenkabinett* sei als ein Inbegriff der so eigenartigen, bunte Farbe und natürliche vegetabilische Motive einbeziehenden Dekorationsweise des bayreuthischen Rokoko insbesondere gerühmt.

In den Räumen des 2. Obergeschosses im N-Flügel befindet sich seit 1924 das (1912 gegründete) **Stadtmuseum** mit wohlbestellten Sammlungen zur Stadtgeschichte. Die Stukkaturen der Räume (Kern des Flügels ist das ehem. v. Meyernsche Palais Joseph Saint-Pierres und seine 1757 geschaffene Erweiterung) sind Arbeiten Pedrozzis mit allen Eigenarten seiner (cum grano salis) realistischen, das abstrakte Ornament (die Rocaille ganz) vermeidenden Hand. Aus dem Inhalt des Museums sei das *Küffnersche Epitaph* von 1615 herausgegriffen, in dessen Mitte der die Malereien (Predella mit ältester Stadtansicht, Flügel und Aufsatz mit marianischen Motiven) beisteuernde Hans Bolland das vortreffliche Schnitzwerk der Anbetung der Könige setzte, keine fränkische, sehr wahrscheinlich eine bayerische Arbeit aus dem 2. Jahrzehnt des 16. Jh. Letzter Standort war die Empore der Friedhofskirche.

Der **Hofgarten** – auf der Rückseite des hier durch den in die Ansicht einbezogenen Italienischen Bau noch länger, aber auch, dank Unregel-

Bayreuth. Markgräfliches Opernhaus. Zuschauerraum (zu S. 108)

mäßigkeiten, belebter wirkenden Schlosses – hatte schon bescheidene Vorläufer im 16. und 17. Jh. 1753 um die Hälfte wachsend, wird er jetzt auch neu gestaltet. 1789 verlor er, zum Landschaftsgarten englischen Stils umgewandelt, seine urspr. Prägung.

● **Markgräfliches Opernhaus** (Opernstraße)

Sehr dringliches Bedürfnis eines von einer theaterfreudigen, ja selbst theaterbegabten Fürstin gelenkten Hofes, entsteht das Opernhaus doch erst 1744. Als Architekt ist Joseph Saint-Pierre zu erschließen. Das Innere entwarf Giuseppe Galli Bibiena, aus der bedeutenden Bologneser Familie von Theater-Architekten, die Ausführung dürfte sein Sohn Carlo, seit 1746 in Bayreuth, stark beeinflußt haben.

1748 ist dieses prächtige Rokoko-Theater fertig. »Rokoko« will allerdings nicht recht passen. Die in die Straßenzeile eingebaute Fassade ist, bei allem Pathos der großen Säulenstellung, französisch-klassizistisch, und der Innenbau entfaltet seine Pracht in einem schweren dröhnenden Barock (Abb. S. 107). Die Meister sprechen ihre Nationalitäten aus. – Bühnenhaus und Zuschauerraum besetzen je zur Hälfte die Tiefe des Gebäudes. 3 Logenränge schlagen einen Bogen, in dessen der Bühne gegenüberliegendem Scheitel der Haupteingang ist – mit dem Podest der in 2 Armen zum Parterre herabführenden Treppe – und darüber die Hofloge. Zur Bühne leiten die schräg gestellten hohen Trompeterlogen über, deren berankte Säulen an den Flanken des Proszeniums wiederkehren. Da auch das Motiv der Logenbalustraden im Proszenium aufgenommen ist – wie oben an der schweren reichen Decke, als Einfassung des von Wilhelm Ernst Wunder gemalten Musen-Apolls –, schließen sich Bühne und Zuschauerraum formal zusammen. Es ist, als gleite dieser in jenen hinüber, dessen Prospekt (neu, aber in der alten Art) nun diesen wieder zurückspiegelt.

● Eremitage

Östlich der Stadt umschließt eine Schleife des Roten Mains ein Stück Waldlandschaft, schon im frühen 17. Jh. markgräflicher Besitz und wie geschaffen zur Anlage eines »Tiergartens«, den Markgraf Christian Ernst 1666 in Angriff nimmt, um ihn 1669 mit einem Grotten- und Brunnenhaus zu bereichern. Markgraf Georg Wilhelm greift dann den der höfischen Gesellschaft des Zeitalters nicht mehr fremden (aus dem Frankreich des Louis XIV. eingeführten) Gedanken der Einsiedelei, »Eremitage«, auf.

Nach den Plänen des Hofbauinspektors Johann David Räntz entsteht 1715–18 das **Alte Schloß,** das zwar nicht in seiner repräsentativen Fassade, um so mehr aber an den Flanken, im

Hof und besonders im Grottenbau bis in die Schornsteine hinauf den Anschein frei gewachsenen Gefelses erwecken will. An den Fassadentrakt des einen Innenhof umhegenden Geviertes läßt die Markgräfin Wilhelmine 1736 ff. 2 kurze Flügel anstoßen, die das Motiv der Felsenarchitektur übernehmen. Auch das Innere erfuhr durch die hier erstmals ihren persönlichen Geschmack durchsetzende Markgräfin Umgestaltungen.

Doch behielt der *Marmorsaal* die ihm unter Georg Wilhelm gegebene barocke Prägung. Sein Marmormaterial stammt aus Brüchen des Landes. Das kräftige Relief der Stukkaturen schuf (wahrscheinlich) Andrea Domenico Cadenazzi, die Deckenfresken Gabriel Schreyer. – Aus gleicher Zeit erhielt sich auch die *Grotte* am S-Ende des Geviertes: ein von einer Achtecklaterne überhöhter Kuppelraum über quadratischem Grundriß, der mit Glasschlacken und Muscheln ausgekleidet ist. Der Nerv dieser durch den Stukkator doch wieder künstlerisch gebändigten künstlichen Grotte ist das Wasser, das in zahllosen »Sprüngen« den Raum durchgittert.

Abgesehen von diesen beiden Bewahrungen der Georg-Wilhelm-Zeit trägt die Innenausstattung den Stempel der Markgräfin Wilhelmine. Wir gehen nicht von Raum zu Raum, heben nur heraus: das *Japanische Kabinett,* eine ganz persönliche, in Teilen auch eigenhändige Schöpfung der Schloßherrin; von den den Wänden applizierten Lackreliefs sind nur 4 ostasiatische Originale (Geschenke Friedrichs d. Gr. an die Schwester), alle übrigen Arbeiten der Fürstin. Das angrenzende *Musikzimmer* darf zu den heitersten und intimsten Wohnraumschöpfungen des Rokoko gestellt werden. Hellgrauer Stucco lustro bekleidet die Wände; die blaugrauen Felder sind oben mit den von Antoine Pesne gemalten Porträts der Freundinnen der Markgräfin besetzt. Das zarte leichte Geranke der Deckenstukkaturen dürfte etwas später, d. h. nach 1737, vermutlich um 1750, durch Jean-Baptiste Pedrozzi zu Ende gebracht worden sein. Das nächstfolgende *Chinesische Spiegelkabinett* ist nicht mit Spiegeln, sondern Spiegelscherben (daß die »Eremitage« mit dem ihr eingeborenen Vanitas-Gedanken anklinge) dekoriert. Die Chinoiserien steuerte Johann Christoph Jucht bei. – Mehr oder minder aktive Anteilnahme der Markgräfin zeichnet, spürbar, alle der unter und von ihr geschaffenen Räume aus. Es gibt reichere, festlichere Raumdekorationen, aber es gibt nur wenige, die so ganz Ausdruck einer persönlichen Lebenssphäre sind.

Neues Schloß

1749–53 entstand es (»Orangerie«, auch »Menagerie« genannt) nach Plänen Joseph Saint-Pierres unter Beteiligung Rudolf Heinrich Richters und Gontards. Wir dürfen aber annehmen, daß Geist vom Geiste der Markgräfin in den Planer einging, denn so Beschwingtes, ja Poetisches hat der doch recht kühle französische Klassizist sonst nicht geschaffen. Die reiche und feine, auch phantastische, für das späte Rokoko so charakteristische Innenausstattung denke man sich, gestützt auf Wort und Bild, hinzu; sie ging 1945 zugrunde. Die Architektur blieb im wesentlichen erhalten. Sie wurde seitdem überholt. Der in preußischer Zeit auf den Kuppelscheitel gesetzte Adler wurde durch einen in Zeichnungen des 18. Jh. vorgegebenen Apollo ausgetauscht.

Der Grundriß zeichnet einen Halbkreis, in dessen Mitte, abgesetzt von den dem Halbrund der Bogenschenkel folgenden Flügeln, das Achteck des »Sonnentempels« steht. Ursprünglich nahm die Heckenarchitektur des Parterres die Anregung des Halbkreises auf; sie schloß ihn durch einen Gegenhalbkreis zum Vollkreis. Der **Sonnentempel** beherrscht mit seiner plastischen Körperlichkeit und der hohen, geschwellten Dachkuppel die von ihm ausstrahlenden *Rundflügel,* deren Reihungen offener, auf Zwillingssäulen ruhender Arkaden die Bahn der durchlaufenden Attikabalustrade zusammenschließt.

Inkrustation der Mauern und Säulen mit bunten Glasflüssen und Steinen steigert die der Anlage schon an sich eigene Phantastik, zu der die verzinnten Stuckbüsten der Imperatoren (von Pedrozzi) über den Arkaden beitragen. Nehme man noch die in 58 Sprüngen spielende Wasserkunst der Fontänen des großen Bassins mit den beiden Tritonengruppen hinzu, um der urspr. Wirkung dieses Märchenschlosses teilhaftig zu werden. Die Plastik des Brunnens, des Parterres, der Reliefs an der Treppe rückseitlich des Sonnentempels gaben die Bildhauer Johann Gabriel Räntz und Johann Schnegg.

Park

Die urspr. Aufteilung in einen französisch (geometrisch) gestalteten W- und einen die natürliche Landschaft schonenden und verwertenden O-Teil ist nicht mehr rein erhalten; die Geometrie der den beiden Schlössern benachbarten Quartiere mußte im letzten Jahrzehnt des 18. Jh. vor den Forderungen des englischen Landschaftsgartens zurückweichen.

Immerhin (bemerkenswert früh) war auch der durch Achsen geordnete W-Teil schon mit sentimentalen Hinweisen auf die allgewaltige Natur, die alles Menschenwerk verzehrende und überdauernde, durchsetzt: mit Ruinen vornehmlich, denn sie schrieben am augenfälligsten die gesuchte Chiffre des Memento mori in die Landschaft. Da ist die aus antiken Fragmenten zusammengestellte **Ruine des Grabdenkmals Folichons,** eines Lieblingshundes der Markgräfin (man erinnere sich des Hundekultes des Bruders in Sanssouci), das **Ruinentheater** (von Saint-Pierre, 1743), die **Sonder-Eremitage** des Markgrafen Friedrich, die allerdings erst Ruine wurde, aber doch schon Ruinenstil zeigte. Unter den sonstigen Einstreuungen in den Park stechen hervor die sog. **Untere Grotte** mit ihrem wohlerhaltenen Wasserspiel und der von Tritonen, Delphinen usw. umgebenen Nymphe, gemacht von zweien aus der Räntz-Sippe, Johann David und Johann Lorenz.

Der O-Teil des Parkes, der sich zum Fluß abwärts wendet, um sich von ihm umfassen zu lassen, konnte schon durch seine natürliche Anmut zu einer Anerkennung der landschaftlichen Gegebenheiten auffordern.

Doch bleibt dieses Gewährenlassen des Freiwuchses (bis auf die erschließenden Wegführungen) in einer gemeinhin noch das Künstliche dem Natürlichen überstellenden Zeit (Mitte und noch vor Mitte des 18. Jh.) erstaunlich. Der englische Gartenstil begann erst in den 80er Jahren vorbildlich zu werden, und so wird man die Initiative wie überall in der Eremitage bei der Markgräfin suchen müssen. Der urspr. Charakter des Parkes, »Einsiedelei«, Einkehr in die Natureinsamkeit, wies ihrer an sich schon durch das Gefühl bestimmten Phantasie die Richtung.

Die die Stadt mit der Eremitage verbindende Königsallee führt an dem links liegenden, 1754 errichteten, zunächst Reitzensteinschen, dann 1759 vom Markgrafen übernommenen und erweiterten **Schlößchen Colmdorf** vorbei, erreicht am nördl. Knick die **Rollwenzelei,** von der nur zu sagen ist, was die Inschrift meldet: »Hier dichtete Jean Paul«, und berührt kurz vor ihrem Ziel das noble **Haus Philippsruh,** ein klassizist. Werk des letzten der Hofbaumeister, Carl Christian Riedel, 1804/05.

Schloß Fantasie → Eckersdorf.

Sankt Georgen ●

Schloß (Bernecker Straße)

Markgraf Georg Wilhelm, regierend seit 1726, baut als Erbprinz an einem kleinen (1509 angelegten) See nördlich der Stadt, »Brandenburger« genannt, 3 »holländische« Häuschen, ersetzt sie 1701 durch ein Schlößchen und dieses wieder, 1725, durch ein Schloß. Der markgräfliche Bauinspektor Johann David Räntz, Sohn des Bildhauers Elias, führt es auf.

Der von den zurückliegenden Flügeln flankierte Mittelbau ist durch wuchtige Gliederungen bestimmt. Auf dem Sockel des rustizierten Erdgeschosses steigen die die beiden Obergeschosse zusammenfassenden Kolossalpilaster auf. Der mittlere der durch sie eingegrenzten 3 Abschnitte ist ausgezeichnet durch ein hohes übergiebeltes Rundbogenfenster (2. Geschoß) und das Wappenrelief (3. Geschoß).

Eigentümlich die freie Gestaltung der Pilasterkapitelle, deren bestimmendes Motiv das Kreuz des von Georg Wilhelm gestifteten Ordens »de la sincérité« ist. Anregungen durch den preußischen Barock (Andreas Schlüter) sind deutlich, auch in dem Anteil, der der Plastik in den Trophäen über den Fenstern des 1. Obergeschosses und in dem kräftigen Konsolengesims eingeräumt ist. An Schlüter erinnert auch der Hauptsaal, der, reich und phantasievoll stuckiert, v. a. in der Rahmung des Plafondgemäldes, schwere Barockformen aufbietet.

Vor dem Bau des Schlosses hatte Georg Wilhelm 1702 bereits im benachbarten Gelände eine **Hugenottenstadt St. Georgen** begründet, die, nie mehr als eine Miniaturstadt, heute noch vorzüglich erhalten vor

Augen steht. Je 12 gleiche 2geschossige **Häuser** säumen die eine lange Straße, die sich nur oben zum Kirchplatz erweitert.

● Die **ev. Ordenskirche** (Sophien- oder Kapitelskirche; St. Georgen 50) 1705–11 errichtet, ist Werk des aus Berlin gekommenen Gottfried v. Gedeler, bis auf den Turm, den Johann David Räntz 1716–18 hinzubaute. Ein Quadrat mit kurzen Armen an 3 Seiten, entfaltet dieser Predigtsaal seine Vorzüge in einem soliden Quaderbau. Rühmenswert auch das durch die Doppelempore, die Fürstenloge, den stark plastischen Stuck Bernardo Quadros, die Deckenbilder Johann Martin Wilds und Gabriel Schreyers und den Kanzelaltar bestimmte Raumbild.

Ein zweites hervorstechendes Gebäude besitzt St. Georgen im 1735 gestifteten, 1742 wahrscheinlich vom Bauinspektor Johann Georg Weiß errichteten **Gravenreuther Stift:** ein 2geschossiger Bau mit Mansarde, aus dessen Mitte die in der Front mit rustizierten Pilastern gegliederte Kapelle vortritt; ein Dachreiter krönt die Mitte des Firstes. Die vortrefflichen Stukkaturen (1744) von Franz Hieronymus Andrioli.

Thiergarten

Ehem. markgräfliches Jagdschloß, südlich von Bayreuth. Der 1715–20 von Johann David Räntz errichtete Bau ist der mittlere Teil einer geplanten größeren Schloßanlage: ein 2geschossiges bekuppeltes Oktogon mit westlich anschließendem 1geschossigem Flügel. Der von Pilastern gegliederte Saal des Oktogons durch die Stukkaturen Andrea Domenico Cadenazzis ausgezeichnet.

BERCHING (OPf. / Neumarkt i. d. OPf. I8)

Die 883 erstmals genannte Siedlung kommt 1015 als Königsschenkung an das Bistum Eichstätt, das sie im 12./13. Jh. an die Vögte, die Grafen v. Hirschberg, verliert, dank Rückgabe der Vogteirechte durch Hirschberg 1296 aber zurückgewinnt. B. bleibt nun – Sitz eines bischöflichen Propsteiamts – eichstättisch bis zur Säkularisation. – Als Stadt (civitas) zeigt es sich erstmals 1314. Zunächst nur mit Palisaden bewehrt, erhält es gegen Ausgang des 15. Jh. den türmereichen Mauerring, der es heute noch in guter Erhaltung auszeichnet. – Hauptachse ist die von S nach W ziehende Straße, die noch zwischen den beiden Toren liegt. Die jenseits der Sulz um die Lorenzkirche (älteste Pfarrkirche) gesammelte Vorstadt wurde gleichzeitig ummauert. Auch ihre Hauptachse, die von Neumarkt herkommende, nach Beilngries führende Straße, tritt noch durch Tore ein und aus.

● **Kath. Pfarrkirche Mariae Himmelfahrt.** An die frühgot. O-Teile mit dem kräftigen Turm setzte der Eichstätter Hofbildhauer Matthias Seybold 1756 und in den nächsten Jahren ein zentralisierendes Langhaus mit 2 Seitenkapellen. 2 vorgeschobene Pfeiler im O antworten dem emporenbesetzten W-Abschluß und verbinden originell Laienhaus und Chor.

Bewegte Rocaille-Stukkaturen, 1758, umspielen die Deckengemälde Jos. M. Baders aus Eichstätt: im W der psalmodierende König David, im Laienhaus die Marienkrönung. Aus gleicher Zeit die Altäre (Hochaltarblatt 19. Jh.). In der nördl. Seitenkapelle Epitaph des Georg Keller († 1542) aus der Werkstatt des Loy Hering.

Die **Kirche St. Lorenz,** auf die sich wahrscheinlich eine Weihenachricht der 60er Jahre des 11. Jh. bezieht, erfüllte lange die Aufgabe der Pfarrkirche. Vermutlich gehen die Langhausmauern auf den Gründungsbau zurück. Der Turm gehört dem 13. Jh. an (Obergeschoß und Haube Ende 16. Jh.). Auch das rundbogige, einmal gestufte Portal an der N-Seite zeigt die Formen des frühen 13. Jh.; im Tympanon Relief mit Vortragekreuz zwischen 2 Rosetten. 1680 erfolgte eine Umgestaltung. Wandpfeiler wurden eingezogen, auch neue Gewölbe, die Fenster verändert. ●

Der neugot. Hochaltar birgt Schnitzarbeiten nürnbergischen Charakters aus der Zeit um 1500–20: Marienkrönung und Flügelreliefs mit Laurentius-Legende und Hl. Sippe (um 1520), Figuren der hll. Laurentius und Sebastian in den Seitenaltären; St. Wolfgang, um 1500 (N-Wand). Von hohem Reiz ist ein Zyklus von Tafelgemälden aus der *Laurentius-Legende* in den Seitenaltären, bedeutende Arbeiten der Regensburger Schule um 1515, Albrecht Altdorfer nahestehend (Rahmen und Inschriften 17. Jh., im 19. erneuert). Führen wir noch auf: das Steinrelief mit Christus-Haupt, um 1400, an der S-Wand des Chores, vermutlich Fragment eines Sakramentshauses, und das vorzügliche Holzrelief der Kreuztragung in alter farbiger Fassung, um 1430, an der S-Wand, das sich zuvor im Tordurchgang zur Vorstadt befand.

Friedhofskapelle St. Michael. Neubau 1706 an Stelle eines mittelalterl. Karners; jetzt Kriegergedenkstätte. Schöne Stukkaturen (Akanthusranken, Fruchtbüschel) umkränzen ein kleines Gemälde (Ansicht Berchings).

Wallfahrtskirche Mariahilf an der Straße nach Beilngries. Eine Feldkapelle wurde 1796 durch den schlichten bestehenden Kirchenbau ersetzt. Die einfache Altarausstattung stammt aus der Erbauungszeit. Auf dem rechten Seitenaltar eine Schmerzensmanngruppe, ein meisterliches Schnitzwerk um 1480–90.

In seltener Vollständigkeit blieb der **Mauergürtel** erhalten. Seine bestehende Form erhielt er unter Bischof Wilhelm v. Reichenau Ende des 15. Jh. Unregelmäßiges Quaderwerk bis zu 1,5 m Dicke bildet die 6 m hohen Mauern, die gedeckte Wehrgänge tragen. 9 **Befestigungstürme** (heute meist zu Wohnungen umgestaltet) folgen dem Bering. Dazu 2 **Tortürme,** ●

einer gegen O, einer gegen W, beide zu großen Teilen vom ersten Bering, Ende des 13. Jh., im 15. Jh. durch Vortore erweitert. – Die **Vorstadtmauer,** ebenfalls Ende 15. Jh., hat gelitten. Ihr Mauerwerk, Bruchstein, ist gröber als das der inneren Stadtbefestigung. 2 Tore überspannen hier die Straße Neumarkt–Beilngries.

Plankstetten (I8)

Benediktinerkloster

Das Kloster liegt im Sulz-Tal zwischen Berching und Beilngries unterhalb eines waldigen Berghanges. Einer der Grafen v. Grögling und Dollnstein, die sich später v. Hirschberg nannten, hat es 1129 gestiftet. Vermutlich kamen die ersten Mönche aus Kastl, also Benediktiner der Cluniazensischen Reform. 1138 war der Kirchenbau vollendet. Gegen Ende des 15. Jh. Restaurierungsarbeiten. Verwüstungen des 30jährigen Krieges führten zu ausgedehnten Umgestaltungen und Neubauten, besonders der Klostergebäude, zwischen 1696 und 1727. 1806–1903 stand das Kloster leer, bis es die Benediktiner wieder übernehmen konnten.

Klosterkirche Mariae Himmelfahrt. 2 W-Türme überragen das Kloster. Sie entstammen dem 12. Jh.; der N-Turm wurde erst im frühen 18. Jh. zu Ende geführt. Gleichzeitig wurden die beiden glockenförmigen Hauben aufgesetzt. Die Türme begrenzen eine *Vorhalle* von merkwürdiger Form. Stufen führen in sie hinunter. Seitlich öffnen sich die Turmkapellen. Gegen W folgt ein zweiter Vorhallenraum, den ein Kreuzgewölbe mit wulstigen Rippen deckt. Breite Gurte scheiden 2 rechteckige Abseiten aus. Über Herkunft und Bedeutung der komplizierten Vorhallenanlage gehen die Ansichten auseinander. Sicher ist, daß eine enge Verbindung zum Mutterkloster Kastl besteht.

Wir stehen vor dem Kirchenportal. Säulen mit Würfelkapitellen vor den Gewändestufen tragen Kämpferprofile und Bogenwülste. Man vermutet ein älteres Portal, das bereits im 12. Jh. Änderung und Erweiterung erfuhr. Zur älteren Anlage soll das Relief-Fragment am südl. Pfeiler gehören, Blattranken, Weinlaub und ein bärtiges Mischwesen, dessen Deutung aussteht (vermutlich ein Dämon apotropäischer Bedeutung).

Wieder führen Stufen hinab ins Kirchenschiff: 9 Joche einer flachgedeckten Pfeilerbasilika des 13. Jh., die auf den polygonen, spätgot. Chor von 1493–95 zuschreiten.

Mit stuckierten Laub- und Bandwerkranken, untermischt von Gittermotiven, hat man 1728 die hohen, breiten Wandflächen zurückhaltend überzogen. 2 Oratorien schmücken die südl. Hochschiffwand mit den gemalten Benediktinerheiligen und Päpsten. An der Flachdecke reihen sich weitere Fresken: Kreuzfindung, Glorie St. Benedikts, Mariae Himmelfahrt, Johannes auf Patmos und Engelskonzert. Michael Zink ist ihr Meister. Der Hochaltar, ein schlankes, fast zierliches Gebilde, stammt ebenfalls aus der Neuausstattung des 18. Jh. Die Kanzel ist älter; 1651 kam sie aus der Abtei Lambach. – Ein Schatz der Rokokokunst (um 1760) ist die Hl.-Kreuz-Kapelle. Die stuckmarmorne Wandverkleidung schiebt sich als bewegtes Gehäuse zusammen über einer stukkierten Vespergruppe unter dem Kreuz, flankiert von Heiligenfiguren. Das phantasievolle Rocaillewerk wie die Formensprache des Figürlichen verrät die Hand des Eichstätter Hofstukkateurs Johann Jakob Berg. •

Reste des **Kreuzganges** (spätes 15. Jh.) haben sich südlich der Kirche erhalten: Sterngewölbe der Spätgotik mit skulptierten Konsolen und Schlußsteinen. Eine 3teilige Arkadengruppe des 12. Jh. wurde an der O-Wand des an die Kirche stoßenden Joches aufgedeckt.

BERG b. Neumarkt i. d. OPf.
(OPf. / Neumarkt i. d. OPf. I7)

Gnadenberg (H6)

Ehem. Birgittenkloster •

Pfalzgraf Johann I. v. Neumarkt stiftete 1426 dieses älteste Birgittenkloster Süddeutschlands. Nach der Ordensregel wurde es als Doppelkloster errichtet, 1430 mit Mönchen und 1435 mit Nonnen aus dem dänischen Maribo besiedelt. 1451 ging man an die Errichtung der Kirche, die 1483 ihre Weihe erhielt. Die Einwölbung erfolgte 1511–18. Nürnberger Meister hatten die Bauleitung. Seit 1556 wurde mit Einführung der Reformation das klösterliche Leben abgebaut. 1635 gingen Kirche und Kloster in Flammen auf, eine Vergeltungsmaßnahme schwedischer Soldaten. Im verbliebenen Refektoriumsflügel richtete man 1654 zunächst als Provisorium, später für die Dauer, die heutige Pfarrkirche St. Birgitta ein.

Ruine der Klosterkirche. Erhalten blieben 3 Umfassungsmauern auf rechteckigem Grundriß mit der Portalwand gegen NO. Noch aus der Ruine lassen sich die merkwürdigen Bauvorschriften St. Birgittas ablesen: Der Chor war nach W (hier SW) gerichtet und gerade geschlossen. Gegen O erstreckte sich eine Halle, 3 gleich hohe Schiffe zu 5 Jochen. Der Hochaltar stand nahe dem Chorbogen, durch 6 Stufen erhöht. Dahinter sollte der Mönchschor liegen. Vom O führten 2 Portale in die Seitenschiffe. Dazwischen stand der Marienaltar. Eine doppelte Fensterordnung gliedert die Wände, unten kleinere Öffnungen, oben große, 3teilige Fenstergruppen. Nur das 2. Joch (vom N) ist geschlossen; hier lag der Zugang zur hoch angebrachten Nonnenempore. Interessant die Reste eines gewölbten Ganges zwischen den beiden Fensterzonen. Die Ordensregel erforderte für die Prozessionen der Mönche einen durch Gitter vom übrigen Schiff abgetrennten Wandelgang, der vom Chor aus durch die Kirche führen sollte.

Bleibt noch zu nennen: das lebensgroße Bildnisepitaph des Ritters Martin v. Wildenstein, 1466.

Die **Klostergebäude** flankieren das Münster in der vom Orden festgesetzten Anordnung. Das Brüderhaus ist völlig verschwunden. Das Nonnenkloster – ehemals ein Viereck nordwestlich der Kirche – blieb zu geringen Teilen erhalten (jetzt **Pfarrkirche** und **Remisen**).

BIEBELRIED (UFr. / Kitzingen D4/5)

Burg der Johanniter, die um die Mitte des 13. Jh. hier eine Kommende einrichten. Die Burg entsteht 1275. Die Mauer der annähernd quadratischen (teilweise verbauten) Anlage erfreut durch die schöne, saubere Quaderbearbeitung.

In der (1822 errichteten) **kath. Pfarrkirche** 2 Werke Tilman Riemenschneiders: Kruzifixus und Salvator.

BINDLACH (OFr. / Bayreuth I4)

● **Ev. Pfarrkirche,** ehem. St. Bartholomäus

Der sehr stattliche Quaderbau der in der Gründung wahrscheinlich in vorbambergische Zeit zurückgehenden Kirche entstammt d. J. 1766–68. Geweiht wurde sie 1782. Die Künstler sind samt und sonders Bayreuther. Die Risse gab der Hofbaumeister Rudolf Heinrich Richter, der vermutlich Gontardsche Ideen verwendet; die Ausführung hatte der Maurermeister Georg Bauer. Die 3 Portale und die Bauplastik des Turmes lieferte, 1767, Johann Gabriel Räntz.

Der Außenbau ist durch eine schwere, starke Körperlichkeit ausgezeichnet, insbesondere der *Turm* mit wuchtigem Erdgeschoß und dem mit Dreiviertelsäulen bestellten Oktogon, das eine Kuppel krönt, wohl der beste des Markgrafenlandes.

Inneres. Der Baumeister Richter, ein hochbegabter Dekorateur, entwarf auch die (1766–69 von Rudolf Albini u. a. ausgeführten) Stukkaturen und die Gemälde der Decke, die Wilhelm Ernst Wunder (1768) ausführte. Raumbestimmend die doppelgeschossige Empore, die auch, nun 1geschossig, auf die O-Wand des Chores übergreift, und der große beherrschende Kanzelaltar (1777), an dessen Flanken die Apostel Petrus und Paulus stehen und den der Berg Tabor mit Christus, Moses und Elias beschließt, vortreffliche Leistung des Bildhauers Andreas Neuhäuser. Vor dem Altar, in der üblichen Zuordnung, der Taufstein, 1777, von Franz Peter Schuh, der auch, 1780, das Orgelgehäuse arbeitete. – Der spätgot. Hochaltar der älteren Ausstattung, im Gemalten wohl sicher von der Hand Grünewalds, wurde 1685 an die Pfarrkirche von Lindenhardt (→ Creußen) abgegeben.

Benk (I3)

Ev. Pfarrkirche, ehem. St. Walburga

Die Siedlung läßt sich erstmals 1237 nachweisen. Die Kirche, an der eine Wallfahrt hing, ist bis 1365 Filiale von Marktschorgast. 1740 brennt sie ab, 1741–48 wird sie durch das bayreuthische »hochfürstliche Bauamt« neu errichtet. Die Stukkaturen besorgt Franz Hieronymus Andrioli, die Bildhauerarbeiten Johann Gabriel Räntz, die Bemalung der Ausstattung (1749) Heinrich Samuel Lohe, »privilegierter Kunst-Mahler in Hof« (so auf der Rückseite des Altars).

Der Wert der kleinen Pfarrkirche, einer der kleinsten des Bayreuther Landes, liegt in ihrer Ausstattung. Beherrschend der große Kanzelaltar von J. G. Räntz und (in einigen dekorativen Teilen) Johann Georg Schleunig, der sich in breit gesockelter Pyramide aufbaut. Vor ihm das ebenfalls Räntz zu dankende Taufbecken: von einem Engel gestützt, bewegt profiliert. – Ein wesentlicher Wirkungsfaktor ist die von Lohe gegebene farbige Fassung der Stühle und Emporen, die mit ihren rot unterlegten grauen Ornamenten ein Etwas von Bäuerlichkeit hinzubringt, mit welchem sich der elegante Stuck des Hofkünstlers Andrioli doch freundlich verträgt: an der Decke des Schiffes das goldene Strahlen entsendende Auge Gottes, Wolkenflocken und Engelsköpfchen ringsum; Weiß und Gold auf zartblauem Grund. – Das Orgelgehäuse, durch seine Weiß-Gold-Fassung von der sonst hier bevorzugten bunten abweichend, kam 1805 hinzu.

BISCHOFSHEIM a. d. Rhön (UFr. / Rhön-Grabfeld D1)

Kreuzberg (D2)

Die Legende läßt auf dieser Hochwarte der Rhön (928 m) den hl. Kilian ein Kreuz aufrichten. Aus dem Aschberg wird der Kreuzberg, Wallfahrtsziel schon im Mittelalter. Bischof Julius tauscht das Holz- gegen ein Steinkreuz aus und baut 1598 eine Kapelle. 1681 gesellt sich das (1644 in Bischofsheim gestiftete)

Franziskanerkloster

hinzu. In der Folge wird aus der Kapelle eine Kirche. Zugleich wächst das Kloster auf.

Die Ausstattung der **Kirche** stammt aus der Zeit des Weihejahres, 1692. Der kleine Steinaltar an der N-Wand des Chores ist ein Relikt der Juliuskapelle. – Von den **Klosterbauten** stehen nur noch das **Gästehaus** (urspr. Fürstenbau) und die **Brauerei** (berühmt durch ihr Gebräu, das Kreuzbergbier), 1706 und 1731.

Unterhalb der Berghöhe 3 barocke **Kreuze,** Ziel der 1710 aufgestellten Kreuzwegstationen. – Symbol der Gegenwart, steht darüber der 157 m hohe **Fernsehturm** des UKW-Senders des Bayerischen Rundfunks.

BREITENBRUNN (OPf. / Neumarkt i. d. OPf. I8)

Die **Pfarrkirche Mariae Himmelfahrt** ist Gründung des späten 12. Jh. Aus späteren Umbauten verblieb der O-Turm, der in seinem Untergeschoß den Chor enthält, vermutlich 13. Jh. Das Schiff wurde 1716/17 errichtet. Dünne Bandmotive und Akanthusranken deuten auf die Zeit nach 1720. Der Hochaltar wurde um 1740 aufgestellt; die Seitenaltäre folgten später. Im nördlichen geschnitzte Muttergottes um 1470. 3 schöne Kalkstein-Epitaphien von 1532, 1533 und 1547 aus der Werkstatt von Loy Hering bezeichnen die Grablege v. Wildenstein und Breitenegg.

Die 2geschossige **Friedhofskapelle St. Michael** wurde 1500 geweiht, Mitte des 18. Jh. umgebaut und im 19. Jh. restauriert.

Auf vorgeschobener felsiger Anhöhe über dem Laaber-Tal liegt die **Wallfahrtskirche St. Sebastian,** errichtet gegen 1400 als got. Oktogon, dem sich ein Turm zugesellte. 1702–08 wurde der Bau gegen O erweitert. Später, im 18. Jh., erhielt das Oktogon seine steile Laterne und der Turm, wie diese, eine Zwiebelkrönung. In den erneuerten Altären sitzen die geschnitzten Reliefs ihrer got. Vorgänger, Anfang 16. Jh.

2 **Wohnhäuser** des Marktfleckens ragen mit steilen Giebelaufbauten aus den übrigen hervor. Beide gehören wahrscheinlich dem 16. Jh. an.

BRENNBERG (OPf. / Regensburg M8)

Frauenzell (L8)

Ehem. Benediktinerkloster

Da, wo das waldige Hügelland bei Donaustauf und Wörth fast an das N-Ufer der Donau greift, liegt, abseits der großen Straßen, Frauenzell. Aus einer Einsiedelei ging es hervor; 1324 wird die Klostergründung bestätigt.

● Ehem. Klosterkirche Mariae Himmelfahrt

Von der mittelalterl. Kirche steht noch der massige Turm neben der barocken Fassade des Neubaues von 1747. Zuvor, 1736, konsultierte der Abt »die berühmtiste und vortrefflichste Künstler Hr. von Asam und andere verständige Baumaystr«. Der Grundriß erinnert an die rd. 20 Jahre ältere Konzeption von Weltenburg. Vermutlich hat ein vorliegendes Asamsches Projekt gründliche Umarbeitung erfahren. Die Ausführung wird den Mettener Klosterbaumeistern Benedikt und Albert Schöttl zugeschrieben. Restaurierung 1965/66.

Die leicht konvex geführte, 3geschossige Fassade mit ihrem prunkenden Portal läßt einen fröhlichen Raum des Rokoko

Brennberg: Frauenzell. Ehem. Klosterkirche. Inneres nach Osten

erwarten. Der Eintritt in den hohen Ovalraum übertrifft die Erwartung: Aus querovaler Vorhalle gelangen wir in das Laienhaus mit seiner schwebend leichten Umgrenzung. Nur streckenweise ist die Wandordnung mit Pilastern und Gebälk durchgeführt. Die Rückwände der flachen Nischen sind glatt. Als Chor ein kreisrunder Raum, der vom breiten oratorienbesetzten Triumphbogenjoch angeschnitten wird.

Eleganter Rokoko-Stuck sammelt sich am Rand der Gewölbe, Kartuschenwerk, Zweige und Vasen von zarter Farbigkeit. Michael Speer aus Regensburg schuf 1752 die Deckengemälde, deren Themen Leben und Wesen Mariae umkreisen. Im Chor zeigen ihr Engel die Leidenswerkzeuge, im Laienhaus fährt sie gen Himmel, verehrt von den 4 Erdteilen. Der Hochaltar wurde später errichtet; hier eine Muttergottes-Skulptur des 17. Jh. Aus dem älteren Kirchenbau kommt der Altar der südwestl. Seitenkapelle von 1628–30. Spätes 17. Jh. ist die Kanzel. Reizvoller Orgelprospekt.

Bad BRÜCKENAU (UFr. / Bad Kissingen D2)

Alter Besitz des Klosters Fulda, erwächst die urspr. Sinnau, *erstmals 1294 Brückenau genannte Siedlung um die Wende des 13. Jh. zur Stadt (rechtlich 1310). Bis 1802 bleibt sie fuldisch. 1876 brennt sie fast ganz ab; alten Gesichts ist sie nicht mehr. Seit 1906 ist auch die Stadt selbst Bad.*

Kath. Pfarrkirche St. Bartholomäus. Nach dem Brand von 1876 ist auch die Kirche bis auf den Turm und wiederverwendete Mauern neu (1877/1878).

Die **ev. Kirche** am Kurpark wurde 1958/59 nach Plänen Franz Gürtners, München, errichtet.

Römershag (östlich von Brückenau; D2)

Schloß (jetzt Pflegeanstalt), erstmals 1334 bezeugt, bis zur Säkularisation fuldisch. Die 3flügelige Anlage gehört ins späte 16. Jh., ins späte 17. Jh. und (W-Flügel des südl. Teils und N-Flügel) ins 18. Jh. Im nördl. Teil des W-Flügels das Treppenhaus, im N-Flügel die Kapelle.

Staatsbad Brückenau

1747 wird die Heilquelle gefunden; der Fulder Abt macht sie nutzbar. Eine Ansicht von 1780 zeigt das erste Bad, das die Grundlinien, die Allee und ihr Gegengewicht auf der nördlich abfangenden Höhe (Fürstenhof), an das 19. Jh. weitergegeben hat. Von einer Magerzeit im frühen 19. Jh. erholt sich das Bad dank der Initiative König Ludwigs I., seines fast alljährlichen Gastes. 1827–33 entsteht nach Plänen des Hofbaukondukteurs Johann Gottfried Guttensohn der Kursaal. Hat sich seither das

Aussehen des Bades durch Zu- und Neubauten auch beträchtlich verändert, so sind doch die schöne Anlage des 18. und auch die Prägung durch das klassizist. 19. Jh. wirksam geblieben.

Die beiden **Kirchen,** katholische und evangelische, wurden 1908 von Dollinger erbaut.

BURGKUNSTADT (OFr. / Lichtenfels H3)

Der Name zeigt sich erstmals im 9. Jh. Dieses »Cunstat« *kommt, teilweise, 1059 aus dem Erbe der Markgrafen von Schweinfurt an Bamberg, das 1160, spätestens, die Burg besitzt. Die sicher schon im frühen 11. Jh. bestehende Burg, nach der sich die Marschälke v. Cunstat (bambergische Ministerialen) nennen, ging im 17. Jh. ab.*

Dank ihrer Hochlage auf freistehendem Hügel trägt die Oberstadt in ihrer Gesamtheit burglichen Charakter. Die Bauten einer rührigen Industrie am Hügelfuß setzen einen modernen Kontrast zur sonst wohlerhaltenen kleinen Stadt. – Der von W nach O gerichtete Markt ist noch gut von älteren **Häusern,** des 17. und 18. Jh., bewandet. Am O-Ende steht die

kath. Pfarrkirche St. Heinrich und Kunigunde. Die solide, noble Turmfassade wurde 1783 nach den Plänen des Bambergers Lorenz Fink errichtet; Chor und Langhaus wurden, ohne viel Kunst, 1811/12 aufgeführt.

Der Markt steigt westlich gegen das ehemals von der Burg besetzte Plateau an, zu dem eine von **Fachwerkhäusern** begleitete Gasse emporführt. Wir erreichen das hoch und frei liegende **Rathaus,** eines der rühmenswertesten fränkischen. Auf einem massiven 2geschossigen Unterbau, der noch spätgotisch ist, ein Fachwerkgeschoß, Arbeit des Zeiler Zimmermeisters Jörg Hoffmann, der Signatur und Jahr (1689) angebracht hat. (Fachwerkbauten Hoffmanns auch in Zeil, Scheßlitz und Königsberg/UFr.) Ein so recht altfränkischer Raum ist die Halle des Erdgeschosses, deren Decke auf 2 Reihen starker, gebauchter Holzpfeiler ruht. Restaurierung und Sicherung des Gebäudes, auch Anfügung eines neuen Teiles, 1980.

Die **Fünfwundenkapelle** auf einem Hügel südwestlich der Stadt, im Friedhof, ist die 1659 und 1719 gebaute Nachfolgerin einer sog. Tierkapelle vermutlich des 15. Jh.

BURGLENGENFELD (OPf. / Schwandorf K7)

Burgruine

Die alte Historie der Lengenfelder Herren (des 9. und 10. Jh.) ist Sage. Um 1050 tritt das Geschlecht hervor, das 1119 erlischt. Pfalzgraf Otto V. wird Herr in Lengenfeld, die Burg wittelsbachisch. Im 16. Jh. ist sie zweiter Sitz der Pfalz-Neuburger. Der unglückliche Pfalzgraf Philipp residiert hier, bis er seinen Anteil 1541 dem Bruder Ottheinrich in Neuburg verpfändet, um bis 1545 unterhalb des Burgberges in der »Kanzlei«, dem späteren Amtsgericht, ein »armselig Haus« zu halten. 1806 beginnt man die Gebäude abzutragen. 1814 setzt sich der bayerische Kronprinz Ludwig für die Erhaltung ein. Seit 1958 Privatbesitz.

Eine schmale Pforte mit Zwinger öffnet das Innere der annähernd oval geführten Ringmauer, an deren N- und S-Seite Wall und Graben kenntlich geblieben sind. Die Anlage trägt Zeichen ihres roman. Ursprunges. Später erneuerte Teile heben sich durch Bruchsteinmauerwerk von dem Quaderverband des mittelalterl. Beringes deutlich ab. Eine Terrainstufe im W kennzeichnet den Standort der inneren Burganlage. Erhalten blieben ein paar Grundmauern, Kellerräume und der 28 m hohe Bergfried des 12. Jh. Ihm ostwärts gegenüber im äußeren Hof der Sinzenhofer oder Friedrichsturm, um 1100 entstanden. Etwas jünger der ihm benachbarte Torturm mit seinem spätgot. Vorbau nach O. Zur anderen Seite, nordwärts des Sinzenhofer Turmes, erstreckt sich der got. Bau (»Getraidkasten und Zeughaus«), der im 19. Jh. durchgreifende Veränderungen erfahren hat. Schreiten wir die N-Mauer entlang, den runden Bergfried umkreisend, so stoßen wir zunächst auf das ehem. Kastenamt, einen einfachen Bau von 1611. Gegen S umbiegend, finden wir die Reste des Tiefen Brunnens. An ihm vorbei gegen O treffen wir einen schlanken Viereckturm des 12. Jh., der seit 1648 den Namen »Pulverturm« führt.

Der Burgbering sendet gegen W Mauerzeilen aus, die die Stadt rechteckig einschlossen. Teile davon als **Stadtmauer** – besonders gegen SO und NW – erhalten. Rechteckige Türme folgen ihr. Auch Reste eines Wehrganges sind feststellbar. Die alten Mauerzüge wurden 1462 ausgebessert.

Kath. Pfarrkirche St. Veit. Das mittlere 18. Jh. hat den Bau gestaltet und durch Rokokostuck und Malereien belebt. Die Chorpartie, eine Rotunde mit Säulengang, ist jüngste, nunmehr raumbeherrschende Zutat (1958, auf Kosten der got. Chorfundamente). Aus dem alten Bestand nennen wir Loy Herings Epitaph für Bernhard v. Hürnheim († 1541).

Das **Rathaus,** flankiert von 2 Achtecktürmchen, ist eine beachtliche Schöpfung der Zeit um 1600.

Unweit der Pfarrkirche das malerische **Allmannsche Schlößchen,** ein ehem. Burggut, erbaut im 16. Jh. – Die **Wohnhäuser** zeigen der Straße ihre Giebelfronten. Hervorzuheben ist der **Pfälzerhof** mit hohem Staffelgiebel.

BURGOBERBACH (MFr. / Ansbach F7)

Sommersdorf (F7)

Wasserschloß

Wahrscheinlich über Herrieden kommt »Sunnemannesdorf« (so 1208) an Eichstätt, im späten 14. Jh. als Lehen an die Eyb. Seit 1549 und heute noch im Besitz der Frhrn. v. Crailsheim.

Sommersdorf ist eines der eindrucksvollsten mittelfränkischen Burgschlösser. Der 1408 verstorbene Ludwig v. Eyb dürfte die Wasserburg im Umfang des 2 Flügel umschließenden, zwinger- und grabenumgürteten Quadrates gebaut haben. Der vom Torbau östlich beschlossene, nur noch von wenigen Bauten bestellte Wirtschaftshof ist Annex des 18. Jh. – Der frühere Zehntstadel (spätes 15. Jh.) wurde 1923 zur **ev. Pfarrkirche** umgestaltet. Die **alte Pfarrkirche** (Schloßkapelle) ist Gründung d. J. 1468. Östlich und nördlich stoßen Teile des spätgot. Wehrganges an.

BURGPREPPACH (UFr. / Haßberge F3)

1158 erste Nennung des Ortes, der 1629 Marktrecht erhält. Seit 1344 ist B. Besitz der Fuchs, die seit dem Spätmittelalter in ihrer Bimbacher Linie besitzreichster Adel der haßbergischen Landschaft sind.

Schloß

Das Schloß (noch heute im Besitz der Frhrn. Fuchs v. Bimbach) trat 1726 an die Stelle der mittelalterlichen Wasserburg. Bauherr war Johann Philipp Fuchs v. Bimbach, Baumeister Joseph Greising in Würzburg.

Noch immer mit feuchten Gräben umwehrt, ist das Schloß inmitten des Ortes ein ansehnlicher massiver 3flügeliger Bau, der – trotz des Würzburger Architekten – recht bambergisch wirkt, ein Eindruck, den sonderlich die dem Hauptbau zugeordneten Eckpavillons vermitteln. Arkaden begrenzen den Ehrenhof; ein aufwendiges Portal (darüber die alliierten Wappen Fuchs und Wiertzburg) läßt in die 3schiffige Torhalle ein. In beiden Geschossen gutes Stuckwerk der Bauzeit, v. a. im zweiten. Ein gemalter Gobelin mit Themen der antiken Sage schmückt den Saal. – Die *Schloßkapelle* wurde als später Nachtrag im W-Pavillon des Frontbaues eingerichtet. In klassizist. Umhegung eine gute spätgot. Muttergottes, Ende 15. Jh.

BÜRGSTADT (UFr. / Miltenberg B5)

Sehr viel älter als das benachbarte Miltenberg, sicher eine Burg-Statt fränkischer, merowingischer Zeit, ist B. wahrscheinlich schon im 8. Jh. Besitz des Erzstiftes Mainz, bleibt es auch bis zu dessen Ausgang 1803, zwar schon im 13. Jh. von Miltenberg überspielt, wenn es auch seinen Altersvorrang als Sitz des Zent(Hoch)gerichtes behauptet.

Die **kath. Pfarrkirche St. Margareta,** Mutterkirche von Miltenberg, ist ein spätroman. Bau, dem das 15. Jh. die Portale und das Jahr 1607 das nördl. Schiff zubrachte. – Von der Ummauerung des Kirchhofes steht noch das **Torhaus.**

Martinskapelle. Der Gründung nach sicher sehr alt, ist der bestehende, durch sein Inneres interessante Bau doch erst ins frühe 13. Jh. zu setzen. Das spätgot. W-Portal mit den zierlichen Engelskonsolen unter dem hl. Martin im Bogenfeld (um 1440) von einem der an der Pfarrkirche tätigen Steinmetzen sei nicht übergangen. Insbesondere sei hingewiesen ● auf die originelle Ausstattung des Inneren, des Schiffes, dessen 1593 datierte Wandmalereien – Medaillons in Rollwerkrahmen – den einfachen Raum mit seiner guten, warmen Bretterdecke aufs schönste schmücken. Die spätgot. Kreuzigungsgruppe auf dem Balken im Chorbogen, der Spätrenaissance-Altar im flach geschlossenen, auch noch durch einige Wandbildfragmente belebten Chor vervollständigen den Eindruck des von späteren Eingriffen kaum berührten Kirchenraumes.

Das 1590–92 gebaute **Rathaus** ist ein vortrefflicher Repräsentant der in Franken so reich vertretenen Gattung: ein 2geschossiger Block, mit unregelmäßig verteilten, in Zweier- und Vierergruppen zusammengefaßten Fenstern im Obergeschoß, geschweift konturierten Giebeln über beiden Schmalseiten, einem Sechseckturm an der südlichen, und hohem Satteldach mit Reihen spitzbehelmter Gauben. Im Inneren eine das ganze Erdgeschoß besetzende 2schiffige Halle mit Kreuzgewölben.

BURGWINDHEIM (OFr. / Bamberg F4)

Schloß

1278 kommt Burgwindheim an Kloster Ebrach, das 1720–25 seine Kurie, vermutlich durch Balthasar Neumann, aufführen läßt.

Einem Mitteltrakt legen sich beiderseits Quertrakte an; die Ecken sind durch Pavillons verstärkt. Der Bau lebt aus der Gruppenfügung seiner Teile; auch die hohen Mansarden leisten guten Beitrag.

Die **kath. Pfarrkirche St. Jakob,** 1748–51, ist stattlich, ihre um 1753 geschaffene Ausstattung schönstes Rokoko. Die Seitenaltäre sind Inventionen Balthasar Neumanns.

Die **Wallfahrtskirche zum Hl. Blut,** durch ein Mirakel d. J. 1465 veranlaßt, wurde 1467 errichtet und 1597 wiederhergestellt. Ein beabsichtigter Neubau, für den Neumann eine originelle zentrale Kuppelkirche entwarf, kam nicht zur Ausführung.

Der **Hl.-Blut-Brunnen,** über einer 1626 entdeckten Heilquelle, ist eine anmutige Kleinarchitektur von 1690, ein in 4 Bogen geöffneter Pavillon, den eine hohe, in Laterne endigende Dachkuppel schmückt.

BURKARDROTH (UFr. / Bad Kissingen D2)

Frauenroth (D2)

Ehem. Zisterzienserinnenkloster

Stifter ist Graf Otto v. Bodenlauben-Henneberg. 1231–34 entsteht es. Bedeutend ist es nie. Ende des 16. Jh. stirbt es aus.

Kath. Filialkirche St. Blasius, ehem. Klosterkirche

Die Kirche wurde wohl gleich nach Stiftung in Angriff genommen. Veränderungen im 17. und 18. Jh. Jetzt 1schiffig, war sie ursprünglich (seltener Fall bei Kirchen der Zisterzienserinnen) 3schiffig und hatte auch ein, allerdings nicht ausspringendes, Querschiff.

Besterhalten der in Halbrundapsis schließende Chor, der mit einem Rippenkreuzgewölbe gedeckt ist. Das Schiff bietet nicht mehr viel Altes. Ein einfach gutes gestuftes Rundbogenportal an der W-Seite. – Der Name Frauenroth hat kunstgeschichtlichen Klang durch das bedeutende *Grabmal des Stifterpaares,* des Grafen Otto und seiner Gemahlin ● Beatrix aus hohem französisch-morgenländischem Geschlecht (Courtenay-Odessa). Die Reliefsteine deckten ursprünglich eine Tumba. Graf Otto starb (spätestens) 1245, Gräfin Beatrix anscheinend nur wenig später, und viel später als 1245 wird man ihrer beider Denkmal nicht ansetzen dürfen. Die stilistische Herkunft des noch von der Stauferzeit getragenen Werkes ist ungeklärt (Mainz? Thüringen?). Seine Verbundenheit mit der großen statuarischen Plastik des früheren 13. Jh. ist augenfällig.

BUTTENHEIM (OFr. / Bamberg G4)

Kath. Pfarrkirche St. Bartholomäus ●

Wahrscheinlich eine der von Karl d. Gr. an Main und Rednitz gegründeten Missionskirchen, wird sie doch erst 1118 sichtbar.

Mittelalterlich nur der massige Turm im frühgot. Untergeschoß. Das nördlich gerichtete Langhaus ist Werk des Bambergers Johann Jakob Michael Küchel, 1754–57. Sehr reich die auch von Bamberger Meistern geschaffene Ausstattung im reifsten Rokoko. Der Hochaltar, mit freistehendem Tabernakel, von Georg Reuß und Franz Anton Thomas, 1758, die Seitenaltäre 60er Jahre, feinstes Spiel der Rocaille; die Kanzel 1758 von Adam Stöhr. – Weiterer, sehr bedeutender Besitz der Kirche sind die in der Turmkapelle stehenden *Stibarschen Grabsteine:* des Albrecht Stibar (1491) mit dem Monogramm des »Meisters der Schwanenordensritter«, des Heinrich (1507), der Elisabeth (1507), Gattin des Heinrich; der zweite Tilman Riemenschneider nahestehend, der dritte sicher von seiner Hand.

CADOLZBURG (MFr. / Fürth G6)

● **Cadolzburg**

Die Anfänge dieser mächtigen Burg ursprünglich der Grafen v. Abenberg bedürfen noch der Klärung. Sichtbar wird sie, im Namen, erst 1157. Im Besitz der Nürnberger Burggrafen aus dem Hause Zollern ist sie wohl schon, mit der Abenbergschen Erbschaft, um die Wende zum 13. Jh. Die Burggrafen ziehen sie bald ihrer durch die wachsende Reichsstadt beengten Nürnberger Burg vor und halten hier Hof bis ins 15. Jh. Dann, 1456, gewinnt die Stadt-Residenz Ansbach der Cadolzburg den Rang ab. Die spätmittelalterl. Burg wurde, im Burghof, von Dürer in zweien seiner frühen Aquarelle festgehalten. Sie erfuhr im inneren Bestand vom 16. bis ins 19. Jh. beträchtliche Veränderungen, erhielt sich aber im Äußeren vorzüglich. Die Katastrophe von 1945 (Brandlegung) ließ eine Ruine zurück.

Auch heute noch darf die Cadolzburg zu den großartigsten Dynastenburgen des Mittelalters gerechnet werden. Trotz der Umbauten des 15. und 16. Jh., die nach außen nur wenig, augenfällig nur im »Neuen Bau« der S-Seite, in Erscheinung treten, vermittelt sie den Eindruck einer wesentlich hochmittelalterl. Veste. Beherrschend die schweren, geschlossenen Buckelquaderstirnen der aus dem umlaufenden Zwinger aufstrebenden Mantelmauer. Die wuchtige Baumasse wenig, nur durch die Brechungen ihres Umrisses gegliedert; doch war sie, jedenfalls im Spätmittelalter, differenzierter, vielfältiger und ursprünglich auch von einem (im späten 18. Jh. abgetragenen) Bergfried, »Luginsland«, überragt.

Ein in die Niederung des Farrnbaches vorgreifender, von SO nach NW fallender und sich im Fallen verjüngender Höhenzug des Dillbergs trägt Siedlung und Burg. Die kleine wohlerhaltene **Stadt** ist südlich durch einen Torturm abgeriegelt. Die Marktstraße läuft, der Senkung des Berges folgend, auf das erste, durch einen Graben gesicherte äußere Burgtor zu, das in die ausgedehnte **Vorburg** einläßt. Ein zweiter, tiefer, in den Fels des hier zutage tretenden Burgsandsteins geschnittener Graben schützt das zweite innere Tor, über dem ein hoher schmaler, ungegliederter Turm aufragt. Ein mit 2 Erkern ausgestattetes (jüngeres, spätgot.) Vortor deckt noch einmal das ältere (frühgot.) Haupttor. Der Blick trifft beiderseits der Torbefestigung auf die starren Quaderflächen der Mantelmauer, der nur der mit seiner Außenwand der Mauer aufgestockte Neue Bau die Allüre eines Schlosses mitteilt. Fenster mit Kreuzpfosten gliedern die Wand dieser in den 80er Jahren des 16. Jh. aufgeführten Renaissance-Fassade; 2 (nur in Resten erhaltene) Zwerchgiebel schließen sie ab. – Die **Hauptburg** ist durch den sog. **Kapellenbau** in 2 Höfe geschieden, einen großen südlich und einen kleinen nördlich. Der südliche ist östlich vom **Neuen Bau** begrenzt, westlich vom **Alten,** dem der riesige Rauchfang (»Ochsenschlot«) der Burgküche anliegt. Seine Aufstockungen, in Fachwerk, und die steilmächtige Bedachung gingen 1945 zugrunde. Von den Räumen braucht nicht mehr gesprochen zu werden; der Krieg nahm sie weg.

Die **ev. Pfarrkirche** (St. Cäcilia) am Fuße des Burgberges, im »Tal«, dem alten, der Marktsiedlung im Rücken der Burg vorausliegenden Burgdorf, ist ein Bau d. J. 1750/51, der nach den Entwürfen des Ansbacher Landbauinspektors Johann David Steingruber aufgeführt wurde; nur der Turm (bis auf die beiden Obergeschosse) mittelalterlich.

CASTELL (UFr. / Kitzingen E5)

Der auf ein »castellum« zurückweisende Name ist schon früh, 816, bezeugt.

Im S des Dorfes die wenigen Trümmer der beiden **Stammburgen** des alten, heute noch blühenden Grafengeschlechtes der Castell; die nähere **Untere** (1497 »Altcastell«) steht auf dem Herrenberg, die (schon 1258 so genannte) **Obere** auf dem Schloßberg. – Das im N des Dorfes liegende neue **Schloß** entsteht 1687 ff. – Die fürstliche **Domanialkanzlei** wurde 1600 als Badehaus (eines Heilbades) errichtet.

Ev. Pfarr- und Schloßkirche. Der in den 80er Jahren des 18. Jh. nach Plänen des Würzburger Landbaumeisters Joseph Alberti aufgeführte, 1792 vollendete Bau darf zu den beachtlichsten Lösungen prot. Kirchengestaltung gerechnet werden. Der Außenbau der hoch gelegenen Kirche folgt dem seit Petrini in Würzburg-Franken geläufigen Schema (Giebelfassade, Frontturm); auch die O-Wand des Chorhauses ist – mit Portal, Pilastern, 3 Fensterreihen – als Fassade gegeben. Das Innere, ein rechteckiger, von Emporen, unteren und oberen, umgebener überwölbter Saal mit wenig – stärker nur an den Architekturgliedern, Kapitellen, Kämpfern – mitsprechenden Stukkaturen des Nürnbergers Johann Michael Krieger, der auch den ausgezeichneten Kanzelaltar 1787 schuf, ist durch die gut eingefügten Holzemporen charakterisiert, die auch den eingezogenen, flachschlüssigen Chor begleiten.

CHAM (OPf. / Cham M7)

Die Further Senke, der das von Regen und Chamb geschaffene Becken zugehört, ist uraltersher von einer Heer- und Handelsstraße durchzogen. Schon in merowingischer Zeit ist sie wichtig; in den böhmischen Kriegszügen der sächsischen und salischen Kaiser spielt sie eine entscheidende

Rolle. Auf dem Galgenberg östlich von Ch. besteht schon im 10. und bis ins 12. Jh. eine starke Reichsburg, deren ausgedehnter Wall- und Grabenring noch gut abzuschreiten ist. Herzogsland, dann Königsland, erhält das »Chambriche« den Rang einer Mark. Nach dem Ausgang der erlauchten Markgrafen v. Vohburg-Cham 1204 ergreift Wittelsbach Besitz. Herzog Ludwig d. Kelheimer gründet um 1220 die Stadt nördlich des älteren, schon 1135 bezeugten Marktes (»Altenmarkt«) unterhalb des Burgberges. 1356 kommt Ch. als Pfandschaft an Kurpfalz; erst 1625 kehrt es, infolge der Katastrophe des kurpfälzischen »Winterkönigs« von Böhmen, an Bayern zurück. – Das neuzeitliche Wachstum der Stadt gedieh bergan. Heute überragt eine mächtige neuroman. Pfarrkirche die Altstadt.

Die Fundamente der alten **Pfarrkirche St. Jakob,** auch die Unterbauten der Türme, gehören dem 13. Jh. an. 1394–1411 wurde der Chor hinzugefügt. Die Gestalt des Langhauses wurde oft verändert. Um 1750 entstanden Stukkatur und Bemalung, letztere von Otto Gebhard aus Prüfening. 1894 Erweiterung der Kirche um 2 Joche gegen W. Malerei und Stukkatur wurden dem alten Bestand angeglichen. Aus der barocken Einrichtung blieb ein fein geschnitztes Tabernakel (um 1760, jetzt Aloysius-Altar). Die übrige Einrichtung ist neubarock.

Spitalkirche, 1514 errichtet, um 1750 barockisiert. Altäre spätes 18. Jh.

Das **Rathaus,** ein Bau des 15. Jh. mit Treppengiebeln und Erker, wurde in der Folgezeit oft verändert. 1875 erhielt es einen neugot. Erweiterungstrakt gegen O. – Von den **Wohnhäusern** haben nur wenige ein charaktervolles Erscheinungsbild bewahrt. Hervorzuheben ist das **Café Krone** am Marktplatz, ein spätgot. Baublock mit Zinnenbekrönung, wohl des 16. Jh.

Von der **Stadtbefestigung** sind weite Strecken erhalten. Die älteste, von 1266 wurde um 1430 verstärkt und z. T. neu errichtet. Die Zeit des 30jährigen Krieges brachte weitere Verstärkungen. Ein Bericht des frühen 19. Jh. nennt doppelte Ringmauern mit Zwinger und zahlreichen Türmen. Noch sind Teile kenntlich. Vom alten Bering blieb der viereckige **Straubinger Turm** im SO. Von den ehemals 4 Toren besteht noch das von wuchtigen Rundtürmen eingefaßte **Burgtor,** später »Biertor«, aus dem 14. Jh. Es grenzt an das ehem., später völlig veränderte **Stadtschloß** (jetzt Brauerei).

Chammünster (M7)

Ehem. Benediktinerkloster

Das dank reicher herzoglicher Schenkungen durch St. Emmeram (Regensburg) errichtete Kloster am Regen, in geringer Entfernung von Cham, ist eine der frühesten bayerischen Klostergründungen, spätestens der Mitte des 8. Jh. Als Missionszentrum von hoher Bedeutung, v. a. für das (bis 973 dem Regensburger Bistum zuständige) Böhmen. Im 10. Jh. erliegt es den Ungarn oder dem säkularisierenden Herzog Arnulf »dem Bösen«.

Kath. Pfarrkirche Mariae Himmelfahrt

Die einstige Klosterkirche lebt als Pfarrkirche fort. Seit 1160 ist sie im Besitz des Regensburger Domkapitels, das sie nun stets mit einem Domkanoniker (»Dekan«) besetzt. Im 17. Jh. verliert sie ihre Pfarr-Rechte an die viel jüngere Stadtpfarrkirche St. Jakob in Cham. – Der bestehende Bau, der in seiner Größe die einstige Bedeutung des »Münsters« immer noch vor Augen stellt, vereinigt Chorteile der 2. Hälfte des 13. Jh. mit dem 3schiffigen Langhaus des 15. Jh. 1476 waren die Arbeiten abgeschlossen. Der südliche der beiden Chortürme wurde 1874–77 neu gebaut.

Die schlichte Form des Chores legt die Abhängigkeit von der Dominikanerkirche zu Regensburg nahe; das östl. Turmpaar ist eine häufige Erscheinung des Regensburger Kunstbereiches. Das 6jochige Langhaus ist basilikal, wenn auch mit unbefenstertem Hochgaden. Bemerkenswert die kleinen (später vermauerten) Fensteröffnungen, die zum Dachstuhl der Seitenschiffe führen. Von den Kämpferplatten der im Wechsel runden und 8eckigen Arkadenpfeiler steigen dünne Runddienste auf, Rippen entsendend, die sich zu den Sternfiguren der Gewölbe entfalten. Sonst fehlt künstlerisches Detail.

Die 2. Hälfte des 18. Jh. hat den Chor mit einem üppigen Hochaltar ausgestattet: eine Baldachinanlage auf reichgebildeten Pfeilern, übergreifend auf die Chorwand. Das ornamentale Detail verweist auf die Zeit 1760/70. Aus dem 15. Jh. das rechteckige Kanzelcorpus mit Blendbogenschmuck. Die roman. Stilperiode hat 2 Taufbecken hinterlassen: das eine unter der W-Empore, mit dem Relief Christi und der 12 Apostel, um 1200; das andere, im südl. Seitenschiff, deutet mit seiner Eiform, seinen Blendarkaden und Eckknollenfüßen ins 13. Jh. Die Wandmalerei am nördl. Obergaden (Legende von den 3 Lebenden und den 3 Toten) gehört dem 15. Jh., ebenso das Schutzmantelbild neben der Orgel und die Marientod-Darstellung im Bogenfeld des S-Portals. – Zahlreiche Grabdenkmäler des 15.–17. Jh.

Die **Friedhofkapelle St. Anna** wurde gegen 1400 errichtet und im 18. Jh. etwas verändert. Im Chor steht ein Altar der Zeit um 1760–70, der ehemals als Seitenaltar in der Münsterkirche gedient haben soll. – In der Nähe hat sich das Untergeschoß eines ehem. **Karners** aus dem 13. Jh. erhalten, ein tonnengewölbtes Rechteck mit Quadern im W. Das Leichenhaus darüber 1965.

COBURG (OFr. / G2)

1056 erscheint der Name in der Überlieferung. Aber noch meint er die Burg, die eine frühe vorgeschichtliche Wurzel haben mag. Eine frühgeschichtliche Befestigung befand sich auf dem etwa 400 m entfernten »Fürwitz«. Seit der 2. Hälfte des 12. Jh. (spätestens) besteht der (1217 genannte) »burgus«, der Burgflecken an der Itz, der sich an eine ältere dörfliche Siedlung (»Trufalistat«) *anschloß. Größere Teile des urspr. königseigenen Gebietes in und um C. einschließlich der Pfarrechte von Trufalistat kommen 1074 an die Benediktinerabtei Saalfeld, an deren Stelle im Laufe des 12., endgültig des 13. Jh. die stärkere Laiengewalt der Grafen v. Andechs, im Laufe des 13. Jh. (um 1248) die der Grafen v. Henneberg tritt. 1353 gelangt die »Neue Herrschaft« der Henneberger, teilweise wenigstens, erbschaftlich an das Haus Wettin. Im 16. Jh. wird C. die Residenz wettinischer Fürsten (1543), um es von nun an, mit einigen Unterbrechungen allerdings, zu bleiben. Der Bau des Stadtschlosses (seit 1543) eröffnet die höfische Epoche der Stadt. Sie kommt ihr förderlich zustatten, v. a. unter dem tatkräftigsten der Regenten, Herzog Johann Casimir (1586–1633), der die großen städtebaulichen Akzente setzt: die Kanzlei am Markt, das Gymnasium am Kirchplatz, das Zeughaus an der Herrngasse. Sein Maler-Baumeister, Peter Sengelaub, darf zu den besten Architekturgestaltern der deutschen Spätrenaissance gestellt werden. Der Stil der Casimirschen Renaissance prägt die nachmittelalterl. Stadt wie dann kein zweiter mehr. Die barocken Jahrhunderte berührten das Stadtbild wenig. – Im 19. Jh. ist C. ein Mittelpunkt der dynastischen Verflechtungen Europas. Auf dem Markt steht das Denkmal Alberts von Sachsen-Coburg-Gotha, Prinzgemahl der englischen Königin Victoria. Der städtebauliche Beitrag des Jahrhunderts ist der große, offene, noch von der eigentümlichen Luft einer kleinen Residenz erfüllte Schloßplatz. – 1920 fällt C. durch Volksentscheid an Bayern.*

● **Die Stadt**

Die Anfänge der Marktsiedlung sind ins 12. Jh. zu setzen. Im 13. Jh. unter den Hennebergern entwickelt sich der Markt zur Stadt. Die öffentlichen Befugnisse, zunächst in der Hand eines von der Herrschaft bestellten Schultheißen, gehen im frühen 14. Jh. an einen Zwölferrat über. Das erste bekannte Stadtsiegel datiert 1272.

Der Umfang der ältesten, inneren Stadt läßt sich an den beiden erhaltenen der ursprünglich 4 inneren Tore ablesen: **Judentor** (W) und **Spitaltor** (N); beide dürften in der Anlage ins 13. Jh. zurückreichen. Die Tore im S und W, Inneres Ketschentor und Steintor, gingen im späten 18. bzw. frühen 19. Jh. ab. Vor den Toren bildeten sich wohl schon im 14. Jh. Vorstädte: Ketschenvorstadt im S – ihr Tor (**Äußeres Ketschentor**) steht noch –, Spital- (und Hl.-Kreuz-)Vorstadt im N, Judenvorstadt im W. – Ziemlich genau in der Mitte, im Schnitt der die Tore verbindenden Hauptstraße, öffnet sich das regelmäßige Viereck des Marktes. Dieser Grundriß (einer geplanten Stadt) deutet frühestens ins mittlere 12. Jh.

● **Ev. Morizkirche** (Pfarrgasse)

Eine Kirche wird sich schon im 12., wenn nicht bereits im 11. Jh. (Pfarrechte besaß schon das Vorgängerdorf Trufalistat) an dieser Stelle voraussetzen lassen; das Patrozinium deutet eher auf das 11. als auf das 12. Jh. Der überkommene Bau wurde mit dem Chor begonnen; ein päpstlicher Ablaß, 1323, deutet auf Bautätigkeit. Die beiden Türme, die ältere Vorgänger hatten, begannen im frühen 15. Jh. aufzuwachsen, gleichzeitig wohl auch die westl. Giebel(Portal)front und wenig später das jetzt ebenfalls erneuerungsbedürftige(?) Langhaus, das allerdings nur teilweise aufgeführt und erst in den 20er Jahren des 16. Jh., jetzt in einheitlicher Ganzheit, vollendet wurde. Der Meister dieser letzten spätgot. Um- oder Ausbauarbeiten ist der Steinmetz Kunz Krebs, der später im Torgauer Schloß eines der besten Werke einer eigenständigen deutschen Renaissance schaffen sollte. Der gleiche, hier noch ganz der heimischen, sächsischen, Spätgotik verhaftete Steinmetz erstellt auch die durch das reiche Flechtwerk der gewundenen Reihungen ausgezeichnete Kapellenempore – den »Westchor«, die »Michaelskapelle«, die doch wohl roman. Voraussetzungen hat – zwischen den Türmen. 1584–86 wird der nördl. Turm um das letzte Oktogongeschoß aufgestockt; der südliche (»Rabenturm«) bleibt bei seinen 5 gedrückten Würfelgeschossen; die ihm damals aufgesetzte Welsche Haube läßt ihn gerade noch den Dachsattel des Langhauses überragen. Im Außenbau erhält sich der got. Baukörper; im Inneren erfährt er die barocke Verwandlung 1740–42 durch den Ansbacher Johann David Steingruber: Die Rundpfeiler werden durch Holzeinschalungen als ionische Säulen maskiert, die 3schiffige Halle wird zum Saal mit Emporen und flacher Stuckdecke. Nur der Chor bleibt den barocken Eingriffen entzogen. – Die (Innen-)Restaurierung 1970/71 gab den Wänden nach Möglichkeit die urspr. Farbigkeit zurück.

Die Morizkirche steht abgerückt vom Markt, der nur den Blick auf ihre die östl. Häuserzeile überragenden Türme hat. Ihre Beteiligung am städtebaulichen Gefüge wird sich am einprägsamsten auf einem Standort nördlich, in der Rückertstraße etwa, erfahren lassen. – Wesensmerkmale sind das ungleiche Paar der Türme, der steile schwere Sattel des Daches, der auf die Breite des Mittelschiffes eingezogene, ungewöhnlich lange Chor mit den straffen Senkrechten der Fenster und Streben. Eigenartig der 3seitig schließende »Westchor« zwischen den Türmen, in dessen Untergeschoß sich das 2 Streben als Wangen nützende, mit Stäben und Kehlen profilierte Spitzbogentor öffnet.

Rechts assistieren ihm die (1608 renovierten) Statuen der nackten Ureltern, links die etwa dem mittleren 15. Jh. zugehörigen der Muttergottes und der hl. Barbara.

Inneres. Der Raum ist durch die Umprägung des 18. Jh. bestimmt. Das Langhaus ist durch je 4 Säulen in 3 flach gedeckte Schiffe geteilt. Nur der Chor – 3 Joche tief, in 5 Seiten des Achtecks schließend, mit Kreuzrippengewölben gedeckt – darf sich noch zu seinem urspr. Wuchs bekennen.

An der Decke des Mittelschiffes feine Stukkaturen von etwa 1720. – Stärkster Blickfang ist das in den Chorschluß gesetzte riesige, in 5 Geschossen bis zu 12 m aufsteigende *Epitaph* aus Alabaster, das Herzog ● Johann Casimir 1595–98 vom Thüringer Bildhauer Nikolaus Bergner für seinen unglücklichen Vater *Johann Friedrich* aufrichten ließ, eines jener

Prunkdenkmäler der Renaissance, die bis zur letzten Spitze hinauf mit Schmuck, Relief und Figur, beladen sind, nicht eben erwärmende, aber bewunderungswürdige Leistungen eines meisterlichen Könnens. Auf der Rampe vor dem Hauptgeschoß knien die Statuen der herzoglichen Familie. Herzog Johann Friedrich in der Mitte, seitlich rechts seine beiden Gattinnen, links seine 4 Kinder, an der Spitze der Stifter des Werkes, Johann Casimir. Das große Relief der Mitte illustriert die Überführung des ägyptischen Joseph (oder die seines Vaters Jakob?) in das kanaanische Grab, typologisches Vorbild der Überführung des in der Gefangenschaft des Kaisers in Wiener Neustadt gestorbenen Fürsten. Die hellfarbige Fassung geht auf Peter Sengelaub zurück. – Die Bronzeplatten der ehemals vor dem Epitaph aufgestellten (1687 in die damals geschaffene Chorgruft übertragenen) Tumben jetzt an den Wänden: gute, genaue Porträts der Herzöge Johann Ernst (1553; Arbeit des Büchsengießers Leonhard Eberlein), Johann Friedrich d. Mittlere (1595), Elisabeth von der Pfalz, Gemahlin des vorigen (1594), und Johann Casimir (1633). – Einziger Ausstattungsbesitz aus dem Mittelalter ist der im Untergeschoß des S-Turmes stehende Bildgrabstein des Bürgers und Ritters Albrecht Bach († 1441), einer der besten fränkischen Grabsteine der Zeit.

Kurz sei noch auf 2 kleinere, in der Anlage alte Kirchen hingedeutet: auf die **ev. Hl.-Kreuz-Kirche** (Heiligkreuzstraße, nördlich außerhalb der Altstadt) – im Kern spätgotisch (15. Jh.), 1738 von Steingruber umgeprägt – und die **ev. Salvatorkirche** (Salvatorgasse, östlich der Ketschengasse) – ein nachgot. Bau des frühen 17. Jh., ausgezeichnet durch das schöne Zimmerwerk der Treppe und das Portal des sie umgürtenden Friedhofes.

● **Schloß Ehrenburg** (Schloßplatz)

Im NO-Eck der Stadt bauen sich 1250 die Franziskaner an, die ihr Kloster 1525 an den Rat übergeben. Herzog Johann Ernst, seit 1543 im Besitz der Pflege Coburg, entschließt sich unverzüglich zum Bau eines zeitgemäßen Stadtschlosses auf dem Platz des Klosters nächst der Stadtmauer, zu dem er mehrere Baumeister heranzieht: den Nürnberger Paul Beheim, den Kulmbacher Caspar Vischer, den Thüringer Nikolaus Gromann. Der erste, Beheim, der nur kurz auftritt, könnte die Visierung gegeben haben. Der zweite, Vischer (er wird später den Schönen Hof der Plassenburg bauen), trug in d. J. 1543–47 die Hauptlast, die ihm dann der dritte, Gromann, abnahm. Man wird also Vischer, der nicht nur als Steinmetz, sondern auch »anstatt eines Baumeisters« gebraucht wurde, als den entscheidenden Autor des Schlosses namhaft machen dürfen; es wird ihm auch vom Herzog, 1547, ausdrücklich bescheinigt, daß er den Bau »wie er vor Augen als ein fürnehmer Meister fast zur Endschaft vollbracht« habe. Dieses in 3 Flügeln einen östlich von der Stadtmauer geschlossenen Hof umgebende Renaissanceschloß – »Ehrenburg« angeblich seit einem Besuch Karls V., 1547 – steht nur noch im S-Flügel, an der Steingasse und im angrenzenden Teil des W-Flügels, an der Rückertstraße, doch auch hier nicht mehr im ersten Zustand, vor Augen.

Eine 2. Bauperiode eröffnet Herzog Johann Casimir, der schon wenige Jahre nach seinem Regierungsantritt (1586) eine Neugestaltung, zugleich aber auch eine beträchtliche Erweiterung der Ehrenburg durch den aus Straßburg stammenden, 1589 verpflichteten Michael Frey in die Wege leitet. Der S-Flügel wurde jetzt überholt. Zweifellos gehören die 8 Zwerchgiebel, das Obergeschoß des Eck-Erkers und der Wendelstein in der SW-Ecke des Hofes in diese bis 1596 währende Bauphase. Wurde der alte Mauerbestand übernommen, so mit ihm auch die Disposition der zu Zwillingen gepaarten Fenster, dazu der ziervolle Erker, mit dem die Reihe der so eigenartigen »Coburger Erker« anhebt, und das schöne reiche Portal, nur daß es durch die Fußgängerpforte und die Wappentafel ergänzt wurde. Die Erweiterung des alten Schloßkomplexes um ein zweites Hofgeviert nördlich entzieht sich der augenscheinlichen Kenntnis; Abbildungen des 17. Jh. lassen den hohen, 3geschossigen Fürstenbau, zwischen S- und N-Hof, bewundern, der noch einmal, in wirkungsvoller, steigernder Wiederholung, eine Reihe von Zwerchgiebeln trug. Nur der 2geschossige Altanenbau, mit dem der Herzog die O-Seite des (jetzt vorderen) Hofes schließen ließ, ist noch ein Vermächtnis der Casimirischen Bauperiode. Diese 1623–29 von dem im Bambergischen tätigen welschen Baumeister Giovanni Bonalino aufgeführte Altane ist ein früher Beitrag des italienischen Barock, der sich »modern« von der sonst doch noch recht »altdeutschen« Umgebung des Schloßhofes distanziert; die doppelten Arkaturen berufen sich auf Vorbilder der italienischen Hochrenaissance (aber das Ornament der Brüstung hält noch am alten deutschen Maßwerk fest).

Ein Großfeuer, 1690, führt zur 3. Bauperiode, in deren Verlauf der Hauptteil des Mauerkörpers der erhaltenen Ehrenburg entsteht. Die Planung des an die verschonten Trakte des vorderen Hofes anschließenden Neubaues gehört vielleicht dem aus Saalfeld kommenden Justin Bieler; die Leitung der Bauarbeiten lag in den Händen des Weimarers Christian Richter. Mit der Hofkirche im W-Flügel des jetzt entstehenden nördl. Hofes wird begonnen (Grundsteinlegung 23. 6. 1690). Ein Corps de logis ersetzt den Fürstenbau an der N-Seite des (südl.) Hofes; ein mittlerer, das Treppenhaus bergender Turm tritt über seine nördl. Front vor; W- und O-Flügel umfassen einen Ehrenhof, der allerdings erst im 19. Jh. die volle Öffnung in den vorgelagerten (auch erst im 19. Jh. geschaffenen) Platz findet. Die 3geschossigen Flügel erhöhen sich an ihren freien Enden zu 4geschossigen Eckpavillons. Ursprünglich nach S gerichtet, wendet sich die Ehrenburg jetzt gegen N. Um 1700 ist sie großenteils vollendet, der Ausbau zieht sich allerdings noch durch Jahrzehnte hin; die Hofkirche wird erst 1738 geweiht.

Die 4. und letzte Bauperiode fällt in die langen Regierungsjahre des 1806 antretenden Herzogs Ernst I. Sie prägt die äußere Erscheinung des Barockschlosses neu, das sie romantisch, neugotisch, maskiert. Eine planende Beteiligung Karl Friedrich Schinkels (seit 1811) an den in Sandstein vorgeblendeten Fassaden der den Ehrenhof umfassenden Flügel steht fest; indessen dürfte der 1816 berufene André Marie Renié die Schinkelschen Ideen redigiert und auch modifiziert haben. Etwa 1810–14 entsteht noch der klassizist. sog. Silberbau an der SO-Ecke, dem der an der O-Seite des vorderen Hofes stehende Altanenbau, bis auf die geschonte Hoffront, zum Opfer fällt. 1812–21 verwandelt sich der O-Flügel des Ehrenhofes, gleichzeitig auch das Corps de logis, dem 1827–34 eine Frontmauer vorgesetzt wird; der Turm steht jetzt mit seiner N-Kante in der Flucht dieses Traktes. 1834–37 verwandelt sich auch der Pavillon des W-Flügels. Die Abräumung der Wirtschaftsgebäude nördlich des Ehrenhofes 1830–35 gibt die Fläche für den Schloßplatz frei, dessen Gestaltung um 1840 in Angriff genommen wird. – 1970 ff. umfassende Restaurierung des Schlosses.

Die repräsentative Seite der Ehrenburg ist, seit dem barocken Neubau, die nördliche. Das Renaissanceschloß sah südlich, zur Stadt hin. Der erhaltene Flügel an der Steingasse ist beste deutsche Renaissance. Der 2geschossige, dem Anstieg der Straße folgende Bau ist durch das durchlaufende Gesims, auf dem die Fenster des Obergeschosses sitzen, stärker horizontal als vertikal gegliedert, wenn auch die Zwerchhäuser des Dachsattels (2. Bauperiode) Gegengewichte setzen. Die Zweiergruppen der Fenster mit ihren plastisch profilierten Bänken und Gesimsen verteilen sich in unregelmäßigen Abständen über die sonst flächig geschlossenen Wände. Portal und Erker, beide teilweise (im Haupttor bzw. im 1. Geschoß) älter, aus der 1. Bauperiode, sind durch eine fast gegensätzlich wirkende Fülle der Dekoration betont, vortreffliche Werke der Steinmetzenkunst (wahrscheinlich Caspar Vischers). Der W-Flügel an der Rückertstraße führt, einfacher, die Gliederung des Hauptflügels fort.

Durch den Tordurchgang wird der vordere Hof betreten, den südlich und westlich die beiden Renaissance-Trakte begrenzen. In ihrem Winkel ein robuster runder Treppenturm (2. Bauperiode); ein Korrespondent in der südöstl. Ecke kam im 19. Jh. hinzu, wurde aber in neuerer Zeit wieder entfernt. Östl. Hofbegrenzung ist der Altanenbau des Bonalino. Er hat einige schädliche Veränderungen erleiden müssen; das 3. Geschoß (1811 ff.) ist wegzudenken; die Arkaden standen ursprünglich offen, eine 2. Brüstung schloß oben ab. Nördl. Begrenzung ist der Mitteltrakt des barocken Neubaues, des gegen N gerichteten Tricliniums, dessen hohe, wandgeschlossene Blöcke der (nicht genau) in die Mitte gestellte Turm überragt. Die »gotische« Gliederung der Flächen (durch Spaliere von Stäben) liegt nur leicht verschleiernd auf den barocken Kernblöcken.

Ins Innere drang die Neugotik nicht vor. Die neugeschaffe-

Coburg. Schloß Ehrenburg. Riesensaal

nen Raumdekorationen (meist nach Entwürfen Reniés) sind klassizistisch, das Treppenhaus kann mit »Neurenaissance« charakterisiert werden. Die in ihren Mauern barocke Ehrenburg birgt aber auch noch hervorragende barocke Raumgestaltungen.

Die Hofkirche im W-Flügel tritt äußerlich nicht in Erscheinung. Sie ist in allen wesentlichen Teilen, auch in den Stukkaturen und Fresken, 1690–1701 ausgeführt (mit Ergänzungen 1731–35), wahrscheinlich nach den Entwürfen des Oberbaumeisters Christian Richter (die Stukkaturen 1695 ff. von den beiden Lucchese, die Fresken vielleicht von Carlo Ludovico Castelli). Der Grundriß ist ein Rechteck, dem aber durch das eingestellte Gerüst von Pfeilern ein differenzierter Hallenraum mit Seitenschiffen unten und Emporen oben abgewonnen wurde. Die über den korbbogigen Arkaden umlaufende Empore, nur südlich vom Fürstenoratorium unterbrochen, umgreift auch den hohen Kanzelaltar, der dem schönen, hellen, durch die üppige Stuckdekoration der flach gewölbten (Holz-)Decke beherrschten Raum die sonst wenig spürbare prot. Note mitteilt. Der Altar, ein Säulenbaldachin in Stuckmarmor, ist, wie die Orgel auf der Chorempore, Bestandteil der urspr. Ausstattung, 1697, vielleicht von dem Bamberger Johann Nikolaus Resch, die in Holz geschnitzte Kanzel jünger, 1732 von dem Coburger Johann Chr. Hammer.

● Im Geschoß über der Kirche der *Riesensaal,* so genannt nach den 28 Riesen, paarweise angeordneten Hermenatlanten, die den wuchtigen Architrav stützen; in der schweren, strotzenden Fülle des Dekors eine der erstaunlichsten Raumschöpfungen eines italienisch inspirierten Hochbarock; Italiener, die Brüder Carlo Domenico und Bartolomeo Lucchese, waren es auch, die diese prächtige Stuckausstattung 1697–99 schufen. – Eine reiche, schwere Stuckdekoration beherrscht auch den *Weißen Saal* (im 2. Obergeschoß des Mitteltraktes), auch hier von einem Italiener, Giovanni Caveani, geschaffen. – Im *Roten Zimmer,* um 1820 von Renié umgestaltet, alt nur noch die Decke. – Das *Gobelinzimmer* wieder mit reichem, von Carlo Tagliata gegebenem Deckenstuck, dessen Blätter und Ranken sich frei vom Grunde lösen; auch dieser Raum von Renié 1816–20 umgestaltet; dominierend jetzt die französischen Gobelins (des späten 18. Jh.).

Aus der Reihe der klassizist. Räume sei der *Thronsaal* (im O-Flügel) herausgehoben, von Renié 1822 entworfen, 1831 ausgeführt: korinthische Pilaster, rote Samtbespannungen der schmalen Wandfelder, stukkierte Muldendecke über umlaufendem Gebälk. – Ferner: der *Marmorsaal* im »Silberbau« von Schinkel, ausgeführt durch Renié bis 1817, mit »pompeianischer« Deckenbemalung von Manfred Heideloff.

Zuletzt noch einige Angaben über den Wirkungsraum des Schlosses, den Schloßplatz. Erst durch die Abräumung der vorgelagerten kleineren Wirtschaftsgebäude, 1830, möglich geworden, beginnt er um 1840 Gestalt anzunehmen. Zunächst entstehen am Fuße des Burgberges die **Arkaden** mit der in sie einbezogenen **Hauptwache** (jetzt Kriegergedenkstätte). 1849 tritt die von Ludwig Schwanthaler modellierte Bronze-**Statue Herzog Ernsts I.** in die Mitte des Rondells. – Die beiden Gebäude im N des Platzes – der doch ein offener bleibt –, **Landestheater** und **Palais Edinburgh** (Industrie- und Handelskammer) entstehen 1837–40 und 1881. Im (1847 erweiterten) Theater durch die Renovation 1970–77 zu neuem Leben erweckte Raumausstattungen der bauzeitlichen Jahre. – Die **Reithalle,** ein 1852 errichteter neugot. Quaderbau, ist südl. Teilhaber des Schloßplatzes: eine der denkwürdigen Stätten der von Herzog Ernst II. propagierten deutschen Einungsidee. Denn hier veranstaltete der Herzog 1860 das 1. Deutsche Turn- und Jugendfest, das (sagt eine Inschrift) die Einheit der deutschen Stämme »gewaltig«

förderte, und hier (so eine zweite Inschrift) wurde 1862 »der Bund gegründet, der deutsche Sänger aller Länder der Erde vereinte. Der deutsche Sängerbund.«

Über den Schloßplatz-Arkaden steigt, als grüne, landschaftliche Platzrahmung, der **Hofgarten** zur Veste aufwärts an, der 1855 ff. in die endliche Form gebracht wurde. – Im stadtnahen unteren Teil östlich das 1816 von Herzog Ernst I. errichtete klassizist. **Mausoleum** des Herzogspaares Franz und Augusta.

Rathaus (Markt) •

1438 setzt sich die Stadt mit ihrem Rathaus an der SO-Ecke des Marktes fest; 1456 erwirbt sie das benachbarte Haus, stößt das Eckhaus ab, kauft es aber 1570 zurück und nimmt noch das in der Ketschengasse angrenzende hinzu. Auf diesen Grundstücken erwächst 1578–80 der Neubau, den der Überlinger Baumeister-Steinmetz Hans Schlachter besorgt. Das Konglomerat verschiedener Bauteile wird 1750/51 zu einem Gebäudeblock zusammengefaßt (und 1901–05 glättend restauriert).

Die Gliederung des 4geschossigen Blockes beschränkt sich auf die Absetzung des rustizierten Sockelgeschosses und die risalitartige Eingrenzung der 5 mittleren Achsen durch rustizierte Pilaster, die ein flacher Dreiecksgiebel, vor dem schweren, gebrochenen Dachsattel, verspannt. Ein 8seitiger (1865 erneuerter) Dachreiter krönt die Mitte. Vom Bau der Spätrenaissance, der einen 3geschossigen Giebel (über dem Eckhaus) gegen den Markt stellte, haben sich nur Teile erhalten: das wuchtige Quaderportal an der Ketschengasse, der reizvolle doppelgeschossige Erker an der SO-Ecke und der Treppenturm im Hof.

Der *Erker* ist – neben dem des Ehrenburgflügels an der Steingasse – die älteste der für Coburg so bezeichnenden Erkerarchitekturen. Das Sechseck ruht wie stets auf einer Stützsäule, dem auf einem Kragstein der Stadtheilige, St. Mauritius, vorgesetzt ist; unter ihm die Figur des Baumeisters H. Schlachter, kniend, mit dem Schlegel und einem, Meisterzeichen und Namensinitialen einschließenden, Schildchen in den Händen. – Im Inneren, wohlerhalten (und gut restauriert), der *große Saal* im Obergeschoß mit schwerer Balkendecke auf geschraubten Holzsäulen.

Stadthaus, ehem. Regierungsgebäude (Markt) •

1597 ff., vermutlich nach den Plänen Peter Sengelaubs, als »Cantzley« aufgeführt.

Das die ganze N-Seite des Marktes besetzende Gebäude wendet seine begiebelten Schmalseiten Spital- und Herrngasse zu; an den Ecken der Schmal- und der langen Marktseite tritt je ein auf einer Rundstütze sitzender Polygonerker vor. In der Rahmung dieser beiden reizvollen und auch reizvoll geschmückten, mit Kuppelhelmen bedachten Erker »liegt« die durch die Reihung der gepaarten Fenster und der die 3 Geschosse trennenden Horizontalgesimse charakterisierte, im Erdgeschoß übrigens nur in kleinen (oder klein wirkenden) Ladentoren aufgebrochene Marktseite, die sich oben in den 3 begiebelten Zwerchhäusern (mit größerem mittlerem) dann doch der Lagerung begibt.

Urspr. Bemalung der Wandflächen (auch von Sengelaub, der von Haus aus Maler war, besorgt) läßt noch eine Abbildung der 2. Hälfte des 18. Jh. erkennen. Ein reiches, vom Wappen überhöhtes Portal öffnet sich gegen die Spitalgasse.

Gymnasium Casimirianum (Gymnasiumgasse)

Die vom Herzog bereits 1598 beabsichtigte, 1605 eingerichtete Schule ist bis ins frühe 19. Jh. »Gymnasium academicum«. 1601 legt Johann Casimir den Grundstein zum Bau, den Peter Sengelaub bis 1604 aufführt.

Der lange, zum Kirchplatz hin offenliegende, nördlich und südlich gegiebelte Block ist 2geschossig; ein starkes, die Horizontale durchsetzendes Gesims trennt die Geschosse. Die Vertikale spricht dann aber doch wieder im hohen Satteldach, in den mit ornamentierten Pilastern gegliederten Giebeln (deren nördlicher der reichere ist), in der Sechserreihe der Zwerchhäuser über der O-Seite, die nun freilich auch wieder die Horizontale der »liegenden« Geschosse aufnehmen. Der in der Achse des 3. der 5 Zwerchhäuser der Rückseite stehende 8eckige Treppenturm überragt den langen Baukörper, beherrscht ihn aber nicht.

Ursprünglich war der Bau bemalt (Figuren, historische, allegorische, auf den Mauerstreifen zwischen den Fenstern). Auch die Statue des Herzogs (NO-Ecke), Werk des Bildhauers Veit Dümpel von 1628, war in Farbe und Gold gefaßt.

Ehem. Zeughaus (Herrn-/Theatergasse)

1616–21 läßt es Herzog Johann Casimir durch Peter Sengelaub errichten. Als Zeughaus dient es nur kurze Zeit (1683 ist der obere Saal Theater).

Rustika-Portale betonen den »martialischen« Charakter des hohen, 3geschossigen Gebäudes, dessen strenge (bei geringerer Befensterung ursprünglich noch geschlossener wirkende) Mauerfronten sich erst in den beiden durch Pilaster, Voluten, Obelisken geschmückten Giebeln lockern.

● **Bürgerhäuser.** Die Stadt erfreut sich noch eines ansehnlichen Bestandes alter guter Hausbauten, besonders aus den Jahrzehnten um die Wende des 16. Jh., die ihr ja auch die großen Architekturen der fürstlichen Initiative zubrachten. An die Spitze eines auswählenden Überblicks ist das **Münzmeisterhaus** (Ketschengasse 7) zu stellen, ehemals (bis 1564) Besitz des Geschlechtes der Münzmeister v. Rosenau, das schon als eines der frühen, in den Beginn des 15. Jh. datierbaren deutschen Fachwerkhäuser beachtlich ist: auf massivem Erdgeschoß 2 vorkragende Fachwerkgeschosse, deren Wände durch das einfache konstruktive Gerüst der Ständer und Streben charakterisiert sind. – Ein jüngeres, 1622 datiertes, schmuckvoll reiches Fachwerkhaus ist die **Hahnmühle** am Bürglaß. – Ein früher, noch spätgot. Steinbau ist die **Hofapotheke** am Markteck der Steingasse, gegen die sie ihren mit Blenden belebten Giebel stellt; 2 Steinfiguren, die Muttergottes am Markteck und der Christophorus über der Tür an der Steingasse, führen ins 2. oder 3. Jahrzehnt des 16. Jh. – Älter noch, wohl das älteste Steinhaus, ist das seitlich von Treppengiebeln überhöhte Haus **Neugasse 1.** – Beste, stets solid gequaderte Hausbauten der für die Stadt so ergiebigen Spätrenaissance: **Herrngasse 4;** das spätgot. Haus erhielt seine durch Horizontalgesimse und Zwillingsfenster gegliederte Fassade in der 2. Hälfte des 16. Jh.; das Schmuckstück des Zwerchhäuschens am Dach kam wohl etwas später, um 1600, hinzu. **Herrngasse 17,** um 1591 gebaut; Horizontalgesimse sondern die 3 Geschosse; die Fenster treten im 1. Stock zu Paaren, im 2. zu Reihen zusammen; das schöne rundbogige Portal, aus der Achse nach links, und der doppelgeschossige rechteckige Erker, aus der Achse nach rechts gerückt, setzen die Akzente. – Genannt sei auch noch das mit Erker ausgestattete Haus **Judengasse 5**. – Beachtlich ist auch die Anzahl gut gelungener Häuser aus der Zeit des Jugendstils. Beispiele: **Spitalgasse 19** (heute Bank); **Bahnhofstr. 10–12;** die Marienstraße, diese fast Haus für Haus; **Alexandrinenstr. 1–4**; **Nordlehne 1**; **Seidmannsdorfer Str. 22**; das große Verwaltungsgebäude **Raststr. 5** und der Industriebau der **Städtischen Werke** am Schillerplatz.

Naturwissenschaftliches Museum (Park 6; Auffahrt zur Veste). Das Museum erwuchs aus dem herzoglichen Naturalienkabinett. Der ins Grüne des Hofgartens gebettete Bau entstand 1913 unter dem letzten Herzog. Seine bedeutenden Sammlungsinhalte schließen auch eine völkerkundliche Abteilung ein.

Veste ●

Die ersten Nennungen des Namens Coburg sind auf den »Coberg«, und das heißt doch wohl die Burg, zu beziehen, die 1126 ausdrücklich genannt ist. Die ältesten Bauteile sind ins späte 12. und frühe 13. Jh. zu setzen. Die schon 1075 bezeugte, mit einer Propstei des Klosters Saalfeld verbundene Kapelle (St. Peter und Paul) möchte auf eine Burganlage schon im 11. Jh. schließen lassen. Wahrscheinlich bald nach Mitte des 13. Jh. setzen sich in der Nachfolge der Herzöge von Meranien die Henneberg auf dem Coberg fest – der Saalfelder Propst weicht in die Talsiedlung aus; seit 1217 sind Propstei und Morizkirche personell verbunden; 1555, im Zuge der Reformation, verfällt die Propstei (mit Sitz hinter St. Moriz) der Auflösung. Mit dem Grafengeschlecht beginnt die uns zugängliche Geschichte der Veste. Die Burg des 12./13. Jh. besetzte mit ihren Hausbauten die östl. Hälfte der etwa ein Oval umschreibenden, auf 3 Seiten natürlich, nur östlich künstlich, durch einen Halsgraben geschützten Burgfläche: der 2geschossige Palas mit der ihm östlich vorliegenden Doppelkapelle, der westlich anschließende Küchenbau, die im rechten Winkel dazu stehende (später sogenannte Steinerne Kemenate, der dem östl. Zugang benachbarte Bergfried umgriffen den inneren (östl.) Hof, dem ein ausgedehnter westlicher vorlag, ein Wirtschaftshof, dessen Existenz der an die W-Spitze

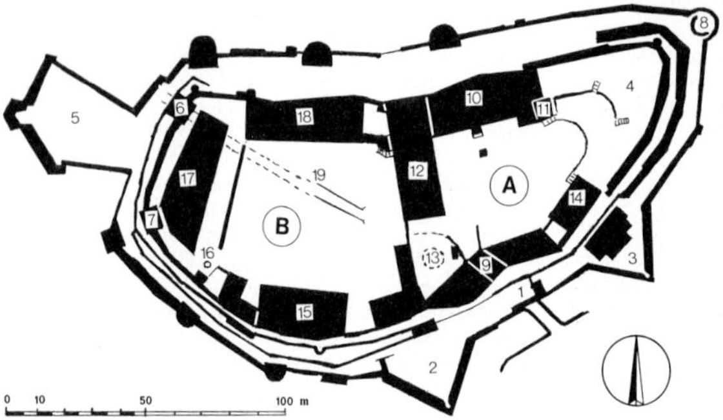

1 Festungstor
2 Bastion Rautenkranz
3 Bastion Bunter Löwe
4 Hohe Bastei
5 Bärenbastei
6 Roter Turm
7 Blauer Turm
8 Eselsturm
9 Bulgaren-Torturm

A *Innerer Burghof*

10 Fürstenbau
11 Lutherkapelle
12 Steinerne (Hohe) Kemenate
13 Bergfried-Fundamente
14 Gästebau

B *Äußerer Hof*

15 Hohes Haus
16 Ziehbrunnen
17 Herzoginbau (ehem. Kornhaus)
18 Kongreßbau, Carl-Eduard-Bau
19 Tunnel

Coburg. Veste. Lageplan

des Beringes vorgeschobene, in den unteren Teilen wohl noch spätroman. »Blaue Turm« vermuten läßt. Palas (jetzt »Fürstenbau«) und Steinerne Kemenate reichen in ihrem ältesten Mauerbestand in die Hennebergische Burgzeit zurück. Der (in seinen Fundamenten bekannte) mächtige Bergfried dürfte im frühen 16. Jh. abgetragen worden sein. – Die Bautätigkeit des späteren Mittelalters – die Veste ist jetzt, seit 1353, wettinisch, Bollwerk und Verwaltungssitz der sächsischen »Ortslande in Franken« – entzieht sich der Kenntnis. Die wird insbesondere dem Ausbau des (zuletzt 3fachen) Mauerringes und wohl auch des äußeren (westl.) Hofes zugute gekommen sein. Die zur Verfügung stehenden Baudaten treffen erst ins späteste Mittelalter. 1489 wird, lt. Inschrift der Wappentafel, das Zeughaus (jetzt »Hohes Haus«) »verneut«. Es dürfte, in der Anlage, nicht sehr viel früher entstanden, die Erneuerung kaum vor dem 1. Jahrzehnt des 16. Jh. abgeschlossen worden sein. 1500 ruiniert ein Brand die Hauptgebäude der inneren Burg; in den folgenden Jahren werden Fürstenbau und Steinerne Kemenate wieder instand gesetzt. Der Fürstenbau wird um ein 3. Geschoß aufgestockt und erhält jetzt seine um 4 m über die alte Palasfront vorgeschobene Fachwerkfassade. Auch die Steinerne Kemenate wächst um ein Geschoß. Wenig später, 1506, datieren die ältesten Ansichten der Veste auf dem Dresdner Katharinenaltar Lucas Cranachs d. Ä.

Im 16. Jh. verwandelt sich die Burg (das Stadtschloß nimmt ihr 1547 die Hofhaltung ab) in eine Festung. 1531 bewilligt der Torgauer Landtag für ihren Ausbau beträchtliche Mittel. Die Hohe Bastei an der besonders gefährdeten O-Seite wird 1533 in Stein aufgeführt und 1553 verstärkt. Um diese Zeit ist der namhafte sächsische Baumeister Nickel Gromann auf der Veste tätig. Er bricht den Tunnel in den Fels, der den W-Hof mit dem westl. Tor verbindet (die Verlegung des Tores, Ende 15. Jh., an die S-Seite war bereut worden), und vertieft die Gräben. Auch die sog. Rote Kemenate (an ihrer Stelle jetzt der Kongreßbau) ging auf Gromann zurück. – Weiterer Ausbau unter dem rührigsten der Herzöge, Johann Casimir. Wieder tritt ein namhafter Baumeister, der Ulmer Gideon Bacher, auf. Die beiden Bastionen an der S-Seite entstehen 1614/15, nach den Wappen Rautenkranz und Bunter Löwe genannt. Im W schiebt sich die (in der Anlage ältere) Bärenbastei vor. Die jetzt, wenigstens teilweise, modern fortifizierte Veste hat bald ihre Bewährungsprobe zu leisten. 1632 hält sie der Belagerung durch die Kaiserlichen stand (1635 kapituliert sie ohne Not). Nach dem Großen Krieg rückt das Haupttor wieder an die S-Seite; der Altenburger Baumeister Christian Wilhelm Gundermann und der Bildhauer Hans Philipp Langenhan schaffen, 1671, den repräsentativen Rahmenbau. Noch erhält die Hohe Bastei ihre letzte Gestalt. Aber die aktive Zeit der Veste ist vorbei. Sie fängt an abzunehmen.

Erst der 1806 antretende Herzog Ernst I. wendet ihr wieder sein nun romantisch beflügeltes Interesse zu. Die Einebnung der Wälle und Gräben steht am Anfang (1827 ff.). 1838 setzt dann, nach den Entwürfen Karl Alexander v. Heideloffs, der Ausbau ein. Der Burgenbauer der Romantik hatte seine eigene Vorstellung »Burg«, die er der ihm ausgelieferten mehr oder minder gewaltsam aufdrang. Die originellen Turmbedachungen des 16./17. Jh. müssen Spitzhelmen weichen, der Rote Turm an der W-Seite wird 1857 neu errichtet, der Wehrgang auf der inneren Ringmauer beseitigt, ein Teil des Fürstenbaues abgetragen, die Kirche (1851) neu aufgeführt; Brunnenhaus und Schmiede verschwinden, von anderen kleinen Baulichkeiten zu schweigen. – Eine letzte Restaurierung findet 1909–24 unter Leitung Bodo Ebhardts statt. Tut sie des Guten zuviel, so sichert sie doch in sorgfältiger Arbeit den gefährdeten Bestand. Sie beschränkt sich nicht auf das Konservieren, fügt hinzu, ergänzt, baut aus: Der aktive Restaurator Ebhardt vollendet den Turm (des ersten Restaurators), der das Haupttor überragt, stellt die Wehrgänge wieder her, überholt eingreifend den Fürstenbau und auch die Steinerne Kemenate, errichtet den Gästebau an der S-Seite des O-Hofes und den Kongreßbau an der N-

Seite des W-Hofes und erneuert die Mauer zwischen Blauem und Rotem Turm. – Der 2. Weltkrieg bringt noch in seinen Endtagen empfindlichen Schaden, der aber bald behoben werden kann.

Die Veste ist eine Ringburg, und es ist auch der hohe starke Bering der mittelalterl. Wehrmauer, der den Eindruck beherrscht; die bastionären Erweiterungen des 16. und 17. Jh. wirken doch erst in zweiter Linie mit, bei aller Wucht ihrer Quaderböschungen. Herankommend, treffen wir allerdings zuvörderst auf die beiden südl. **Bastionen Rautenkranz** und **Bunter Löwe,** und wir treten auch durch das prächtige barocke Festungstor (von 1671) in den Burgbereich ein. Es folgt das 1670 datierte innere Tor, das dem mittelalterl. Spitzbogentor vorliegt. Dieser seit Ende des 15. Jh. bestehende Zugang führt durch einen die Burgmauer querenden, in der Tonne gewölbten Gang in den östl. inneren Burghof, den der durch seine (ganz erneuerte) Fachwerkfassade gekennzeichnete **Fürstenbau,** die (1851, 1900 auch gänzlich erneuerte) **Lutherkapelle,** die **Steinerne Kemenate** und der (neue) **Gästebau** begrenzen. Steinerne Kemenate und eine spätgot. Mauer trennen den inneren vom großen äußeren Hof, an den mit ihrer W-Seite die Steinerne Kemenate angrenzt; südlich das spätgot. **Hohe Haus** mit den den steilen Block belebenden Eck-Erkern am Dachfuß, nördlich der (neue) **Kongreßbau,** westlich der (stark erneuerte) **Herzoginbau** (ehem. Schaf- oder Kornhaus).

Im Hof der Abstieg des Tunnels, der zum ehem. Haupttor neben dem (ganz erneuerten) Roten Turm vermittelte, und der mit 3säuliger Ädikula überdeckte **Ziehbrunnen,** eine der frühesten Brunnengestaltungen der deutschen Renaissance, ein feines Werk des Steinmetzen Kunz Krebs von 1531.

● Die Gebäude des W-Hofes bergen jetzt die reichen kunst- und kulturgeschichtlichen **Sammlungen der Veste** (Kupferstichkabinett, Waffen, Glas, Keramik, Wagen und Schlitten, um nur die wichtigsten Bestände zu nennen). – Gute alte Räume v.a. in der Steinernen Kemenate (*»Bankettsaal«* im 1. Obergeschoß, Anfang 16. Jh.), die auch die auf alte Weise (auch mit altem Holz) neugestalteten *»Lutherzimmer«* enthält, die der Reformator bei seinem Aufenthalt, 23.4. bis 5.10. 1530, bewohnte. Eine Kostbarkeit altdeutschen Kunsthandwerks ist die *»Hornstube«,* die sich bis 1809 in der Ehrenburg befand, 1632 vollendet, Arbeit des (aus Leipzig stammenden) David Hennigk, wahrscheinlich nach den Entwürfen des Hofmalers Wolfgang Birkner; ganz und gar Holz, ringsum Getäfer mit 60 Jagdszenen-Intarsien und reich ornamentierter, auch mit Wappen und Köpfen ausgestatteter Kassettendecke; Ergänzung (1840) nur der ihr unterlegte Fries.

Die Veste, eine der größten deutschen Burgen, wird gern die

»fränkische Krone« genannt. Und der Name paßt gut: Die freie, zu rechter Höhe emporgehobene Lage über dem N und S, Thüringen und Franken verbindenden Tal der Itz, die Mächtigkeit des Mauerkörpers, die kraftvollen Kurvenspannungen des umschließenden, in den 3 die Pole festigenden Türmen und in der Aufragung des Hohen Hauses gipfelnden Beringes rechtfertigen ihn. Und wenn der über die Sicherung des Erhaltenen im Interesse der Ganzheit weit, zu weit hinausgreifende Eifer des Restaurators auch eines Zügels bedurft hätte, so ist doch dem Veranlasser der Wiederherstellung, dem letzten der Coburger Herzöge, Carl Eduard, Dank für seine Fürsorge abzustatten.

COLMBERG (MFr. / Ansbach E6)

Burg

Reichslehen der Grafen v. Truhendingen seit 1269 (spätestens), dann seit 1318 des Nürnberger Burggrafen, dem es Kaiser Ludwig d. Bayer zu eigen übergibt. In der Folge ist sie Sitz eines markgräflichen Oberamtes, in bayerischer Zeit eines Rentamtes, bis sie 1880 in private Hand übergeht. Die den erhaltenen Bestand begründende Hauptbauzeit dürfte im späten 12. oder im frühen 13. Jh. liegen. Um- und Zubauten gab es bis ins frühe 18. Jh.

Die Burg, nicht groß, aber wuchtig, besetzt einen nördlich des Ortes (ehemals »Altenstadt unter Kolbenberg«) ins Altmühl-Tal vorgreifenden Bergvorsprung, der sie auf 3 Seiten durch seine Böschungen sichert; die vierte ist durch Halsgraben gedeckt. Die Auffahrt nimmt die O-Seite, tritt durch ein Rundbogentor (16. Jh.) in den äußeren Bering (Zwinger) und durch das Spitzbogentor, nordöstlich, in den inneren. Dessen Fläche, unregelmäßig rechteckig, liegt im Einschluß der bis zu etwa 10 m aufsteigenden Ringmauer aus Buckelquadern (13./14. Jh.), die nur südöstlich (hier abgetragen) fehlt; westlich sitzt ihr noch der gedeckte Wehrgang auf. An der N-Seite des Hofes ragt, rechts vom Tor, der ganz in Buckelquadern gebaute starke runde Bergfried auf (14. Jh.), den eine Holzbrücke mit dem Wehrgang der N-Mauer verbindet. Die westlich anschließende Gerichtsstube, eine kleine offene Arkadenhalle, kam im frühen 16. Jh. hinzu. Der Hauptbau, in der SO-Ecke des Hofes, spätromanisch in der Grundlegung, früh- und (oberenteils) spätgotisch im Aufbau. Der hohe, doppelt unterkellerte, 3geschossige Block prägt, mit dem Bergfried, das Fernbild der Burg. Der westl. Flügel beherbergt Kapelle und »Rittersaal«. Das Rentamt (urspr. Marstall), das über spätgot. Erdgeschoß in den Fachwerkgeschossen im frühen 18. Jh. aufgeführt wurde, schließt den Hof zwischen W-Flügel und nördl. Ringmauer ab.

CREUSSEN (OFr. / Bayreuth I4)

Früh (1003) bezeugter Burg-Ort, Besitz der jüngeren Babenberger, seit 1254 der Nürnberger Burggrafen. 1358 Stadt.

Der am Roten Main hoch gelegenen kleinen **Stadt** ging das mittelalterliche Gesicht 1893 (Brand) verloren, doch ist die Grundfügung (burglich) allenthalben spürbar. Gut erhaltene **Stadtmauer** des 15. Jh. (nach 1430), mit mehreren runden Türmen. Reizvolle Veduten, vorzüglich die am Hinteren Tor.

Die **ev. Stadtpfarrkirche** (St. Jakob), im Kern spätes 15. Jh., ist ein ansehnlicher Quaderbau. Die barocke Gestalt gab ihr Antonio della Porta um 1700. Stukkator war der Bayreuther Hofkünstler Bernardo Quadro, Maler der Deckenfresken 1700/01 Gabriel Schreyer, gleichfalls Bayreuther, Autor des Geschnitzten an der Empore Elias Räntz 1709. Der von Heinrich Heubner ausgeführte wuchtige Hochaltar ist im Entwurf von Elias Gedeler 1686–88, die Kanzel von Räntz 1703/04.

Stattlicher **Pfarrhof** (zuvor Palais Schirnding), 1753 ff.

Ein Kuriosum ist das (bürgerliche) **Eremitenhäuschen** (Neuhofer Str. 101), um 1760, der Einfall eines Pfarradjunkten. Die in die Wände versetzten got. Bauspolien sind vermutlich Relikte der älteren Pfarrkirche.

● **Krüge-Museum** (Habergasse). Die städtische Sammlung stellt gute Proben des bekannten Creußener Steinzeugs zur Schau (Kurfürsten-, Apostel-, Planetenkrüge, auch Gebrauchsgeschirr), ferner Bayreuther Fayencen.

Lindenhardt (I4)

Das Dorf am S-Fuß des Jura gelangt 1125 aus Königshand an die Pfalzgrafen v. Scheyern-Wittelsbach, und wittelsbachisch bleibt es bis 1353. Nach einem böhmischen Interim fällt es im frühen 15. Jh. an die Burggrafen-Markgrafen. Bemerkenswert, daß es im wittelsbachischen Urbar von 1280 als Markt erscheint.

Ev. Pfarrkirche

Um 1130 gründet Bischof Otto I. von Bamberg die Pfarrei, die er seiner Klostergründung Ensdorf (OPf.) unterstellt. Ensdorfer Propstei ist sie bis zur Einführung der Reformation 1528 durch die Markgrafen. 1926 wurde die Kirche restauriert.

Ältester Teil der massiv steinernen Kirche ist der Turm (in den beiden unteren Geschossen frühes 14. Jh.). Das Schiff, ein flach gedeckter (ursprünglich, nach Ausweis der Streben, auf Wölbung angelegter) Saal, der Chor und die oberen Geschosse des (erst 1855 spitz behelmten) Turmes entstanden im 15. und 16. Jh. Erwähnenswert das kleine Relief außen am Chor, das sich ehemals an der nicht mehr bestehenden Kapelle von Muthmannsreuth (nordwestlich) befand: Erbärmdechristus mit Stifter (Steinmetz?).

Aber Lindenhardt stünde nicht in diesem Führer, böte es nicht in den

Creußen: Lindenhardt. Matthias Grünewald: Die 14 Nothelfer Flügelgemälde des Altars

Gemälden seines spätgot. *Altars* ein Frühwerk Matthias Grünewalds. ●
Dieser Flügelaltar, ursprünglich in der Pfarrkirche von Bindlach, erst 1685 nach Lindenhardt übertragen, enthält im 1503 datierten Schrein (Predella und Gespreng sind Ergänzungen d. J. 1897) die Schnitzfiguren der Muttergottes, des hl. Wolfgang und des hl. Veit, und, auf den Innenseiten der Flügel, die Reliefs der hll. Otto und Bartholomäus (links), des hl. Kaiserpaares Heinrich und Kunigunde (rechts). Das Bildhauerwerk mittlerer Güte ist eher einer Bamberger als Nürnberger Werkstatt zuzuweisen. Nun aber zu der Hauptsache, den in Tempera ausgeführten Gemälden. Würde die auf die Rückseite des Schreines

gemalte Figur des Schmerzensmannes allein wohl kaum auf den Namen des großen Meisters führen, so führen die 14 Nothelfer der Flügelaußenseiten doch sofort auf ihn. Sie mußten allerdings auch erst entdeckt werden (1915 durch Karl Sitzmann). Die Farben haben, von der Sonne ausgesogen, ihre Kraft verloren, lassen aber immer noch das ganz Ungewöhnliche, eben Grünewaldische, erkennen. Man möchte angesichts des als Führer aus der Nothelfergruppe des linken Flügels hervortretenden, knabenhaft jungen Ritters St. Georg von strahlender Helligkeit sprechen, deren Quelle insonderheit das eigentümlich rundliche Antlitz ist. Die zentrale Figur des rechten Flügels, der hl. Dionysius, ist schlechthin monumental (und deutet auf den hl. Erasmus der Münchener Mauritius-Tafel voraus). Wie nun Grünewald dazu kam, den Altar eines ostfränkischen, vermutlich Bamberger Schnitzers zu bemalen, ist offene Frage. – Zuletzt noch ein Hinweis auf 2 *Bildgrabsteine* im Chor, den des Albert Groß v. Trockau (Bruder des Bamberger Bischofs Heinrich v. Tr.) von etwa 1490 mit der Figur des geharnischten Edelmannes und den des Pfarrers Johann Nikolaus Degen und seiner Gattin mit den im Profil einander zugekehrten Reliefporträts des Paares, ein in seiner schlichten Realistik ausgezeichnetes, um 1703 entstandenes Werk des Bayreuther Hofbildhauers Elias Räntz.

DETTELBACH (UFr. / Kitzingen E4)

Das schon 741 genannte Dorf (Königsgut) wird dank Würzburg 1484 Stadt, die sich nun sogleich befestigt. Das Stadtgebiet ist durch den Altbach gehälftet; die 2. Hälfte ist Zuwachs des späten 15. Jh.

● Eine der wohlerhaltenen fränkischen Zwergstädte, an denen »die Zeit vorüberging«. **Mauern** und **Türme** (ursprünglich 52, jetzt 36) stehen noch großenteils. Die Gräben sind zugeschüttet. Von den 5 Toren blieben 2: **Faltertor** und **Brucktor.**

● Kath. Pfarrkirche St. Augustinus

1489 beginnt man den Chor zu bauen, zu groß, das Langhaus mußte hinter seinen Abmessungen zurückbleiben. Nach 1769 führt man es neu auf. Der Chor wird jetzt Langhaus. Planer war der Würzburger Johann Michael Fischer.

Aufgeböscht, unregelmäßig, ist die Kirche mit dem lustigen Motiv des dem starken viereckigen Hauptturm durch eine Holzbrücke zugesellten schlanken runden Treppenturmes »malerisch«. Ihr Wert liegt in der schönen Gruppenbildung verschieden alter Teile. Der Turm mag noch um einige Jahrzehnte dem Chor vorausliegen. Dieser, der von 8 rundbogig geöffneten, gewölbten Kapellen umstellt ist, überrascht durch seine großzügige Anlage. Wahrscheinlich sollte er eine 3schiffige Halle werden. Aber es reichte nicht mehr dazu, er blieb flach gedeckt.

Wallfahrtskirche Maria auf dem Sand ●

Ein kleines Vesperbild erweckt um 1504 eine Wallfahrt, die sich bis in die Juliuszeit mit einer kleinen Kirche begnügt. Bischof Julius baut unter Beibehaltung des 1511 geweihten Chores dieser Erstkirche die große, die sich zur besuchtesten Wallfahrtskirche Mainfrankens entwickelt. 1610

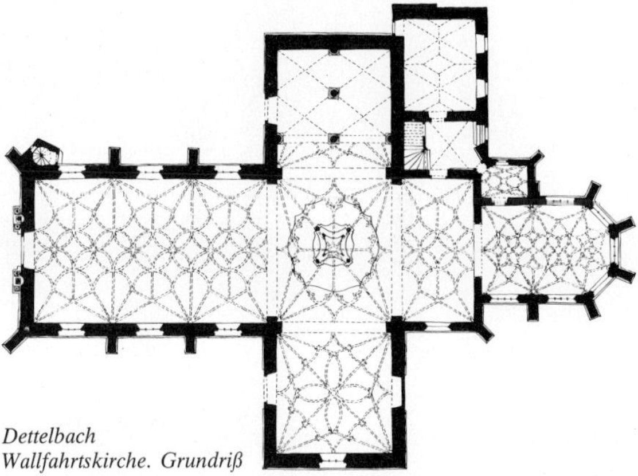

Dettelbach
Wallfahrtskirche. Grundriß

geht der »welsche Baumeister« Lazaro Augustino ans Werk, 1611 stehen die Umfassungsmauern. Die Wölbung führen zwei deutsche Steinmetzen aus, Jobst Pfaff (Würzburg) und Adam Zwinger (Iphofen), 1611/12. Zwinger übernimmt auch den N-Giebel. S- und W-Giebel setzt der Kitzinger Steinmetz Peter Meurer auf. 1613 steht das von Michael Kern (Forchtenberg) gearbeitete Portal. Im gleichen Jahr Weihe. 1613/14 baut Meurer die umfriedende Mauer. – Die Folgen einer purifizierenden Wiederherstellung, 1897, konnten 1956–58 wieder behoben werden.

Die Wallfahrtskirche ist das vorzüglichste Beispiel jener »nachgotischen«, Altes und Neues mischenden Stilphase, die man in Würzburg-Franken als »Juliusstil« bezeichnet. Das Schiff und das Querschiff sind Juliuszeit, das Joch östlich des Querschiffes und der Chor älter (vom Gründungsbau). Der Raum, in hohen (nachgot.) Maßwerkfenstern geöffnet, ist durch die – wieder nachgot. – Rippenfiguration (Reihungen) der Decke bestimmt. Die Gurtbögen kurven aber breit und flach, und der Raumeindruck ist trotz »gotischer« Formalien doch nicht

Dettelbach. Wallfahrtskirche. Portal von Michael Kern

gotisch. Die schmächtigen Gewölberippen ordnen sich in Rosetten. Der Raum des Schiffes weitet sich in die Flügel des Querschiffes hinein, und der ältere Chor ist ihm, bei schmalem Einblick durch den Chorbogen, wie ein (man möchte fast meinen: nur optisch betretbares) Gehäuse vorgesetzt. Die Empore im nördl. Querschiff wurde 1659 eingefügt. – Das Äußere zeigt die für alle Juliusbauten typische sparsame Wandbehandlung, verputzte Flächen mit Sandsteingliederungen. Aber die schon durch einen bewegten Giebel und Maßwerkrundfenster ausgezeichnete Fassade zeigt das Prunkstück des von M. Kern gemeißelten *Portals* vor, das in seiner Häufung von Figur und Ornament unüberbietbar ist.

Innen stellt sich sofort der große *Gnadenaltar* in den Blick, der frei in die Vierung gestellt ist, doch etwas nördlich zurückgeschoben und nicht auf die Blickachse des Haupt-, sondern des Querschiffes bezogen. Er ist von 1778/79 und eine Arbeit des Augustino Bossi. Die kleine Holzpietà ist spätgotisch. Engel mit den Leidenswerkzeugen stehen vor den Säulen der in Stuckmarmor aufgeführten Baldachinanlage, in der krönenden Laterne kräht der Hahn des hl. Petrus. – Hochbedeutend die *Kanzel,* wieder von M. Kern, der hier 1626 eines der reichsten Steinmetzwerke deutscher Renaissance geschaffen hat; Thema ist die Wurzel Jesse, die aufs beste dazu geeignet war, die im Meister verborgene Gotik frei zu machen.

Die **Klostergebäude** für die 1616 berufenen Franziskaner wurden 1617 begonnen und 1620 vollendet. Auch sie baute L. Augustino. Die einfache Vierflügelanlage trägt alle Merkmale der Juliuszeit.

Im profanen Dettelbach, dessen so reizvolle Gassen doch keinen sonderlichen Aufwand treiben, steht voran das frei aufgestellte hochgereckte **Rathaus,** im späten 15. oder frühen 16. Jh. entstanden. Die schöne Auszeichnung des 3geschossigen Giebelbaues ist die Freitreppe an der Schauseite mit der von ihr aufgenommenen kleinen Türvorhalle, der das dem 3. Geschoß vorgekragte Chörlein aufsitzt. Die *Ratsstube,* mit hölzerner Flachtonne gedeckt, bringt in den Pfeilern der tiefen Fensternischen schon frühe Renaissance.

DIETFURT a. d. Altmühl (OPf. / Neumarkt i. d. OPf. I8)

Im hohen Mittelalter, bis 1305, Hirschberger, dann wittelsbachischer Besitz, 1325 als Markt bezeugt, rückt die schon früh (bald nach 1000) genannte Siedlung 1416 zur Stadt auf, Sitz des gleichnamigen Gerichtes.

Die kleine **Stadt** hat noch gutes altes, typisch altmühlfränkisches Gesicht. – Die **kath. Pfarrkirche St. Ägidius** ist wesentlichenteils barock (Langhaus 1716), das **Kloster** ehemals der Franziskaner Gründung d. J. 1665. – Ein stattlicher Bau, auch des 17. Jh., ist das **Rathaus.**

Griesstetten (I8)

Wallfahrtskirche St. Martin und zu den Drei elenden Heiligen

Zu Beginn steht die Einsiedelei dreier Benediktiner, um 1140: Marinus, Zimius und Vimius. Aus der ihnen zugedachten Verehrung wurde eine Wallfahrt, die sich 1740–47 mit der bestehenden Kirche schmückte.

Einheimische Baumeister errichteten den Bau auf einem Rechteck mit abgeschrägten Ecken und mit eingezogenem Chor. Johann Michael Berg (Bruder des eichstättischen Hofstukkateurs Johann Jakob) wird als Meister der feinen Stukkaturen vermutet. Der Freskomaler nennt sich Johann Adam Fux (1750). Aus einer älteren Vorgängerin der Kirche blieben die got. Sakramentsnische und der Taufstein.

DINKELSBÜHL (MFr. / Ansbach E8)

Eine Wörnitz-Furt und die Kreuzung einer N-S- mit einer W-O-Straße ließen den Platz hochkommen, der 1188 als »burgus« sichtbar wird. Er ist staufischer Besitz. Die kaiserlose Zeit macht ihn frei. 1305 stellt ein kaiserliches Privileg seine Bürger den Ulmern gleich. Die Verleihung des Blutbannes 1398 vollendet die Reichsstadt, die seit 1387 ein 24er-Rat, halb patrizisch, halb zünftisch, regiert. Wie fast alle Reichsstädte tritt auch D. der Augsburger Konfession bei (1541). Doch stärkt das Eingreifen des Kaisers, 1552, den altgläubigen Ratsteil auf Kosten des neugläubigen, der erst in der Schwedenzeit das Übergewicht gewinnt und fortan behält.

Der heute noch gesammelt in den Rahmen der Mauer gefaßte ● **Stadtkörper** bietet sich dank Hanglage in übersichtlicher Ganzheit dem ihn von unten her abspürenden Blick. Unten, das ist die Flußniederung. Die Wörnitz ist die östl. Basis des Dreiecks, das die Stadt einschließt. Sehr deutlich stellt der Grundriß in einem inneren Oval noch die kleine älteste Stadt (des 12. Jh.) heraus. Die diesem bereits durch die Wörnitz begrenzten Raum, dessen Rückgrat die Nördlinger Straße ist, im 13./14. Jh. zuwachsenden Vorstädte (Segringer, Rothenburger, Nördlinger) werden 1380 ff. in den Ring einbezogen. Die Stadt hat nun ihre Gestalt gewonnen, und sie hat diese mittelalterl. Gestalt – ihr Ruhm! – bis zum heutigen Tag ohne merkliche Einbußen und Verderbnisse bewahrt.

Der **Mauergürtel** umhegt noch rings, und noch stehen auch die 4 Tore: Das älteste ist das im Unterbau wohl noch ins späte 13. Jh. zurückreichende **Wörnitztor** (O). 100 Jahre jünger dürfte das **Rothenburger** sein (N; um 1380), wieder um Gleiches jünger das **Nördlinger** (S), das, bis auf den Staffelgiebel des frühen 17. Jh., 1490–95 errichtet wurde. Das jüngste ist das 1655 erneuerte **Segringer Tor** (W). Die Mauern, nicht ganz, aber doch bis zur Höhe des Wehrganges erhalten (ein ganz erhaltenes Stück am Rothenburger Tor), sind östlich durch den Mühlgraben und die Wörnitz gedeckt; nördlich sichern Rothenburger und Hippenweiher, dann ein Doppelgraben, den noch eine schon östlich des Rothenburger Tores beginnende Zwingeranlage verstärkt. Die lange Reihe der Mauertürme (zwischen Nördlinger und Segringer Tor sind es 8) sei hier nur rasch vermerkt.

Das Bild der **Straßen** und Gassen ist ungestört. Fachwerk überwiegt und würde das noch viel mehr tun, läge es nicht vielfach unter Putz. Giebelstellung ist die Regel; Staffelung der in leichter Schräge zur Zeile stehenden Häuser (Nördlinger Straße) sorgt für einen Zuwachs an Bewegung. Entsprechend der Lage der Stadt an der Grenze Schwabens und Frankens kreuzen sich schwäbische und fränkische Züge, wenn auch die fränkischen in der Vorhand sind. Eine stattlich-breite Behäbigkeit ist jedenfalls Schwabenmitgift. – Die kommunalen Bauten treten nicht so augenfällig wie etwa in Rothenburg in Erscheinung. Genannt seien die **ehem. Ratstrinkstube,** ein 3geschossiger, durch hohen Staffelgiebel und Firsttürmchen ausgezeichneter Steinbau der 2. Hälfte des 16. Jh.; das **Kornhaus** von 1508, teilweise Quaderbau, doch stärker durch die Fachwerkobergeschosse bestimmt; die etwa um 1600 errichtete **Schranne,** wieder Steinbau mit einem ziervollen Renaissance-Giebel. – Unter den (nicht geringenteils ins Spätmittelalter zurückreichenden) Bürgerhäusern sei das prächtige **Deutsche Haus,** am Markt bei der Pfarrkirche, herausgehoben, eines der schönsten Fachwerkhäuser. Um 1600 errichtet, setzt es auf das gemauerte Erdgeschoß 2 Fachwerkgeschosse und auf diese einen hohen 3geschossigen Fachwerkgiebel. Die profilierten Schwellen betonen die Horizontale, die geschnitzten Ständer sehr viel weniger die Vertikale, die sich dann doch im gereckten Giebel als Dominante durchsetzt. Die schöne Wohnlichkeit dieser altdeutschen Bürgerhäuser mag man im Flur des **kath. Pfarrhauses** von 1601 oder im Stiegenhaus des **3. ev. Pfarrhauses,** Mitte des 18. Jh. (Rothenburger Straße), gewahr werden. – Barocker Steinbau (wie die **Adlerapotheke** von 1747) ist nur an wenigen Stellen in das altfränkische Wesen eingekreuzt. Um so überraschender ist es, in dieser Bürgerwelt auf ein Palais zu stoßen wie das des Deutschen Ordens (**Deutschordenshaus**), errichtet 1761–64 vom Ellinger Baumeister des Ordens, Matthias Binder.

● **Kath. Stadtpfarrkirche St. Georg**

Eine der glücklichsten Schöpfungen der deutschen »Sondergotik«, verdankt diese große Hallenkirche ihre Wirkung nicht zuletzt ihrer planmäßigen Einheitlichkeit. Tatsächlich wurde sie auch verhältnismäßig rasch hingesetzt: 1448 begonnen, steht 1469 bereits der Außenbau, 1499 schließen sich die 1492 angefangenen Gewölbe. An der W-Mauer innen die Inschrift: »Am Aftermontag nach St. Matthäus wurde der letzte Stein gesetzt.« Eine Weihe ist schon für 1488, die Weihe des Hochaltars für 1497 überliefert. Der planende Meister, Nikolaus Eseler von Alzey (gleichzeitig Werkmeister der Nördlinger Kirche), leitet den Bau bis 1463, dann löst ihn sein gleichnamiger Sohn (der auch wieder gleichzeitig anderwärts, in Rothenburg und Nördlingen, baut) als Kirchenmeister ab. Die Bildnisse der beiden Eseler, Kopien des 17. Jh. nach verschollenen Originalen des 15., hängen an der Wand des nördl. Seitenschiffes. – 1534–49 ist St. Georg ev.-lutherisch und noch einmal 1632–44. Im »Normaljahr« 1624 katholisch, kehrt es nach dem Westfälischen Frieden zur kath. Kirche zurück. 1856 wird der Bau unter Leitung Karl Alexander v. Heideloffs restauriert und purifiziert.

St. Georg ist eine 3schiffige Hallenkirche; Chor und Langhaus bilden eine völlige Einheit, die Seitenschiffe laufen um, der Umgang bricht in 6 Seiten des Zwölfecks, das Mittelschiff schließt in 3 des Sechsecks. Das Material der Mauern ist Sandstein, das der Wölbungen Ziegel. Die lichte Länge zählt 76,88, die Breite 22,48 m. – Äußeres. Streben, bis nah an die Trauflinie des großen Satteldaches aufsteigend, besetzen die in hohen Fenstern geöffneten Wandungen in gleichen Abständen. Der aus der Achse gerückte *W-Turm* erreicht nicht die zur Beherrschung des mächtigen Hallenkörpers nötige Höhe. Die beiden ersten Geschosse sind spätromanisch (um 1220–30); ins Erdgeschoß läßt das 6säulige Stufenportal ein. Die folgenden Geschosse sind frühgotisch, spätes 13. Jh., das hohe Glockengeschoß Hans Böringers kam wohl erst in den 40er Jahren des 16. Jh., das Oktogon 1550 hinzu. Daß man einen zweiten Turm im Sinne hatte, beweist der Turmstrunk an der N-Flanke des Chores, aber die Kraft reichte nicht mehr. An den Langseiten öffnen sich 4 Portale, deren 3, die eingrenzenden Streben nützend, überwölbt sind. – Inneres. In 6 Jochen fluchten die Schiffe, in 4 der leicht erhöhte Chor. Die von 2 Bogen unterfangene Empore (vortreffliche Steinmetzenarbeit an der Balustrade) schließt westlich. Rühmen wir die Reihen der Pfeiler, aus deren hohen, schlanken, elastisch an- und abschwellenden Leibern sich das Netz der dicht gekreuzten Rippen entwickelt. Die Tonne, der sie aufgesetzt sind, kurvt in einem flachen Segmentbogen über der Steilstrebigkeit der Stützen, lediglich in

Dinkelsbühl. St. Georg. Inneres nach Osten

den Seitenschiffen steiler. Gleichmäßige Erhellung von den hohen und auch breiten Fenstern her modelliert die Pfeiler, die stärker durch ihre Linien als durch ihre Körper sprechen, wie die Decke stärker durch das ornamentale Geflecht der Rippen als durch die Schale der Tonne. Wesentlich auch, daß die Chorumfassung eine Brechung in die Mitte stellt; auch hier, an der Zielstelle, trifft der Blick auf eine Linie.

Ausstattung. Die barocke fiel dem Purifikator zum Opfer. So geht dem Raum die Wärme alten Mobiliars ab. Der Hochaltar ist neugotisch (1892). Doch bewahrt er eine vorzügliche Kreuzigungstafel aus dem Umkreis des Nürnberger Hans Pleydenwurf, um 1470–80; der Gekreuzigte, ein der Tafel vorgesetztes Schnitzwerk, wohl etwas älter als die Tafel, die für ihn geschaffen wurde. Spätgot. Teile enthalten auch die (neugot.) Altäre des hl. Sebastian, des Hl. Kreuzes, der Hl. Dreifaltigkeit. Beachtlich insbesondere der erste, mit der Sebastians-Marter als Mitte, Arbeit eines schwäbischen, doch im Bereich des »Donaustils« geschulten Malers, 1510–20. – Ausgezeichnete Steinmetzarbeiten sind: Der Baldachinaltar im Chorumgang (Rückseite des Hochaltars), der ursprünglich am SW-Pfeiler des Chores stand, in 3 Arkaden geöffnet, mit Sterngewölbe gedeckt, an den Ecken die Figuren der Verkündigung und der Hll. 3 Könige (diese bis auf eine, Balthasar, barock, was auch für die Magdalena gilt); das reiche Gitter ist 1724 datiert; die Pietà des (neugot.) Altars ist ein Holzbildwerk letzten Weichen Stils. Das Sakramentshaus (Stiftung d. J. 1480) am NW-Pfeiler des Chores darf mit Auszeichnung genannt werden, überschreitet auch die Bildhauerarbeit nicht das Mittelmaß; seine Einung mit dem Steinkörper des Pfeilers ist die gelungenste. Die etwa gleichzeitige Kanzel zierlich und ziervoll, polygon, doch rund wirkend, mit den Figuren der lateinischen Kirchenväter vor den Ecken; die Evangelisten in den Feldern, die Treppe und der Deckel sind Zuschüsse des 19. Jh. Anscheinend spätgotisch, doch erst 1643/44 geschaffen, ist der 8eckige Taufstein, an dessen Stütze 4 Löwen gestellt sind. – Aus der Reihe der Epitaphien sind herauszuheben: das des Marquart Fieer, Doktors der Arznei, und seiner Frau, geb. Manlichin (1512, 1525), mit der Muttergottes und dem sie verehrenden Ehepaar, sicher augsburgische Arbeit, Gregor Erhart nahe (Chorumgang), und das der Barbara Langenmantel (1471) mit dem Erbärmdemann und seinen »Waffen«, ein bedeutendes Denkmal der Kultgeschichte. – Und nennen wir noch 2 gute Einzelbildwerke: den Kruzifixus von etwa 1420 und die Muttergottes mit 2 die Mondsichel tragenden Engelchen zu Füßen von etwa 1480.

Ev. Spitalkirche. Die Kirche des im 13. Jh. gegründeten, 1380 am heutigen Platz neugebauten Spitals, seit 1576 ev. Pfarrkirche, verbindet einen kleinen 2jochigen Rechteckchor des späten 14. Jh. mit einem 1567 zu jetziger Länge und Breite erweiterten Saalbau, der seine barocke Note 1772/73 erhielt. Die Fresken des Ellingers Johann Nieberlein entstanden 1774, gleichzeitig Kanzel und Emporen; das Orgelgehäuse folgte 1778.

Dreikönigskapelle. 1378 hört man erstmals von ihr. 1834 wird sie profaniert; jetzt ist sie Kriegergedächtniskapelle. Auf der Höhe der Segringer Gasse, seitlich des Tores liegend, empfängt die schlichte Kapelle ihren Reiz aus der Umgebung, der sie zugleich wieder Reiz mitteilt.

Ehem. Kapuzinerkirche. 1622 kommen die Kapuziner, bauen auch gleich ihre Kirche, von der nur zu sagen ist, daß sie so ganz ohne Aufwand in ihrem einen Schiff ist, wie es der Orden für ziemlich hielt.

St. Ulrich (südlich der Stadt, auf einer Anhöhe). Lindenbeschattetes Kirchlein, das 1700 gebaut wurde und bei dem eine Klause ist. Beide Schmalseiten haben Volutengiebel; der halbrunde Chor hat auf seiner Kuppel eine Laterne, und der Langhausfirst trägt einen Dachreiter. Das sind die Schmückungen des bescheiden-anmutigen Kirchleins.

DONAUSTAUF (OPf. / Regensburg L8)

Burg

Die Geschichte des schon im 10. Jh. erwähnten Burgsitzes, »castellum Stufo«, beginnt mit einer Fehde 1133: Herzog Heinrich d. Stolze von Bayern berennt die bischöfliche Burg. Sie fällt und geht in Flammen auf. Bald kommt sie wieder an den Regensburger Bischof, und wieder beginnt das Ringen (1146). 10 Jahre später weilt Friedrich Barbarossa hier. 1161 nimmt sie Heinrich d. Löwe. Und wieder holt sie sich der Regensburger Bischof zurück. 1355 muß sie an Kaiser Karl IV. verpfändet werden, der sie 1373 den Wittelsbachern abtritt. 1385 an Regensburg verpfändet. Im Städtekrieg 1388 belagern sie die bayerischen Herzöge Albrecht und Stephan, doch ohne Erfolg. 1488 kommt Donaustauf an Bayern, dem es bis 1715 als Pfandschaft verbleibt, endgültig aber erst 1810 zufällt. 1634 wird die Burg von den Schweden erstürmt. Seitdem bleibt sie Ruine.

Noch läßt sich der ungewöhnliche Umfang der Fortifikationen ermessen. Unter Ausnutzung des Terrains konnten 5 Torbauten mit Zwingern hintereinandergesetzt werden. Die Erklärung dieser großen Wehranlagen liegt in der strategischen Bedeutung des Burgberges: Überwachung des Donauverkehrs und der Stadt Regensburg. – Ein letzter Torbau führt ins Innere der Ruine. Gegenüber erheben sich die Reste des **Palas** und des **Torturmes** mit der *Kapelle.* Diese liegt im Obergeschoß des Torbaues. Ursprünglich ein Quadrat. Die Umfassungswände waren mit je 3 Nischen versehen, die von Säulen flankiert waren. So ergab sich der Grundriß einer 3schiffig-3jochigen Halle, deren Mitte von 4 freistehenden Stützen aufgefangen wurde: also ein Raum mit 9 quadratischen Gewölbefeldern. Die erhaltenen Säulen tragen Würfelkapitelle. Nischensystem, Mauertechnik und Kapitellformen deuten auf Zusammenhang mit der Wolfgangskrypta zu St. Emmeram in Regensburg.

Donaustauf. Walhalla. Aquarell von Leo v. Klenze

Deren Bauzeit, Mitte des 11. Jh., kann auch auf die Donaustaufer Kapelle bezogen werden.

Wallfahrtskirche St. Salvator. Die Kirche auf dem Breuberg außerhalb des Ortes geht auf einen »Hostienfrevel« des späten 14. und auf einen Gründungsbau des frühen 15. Jh. zurück, der im frühen 17. Jh. und – entscheidend – kurz vor Mitte des 18. Jh., zuletzt 1843 und jeweils zeitentsprechend umgeformt wurde. Das 1977 freigelegte Fresko eines italienischen Malers ist ins 15. Jh. zu setzen.

● **Walhalla.** Nächst unterhalb Donaustauf wendet sie sich in beherrschender Höhenlage, ein Griechentempel auf mächtigem Treppenpodest, der Stromebene zu. Der Stifter, König Ludwig I., widmete sie dem Genius der großen Deutschen. In Reihen stehen ihre Marmorbüsten (deren erste schon der Kronprinz Ludwig 1807 in Auftrag gegeben hatte) an den Wänden der feierlichen Halle. Der sehr weit gezogene Kreis soll sich immer wieder öffnen, um den Nachwuchs der Heroen einzulassen. Kein Stand, kein Geschlecht sei ausgenommen, Gleichheit bestehe in Walhalla, wollte der König. Leo v. Klenze errichtete 1830–41 diesen Peripteros nach athenischem Vorbild. – Die klassische Walhalla wurde nicht, was sie werden sollte: Nationaldenkmal. Aber schön ist sie, wie sie dasteht im

Leuchten ihres weißen Steines ohne Bezug auf den alten bayerischen Donaugau zu ihren Füßen, Gestalt gewordene Sehnsucht eines späten deutschen Humanismus.

DORMITZ (OFr. / Forchheim H5)

Kath. Pfarrkirche Mariae Verkündigung •

Das Dorf (Dorenbenze) erscheint 1142, die Kirche 1416. Ihre Befestigung wurde 1823 bis auf Reste beseitigt. Ehem. Filiale von Neunkirchen am Brand, ist Dormitz erst seit 1938 selbständig. Der spätgot., ins frühe (Chor) und ins späte 15. Jh. zurückgehende Quaderbau erfuhr im frühen 18. Jh. (1716, 1723) die Anverwandlung an den Zeitgeschmack, die aber den steinernen Bestand respektierte.

Die Kirche ist, zum wenigsten im Außenbau, das Paradigma einer spätmittelalterl. Landkirche des Nürnberger Kulturkreises. Der nördlich am Chor stehende Turm setzt 4 Geschosse aufeinander; ein 5., eingezogenes, folgt über dem durch die Einziehung gewonnenen, von einer Maßwerkbalustrade eingehegten Umgang; ein Spitzhelm des frühen 17. Jh. krönt. Ein Treppentürmchen legt sich an die NW-Ecke des Turmes, ein anderes an die W-Front, die ein feines, in Maßwerkfenstern aufgebrochenes First-Erkerchen auf dem Giebel hat. Die beiden Spitzenbogentore westlich und südlich sind von schmückenden Stabprofilen umfahren; vor das südliche ist eine anmutige Vorhalle gestellt, die sich in 3 Arkaden öffnet und mit 2 Kreuzrippengewölben gedeckt ist. An der S-Seite des Chores ein guter Ölberg des frühen 16. Jh. – Das I n n e r e wird durch die barocke Überschichtung bestimmt. Das Schiff ist ein Saal mit Flachdecke; der eingezogene, auf Kreuzrippen gewölbte 1jochige Chor hat ⅝-Schluß. Eine steinerne Empore, auf 3 spitzbogigen Arkaden, besetzt den westl. Abschnitt des Langhauses.

Die zarten Bandwerkstukkaturen der Schiffsdecke leistete ein Bester des Faches, der Bamberger Johann Jakob Vogel (1723/24), ihre kleinfeldrigen Fresken der Thüngersheimer Sebastian Urlaub (1724). Beider Meister Hände übergingen auch den Chor. Altäre und Kanzel barock, auch sie bambergisch. – Aber der Ruhm der kleinen Dormitzer Kirche ist ihr schöner Besitz an einzelnen Kunstwerken der Spätgotik. Im Hochaltar steht eine gute Muttergottes der 60er oder 70er Jahre des 15. Jh., am linken Seitenaltar der *»Beter von Dormitz«,* die Figur eines (ursprünglich mit dem gegenüberliegenden Leonhardsaltar verbundenen) Stifters, von edler stiller Art, ein kaum mehr gotisch zu nennendes Werk des frühen 16. Jh. Wir erwähnen noch die Pietà aus der 1. Hälfte des Jahrhunderts an der N-Wand und die kleine andere (stärker anspre- •

chende) unter der Empore, frühes 15. Jh.; die beiden Heiligen an der Empore, Nikolaus und Wolfgang, die dem »Marthameister« (Nürnberg) gegeben werden; die 8 Relieftafeln an den Wänden des Schiffes: 4 Darstellungen aus dem Marienleben in der Art des Veit Stoß und 4 aus der Passion in der Art des Marthameisters; die beiden Tafelgemälde mit Szenen der Zacharias-Legende, die dem Dürer-Schüler Wolf Traut nahestehen; endlich die gemalten Glasscheiben, Arbeiten des Nürnbergers Veit Hirsvogel von 1503. Das ist ein reicher (hier noch nicht in allem aufgezählter) Besitz.

EBERN (UFr. / Haßberge G3)

1216 erstmals, 1230 schon als »civitas« bezeugt, 1335 von Kaiser Ludwig mit dem Gelnhauser Stadtrecht begnadet. Von Anfang an und bis ans Ende des Reiches würzburgisch.

Der ein Viereck beschreibende Mauerzug schließt einen ziemlich regelmäßig gegliederten, auf den Markt als Hauptachse bezogenen Stadtkörper ein. Fachwerk gab bis ins 18. Jh. den Ton an. Dann hält, von Bamberg her, das Steinhaus seinen Einzug. – Die **Mauer** ist an der O- und S-Seite noch gut erhalten; hier auch noch Viereckturme. Von den 5 Toren überstand nur eines, das **Grautor,** ein stattlicher Torturm, das 19. Jh.

Die **kath. Pfarrkirche St. Lorenz** dürfte großenteils 1457–91 erbaut worden sein, bis auf den noch ins 14. Jh. zu setzenden Turm. Sie ist 3schiffig, basilikal, doch ist der Hochgaden des Mittelschiffes unbefenstert. Die Figurationen der Rippengewölbe bereichern das Raumbild. Die westl. Empore ist durch eine Maßwerkbrüstung ausgezeichnet. Die Steinkanzel ist das 1583 datierte Werk des Hans Schlachter (HS). Der Hochaltar wurde 1889 gesetzt. Von der barocken Ausstattung blieb nur der reiche, um 1700 aufgerichtete nördl. Seitenaltar. Aus der Reihe der (meist Rotenhanschen) Grabdenkmäler sei das des Richard v. Lichtenstein (1512), mit der Reliefstatue des geharnischten Ritters, hervorgehoben.

Der benachbarte **ehem. Karner St. Peter und Paul** (Gedächtnisstätte) von 1464 ist 2geschossig und mit einem Chorerker ausgezeichnet, ein gutes Stück spätgot. Architektur.

Die **Marienkapelle** im Friedhof, ein 1518 aufgeführter Quaderbau (das Schiff im 18. Jh. neu befenstert und erhöht), erfreut durch ihre in die 40er Jahre des 18. Jh. zu setzende Rokoko-Ausstattung.

Die **ev. Christuskirche** (Zeugnis des Wachstums der kleinen, jetzt auch mit Industrie versorgten Stadt), ein Zehneck, wurde 1957/58 nach den Plänen von Karl Pfeiffer-Hardt, Bayreuth, errichtet.

Der 1633 angelegte **Judenfriedhof** nördlich der Stadt besitzt noch eine Anzahl alter, ins 18., wenn nicht 17. Jh. zurückreichender Grabsteine.

Das **Rathaus** (am Marktplatz, zu dem sich die transversale Straßenachse erweitert) ist mit Auszeichnung unter den fränkischen zu nennen. 1604 erbaut, 1690 erneuert, setzt es auf das massive, in 4 Rundbogentoren geöffnete Erdgeschoß ein reizvoll gefachtes Obergeschoß und auf dieses einen hohen, ebenfalls gefachten, im Schopf gewalmten Giebel.

Eyrichshof (G3)

Schloß •

Ein älteres Schloß der hier seit dem 14. Jh. sitzenden Herren v. Rotenhan wird im Bauernkrieg zerstört. Der Wiederaufbau zieht sich bis ins späte 16. Jh. hin. Dieses von einem Wassergraben umfangene Schloß steht noch zu wesentlichen Teilen aufrecht. Nur der N-Flügel ist später; der markgräfliche Baudirektor Karl Friedrich v. Zocha führte ihn 1735 ff. auf.

Die 3flügelige Schloßanlage ist ein vortreffliches Beispiel deutscher Renaissance. Zwanglose Gruppierung der aneinandergelehnten oder sich durchwachsenden, wechselnd hohen Gebäude verbindet sich mit belebtester Silhouettierung: Rundturm, Staffelgiebel, Erker, Zelt-, Sattel- und Walmdach, Glokkenhaube. Das Gesicht blickt südlich; der hier steil gestirnte, bei verhältnismäßig kleinen Fenstern flächig wirkende Hauptflügel mit doppelgeschossigem Erker (1585) und hohem Staffelgiebel steht aufs schönste mit dem 5geschossigen Rundturm (der 30er Jahre des 16. Jh.) links und dem nur 2geschossigen Eckturm des Anbaues rechts zusammen. Daß der Restaurator 1846/47 einige Akzente beigesteuert hat, sei nicht verschwiegen.

Im Inneren geht noch der große Saal auf die Bauzeit des 16. Jh. zurück. Die prächtige, architektonisch gerahmte Holztür ist 1587 datiert. Eine vorzügliche Leistung des 18. Jh. (um 1730) ist der Saal im N-Flügel (Gastbau).

Das im späten 17. Jh. als **Orangerie** entstandene Gartenhaus hat gute Stuckdecken.

Die mit ihm zusammenstehende **Schloßkapelle** (ev. Pfarrkirche) wurde 1685/86 errichtet. Ein 2geschossiger, geschweift umrissener Giebel, dem ein Holztürmchen aufsitzt, zeichnet das kleine Bauwerk aus; ein reiches, von Säulen gerahmtes, von Wappen (Rotenhan-Erffa) bekröntes Portal schmückt die geschlossene Stirn.

EBRACH (OFr. / Bamberg F4)

Ehem. Zisterzienserkloster •

Ein Berno, edelfreien Standes, schenkt 1127 den Klostergrund, ein versumpftes Waldtal des Steigerwaldes. Die Abtei Morimond beschickt die junge Pflanzung, die erste des Ordens in Franken. Der eng mit dem hl. Bernhard verbundene erste Abt Adam tritt als Mittler auch in der

Reichsgeschichte hervor. Das rasch aufblühende, vom staufischen Königsgeschlecht, u. a. König Konrad III., geförderte Kloster sendet 6 Männer- und 3 Frauenklöster des Ordens aus (in Franken Langheim, 1132, und Heilsbronn, 1136). Sein wachsender Grundbesitz beflügelt seinen Ehrgeiz. Das bis zuletzt verfolgte Ziel der Reichsunmittelbarkeit wird allerdings nicht erreicht, der Würzburger Bischof behauptet die Landeshoheit. – Unter dem 49. Abt, dem bedeutenden Eugen Montag, verfällt Ebrach der Säkularisation. 1851 wird es zum Zuchthaus abgewürdigt.

● **Kath. Pfarrkirche St. Maria, Johannes Ev. und Nikolaus,** ehem. Klosterkirche

1134 ist das Weihejahr. 1200 wird die große, bestehende Kirche angefangen. 1207 ist die dem N-Querschiff anliegende Michaelskapelle, in ihren O-Teilen jedenfalls, unter Dach. Um diese Zeit werden auch Chor und Querschiff begonnen, 1239 dürfte der gesamte O-Bau abgeschlossen oder dem Abschluß nahe gewesen sein. Wenig später wird das Langhaus in Angriff genommen, dessen Vollendung sich bis in die 80er Jahre hinzieht. 1285 wird der fertige Bau geweiht. – 1778–91 empfängt die Kirche die trotz der späten Stunde noch sehr üppige klassizistisch-barocke Ausstattung.

Die Klosterkirche, eine der mächtigsten des Ordens in Deutschland, ist eine 3schiffige gewölbte Basilika mit ausladendem Querschiff und flach geschlossenem Chor, den ein mit 12 Kapellen besetzter Umgang (Grundrißfigur der 3. Klosterkirche von Cîteaux) begleitet. Die lichten Maße sind: Länge 84,5, Breite 23,4, Höhe 21,9 m, Länge des Querschiffes 44,5, Breite 8,9 m. – Der Außenbau, turmlos bis auf den 1716 von Joseph Greising neu in Holz aufgeführten Dachreiter, ist durch das Kreuz der Schiffe und den in 3 Stufen aufsteigenden Rechteckchor charakterisiert. Der langgestreckte Baukörper ist nur durch die Folge der 4kantigen Streben (früheste deutsche) gegliedert, die unten, an den Seitenschiffen, je 2, oben, am Hochschiff, je 1 Fenster zwischen sich nehmen. Die felsige Nacktheit der Querschiffsfronten bricht in je einem Radfenster auf. Eine große hochgot., vielgefächerte Maßwerkrose (Original im Nationalmuseum München, Prototyp am Querschiff von Notre-Dame in Paris) schmückt die spätestens 1280 entstandene Fassade, die sich unten in einem Spitzbogentor mit reich profiliertem Gewände öffnet (oben – über dem horizontalen Abschluß von 1580 – denke man sich den im Bauernkrieg zerstörten Giebel hinzu). Die Einzelformen liegen alle dem Romanischen näher als dem Gotischen. Auch die spätesten (westl.) Fenster zeigen nur leichten Scheitelknick, der Rundbogen herrscht noch, der Rundbogenfries markiert die Trauflinien der Schiffe; nur am Chor ist es statt seiner der (typisch burgundische) Konsolenfries. Wenn der Eindruck dieses in vortrefflichster Sandsteinquaderung aufgeführten Baukörpers doch viel mehr gotisch als romanisch ist, dann dank dem Gerüst der hageren sehnigen Streben. Trotz rd. 80jähriger Bauzeit wirkt der Bau einheitlich.

Das Innere liegt unter dem Mantel der ihm von Materno Bossi aufgetragenen Stukkaturen, die aber nicht die Bewegungsläufe des got. Wandkörpers auslöschten. Noch fluchten die 7 schmalrechteckigen Joche kurzen beeilten Schrittes in die Tiefe, kurven spitz die Bögen der gleichmäßig gereihten Arkaden wie die den zu Säulen verwandelten Pfeilerdiensten entwachsenden Gurte und Rippen der Kreuzgewölbe, rundet sich im Ausschnitt der Orgel die fast die ganze Breite der W-Wand durchmessende Rose. So ist es auch im Querschiff, dessen geringe Breite die ihm östlich anliegenden 4 Kapellen ausgleichen, und im Chor, dessen beide O-Joche 6teilig überwölbt sind.

Auch die Stuckmarmor-Altäre, der Hochaltar und die 10 des Langhauses, sind von Bossi, dem, als Bildhauer, Peter Wagner zur Seite stand. Mächtig der den Chor in ganzer Breite und Höhe besetzende Hochaltar. Älter der Bernhardusaltar im Querschiff, vom Nürnberger Veit Dümpel 1626, der Johannesaltar in der ersten nördl. Querschiffkapelle, von Francesco Giulio Brenno 1693, die etwa gleichzeitigen Altäre in den Kapellen des Chorumganges. Die reiche Stuckgruppe des Pfingstwunders im S-Flügel des Querschiffes (über der Sakristeitür) schuf, 1696, Giovanni Battista Brenno, die der Nothelfer im N-Flügel des Umganges Daniel Friedrich Humbach, 1741. Die frühklassizist. Kanzel kam erst im 19. Jh. hierher (aus Himmelspforten). Das sehr reiche Chorgestühl, von Peter Wagner entworfen, in der Werkstatt des Klosters ausgeführt, ist mit Holz- und Alabasterreliefs ausgestattet. Die Orgel (Empore 1704) entstand 1743; ihre plastischen Teile sind von Georg Adam Gutmann. Das prächtige Gitter unter der vorgewölbten Orgelempore schuf, ebenfalls 1743, der Würzburger Hofschlosser Johann Georg Oegg, doch nur mittleren Teils, die Seitenteile sind frühes 17. Jh.; es sperrte ursprünglich den Chor.

Aus der dezimierten, doch immer noch ansehnlichen Reihe der *Grabdenkmäler:* Reliefdeckplatte der Königin Gertrud, Gemahlin König Konrads III., die wohl ins 3. Jahrzehnt des 16. Jh. zu setzen ist (nach 1525), und die ihres Sohnes, Herzog Friedrichs von Rothenburg (posthume Gotik des 17. Jh.); beide deckten bis um 1650 im Chor stehende Tumben. Die Epitaphien zur anderen (nördl.) Seite erinnern an 2 aus der Reihe der Würzburger Bischöfe, die im Spätmittelalter bis 1573 ihre Herzen in Ebrach beisetzen ließen: Berthold v. Sternberg und Mangold v. Neuenburg, beide um 1300. Das von G. B. Brenno 1697 geschaffene Stuckmausoleum des ersten Abtes, Adam, das vom Würzburger Tho-

Ebrach. Ehem. Zisterzienserkloster. Treppenhaus

mas Kistner gemeißelte des Abtes Leonh. Rosa (1591) und das aufwendige, in grauem und weißem Alabaster gefertigte des Abtes Hieronymus Hölein, das Nikolaus Lenkhart 1618/19 begann und Veit Dümpel 1621–26 beendete.

Die mit ihrem Querschiff in die NO-Ecke des Querschiffes der Klosterkirche eingreifende kreuzförmige, im (untergrufteten) Chor erhöhte Michaelskapelle ist der früheste Bauteil: 1. Jahrzehnt des 13. Jh. Gebündelte, durch Schaftringe geteilte Dienste mit Kelchkapitellen, Kleeblattarkaden, schwere, rechteckig profilierte Gurte, kräftige, leicht gespitzte Rippen: alles Eigenheiten zisterziensischer Frühgotik, hier in morgenfrischer Darbietung versammelt.

Ehem. Klostergebäude (Strafanstalt). Südlich neben der Kirche und südwestlich schließt der große Komplex des 5 Höfe umfassenden Klosters an. Das Hufeisen des Ehrenhofes öffnet sich westlich. Der an die Fassade der Kirche im rechten Winkel anstoßende langgestreckte Abteibau sieht nördlich. Die ausgedehnte Anlage wird durch eine Mauer umschlossen. ●

Der Bau beginnt 1687 nach Plänen Johann Leonhard Dientzenhofers, der die beiden östl. Höfe, größtenteils auch die beiden westlich folgenden und noch den N-Trakt (der Abtei) bis zu 8 Fensterachsen aufführt. Seine solide, aber grundnüchterne Art hätte das Ganze bestimmt, wäre der Bau nicht 1702 unterbrochen und erst 1716 wiederaufgenommen worden. Die Bauleitung hat jetzt Joseph Greising. Der Anteil des damals noch wenig namhaften Balthasar Neumann steht in Frage, ist aber unwahrscheinlich. 1717 ist der Abteitrakt fertig; es steht auch der Mitteltrakt des Ehrenhofes, dessen S-Flanke allerdings erst 1730 hinzukommt.

Der verantwortliche Baumeister, der nun doch in Greising zu suchen ist, gab der langen, 26 Fensterachsen zählenden Abtei Halt und Mitte in dem durch Portal, Kolossalordnung und Giebel ausgezeichneten Risalit, er grenzte ihn westlich durch den hohen, wieder zügig zusammengreifend gegliederten Pavillon ab, er zog die von Dientzenhofer geplanten 2 westl. Höfe zu einem zusammen und öffnete ihn in den hier vorliegenden Abteigarten, er festigte die vorgreifenden Flügel durch die hohen Eckpavillons und betonte die Mitte durch eine wieder in »großer Ordnung« gehaltene Risalitbildung. Soweit nötig, lehnte er sich an das Aufrißschema Dientzenhofers an; er wiederholt sogar, aus Symmetriegründen, den Erker vom O-Flügel des Abteitraktes am W-Flügel. – Seine Leistung ist auch das *Treppenhaus* der Abtei, das in Franken nur das von Pommersfelden zum Vorgänger hat. Es leidet an Raumenge, würde aber weniger an ihr leiden, wenn die urspr. Planung, ●

welche die obere Galerie zurückschwingen ließ, ausgeführt und nicht die Rückwand des Obergeschosses (im 19. Jh.) vorgeschoben worden wäre. Die Treppe steigt in 2 sich mehrfach brechenden Läufen zu einem Podest auf, der sich unten in 3 Bogenstellungen öffnet. In der Höhe, nur wenig unter dem Spiegel der Decke, quert eine Galerie, die auf hohen, schlanken Säulen ruht.

Die Stuckdekoration Georg Hennickes überträgt die Balustraden von Treppe und Galerie auf die Wände und führt so den Gedanken des Treppenhauses zu Ende. Das große, da und dort in Stuck überquellende Deckenfresko ist von Johann Adam Remele. Die rechteckigen Ölgemälde an den Seitenwänden, 1783, klassizistisch, bringen eine unverträglich harte Linie in den Aufriß. – Die reiche phantasievolle Kunst des Stuckbildners Hennicke, im Treppenhaus mit weiser Zurückhaltung ● eingesetzt, entfaltet sich voll im *Kaisersaal* (im Mittelpavillon des Ehrenhofes), der seine eigenste Leistung ist. Pilaster und Dreiviertelsäulen in rötlichem Stuckmarmor greifen 2 Geschosse zusammen. Darüber eine blühende, Ornamentales, Pflanzliches, Figürliches souverän beherrschende Dekoration. Das Ölgemälde der Decke (Sieg des Lammes) gab Anton Clemens Lünenschloß. – Die Dekoration des *Gartensaales* (unter dem Kaisersaal) verwendete Grottenmotive.

Die **Gartenanlage** im und vor dem Ehrenhof wurde im 19. Jh. verstümmelt. Doch erfreut noch der große **Brunnen** mit der Herkules-Antäus-Gruppe Jakob van der Auveras (1747). – Der die SW-Ecke des Klosterberinges sichernde **Wartturm** wird wahrscheinlich Johann Jakob Michael Küchel verdankt. – Die Terrasse gegenüber dem Abteibau, mit Freitreppe von 1754, trägt auf ihrer Höhe die **Orangerie:** So schließt sich gärtnerisch-architektonisch der südlich von Kirche und Abtei geschlossene Platzraum nördlich. – Von den 2 ins Klosterreich einlassenden Toren hat sich nur das vermutlich von Küchel gebaute östliche erhalten, das **Bamberger Tor.**

Großbirkach (F4)

Ev. Pfarrkirche (St. Johannes Bapt.)
Vom frühen bis ins späte Mittelalter Besitz der (im 19. Jh. zugrunde säkularisierten) Abtei Münsterschwarzach.
Bedeutendstes Besitztum der im 12./13. Jh. erneuerten Kirche ist die ● sog. *Heidentaufe*, ein bis 1928 im Stipes des Altars vermauertes Sandsteinrelief: im Relieffeld groß in der Mitte Johannes d. T. (so inschriftlich), begleitet seitlich von 2 Laienherren, deren Handgesten als Schwurgebärden (Abschwörung des Heidentums anläßlich ihrer Taufe?) zu deuten sind. Das Werk kam wohl aus Münsterschwarzach hierher, dessen Abt (1034–46) Wolfer sich in der Rahmenleiste verewigt hat, wodurch das Relief auch zu datieren ist. Man darf an die Missionierung der damals noch in der »terra sclavorum« zwischen Main und Regnitz sitzenden Volksteile denken.

ECKERSDORF (OFr. / Bayreuth I4)

Donndorf

Schloß Fantasie •

Eindrücke einer italienischen Reise des Bayreuther Markgrafenpaares 1754/55 regten zum Bau eines Lustschlosses an. Der Tod der Markgräfin Wilhelmine 1758 hemmte das Unternehmen und noch einmal der des Markgrafen Friedrich 1763. Erst 1765 konnte es, vermutlich unter Leitung Rudolf Heinrich Richters, jetzt für die Tochter des Markgrafenpaares, Herzogin Friederike von Württemberg, zu Ende gebracht werden. Eingriffe um die Mitte des 19. Jh., unter Herzog Alexander von Württemberg, haben das Schloß vielfach verändert (Aufstockung der Mitte und der südl. Eckbauten, Anbau des nördl. Turmes). Das Innere büßte seine Originalität gelegentlich der Besetzung durch die Reichsleiterschule 1937 ein.

Das Schloß erfreut immer noch durch seine heiter ansprechende, trotz aller Zuschüsse der barocken Grundlage verhaftete Erscheinung. – Eine kleine Kostbarkeit ist das ihm seitlich nordöstlich im Park zugesellte **Teehaus,** wahrscheinlich von Karl Philipp v. Gontard: 1geschossiger Pavillon in Quaderwerk, von dem der nördl. Annex, ein 1937 hinzugefügtes Bühnenhaus, wegzudenken ist.

Der einer von S nach W gerichteten Wegachse zugeordnete **Park** wurde 1793 – mit Erweiterung südlich – anglisiert und in der Folge, unter Herzogin Dorothea von Württemberg, mit sentimentalen Memorien durchsetzt. Doch alt der vortreffliche **Neptun-Brunnen** am westl. Ende der dem Schloß parallelen Promenade, die nördlich benachbarte **Grotte** und die hier abgrenzende, mit Tropfsteinlisenen und Reliefs geschmückte massive Mauer. Die **Grotte** östlich (»Diis manibus pia Dorothea«) ist ein Addidament dieser Herzogin, ebenso die **Katakombe,** die Gräberstraße und die **Alexanderkapelle.**

EFFELTRICH (OFr. / Forchheim H5)

Der Stolz dieses erstmals 1174 bezeugten guten fränkischen, ehemals bambergischen Dorfes am Fuße des Hetzles ist die

Kirchenburg. •

Sie dürfte kurz nach Mitte des 15. Jh. ihre bis heute behauptete Gestalt gewonnen haben, etwas früher als die Kirche, die erst gegen Ende des 15. Jh. und im frühen 16. aufgeführt wurde und erst seit 1938 Pfarrkirche ist.

Der hohe **Mauerring** des Kirchhofes umschreibt ein Viereck. 4 Rundtürme (der 4., südwestlich, nur in den unteren Steinlagen erhalten) besetzen die 4 Ecken; ein quadratischer Torturm tritt an den durch Abschrägung gewonnenen Knick. In dieses Befestigungssystem war auch der Kirchturm einbezogen, den ein

Gang mit der Mauer verband. Der bis 1835 ganz erhaltene hölzerne Wehrgang besteht noch in einer Länge von rd. 15 m. Ein Graben lag westlich vor.

Über dem Tor, in Nischen, die spätgot. Holzfiguren Georg, Sebastian, Laurentius, in der schönen, rundbogig geschlossenen, kielbogig überhöhten Erkernische seitlich eine kleine Figur des reitenden St. Georg (Anfang 16. Jh.).

Die **kath. Pfarrkirche St. Georg** ist ein spätgot. Quaderbau. Der nordwestlich stehende Turm ist in das Langhaus eingerückt; ein übereck gestelltes Uhr-Erkerchen schmückt den 8kantigen Spitzhelm. Das Langhaus flach gedeckt (Stuck des 18. Jh.); der polygon schließende Chor trägt Netzrippengewölbe.

Hochaltar frühes 18. Jh. Der neugot. linke Seitenaltar birgt spätgot. Figuren: Muttergottes, Katharina, Barbara (um 1500). An der S-Wand ein ins frühe 16. Jh. zu setzender hl. Georg, der ehemals die Erkernische besetzt haben könnte. – Die barocke *Ölbergkapelle,* außen, südlich, enthält gute spätgot. Figuren.

● Ein anderer ausgezeichneter Besitz dieses auf einer guten Scholle begründeten Dorfes ist seine **Linde,** die sehr alt ist, wenn auch nicht tausendjährig. Der von ihrer weiten, 66 m umfassenden Krone überschattete, durch einen 8eckigen Steinkranz eingehegte Platz war die Stätte des Dorfgerichtes, der Beratung und des Festes.

EIBELSTADT (UFr. / Würzburg D5)

Kaiser Sigismund verleiht 1434 den Eibelstädtern das Stadtrecht: »Daß sie nun fürbaß sich befestigen mögen.«

Kath. Pfarrkirche St. Nikolaus

Ältester Teil, wie meist, so auch hier der Turm, der in seinen 3 Untergeschossen auf einen spätroman. Bau des 13. Jh. zurückgeht. Der spätgot. Nachfolger wurde in den 80er Jahren des 15. Jh., doch anscheinend nur im Chor, aufgeführt. 1520–25 folgten die Seitenschiffe, das südliche zuerst, das der Würzburger Dombaumeister Hans Bock, dann das nördliche, das der eingesessene Steinmetz Stephan Baldt ausführt. Der Bau der Seitenschiffe dürfte gleichzeitig die Begrenzungen des Mittelschiffes ergeben haben. Wetterschaden, 1622, veranlaßte einen Umbau, den der Beauftragte, Jakob Bonalino, 1625 beendete; er erstreckte sich auf die Einwölbung des Mittelschiffes und die Erhöhung des Turmes, der jetzt auch seine beiden Flankentrabanten erhielt. Der Spitzhelm ist neugotisch (1848).

Der Raum des 3schiffigen Langhauses, in das westlich der Turm eingreift, ist eine nahezu quadratische, breitgelagerte Halle. Die nachgot. Gewölbe auf Rundpfeilern. Der in der

Breite des Mittelschiffes anschließende Chor bricht nach 2 Achsen in 5 Seiten des Achtecks; Netzrippengewölbe. Westl. Beschluß des Raumes ist die gute doppelte Empore von 1624.

In Betrachtung der Ausstattung sei der Taufstein des Zacharias Juncker von 1613, aus Kalkstein und Alabaster, vorausgenommen, eine der für Mainfranken charakteristischen reichen Bildhauerarbeiten der Spätrenaissance. Von gleicher Hand auch das vorzügliche Bildnisepitaph des Kindes Anna Justina Krauschent († 1626). Im Chorbogen die Dreiergruppe des Gekreuzigten zwischen Maria und Johannes, von etwa 1510, aus der Nähe Riemenschneiders. Der ansehnliche Hochaltar von 1695/96, eine Arbeit des Würzburgers Sebastian Bez, enthält im Giebel die große Holzfigur des Kirchenpatrons St. Nikolaus, offenbar ein Relikt des spätgot. Hochaltars, auf den wohl auch die Holzfiguren in den Seitenaltären, dem Marienaltar von 1624–33 (mit guter spätgot. Muttergottes in der Mitte) und dem Kreuzaltar von 1636, zurückweisen. Das Gemälde des Hochaltars, Kilians-Marter, von Oswald Onghers.

Die **Kreuzkapelle,** östlich außerhalb der Stadt, eine Bürgerstiftung, 1657–61 vom domkapitelschen Werkmeister Heinrich Eberhardt errichtet, besitzt gute Ausstattung des 17. und 18. Jh.

Das **Rathaus** ist ein beachtliches Gebäude des frühen 18. Jh., vermutlich vom domkapitelschen Baumeister Peter Zwerger: 2geschossig, das Erdgeschoß in Arkaden aufgebrochen, die Fenster gerahmt und horizontal bedacht, ein Portal mit gebrochenem Giebel an der Schmalseite. Die fast klassizist. Allüre wirkt etwas streng und kühl in dieser Umgebung, doch die vor der Front in einem Balustradengärtlein stehende, in den 50er Jahren des 17. Jh. gesetzte **Mariensäule,** Werk des Würzburgers Gregor Diemeneck, lockert freundlich auf.

Die mit vielen Türmen und 4 Toren ausgestattete **Mauerwehr** des 15. und 16. Jh. steht noch in guter Erhaltung.

ELFERSHAUSEN (UFr. / Bad Kissingen D3)

Trimberg (D3)

Burgruine

Seit dem 11. Jh. kennt man die Herren v. Trimberg. Seit 1292 herrscht hier Würzburg. Im Bauernkrieg schwer heimgesucht, wird die Burg unter Bischof Julius »fast neu« gebaut. Nach 1803 (Säkularisation) auf Abbruch verkauft. Seit 1833 sorgte die Kissinger Kurverwaltung für die Ruine. In Teilen restauriert, droht ihr jetzt erneut das Schicksal der Verödung.

Die Ruine krönt eine ins Saale-Tal frei vortretende Höhe, auf deren oberer Stufe die »Alte Burg« lag. Östlich der Zugang über die den Halsgraben querende Brücke. Zur Rechten ein starker Rundturm; ein Rundbogentor läßt ein. Die Ringmauer grenzt eine keilförmige, mit der

Spitze nach W liegende Fläche ab, Rundtürme überhöhen sie, ein Zwinger hinterfängt sie. Die **innere Burg** setzt sich aus 2 westlich zusammenstrebenden, einen schmalen Hof einschließenden Wohnbauten zusammen, die westlich der übereck stehende **Bergfried** trennt. Eine starke, den Bergfried umfassende Mauer schließt östlich ab. Sie und der Bergfried sind romanisch. Der nördl. Wohnbau entstand um 1615, der südliche teilweise um diese Zeit, andernteils 1679 ff. Die Vorschiebung des Burgringes über die Innenburg dürfte ins 14. Jh. zu setzen sein, die Mauer aber erst ins frühe 17. Jh.

ELLINGEN (MFr. / Weißenburg-Gunzenhausen G8)

Römische Voraussetzungen wurden schon im letzten Jahrzehnt des 19. Jh. ermittelt. Das Kastell der Limeslinie ist nun auch durch die Aufdeckung einer Datierungsinschrift der Commodus-Zeit (182; damals wurde offenbar umgebaut) gesichert. Auch hier wird, wie im benachbarten Weißenburg, der Furor teutonicus im Laufe des 3. Jh. das Ende gebracht haben.

● **Schloß**

Ein Hospital, das Walther und Kunigunde v. Ellingen stiften und Kaiser Friedrich I. auftragen, steht am Anfang. Friedrich II. übergibt es 1216 dem Deutschen Orden, der eine Kommende einrichtet. Schließlich nimmt der Landkomtur der Ballei Franken hier seinen Sitz. 1788 tritt an seine Stelle der Deutschmeister. Aber schon 1796 annektiert Preußen. Dann, 1806, fällt Ellingen an Bayern, dessen König die Herrschaft Ellingen 1815 dem Feldmarschall v. Wrede als Thronlehen zueignet. Seit 1939 ist Ellingen Besitz des Staates. – Eine Wasserburg geht dem Schloßbau des 18. Jh. voraus, und die Kirche birgt auch noch got. Mauern. 1708 hebt der Neubau an, mit dem O-Flügel. Franz Keller errichtet ihn nach den Entwürfen des Fürstlich Oettingenschen Baurates Wilhelm Heinrich Beringer. Dann, 1717, kommt der Hauptflügel (S) an die Reihe und zugleich auch der andere Flügel (W), die beide noch Keller baut. 1720 stehen die beiden Flügel, deren westlicher den östlichen wiederholt. Zuletzt wird die den Schloßhof nördlich abriegelnde Kirche weitgehend umgestaltet, 1746–52; Franz Joseph Roth und Matthias Binder sind die Erneuerer. Endlich, 1774, wird noch, nach Plänen des Franzosen Michel d'Ixnard, dem O-Flügel eine Altane vorgelegt. Um diese Zeit bemächtigt sich der Klassizismus durch d'Ixnard auch der Innenräume.

Frei, am NW-Rand der kleinen Stadt, liegt der große Komplex dieser geistlichen Residenz, mit dem Gesicht nach S. Ein gemauerter Graben hegt die Fläche ein. Das Schloß umgreift in 4 Flügeln (deren einer die Kirche ist) einen Innenhof. Seine Haupt- und Schauseite, die südliche, hat als Gegenüber die in 3 Flügeln den vorgelagerten Platz umfangende Brauerei, die wohl gleichzeitig mit dem ersten Flügel des Schlosses von Keller aufgeführt wurde. (Ein Stich des 18. Jh. trägt südlich –

Ellingen. Gesamtansicht mit kath. Pfarrkirche, Rathaus und Schloß

anstelle der Brauerei – und auch nördlich nicht ausgeführte Planideen vor.) Der so gewonnene Ehrenhof öffnet sich östlich und westlich in Toren. Nördlich und westlich liegen, verdeckt, die Wirtschaftsgebäude; nördlich liegt auch der Park.

Äußeres. Der mächtige, die südl. Rezat-Talung beherrschende Hauptflügel setzt 3 Risalite vor, deren mittlerer einen Giebel trägt; die seitlichen, zu je 4 Achsen – der mittlere zählt 5 –, schließen in eigentümlich kuppeligen Dachgauben, die man als Ellinger Spezifika bezeichnen kann. Die Verbindungstrakte sind 3geschossig; die Risalite fügen noch ein Halbgeschoß hinzu. Das rustizierte Erdgeschoß ist sockelhaft. Pilaster straffen die Hochgeschosse, doch nur der Risalite. Plastische Gesimse, waagerechte und gekurvte, beschatten die Fenster der Hauptgeschosse. Das von Säulenpaaren gerahmte Rundbogenportal der Mitte überträgt seinen Anspruch auf die Mittelachse der beiden folgenden Geschosse; Voluten, auf ihnen Mars und Minerva, die das Fenster des 1. Obergeschosses einfassen, tragen einen Balkon, der dem durch Dreiteiligkeit ausgezeichneten Fenster des 2. vorliegt. Alle Flächen sind verputzt; der Stein ist auf die Plastik (v. a. in und auf dem Mittelgiebel) beschränkt, die der Bildhauer Friedrich Maucher leistete. Die Seitenflügel (O, W) sind bei entsprechender Gliederung durch einfache Fensterreihungen bestimmt; die 2geschossigen Zwerchgiebel sind nicht eben modern. Gegen den Hof wenden sich die beiden Seitenflügel wie nach außen. Doch liegt dem westlichen die in Höhe der beiden unteren Geschosse aufgeführte spätere Kolonnade vor, eine durch waagerechten Architrav abgedeckte Säulenreihung klassizist. Prägung. Der Hauptflügel läßt einen starken Risalit vortreten, der sich, ein geschlossener Block mit gliedernden Pilastern, in einer hohen Mittelnische aufhöhlt, über dem schweren Gesims noch ein Attikageschoß aufsetzt und mit einem von Balustraden flankierten Dreieckgiebel abschließt.

Inneres. Der S-Flügel des Schlosses enthält das große, 1719 nach Entwurf Kellers aufgeführte, von Joseph Anton Roth stuckierte *Treppenhaus*. In 2 Läufen steigt die Treppe an, die Läufe erreichen einen Podest, brechen, treffen auf einem höheren zusammen, dann geleitet ein Lauf zum 1. Obergeschoß weiter. In gleicher Abfolge bewegt sich die Treppe zum 2. Obergeschoß, das sie in hoher gewölbter *Halle* empfängt. Die eleganten Stukkaturen schuf hauptsächlich J. A. Roth, das Fresko (Titanenkampf) Johann Anton Pinck. – Die *repräsentativen Räume des S-Flügels* (Wohnung des Landkomturs) durften nur in der Reihe westlich des in der Mitte liegenden Speisesaales bei ihrer urspr. Ausstattung bleiben. Die übrigen wurden 1774/75 nach Entwürfen d'Ixnards neu gestaltet. Auch die Räume des 2. Obergeschosses wandelten sich klassizistisch. Der *Hauptsaal* bewahrt aber noch die alte, reich stukkierte Decke mit einem Fresko von Pinck (nur die Wände wurden um 1820 umgestaltet), und auch die westlich anschließenden Räume haben noch die urspr., von Roth gestalteten Decken. Die Reihe der *Paradezimmer* gehört d'Ixnard.

Die gegenüberliegende Hofbegrenzung stellt die 1746 begonnene **Schloßkirche Himmelfahrt Mariae und St. Ulrich,** die nun dem Schweren das Leichte entgegensetzt. Sie legt ihre S-Flanke an den Hof. Diese ihre Langseite ist nun wieder durch einen flachen Risalit unterbrochen, über dessen geschwungenen Giebel der (1748 von Fz. J. Roth begonnene, 1751 von Binder beendete, an der N-Seite der Kirche, auf der S-N-Halbierenden stehende) Turm herüberblickt. Der Risalit, in hohen stichbogigen Fenstern geöffnet – wie die beiderseits angrenzenden, mit Mansarden bedachten »Flügel« –, ist aufs schönste geschmückt.

Vor den rahmenden Pilastern stehen auf Volutensockeln die Statuen St. Georgs und St. Elisabeths, höher, in der Mitte zwischen den beiden Fenstern, die Immaculata, dann folgen 2 Wappenkartuschen; die kleinere überschneidet die Giebelbasis, die größere krönt, mit flatternden Konturen, die Giebelspitze. So reicher Anteil der Plastik kennzeichnet auch den diesen schönen Vordergrund überragenden Turm, dessen Steinkörper an sich schon so wirkt, als hätte ihn Bildhauerhand modelliert, der aber dann auch noch seine reizvoll umrissene Kuppel mit 5 frei aufgerichteten Statuen beschließt.

Die Schloßkirche setzt 2 lange Rechtecke aneinander, Schiff und Chor. Dieser schließt in 5 Achteckseiten (die Mauern sind gotisch). Aber die blendende *Ausstattung* in Stuck und Fresko (1718) macht die ältere Fügung des Raumkörpers ganz unwirksam, wofür allerdings auch, neben den hohen Fenstern, die weichen Muldungen der Wölbung sorgen. Stukkator war Fz. J. Roth, der wohl auch, nach Einholung Neumannscher Anregungen, das Bauliche konzipiert hatte. Wirksame Faktoren des Raumbildes sind auch die den Flanken des Chores anliegenden Oratorien.

Der den Chorschluß füllende Hochaltar (1748) ist Werk des Augsburgers Franz Xaver Feichtmayr (I) (das Gemälde älter, 1684, von Oswald Onghers, Würzburg). Etwas später, 60er Jahre, Seitenaltäre und Kanzel. Entzückende, reich, ornamental geschnitzte Betstühle (1748).

Die dem Hauptflügel des Schlosses entgegengewendete, in 3 Flügeln gruppierte **Brauerei** ist in bescheidene Anmut gekleidet. Der Mittelbau überwächst in einem Giebelrisalit seine beiden Geschosse, die eine behäbig lastende Mansarde deckt, deren First ein schnörkelfroher Dachreiter aufsitzt. Die Dächer sind in Ellingen eine eigene Sache.

Von den beiden **Toren** entstand das weniger aufwendige im O 1769/70; 2 runde Schilderhäuschen (das nördliche 1945 zerstört) vor der den Graben querenden Brücke, dann, hinter ihr, 4 Pfeiler, darauf 2 Panduren und 2 Schweizer. Das andere im W, »Brühltor«, stand 1765 fertig; ein Korbbogentor, dem sich 2 Wohnflügel anschließen; konkave Rundungen leiten vom Torbau zu den Flügeln über. Vor dem (nun, weil baufällig, abgebrochenen) Tor quert wieder eine Brücke den Graben.

Nördlich des Schlosses, an dessen W-Flügel angrenzend, die **Reitschule.** 1749 entstand sie nach Entwürfen Fz. J. Roths, und die leichte, phantasievolle Art des Stukkateur-Architekten haftet dem originellen Bauwerk mit dem Standerker unten und dem Zwerchgiebel oben (vor der steilen Mansarde) deutlich genug an. – Die **Wirtschaftsgebäude** nördlich der Reitschule, 1751–56 und 1761/62 von M. Binder aufgeführt, erfreuen bei einfacher, guter Gliederung durch ihre prächtigen Mansarden.

Der **Park,** östlich der Wirtschaft, im Rücken des Schlosses, wandelte sich 1796 ff. aus dem französischen in den englischen von heute. – Die beiden **Orangerien** (südlich der Brauerei) schuf Fz. J. Roth, um 1740; beherrschend die gereihten hohen Fenster; die dekorative Lust des Architekten konnte sich nur in den Dachbalustraden entladen.

Die **Stadt** erwuchs im Schatten des Ordensschlosses. Die Befestigung konnte erst spät, im 16./17. Jh., zustande kommen; sie war einfach genug. Was von ihr noch erhalten ist, gehört dem frühen 17. Jh. an. Das Weißenburger Tor (1945 zerstört) ist 1609, das **Pleinfelder Tor** 1660 datiert. – Die älteste Siedlung lag der »Alten Gasse« an. Weißenburger und Pleinfelder Straße bilden die Ordnungsachse der jüngeren (Stadt-)Siedlung, die in der Mitte von der kürzeren Hausner Straße gekreuzt wird. An der Kreuzung steht das **Rathaus** (urspr. Obergerichtsverwalterei), 1744 errichtet, »Invention« des Baudirektors Franz Joseph Roth, eine der heitersten des Rokoko: ein mittlerer Risalit überwächst das 2geschossige Rechteck und schließt mit einem Giebel, der noch auf geschweiftem Podest ein offenes Firsttürmchen aufnimmt; die festliche Wirkung des in seiner Mansarde doch wieder bürgerlich behäbigen Bauwerkes beruht auch gutenteils in der Zusteuer des Bildhauers. – Das Gesicht Ellingens ist durch die Ordensbaumeister geprägt, so einheitlich, daß man versucht sein könnte, an eine barocke Planung zu denken, hielten die doch noch spürbaren Merkzeichen höheren Alters nicht davon ab. Wie eine Straße barocker Wurzel aussieht, mag man an der 1749 ff. angelegten schnurgeraden Neubaugasse kennenlernen. – Wird man auf Schritt und Tritt immer wieder an das Schloß, an sein Hereinwirken in die kleinbürgerliche Welt erinnert, so mag die **Rezat-Brücke** mit ihren 8 Heiligen (1762 von M. Binder) die Erinnerung an den geistlichen Charakter der Herrschaft wachrufen, der sich im Schloß selbst mit seiner in den Hof eingeborgenen Kirche so wenig kundtut.

Kath. Pfarrkirche St. Georg

Im großen Jahrhundert Ellingens konnte auch ein Neubau der Pfarrkirche nicht ausbleiben. 1729–31 führt ihn Franz Joseph Roth auf.

Die Kirche ist nicht orientiert, denn ihre Front sollte gegen die Straße stehen und ihr der Front entwachsender Turm ein Blickpunkt der Straße sein. Der Grundriß setzt ein Kreuz, Chorarm und Querschiffarm schließen rund, und in die Winkel zwischen Chor und Querschiff schmiegen sich 2 doppelgeschossige Sakristeien. Die Fassade lebt von dem als Risalit heraustretenden gequaderten Turm, der sich in einem plastisch geschmückten Portal öffnet.

Über dem Portal steht in hoher Nische die Immaculata; an seinen Flanken auf Konsolen der hl. Georg und die hl. Elisabeth. – Die Ausstattung ist einheitlich, 30er Jahre des 18. Jh. Zarter Stuck überspielt die flache Spiegelwölbung, dem die eingestreuten Freskenfelder nur geringe Konkurrenz machen.

Bei der Pfarrkirche, in ihrem **Friedhof,** westlich, steht die **Mariahilfkapelle.** 1676 begründet, wurde sie jetzt, zugleich mit der Pfarrkirche, jedenfalls auch von Fz. J. Roth, neu gebaut: ein Oval mit rechteckigen Anbauten seitlich. Das östl. Rund des Ovals ist Fassade. Ein reizvoll umrissenes Portal zwischen 2 hohen Fenstern, ein geschweifter Giebel mit Statuennische, das ist, kurz angedeutet, der Inhalt dieser Schauseite.

In der NW-Ecke des Friedhofes steht ein **Ölberg,** dessen Kapelle barock (1730?) ist, dessen Figuren spätgotisch sind. Und unter der Figur eines Christus »im Stock« an der N-Mauer ruht der Baumeister des Landkomturs, Matthias Binder, der 1777 starb, nachdem er viel mit »mühsamer Pflicht« gebaut hatte.

Maximilianskapelle. Westlich der Stadt, im Freiland. Neu wurde sie gegen 1733 gebaut, 1734 geweiht. Der Stil weist auf Franz Joseph Roth. Eine feine reiche Ausstattung in Stuck und Fresko zeichnet sie aus.

Spitalkirche St. Elisabeth. Bis 1705 lag sie westlich des Schlosses, dann wurde sie an den heutigen Platz außerhalb der Stadt verlegt. 1708 geweiht. Aber die Ausstattung ist um einige Jahrzehnte jünger; die Stukkaturen von der in Ellingen gewohnten Güte.

ELTMANN (UFr. / Haßberge F4)

Limbach (F3/4)

Wallfahrtskirche Maria Limbach ●

Eine spätestens im 15. Jh. anhebende Wallfahrt gerät im 17. Jh. in Vergessenheit und blüht im 18. wieder auf. Der Würzburger Fürstbischof Friedrich Karl v. Schönborn veranlaßt den Neubau der Wallfahrtskirche, die 1751 nach den Plänen und unter der Leitung Balthasar Neumanns begonnen, 1754 vollendet und 1755 geweiht wird.

Eines der letzten Werke des großen, die Vollendung nicht mehr erlebenden Meisters, blieb die Kirche von der späten Zeitlage nicht unberührt. Schon klassizistisch beruhigt ist die einfache, aber wirkungsvoll durch die gereihten steilen Pilaster im hohen Haupt- wie im Giebelgeschoß gegliederte Fassade. Im 1schiffigen Inneren, auch im halbrund geschlossenen Chor, überbrücken Emporen die Abstände zwischen den wenig von den Wänden abgerückten Freipfeilern, denen die Bogen ihrer weitgespannten Öffnungen ohne Absetzung entwachsen.

Die Stuckierung der Stichkappentonne, Rocaille, zurückhaltend ausgeteilt, leistete der Bamberger Andreas Lunz, 1753. Die vorzügliche, nicht in einem Jahr entstandene, gutenteils vom Fürstbischof Friedrich Adam v. Seinsheim beigesteuerte Ausstattung gipfelt in der großen Baldachinanlage des Hochaltars von Peter Wagner, 1761, der sich die beiden kleinen, aber reichen und leichten Seitenaltäre am Chorbogen zugesellen. Kanzel, Orgel, Beichtstühle: immer noch blühendes Rokoko und fast im Gegensatz zur schon so einfach gewollten Architektur.

ENGELTHAL (MFr. / Nürnberger Land H6)

Der Ort, urspr. Swinnahe, *zeigt sich erstmals 1058/59 anläßlich der Weihe einer Kirche durch Bischof Gundekar von Eichstätt.*

Ehem. Dominikanerinnenkloster

Gründung des Reichsministerialen Ulrich v. Königstein auf Reicheneck, 1240. Urkundlich erstmals 1245 bezeugt. 1339 v. Kaiser Ludwig dem Schutz des Nürnberger Rates unterstellt. Unter den (häufig nürnbergischen) Nonnen des dem Dominikanerorden unterstellten, doch nach der Augustinerregel lebenden Klosters eine berühmte: die mit Gesichten begnadete Christine Ebnerin (1277–1356). Nach 1504, im Bayerischen Erbfolgekrieg, fällt Engelthal an Nürnberg, das 1525 die Reformation einzuführen versucht, ohne Erfolg, und nun das Kloster aussterben läßt. 1565 übergeben die beiden letzten Frauen das verödete Kloster dem Rat.

Ev. Pfarrkirche

Die Klosterkirche St. Johann Bapt. ist um 1270 im Bau. 1747–51 erfährt sie ihre barocke Umgestaltung, die den mittelalterl. Mauerbestand respektiert.

1schiffiges, ursprünglich flach gedecktes Langhaus, das ein mit Kreuzrippengewölben gedeckter Rechteckchor beschließt. Die gute Stucktonne des 18. Jh., mit Bandwerkmotiven, vom Hersbrucker Johann Christoph Reich bemalt. Einheitliche barocke Ausstattung. Orgelgehäuse 1714. In den Fenstern Nürnberger Wappenscheiben, Mitte 16. Jh.

Gegenüber die **Willibaldskapelle,** auf dem Platz der im 11. Jh. geweihten Kirche. Profaniert und entstellt; vom got. Bau läßt sich noch der 3seitige Chor erkennen.

Kloster und Dorf liegen noch in alter **Mauer**-Umhegung, zugänglich durch 2 Tortürme. Die **Klostergebäude** sind weitgehend umgestaltet.

ENSDORF (OPf. / Amberg-Sulzbach K7)

Ehem. Benediktinerkloster

Der Gründer des von St. Blasien besiedelten, den Reformen Clunys folgenden Klosters im Vilstal nahe Amberg ist Pfalzgraf Otto v. Scheyern-Wittelsbach, der 1121 die schon von seinem Schwiegervater Friedrich v. Hopfenohe-Lengenfeld beabsichtigte Stiftung vollzieht. Bischof Otto von Bamberg, Erneuerer so vieler Klöster, festigt sie. Im 15. Jh. führt ein tatkräftiger Abt die Kastler Reform ein. Im frühen 16. krankt das zudem von einem schweren Brand (1507) heimgesuchte Kloster, das dann der neugläubige Pfalzgraf Ottheinrich säkularisiert. Doch gibt es Kurfürst Ferdinand Maria 1669 der geistlichen Bestimmung zurück; seit 1716 ist es wieder Abtei. Noch in der 2. Hälfte des 18. Jh. von bedeutenden Äbten geleitet, erliegt es unter seinem 95. Abt 1802 der Säkularisation. Seit 1920 ist es Noviziat der Don-Bosco-Salesianer.

Ehem. Klosterkirche St. Jakob ●

Eine erste, 1123 geweihte (Holz-)Kirche wird bald durch eine zweite monumentale, 1179 und 1180 geweihte, ersetzt. Diese, eine flachgedeckte Kreuzbasilika mit 2 W-Türmen und doppelgeschossigem »Paradies«, steht bis ins späte 17. Jh. 1695 macht sie dem von Martin Funk und Christoph Grantauer (einem Mitarbeiter Wolfgang Dientzenhofers) geleiteten Neubau Platz, der 1717 geweiht wird. Als Stukkateure sind die 3 Landshuter Brüder Ehehamb, Matthies, Thomas und Bernhard, bezeugt, später (1716) Philipp Jakob Schmuzer und Thomas Aicher (Chor). Der Schöpfer der Fresken ist Cosmas Damian Asam (1714 Chor, 1716 Schiff). Turm 1711–16.

An die S-Seite der Kirche lehnt sich das gleichzeitig aufgeführte Geviert des **Klosters;** der W-Trakt steht in der Flucht der W-Stirn der **Kirche,** die der quaderstarke, sehr massive, doch straff gegliederte 3geschossige Turm – mit praller, laternengekrönter Zwiebelhaube – besetzt.

Das aufwendige Portal in der Mitte ist, in den Statuen Jakob, Otto und Benedikt, Werk des Amberger Bildhauers Franz Joachim Schloth (1718).

Das I n n e r e der Wandpfeilerkirche ist rechteckig umgrenzt; östlich stark eingezogener, 3seitig gebrochener Chor. Das Langhaus in seinen 3 Jochen mit Stichkappentonnen, das (nicht ausladende) Querschiff mit Flachkuppel gedeckt.

Die *Stuckzier* entspricht der Stilstufe 1710–15: Akanthusranken, Rahmenstäbe, Kartuschen, alles in flachem Auftrag; Bäume, in Andeutung, umgeben den feinen Orgelprospekt (Mitte 18. Jh.). Über den Bögen der Vierung sitzen die schlanken Figuren der Evangelisten und Kirchenväter, sehr bewegt gewandet. Am Chorgewölbe die Allegorien der Fides, Spes, Caritas und der Ecclesia. Die Asamschen *Fresken* ordnen sich noch zurückhaltend, in Scheitelmedaillons, den Zierflächen der (übrigens ganz wessobrunnischen) Stukkaturen ein. Hauptthema ist die Verherrlichung St. Jakobs. Das Chorgewölbe stellt ihn vor als den Patron von Kloster und Kirche. In der Vierungskuppel öffnet sich für ihn der Himmel bis zum Thron der Trinität. Grisaillen erzählen aus seinem Leben. In den Langhausjochen: das Martyrium des Apostels, sein siegbringendes Erscheinen in der Schlacht von Clavigo und sein Dienst als Tröster und Befreier der Gefangenen. In Kartuschen die Symbole seiner Eigenschaften. – Der Hochaltar und die 4 östl. Seitenaltäre sind Stuckmarmorarchitekturen; das Gemälde des Hochaltars, Pilger am Grabe des Heiligen, vom Prüfeninger Johann Gebhard, 1712. Auch die Kanzel (1711/12) aus Stuckmarmor. – Spätgot. Ausstattungsstücke: Holzmuttergottes, um 1500, und Holzrelief der Beweinung Christi, um 1490.

Nördl. Annex des Chores ist die Stifterkapelle, 1715–21 als Mausoleum der ursprünglich im Kapitelsaal beigesetzten Wittelsbacher – des Gründerpaares Otto und Heilica, des Sohnes Friedrich und des Enkels Otto – errichtet. Der Sarkophag des in Stuckmarmor aufgeführten Denkmals umschließt die Reste der Genannten. An der O-Wand die 1721 überarbeitete und neu beschriebene Grabplatte des Pfalzgrafenpaares Otto und Heilica. – Südlich des Chores die gegen 1715 stuckierte Sakristei mit hervorragend geschnitzten, 1743 datierten Schränken.

ERLANGEN (MFr. / G5/6)

976, spätestens 1002 kommt das Dorf E. an die Würzburger Johanniskirche (Stift Haug). 1017 geht es an das Hochstift Bamberg über. Bamberg verkauft es 1361 an Kaiser Karl IV., der neben dem Dorf westlich der Regnitz (Klein-, Alterlangen, um den Martinsbühl) die Stadt, »Altstadt«, gründet. König Wenzel überläßt sie 1402 dem Nürnberger Burggrafen. Die Burggrafen (seit 1415 Markgrafen) bestimmen nun die Geschicke E.s bis zum Anfall der fränkischen Markgrafschaften Ansbach-Bayreuth an Preußen, 1792, das sie 1806 Bayern überlassen muß. – Erst als »Christian Erlang« wird E. zu dem, was es ist: Markgraf Christian Ernst von Bayreuth baut im südlich anschließenden Gelände eine Hugenottenstadt, der sich dann das Schloß zuordnet. Der Entwerfer der Neustadt ist Johann Moritz Richter. 1686 kommen die ersten Hugenotten (600 Seelen) nach E., und 1686 wird auch der Stadtbau auf der gerodeten Erde nachdrücklich in Angriff genommen. 1690 ist die Hugenottenstadt »Neu Erlang« wohl schon nahezu fertig. Sie reicht südlich bis an den Hugenottenplatz (ehem. »Französischer Markt«), den sie noch einschließt. 1690 erneuter Zuzug von Refugiés. Steuerfreiheiten locken nun auch viele Deutsche, vorwiegend Pfälzer Reformierte, an, die das französische Element stark zurückdrängen. Eine zweite, deutsche Neustadt beginnt um 1700 südlich und östlich der französischen zu entstehen. An der Achse der Friedrichstraße wächst sie gegen O. Der Name der beiden nun ein durchaus einheitliches Ganzes bildenden Neustädte ist seit 1701 »Christian Erlang«; er behauptet sich bis 1812. – 1743 wird E. mit der im Jahr

---

Zu nebenstehendem Plan:

1. Ev. Pfarrkirche
2. Ev. Neustädter Pfarr- und Universitätskirche
3. Ev. Altstädter Pfarrkirche Dreifaltigkeit
4. zur kath. Pfarrkirche Hl. Kreuz
5. Schloß, Universität
6. Orangerie
7. Geologisch-Mineralogisches Institut, ehem. Konkordienkirche
8. Markgrafentheater
9. Stadtmuseum, ehem. Altstädter Rathaus
10. Stadtbibliothek, ehem. Palais Stutterheim
11. Fachoberschule, ehem. Palais Egloffstein
12. Hugenottenbrunnen
13. Reiterstandbild
14. zum Kanalmonument
15. Bahnhof

zuvor in Bayreuth begründeten Universität beschenkt. Das Gebäude der seit 1701 und bis 1741 bestehenden Ritterakademie (Hauptstr. 14, 16, 18) nimmt sie auf und beherbergt sie bis 1825. Der Stifter der Friderico-Alexandrina, Markgraf Friedrich, steht in Bronze (Ludwig Schwanthaler) auf dem Hugenottenplatz.
Die Nähe Nürnbergs, vielleicht auch ein Erbe merkantilen Geistes von den kalvinischen Vätern her, haben die Stadt in unserem Jahrhundert stark industrialisiert. Wissenschaft (Universität, jetzt Friedrich-Alexander-Universität Erlangen-Nürnberg) und Industrie sind die Pole ihres modernen Daseins. Seit 1948 wächst südlich, südwestlich und östlich eine neueste, durch modernste Großbauten der Industrie charakterisierte Neustadt heran. Das Gesicht der Markgrafenstadt ist aber immer noch wohlerhal-

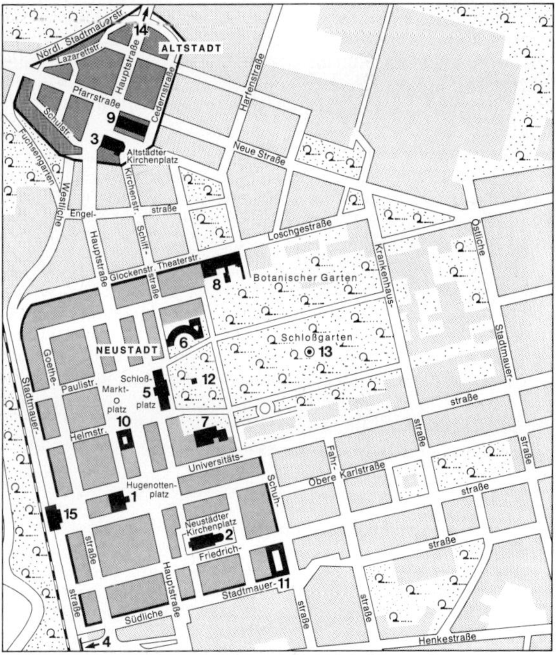

Erlangen. Innenstadt-Lageplan

ten. Unter den barocken Planstädten des 17. und 18. Jh. steht E. voran, heute, nach den Zerstörungen anderer, wie Potsdam, Karlsruhe, Hanau, mehr denn je.

● Stadtanlage. Die hugenottische **Neustadt,** eine der frühen, durch fürstlichen Willen geschaffenen Planstädte, ist durch alle Vor- und Nachteile einer Reißbrettplanung bestimmt: absolute Herrschaft des rechten Winkels, genaue Regelmäßigkeit, Gleichförmigkeit der Quartiere. Eine starke Achse, die Hauptstraße, stößt, in S-N-Richtung, durch; 2 große Plätze, Markt- und Hugenottenplatz, legen sich an sie an; alle anderen Achsen, parallel oder senkrecht, sind sekundär. Die **Häuser** sind 2geschossig, meist verputzt, doch auch – besonders in den jüngeren, nach 1700 aufgewachsenen Stadtteilen – massiv steinern, mit Sattel-, erst später und auch nicht oft Mansardendächern; nur die hervorgehobenen, durch reichere Gliederung ausgezeichneten sog. **Richthäuser** an den Hauptkreuzungspunkten der Achsen sind höher, 3geschossig. Der Eindruck einer »freundlichen Langeweile« (Dehio) resultiert aus dem Sauber-Sachlichen, Wohlgeordneten. – Das bauliche Gepräge des deutschen Teiles der Neustadt beruht nicht zuletzt auf den mehreren **ehem. Palais** des Adels wie dem **Egloffsteinschen** (Friedrichstr. 17, jetzt Fachoberschule und Stadtbücherei), dem **Bünauschen** (Friedrichstr. 28), dem **Großschen** (Hauptstr. 7). – Dem Neustadt-Charakter glich sich auch die 1706 von Feuer heimgesuchte, nach Plänen Gottfried v. Gedelers wiederaufgebaute **Altstadt** (nördlich der Hugenottenstadt) so weitgehend an, daß man die Grenze zwischen Neu- und Altstadt nur an der hier vom Gesetz des rechten Winkels etwas freieren Straßenführung erkennen wird; doch zeichnet sich der Übergang in der Verengung des Straßenzuges noch deutlich ab. – Akzente sind: die Ev.-ref. Kirche am Hugenottenplatz, die Neustädter Kirche an der Friedrichstraße, das Schloß an der O-Seite, das stattliche Rathaus an der S-Seite des Marktplatzes.

Ev. Pfarrkirche (Hugenottenplatz)

1685 verpflichtet sich der Markgraf zum Bau der (bis 1922 französ.-ref.) Kirche, die er auch zu eigenen Lasten nimmt. 1686 wird begonnen. Baumeister ist jedenfalls Johann Moritz Richter. 1687 steht der »Tempel« im Rohbau, 1692 ist die Einrichtung fertig, 1693 wird geweiht; der östlich vorgesetzte Turm kommt 1732–36 hinzu. Sein Baumeister ist Johann Georg Weiß.

Ein schwerfälliger, doch von verhältnismäßig schlankem Turm

überragter Sandsteinbau, längsseits zum großen Platz gestelltes, fast quadratisches Rechteck. Nur Lisenen gliedern. Die Fenster sind viereckig, rund, oval. Innen nicht reicher. Doch ist das Zwölfeck einer sich in Korbbögen öffnenden Holzempore dem Rechteck eingeschrieben. Das gibt die Illusion eines originellen Rundraumes.

Die Kirchenstühle stehen parallel zu den Zwölfeckseiten. Allseits zugänglicher Zielpunkt ihrer Insassen ist die frei vor der W-Wand stehende Kanzel, an der doch etwas Schmuck gewagt wurde, was auch von der (1764 beschafften) Orgel gilt.

Ev. Neustädter Pfarr- und Universitätskirche (Neustädter Kirchenplatz)

Als Kirche der jüngeren, deutschen Neustadt nach 1720 vermutlich von Johann Georg Kannhäuser errichtet. Ihr Weihejahr ist 1737. Doch kamen die beiden Obergeschosse des Turmes erst 1765 hinzu, die Laterne 1830.

2geschossiger Aufriß, doch durch die Kolossalpilaster zusammengegriffen; rundbogige, von Segmentgesimsen überdachte Fenster, abschließendes Triglyphengebälk. Diese gute straffe Gliederung bestimmt auch den eingezogenen, halbrund geschlossenen Chor und greift auf den jüngeren, westlich vorgestellten Turm über, der in 3 Geschossen zum krönenden Oktogon aufsteigt. – Innen doppelte Emporen.

Deckengemälde und Stuck gab der Hofmaler Christian Leimberger. Die 1744 aufgestellte Kanzel des Kanzelaltars ruht auf einem Engel des Elias Räntz. Die Orgel datiert 1739–41.

Ev. Altstädter Pfarrkirche Dreifaltigkeit (Martin-Luther-Platz)

Die mittelalterl. Marienkirche hing an der Forchheimer Martinskirche, von der sie sich erst 1435 lösen konnte. Der barocke Neubau entsteht nach dem Brand der Altstadt 1706. Als Baumeister ist Gottfried v. Gedeler anzunehmen. Der Turm kommt 1729 hinzu.

Einheitliche, auch den Turm einbeziehende Gliederung der Umfassungswände; straffende Pilaster, Triglyphenfries. Der Chor schließt 3seitig. Der westlich stehende Turm erhebt sich in 3 Geschossen zum abschließenden, mit Kuppelhelm gedeckten Oktogon. Der mit umlaufenden Emporen bestellte Saalraum hat Spiegelgewölbe mit Rahmenstukkaturen.

Beherrschend der Kanzelaltar, nach Rissen von Johann David Räntz; hohe Säulen festigen den Aufbau, den die Apostelfürsten flankieren; das Gesims wölbt sich in starker Kurve vor; die Fassung verbindet Schwarz und Gold. Gut auch das in Weiß-Gold gefaßte, mit vielen Engeln besetzte Orgelgehäuse von Franz Peter Tieffenbach (1720), auf der W-Empore.

Kath. Pfarrkirche Hl. Kreuz (Langfeldstraße). Ende der 1960er Jahre errichtet nach Plänen der Architekten Gregor Neundörfer und Peter Seemüller. 15 turmartige Apsiden und der diesen Rundannexen gleichgeformte Turm bestimmen den Baukörper.

● **Schloß**

Erbprinz Georg Wilhelm legt 1700 den Grundstein und verkauft den vom Italiener Antonio della Porta aufgeführten Rohbau 1703 an seinen Vater Christian Ernst, der ihn 1704 durch Gottfried v. Gedeler vollenden läßt. 1705 kommt die Orangerie hinzu. Der 1704/05 angelegte Schloßgarten auf der O-Seite des Schlosses verliert 1785/86 seine französische Ordnung; sein Areal wird im 19. Jh. mehrmals verkürzt. Ein Brand 1814 zerstört die Ausstattung des Schlosses. 1821–25 wird es wiederhergestellt. Seit 1826 dient es den Zwecken der Universität.

Ein langgestreckter 3geschossiger Quaderbau mit mittlerem, durch eine Attika beschlossenem Risalit und in enger Folge gliedernden großen Pilastern, fügt sich dieses karge (doch keineswegs so karg geplante) Schloß gut in das Milieu der Hugenottenstadt.

Die von G. v. Gedeler entworfene, 1705/06 errichtete **Orangerie** im Schloßgarten buchtet zwischen 2 Eckfronten in flacher Kurve zurück. Die Mitte mit den 3 rundbogigen Eingängen ist durch Säulenstellungen betont. Eine Attika-Balustrade unterstreicht die horizontale Lagerung des 1geschossigen Gebäudes, das die durch eine mittlere Knickung gehälftete Dachung vortrefflich abschließt.

Das im **Schloßgarten**-Plan Johann Bapt. Homans (1721) überlieferte Schloßprojekt sah auf der Gartenseite eine in Flügeln – Orangerie rechts, Konkordienkirche links – weit ausgreifende Anlage vor. Die Kirche (jetzt **Geologisch-Mineralogisches Institut**) blieb Torso: 2geschossiges Rechteck (1708). – Inmitten der Parterreanlage der von den dankbaren Hugenotten dem Fürsten gestiftete **Hugenottenbrunnen,** 1706 geschaffenes Werk des Elias Räntz: die Brunnenpyramide bestellt mit à la mode gekleideten Refugiés und Göttern, endend mit dem die Spitze besetzenden Markgrafen, skurril und doch liebenswürdig, ein Paradigma provinziellen Barocks. – Von E. Räntz auch – Abschluß der Mittelachse des Schloßgartens – die ursprünglich für den Schloßplatz bestimmte **Reiterstatue des Großen Kurfürsten** (1711), eine freie, unvollendet gebliebene Nachbildung der Schlüterschen in Berlin.

● **Markgrafentheater** (Theaterpl. 2)

Als »Comödienhaus« 1715–19 unter Markgraf Friedrich Wilhelm aufgeführt, in den 40er Jahren dank Markgräfin Wilhelmine durch den Venezianer Giovanni Paolo Gaspari umgestaltet. 1959 nach Restaurierung wiedereröffnet.

Einfacher als die (stilgeschichtlich vergleichbaren) Theater in Bayreuth und München, doch jedenfalls einer der hervorragenden Theaterräume des 18. Jh.

Ehem. Palais Stutterheim, Stadtbibliothek (Marktpl. 1), 1728–30 errichtet, ab 1836 Rathaus. Starker, 3geschossiger Block mit flachem, begiebeltem Risalit, kräftigen, durchgehenden Eckpilastern und Mansardendach, an ältere bambergische Bauten Johann Leonhard Dientzenhofers erinnernd. Vortreffliche (nur im 2. Obergeschoß 1921 zerstörte) Stuckierungen in der Art des Bayreuther Italieners Andrea Domenico Cadenazzi.

Ehem. Altstädter Rathaus, Stadtmuseum (Martin-Luther-Pl. 9). Der mittelalterl. Vorgänger stand frei im Platz. Das barocke, durch Wucht und Würde ausgezeichnete Gebäude, der O-Seite des Altstädter Marktes bei der Pfarrkirche zugeordnet, wurde 1733–36 vom Bayreuther Landbaumeister Johann Georg Weiß errichtet, wahrscheinlich nach Richtlinien des (auch) Bayreuther Hofbauinspektors Johann David Räntz. Die Bauplastik schufen die Bildhauer Johann Friedrich Maucher und Franz Peter Tieffenbach. 3 Geschosse unter steilem Mansardendach. Rustizierte Flachpfeiler kräftigen das Erdgeschoß, dessen Mitte sich im rundbogigen Portal, mit überfangendem Balkon, öffnet. Große Pilaster greifen die beiden Obergeschosse zusammen. Stukkaturen 1739 von Johann Keilholz und Martin Grasser.

Sehr verwandt das **Besoldsche Haus** (Hauptstr. 26), das auch zu gleicher Zeit (1733) gebaut wurde. Im Obergeschoß wohlerhaltener Festsaal mit Stukkaturen und Deckengemälden von der Hand Christian Leimbergers.

An der westl. Böschung des Burgberges nördlich der Stadt steht das 1846 vollendete **»Kanalmonument«** mit den Statuen der Donau und des Mains, des Handels und der Schiffahrt, Werk Ludwig Schwanthalers. – Der **Ludwig-Donau-Main-Kanal,** seit 1828 vorbereitet, 1832 im Entwurf (des Oberbaurats v. Pechmann) vom König genehmigt, wurde 1836 begonnen und 1843 in der Strecke Nürnberg–Bamberg, 1845 Kelheim–Nürnberg eröffnet. Der nördl. Abschnitt ist seit 1972 Teil des neu ausgebauten **Europakanals Rhein-Main-Donau**, während die Fertigstellung des südl. Anschlußstückes ein Planungsvorhaben für die 1980er Jahre ist.

Frauenaurach

Ev. Pfarrkirche, ehem. Dominikanerinnen-Klosterkirche St. Maria

In den 60er Jahren des 13. Jh., wahrscheinl. 1268, stiften Herdegen und Elisabeth v. Gründlach ein für die Töchter des Dienstadels bestimmtes Dominikanerinnenkloster. 1548 hebt es der Ansbacher Markgraf auf. Nach Zerstörung, 1553, 1586–88 Wiederaufbau der Kirche. Die Klostergebäude verfallen. Eine Wiederherstellung 1898/99 konnte den Bau stabilisieren, schädigte ihn aber durch verständnislose Eingriffe. Letzte Überholung 1959.

Die Kirche dürfte im Bestand ihrer Mauern in die 2. Hälfte des 13. Jh. zurückgehen. Das Bauschema ist das der frühgot. Frauenklöster der Zisterzienser: langgestrecktes Schiff, fortgesetzt vom gleich breiten Chor, der hier in 7 Seiten des Zehnecks schließt. Die hohe Lage der alten (zugesetzten) Fenster, die sehr schmal sind, ist Hinweis auf die ehemals den größeren Teil des Schiffes einnehmende Nonnenempore, die im 16. Jh. beseitigt wurde. Der Wandaufriß am kenntlichsten noch an der S-Seite, an der die flachen Streben auf einer unteren Mauerverstärkung sitzen. An der N-Seite überrascht das im ganzen
● gut erhaltene *Portal,* von dem man zunächst annehmen könnte, daß es von einem älteren Bau herübergenommen wurde, das aber doch in die erste Bauzeit der Klosterkirche zu setzen ist, trotz spätroman. Stilerscheinung.

Das schöne breite Tor ist in eine vorgezogene, seitlich von Lisenen, oben von einem Rundbogenfries gerahmte Mauerstirn eingebuchtet, das Gewände mit je 3 Säulen bestellt, deren beschädigte Kapitelle wie der abschließende Kämpfer noch gute Steinmetzenarbeit, Laubwerk und Vögel, erkennen lassen; eine schwere Archivolte fußt auf dem Kämpfer über der inneren Säule, Stäbe und Kehlen schlagen die äußeren Kreise. Das stark zerstörte (abgeschlagene) Tympanonrelief zeigt noch die Umrisse eines Jüngsten Gerichtes, das sich ikonographisch mit dem des Bamberger Fürstentores vergleichen läßt, wie denn dieser Spätling roman. Portalarchitekturen am ehesten aus einer der Filiationen der Bamberger Dombauhütte, wahrscheinlich der St. Sebalder in Nürnberg, abzuleiten ist.

Der Kirchenbau der Dominikanerinnen trug, wie üblich, nur einen Dachreiter. Der starke 4geschossige Turm kam erst 1709 ff. hinzu; seine Prägung deutet auf die (späteren) Erlanger Kirchtürme; ein Erlanger, Johann Georg Kannhäuser, hat ihn auch gebaut. – Innen sind die Raumverhältnisse durch die Wölbungen des 17. Jh. – Holztonne im Schiff, schwere (stukkierte) Rippengewölbe im Chor – gestört.

● Wertvoller Besitz aus der got. Frühzeit ist die um oder bald nach 1300 gemeißelte Steinstatue der *Muttergottes* im Chor, die auch noch auf der alten Konsole und unter dem alten, fialenartigen Baldachin steht. Die Ausstattung ist barock. Stattlicher Hochaltar mit gewundenen Säulen, Kreuzigungsgruppe in der Mitte, Evangelisten seitlich und im Sprenggiebel (Ende 17. Jh.). Die Kanzel (frühes 18. Jh.) zeichnet sich durch die originelle, bewegte und locker gelöste Komposition des Deckels aus: im Geschling grüner Akanthusranken ein Haufe weißer Engelchen.

FALKENBERG (OPf. / Tirschenreuth L4)

Burg Falkenberg. Ein Felskegel hebt sie über die kleine Ortschaft hervor. Einzelne Mauerteile (Granit in Mörtelbettung) deuten ins 11./12. Jh., in die Zeit des gleichnamigen Edelgeschlechtes. Nach dessen Erlöschen kam die Burg an Waldsassen, das um 1400 den Neubau betrieb und erweiterte. 1648 Ruine. 1934 Wiederaufbau zu Wohnzwekken für den neuen Eigentümer (Graf v. d. Schulenburg).

FALKENSTEIN (OPf. / Cham M8)

Burg

Die Burg auf der Höhe des Granitkegels war im 11. und 12. Jh. Lehen der Regensburger Bischöfe. 1130 brachte sie Herzog Heinrich d. Stolze an sich. Doch nicht lange, und der Regensburger Domvogt Friedrich hatte sie ihm wieder entrissen. 1332 kam sie durch Kauf an Wittelsbach. Im frühen 15. Jh. wurde sie erfolgreich gegen die Hussiten verteidigt, wobei sich die Falkensteiner Weiber rühmlich hervorgetan haben sollen; der bis auf weniges zerstörte Zwinger unterhalb des Bergfrieds heißt »Weiberwehr«. Nach 1514 wechselte die Burg oft ihren Herrn. Erfolglos berannten sie die Schweden 1634. Seit 1825 gehört sie den Fürsten Thurn und Taxis.

Von SW führt der Aufgang in den äußeren Hof mit dem langgestreckten Kastengebäude, das, 1780 zum Herrensitz umgebaut, nun als **Forsthaus** dient. Ein gewölbter Torgang steigt nordwärts zum inneren Burghof. Im SW überragt ihn der zinnenbewehrte **Bergfried.** Seine derbe Bruchsteinmauer weist ihn, wie die Hauptmauer der gesamten Anlage, als romanisch aus. Von einem Umbau 1619 stammen Teile des Traktes an der O-Seite und ein Erker rechts vom Torgang außerhalb des Hofes. Die Zutaten des 17. Jh. lassen sich in ihrer Ziegeltechnik leicht von dem Bruchsteinmauerwerk des Mittelalters unterscheiden. Ebenfalls dem 17. Jh. gehört der fragmentarisch erhaltene, 2geschossige Laubengang an, der vor dem N-Flügel zur **Burgkapelle** führte. Diese ist ein schlichter, 1schiffiger Bau außerhalb des Befestigungsringes. Ihre Formen weisen auf die Mitte des 17. Jh.

FEUCHTWANGEN (MFr. / Ansbach E7)

In der 2. Hälfte des 8. Jh. entsteht das Benediktinerkloster, das 817 unter den Königsklöstern der zweiten Leistungsstufe aufgeführt ist. Gegen Ende des 10. Jh. wird es, jetzt Eigenkloster der Bischöfe von Augsburg, durch

Tegernsee neu besiedelt. 1197 erscheint es als Kollegiat. Stiftsvögte sind, seit 1376, die Nürnberger Burggrafen. Die Reformation führt 1563 zur Säkularisation. – Die dem Kloster zuwachsende, im Kern ältere, ursprünglich einem fränkischen Königshof zugeordnete Siedlung ist 1241 königseigen; 1284 erscheint sie als »oppidum«. Sie steht dem Reich zu und gedeiht; Grund für das nachbarliche Dinkelsbühl, sie niederzubrennen (1309). Verpfändung durch Kaiser Karl IV. an den Nürnberger Burggrafen, 1376, beendet die Reichsfreiheit. 1388 fallen die Dinkelsbühler (im Städtekrieg) ein zweites Mal über sie her. Aus der Asche entsteht sie im heutigen Umfang. 1395 beginnt der Bau des neuen Mauergürtels, der in Teilen noch steht. – 1806 kommt F., mit Ansbach, an Bayern.

● Sammelnde Mitte der in ein unregelmäßiges Viereck eingeschriebenen Stadt ist der große rechteckige Marktplatz; tragende Achse ist der zwischen W und O verlaufende Zug der Unteren Tor- und der Jahnstraße. Von den **Toren** steht noch das **Obere.** Das **Rathaus** ist ohne Aufwand, kaum den benachbarten, doch guten, breit-stattlichen, in der Prägung schwäbischen **Häusern** überlegen. Die bauliche Krone ist die mit der N-Seite ihres Chores an den leicht ansteigenden und sich verengenden Markt herantretende

● **ev. Pfarrkirche,** ehem. Stiftskirche.

Gründung des späten 8. Jh., entsteht sie im späten 12. und frühen 13. Jh. neu. Von der 3schiffigen doppeltürmigen Basilika haben sich nur Teile der Türme erhalten. Im 14. Jh. weicht der Chor dem gotischen. 1532–61 baut man die teilweise eingestürzten Türme wieder auf und schiebt die Umfassungsmauern der Seitenschiffe hinaus. 1865 setzen die Wiederherstellungen und Erneuerungen ein. Die Wand des südl. Seitenschiffes und die des Mittelschiffes darüber entsteht neu, 1867 folgt die des nördl. Seitenschiffes, 1887/88 der Stirnbau zwischen den Türmen. Auch das Vorhallenportal ist Zutat dieser Jahre. 1913–20 verjüngt sich der S-Turm, wird aber, über Ziegelbeton, mit den alten Quadersteinen verkleidet, zugleich der westl. Stirnbau. Die Wände des südl. Seitenschiffes und des südl. Hochschiffes darüber werden abermals erneuert. – W-Front und Langhaus sind also zu beträchtlichen Teilen neu. Doch hielt sich der Restaurator im großen und ganzen an den alten Bestand, wie er auch tunlichst die alte Substanz in die neue einbezog.

Die dankbarste Ansicht der Stiftskirche ist die westliche: über die offene Niederung der Sulzach heben sich die beiden ungleichen Türme; der 8eckige, bekuppelte Dachreiter auf dem O-First des hohen Langhaussattels bereichert noch einmal den Umriß, dem sich zudem auch der 8eckige Turm der nördlich benachbarten Johanniskirche zuordnet. Die zweite dankbare Ansicht ist die südliche: Der von seinen Streben umstellte spätgot. Chor tritt als monumentale nördl. Begrenzung in den Blick des Marktes. – Die doppeltürmige *W-Seite* trägt noch, bis auf die beiden (barocken) Aufstockungen des S-Turmes, spätroman. Prägung. Die Türme steigen in gequaderten Würfelgeschossen auf; Lisenen, Rundbogenfriese, Deutsches Band, Schachbrettfriese gliedern die Quaderflächen. Der die Türme verspannende Stirnbau öffnet sich in einem schmuckreichen Rundbogenportal mit Säulen und Archivolten in den Stufen des Gewändes. Das Profil des (»normannischen«) Zickzackbogens, der den äußeren Rahmen schlägt, kehrt in dem (allerdings erneuerten) Fensterchen in der mittleren Rechteckblende wieder. – Eine Vorhalle, mit Tonnenwölbung, geleitet ins Langhaus. Die urspr. Struktur des unter einer Holzdecke liegenden Mittelschiffes ist durch spätere Eingriffe, des 16., mehr noch des 19. und 20. Jh., gestört. Doch wohlerhalten der die Breite des Mittelschiffes haltende, 3 Joche tiefe *Chor,* der mit Kreuzrippengewölben gedeckt ist und in 5 Seiten des Achtecks schließt.

Die Ausstattung birgt noch einigen wertvollen älteren Besitz. Der *Hochaltar,* mit Marienfigur und 2 Kronenträger-Engeln im Schrein und Gemälden (Marienleben) auf den Flügeln, ist beglaubigtes, 1484 geschaffenes Werk des Nürnbergers Michael Wohlgemut, dem aber nur die Flügel zuzuteilen sind. Strittig allerdings, ob sie »eigenhändig« sind. Der Altar wurde 1901 restauriert und erst damals wieder an die im 17. Jh. verlassene zentrale Stelle gesetzt. Eine andere beachtliche Hinterlassenschaft des Spätmittelalters ist das (1866 um beiderseits je 4 Stallen verkürzte) Chorgestühl von etwa 1510, mit derb-frischen, wohl schwäbischen Geschnitzen in Eichenholz. – Aus der Reihe der zahlreichen *Epitaphien* ragen hervor: das des lebensgroß kniend dargestellten Ritters des Schwanenordens Sixt v. Ehenheim (1504), das als Gegenstück gesetzte seiner Gattin Anna (1503) und das des Stiftsherrn Lucas Freyer (1523), den der hl. Christoph dem Erlöser empfiehlt, eine gute Arbeit des Eichstätters Loy Hering (Kalkstein).

Der spätroman. **Kreuzgang** an der S-Seite des Langhauses ist noch in 2 Flügeln erhalten; der östl. Flügel ist neu, der südliche verbaut. Die verhältnismäßig kleinen rundbogigen Arkaden schließen sich, zwischen den Pfeilern, zu Vierergruppen zusammen; die Säulen tragen Würfelkapitelle, die Kämpfer Schachbrettfriese. Über dem W-Flügel Fachwerkstock.

Ev. Johanniskirche, nördlich der Stiftskirche, ehemals deren Pfarrkirche, ursprünglich vielleicht Taufkirche. Der Turm, östlich am polygonen Chor, ist unterenteils noch spätromanisch wie – wenigstens in der Anlage – auch das im frühen 15. Jh. umgebaute Schiff. Das Turm-Achteck wurde 1484 aufgesetzt, doch erst 1540 vollendet. Die Ausstattung ist noch in Teilen spätgotisch: Sakramentshaus, Kanzel, Taufstein, Chorgestühl. Unter den Grabsteinen ragt der ganzfigurige des Schwanenordensritters Jörg v. Ehenheim (1499) hervor.

Das große 2geschossige Speichergebäude, der **Kasten** des Stiftes, nordwestlich der Johanniskirche, mit Fachwerk im Obergeschoß, entstand 1565.

- **Heimatmuseum** (Museumstr. 19), eines der besten in Bayern. Sein Rang gründet in der ausgezeichneten Sammlung alter Volkskunst.

FLACHSLANDEN (MFr. / Ansbach F6)

Virnsberg (F6)

- **Ehem. Deutschordensburg**

Ein sich nach Virnsberg nennendes Geschlecht gibt die vom Reich zu Lehen gehende Burg im frühen 13. Jh. an die Hohenlohe weiter, die sie 1235 und 1259 an die Nürnberger Burggrafen verkaufen. Der »Fromme« unter den Burggrafen, Konrad V., schenkt Burg und Herrschaft 1294 an den Deutschen Orden, dessen Komture nun bis 1806 hier walten. Heute gehört die Burg dem Ev. Verein für Jugend- und Wohlfahrtsheime in Nürnberg.

Wir überblicken sie von der südöstl. Höhe. Die gestufte Anlage scheidet sich in Vor- und Hauptburg. Die tiefer liegende Vorburg von langen, 2geschossigen, ein Rechteck formierenden Trakten umfaßt. Darüber die Hauptburg, deren in stumpfem Winkel vortretender Masse fast genau in der Mitte der hohe, mit Kuppel und Laterne bekrönte Bergfried entwächst.
Die Burg geht mit Teilen (Stützmauer des inneren Beringes) ins 13. Jh. zurück. Im frühen 14. Jh. dürfte das Fünfeck der **Hauptburg** begründet worden sein. Der Torzwinger entsteht im späten 15. Jh. Einer wahrscheinlich gleichzeitig errichteten 2. Ringmauer (westlich) gesellt sich 1530 eine 3. (südlich) hinzu. Eingreifende Bautätigkeit dann in der 2. Hälfte des 16. Jh. (1559, 1588); die Hauptburg verwandelt sich in das vor Augen stehende Schloß. Der Bergfried und die beiden Geschütztürme fallen in diese Zeit. Letzte Baumaßnahmen um die Wende zum 18. Jh.: der untere Hof (Vorburg) gewinnt sein barockes Gesicht. Es entsteht der Treppenaufstieg zur Hauptburg. 1730 wird das urspr. spätgot. Tor (nördlich) zugesetzt. – Die **Vorburg** ist südlich und östlich von Wassergräben eingeschlossen. Sie wird über die Grabenbrücke durch das (barocke) Tor betreten. Die den Hof 3seitig umfassenden **Wirtschaftsgebäude** ohne viel Anspruch. Nördl. Begrenzung ist die hohe Stützmauer der Hauptburg, mit der sie zur Terrassenanlage wandelnden barocken Treppe in der Mitte. Eine Auffahrt, westlich, vermittelt, in mählichem Anstieg, zum spätgot. Torzwinger, der sich

in einen zweiten, mittleren Burghof öffnet. Hier das (zugesetzte urspr.) Haupttor zum höchstgelegenen inneren Burghof, dessen Bebauung fast ganz dem 16. Jh. angehört.

FLADUNGEN (UFr. / Rhön-Grabfeld E1)

Die früh (789) erwähnte Siedlung erhält 1335 durch kaiserliche Verleihung das Mauerrecht. Stadtherr ist der Würzburger Bischof.

Die **Befestigung** hat sich in ihrem ganzen Umfang und auch großenteils in der urspr. Höhe erhalten.

Neben der im Kern mittelalterl., im 16. und 17. Jh. weitgehend veränderten **kath. Pfarrkirche St. Kilian** dominiert im Bild der kleinen Stadt der starke Block des **Rathauses,** das als Zehnthaus 1628 vom Würzburger Baumeister Michael Kaut errichtet wurde; jetzt befindet sich hier auch das 1921 begründete Heimatmuseum (**Rhönmuseum**) mit bedeutenden volkskundlichen Sammlungen der Vor- und Hochrhön.

FLOSSENBÜRG (OPf. / Neustadt a. d. Waldnaab L5)

Burgruine

Die auf Granitklippe hoch aufgesockelte Burgruine ist Rest einer Gründung des Grafen Berengar v. Sulzbach, kurz nach 1100. Die Besitzer wechseln: Burg und Herrschaft Floß gehen 1188 an Kaiser Friedrich, 1212 an Ottokar von Böhmen, 1251 an Herzog Otto von Bayern. Doch behauptet das Reich zunächst noch seine Rechte. 1360–73 ist Flossenbürg »neuböhmisch«. In der Folge setzen sich die Leuchtenberg, endlich, 1449, die niederbayerischen Herzöge fest, allerdings nicht unbestritten, da auch Kurpfalz Rechte geltend macht. 1634 brennen die Truppen des Bernhard von Weimar die Burg (und den Ort) nieder. Seither Ruine.

Aus ältestem Bestand (12. Jh.) blieb der blockige Wohnturm auf dem Gipfel und der davor gesetzte »Hohe Mantel«. Jünger sind die Reste des Palas und des vorgeschobenen quadratischen Turmklotzes (Mitte 13. Jh.). Aus einer Erweiterung des frühen 16. Jh. (unter Gintersich v. Guttenstein) stammen die Scheidmauer zwischen Vorburg und Hauptburg mit dem halbrunden Batterieturm und Teile des Torbaues.

Ein **Gedächtnismal** erinnert an die Schreckenszeit des Konzentrationslagers Flossenbürg.

FORCHHEIM (OFr. / Forchheim G5)

Erste Nennung 805, karolingische Pfalz, häufig Tagungsort von Reichsversammlungen bis ins 12. Jh. Das heute Pfalz genannte, von Gräben umgürtete wuchtige Gebäude aus der 2. Hälfte des 14. Jh. geht auf ein von Bischof Otto d. Hl. von Bamberg errichtetes »Steinernes Haus«

(Anfang 12. Jh.) zurück. F. fällt durch König Heinrich II. 1007 an Bamberg, das es im 16. Jh. zu seiner südl. Grenzveste ausbaut und bis 1802 behauptet.

Die städtische Siedlung (Stadt wohl schon im 13. Jh.) lehnt sich an den der Regnitz folgenden S-N-Verkehrsstrang; Nürnberger und Bamberger Straße bilden das Rückgrat, dem sich an der westl. Brechung der gegen die Pfalz vorgreifende Marktplatz anlegt. Das spätmittelalterl. Stadtbild ist gut erhalten, der Markt ein eindrucksvoller Platzraum typisch fränkischer Art. An seiner S-Seite das

● **Rathaus,** eines der schönsten Beispiele der Gattung. Der Giebelbau mit noch schlichtem, lediglich konstruktivem Gefach kann 1491 datiert werden. Das massive Erdgeschoß verhilft ihm zu Stattlichkeit, das 8kantige Uhrtürmchen schmückt ihn. Der westlich anliegende Flügel kam 1535 hinzu; »Hans Rvhalm ein Meister gebesen dieses Pavs«, meldet ein Schriftband. Schönstes Zierfachwerk; Balustersäulen mit Kapitellen, die eine fröhliche Laune mit allerlei Figur beschnitzt hat. Die Rückseite, gegen den Kirchplatz, mußte sich durch eine Restaurierung Ende des 19. Jh. schädigen lassen. 1912 vergriff sich der Restaurator auch am Marktflügel, der sich unten in Lauben öffnete.

● **Kath. Pfarrkirche St. Martin**

976 würzburgisch, seit 1017 bambergisch; 1354 mit einem Kollegiatstift verbunden. Von einem roman. Bau haben sich die N-Wand des Hochschiffes und der südl. Arm des Querschiffes erhalten; an diesem läßt sich die Abkunft von der O-Chorbauhütte des Bamberger Domes (um 1220) ablesen. Anfang des 14. Jh. wurde das südl. Seitenschiff erneuert, wenig später auch die S-Mauer des Schiffes, das nun erhöht wurde. Nach Errichtung des Stiftes begann der Chor zu entstehen, anschließend der Turm am W-Ende des südl. Seitenschiffes, der die Vorrückung der Front in seine Fluchtlinie veranlaßte, gleichzeitig Einwölbung der Seitenschiffe und des südl. Querarmes. 1538–42 wurde der Dachsattel aufgesetzt. 1719/1720 vollzog sich, unter den Händen des Bamberger Stukkators Johann Jakob Vogel, die Umwandlung ins Barocke. 1845 wurde eine neue Holzdecke eingezogen. 1927 entstand der Chorbogen.

Äußeres. Sandsteinquaderbau. Bestimmend das die 3 Schiffe übergreifende, den basilikalen Querschnitt verdeckende Dach (1548–52). Portale an der W-Seite und an den Seitenschiffen. Der in 6 Würfelgeschossen aufsteigende Turm, ursprünglich spitzbehelmt, seit 1670 bekuppelt.

Der große *Ölberg* am Chorschluß von 1512–15 ist ein vorzügliches Werk vermutlich eines Bamberger Bildhauers, dem auch der benachbarte Holzkruzifixus zuzusprechen ist. Der Schmerzensmann an der N-Seite ist ein typisch nürnbergisches Werk des mittleren 14. Jh.

Inneres. Kontrast des fensterlosen flach gedeckten Schiffes zum hellen gewölbten Chor. Die Arkaden des Mittelschiffes auf Achtkantpfeilern, die Hochwände durch barocke Pilaster dürftig gegliedert.

Die Kreuzrippengewölbe der Seitenschiffe sind mit Bandelwerkstukkaturen, wohl vom Bamberger J. J. Vogel, geschmückt. – Die Ausstattung barocken Teils im 19. Jh. beseitigt. Doch blieben die Altäre. Hochaltar von 1697/98, allerdings 1836 stark überarbeitet; die Seitenfiguren, St. Heinrich und St. Kunigunde, sind Werke Sebastian Deglers, das Gemälde gehört Sebastian Reinhard. Relikte der spätgot. Ausstattung: 8 Tafeln mit Darstellungen der Passion und (rückseitig) der Martins-Legende vom ehem. Hochaltar, von einem Bamberger Maler (Wolfgang Katzheimer?), um 1490. An der S-Wand des Chores großes Holzbildwerk, *Abschied Christi von Maria,* Stiftung des bischöflichen Rates Hans Braun, um 1520, ein bedeutendes, unter dem Einfluß Dürers stehendes Werk eines Bamberger Meisters, dem auch die durch die barocke Weiß-Fassung entstellten Apostel in Schiff und Chor nahestehen. – Das figurenreiche Sandstein-Epitaph des Stadthauptmanns Georg Groß-Pfersfelder († 1584) an der W-Wand ist ein Werk Hans Werners, das des Philipp v. Egloffstein († 1558) eine Arbeit des jüngeren Peter Dell.

Kath. Marienkapelle, nächst der Pfalz und in Zusammenhang mit ihr unter Bischof Otto d. Hl. entstanden. Romanisch sprechen nur noch die hochliegenden (zugesetzten) Rundbogenfenster. Erneuerungen des 14. und 18. Jh. haben die urspr. Erscheinung verwischt. Dachreiter 1591.

Katharinenhospital. Die **Kirche** ist mit dem 1328 gestifteten Spital in guter Gruppe zusammengeordnet. 1688 erhält der got., steil bedachte Bau den reizvollen barocken Dachreiter. Das Innere wird 1728 modernisiert. Erwähnt sei die Statue des hl. Antonius aus der 1. Hälfte des 14. Jh. die auf ein dem Spital des 14. Jh. vorausgegangenes Antoniterspital schließen läßt. – Das **Pfründnerhaus,** mit Renaissance-Portal und Fachwerkgiebel, wird 1611 von Paul Keit und dem Zimmermeister Hans Schönlein aufgeführt; die Rückseite steht auf Rundpfeilern über dem hier vorbeigehenden Flüßchen, der Wiesent.

1685 wird die (ehem.) **Kirche der Franziskaner** begonnen, 1693 geweiht. Die Auszeichnung des schlichten Bauwerkes ist die vortreffliche barocke und spätbarocke Ausstattung. Die Plastik der Altäre vom Bamberger Johann Bernhard Kamm.

Pfalz ●

Fraglich, ob das »Pfalz« genannte alte bischöfliche Schloß den Platz der geschichtlich bedeutenden, 805 bezeugten karolingischen Pfalz einnimmt. Sicher ist nur, daß hier schon der hl. Bischof Otto in der Frühzeit des 12. Jh. ein »Steinernes Haus« (und die benachbarte Kapelle) errichtete. – Die erhaltene Pfalz geht im Hauptbau (östlich) und im Kern des Hofgebäudes (westlich) in die 2. Hälfte des 14. Jh. zurück. Der nördl. Teil des Hofgebäudes wurde 1559, der südliche 1566/67 erneuert. Der Fach-

werkgang über der nördl. Hofmauer wurde 1559, der über der südlichen in den 60er Jahren aufgesetzt. 1603–05 entstand der Treppenturm. 1719 wurde, mit Preisgabe der alten Stufengiebel, das Walmdach aufgesetzt.

Eine Wasserburg, grabenumgürtet, ein Viereck einschließend, von starker Höhenentwicklung im Hauptbau. Der älteste Torbau stand nördlich; in spätgot. Gestalt steht er noch. Der Eingang wurde dann an die S-Seite verlegt. Der sehr mächtige massive Palas schloß ursprünglich in Staffelgiebeln ab. Mauerwerk des »Steinernen Hauses« dürfte in seinen Umfassungen stecken. Im Inneren bergen die 3 Geschosse je 2 Säle, einen großen und einen kleinen.

Sie sind durch spätgot. *Wandmalereien* ausgezeichnet: im Erdgeschoß (das 1616 neu gewölbt wurde) sind es nur wenige Fragmente; mehr im südl. Saal des 1. Obergeschosses: Propheten, Anbetung der Könige, Verkündigung etc., entstanden älteren Teils wohl bald nach 1350, jüngeren Teils um 1400.

In der Pfalz (Kapellenstr. 16) das **Museum für die Fränkische Schweiz / Pfalzmuseum** der Stadt.

● **Festung**

Die im Markgrafenkrieg 1552 gemachten bösen Erfahrungen führten in nächster Folge zur Anlage starker bastionärer Fortifikationen neuesten (italienischen) Stils, die in einem runden Halbjahrhundert bis knapp vor Beginn des 30jährigen Krieges (in dem sie ihre Bewährungsprobe bestanden) aufgeführt, in der 2. Hälfte des 17. Jh. durch neue Werke verstärkt und schließlich um die Mitte des 18. Jh. noch durch Vorwerke ergänzt wurden. 1886 wurde diese die Stadt einschließende, nicht nur starke, sondern auch, im sinnfälligen Ausdruck ihrer Stärke, schöne Festung großenteils abgetragen. Immerhin blieben die Bastionen und Kurtinen zwischen SW und N ganz oder teilweise erhalten (jetzt sehr gut in gärtnerische Anlagen einbezogen).

Die 1553 wahrscheinlich vom Nürnberger Paul Beheim errichtete **St.-Veits-Bastion** (südöstlich nächst dem Amtsgericht) und die beiderseits anschließenden Kurtinen stehen noch, auch die 1560/61 von Jörg Stern aufgeführte Bastion vor dem mittelalterl., ins 14. Jh. zu setzenden **Saltorturm** (nächst der Pfalz) und die nördlich gerichtete Kurtine, das starke, 1657 gebaute **St.-Valentins-Werk** (nächst dem Krankenhaus, nordwestlich), die anschließende (ältere) Kurtine und einige Teile des 1675 aufgeführten **St.-Petri-Werkes.** Von den Toren steht nur mehr (versetzt) das prächtige **Nürnberger Tor** von 1698, das eine genaue Wiederholung des Haupttores der Veste Rosenberg-Kronach (1662) ist.

FRENSDORF (OFr. / Bamberg G4)

Schlüsselau (G4)

Ehem. Zisterzienserinnenkloster •

Stifter sind 1260 die beiden Edelherren Eberhard und Konrad v. Schlüsselberg aus reich begütertem edelfreiem Geschlecht; Bauherr der Kirche ist ein jüngerer Schlüsselberg, Gottfried. Das stets von adeligen Äbtissinnen regierte Kloster übersteht noch die Verwüstungen durch die Bauern, 1525, nicht mehr die durch die Markgräflichen, 1553. Im nächsten Jahr hebt es der Bamberger Bischof auf. Erst 1949 wird es, mit den jetzt hier einziehenden Karmelitinnen, seiner geistlichen Bestimmung zurückgegeben.

Kath. Pfarrkirche Hl. Dreifaltigkeit, ehem. Klosterkirche

Ende des 13. Jh. begonnen und in der 1. Hälfte des 14. Jh. vollendet. Seit 1603 Pfarrkirche.

Typische Zisterzienserinnenkirche; die ursprünglich den W-Teil des Schiffes besetzende Nonnenempore (über »Sepultur«) hat sich nicht erhalten. Nächst verwandt: Mariaburghausen (das Mutterkloster Schlüsselaus). Das Langhaus, 1603 gewölbt, wurde 1895 (Jahr einer etwas scharfen Restaurierung) flach gedeckt. Gleichzeitig entstand die Fassade, der ein barockes Portal zustatten kommt.

Im Chor ruht der »fundator ecclesiae« Gottfried v. Schlüsselberg (1307) unter einer ehemals von 4 Säulen getragenen Steinplatte, die nur mit flachem Relief und nur heraldisch beschrieben ist, eine der ersten frühen Wappendarstellungen in Stein. Bedeutend auch der Holzkruzifixus an der S-Wand des Schiffes, der trotz der Reminiszenzen an den Christus dolorosus des frühen 14. Jh., aber auch, in weiterem Rückgriff, an den roman. Christus Rex, ins späte 14. Jh. zu setzen ist (die Evangelistensymbole 16. Jh.). Auf dem nördl. Seitenaltar (des frühen 18. Jh.) ein gutes Vesperbild, Ton, um 1420. Auch die gemalte Tafel mit der Hl. Sippe, ein Werk aus dem Kreise Dürers, um 1510, sei beachtet. Der Hochaltar ist, in den Figuren (Kirchenväter), Werk Franz Anton Schlotts, 1729 (das Tabernakel jünger, 1761). Gleichzeitig entstanden Seitenaltäre und Kanzel.

Die **Klostergebäude** gingen im 16. Jh. ab. Der stattliche, 13 Achsen lange, schmalseitig mit Staffelgiebeln besetzte, auch mit einem guten Portal geschmückte Spätrenaissancebau nordwestlich der Kirche entstand unter Fürstbischof Johann Philipp v. Gebsattel, im frühen 17. Jh.

Bei allen Verlusten bietet das in eine anmutige Tallandschaft eingebettete Schlüsselau immer noch das Bild einer kleinen, in sich geschlossenen Klostersiedlung.

FREYSTADT (OPf. / Neumarkt i. d. OPf. H7)

Gründung der Herren v. Stein im 13. Jh.

Kath. Pfarrkirche St. Peter und Paul. In den schlichten Neubau von 1730 wurde der got. O-Turm einer älteren Anlage (wohl des 13. Jh.) einbezogen. Stuck und Freskomalerei um 1740.

Spitalkirche Hl. Dreifaltigkeit. Die kleine Kirche trägt Stukkaturen der Zeit um 1730: Band- und Gitterwerk, Lambrequins und Kartuschen. Der gleichzeitige Hochaltar wächst als stuckierter Baldachin aus der Mitte des Chorpolygons. Im ganzen ergibt sich ein ebenso intimer wie kostbarer Raumeindruck.

Die Ortschaft sammelt sich um den langen Straßenmarkt, den 2 parallel laufende Gassen begleiten. Das **Rathaus** steht auf der Mitte des Marktplatzes; entstanden 1665 (mehrmals restauriert). Gute spitzgiebelige **Wohnhäuser** prägen das Gesicht des Städtchens. V. a. das 18. Jh. hat beachtenswerte Fassaden hinterlassen (**Apotheke, Haus Nr. 81, 85, 89**). – Vom **Stadtbering** blieben einige Reste, darunter 2 **Tore.**

● Wallfahrtskirche Maria-Hilf

Kindlich-frommes Spiel, eine Kapelle aus Lehm (1644) und schließlich die bürgerliche Stiftung einer Marienkapelle (1667–70) gehen voran. Der wachsende Wallfahrerzudrang führt zum bestehenden Neubau, den der Lehensherr aus dem Grafengeschlecht der Tilly begönnert. Er beruft den kurfürstlichen Hofbaumeister aus München, Giovanni Antonio Viscardi, unter dessen Leitung der merkwürdige Baukörper seit 1700 aufwächst und 1710 weihefertig dasteht. Viscardi, Mittler zwischen italienischem und bayerischem Barock, gibt einem nördlich der Alpen damals völlig neuartigen Baugedanken Wirklichkeit. Bei der Innenausstattung unterstützen ihn Pietro Francesco Appiani als Stukkateur und Hans Georg Asam (mit seinen Söhnen Cosmas Damian und wohl auch Egid Quirin) als Freskomaler. Das 19. Jh. bemüht sich um die Erhaltung des Baues, doch beseitigt es die gesamte Altarausstattung und übermalt die Asamschen Fresken. Ihre Aufdeckung blieb der Restaurierung 1950–59 vorbehalten. 1980 Außenrestaurierung.

Schon das Äußere ist eigenartig. Hoch überkuppelte Rotunde, in ein Kreuz eingeschrieben. 4 Türmchen umstehen die mächtige Kuppel mit den großen Fenstern und der bewegt umrissenen Laterne. Pilasterstellungen gliedern die Wände des Unterbaues. – Der Innenraum ist von bezwingender Wucht. Da durch Emporenbauten die Tiefe des Eingangsjoches nicht zur Wirkung kommt und auch der Altarraum das Maß der Seitenarme kaum überschreitet, ist der Kuppelraum die starke Mitte. Die Diagonalseiten tragen emporengeschmückte Nischen, und so ergibt sich ein Kranz von bogenüberwölbten Anräumen, über deren Bogenscheiteln der gedrungene Tambour aufwächst. Eine stämmige Halbsäulenord-

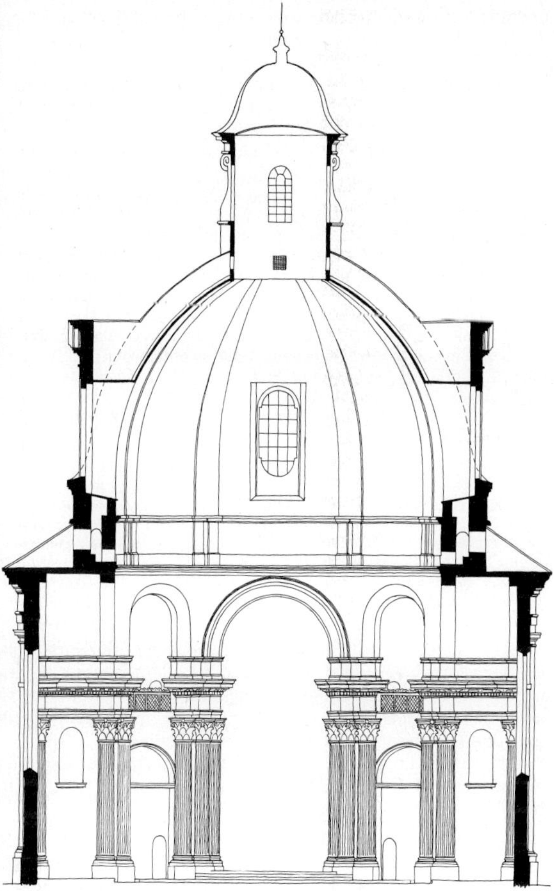

Freystadt. Wallfahrtskirche Maria-Hilf. Schnitt

nung gliedert den Unterbau. Ihr Gebälk ist nicht durchgeführt. Alle Wandflächen, die nicht zugleich Stütze sind, bleiben leer, ungegliedert. So bahnt sich hier die Unterscheidung ungleichwertiger Raumschalen an, die in der späteren bayerischen Architektur eines Johann Michael Fischer z. B. zu hoher Bedeutung gelangt. Aus der Verbindung des oberitalienischen Zentralbaugedankens mit dem deutschen Wandsystem entsteht hier eine neue, zukunftsreiche Lösung.

P. Fr. Appiani überzog 1708 die Wände mit *Stukkaturen,* deren flaches Relief aus der vor 1700 geltenden, üppig quellenden Form zu neuen Erfindungen führt. Akanthusranken, Palmenwedel, Blattstäbe, Festons und Kartuschenwerk sind Kennzeichen dieser Entwicklungsstufe. Auch die wiedererstandene Farbtönung, gelbliches Relief auf zartrosa Grund, entspricht dieser Zeit. 8 große Stuckfiguren schmücken die Schmalwände der Kreuzarme: Abraham und David, Joachim und Anna, Zacharias und Elisabeth, Johannes d. T. und Joseph. Die Asam-*Fresken* behandeln Szenen aus dem Marienleben und seine sinnbildlichen und prophetischen Entsprechungen im Alten Testament. – Der Hochaltar ist neu (1957); Hans Osel (München) schuf die Gruppe der Himmelfahrt Mariens. Aus der alten Einrichtung blieb nur die von Appiani geschmückte Kanzel.

FRICKENHAUSEN a. Main (UFr. / Würzburg D5)

Aus babenbergischem Besitz kommt Fr. an den König und durch ihn, 903, an Würzburg. Seit 1406 steht es dem Domkapitel zu. – Der Markt, von einer dank den vortrefflichen (schon 903 bezeugten) Weingärten glücklich besitzenden Bürgerschaft behaust, bringt es doch nie zu Stadtrechten.

● Unter den »altfränkischen« Städten Frankens ist Frickenhausen eine der köstlichsten. Die spätmittelalterl., dem 15. und 16. Jh. angehörende **Ringmauerbefestigung** mit vielen Rundtürmen steht noch völlig, und wie eh tritt man auch heute noch durch eines der 4 **Tore** in den Markt ein. – Das **Rathaus** (15./16. Jh.) erfreut durch die originelle, im späten 16. Jh. hinzugefügte Freitreppe und im Inneren durch die balkengedeckte, mit einer Fachwerktribüne belebte Diele.

Die **kath. Pfarrkirche St. Gallus** ist ein Um- oder auch Neubau d. J. 1514–16, den Meister Hans Bock leitete. Doch wurden 1605–16 der Chor erneuert, der Turm erhöht, das Langhaus gewölbt. Älter, romanisch, nur der Turm (in 3 Geschossen). Die durch die 3 Schiffe gelegte W-Empore ist durch Maßwerkbrüstung und figürliche Konsolen ausgezeichnet, deren eine (mit Meisterschild) wahrscheinlich den Baumeister, H. Bock, darstellt.

Der *Hochaltar,* 1617, ist ein Prachtstück deutscher Spätrenaissance, ein Werk des Windsheimer Meisters Georg Brenck.

FÜRTH (MFr. / G6)

Eine Rednitz-Furt gibt den Namen. Furtlage ist Straßenlage – der hier querende Verkehr verband Regensburg mit Frankfurt –, also eine günstige Lage. Aber die sich entwickelnden territorialen Machtverhältnisse schneiden das Wachstum der Markt-Siedlung ab. Der Königshof mit seinen Zugehörungen (den Forsten, späteren Namens: Lorenzer und Sebalder Forst) kommt 1007 durch Heinrich II. an sein Bamberger Domstift; um 1040 nimmt ihn Heinrich III. zurück; 1062 gibt ihn Heinrich IV., vermindert allerdings, wieder an Bamberg. Im 13. und 14. Jh. gelingt es den Nürnberger Burggrafen und, neben ihnen, der Reichsstadt Nürnberg, die bambergischen Rechte zu schmälern. Eine permanent zerstrittene, bis ins späte 18. Jh. »Dreiherrschaft« ist die Folge. Die Nachbarschaft der großen Reichsstadt blockiert den Wirkungsraum der klein bleibenden, von 3 Bürgermeistern verwalteten Stadt. Erst die sich im 18. Jh. stärker durchsetzende markgräfliche Drittelsherrschaft, dann die ihr folgende unifizierende preußische (1792–1806) und schließlich seit 1806 die bayerische läßt die jetzt rasch wachsende Stadt (das ist F. seit 1808) prosperieren. Die erste deutsche Eisenbahn verbindet sie 1835 mit (dem jetzt entmächtigten, jetzt auch bayerischen) Nürnberg; der Ludwig-Donau-Main-Kanal läßt sie 1843 mit einer Hafenanlage anrainen. Industrie- und handelskräftig entfaltet sie sich im 20. Jh. zur Großstadt, die nach O den Raum bis zur Stadtgrenze Nürnbergs besetzt. Der längst überwucherte Siedlungskern hat sich indessen, trotz klassizist. Zuschüsse, gut, noch spürbar altfränkisch erhalten.

Ev. Stadtpfarrkirche St. Michael

Die Kirche zeigt sich erst 1343, und so ist es fraglich, ob sie auf die auch erst 1323 genannte (längst abgegangene) Martinskapelle, die mutmaßliche Kirche des Königshofes, zurückzuführen ist.

In den Langhausmauern stecken noch roman. Teile. Die Masse des Langhauses dürfte, mit dem westlich stehenden Turm, dem frühen 15. Jh., der Chor seiner 2. Hälfte entstammen. Ende des 17. Jh. kamen die barocken Veränderungen und Einbauten (Spitzbogentonne, Emporen) hinzu. Der Außenbau, in guter Quaderfügung (wie vieles im alten Fürth), ist wenig gegliedert, doch im Turm mit feinen Friesen unter den Gesimsteilungen und an der fast kahlen W-Front mit einem schmuckreichen Portal ausgestattet; das Tympanon des späten 14. Jh., also Relikt eines Vorgängerbaues, mit Muttergottes in der Mitte. – Die alte Ausstattung fiel einer Purifizierung des frühen 19. Jh. zum Opfer (der 1497 datierte Hochaltar steht seit 1892 in der Nördlinger Salvatorkirche).

Kath. Stadtpfarrkirche U. L. Frau

Das in der Wurzel bambergische Fürth blieb nach seinem Übertritt zur Reformation bis 1825 ohne kath. Kirche. Der 1825–28 aufgeführte Bau ist Werk des königlichen Bauinspektors Brüger.

Sparsamer klassizist. Bau, in der Langhausmitte durch flache Risalite gegliedert, über der W-Front durch einen – doch wenig hohen – Turm betont.

Fast gleich gestaltet ist die **ev. Auferstehungskirche** (Stadtpark) und gleichfalls von Brüger gebaut, 1825/26: Saalbau, ebenso mit Turm über der W-Front. Die Flachdecke 1913/14 erneuert. Klassizistisch auch die Ausstattung, Altar, Kanzel, Grabsteine.

● **Israelitischer Friedhof,** an der westl. Altstadtgrenze

Die Anlage geht ins Jahr 1607 zurück. Die (1499 aus Nürnberg ausgetriebene) Judenschaft der Stadt war ungewöhnlich stark; im 18. Jh. zählte sie schon fast ein Drittel der Bevölkerung.

Der Bestand an alten, hebräisch inskribierten Grabsteinen (immer noch etwa 1000) ist ins 17., 18. und frühe 19. Jh. zu datieren. Erst die jüngeren Steine (ab 1850 etwa) tauschten die hebräische Schrift und Sprache gegen die deutsche.

● Das **Rathaus,** im breiten Zug der die Stadt von NW nach SO durchmessenden Königstraße, ist durch die zentrale Lage ausgezeichnet: ein typisches Architekturdenkmal der Ära Ludwigs I., 1840–44 nach Entwurf Friedrich v. Gärtners von seinem Schüler Friedrich Bürklein ausgeführt. Der für das alte Fürth befremdliche Bau, dem (mit den östl. Erweiterungen 1845–50) auch noch der dem Florentiner Rathaus nachgestaltete Turm zuwuchs, hat sich in das Bild der Stadt eingewöhnt und ist heute ihr »Wahrzeichen«.

GAUKÖNIGSHOFEN (UFr. / Würzburg D5)

Karoling. Königshof, dessen Martinskirche 741 als Schenkung Karlmanns an Würzburg kommt.

● **Kath. Pfarrkirche Schutzengel, Jakobus d. Ä.**

1724 gebaut und 1730 geweiht. Ob von Balthasar Neumann entworfen, ist fraglich.

Gute, stattliche, durch Pilaster gegliederte, von einem hohen Giebel bekrönte Fassade, stämmiger Turm, ebenfalls mit Pilastergliederung, und reizvoller, in schlanker Laterne endigender Kuppel. Die frühklassizist. Stukkaturen gehören Materno Bossi, die Deckengemälde Johann Andreas Urlaub (1776/77). Ausgezeichnete Altäre; der Hochaltar, 1743, in seinen figürlichen Teilen von Ferdinand Dietz. Die Seitenaltäre datieren 1752, ebenso die reiche Kanzel, die Johann Georg van der Auvera zuzuschreiben ist.

Auch **Rathaus** (Ende 16. Jh.) und **Schloß** (Mitte 18. Jh.) sind achtbare Zeugen alter fränkischer Kultur.

GEMÜNDEN a. Main (UFr. / Main-Spessart C3)

Die Stadt trägt ihren Namen von einer Mündung: der Saale in den Main. Von der späten Klein- oder Weniggemünden genannten (Dorf bleibenden) Siedlung rechts der Saale nahm sie (links der Saale) ihren Ausgang. 1243 tritt sie erstmals ans Licht, wenig früher dürfte sie von den Grafen von Rieneck begründet worden sein, die sich mit dem Würzburger Bischof in den Besitz teilen mußten. 1387 gewinnt der Würzburger die volle Stadtherrschaft.

Burg und **Stadt** sind in eine **Ringmauer** eingeschlossen. Von den beiden Toren steht noch das **Mühltor.** Der Bestand an alten Häusern ist nicht bedeutend, weist aber doch einige gute **Fachwerkbauten** des 16. und 17. Jh. auf. (Ein beachtlicher Vertreter Würzburger Spätrenaissance, das unter Bischof Julius 1585–96 erbaute 3geschossige steilwüchsige Rathaus, ging mit so manchem anderen guten Alten 1945 zugrunde.)

Der Bau der **kath. Pfarrkirche St. Peter und Paul** begann 1468 mit dem Turm und schritt 1486 zu Langhaus und Chor fort. Die Kirche ist 1schiffig und setzt auf das W-Joch des eingezogenen Chores den Turm. Gewölbt ist nur der Chor. Die Treppe außen, am SW-Eck, ist neugotisch. Das ist auch die Ausstattung. 1945 weitgehend zerstört; wiederhergestellt.

Die Stadt wuchs nach dem 2. Weltkrieg beträchtlich südöstlich. Hier die 1954 von Hans Schädel gebaute **kath. Dreifaltigkeitskirche:** ein Trapez mit zum Altar hin fallender Decke und frei stehendem Glockenturm; Altargemälde von Georg Meistermann. – Die die benachbarte Waldhöhe beherrschende Baugruppe ist das von Hans Beckers, Regensburg, gebaute **Kloster der Barmherzigen Schwestern vom Hl. Kreuz.**

Scherenburg

Ursprünglich Rienecker, dann (15. Jh.) Würzburger Besitz. Die älteren Teile dürften in die 2. Hälfte des 13. Jh. zurückreichen. Im frühen 18. Jh. noch in gutem Wesen, beginnt sie in der 2. Hälfte des Jahrhunderts zu verfallen.

Eine Bergzunge zwischen Main und Saale ist das Podest. Gegen O liegt die Burg schwach; hier schnürt sie der Halsgraben vom ansteigenden Bergrücken ab. Die Ringmauer beschreibt annähernd ein Dreieck. Sie setzt sich westlich in den abwärtsgehenden, Burg und Stadt zusammenziehenden Stadtwehren fort. Im Innenfeld des Beringes steht unzerstört nur noch der hohe runde Bergfried.

Auf der Höhe über der Scherenburg liegt das Wenige der Trümmer einer zweiten Burg, der **Slorburg,** die der Würzburger im 13. Jh. den Rieneckern in den Nacken gesetzt hatte.

Schönau (C3)

Minoritenkloster

1189 wird in Schönau ein Zisterzienserinnenkloster durch Philipp v. Thüngen gestiftet. Im 16. Jh. hart mitgenommen, wird es 1553 liquidiert.

Ende des 17. Jh. kommt die Klosterkirche an die Würzburger Franziskaner, die 1699ff. Kirche und Kloster neu gestalten.

Die **Kirche,** im großen und ganzen frühgotisch, ist 1schiffig; ihr Chor schließt flach und hat urspr. Wölbung nur im O-Joch. Ehemals stand frei im Schiff, die Grenze zwischen Laien- und Nonnenkirche markierend, der Turm. Die Nonnenkirche war 2geschossig (unten Sepultur, oben Emporenkirche). Das Langhaus und die beiden westl. Chorjoche waren flach gedeckt.

GEROLZHOFEN (UFr. / Schweinfurt E4)

Um oder nach 750 tritt »Gerolteshoue« *erstmals ans Licht. Im frühen 14. Jh. schon als (würzburgische) Stadt bezeichnet, ist es Ende des Jahrhunderts auch schon mit Mauern und Türmen bewehrt. Die Vorstädte befestigten sich ein rundes Jahrhundert später.*

Der Stadtplan zeigt eine klare Disposition. Kern ist die rechteckige umgrenzte alte Innenstadt mit zentral liegendem Markt, deren mehr oder minder rechtwinklig bestimmte Gassenläufe an Gründung des 13. Jh. denken lassen. Diesem Kern, dessen Ummauerung nur noch teilweise erhalten ist, legen sich 2 Vorstädte an, südlich die Zent-, nördlich die Spitalvorstadt, diese noch gut ummauert. Die Stadtsilhouette ist durch die Aufragungen der **Pfarrkirche,** des **Rathauses,** 15./16. Jh., des **ehem. Oberamtshauses,** 1580 durch Bischof Julius gebaut, des **Rentamtes,** 1600 ebenfalls durch Julius gebaut, und des **Zehntstadels,** 16. Jh., bestimmt. Der Bestand an guten alten **Häusern** ist nicht gering; neben Fachwerkbauten des 16. und 17. stehen ansehnliche Steinbauten des 18. Jh.

Kath. Stadtpfarrkirche St. Maria und St. Regiswindis

1397 fällt die ältere Kirche dem Städtekrieg zum Opfer. Anfang des 15. Jh. beginnt die neue zu entstehen; sie wächst langsam auf, denn geweiht wird sie erst 1479. Bischof Julius läßt sie Ende des 16. Jh. erneuern. 1899 wird sie um die beiden W-Joche erweitert und gleichzeitig restauriert.

3schiffige Halle mit überhöhtem Mittelschiff. Der Chor ist von den beiden Türmen flankiert, die sich in ihn öffnen. Das Langhaus zählte ursprünglich 4 Joche. Die Arkadenbogen entwachsen Rundpfeilern; ein Netzgewölbe schließt. Einfachere Figuration zeigen die Chorgewölbe. In den Seitenschiffen Rippenkreuzgewölbe. – Die Pfarrkirche hat einige nahe Verwandte in Würzburg-Franken; am nächsten steht ihr die Haßfurter.

Gute barocke Ausstattung. Der Hochaltar ist ein vorzügliches Werk Peter Wagners, dem auch die Altäre der Seitenschiffe nahestehen. Die Kanzel, 1680, schließt noch spätgot. Teile ein.

Ehem. Friedhofskapelle St. Johannes

1496 gestiftet, wird sie 1497 begonnen. Mit der Verlegung des Friedhofes, 1542, vor die Stadt verliert sie ihre Funktion; Bischof Julius läßt sie schließen.

Das Erdgeschoß des 2geschossigen Baues (jetzt Kriegergedächtniskapelle) diente als Beinhaus, das Obergeschoß als Kapelle.

GNOTZHEIM (MFr. / Weißenburg-Gunzenhausen F8)

Spielberg (F8)

Schloß

Die Spielberger sind truhendingensche Ministerialen; um 1300 treten sie ab, 1340 fällt die Burg durch Kauf an die Grafen Oettingen, die im 17. Jh. eine eigene Linie Oettingen-Spielberg abzweigen, in deren Besitz sich die Burg noch befindet. In den 1960/70er Jahren restauriert.

Die Burganlage mag dem 14. oder 15. Jh. angehören. In gutem natürlichem Schutz krönt das Schloß eine Kuppe nördlich des Hahnenkamms; nur südlich muß ein Graben aushelfen. Der Bering zeichnet annähernd ein Oval. Ein Barocktor läßt (südlich) in den Hof ein. Gleich daneben das Wohngebäude und an dessen S-Seite die Schloßkapelle mit guten Stukkaturen der 30er Jahre des 18. Jh. Der Glockenturm, mit Kuppelhelm, steht abgerückt, an der O-Seite des Beringes.

GOLDKRONACH (OFr. / Bayreuth I3)

Nemmersdorf (I3/4)

Die sich, 1143, nach N. nennenden Edelfreien sind wahrscheinlich Walpoten v. Zwernitz. Mit dem Großteil des Walpotenbesitzes geht auch N., wohl noch im 12. Jh., an Andechs-Meranien über. 1341 fällt es an die Burggrafen.

Die **ev. Pfarrkirche,** in beherrschender Hochlage über dem Ort, ist durch die Sonderlichkeit ausgezeichnet, daß einem Turm im W ein Turm (urspr. Chorturm) im O entspricht. Dieser im 14. Jh. (ohne den Spitzhelm, den ihm erst das 19. zubrachte), der westliche im späten 15. Jh. errichtet. Das von den beiden mittelalterl. Türmen eingeschlossene Langhaus entstand nach Entwürfen des Kulmbacher Meisters Johann Georg Hoffmann 1753/54: ein vortrefflicher Quaderbau, mit je einem, durch Freitreppe, Säulen und Giebelschwünge betonten Portal in der mittleren Achse, in hohen rundbogigen Fenstern geöffnet, durch Pilaster einfach, aber gut gegliedert. – Die Stukkaturen der Flachdecke von Rudolf Albini, die Gemälde von Friedrich Marian Herold. Der Kanzelaltar vielleicht vom Bayreuther Johann Gabriel Räntz.

Schloß. Die erstmals 1342 genannte Burg, auf dem Hügel östlich der Kirche, lebt in einem schlichten Schloßbau des 16. Jh. fort.

GÖSSENHEIM (UFr. / Main-Spessart CD3)

Burgruine Homburg

Ein Reinhard v. Hohenburg soll um 1030 die Burg gegründet haben, Mittelpunkt einer bedeutenden allodialen Herrschaft. 3 Würzburger Bischöfe des 13./14. Jh. sind Hohenberger. Der Letzte des Geschlechtes trägt 1365 Burg und Herrschaft dem Hochstift zu Lehen auf, das 1381 Konrad v. Bickenbach belehnt. Der letzte Bickenbach verkauft 1469 Homburg an das Hochstift. Im 18. Jh. beginnt die Burg zu verfallen.

Eine 3seitig durch Steilböschungen geschützte Bergzunge bot günstigen Burgplatz; nur die schwache O-Seite war durch einen Halsgraben zu sichern. Der einen Keil bildende Bering ist durch einen Graben, der die älteste Burg deckte, in 2 Teile, Haupt- und Vorburg, zerlegt. Die **Hauptburg** ist die ältere, ins 11. oder 12. Jh. zurückreichend. Ein Zwinger verstärkt ihre Ringmauer innen, ein Graben umfährt sie außen. Unregelmäßiges Bruchsteinmauerwerk setzt sie gegen die sauber gefügten Quadermauern der **Vorburg** (13. oder 14. Jh.) ab, die östlich noch bis zu einer Höhe von etwa 12 m stehen. Einige Türme stärken sie; südlich war auch die Vorburg mit einem Zwinger bewehrt.

GÖSSWEINSTEIN (OFr. / Forchheim H5)

Burg. Vermutlich nach einem Grafen Gozwin genannt, ist sie schon im frühen 12. Jh. Bamberger Besitz. Das Burghaus bewahrt noch seinen got. Kern. Viel tat der Burgenkult des 19. Jh. hinzu. Aber der Wirkung dieses Hochsitzes über dem unten schluchtenden Wiesenttal wird man sich nicht entziehen.

● **Kath. Pfarr- und Wallfahrtskirche zur Hl. Dreifaltigkeit**

Mit der Pfarrkirche des Burgfleckens verbindet sich schon im 15. Jh. eine Wallfahrt, die heute noch blüht. Der Bau der neuen Kirche beginnt, nach Plänen Balthasar Neumanns, 1730 und ist im Rohen 1733 fertig. Die Türme stehen 1734, die Fassade wird 1735/36, gleichzeitig die Wölbung, vollendet. 1739 Weihe.

Der Grundriß beschreibt ein Kreuz. An das 2 Joche mit Wandpfeilerkapellen umfassende Langhaus legt sich das Querschiff, dessen 3seitig schließende Arme sich mit dem ebenso schließenden Chorarm zur Dreipaßfigur verbinden. Der Außenbau, imponierend schon durch den schönen Sandstein, sammelt seine Kraft in der breit gefronteten, von starken Türmen überhöhten Fassade, der die wirkungsvolle, 1755 von Küchel hinzugefügte Terrasse vorliegt. Der Raum, in der Bergung schwerer Wandpfeiler und wuchtiger Tonnen, weitet sich in der Vierung, in die sich die Arme des Querschiffes und des Chores öffnen.

Die Ausstattung (ohne originale Fresken; die vorhandenen 1928,

Gößweinstein. Wallfahrtskirche von Westen

von Waldemar Kolmsberger) entzückt durch die feinen, zartblühenden Stukkaturen des Bambergers Franz Jakob Vogel (1733 ff.). Der Hochaltar, auch Gnadenaltar (1737) mit dem geschnitzten spätgot. Gnadenbild der Marienkrönung, eine phantasiereiche Erfindung Johann Jakob Michael Küchels (nach Ideen des Fürstbischofs), steht groß und prächtig, blickfangend, entgegen. Die Ausführenden waren: der Stukkator Vogel, der Bildhauer Peter Benkert und der Marmorierer Christian Kurz. Küchel entwarf auch die Altäre im Querschiff (1738) und ließ sie von den gleichen Meistern ausführen. Die Ausstattung des Kreuzaltars gehört, bis auf den 1763 hinzugekommenen Kruzifixus des Bayreuthers Johann Schnegg, Benkert, auch die des Marienaltars, dem aber wieder Schnegg in der Immaculata einen späten, schon klassizistisch angehauchten Zuschuß leistete (1763). Der Anna- und der Josephsaltar des Langhauses sind Stuckmarmorarbeiten von Chr. Kurz (1742) nach Benkertschem Modell, im Figürlichen von Martin Mutschele. Der Kunigunden- und der Nepomuk-Altar (1765) gehören Johann Bernhard Kamm. Gelöstestes Rokoko sind die doch auch schon späten Nischenaltäre Mutscheles in den beiden Turmkapellen (1762). Die Ausführenden der 1738 von Küchel entworfenen Kanzel sind wieder Vogel, Benkert und Kurz.

Küchel, dem (wie in Vierzehnheiligen) viel der festlichen Wirkung dieses Kirchenraumes zu Dank geht, baute 1747–49 auch den ansehnlichen **Pfarrhof** rechts und das schmal gehaltene **Mesnerhaus** links.

● Auf dem der Kirche anliegenden **Friedhof** das große, 1588 von dem Bamberger Bildhauer Hans Werner geschaffene *Denkmal* der Eltern des Fürstbischofs Ernst v. *Mengersdorf,* ein typisches, die Teile häufendes, in der Vertikale addierendes Werk der deutschen Spätrenaissance. Das Szenarium des Hauptstückes: der Fürstbischof und seine Eltern in Anbetung der Dreifaltigkeit.

Östlich quer beschließt den Friedhof die **Marienkapelle,** ein posthum got. Bau des Bamberger Italieners Giovanni Bonalino, 1630. – Angrenzend das 1723 vom Fürstbischof ins Leben gerufene Kapuziner-(heute **Franziskaner-**)**Kloster,** dem eine in breitem Bogen geöffnete **Kapelle** vorliegt. Das den Bogen schließende, perspektivisch verstäbte Gitter ist eine ausgezeichnete Arbeit des Joseph Friedrich Dony (1725), dem auch alle Eisenarbeiten in der großen Kirche gehören.

GRAFENRHEINFELD (UFr. / Schweinfurt E3)

Der durch eine gute Ackerkrume begünstigte Ort ist seit 1179 Besitz des Würzburger Domkapitels.

Kath. Pfarrkirche Kreuzauffindung

Die älteste Kirche, St. Bartholomäus (1388), lag außerhalb des Ortes. Sie verschwindet im Schwedenkrieg, ihre Rechte gehen auf die Hl.-Kreuz-Kapelle im Ort über. Diese, ein reguläres griechisches Kreuz, wich 1755 der bestehenden großen Kirche, die der Würzburger Johann Michael Fischer baute, der sich an einen 1748 datierten Entwurf Balthasar Neu-

manns halten konnte. Nur der spätgot. Turm blieb. Die erst 1765/66 zu Ende gebrachte Fassade wurde bei Erweiterung der Kirche, 1863, um 1 Joch vorversetzt. Gleichzeitig wurde der O-Turm aufgeführt und der alte W-Turm erhöht.

Die südlich gerichtete, sehr ansehnliche Kirche ist durch das den Chor flankierende Turmpaar ausgezeichnet. Das Langhaus ist außen durch gedoppelte Pilaster, innen durch Bündelpfeiler gegliedert. Eine Stichkappentonne deckt. Die Deckenfresken von Johann Zick (1756), die Altäre und die Kanzel von Peter Wagner (1766) gingen 1945 zugrunde.

An die Herrschaft des Würzburger Domkapitels erinnern noch die **ehem. Amtsvogtei** (1626, jetzt Gasthaus »Hirschen«) und das **ehem. Pflegerhaus** (frühes 17. Jh., jetzt Gasthaus »Adler«).

GREDING (MFr. / Roth H8)

1064 steht G. in der Liste der Königshöfe. 1311 wird es eichstättisch. Damals ist es schon Markt. Befestigt wird es in der 2. Hälfte des 14., stärker im frühen 16. Jh.

Die **Stadt** hat Hanglage zur Schwarzach; sie bietet ein gutes, durchaus mittelalterl. wirkendes Fernbild an und enttäuscht auch nicht in der Nähe, denn alles ist da, was zu einem guten alten Stadtgesicht gehört. Höchste Aufragung ist die hoch liegende, ursprünglich befestigte Martinskirche in der N-Spitze des Stadtumrisses. Inmitten liegt der sehr geräumige Markt, dem die von den 3 **Toren** kommenden Straßen zustreben. – Größtenteils steht die **Ummauerung** noch aufrecht, die, mit vielen Türmen besetzt, die Stadt aufs schönste einhegt. – Der Charakter der **Hausbauten** ist fränkisch; eichstättischer (höfischer) Einfluß machte sich nur bei einigen Bauten höheren Anspruchs geltend.

Kath. Stadtpfarrkirche St. Jakob. Sie erwuchs aus einer spätmittelalterl. Kapelle. 1722–27 wird sie von Grund auf erneuert, vielleicht nach Plänen Gabriel Gabrielis. Stukkaturen vom Eichstätter Franz Horneis. Der Hochaltar stand (bis ins 19. Jh.) im Kloster Rebdorf (40er Jahre des 18. Jh.), nur das Gemälde, von Johann Georg Bergmüller, vom früheren Hochaltar.

Kath. Kirche St. Martin

Ehemals war sie die Pfarrkirche, dann gewann ihr die besser liegende Jakobskirche den Rang ab. Ihr ältester Teil ist der westlich stehende Turm, der in 5 Geschossen wohl noch ins 11. Jh. zurückreicht, wofür Stilnähe zu den Eichstätter Domtürmen spricht. Die Basilika entstand, eine kleinere Kirche ersetzend, gegen Ausgang des 12. Jh. Änderungen in der 2. Hälfte des 16. betrafen die Seitenschiffe (Erhöhung) und die beiden östl. Mittelschiffarkaden (ausgebrochen und durch große Spitzbogenöffnungen ersetzt).

Der Aufriß der roman. Pfeilerbasilika ist trotz der Änderungen erhalten geblieben. 3 Halbrundapsiden, eine größere mittlere und 2 seitliche, schließen östlich den Zug der auf sie hinstrebenden Schiffe ab. Die Pfeiler sind quadratisch, die Decken flach. Das einfache, 2mal gestufte Rundbogenportal liegt südlich.

Der Vorzug der Ausstattung liegt in den (allerdings restaurierten) Wandmalereien des 12. (Hauptapsis), des 14. und 15. (Mittelschiff) und des 16. Jh. (Seitenschiff).

Bei der Kirche steht eine der für das frühe und hohe Mittelalter typischen **Karnerkapellen,** die meist dem hl. Michael (dem Totenengel) gewidmet sind; diese Michaelskapelle dürfte zugleich mit dem roman. Bau der Kirche entstanden sein. Das Obergeschoß, die Kapelle, läßt östlich eine Erkerapside vorspringen.

Ehem. fürstbischöfliches Schloß. 1696 ist der Bau vollendet; sein Meister wird kaum ein anderer sein als der eichstättische Hofbaumeister Jakob Engel. 2 Flügel besetzen einen rechten Winkel; die SO-Ecke schmückt ein schlanker oktogoner Erkerturm mit Zwiebelhaube. Der Aufbau ist 3geschossig: das Erdgeschoß ist sockelhaft; das 1. Obergeschoß dominiert, die hohen Fenster sind gerahmt und mit Giebeln, Dreiecken und Segmenten bekrönt; ein Halbgeschoß schließt ab, darüber steiles Walmdach.

Von Engel dürfte auch das in seiner Giebelfront mit einem Firsttürmchen ausgestattete **Rathaus** von 1699 sein. – Schloß, Rathaus und das, wahrscheinlich von Gabriel Gabrieli, 1741 errichtete **»Jägerhaus«** stehen am Markt in städtebaulich rühmenswerter Gruppierung zusammen. – Die **Bürgerhäuser,** deren nicht wenige spätmittelalterlich sind, wenden sich meist in Giebelstellung zu Platz und Gasse.

GROSSHEUBACH (UFr. / Miltenberg B5)

Fachwerk-**Rathaus** von 1611/12.

Wallfahrtskirche Engelberg, über dem Ort, auf einer der talangrenzenden Spessarthöhen in schöner Einpassung in die anmutige Landschaft. Die von 6 Kapellen begleiteten *»Engelsstaffeln«* (17. Jh.) führen zu ihr empor. Die schon 1404 bezeugte Kapelle in monte angelorum wandelt sich unter den 1630 hier angesiedelten Kapuzinern in die Kirche »Maria zu den Engeln« (1639).

GROSSOSTHEIM (UFr. / Aschaffenburg A4)

Am Fuß des ausstreichenden Odenwaldes, Hauptort des frühmittelalterl. Bachgaues und der aus ihm erwachsenen Mainzer Zent. Im Spätmittelalter (spätestens) Markt, im 15./16. Jh. ummauert.

Von den ehemals 4 Toren steht noch der Turm des **Pflaumheimer Tores.** Die Bewehrung der Ringmauer hat 3 kräftige **Türme** hinterlassen. – Der Grundriß der noch durch die Ringgasse abgesteckten Marktsiedlung ist durch sich kreuzende Achsen bestimmt, deren von O nach W gerichtete die stärkeren sind. Der exzentrisch, südöstlich liegende Markt ist ein geräumiges Rechteck. An ihm die Pfarrkirche und der ansehnliche, malerisch altfränkische **Nöthig-Hof,** der im Kern auf den letzten der mainzischen Zentgrafen aus dem Geschlecht der Schad v. Ostheim (vor 1580) zurückgeht.

Kath. Pfarrkirche St. Peter und Paul

Eine Martinsbasilika schon durch Einhard 827 bezeugt. Sie gelangte 1266 als Schenkung des Dompropstes an das Mainzer Domkapitel. Chor und Turm deuten in die 2. Hälfte des 13. Jh. Der 1schiffige frühgot. Bau wurde 1484 3schiffig erweitert. 1771 wurde das Mittelschiff erhöht und mit Emporen über den Seitenschiffen ausgestattet. Nach 1918 wurde es westlich erweitert.

Das Mittelschiff ist durch den Umbau des späten 18. Jh. geprägt. Der Turm steht westlich. Der quadratische Chor ist mit Kreuzrippengewölbe gedeckt; die gute, frühgot. Steinmetzarbeit der Kapitelle verweist auf die Bauhütte des Chores der Aschaffenburger Stiftskirche. Die Seitenschiffe tragen spätgot. Netzrippengewölbe, die dem O-Ende des nördlichen anliegende Kapelle (nach 1459) trägt ein Stern-, die ihr folgende Sakristei (1446) ein Kreuzrippengewölbe. – Die Stichkappentonne des Mittelschiffes ist mit Fresken Jakob Conrad Bechtolds, 1771, ausgestattet; Bechtold gab auch das Gemälde des (1910/11 neu errichteten) Hochaltars. Schönster Besitz der Kirche ist die holzgeschnitzte Gruppe der *Beweinung* von der Hand Tilman Riemenschneiders, die erst in jüngerer Zeit als authentisches Werk des Würzburger Meisters, um 1515, nachgewiesen werden konnte.

Kapelle Hl. Kreuz. Die nach 1513 erbaute, 1773 weitgehend (im Chor ganz) erneuerte Kapelle beherbergt eine große steinerne Kreuzigungsgruppe aus dem Werkkreis des Mainzer Meisters Hans Backoffen, 2. Jahrzehnt des 16. Jh.

Marienkapelle, »Frauhäuschen«, außerhalb, südöstlich. In der Anlage spätgotisch, besitzt sie noch einen guten Schreinaltar des späten 15. Jh.

Die **Drippelkapelle** (ehem. St. Eligius) wurde nach Anhalt des Schriftbandes über der südl. Pforte (das auch den Namen Peter Drippel nennt) 1517 errichtet. Der Schreinaltar, mit Muttergottes, Katharina und Barbara in der Mitte, und bemalten Flügeln, ist mit rd. 1520 zu datieren. Die reizvolle Gruppe der Geburt Christi im zweiten, kleineren Schrein ist typisch mittelrheinisch, wohl aus einer Mainzer Werkstatt, um 1510.

GUNZENHAUSEN (MFr. / Weißenburg-Gunzenhausen F8)

»Gunzenhusir«, *auf altbesiedelter Scholle (vorgeschichtliche Funde, Römerkastell), ein Kloster, gedeiht 823 als kaiserliche Schenkung an Ellwangen. Die Stadtwerdung wird sich unter den Ellwanger Äbten im 13. Jh. vollzogen haben. 1343 tritt an die Stelle des Abtes Herr Burkard v. Seckendorf (Grabmal in der Spitalkirche), dem 1368 Burggraf Friedrich von Nürnberg folgt. Burggräflich-markgräflich bleibt G. bis 1806.*

Die **Stadt** lehnt sich an die Altmühl; der langgestreckte Marktplatz ist die Rückgratachse. Die **Befestigungen** gehen in ihren wenigen erhaltenen Teilen ins 15. Jh. zurück. Von den Türmen stehen noch 3; der **Torturm** (»Blasturm«) erhielt seine heutige Erscheinung 1603; der hohe runde **Färberturm** darf ins 14. Jh. gesetzt werden; der **Storchenturm** von 1450 ist nur noch 2geschossig. – Das Gepräge des **Straßenbildes** ist barock, 18. Jh. Das gute Haus am S-Ende des Marktes (das Rathaus werden sollte), vom Ansbacher Johann David Steingruber, 1748 ff., mag als typisch bezeichnet werden.

Ev. Pfarrkirche (ehem. St. Marien)

An die Stelle des anzunehmenden karolingischen Gründungsbaues trat in den 80er, spätestens 90er Jahren des 12. Jh. ein roman. Bau, der die unteren Geschosse des Turmes hinterließ. Der got. Neubau begann 1448 mit dem Chor. Als Meister kann Endres (Emhart) d. Ä. von Kemnathen genannt werden, der auch den Neubau der Ansbacher Pfarrkirche leitete. In d. J. 1469–96 folgte das Langhaus. Baufälligkeit nötigte 1706/07 zu einschneidenden Baumaßnahmen: Erneuerung der W-Wand (mit Maßwerkfenstern!), Erhöhung der Mauern des Mittelschiffes und völlige Neubeduchung, Wölbung des Mittelschiffes, östl. Verbreiterung der Empore. 1850 wurde die Kirche restauriert und »gereinigt«.

Die Kirche ist 3schiffig, basilikal, doch ist das Mittelschiff ohne Fenster. Der Chor hat 2 Joche und 5seitigen Schluß; ein Sterngewölbe deckt ihn. Das »pseudogotisch« gewölbte Mittelschiff zählt 6 Joche. Die Seitenschiffe, ungleich breit, sind alt gewölbt: Netz- und Sterngewölbe. Das Äußere des Quaderbaues ist einfach. Der Chor steht im Gliedergürtel der Streben; der Turm steigt in querrechteckigen Geschossen auf und schließt mit einem Oktogon.

Von der barocken Ausstattung verschonte der Restaurator nur die Kanzel. Ein Relikt ist auch der Kruzifixus, wahrscheinlich von Giuseppe Volpini, am Kreuzaltar. Unter den Grabmälern beachtlich das des Paul v. Absberg (1503).

Kath. Stadtpfarrkirche St. Marien

1868 entsteht die erste kath. Stadtpfarrkirche in der seit 1533 prot. Stadt, an ihrer Stelle 1959/60 nach Plänen des Ingolstädter Architekten Josef Elfinger der Neubau.

Der Grundriß beschreibt ein Quadrat; östlich beschließt ein gestaffeltes

Halbrund mit drittelhohem, in mehrere Kapellen aufgeteiltem Umgang und eingerückter Chorapside, westlich ein Vorhof mit Campanile am Eck. Seitlich der Apside, als Einschlüsse in den umfassenden Ring, rechts die Tauf-, links die Sakramentskapelle. Ein in diagonal gestellten Quadraten gefelderter Balkenrost, dessen Spitze auf den Altarraum stößt, bildet die Decke. In der S-Wand ein diese in ganzer Höhe aufbrechendes Fenster mit Farb- und Bildverglasungen Max Wendels, der auch alle sonstigen Verglasungen schuf. Vorherrschendes Baumaterial ist der flach geschichtete helle Kalkstein des Juralandes. Große, einfache Blockformen bestimmen die äußere, ebenso einfache Raumkuben die innere Erscheinung. – Die Ausstattung entspricht dem Charakter dieser guten modernen Architektur. Der Hochaltar, ein wuchtiger Tischblock (Muschelkalk) ist Arbeit des Bildhauers Blasius Gerg, der auch den in Eisenguß ausgeführten Ambo und den Taufstein (Diabas) schuf. Der Bildteppich – Darstellungen aus dem Marienleben – im Apsidenrund über dem Hochaltar geht den Ingolstädter Künstlerinnen R. Elfinger und H. Mayer zu Dank. Ein ansehnliches Werk spätgot. Kunst ist der aus der älteren kath. Kirche übernommene, vermutlich fränkische, um 1520 zu datierende große Kruzifixus über dem Hochaltar.

Ev. Spitalkirche (ehem. Hl. Geist) am oberen nördl. Ende des Marktplatzes. Wie das Spital Stiftung des Burkard v. Seckendorf, 1351. Die 1353 geweihte kleine 1schiffige Kirche erfuhr 1611 und 1700–02 Erneuerungen, die aber, sieht man vom barocken Dachreiter ab, nur das Innere betrafen. Im Chor die monumentale Grabplatte mit der Relieffigur des gerüsteten Stifters, 1365.

HAMMELBURG (UFr. / Bad Kissingen D3)

Unter einer Volksburg (Hiltfridesburg) errichten die Franken einen ihrer befestigten Höfe. Dieses »Hamulo castellum« *erscheint, in früher Urkunde, 716: Der fränkisch-thüringische Herzog Hedan schenkte seinen Erbbesitz Willibrord, dem Apostel der Friesen. Die Kirche der Siedlung gelangt durch Königsschenkung im 8. Jh. an Würzburg, die Grundherrschaft 777 durch Karl d. Gr. (älteste Originalurkunde des Bayerischen Hauptstaatsarchivs) an Fulda. Der Abt ummauert im frühen 13. Jh. die Siedlung, der 1303 das Gelnhauser Stadtrecht gegeben wird. Sie ist künftig Sitz eines fuldischen Oberamtes. Ein Stadtbrand, 1854, schädigt das Stadtbild empfindlich; die Tortürme verschwinden, auch die Ringmauern werden niedergelegt. Seit 1816 ist H. bayerisch.*

Der Stadtplan ist durch 2 Achsen, Ober- und Niedergasse, bestimmt, in deren Schnitt der rechteckige Marktplatz mit dem Rathaus liegt. Kirche und Schloß liegen an der SW-Ecke des Stadtumfangs.

Kath. Stadtpfarrkirche St. Johannes Bapt. (ehem. St. Martin). Sie wird (uralte Vorgänger hinter sich) 1389 mit dem Chor begonnen. 1461 steht das Langhaus. Sie ist eine 3schiffige Basilika mit der N-Seite des Chores anliegendem Turm, der sich der auf ihn treffenden Kirchgasse zuwendet (Obergeschoß 1854). Eine Restaurierung 1889–91 stattet die Kirche mit Neugotik aus, die 1950 wieder beseitigt wird. Zugleich tritt an die Stelle der Flachdecke ein Rippengewölbe. 1957/58 Erweiterung um 2 Joche nach W. Doch wird die urspr. W-Front, samt der innen anliegenden, in der Mitte 2geschossigen gewölbten Empore, wiederaufgebaut. – Alter Ausstattungsbesitz, dem Raum in guter Wirkung eingefügt: Muttergottes Jakob van der Auveras über dem Hochaltar, von etwa 1720; Steinmuttergottes am nordöstl. Pfeiler des Mittelschiffes, Ende 14. Jh. Holzrelief mit dem Gekreuzigten zwischen Maria und Johannes, Georg und Stephan, Ende 15. Jh., am modernen Ambo unter dem Chorbogen; 3 Passionsreliefs, Sandstein, frühes 16. Jh., unter der Empore (früher an der Außenwand); Pietà des späten 15. Jh. auf dem Altar der das nördl. Seitenschiff beschließenden Marienkapelle.

Die spätgot. **Ölbergkapelle** stand bis 1958 vor der W-Wand der Kirche, jetzt im SO-Eck des Friedhofes. Ihre W-Wand ist durch einen Lichterker zwischen den beiden Fenstern geschmückt; der 2jochige, rippengewölbte Rechteckraum umschließt eine großfigurige Ölberggruppe.

Schloß. Unter Beibehaltung der fürstäbtlichen Kellerei (von 1573 ff.) 1725 ff. aufgeführt. Als Vierflügelanlage umschließt es einen Innenhof. Schauseite ist der durch einen mittleren Giebel ausgezeichnete W-Flügel; eine Arkadenaltane betont dann noch einmal die Mitte.

Das **Rathaus** entstand in d. J. 1526–29. Der Stadtbrand 1854 beeinträchtigte es, die Wiederherstellung 1855/56 ließ nicht viel von der alten Erscheinung übrig. – Für seinen Baumeister Johannes Schönard zeugt noch gültig der sehr reizvolle **Marktbrunnen** von 1541, dessen offenes Pfeilergehäuse (mit barockem Baldachin) zu den heitersten Schöpfungen der deutschen Renaissance gehört. – Die ehemals in 4 Jochen den Fluß überschreitende alte, im Unterbau roman. **Saale-Brücke** wurde 1945 zerstört.

Jenseits der Saale **Burg Saaleck,** von 1228, Jahr ihrer ersten Nennung, bis ans Ende des Hl. Röm. Reiches fuldische Feste zum Schutz des Flußüberganges der Straße Fulda–Würzburg. Die Beschießung 1866 zog als Folge weitgehende Erneuerungen nach sich. Doch steht noch der wahrscheinlich ins 13. Jh. zurückreichende Bergfried.

Unter der Burg das 1649 gestiftete **Franziskanerkloster Altstadt** mit 1698–1700 gebauter Kirche. Die ihr vorgelagerte Kapelle datiert 1746, der Kreuzweg, dessen 14 Stationen ihr Ziel in der Kalvarienberggruppe oben, vor Saaleck, finden, 1773.

HASSFURT (UFr. / Haßberge F3)

1230 erstmals erwähnt (»Hasefurth«*), ist der sicher sehr viel ältere Ort damals schon würzburgisch und auch schon Stadt (oppidum) und befestigt. Bis 1803 ist es Sitz eines fürstbischöflichen Oberamtes.*

Der annähernd rechteckige Stadtplan ist durch eine starke W-O-Transversale, die Straße Bamberg–Schweinfurt, bestimmt, der sich, etwa in der Mitte, der Markt anlegt. Die Führung der geradeläufigen, rechtwinklig kreuzenden Gassen läßt einheitliche Plangründung, wohl des 13. Jh., erschließen. – Von der alten Wehranlage ist wenig geblieben: eine **Mauerstrecke** südlich und 3 **Stadttore** (16. Jh.). Eine obere Vorstadt, östlich des Bamberger Tores, war durch eigene Befestigung gesichert. – Der große Marktplatz wird nördlich von der Pfarrkirche geschlossen, südlich vom **Rathaus,** dessen ansehnlicher 3geschossiger Block (1521) auf der Grenze zwischen Markt und Hauptstraße steht.

Kath. Pfarrkirche St. Kilian, Kolonat und Totnan •

Der Standort der ältesten (1249 erwähnten) Pfarrkirche ist bei der Marien-Ritter-Kapelle außerhalb der Mauern zu suchen. Um die Mitte des 14. Jh. bezieht sie ihren Platz innerhalb der Mauern. Von diesem Bau steht noch der S-Turm (in den 2 Untergeschossen). 1390 beginnt die zweite, die bestehende Kirche heranzuwachsen, mit dem Chor voraus. In den 40er Jahren des 15. Jh. geht man an die Langhauswölbung, die sich erst gegen Ende des Jahrhunderts schließt. Der S-Turm wächst in der 1. Hälfte des 15. Jh. weiter, auch der N-Turm entsteht (1617 erhöht). – 1888–90 widerfährt der Kirche das Unheil einer Regotisierung: Ausräumung alles Barocken. Wiedergutmachende Restaurierung 1960.

Die Pfarrkirche ist eine in der Mitte überhöhte 3schiffige Halle mit eingezogenem, in 5 Achteckseiten schließendem Chor, dessen Quadrat die beiden Türme flankieren. Achtkantpfeiler tragen die 4 Arkaden des Mittelschiffes, Kreuzrippengewölbe schließen. – Der ältere N-Turm enthält in seinem mit einem Netzgewölbe gedeckten Erdgeschoß die Sakristei, im Geschoß darüber eine feine *Kapelle* mit einem östl. Chörlein, das einem schon am Erdgeschoß ansetzenden Erker aufruht; das Gewölbe ist sternförmig figuriert. Lt. Schlußsteinwappen wurde das Kapellengelaß vom Würzburger Bischof Sigmund von Sachsen, um 1440, errichtet.

Relikte der alten Ausstattung sind die Holzfiguren des hl. Kilian und seiner Gefährten, um 1500 geschaffene Werke aus dem Umkreis Tilman Riemenschneiders, an der N-Wand des Schiffes, ein Johannes d. T., sicher von Riemenschneider selbst, und eine Muttergottes, die ihm nahesteht, zur Rechten und Linken des Chorbogens.

Ritterkapelle (St. Maria) •

Vorgängerin der Kapelle war die erste Haßfurter Pfarrkirche. 1363 und 1364 verlautet von der »capella extra muros«; ob die 1433 so genannte »Stifts- und Begräbniskapelle zu U. l. Fr.« schon 1390 begonnen wurde, steht offen. 1431 wird der Grundstein zum Langhaus gelegt, 1455 steht der Bau schon großenteils, ist aber 1464 noch nicht ganz fertig, wenn er auch 1465 geweiht werden kann. – 1603–05 läßt Bischof Julius die Kirche überholen. Erst jetzt erhält das Langhaus eine Wölbung. Eine Inschrift-

tafel (1614) rühmt den Erneuerer, der »diese Capell – Mit Costen gros baut Neu heraus«. Im 19. Jh. (1859ff.) kommt über diesen Liebling der Romantik der produktive Restaurator Karl Alexander v. Heideloff, der aber vor Ausführung der von ihm geplanten Wiederherstellung eines »ursprünglichen Zustandes« 1865 stirbt (und bei der Kirche begraben liegt). Doch restauriert er den Außenbau des Chores. Eine zweite Erneuerung widerfährt der Kirche 1889/90; damals entsteht (für einen barocken hölzernen) der steinerne Dachreiter.

Über Ursprung und Bedeutung der »Ritterkapelle« wurde viel gefabelt, wozu der dreifache, 248 Schilde starke Wappenfries Anlaß bot. Der Name beruht auf einer kaum zutreffenden Voraussetzung: eine ausschließlich ritterschaftliche Verlöbnisstiftung ist die Marienkapelle nicht. Eine 1413 bestätigte »Adelige Bruderschaft«, die sich guten Zuspruchs seitens der im 15. Jh. häufig in Haßfurt tagenden fränkischen Reichsritterschaft erfreute, dürfte für den aufwendigen Bau der übrigens noch 1406 als Pfarrkirche bezeugten Kapelle als verantwortlich anzusprechen sein.

Der Plan sah wohl eine Halle vor; dem zuerst begonnenen, 4 Joche tiefen, 3seitig geschlossenen Chor legte sich aber dann ein 1schiffiges Langhaus vor, zu dem das letzte westl. Chorjoch in Schrägstellung der Wände überleitet. Eigenartig und wirkungsvoll feierlich die Dreiergruppe des Chorbogens. Das Netzrippengewölbe des in hohen Fenstern aufgebrochenen, lichten Chores ist alt, um Mitte des 15. Jh. entstanden, die Kreuzrippengewölbe des Langhauses sind später, Juliuszeit; die unterwölbte W-Empore gehört dem letzten Jahrzehnt des 15. Jh. – Der Außenbau sammelt sein Bestes im *Chor,* der steil aufgereckt im Gerüst der Streben steht, dessen »Reichtum« aber zu einem nicht kleinen Teil Heideloffisch ist: so die Wappenhalterengel auf den Streben, die Galerie, die Fialen. Alter Abschluß ist der mit Dreipässen gefüllte Rundbogenfries, mit dem sich ober-, inner- und unterhalb die (leider auch etwas gestörte) Wappenreihe verbindet. Bemerkenswert, daß dieser hochinteressante Wappenfries auch auf die W-Seite des Chores übergreift, der also ursprünglich (bis 1603–05) hier noch frei lag. Sehr viel einfacher, durchaus schlicht, innen wie außen, ist das *Langhaus,* dessen Streben erst in der Juliuszeit die heutige Form erhielten.

Das *W-Portal* hat Veränderungen erleiden müssen, auch das Relief im Bogenfeld mit dem vielfigurigen Reisezug der Hll. 3 Könige von etwa 1430. In der schmalen Vorhalle, in die sich das Portal öffnet, ist den Diagonalrippen der Wölbung die Gestalt eines Nackten aufgelegt, dessen Hände die Attribute der Mäßigkeit (Mischkrug) und der Gerechtigkeit (Waage?) umschließen; ein entsprechendes, die Kardinaltugenden symbolisierendes Bildwerk befand sich am Lettner der Gelnhauser Marienkirche (13. Jh.). Das Relief der Kreuzigung »mit Gedräng« über dem *südwestl. Portal* ist 1455 datiert. – Noch sei der Denkstein an der S-Seite vermerkt, der die Wappen des Papstes, des Königs Albrecht, des Bischofs Johann v. Brunn und des Haßfurter Pfarrers Lochner kombiniert und 1431 und 1438 als Baujahre (des Langhauses) angibt.

Das neugot. Inventar (Altäre, Kanzel) wurde gelegentlich der letzten Überholung entfernt. Der spätgot. Dreikönigsaltar (mit moderner Anbetungsgruppe) stand früher in der Pfarrkirche. Unter der Empore eine vorzügliche Pietà, Steinfigur des frühen 15. Jh. (Gnadenbild); die Holzfigur des gleichen Themas, am südöstl. Pfeiler, spätes 15. Jh. – Die Ritterkapelle beherbergt eine Reihe guter *Bildgrabsteine;* insbesondere nennenswert die eines Truchseß v. Wetzhausen (1488; Langhaus nördlich), des Hans und der Brigitte v. Schaumberg (1501; Langhaus südlich), des Appel v. Stein zu Altenstein (1513; Langhaus nördlich), des Johann v. Hutten (1690, doch erst 1727 vom Sohn, dem Würzburger Fürstbischof Christoph Franz, gesetzt; Chor).

Mariaburghausen (F3)

Ehem. Zisterzienserinnenkloster

1237 gegründet, wird es 1243 von Kreuztal (Haßfurt) nach Marburghausen (so der Name zunächst) verlegt. Der erste Kirchenbau des 13. Jh. weicht im 14. einem zweiten. Er wird gegen 1300 in Angriff genommen und gegen Mitte des 14. Jh. beendet. 1582 hebt Bischof Julius das Kloster auf, um die Einkünfte seiner Universität zuweisen zu können.

Kath. Kirche St. Johannes d. T. Die sehr langgestreckte 1schiffige Kirche ist die typische der Zisterzienserinnen. Die Hälfte wird durch die unterwölbte Nonnenempore besetzt, die durch eine Quermauer vom 2 Rechteckjoche tiefen Langhaus abgeriegelt ist. Die von der Empore überdeckte sog. Gruft ist eine 3schiffige Halle, deren Kreuzrippengewölbe kämpferlosen Achtkantpfeilern aufsitzen. Der das Langhaus fortsetzende Chor schließt nach einem Joch in 5 Seiten des Achtecks. Kreuzrippengewölbe decken Chor und Langhaus; die Nonnenempore ist flach gedeckt.

Altäre und Kanzel sind barock. Unter den Grabsteinen ragt der des Heinrich v. Seinsheim (1375) hervor.

HAUSEN b. Würzburg (UFr. / Würzburg D4)

Fährbrück (D4)

Wallfahrtskirche Mariae Himmelfahrt

Im 12. Jh. Besitz der Neustädter Benediktiner, ein bescheidener Kirchenbau (Kapelle), mehrfach zerstört, im 17. Jh. stattlich erneuert. Der letzte, bestehende Bau, 1685–97 errichtet, ist dem Würzburger Bischof Johann Gottfried v. Guttenberg zu verdanken.

Rühmenswert, wie der starke Bau mit hoher, plastischer Fassade und weithin grüßendem Turm in der anmutigen Landschaft zwischen Schweinfurt und Würzburg steht, ein typischer Petrini-Bau und wohl auch Werk Antonio Petrinis. Gutenteils einheitliche Ausstattung – Altäre, Kanzel, Stuck – von der Hand des Würzburger Franziskanerbruders Kilian Stauffer, die Gemälde von Oswald Onghers. Später Nachzügler ist die Figur der Hausherrin von Peter Wagner (1798, Holz), »Maria Herzogin von Franken«.

HEIDENHEIM (MFr. / Weißenburg-Gunzenhausen F8)

Ehem. Benediktinerkloster

Die beiden Angelsachsen Wunibald und Willibald, Bischof von Eichstätt, gründen es 752. Wunibald leitet es auch, nach ihm seine Schwester Walburg. Eine steinerne Kirche entsteht 776–778. Wunibald wurde in ihr begraben, auch Walburg, aber sie wurde dann (871) nach Eichstätt gebracht. Das Kloster wird um 800 in ein Kanonikerstift, dieses um die Mitte des 12. Jh. in ein Benediktinerkloster zurückverwandelt. Eine neue Kirche wird gebaut (Weihe in den 80er Jahren des 12. Jh.). Im 14. Jh. wird der Chor erneuert; der hl. Wunibald siedelt aus der Krypta in ihn über (1363). 1528 resigniert der letzte Abt; das Kloster steht nun unter markgräflicher Verwaltung. – Baufälligkeit zwang, die beiden Türme und den Giebel der W-Front abzutragen und neu aufzubauen, 1866/67. Die Restaurierung 1969 bemühte sich erfolgreich um Wiederherstellung des roman. Wandkörpers.

Ev. Pfarrkirche, ehem. Klosterkirche. Von der Basilika des 12. Jh. stehen noch Langhaus und Querhaus. Doch wurden 1730 südl. Seitenschiff und S-Arm des Querschiffes weitgehend erneuert. Der Chor, 3 Joche tief, 5seitig schließend, ist spätgotisch. 6 Pfeilerarkaden schreiten das Langhaus ab, über ihnen ein Gesims, darüber die in 6 kleinen Rundbogenfenstern geöffnete Hochwand. Westlich stehen die beiden neuen Türme an Stelle der alten. Sie schließen die 2schiffige Vorhalle ein, deren 4 mit Kreuzgratgewölben gedeckte Joche einem Mittelpfeiler aufruhen.

Die Ausstattung ist ohne Patina. Doch bewahrt die Kirche einige ● vorzügliche *Grabmäler*, voran das hochinteressante *Walburg-Grab,* eine frei im Langhaus stehende, in der Frühzeit des 13. Jh. errichtete Grabkapelle: ein Rechteck mit Kreuzgratgewölben, außen mit Lisenen und Spitzbogenfriesen gegliedert und in Zinnen schließend, westlich ein rundbogiger Eingang, östlich und nördlich Fensterarkaden; die große Öffnung der S-Seite ist nicht alt (18. Jh.). Innen stand ursprünglich eine Reliquientumba, von der sich nur die spätgot. Reliefdeckplatte erhalten hat, die sich an ein älteres Vorbild des 13. Jh. anlehnt. Neben der Tumba des hl. Wunibald (1484) seien hervorgehoben die monumentalen Grabsteine des Grafen Ulrich v. Truhendingen und seiner Gattin (1310) und die des Wiricho v. Treuchtlingen und seiner Gattin (um 1349), die Epitaphien des Abtes Wilhelm v. Vestenberg (1446) mit Erbärmdechristus zur einen, Wappen zur anderen Seite, und der beiden Äbte Eberhard Müllinger (1482) und Peter Hagen (1500) mit Vesperbild.

Das nördlich anliegende **ehem. Kloster** wurde in markgräflicher Zeit, 1722–30, in den Geviertblock verwandelt, der vor Augen steht. Doch blieb der 1481–87 errichtete **Kreuzgang,** teilweise wenigstens (O- und S-Flügel ganz), erhalten. Der Kapitelsaal, nördlich des Querschiffs, wurde durch den Einbau der **kath. Kirche** zerstört. – Östlich der Klosterkirche liegt der **»Heidenbrunnen«,** mit dessen Wasser (Mineralquelle) der hl. Wunibald getauft haben soll: eine kleine spätgot. Halle mit Kreuzrippengewölben.

HEILIGENSTADT i. OFr. (OFr. / Bamberg H4)

Burg Greifenstein

Die Burg zeigt sich erstmals 1172. Besitz edelfreier Geschlechter (Schlüsselberg, Wolfsberg), dann der Streitberg, gelangt sie nach deren Ausgang 1680 als heimgefallenes Lehen an das Bamberger Hochstift, 1691 an Fürstbischof Marquard Sebastian Schenk v. Stauffenberg, über diesen an dessen Familie, die sie heute noch besitzt.

Die Anlage ist beherrschend über dem Albtal der Leinleiter nördlich von Heiligenstadt postiert. 1683–93 wandelt sie sich unter der Hand Johann Leonhard Dientzenhofers zum barocken Schloß, das noch einige gute Ausstattungen (Stuckdecken des Bambergers Johann Jakob Vogel), auch eine Waffensammlung vorzuweisen hat.

Im rückseits des Wirtschaftshofes (nördlich) anliegenden **Park** ein **Chinesischer Pavillon** des frühen 18. Jh. und eine romantische **Ruine** d. J. 1820. Eine alte Kastanienallee verbindet Schloß und Park, eine noch ältere Lindenallee begleitet die Auffahrt.

HEILSBRONN (MFr. / Ansbach G7)

Ehem. Zisterzienserkloster •

Die Kirche des 1132 von Bischof Otto von Bamberg in »Haholtesbrunnen« mit Hilfe des Grafen von Abenberg gegründeten, von Ebrach besiedelten Klosters wird spätestens 1149 geweiht. Nach Ausgang der Abenberger (um 1200) bevogten es die staufischen Könige, dann, etwa seit Mitte des 13. Jh., die Zollernschen Burggrafen von Nürnberg, die (auch die 3 ersten Brandenburger Kurfürsten) vom späten 14. bis ins frühe 17. Jh. hier beigesetzt werden. – Die Reformation, der sich die Markgrafen sofort zuwenden, bringt doch nicht sofort die Säkularisation ihres Hausklosters, dessen Konvent noch durch ein halbes Jahrhundert, bis 1578, Bestand hat. 1581 wird eine Fürstenschule eingerichtet, die später, 1736, in die Residenzstadt Ansbach verlegt und mit dem Gymnasium vereinigt wird.

● **Ev. Pfarrkirche, Münster,** ehem. Klosterkirche

Der Gründungsbau der 30er und 40er Jahre des 12. Jh. hat sich in seinen Hauptteilen erhalten (Mittelschiff, nördl. Seitenschiff, Querschiff, Haupt- und Nebenchöre, doch ohne Apsiden). Der Chor wurde 1263–84 in zwei Bauabschnitten östlich erweitert. In der Ablaßurkunde des Regensburger Bischofs von 1284, die den fertigen Bau schon voraussetzt, findet sich die Baubegründung: die Kirche sei zu klein geworden, deshalb habe man sie (recht gesagt: den Apsidenchor) abgerissen und einen neuen größeren errichtet. Im 14. Jh. wird westlich, auf der Grundlage eines roman. »Paradieses«, als Grablege des burggräflichen (seit 1415 markgräflichen) Dienstadels, die sog. Ritterkapelle hinzugefügt, 1412–33 das südl. Seitenschiff zur 2schiffigen Halle (Mortuarium) umgebaut. 1427–33 verwandelt sich der hölzerne Dachreiter in einen steinernen. – Das sind die Daten der mittelalterl. Baugeschichte. Die Neuzeit hat den alten Bestand nicht gemehrt. Erneuerungen des Inneren fanden 1706 und 1770/71 statt. Eine romantisch inspirierte Wiederherstellung, nach Direktiven Friedrich v. Gärtners, 1851–66, beseitigte mit wenig glücklicher Hand, was sie hinzugefügt hatten. Die meisten ornamentalen Details – Zahnschnitt, Bogenfries etc. – sind (aufstuckierte) Zugaben des Restaurators, auch die auf den Arkaden fußenden Lisenen und die Vierpaßrahmungen der Wappenschilde an den Hochwänden sowie die 3 (vorgetäuschten) Pfeilerarkaden an den ehemals dem Chor zuzurechnenden Wandstrecken im östl. Teil des Mittelschiffes. Diese Restaurierung benahm auch dem Außenbau, durch Teilerneuerungen und Glättungen, die Alterspatina. Doch konnten jüngere Wiederherstellungen, 1946–50 und 1955, die hohen Raumwerte des Münsters zurückgewinnen.

Der Grundriß des Münsters, der nicht zisterziensischen Baugewohnheiten folgt (die Wahl des Ordens stand anscheinend zur Gründungszeit noch offen), ist der einer 3schiffigen Anlage mit ausladendem Querhaus und 3 getrennten Parallelchören, deren Apsiden nach 1263 beseitigt wurden, um dem neuen, 2 Joche und einen 5/8-Schluß hinzufügenden Chor Platz zu machen. – Der Außenbau, langgestreckt (Gesamtlänge rd. 85 m), zisterziensich sparsam, ohne Aufgipfelung bis auf den (erneuerten) Dachreiter. Roman. Kern und got. Annexe setzen sich deutlich ab; die Führung hat das roman. Langhaus. An das Querschiff legt sich südlich die *Heideckkapelle* an; ursprünglich in der östl. Hälfte untergruftet, nach Ausweis ihres Patrons St. Michael als Totenkapelle (Karner) errichtet, dann aber den Herren v. Heideck überlassen, dürfte sie um 1190 entstanden sein. Ihre Auszeichnung ist die durch Rundbogen- und Schachbrettfries geschmückte Erkerapside. Das westl. Portal und das Fenster darüber sind Zugaben des frühen 16. Jh.

Am südl. Nebenchor das einzige alte (spätroman.) *Portal*, mit Stufenge-

Heilsbronn. Ehem. Klosterkirche. Inneres

wände, Säulen, Archivolten und einem um 1400 anzusetzenden Tympanonrelief der Gregorsmesse.

Inneres. Das Mittelschiff ruht auf 6 Arkaden, deren stämmige Säulen mit schweren Basen und Würfelkapitellen ausgestattet sind. Statt der beiden östl. Arkaden schließen Mauern, die einen vorgreifenden Langchor absetzen. Das stark ausladende Querschiff öffnet sich in hohen, halbrund geschlossenen Schwibbögen gegen Langhaus und Chor, die eine klare Sonderung der Raumteile bewirken. Die (ursprünglich kleineren) halbrunden Fenster des Mittelschiffes sind hoch hinaufgerückt; über der durch Gesims abgegrenzten Arkadenzone spricht die schwere, geschlossene Quadermauer. Mittelschiff, nördl. Seitenschiff, Querschiff und Ritterkapelle sind flach gedeckt (die Decke des Mittelschiffes lag ursprünglich, bis ins 18. Jh., um 1 m tiefer), die Chorarme mit Halbtonnen. Der Blick nach beiden Richtungen, östlich und westlich, trifft auf die hellen, hoch befensterten Abschlüsse der got. Chöre, den östlichen, der sich in harten schnittigen Linien bricht, den westlichen, der eine flache Wandstirne entgegenstellt. Dem mauergeschlossenen roman. nördl. Seitenschiff antwortet gegensätzlich das 2 × 5 Hallenjoche aneinanderreihende südliche, dessen schlanke

Stützen – übereck stehende Bündelpfeiler – die fast rundbogig geführten Rippen der Kreuzgewölbe ausgehen lassen.

● Die sehr reiche Ausstattung hat ihre stärksten, auffälligsten Gewichte in den *Grabmonumenten* der Burggrafen-Markgrafen und des ihnen und dem Kloster nahestehenden Adels, und so wird sich auch die erste Aufmerksamkeit auf diese den Raum beherrschenden Monumente richten. 3 Hochgräber besetzen die Achse des Mittelschiffes. Das über einer der beiden Zollerngrüfte stehende, 1362–66 vom Burggrafen Friedrich V. († 1398) errichtet, doch vom Markgrafen Georg Friedrich von Ansbach 1566–68 weitgehend erneuert; ihm gilt auch die Liegefigur im Harnisch auf der Deckplatte; die 8 Kleinfiguren an den mit Wappen geschmückten Wandungen scheinen gotisch zu sein, sind es aber nicht; sie gelten (die Deutung schwankt) Burggrafen und Burggräfinnen des 14. Jh. Das Hochgrab in der Mitte ist das 1626 begonnene, doch erst 1712 zu Ende gebrachte des Markgrafen Joachim Ernst; der vom Bayreuther Abraham Graß ausgeführte, 1634 aufgestellte Marmorsarkophag trägt die bronzene Bildnisfigur des Markgrafen, ein Gußwerk des Nürnbergers Georg Herold, wahrscheinlich nach dem Modell des Nürnbergers Georg Schweigger; die späte Fertigstellung leistete der Bildhauer Friedrich Maucher. Das dritte, westl. Hochgrab (unter dem der »Heilsbronn« entspringt), ist das der Kurfürstin Anna, schon vor ihrem Tode (1512), Ende des 15. Jh., errichtet; an den Wandungen die Kleinfiguren von 17 Heiligen, auf der Deckplatte die gute Liegefigur der in ein Nonnenhabit gekleideten Fürstin. – 2 weitere Tumben stehen an N- und S-Seite des Mittelschiffes: die des Konrad v. Heideck (1357), deren mit Maßwerk gegliederte Wandungen die Kleinfiguren von 6 Engeln und Heiligen enthalten; auf dem Deckel, gerüstet, die Statue des Heideckers, ein ausgezeichnetes Bildwerk der Zeit um 1360. Gegenüber, nördlich, die Tumba der Grafen Emicho und Johann von Nassau (1358–62), mit ebenfalls durch Maßwerk geschmückten Wandungen. Das ihr im 19. Jh. aufgesetzte Grabdenkmal des Titularerzbischofs von Anavazara (1390) mit den Reliefs von Kreuzigung und Marienkrönung ist typische, wohl nürnbergische Parler-Plastik. – Im nördl. Seitenschiff, an der W-Wand, wieder ein markgräfliches Denkmal, Georgs d. Frommen (1543) und seines Vaters Friedrich (1536); das Marmorepitaph mit den knienden Figuren der beiden Fürsten vor dem Gekreuzigten ist eines der besten Werke des Eichstätters Loy Hering. – Die Ritterkapelle (der W-Chor) ist eine Grablege des Adels, führt also ihren romantischen Namen nicht ganz zu Unrecht. Aus der Reihe der meist heraldischen (meist in Bodenlage befindlichen) Grabdenksteine seien die Bildsteine an der Wand herausgehoben: die ganzfigurigen des Wilhelm v. Ellrichhausen (1482), des Georg v. Seckendorf (1444) und seiner Gattin Margarete (1436). – Und wieder eine Grablege für sich ist das Mortuarium (S-Seitenschiff). Unter den vielen Denksteinen seien hier der des gerüsteten Georg Sack (1483) und der des Ludwig v. Eyb (1521), mit Marienkrönung und Vera Ikon, wieder ein Werk des L. Hering, herausgestellt.

Altäre. Der Hochaltar, ein Schreinflügelaltar auf got. Mensa, Stiftung des Markgrafen Friedrich 1502–22, bringt in der Mitte, plastisch, die Anbetung der Könige und erzählt auf den von einem Nürnberger (dem »Meister des Heilsbronner Hochaltars«) gemalten Flügeln (außen) aus Marienleben und Passion. – Der Flügelaltar im südl. Seitenchor, etwa gleichzeitig, vereinigt im Schrein die Muttergottes mit hl. Lucia und hl. Ottilie, fügt im hohen Gespreng die Marienkrönung hinzu und bringt auf den von Sebastian Dayg, Nördlingen, gemalten Tafeln wieder Szenen aus dem Marienleben und die ungewöhnliche Darstellung Christi, der den gegen die Großen der Welt gerichteten Zorn Gottes beschwichtigt. – Der 1513 gestiftete, vom Nördlinger Bildschnitzer Peter Strauß geschaffene nördl. Seitenaltar vergegenwärtigt im Schrein die Marter der 11000 Jungfrauen, auf den von Wolf Traut, Nürnberg, gemalten Flügeln 4 Martyrien, im hohen Gespreng die hll. Barbara, Magdalena und Apollonia. – Hinweise auf die weiteren Altäre müssen hier genügen: der 14 Nothelfer an der N-Wand des Chores, 2. Hälfte 15. Jh., des hl. Mauritius an der S-Wand des Chores, Stiftung d. J. 1513, mit gemalten Tafeln W. Trauts, der hll. Petrus und Paulus, 1517/18, von P. Strauß und W. Traut, und der hll. Stephanus und Laurentius, von S. Dayg, im südl. Seitenschiff; der hll. Philippus und Jakobus, 1518, im nördl. Seitenschiff; der hll. Martin und Ambrosius, 1487, in der Heideckkapelle.

Das 1515 datierte, in 5 Geschossen aufsteigende *Sakramentshaus* im Chor steht Adam Krafft nahe. – Aus der Fülle einzelner Kunstwerke seien noch herausgegriffen: das Steinbildwerk Christus als Richter, um 1320, in der Heideckkapelle; die Holzbildwerke: Kruzifixus über dem neuen Kreuzaltar, um 1510, aus dem Umkreis des Veit Stoß, Pietà im Hauptchor, vorzügliches Werk eines Nürnbergers, um 1500; und die gemalten Tafeln: Votiv des Abtes Friedrich v. Hirschlach, mit Schmerzensmann, um 1350, wohl von gleicher Hand wie die beiden Passionstafeln, Inkunabeln der Nürnberger Tafelmalerei, Votiv des Eichstätter Bischofs Berthold, eines Burggrafen, um 1365, doch 1497 erneuert, mit Halbfigur der Muttergottes, und Votiv des Abtes Konrad Haunold, 1494, mit Schutzmantelmaria.

Im N der Klosterkirche lag der Kreuzgang, dem sich wieder das **Refektorium** (mit kleinem Küchenanbau westlich) anlegte. Nur dieses ist erhalten: ein mauerstarker, mit Streben bewehrter, typisch zisterziensischer Quaderbau, spätestens der 30er Jahre des 13. Jh., wahrscheinlich von Bauleuten der Ebracher Hütte errichtet. Roman. Zierformen begegnen sich mit den konstruktiven der Frühgotik. Der nördlich gerichtete, 4 querrechteckige Joche reihende Längsraum ist beherrscht durch die starken plastischen Gurte und Rippen der Kreuzgewölbe, die auf tiefsitzenden Konsolen fußen. Der Bau, bedeutende Hinterlassenschaft frühgot. Klosterarchitektur, 1889 von der kath. Gemeinde erworben, St. Otto geweiht, ist heute **ev. Gemeindesaal.** (Das frühere Portal an der S-Wand hatte in den dort anliegenden Kreuzgang geführt; in das Germanische Nationalmuseum Nürnberg transferiert, ging es dort 1945 zugrunde.) – Die westlich anschließende **Sakristei** ist, zum wenigsten in der Wölbung, jünger, vom Ende des 13. Jh.; ein großartiger quadratischer Raum, die Wölbung auf 8strahligem Rippenfächer.

Das **Brunnenhaus,** nordwestlich der Klosterkirche, steht wohl da, wo einmal die Brunnenkapelle des Kreuzhofes stand. Die die Brunnenstube bergende Fachwerkhalle wurde 1753 errichtet.

Im Anschluß an die wenigen erhaltenen Teile der Klosteranlage sei noch die sog. **Neue Abtei** erwähnt, deren 2geschossiger Hauptbau gleichzeitig mit dem Chor des Münsters (2. Hälfte 13. Jh.) entstanden sein dürfte. S-Flügel und westl. Turmanbau kamen 1487 bzw. 1519 hinzu. Sehr beachtliche spätgot. Räume: durch eine schöne geschnitzte Holzdecke ausgezeichneter *Kaisersaal;* auch das *Markgrafenzimmer* ist mit alter Holzdecke ausgestattet; *Bibliotheksraum* mit Geschränk und Getäfer des frühen 16. Jh.; *Abtskapelle* mit Holztonne und Wandmalereien (auf Leinwand) des frühen 15. Jh.

HEMAU (OPf. / Regensburg K8)

Der Ortsname entwickelt sich von »Hempurc« *(1138) über* »Hembaur« *(1329) zu Hemau. Als Markt erscheint H. 1272, als Stadt 1326. Seit 1305 ist es herzoglich; 1505 kommt es an Pfalz-Neuburg.*

Rückgrat der Stadtanlage ist die Landstraße Würzburg–Nürnberg–Regensburg. Sie verbreitert sich zum typisch bayerischen Straßenmarkt, in den, meist rechtwinklig, die Seitengassen münden. Der einst sehr stattliche Bering umhegte die Stadt im Viereck. Er verfiel 1808 dem Abbruch.

Kath. Pfarrkirche St. Johann Bapt. 1127 weihte Bischof Otto von Bamberg eine Kirche, deren Pfarr-Rechte stets (bis 1803) Prüfening zustanden. Neubau von 1719–21 unter Verwendung got. Chormauern. Der Turm wurde erst 1726–29 hinzugefügt. Um 1720 erhielt die Kirche ihr Stuckgewand. Die Altäre der Seitenkapellen, untektonische, rein ornamentale Aufbauten, stammen von 1721 und 1723. Im Chor finden sich Reste eines got. Altars der Zeit um 1500: 4 vorzüglich gearbeitete Reliefs mit Szenen aus der Geschichte der beiden Johannes.

Rathaus. Der schlichte Block geht auf eine got. Anlage von 1471 zurück, die, 1779 ausgebrannt, im Inneren erneuert wurde.

Eichelberg (I8)

Kath. Pfarr- und Wallfahrtskirche zur Heiligsten Dreifaltigkeit. Auf beherrschender Anhöhe zwischen den Tälern der Schwarzen und der Weißen Laaber liegt das Heiligtum, das seine Entstehung einem 1688 geschehenen Mirakel verdankt. 1693–95 wird die Gnadenkapelle aufgerichtet, deren später, 1770, geschaffener Altar das wundertätige Bild der Marienkrönung (Anfang 17. Jh.) umfängt. 1697–1711 erwächst die große Kirche, welche die Gnadenkapelle als Nebenraum (links vom Chor, gegenüber der Sakristei) in sich aufnimmt. Die Pläne stammen von dem Graubündner Maurermeister Giovanni Battista Camesino: eine schlichte Wandpfeileranlage mit eingezogenem Chor. Ohne Stuck- und Freskogewand treten die Bauformen klar, ja herb hervor. Altäre und Kanzel um 1710–20.

HEROLDSBACH (OFr. / Forchheim G5)

Thurn (G5)

Schloß

Der Name setzt einen Turm, wohl eine der sog. Turmhügelburgen des frühen Mittelalters, voraus. Nächst Heroldsbach gelegen, erscheint es auch in Verbindung mit diesem 1412 als »Burggut zu Heroldsbach zum Turn«. Vielfacher Besitzerwechsel bis zum Erwerb durch den Domherrn Lothar Franz Philipp Wilhelm v. Horneck 1747, bei dessen Familie (seit 1917 Sturmfeder-Horneck) Thurn bis in die jüngste Zeit blieb.

Auf diesen Bamberger Prälaten geht der Ausbau der grabenumwehrten Wasserburg zu einem im Sinne seines Jahrhunderts modernen **Schloß** zurück, besorgt 1556 ff. von dem Bamberger Johann Jakob Michael Küchel. Er fügte dem (älteren, im Kern mittelalterl.) Torbau die beiden Flügel hinzu und egalisierte den (älteren) östl. Flügel, errichtete 1758 die **Gärtnerwohnung** (südlich des äußeren Schloßhofes) und 1766 den **Gartenpavillon** (östlich), der besonders anmutig ist (nächst verwandt dem des Bamberger Residenzgärtleins). – In den Räumen des S- und O-Flügels noch einige gute Raumausstattungen. Im S-Flügel die *Schloßkapelle St. Sebastian;* Altar wohl von Küchel entworfen, Bild und Plastik von Johann Joseph Scheubel d. Ä. und Georg Reuß. – Die Sandsteinfiguren des **Ziergartens** sind Kopien der Originale von Ferdinand Dietz im Germanischen Nationalmuseum Nürnberg.

HEROLDSBERG (MFr. / Erlangen-Höchstadt H6)

Inmitten des von Kaiser Heinrich III. Mitte des 11. Jh. rund um das eben jetzt beginnende Nürnberg gesammelten Reichsgutes gelegen, fällt die kaiserliche freie Hofmark 1381 an das Nürnberger Ratsgeschlecht der Geuder, bis zum Ausgang des Reiches nun die Herren des Dorfes, das spätestens 1417 Markt wird.

Mit den Schlössern der Geuder, auf der Talböschung über der Gründlach am Oberen Markt errichtet, tritt die Vergangenheit auch heute noch in einer (der Dürerschen Federzeichnung von 1510 nahekommenden) Aufreihung der Herrschaftssymbole vor Augen. – Die jüngere Siedlung im Tal, an der Hauptstraße, bietet nur mehr wenig des beachtenswerten

Alten. Aber typisch fränkisch, altfränkisch, zeigt sich der durchaus dörflich wirkende Obere Markt.

Die **ev. Pfarrkirche** (St. Margarete), die ursprünglich an Neunkirchen am Sand hing, ist ein Bau des mittleren und späten 15. Jh., solid quadern wie hier meist. Älter ist nur der wahrscheinlich ins späte 13., vielleicht erst ins frühe 14. Jh. (Wandmalereien dieser Zeit im Untergeschoß) zurückführende Turm, der seine Erker- oder Scharwachttürmchen auch erst im 15. Jh. erhielt. Das Langhaus wurde 1821 in der S-Wand ganz, in der N-Wand teilweise (Aufstockung) erneuert. – Das mittelalterl. Inventar wurde schon im frühen 17. Jh. durch einen kalvinistischen Geuder beseitigt. Der Flügelaltar ist ein Mixtum compositum, 1956/57 in die bestehende Form gebracht; der sehr gute, vermutlich mainfränkische *Kruzifixus* des frühen 16. Jh. kam erst damals hinzu. Die Gemälde der Flügel – alttestamentliche Darstellungen – deuten auf einen Nürnberger Maler des frühen 17. Jh. – In Langhaus und Chor eine Anzahl Wappenscheiben des 16. Jh. Auch die Geuderschen Epitaphien (Marmor, Holz) des 16. und 17. Jh. sind rein heraldisch.

Von den 4 Geuder-**Schlössern** lassen sich das **Grüne** (Kirchenweg 5), das **Rote** (Oberer Markt) und das **Weiße** (Kirchenweg 4; heute **Rathaus**) in der Anlage ins späte 15. Jh. zurückverfolgen. Das erste, 1552 zerstört, wurde in nächster Folge neu aufgeführt; auch das zweite erlag 1552 dem Markgrafenbrand und wurde dann – wahrscheinlich 1589 – erneuert; gleiches Schicksal widerfuhr dem Weißen Schloß, das 1587 und noch einmal 1702 erneuert wurde. Das vierte, das **Gelbe Schloß** (Hans-Sachs-Str. 2), entstand innerhalb d. J. 1580–1611.

HERRIEDEN (MFr. / Ansbach F7)

Gegen Ende des 8. Jh., wahrscheinlich in den 80er Jahren, gründet ein Cadold das Benediktinerkloster an der oberen Altmühl, als dessen erster Abt Deocarus (Theutgar) erscheint; in ihm wird H. künftig seinen Stifter verehren. Eigenkloster des Königs, steht es 817 in der Liste der Königsklöster als eines der zweiten Leistungsstufe. 888 kommt es als königl. Schenkung an den Bischof von Eichstätt, der es in ein Chorherrenstift verwandelt. – Die Siedlung, älter als das Kloster, büßt einen hohenlohe-schen Anschlag auf das Leben Kaiser Ludwigs 1316 mit Zerstörung und Entrechtung. Seit 1316 ist Eichstätt im unbestrittenen Besitz aller Rechte. 1238 erscheint sie als Markt, 1289 als Stadt. Nach 1315 wird sie befestigt, die Befestigung nach 1490 erneuert.

● **Kath. Pfarrkirche St. Veit,** ehem. Stiftskirche
Die beiden Türme sind die ältesten, wohl noch im 14. Jh. entstandenen, im späten 16. und im 18. überholten Bauteile. Die bestehende Halle wurde 1447 begonnen. 1461 ist der von Endres Emhart d. Ä. (vgl. die Pfarrkirchen von Gunzenhausen, Weißenburg, Ansbach / St. Johannis) gebaute Chor vollendet. Emhart stirbt 1475. Ein Brand des Langhauses, 1490, unterbricht. Die Arbeiten kommen erst 1502 wieder in Gang und schlie-

ßen 1533 (Weihe) ab. In diesem letzten Bauabschnitt entsteht das Langhaus, doch ohne Wölbung. 1740–48 wird der Raum, zunächst das Langhaus (1740), dann der Chor (1748), unter Leitung des Eichstätters Matthias Seybold ins Barocke gewandelt. Erst jetzt wird das Langhaus gewölbt.

Der sehr ansehnliche Bau ist durch 2 westl. Türme ausgezeichnet; diese, in 4 einfachen Würfelgeschossen aufsteigend, sind durch eine Brücke verspannt. Die Kirche ist eine 3schiffige Halle mit überhöhtem Mittelschiff, die Schiffe durch quadratische Pfeiler geteilt. Chor mit etwas südlich abweichender Achse, 2 Joche tief, 5seitig schließend, mit Netzrippengewölbe gedeckt. An seiner S-Seite die ebenfalls mit Netzrippengewölbe gedeckte Blasiuskapelle (1521/22); an seiner N-Seite mehrteiliger Sakristei-Anbau. Das Langhaus beiderseits von Kapellen begleitet; südlich sind es 3 flache Wandpfeilerkapellen, nördlich 2 ausspringende rechteckige, St. Nikolaus und St. Peter und Paul.

Die Ausstattung ist barock, 1740 und 1748. Sie wandelte den in den Mauern spätgot. Raum ins Helle und Heitere. Die durch Gurte gegliederte Wölbung ist von zarten Bandelwerkstukkaturen des Eichstätters Franz Xaver Horneis und mit Freskenvierpässen überschrieben. Von schöner, kraftvoller Bewegung das durch die Gemälde des Ellwanger Hofmalers Edmund Widemann (1748) zu Aufkurvungen genötigte Gebälk im Chor. Wirkungsvoll die wölbig bewegte, mit einem vortrefflichen Prospekt (1780) besetzte Orgelempore im W. Der große, bis zur Wölbung aufragende Hochaltar ist 1695 geschaffenes Werk des Eichstätters Jakob Engel; das den Kirchenpatronen Veit und Deocar gewidmete Gemälde schuf Johann Caspar Sing. Das nach Entwurf des Eichstätters Maurizio Pedetti gearbeitete Tabernakel ist Zugabe d. J. 1780. Die Seitenaltäre (Franz Xaver, Sebastian, Hll. 3 Könige, Deocar, Peter und Paul) gehören in die 2. Hälfte des 18. Jh. (meist 70er Jahre). Älter die Kanzel, um 1720. Das Chorgestühl geht in den Stallen ins späte 15., in den Rückwänden ins 18. Jh. zurück. Insbesondere hervorzuheben der ursprünglich in der Mitte des Schiffes stehende *Deocarus-Schrein* von 1482: als Kirche mit geschweiftem Satteldach gestaltet, auf gespindelte Stützen gesetzt, mit dem Wappen des Eichstätter Bischofs Wilhelm v. Reichenau und den Relieffiguren der hll. Deocarus und Wunibald, Willibald und Walburg.

Kath. Kirche U. L. Frau (nördlich der Stiftskirche und parallel zu ihr)
1474 an Stelle einer angeblich karolingischen »Krypta« neu aufgeführt, 1490 abgebrannt, 1493 wiederaufgebaut. 1700–14 barock restauriert; aus dieser Zeit (1703) auch der schmuckvolle Dachreiter auf dem O-First des Schiffes.

Reizvoll die Schmückung der O-Wand des Chores durch eine Nische mit hl. Nepomuk und ein Zwerchhaus darüber, das kräftige Profile rahmen, mit Büsten auf den seitlichen Voluten und der Spitze des Segmentgiebels. Zum flach gedeckten Schiff ein eingezogener Chor mit Netzrippengewölbe. Die Ausstattung ist neugotisch, besseren Herkommens nur die 1705 geschaffene Holzdecke.

Kath. Kirche St. Martin (auf der Anhöhe nördlich der Stadt)
Von altersher Pfarrkirche des Stiftes, dem sie 1380 inkorporiert wurde, dürfte die Martinskirche erste Kirche am Ort gewesen sein; jedenfalls bestand sie schon vor dem Kloster.
Noch umgibt sie der Friedhof. – Der bestehende einfache Bau, ein Saal mit eingezogenem Chor, ist nachmittelalterlich (Weihe 1668; 1721 durch Gabriel Gabrieli erweitert; Turm 1733/34). Bemerkenswert das große Epitaph des Ehepaares Johann Adam und Maria Mang, 1773, von dem Bamberger Franz Martin Mutschele.

Die **Stadt,** am N-Ufer der Altmühl, umschreibt etwa ein Oval. Die Mauerzüge haben sich großenteils, wenn auch verbaut, erhalten. Innerhalb des südl. Zuges steht das **ehem. stiftische Schloß,** das im wesentlichen auf einen Umbau des frühen 16. Jh. zurückgeht. Westlich 2 parallele Straßenzüge, Vordere und Hintere Gasse, östlich die Stiftskirche. – Das südl. **Storchentor,** gegen die Altmühl, ist im Kern spätgotisch. Vor dem Tor die barocke **Altmühl-Brücke.** Tor und Brücke verbinden sich zu anmutiger Vedute.

HERSBRUCK (MFr. / Nürnberger Land HI6)

1011 schenkt Heinrich II. den Königshof H. an sein Bistum Bamberg, das 1057 einen Markt gründet. Durch die Vögte – seit 1188 sind es die Staufer – geht Bamberg seines H.er Besitzes verlustig, der aus dem Stauferererbe 1269 an die Herzöge von Bayern fällt. 1353 kommt es an Kaiser Karl IV., der es zur Stadt privilegiert, aber 1373 wieder an den Herzog zurückgibt. Im Bayerischen Erbfolgekrieg 1504ff. gelingt es den Nürnbergern, H. zu besetzen und zu behaupten. Bis 1806 gehört es zum Territorium der Reichsstadt, eines ihrer besten Pflegämter. – Die älteste Marktsiedlung lag zwischen Wassertor und Unterem Markt, der im 13. Jh. entstanden sein dürfte und dem der Obere hinzuwuchs. Erst in der 2. Hälfte des 14. Jh. gliederte sich das Quartier an der Prager Straße an. In der Hussitennotzeit, im frühen 15. Jh. (1444 vollendet), ummauerte sich die Stadt steinern.

Der **Mauerring** ist noch in Teilstrecken erhalten, insbesondere, mit Wehrgang und Graben, nordöstlich. Erhalten haben sich auch die 3 **Tortürme,** der spätgot. **Hohenstadter,** der **Wassertorturm** (1601/02) und der (im 19. Jh. veränderte) **Nürnberger.**

Ev. Stadtpfarrkirche (ehem. St. Maria). Älteste erhaltene, noch mittelalterl. Teile der in der Gründung ins späte 10. Jh. zurückgehenden Kirche, Stiftung der Herzogswitwe Wiltrud, sind das Untergeschoß des (1731 erhöhten) Turmes und der polygon gebrochene Chor; beide wohl aus der Frühzeit des 15. Jh. Das Langhaus wurde 1738 neu aufgeführt.

Die teilweise erneuerten Deckengemälde vom Hersbrucker Johann Christoph Reich. Der bedeutende *Hochaltar* konnte 1961 (dank Rückkehr des Schreines aus dem Germanischen Nationalmuseum) als Ganzes wiederhergestellt werden; die gemalten Flügeltafeln – Jesus- und Marienleben – sind Werke eines sehr eigenartigen Nürnberger Unbekannten, des nach ihnen so genannten »Hersbrucker Meisters«. (Der barocke Hochaltar jetzt in Ipsheim [MFr.].) In den Chorfenstern noch alte gemalte Scheiben, älteste aus dem 15., letzte aus dem 17. Jh. – Der Ölberg, außen, stammt aus d. J. 1444, wurde aber 1652 restauriert.

Ehem. Spitalkirche. Die kleine Kirche des 1406 erbauten, 1423 erweiterten **Spitals der hl. Elisabeth,** das erst 1440 in den Mauerring einbezogen wurde, dürfte gleichzeitig mit den Spitalgebäuden errichtet worden sein. Der 2jochige, mit Kreuzrippengewölben gedeckte Chor schließt gerade; die Balkendecke des Schiffes ruht auf 6 Holzpfeilern. Der barocke Hochaltar von 1688 ist Werk des Neumarkter Bildhauers Erhard Wirsing. Der spätgot. Vorgänger von etwa 1510 ist jetzt auf der rechten Seite aufgestellt; im Schrein geschnitzte Kreuzigung, die Flügel gemalt. Der Zwölfbotenaltar über der Sakristeitür, um 1480, wanderte aus der Pfarrkirche hierher.

Die Burg, an der Pegnitz, wich in der ersten Nürnberger Zeit einem **Schloß,** das den Pfleger behauste. 1618–22 wurde es, nach Rissen des Zeugmeisters Matthias Pfeffer, vom Nürnberger Stadtwerkmeister Jakob Wolff d. J. erweitert: Der ältere Trakt (jetzt Mitte) wurde westlich verlängert, NO- und NW-Flügel wurden zugefügt und 2 Achtecktürme (nur einer erhalten) errichtet. So entstand schon früh eine regelrechte Ehrenhofanlage, nun freilich noch in der Hut einer mit Wehrgang und Graben ausgestatteten Mauer.

Das **Rathaus,** im Kern vielleicht ins 13. Jh. zurückreichend, zuletzt im 18. Jh. umgestaltet, hat sich, nach Brand 1945, in neuerer Zeit stark verjüngt. Der obere Teil des Turmes datiert 1527. Gut steht es, in breiter Zuwendung, zum Oberen Markt. – Der Bestand an alten **Häusern** ist beachtlich. Fachwerk, bis ins 16./17. Jh. vorherrschend, ist noch in einigen guten Proben eingestreut. Auch einige spätgot. Treppengiebel ragen noch. Ein vortreffliches Bürgerhaus des 18. Jh. ist **Martin-Luther-Str. 15,** mit reicher Stuckzier des Rokoko an der Front.

Deutsches Hirtenmuseum (Eisenhüttlein 7), 1933 eröffnet, volkskundlich – schon als einziges seiner Art – sehr beachtlich. Das alljährliche Hersbrucker Hirtentreffen (6. Januar) gibt ihm lebendigen Rahmen.

HESSDORF (MFr. / Erlangen-Höchstadt G5)

Hannberg (G5)

Kath. Pfarrkirche Mariae Geburt und Katharina. Ihre Auszeichnung ist der sie umgebende befestigte **Friedhof,** einer der besterhaltenen. Im 15. Jh. errichtet, erlitt er nur 1879 durch Abtragung der Mauerhöhe geringe Schädigung. Der Grundriß beschreibt ein regelmäßiges Rechteck. 5 Türme (3 runde, 2 viereckige) decken die in Buckelquadern aufgeführte Ringmauer. – Die **Kirche** ist nur im Turm (der Chor ist) und in der Sakristei spätgotisch (1486). Das Langhaus entstand neu 1721.

HILPOLTSTEIN (MFr. / Roth H7)

Einer der beiden Hilpolte v. Stein gibt der »Stadt datz dem Stain« *(so 1345) um die Wende des 13. Jh. den Namen. Die Stadtwerdung wird mit rd. 1300 anzusetzen sein. 1385 sterben die Herren v. Stein aus; ihr Nachfolger ist der Herzog von Bayern. 1505 fällt es an die Junge Pfalz (Neuburg).*

Die **Stadt** läßt sich in ein Dreieck einschreiben. Die Hauptstraße trifft in ihrem O-W-Zug auf den Markt, der die wichtigsten anderen Gassen entläßt. Kirche, Schloß, Rathaus stehen da, wo sie den Markt erreicht. An der NO-Ecke des Stadtumfanges liegt die Burg, nordwestlich jenseits des Stadtweihers die kleine Vorstadt. – Die Stadttore (2) fehlen heute. Doch steht die aus Sandsteinquadern aufgeführte **Ringmauer** noch großenteils, wennschon in verminderter Höhe; von den Mauertürmen blieb nur der (südl.) **Töttelsturm.** – Die Anzahl spätmittelalterl. **Bürgerhäuser** ist groß. Giebelstellung zur Straße ist die Regel; Fachwerk war die Regel, doch wurde es später meist verputzt.

Die nordöstlich in den Bering einbezogene, heute als Krankenhaus dienende **Burg** dürfte im späten 13. Jh. gebaut worden sein. Ende des 18. Jh. ist sie Ruine und wird als Steinbruch ausgebeutet. Annähernd rechteckigen Grundrisses, besteht sie aus Haupt- und (tiefer liegender) Vorburg. Ein Treppenhaus von 1606 vermittelt zwischen Vor- und Hauptburg. In der O-Hälfte der von einer hohen Ringmauer gedeckten Hauptburg steht der quadratische Bergfried. Die Wohnbauten der Vorburg verbergen ihren mittelalterl. Ursprung unter barocker Erscheinung.

Ehem. herzogliche Residenz. 1619 ff. errichtet, ein Konglomerat von Teilen, wurde sie im 19. Jh. verstümmelt. Das fürstliche Wohnhaus (nun **Amtsgericht**) ist ein 3geschossiger Giebelbau ohne sonderliche Auszeichnung, es sei denn die Stuckausstattung einiger Räume, die der Nürnberger Heinrich Kuhn arbeitete.

Kath. Stadtpfarrkirche St. Johannes Baptista
1279 bezeugt, 1372 mit einem Kollegiatstift ausgestattet. 1732/33 durch den Neuburger Hofbaumeister Franz Keller außen wie innen ins Barocke verwandelt.
Von dem sehr stattlichen spätgot. Bau übersteht nur der Chor die Barockisierung, wird aber neugewölbt. Relikte sind ferner die 4 steinernen Apostel an der Treppe, am S-Portal und an der Fassade. Dort auch (Nische über dem Eingang) eine vortreffliche Ton-Muttergottes des 15. Jh. Hoher, 1714 durch Johann Bapt. Camesino barockisierter Turm. – Stukkaturen von Joseph Bolz aus Ellingen (Chor) und Franz Hieronymus Andrioli (Langhaus, Seitenkapelle, Emporen). Chor-Deckengemälde von Matthias Zink aus Eichstätt nach Entwurf des Ingolstädters Melchior Puchner, der die Fresken im Langhaus leistete. Hochaltar 1702, 1758 neu gestaltet; das Gemälde älter, 1656 vom Jesuitenbruder Paul Brock. Die Seitenaltäre sind spätes 17. Jh. (im nördlichen Muttergottes um 1460), die Altäre in den Kapellen um 1738, die ausgezeichnete Kanzel von Philipp Graf (Schreiner) und Leonhard Mayer, Ellingen, 1758. Das Grabmal des Jörg v. Leonrod (1540) an der N-Wand des Chores ist eine Arbeit des Loy Hering. Gutes Holzrelief der Grablegung in der Seitenkapelle rechts (frühes 16. Jh.).

HIMMELKRON (OFr. / Kulmbach I3)

Ehem. Zisterzienserinnenkloster
Graf Otto (IV.) v. Orlamünde ist der Stifter. Bald nach dem Stiftungsjahr, 1279, werden Kloster und Kirche begonnen worden sein. Vom Kloster südlich der Kirche steht nur noch der der Kirche anliegende Flügel des spätgot. Kreuzganges, der durch die Äbtissin Elisabeth v. Künsberg 1473 errichtet wurde. Die Ruinierung von Kirche und Kloster setzt im 16. Jh. ein: 1553 im Markgrafenkrieg teilweise zerstört; 1569 durch die Markgrafen, die Himmelkron seit 1339 besitzen, säkularisiert. Erst das späte 19. Jh. setzt ihr Schranken. 1699 wird die Kirche (seit 1590 Pfarrkirche) »restauriert«: Nivellierung der Bodenhöhen von Schiff und Chor, Einziehung einer gewölbten Stuckdecke, Beseitigung der alten (wohl meist noch spätmittelalterl.) Ausstattung, Einbau von Kanzelaltar und Emporen. 1735 wird eine Fürstengruft (für das markgräfliche Haus) durch Abtrennung eines Teiles der »Ritterkapelle« (Gruftkirche, unter der Nonnenempore) geschaffen, 1760 läßt die markgräfliche Bauverwaltung 3 Flügel des Kreuzganges einreißen. 1791 wird das Kloster an Private verkauft. 1892 beziehen es Neuendettelsauer Diakonissen.

Ev. Pfarrkirche. Die ehem. Klosterkirche folgt dem Schema der Frauenkirchen des Ordens. Chor und Schiff fügen sich in langer Erstreckung aneinander; der gewölbte 2jochige Chor schließt in 5 Seiten des Achtecks. Im westl. Teil des Langhauses die (für die Frauenklöster des Ordens typische) *Gruftkirche:*

eine 3schiffige Halle, 7 Joche tief, welche die Nonnenempore trägt.

Ihres klosterzeitlichen Inventars längst beraubt, weist die Kirche doch
● noch eine lange Reihe z. T. hervorragender *Grabdenkmäler* auf; genannt seien: das mit einer Tumba verbundene des Otto (IV.) v. Orlamünde (1285), das früher mit der Sage von der Weißen Frau verknüpft wurde, die Figur des Stifter-Grafen vom staufischen 13. Jh. geprägt; das vorgeblich des Otto (VI.) v. Orlamünde (1318), das nach Mitte des 14. Jh. anzusetzen ist, das des Otto (VII.) v. Orlamünde (1341) und das der Äbtissin Agnes, ebenfalls aus dem Geschlecht Orlamünde (1354), das zu den besten figürlichen Grabsteinen des hohen 14. Jh. gehört, nahe verwandt den Werken des »Wolfskeelmeisters« in Würzburg.

Der erhaltene *N-Flügel* des **Kreuzganges** überrascht durch das reiche Flechtwerk seiner Netzrippenwölbung, deren profilierte Hauptrippen tief herabgreifen, um sich von den Diensten aufnehmen zu lassen, deren wandseitige spiralisch gedreht sind. Ein Ausnahmeschmuck der prächtigen Decke sind die an den Rautenkappen der Reihungen befestigten Stuckfiguren von musizierenden Engeln und 12 Herolden mit den Insignien ritterlicher Orden und Schriftbändern. Die Steinreliefs an der N-Wand – 7 Darstellungen der Heilsgeschichte, von Welterschaffung bis Himmelfahrt – sind mit etwa 1480 zu datieren.

Kloster- bzw. **Schloßgebäude,** um 2 Höfe gruppiert. N- und O-Flügel des Unteren Hofes 16. Jh. Sehr beachtlich der 1699 nach Plänen Antonio della Portas errichtete, gut und kräftig gegliederte **Prinzenbau.**

HÖCHHEIM (UFr. / Rhön-Grabfeld F2)

Irmelshausen (F2)

● **Schloß**

»Irminolteshusen« zeigt sich schon 783. Im 11. Jh. setzen sich die Henneberger fest. 1354 tritt an ihre Stelle das Hochstift Würzburg, das aber wenig später verkauft; seither im Besitz der Herren v. Bibra. – Älteste Teile entstanden im 15. und frühen 16. Jh., O-, S- und SW-Flügel 1556–61. Eingriffe des späten 17. und des 18. Jh. schwächten die burgliche Erscheinung ab; das 19. Jh. erneuerte die Fachwerkgeschosse des NO-Flügels.

Im Ganzen ist das Schloß wohlerhalten und darf berühmteren Verwandten (wie Mespelbrunn) an die Seite gestellt werden. Ein Teich umgibt den 5eckigen Schloßkomplex, eine breite Zwingeranlage den Teich; nordwestlich fließt die Milz, südöstlich ein dieser zustrebender kleinerer Bach. Durch den Torbau (1514) an der 1699 überbrückten Milz betritt man den Zwinger, um über eine 2. Brücke den Kernbau zu erreichen. Rechts schließt sich der älteste, noch ins 15. Jh. zu setzende nördl. und nordwestl. Flügel an. Der Hof, den er mit den 3 Flügeln des späteren 16. Jh. einhegt, trägt alle Merkmale der deutschen Renaissance, die sich am Vielfältig-Wechselnden und nicht am Planvoll-Einheitlichen erfreut. Der sog. **Hansenbau,** d. i. der Bau des späten 16. Jh., tut sich durch 3 behaubte Türme hervor. Ein origineller Kamin (in der *»Kaminstube«*) und das reiche, Formen der Renaissance und der Spätgotik kreuzende Säulenportal (der *»Langen Stube«*), beide von 1561, sind die Glanzstücke der Ausstattung.

Die 1471–1513 gebaute **ev. Pfarrkirche,** mit östl. Chorturm, beherbergt eine lange Reihe teilweise vortrefflicher *Grabsteine* der Herren v. Bibra.

HOF (OFr. / K2)

*An der thüringischen Saale nächst der ihr hier zufließenden Regnitz gründen die Franken einen »Hof«, die »*curia Rekkenize*« (des Regnitzlandes, später Vogtlandes), dessen Bedeutung in seiner Grenzlage zu den Slawen, Sorben, liegt. Er kann nur im Umkreis der Lorenzkirche gesucht werden. In Anlehnung an den (Königs-)Hof entsteht eine Dorf-, vielleicht auch schon Marktsiedlung, deren örtliche Situation durch den Straßennamen »Altstadt« festgelegt ist. Die Lorenzkirche, mit sehr großem Sprengel, bleibt Pfarrkirche bis 1480, dann gibt sie ihre Rechte an die Michaelskirche der »Neustadt« ab, der wahrscheinlich im späten 12. Jh. durch den Grundherrn, Andechs-Meranien, angesetzten Bürgersiedlung nördlich der Altstadt, die sich etwa im 3. Jahrzehnt des 13. Jh. um die Spitalvorstadt nördlich und gegen Ende des Jahrhunderts um die dem 1294 gegründeten Franziskanerkloster westlich anliegende erweitert. Stadtherren sind seit Mitte des 13. Jh. die Vögte von Weida, seit 1372 die Burggrafen von Nürnberg, späteren Markgrafen von Kulmbach-Bayreuth.*

Stadtanlage. Das von S nach N ansteigende, dann, im nördl. Teil der Ludwigstraße wieder abfallende, östlich gegen den Saale-Grund steil abgeböschte Areal der mittelalterl. Stadt ist durch einen die Längsachse setzenden marktbreiten Straßenzug gegliedert, der als Altstadt beginnt, sich am Oberen Tor als Ludwigstraße fortsetzt und am Unteren Tor endet. Sie liegt nahe der Böschung; die Stadt konnte sich folglich nur westlich in die Breite dehnen. Hier ein Raster sich kreuzender Gassen, deren stärkste, die Klosterstraße, die Mitte der Ludwigstraße trifft. Hier das **Rathaus.** Gegenüber, zurückgesetzt, durch eine (heute breit geöffnete) Stichgasse zugänglich, die zweite **ev. Stadtpfarrkirche, St. Michael.** Ein spät gesetzter Akzent ist die 1865 aufgeführte **kath. Stadtpfarrkirche St. Maria,** die ihre doppeltürmige Front dem Straßenzug der Altstadt zuwendet. – Der alte Stadtkörper wurde durch den Brand von 1823 weitgehend zerstört. Doch bietet die wenig später wiederaufgebaute Ludwigstraße im sparsamen Klassizismus ihrer Häuserfronten das ansprechende Bild immer noch beherrschter städtebaulicher Ordnung.

Das 1563–66 von einem der besten Baumeister der Zeit, Nikolaus Hofmann, Halle, errichtete **Rathaus** mußte wohl auch den Restaurator an sich heranlassen, konnte aber doch seinen altdeutschen Charakter bewahren: ein 3geschossiger, durch Eck-Erker (östlich) belebter Block, mit Treppenturm an der N-Seite, einem Achtkant, dessen Kopfgeschoß Zutat d. J. 1694 ist. – Auch das **Alte Gymnasium** sei beachtet: Sein Kern ist ein spätgot. Sommerhaus der Franziskaner, das 1543–46 umgebaut, im 18. Jh. ausgebaut wurde, 3geschossig, mit Achteck-Dachreiter. – Dazu noch die **»Inkurabel«,** Waisenhaus des frühen 18. Jh. nächst der Lorenzkirche, mit der die starken Quadermauern (älter wirkend als sie sind) im Blick der »Pfarr« von W her in guter Gruppe zusammenstehen.

Ev. Stadtpfarrkirche St. Michael

Der ins späte 14. Jh. zurückgehende, später vielfach veränderte 3schiffige Hallenbau wurde 1480 durch den Chor erweitert, dessen von einem sächsischen Baumeister besorgte Wölbungen sich 1512 schließen. Die ursprünglich tiefer liegenden Langhausgewölbe werden 1570ff. durch Philipp Hofmann auf die Höhe der Chorgewölbe gebracht. Der Stadtbrand 1823 läßt nicht viel mehr als die Mauern und Türme übrig.

Der bestehende Bau trägt das Stigma der Neugotik, das ihr Georg Erhard Saher, der Renovator der abgebrannten Stadt, aufprägte.

Ev. Pfarrkirche St. Lorenz (Pfarr)

Seit 1214 bezeugt. Nach Brand 1553 mit Beibehaltung älterer, spätmittelalterl. Mauern erneuert. 1822/23 im Inneren verändernd restauriert.

Spätgot., Heinrich und Kunigunde gewidmeter *Flügelaltar*, Stiftung des Bamberger Domdekans und Hofer Pfarrers Hertnid v. Stein, um 1480, ehemals in St. Michael.

Ev. Spitalkirche (Unteres Tor 9)

Ins 14. Jh. zurückgehender, in der 2. Hälfte des 16. und noch einmal Ende des 17. Jh. restaurierter, 1835–38 im Außenbau regotisierter Bau.

Ein einfaches Rechteck ist Grundriß. Leben gibt die barocke Kassettendecke mit ihren vielen *Bildern* des Alten und Neuen Testaments von der Hand des Hofer Malers Heinrich Andreas Lohe, 1688/89, der auch die obere Empore (hier Passion, Abendmahl bis Pfingstwunder) und die Orgelempore ausstattete. Der 1511 datierte *Flügelaltar* stand bis 1557 in der Michaelskirche; im Schrein die Schnitzfiguren der Muttergottes, Barbara, Katharina, auf den Innenseiten der beweglichen Flügel Reliefs, Leben Jesu, auf den Außenseiten und auf den festen Flügeln Gemälde, Legenden.

Zum jüngeren Kirchenbau Hofs zählt die **Lutherkirche** (bei der Nailaer Straße), ein Zentralbau Robert Reißingers, 1956 errichtet.

Städt. Museum (Hallpl. 3).

HOFHEIM i. UFr. (UFr. / Haßberge F3)

Schloß Bettenburg

Bis 1248 meranisch, dann, 1249, als bambergisches Pfand an die Henneberg; von Bamberg nicht mehr eingelöst. Seit 1343 im Besitz der Truchseß v. Wetzhausen. Im Bauernkrieg niedergebrannt, 1537 – nun als Schloß, aber schlicht – wiederaufgebaut.

Hier erwähnt wegen des im Endjahrzehnt des 18. Jh. angelegten **Parks,** Schöpfung des »letzten fränkischen Ritters« Christoph Truchseß (1755–1826), ein instruktives Beispiel für den Parkstil der »Aufklärung«: Er lebt aus Ruinensentimentalität und Ritterromantik. Die Plastik (Denkmale Sickingens, Berlichingens, Huttens etc.) ist von Martin Gottlieb Klauer (Weimar) und Johann Adam Philipp Stößel (Schweinfurt).

HOLLFELD (OFr. / Bayreuth H4)

Die **kath. Pfarrkirche Mariae Himmelfahrt** ist ein typischer Bau des späten 18. Jh. (1778–82), klassizist. Endbarock. Planer war der Bamberger Johann Joseph Vogel. Altäre, Kanzel, Beichtstühle, schönstes Rokoko, stammen aus der Bamberger Dominikanerkirche; Hochaltar und Kanzel (1769) vom Bamberger Johann Bernhard Kamm.

Die **ev. Kirche** erinnert in ihrem alten Titel St. Gangolf an das urspr. herrschaftliche Verhältnis des in der Gründung vermutlich ottonischen Ortes zum Bamberger Stift dieses Heiligen. Die Rundapsis deutet noch auf den roman. Kernbau zurück, den die Umbauten des 17. und 18. Jh. nicht mehr spüren lassen.

Die **kath. Salvatorkapelle** ist ein 1784 errichteter Bau Johann Leonhard Dientzenhofers. Die Altäre sind mit dem Namen Leonhard Goldwitzers zu nennen; der des Hollfelders Nikolaus Lauter steht für die reiche Kanzel.

Das ehemals extra muros liegende **Spital St. Bartholomäus** ist eine Gründung d. J. 1464, doch kam es erst 1884 zu der heute bestimmenden Prägung.

Das **Amtsgericht** ist – als ehem. fürstbischöfliches Amtshaus – ein solidstattlicher Bau Johann Jakob Michael Küchels, 1743.

HOLZKIRCHEN (UFr. / Würzburg C4)

Ehem. Benediktinerkloster

Das bald nach Mitte des 8. Jh. von einem Troandus gestiftete, nach 768 dem Frankenkönig Karl übergebene Benediktinerkloster gelangt 775, als Übereignung des Königs, an Fulda. Nach kurzer Blüte sinkt es ab; seine Vögte, die Grafen von Wertheim, nehmen ihm ab, was sie können. 1552 hebt es Graf Michael auf. Bischof Julius stellt es wieder her, aber so recht gedeiht es nicht mehr. 1728–30 läßt Propst Bonifatius v. Hutten einen Neubau der Klosterkirche nach Plänen Balthasar Neumanns ins Werk setzen. 1803 beendet das erst seit 1759 wieder mit einem Konvent besetzte Kloster seine Existenz. Seit 1816 gehört es den Grafen v. Castell.

● Die **ehem. Klosterkirche St. Sixtus** ist ein eher klassizistisch als barock zu nennender Zentralbau, ein überkuppeltes, innen im reinen Kreis geschlossenes Oktogon. Über dem von Pilastern getragenen Architrav eine ungegliederte Attika. Das Portal, mit Dreiviertelsäulen, Giebel und Wappen (Hutten), öffnet sich in der N-Seite. Alle Gliederungen in Haustein, alle Flächen verputzt. Abschließend ein (nach Brand im 19. Jh.) unrichtig wiederhergestelltes flaches Zeltdach mit offener Laterne. Der Rundraum ist durch 8 Dreiviertelsäulen plastisch akzentuiert. Über dem Architrav erhebt sich der Tambour mit der im Halbkreis gewölbten, in die Laterne geöffneten Kuppel.

Kuppel wie Architrav und Fenster sind mit Stukkaturen geschmückt. – Beachtlicher Besitz sind die roman. *Sandsteinreliefs,* wohl 1. Hälfte des 12. Jh.: Kopf eines Engels, Christus auf der Eselin, Mann mit Einhorn.

Die **ehem. Klostergebäude** umschließen in 3 Flügeln einen westlich offenen Hof. Kopfbau des N-Flügels ist die Kirche. Die 2geschossigen Trakte sind ungleichen Alters. Im Erdgeschoß des S-Flügels, dem der Kreuzgang vorliegt, stecken noch roman. Teile; der O-Flügel ist barock (1679–81); der N-Flügel, mit Fachwerkobergeschoß, entstand nach der Mitte des 16. Jh.

HÖSBACH (UFr. / Aschaffenburg B3)

Schmerlenbach (B3)

Ehem. Benediktinerinnenkloster

»St. Maria im Hagen« (urspr. Name) ist eine Stiftung des Würzburger Domherrn Gottfried v. Kugelnberg, 1218. Zunächst zisterziensischer, aber dann (schon gegen Ende des 13. Jh.) benediktinischer Observanz, und das bis zur Auflösung des stets von adeligen Äbtissinnen geleiteten Konvents 1803.

Kath. Pfarrkirche St. Agatha (seit 1812). Die 1759 (nach Abtragung der Vorgängerin 1758) neu errichtete frühere Klosterkirche ist ein Bau des späten Rokoko, 1960 vorzüglich restauriert und zur Geltung gebracht. Äußerlich, bis auf die durch Pilaster gegliederte S-Seite, anspruchslos. Auch der 1schiffige Raum, mit leicht eingezogenem Chor, sparsam geschmückt. An der flachen Wölbung Fresken und zarte Rocaille-Stukkaturen eines schwäbischen Meisters, Hochaltar und Kanzel älter, 17. Jh. und 2. Hälfte 18. Jh. Die wertvollsten Besitze der Kirche sind: die ● tönerne *Muttergottes* Weichen Stils, um 1400, dem Kreise der »Schönen Madonnen« zugehörig, reizvolles Werk typisch mittelrheinischer Prä-

Holzkirchen. Ehem. Klosterkirche

gung; die kleine (nur 30 cm hohe), irreführend 1518 datierte Holz-*Pietà,* jetzt von entstellender Fassung befreit, eine rühmliche Schöpfung des späten 14. Jh.; diese »Muttergottes von Schmerlenbach« war Ziel einer blühenden Wallfahrt.

Der **Klosterbering** schließt südlich den großen, von Zweckbauten umstellten Wirtschaftshof ein. Nördlich der in die Mitte gerückten Kirche lagen die nach der Säkularisation abgetragenen Konventsbauten. Im **Pfarrhof** hat sich die **»Abtei«** erhalten, im Kern 17., in der Erscheinung 18. Jh. Das westlich einlassende **Klostertor,** auch 18. Jh., birgt in der Nische über dem Rundtor die Sandsteinfiguren der Muttergottes und der Ordensheiligen Benedikt und Scholastika.
Im **Friedhof** südlich der Kirche, am Tor zwischen den beiden Eingängen, ein *Bildstock:* auf frühgot. Säule Muttergottesrelief des frühen 16. Jh.

IPHOFEN (UFr. / Kitzingen E5)

Frühfränkischen Ursprungs, Königshof, schon im 8. Jh. dank karoling. Schenkung (von Kirche und Kirchenzehnt) teilweise würzburgisch, steigt das Dorf an der Heerstraße Würzburg–Kitzingen–Nürnberg Ende des 13. Jh. zur Stadt auf und bewehrt sich wenig später mit Mauern, zunächst noch ausschließlich der (hohenloheschen) Vorstadt des »Gräbenviertels«, die erst nach Erwerb durch das Hochstift, Ende des 14. Jh., in den Gürtel einbezogen wird. Verwaltungssitz des nach ihm benannten hochstiftischen Amtes, bleibt I. würzburgisch bis zum Ausgang des Hl. Römischen Reiches.

Das Stadtbild ist besterhalten altfränkisch. Die **Mauer,** 1293–1349 aufgeführt, steht noch großenteils; auch 3 **Tortürme** – der **Rödelseer** nördlich, der **Einersheimer** östlich, der **Mainbernheimer** westlich – stehen noch. Vorzüglich der Markt mit **Rathaus, Brunnen** (1759) und der, von oben her, mit Chor und Turm in den Blick tretenden **Pfarrkirche**. Reizvoll ist die Baugruppe des **Rödelseer Tores**, nördlich der Pfarrkirche, mit dem malerischen Zwinger.

● Kath. Pfarrkirche St. Veit

Die alte Pfarrkirche war St. Martin (im Friedhof südöstlich der Stadt). St. Veit, 1297 »capella civitatis«, lief ihr um 1300 den Rang ab. – Der Neubau beginnt im frühen 15. Jh. (vor 1413) mit dem Chor; am Mittelschiff wird noch 1508–24 gearbeitet. Dann tritt eine lange Unterbrechung ein; endlich, um die Wende zum 17. Jh., hilft Bischof Julius, die Gewölbe schließen sich (Jobst Pfaff dürfte sie in den 90er Jahren gemacht haben); der Turm, an der N-Seite des Chores, steigt noch um ein Stockwerk.

Äußeres. An der N-Seite des Chores wächst der hohe, in Würfelgeschossen gegliederte *Turm* auf. Im Winkel zum Chor ein Treppentürmchen, rund beginnend, 8eckig weiterstrebend und wieder rund endend, mit Stäben und Friesen geschmückt. Der große Körper des Langhauses gestuft durch die anliegenden Seitenkapellen. Die Bogenformen gehen schon ins reine Halbrund über. Ein Rundbogen umschließt auch die beiden Spitzbogenpforten des südöstl. Portals (mit 1529 datierter Anna selbdritt) wie die gedoppelten Fenster der südl. Seitenkapellen. An der N-Seite ein (auch rundbogiges) Pförtchen mit geschraubten Säulen im Gewände. – Inneres. Die 3schiffige, 8 Joche reihende Halle überrascht durch die außerordentlich hohen Rundpfeiler, die mit antikischen Kapitellen abschließen, aber dieser modische Zierat will nicht viel bedeuten, denn absolut herrschend sind die spätgot. Stilformen, auch in den Sterngewölben der Juliuszeit. Der durch hohe Fenster erhellte Raum ist nun allerdings so klar übersichtlich, so perspektivisch in seinem Ablauf zum 2jochigen, 5seitig schließenden Chor hin, daß die Beteiligung eines »modernen« Stilgefühls doch nicht zu verkennen ist.

Ausstattung. Die Altäre barock, frühes 18. Jh. In den Fenstern des Chorschlusses eine Anzahl gemalter Scheiben des frühen 15. Jh., Szenen aus der Legende der hll. Veit und Sebald, nächst verwandt den Scheiben der Münnerstädter Pfarrkirche. – Einzelne Kunstwerke von Rang: Stein-Muttergottes Weichen Stils, auf Konsole, mit 3 musizierenden Engeln, und unter Baldachin, an der N-Wand des Chores; sehr feine Holz-Muttergottes, auch Weichen Stils, am Chorbogen rechts; Johannes Ev., Tilman Riemenschneider zugeschrieben, in der südöstl., Johannes Bapt., ein gutes Werk gleicher Stilstufe, um 1510, in der nordöstl. Seitenkapelle; Marientod, Holzrelief des frühen 16. Jh., in der 2. Kapelle südlich. Unter den Grabsteinen ist der des Jörg v. Knotstat (1533), möglicherweise von Georg Riemenschneider, dem Sohn, hervorzuheben.

An der S-Seite der Pfarrkirche steht die alte Gottesackerkapelle **St. Michael,** ein kleiner got. Karnerbau wohl des 14. Jh., der (profaniert) sorglichere Pflege lohnen würde.

Die **kath. Kirche zum Hl. Blut,** erwachsen auf der Stelle eines Hostienwunders (angeblich 1294), wurde 1369 mit der alten Martinskirche vereinigt und 1605–15 gründlich erneuert.

Kath. Spitalkirche St. Johannes Bapt. Die Kirche (ihr Patrozinium läßt vermuten, daß sie auf dem Platz der 742 bezeugten Königskirche steht) des um 1338 von der Stadt gestifteten, 1607 von Bischof Julius erweiterten Spitals, ein spätgot. Bau (Schiff mit eingezogenem Chor), schließt mit ihrer W-Seite an das in der Juliuszeit aufgeführte, von einem polygonen Treppenturm flankierte **Spitalgebäude** an.

Rathaus, an der N-Seite des leicht ansteigenden, nordwestlich von der Pfarrkirche überragten Marktplatzes. Den 1716–18 vom Würzburger Joseph Greising aufgeführten 3geschossigen Block gliedern ein leichter Mittelrisalit und große Eckpfeiler. Eine Freitreppe liegt dem von Säulen gerahmten, von einem schweren Segmentgesims mit Liegefiguren, Kriegern, bedachten Portal vor, ein Zwerchhaus betont noch einmal die Mitte, ein Dachreiter krönt den First.

Mönchsondheim (E5)

Die **ev. Pfarrkirche** (ehem. St. Bonifaz), Ende des 17. Jh. so errichtet, wie sie heute steht, inmitten der ein unregelmäßiges Viereck umgreifenden Wehrmauer, ist die am besten erhaltene Kirchenburg dieses fränkischen Bereiches. An älterem Inventar bewahrt sie noch den Taufstein von 1613. – In dem der Mauer anliegenden **Gaden** wurden (1981) volkskundlich instruktive Werkstätten eingerichtet.

Die **ev. Friedhofskirche** ist ein schlichter Saalbau des frühen 18. Jh., ihr Kanzelaltar älter (spätes 17. Jh.).

KALCHREUTH (MFr. / Erlangen-Höchstadt H6)

Der Name ist, dank zweier Aquarelle Dürers, wohlbekannt. Das bis ins 13. Jh. königseigene Dorf gelangt 1298 als Lehen an die Nürnberger Burggrafen. Sie verkaufen es 1342 an Ulrich Haller, bei dessen Geschlecht es als freieigener Besitz durch die Jahrhunderte, bis 1869, bleibt.

Das **ehem. Hallersche Schloß** inmitten des Ortes, westlich der Kirche, auf leichter Anhöhe, grabenumfaßt, geht im Hauptbau in die Mitte des 15., im S-Flügel in die Zeit nach Mitte des 16. Jh. zurück.

Ev. Pfarrkirche (ehem. St. Andreas)

Sie zeigt sich erstmals 1390. Doch dürfte schon um die Mitte des 14. Jh. vom Grundherrn, Ulrich Haller, eine Kapelle (Tochter der Pfarrkirche Heroldsberg) gestiftet worden sein. Im 15. Jh. tritt die bestehende größere Kirche an ihre Stelle: 1471 wird das Schiff, 1494 der Chor gebaut. Im frühen 17. und im frühen 18. Jh. kommen die Emporen hinzu. 1788 wird der Turm aufgeführt.

Der aus dem rechteckigen Schiff und dem eingezogenen, 2 Joche tiefen Polygonchor bestehende Quaderbau ist ein typischer Vertreter der einfach-soliden Nürnberger Landkirchen der Spätgotik. Der Turm an der N-Seite des Schiffes, stattlich stämmig in 3 Geschossen aufsteigend und von Zwiebelkuppel bekrönt, wurde von einem Erlanger Maurermeister, Johann Jakob Fiedler, errichtet; die Note Erlangens ist ihm auch deutlich aufgeprägt. – Das Innere des flachgedeckten Schiffes ist durch die späten Doppelemporen beherrscht. Der Chor erfreut durch das Netz der Gewölberippen, deren runde Schlußsteine das Hallersche Wappen tragen.

Die Auszeichnung der kleinen Kirche ist ihre – selbstverständlich den
● Haller zu dankende – reiche alte Ausstattung, die, auch wieder

selbstverständlich, in Nürnberger Werkstätten geschaffen wurde. Der *Hochaltar* ist ein großer Wandelaltar mit 2 beweglichen und 2 festen Flügeln; im Schrein die Schnitzfiguren von Muttergottes, Petrus, Andreas, Wolfgang und Ursula; auf den Innenseiten der Flügel Reliefdarstellungen aus dem Marienleben, auf den Rückseiten wie auf den festen Flügeln Gemäldedarstellungen aus der Passion; das in 3 Türmen aufstrebende Sprengwerk enthält Martin (Mitte), Jakobus und Antonius, die Predella die Figuren Christi und der Apostel. Dieses wohlerhaltene Altarwerk ist eine Stiftung Wolf Hallers von 1498, der gleichzeitig auch das schöne reiche *Sakramentshaus* machen ließ; die Zuschreibung an Adam Krafft ist fraglich, beleuchtet aber den Rang des außerordentlichen Werkes. Der Seitenaltar links, Schnitzaltar mit 2 bemalten Flügeln, zeigt im Schrein die Gruppe der Anna selbdritt; er ist 1516 datiert und wahrscheinlich Arbeit des sog. »Marthameisters« (Martha-Altar der Nürnberger Lorenzkirche). Der Seitenaltar rechts (1474?) wurde 1856 in seine Teile auseinandergenommen, die sich jetzt an verschiedenen Stellen der Kirche befinden; die Muttergottes in der SO-Ecke des Chores. – Die *Tonfiguren Christi und der Apostel* an der N-Wand des Chores dürften zur Ausstattung der älteren Kapelle gehört haben; sie sind ins späte 14. Jh. zu setzen, etwas ältere, auch etwas ärmere und, wie man annehmen darf, aus Niederbayern stammende Vettern der berühmten Nürnberger Tonapostel. Am Chorbogen links eine Pietà des frühen 16. Jh., in der NO-Ecke des Chores ein Hl. Antonius von rd. 1520. Die Tafel des Marientodes, etwa 1460 (S-Wand des Chores), steht dem Nürnberger »Wolfgangsmeister« nahe. Verwiesen sei auch auf die gemalten Glasscheiben des späten 15. Jh. und schließlich auf die beiden Wandbehänge: eine Stickerei des mittleren 15. Jh. in hellen Farben auf schwarzem Grund mit alttestamentlichen Szenen, eingestreut in ein Schlingwerk von Ranken, und eine Wirkerei des späten 15. Jh. mit einer von Wolken umgebenen Glorienmuttergottes.

KALLMÜNZ (OPf. / Regensburg K7)

Burgruine

Der auf 2 Seiten steil gegen die Talfurchen der Naab und der sich hier mit ihr vereinigenden Vils abfallende Schloßberg trug schon eine vorgeschichtliche Burg. Der Außenwall nördlich darf wohl in die späte Bronzezeit gesetzt werden. Auch die Spitze des Höhenrückens wurde schon in Urnenfelder- oder La-Tène-Zeit befestigt. Der starke, annähernd 10 m hohe, aus dem Schutt der vorgeschichtlichen Anlagen aufgeführte Wall, der die Burg nördlich begrenzt, ist frühmittelalterlich, vielleicht 10. Jh. (983 ist Kallmünz urkundlich belegt). – Über die Ursprünge der hochmittelalterl. Burg wissen wir wenig. Nur, daß die Burg, bis 1230 Reichszollstätte, über die Sulzbacher Grafen 1188 an den Herzog überging, ist sicher. 1504 umbrandet ihre Mauern der Landshuter Erbfolgekrieg. Die Böhmen brennen die Burg nieder. Zur drohenden Kriegsgefahr 1607 wird Kallmünz wieder in Verteidigungszustand versetzt. Pfalz-Neuburg schickt die

Bauleute. 1633 hält die Burg den Schweden stand. Doch ihrem zweiten Ansturm, 1641, erliegt sie. Die Schweden hinterlassen eine Ruine.

Die Reste eines got. Torhauses jenseits des Halsgrabens im NO der Burg sind Einlaß in den Festungsgürtel. Nach Passieren der äußeren spätgot. Zwingermauer mit ihrem Rundturm wird der innere, turmbewehrte Bering des späten 13. Jh. betreten. Inmitten des Hofes ragt der runde Bergfried aus dem frühen 13. Jh. Jüngste Zeiten haben ihn ergänzt und mit Treppen und Betondecke versehen. Im S-Winkel stehen die Mauern des Palas, im wesentlichen des späten 13. Jh. Interessante Detailformen: 3teilige Spitzbogenfenster, z. T. auf Säulen, Blattfriese und Vogelreliefs.

Ehemals senkte sich vom Burgberg herab südwärts eine Mauer bis ans Ufer der Naab. Ihr entsprach gegen NW eine zweite bis zum Ufer der Vils. Damit war auch die Marktsiedlung am Fuß des Burgfelsens gesichert. Türme schützten die beiden Flußbrücken. So konnte sich der Marktflecken im Schatten der Burg auf engem Terrain nur schwach entwickeln, eingeschnürt vom Winkel der Flußmündung, beiderseits flußaufwärts durch feste Mauern.

Die **kath. Pfarrkirche St. Michael** ist 1756 entstanden, in ihrer Dekoration und Einrichtung gutes Rokoko.

Rathaus, 1603. In seinem Inneren eine schöne Balkendecke (umgestaltet 1962/63). Museum.

Die alte **Naab-Brücke** ist großenteils ein Steinbau der Zeit um 1550. Mächtige Pfeiler teilen das Wasser. Zwischen ihnen wölben sich schwer die gemauerten Brückenbogen. Der westl. Teil wurde im 2. Weltkrieg gesprengt und später in Betontechnik wiederhergestellt.

KARLSTADT (UFr. / Main-Spessart C4)

Der Name verlockte zur Legende, Karl d. Gr. habe die Stadt gegründet; sie führte auch schon im 13. Jh. (1227) das Bild des Kaisers im Siegel. Der Name kam ihr wohl von der benachbarten, allerdings uralt-fränkischen Karlburg zu. Die Stadtgründung durch den Würzburger Bischof fällt in die Jahre um 1200; wenig später, im 2. Jahrzehnt des 13. Jh., schließt sich die Stadt offenbar schon in Mauern ein. Ihr dem Weinbau zu dankender Wohlstand läßt sie, trotz mehrfach erlittener Verpfändungen durch den Stadtherrn, im Spätmittelalter eine beachtliche politische Rolle spielen. 1396 tritt sie mit Würzburg und anderen fränkischen Städten zu einem Städtebund zusammen. In diesen Jahren erfreut sie sich auch (wie Würzburg) der Illusion, Reichsstadt zu sein. – Im 16. Jh. durch die Ideen des neuen Zeitalters hoch aufgeregt, müssen sich die Karlstädter dann doch, 1585, durch Bischof Julius in die alte Kirche zurückführen lassen. In der Reformationszeit hat der Name ihrer Lateinschule guten Klang; einer ihrer namhaften Schüler ist Karlstadt (rechten Namens Andreas Bodenstein), Lehrer, dann Freund, schließlich Gegner Luthers. – Wirtschaftlicher Aufschwung in der 2. Hälfte des 19. Jh., Bau der Main-Brücke 1880, Ansiedlung der Portlandzementwerke 1887, die freilich eine schwere Belastung der anmutigen Stromlandschaft sind.

Der annähernd rechteckige Grundriß ist planvoll regelmäßig. Die mainparallele Hauptstraße bildet das Rückgrat, dem in der Mitte der rechteckige Marktplatz anliegt. Die südl. Stadthälfte, die den großen, wieder rechteckigen Kirchplatz einschließt, ist nach dem Schachbrettschema durchgeviertelt. – Der **Befestigungsring** umfaßt die Stadt noch gutenteils, in bester Erhaltung an der W-Seite, die auch noch von mehreren Türmen überragt ist. **Tore** sind nur noch 2, das **Obere** und das **Maintor,** geblieben. – Das Stadtbild ist eines der rühmenswertesten Frankens. Die Gassen haben fast alle noch gutes Gesicht. Am Markt das 1422 gebaute **Rathaus,** dessen rein erhaltene got. Stirn mit dem Staffelgiebel eines der besten Beispiele spätmittelalterl. Profanbaues ist.

Kath. Pfarrkirche St. Andreas

Ein spätroman.-frühgot. Vorgänger vererbt den Kreuzgrundriß und den W-Turm. Um oder bald nach Mitte des 14. Jh. dürfte der Chor, um 1386 das Querschiff errichtet worden sein, 100 Jahre später, 1489, stehen die Pfeiler des Langhauses, 1512/13 schließt sich die Wölbung. 1583 wird der Turm um ein Geschoß erhöht. 1875 erleidet die Kirche eine neugotisch bestrebte Restaurierung.

Sie ist eine 3schiffige Halle mit ausladendem Querschiff und 1schiffigem Chor und hat einen stämmigen, durch Lisenen und Fenstergruppen geschmückten W-Turm, in 5 Geschossen frühgotisch, nur im 6. jünger (Juliuszeit). Kreuzrippengewölbe, im Hauptschiff Netzgewölbe, decken. Früheste, spätroman. Teile stecken noch in der Vierung (Pfeiler, Bögen). Im W eine durchlaufende steinerne Empore. An der N-Seite des Chores die Rienecksche Kapelle (1477). Die sog. Alte Sakristei an der S-Seite ist der Strunk eines geplanten (roman.) Turmes, der hinter den westlichen zurückgestellt wurde. Dieser hat eine offene Erdgeschoßhalle. Die Wölbung ruht auf schweren, rechteckig profilierten Rippen.

Neben dem inneren Tor das Nischenrelief eines Mannes, des sog. »Pilgers«. – Innerhalb der 1875 verödeten Ausstattung findet sich doch noch ein so singuläres Stück wie die 6eckige *Steinkanzel* von 1523, ● eine Schöpfung letzter Spätgotik, die Tilman Riemenschneider nahesteht. Ein höchst beachtliches Steinbildwerk ist der monumentale (2,60 m hohe) *Christus Salvator* von etwa 1380, nun über dem Hochaltar aufgestellt; die (nicht zugehörigen) Evangelistensymbole sind Relikte des späten 15. Jh. – Zu nennen sind noch, mit Auszeichnung, die *Bildgrabsteine* der Voite v. Rieneck in der nach ihnen benannten

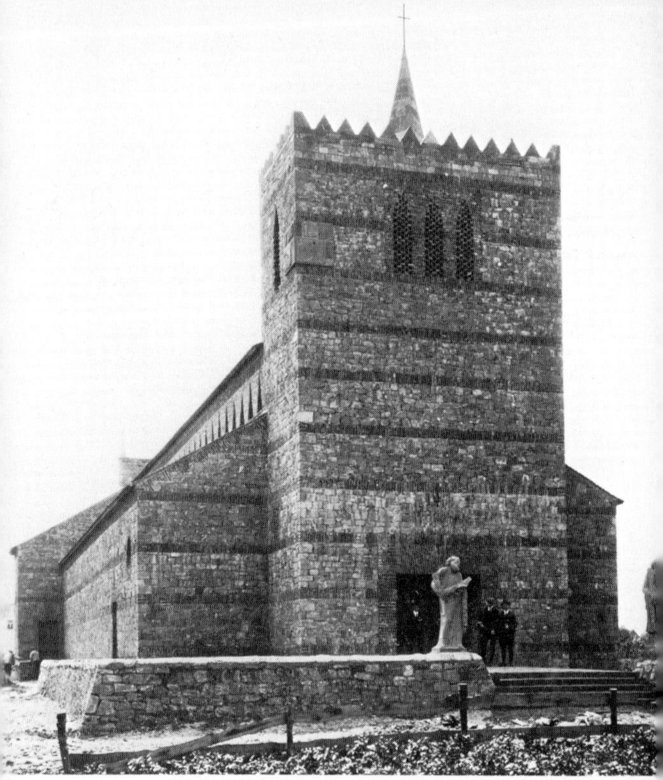

Karlstein a. Main: Dettingen. St. Peter und Paul
Ursprünglicher Zustand um 1922

Kapelle: der Barbara (1465), des Jörg (1467), der Anna (1502), des Philipp (1504). In der Rieneckkapelle jetzt auch das Steinbildwerk des reitenden Ritters St. Georg, das, im frühen 16. Jh. entstanden, die Rüstung des späten 14. zur Darstellung bringt, doch wohl in Anlehnung an ein durch ihn ersetztes älteres Original. – Im S-Arm des Querschiffes eine aus erhaltenen Teilen rekonstruierte roman. Totenleuchte des späten 12. Jh.

Karlburg

Karolingischen Ursprungs (in der zugehörigen Mühlbacher Mühle wurde, alter Sage zu glauben, Karl Martell geboren); seit etwa 752 bischöflich-würzburgisch. In der Vita des hl. Burkard erscheint sie als »castrum Karloburg«. Der zugehörige Königshof lag talabwärts wenig unterhalb der Burg (Dorf Karlburg). – Die frühmittelalterl., durch starke Wälle abgeriegelte Abschnittsburg wird im 12. Jh. durch die hochmittelalterl. Höhenburg abgelöst. 1525 brennen die Bauern sie nieder. Die Ruine wird noch einmal Ruine durch die 1806 einsetzenden Abbrüche.

Ein Höhenvorsprung westlich von Karlstadt ist der Burgplatz. Wenige roman. Reste (eines Wohnhauses); höher ragende spätgotische (des Palas) charakterisieren das Erscheinungsbild. Der nur noch abzutastende Bering umschloß 3 Höfe. Von den beiden Bergfrieden steht noch der an der N-Seite mit einem Rumpfstück. Der runde westliche verschwand 1851.

KARLSTEIN a. Main (UFr. / Aschaffenburg A3)

Dettingen a. Main (A3)

Früheste urkundliche Bezeugung 995. In die Geschichte eingegangen durch die 1743 hier geschlagene Schlacht (ein englischer Sieg über die Franzosen).

Die **alte kath. Pfarrkirche St. Hippolyt** ist ein bescheidener Bau der Spätgotik. Ihr Bestes ist das feine *Sakramentshäuschen* von etwa 1500. Der in der Nische der südl. Chorwand in der Wölbung dargestellte Gekreuzigte von 1445 wird, wenn nicht als Christus, als Wilgefortis gedeutet.

Die **neue kath. Pfarrkirche St. Peter und Paul,** 1922/23, Werk von Dominikus Böhm mit Martin Weber, ist eine vorzügliche Leistung des modernen Kirchenbaues. Auffällig ist der breite Stirnblock der W-Seite. Das einfach, klar gefügte Langhaus erhält sein Licht durch eine Folge von Dreiecksfenstern. Gangartige Seitenschiffe. Seitlich am Chor eine runde Taufkapelle. ●

KASTL (OPf. / Amberg-Sulzbach I6)

Ehem. Benediktinerkloster ●

Auf beherrschender Anhöhe über dem Tal der Lauterach liegt Kloster Kastl, eine der bedeutendsten Stätten benediktinischer Kultur im oberpfälzischen Raum. 1102 wurde die Gründung von Papst Paschalis II. bestätigt. Als Stifter werden genannt Graf Berengar I. v. Sulzbach, Graf Friedrich v. Kastl-Habsberg mit seinem Sohn Otto und die Markgräfin Luitgard, Gemahlin Diepolds v. Vohburg. Die Sage berichtet von 3 Burgen, die von ihren (oben genannten) Herren zu diesem Kloster umgewandelt worden seien. Die Gründung wurde mit Mönchen aus dem

Reformkloster Petershausen bei Konstanz beschickt. 1556 löste Ottheinrich von der Pfalz den Konvent auf. Die Gegenreformation übergab das Kloster 1636 den Amberger Jesuiten, die 1715 den Bau veränderten. 1782 richtete sich der Malteserorden in Kastl ein; er blieb bis 1808. Die Gebäude wurden vom Staat übernommen. 1952–57 fanden durchgreifende Restaurierungsarbeiten statt, bei denen der Turm und der S-Flügel des Konventsgebäudes abgetragen und neu errichtet werden mußten. Die Klostergebäude beherbergen seit 1958 ein ungarisches Gymnasium mit Internat.

● Ehem. Klosterkirche St. Peter

1129 erhielt die Klosterkirche ihre Weihe. Da die Bautätigkeit noch in den folgenden Jahren rege fortschritt, mag damals nur der Chorbau vollendet gewesen sein. Ein Überfall seitens der Scharfenberger 1217 fügte der Kirche Brandschäden zu, die bis 1219 behoben werden konnten. Archivalische und stilistische Hinweise deuten darauf, daß Hochschiff und Hauptapsis um 1400 ihre Einwölbung erhielten. Neue Anbauten und Veränderungen traten im 15. und 16. Jh. hinzu. Das Kircheninnere erhielt 1963–67 sein heutiges Gesicht.

Der langgestreckte Bau trägt auch im Äußeren die Kennzeichen der querschifflosen Basilika: ein Hochschiff, begleitet von 2 niedrigeren Seitenschiffen, die in den 3 W-Achsen durch got. Kapellenbauten erweitert sind. Im östl. Drittel des Lichtgadens fehlen die Fensteröffnungen. Hier beginnt der Mönchschor, dessen Gewölbe tiefer sitzen. Ehemals rahmten ihn je 2 Seitenschiffe. Im S deutet die Wandstruktur zweier Achsen darauf hin, im N wurde das äußere Schiff zur Sakristei umgestaltet. 3 Apsiden bilden den O-Abschluß. Die mittlere ist nur bis zum Fenstergesims romanisch. Ihre oberen Teile sind gotisch. Ein mächtiger Turm zu 6 Geschossen überragt die O-Teile (Wiederherstellung 1963–67). Ursprünglich war ihm im N ein zweiter beigesellt. Doch dieser stürzte 1264 ein, wobei Klostergebäude und Chor zu Schaden kamen. – Ein niedriger Baukörper ist dem Hochschiff gegen W vorgelagert, die *Vorhalle,* »Paradies« genannt. Genaue Untersuchungen haben ergeben, daß die Vorhalle in roman. Zeit 3schiffig und 2geschossig angelegt war. Arkadenöffnungen stellten die Verbindung zum Kirchenraum her. Was erhalten blieb, trägt ein spätgot. Rippengewölbe des 15. Jh., gestützt von einem Mittelpfeiler.

Das got. Portal der S-Seite führt in den Innenraum: Ein 5jochiges Langhaus in Basilikalform, von den Fenstern der Hochschiffswand hell durchlichtet, mündet in den niedrigeren Mönchschor ohne Lichtgaden. Der Raum endet in der licht-

Kastl. Ehem. Klosterkirche. Inneres nach Osten

erfüllten got. Apsis, die von dunkleren roman. Nebenapsiden flankiert ist. Wechsel von Rund- und Rechteckstützen belebt das Langhaus. Wandvorlagen auf den Pfeilern gliedern im Mönchschor. Seine Mitte bezeichnet beiderseits eine Rundstütze (die nördliche mit dem schönen Knospenkapitell im 13. Jh. erneuert). Der Bedeutung des Chores gemäß sind die Stützen abwechslungsreicher gebildet. Hinzu kommen ornamentale Friese (Rankenwerk, Weinlaub, Akanthus, Blattstäbe und Flechtwerk). Das Hochschiff des Chores trägt eines der ältesten Tonnengewölbe im süddeutschen Raum. Während die deutsche Wölbekunst des frühen Mittelalters das System von Kreuzkappen entwickelt, kommt hier die durch Gurte gegliederte Tonne in Anwendung. Das weist auf einen Baumeister, der wohl unmittelbar aus Burgund kam. Die Seitenschiffe tragen Kreuzgewölbe. Fächerartige Wölbrippen in der Hauptapsis deuten auf den Stil der Gotik um 1400. Dasselbe gilt von den Gewölben des Langhauses. Dieses war zuvor wohl flach gedeckt. Skulpturengeschmückte Konsolen und Schlußsteine markieren die Knotenpunkte des Spannungsgefüges. Über die Seitenkapellen breiten sich reiche spätgot. Sternfiguren.

Wandmalereien wurden 1906 freigelegt und ergänzt. Am 2. Pfeilerpaar rechts Muttergottes zwischen den hll. Katharina und Willibald, 14. Jh., links Salvator; am Kanzelpfeiler St. Georg, am korrespondierenden St. Pantaleon – diese alle 15. Jh. Auch der Wappenfries an der Hochschiffswand wurde unter Zugrundelegung der freigelegten Reste des 14. Jh. 1909 und 1967 wiederhergestellt. Es handelt sich um die Wappen von Stiftern und Wohltätern des Klosters. – Der Hochaltar von 1782 wurde belassen. Die neue Altarmensa »ad populum« trägt als Reliefschmuck Christus inmitten der Apostel, von Porzky, Altötting. – An den beiden östl. Pfeilern des Chores sind 2 *Denkmäler für Abt Joh. Menger* († 1554) angebracht mit Darstellungen des Verstorbenen, einmal (links) zu Füßen der Muttergottes, das andere Mal (rechts) kniend vor dem Kruzifix, beides vorzügliche Arbeiten des Eichstätters Loy Hering. Hier auch ein frühklassizist. Grabdenkmal von 1786. Südwärts, gegenüber in einer Nische, das Stiftergrabmal der Markgräfin Luitgard, ein Steinsarkophag des 12. Jh. mit Rundbogenblenden. Die Altäre in den Seitenapsiden (südlich) 1715 und (nördlich) um 1750. In den Nebenschiffen Reste des *ehem. Chorgestühls,* Ende 13. Jh., wohl zu den ältesten in Deutschland erhaltenen zählend (vgl. Seligenporten): Wangen mit Maßwerkblenden und krabbenbesetzten Giebeln; Volutengebilde u. dgl. schmükken es. – Kanzel 1679. – Unter der neuen Orgelempore (mit Orgelprospekt von Gustav Gsaenger) ein Stein mit den 3 Stifterfiguren, wohl nürnbergisch, um 1400. Darunter roman. Steinrelief mit sitzender männlicher Figur. – Benediktus-Altar mit Gemälde von Franz Joseph Geiger 1673.

Die Paradiesvorhalle, Rest der roman., ehemals 3schiffigen und 2geschossigen Anlage im W, mit got. Mittelpfeiler und Gewölbe, birgt seit 1964 *Grabdenkmäler,* die bis dahin im Kirchenraum standen. In der NO-Ecke ein barocker Schrank mit der Mumie der kleinen Prinzessin Anna († 1319), einer Tochter Ludwigs d. Bayern; davor das zugehörige alte Epitaph mit Kreuz und Spitzbogenblenden. An der N-Wand reihen sich die Epitaphien des Diepold v. Hohenburg († 1226), des Abtes Joh. Winter († 1539), dann eine Platte mit Wappen des Feldhauptmanns unter Kaiser Ludwig d. Bayern, Seyfried Schweppermann († 1337); davor, freistehend, die klassizist. Ehrentumba, die seine Reste birgt. Die nächsten Epitaphien gelten den Äbten Georg Kemnater († 1434), Leonhard († 1490), ferner Hans v. Raidenbach († 1482) u. a. – Im O-Winkel der S-Wand, dem Mumienschrank gegenüber, steht ein barockes Holzgehäus von 1715 für die Gebeine der Stifter. Es folgt eine weitere Reihe steinerner Epitaphien mit 4 schönen Leistungen der Loy-Hering-Werkstatt: dem Fragment eines Kreuzigungsreliefs und mit den Grabdenkmälern der Äbte Joh. Lang († 1524), Ulrich († 1495) und Joh. Menger († 1554).

Ehem. Klostergebäude. Der schmale Bergrücken war zur Befestigungsanlage wie geschaffen. Teile des ehem. Burgberinges wurden von der Klosterstiftung übernommen, ausgestaltet und verbessert. Der Zugang erfolgt von O, vorbei an einem **Torturm** des 13. Jh. durch einen neuen **Torbau** wohl des 16. Jh. mit hoher Dachpyramide. Östlich des Münsters gruppieren sich die Gebäude der Klausur um den Kreuzgarten. Wegen der Enge des Terrains mußte auf die übliche S-Lage des **Kreuzganges** verzichtet werden. Von ihm blieb nur der N-Flügel erhalten, ein flachgedeckter, schmuckloser Gang. Eine kleine **Kapelle** des frühen 15. Jh. verbindet ihn mit der Kirche. Sie enthält ein Wandgemälde des Erbärmde-Christus aus der Erbauungszeit. In der Nähe des Turmes blieben Teile des südl. Kreuzgangflügels bestehen mit Rippengewölben, skulptierten Konsolen und Schlußsteinen der Zeit um 1400. – Der **N-Trakt** der Klostergebäude enthält den heute entstellten *Kapitelsaal,* einen langgestreckten Raum mit Flachdecke. Seine S-Wand trägt rundbogige Arkaden, je 3 von einem Blendbogen zusammengefaßt. Sie öffneten ursprünglich nach cluniazensischer Gepflogenheit den Kapitelsaal gegen den Kreuzgang. Einzelne der gekoppelten Trägersäulchen blieben erhalten. Ein merkwürdiger, doppelseitig gestalteter Aufbau steckt in der östl. Trennungswand zum (neuen) Stiegenhaus. 2 Säulchen tragen einen Rundbogen, dessen Öffnung durch ein steinernes Füllsel unterteilt wird, das seinerseits eine kreuzförmige Durchbrechung trägt. Die Anlage wird als »Altar« bezeichnet, ist aber vermutlich nichts anderes als eine Wanddekoration, die den Durchblick auf den Altar des folgenden Raumes ermöglichen sollte. Dieser anstoßende Raum gilt als *ehem. Johanneskapelle.* Ihr folgte ein weiterer Saal (Trennungswand heute gegen O verschoben), in dessen östl. Stirnwand ein Kamin (?) erhalten blieb. Der gesamte Unterbau des Flügels gehört der Zeit um 1400 an. Das Obergeschoß, *ehem. Dormitorium,* gotisch. – Im **O-Flügel** liegt das (wiederhergestellte) *Refektorium.* Seine Kreuzgewölbe mit den reliefgeschmückten Konsolen und Schlußsteinen deuten auf die Zeit um 1400. In der W-Wand ist ein steinernes Lavabo eingelassen. Von hohem Interesse sind hier die Figuren zweier Mönche, einer mit Wasserkrug, der andere mit Handtuch. Im Kellergeschoß Reste einer Heizanlage, sog. Hypokaustum. – Die **südl. Gebäudetrakte** stammen aus der Zeit nach 1552. 1963 wurden sie abgetragen und neu erstellt. Lediglich im W-Ende des S-Flügels besteht noch eine ältere *Marienkapelle* wohl aus der Zeit gegen 1300, ein Raum mit geduckten Pfeilern und gratigen Gewölben (später verändert).

Pfaffenhofen (I6)

Schweppermannburg mit Teilen des 13. und 14. Jh. und Schweppermann-Sammlung.

Neben der roman. **kath. Pfarrkirche Mariae Himmelfahrt** mit got. Chor ein **Karner** aus der Frühzeit des 13. Jh. Die Reste der Ausmalung gehören der Zeit um 1400–1420.

KEMNATH (OPf. / Tirschenreuth K4)

1008 erstmals genannt, geht das damals an Bamberg geschenkte »Keminata« *wohl schon im 11. Jh. an die Herren v. Hopfenohe, dann 1199 an die Grafen v. Leuchtenberg, schließlich 1283 an die Herzöge von Bayern über. Einen Wochenmarkt erhält es 1375. Indes wird man die regelmäßige Grundrißgestalt – Rechteck mit breiter halbierender Marktstraße, deren Mitte ehemals, bis 1855, wie so oft in oberpfälzischen Städten, das Rathaus besetzte – doch wohl etwas früher, ins 13. Jh., datieren müssen. Die mit Zwinger und Graben verstärkte Mauer, vermutlich in der Zeit der Stadtwerdung aufgeführt, läßt sich noch in beträchtlichen Teilen abschreiten. Die beiden westlich und östlich sperrenden Tore wurden im 19. Jh. abgetragen.*

● **Kath. Pfarrkirche Mariae Himmelfahrt**

Lt. Inschrift über dem Portal 1448 im Bau. Die gemauerte W-Empore entsteht 1506. Der Turm, gleichzeitig östl. Stadttorturm, wird 1854 neu gebaut.

Die 3schiffige Halle, eine der besten Vertreterinnen dieser Raumgattung in der Oberpfalz, hat im Außenbau durch Veränderungen schon des 17. und dann noch des 19. Jh. gelitten. Aber der Raum, der Schiff und Chor einheitlich zusammenfaßt, ist noch guter alter Bestand. Kräftige, doch schlanke Rundpfeiler trennen die Schiffe, die in 6 Jochen dem 3seitig gebrochenen O-Schluß zustreben. Kreuzgewölbe, deren Rippen den Pfeilern unvermittelt entwachsen, decken die Joche. Die westl. Empore durchquert die 3 Schiffe; Kreuzrippengewölbe unterfangen sie, eine Maßwerkbrüstung schließt sie ab.

Die Ausstattung bietet einige gute Barockaltäre an, den Hochaltar von 1739, die älteren, dem letzten Jahrzehnt des 17. Jh. angehörigen Seitenaltäre, die Altäre der Schmerzhaften Muttergottes und des hl. Johann Nepomuk, beide von etwa 1750. – Aufgedeckt wurden spätgot. Bemalungsreste. Ferner zu nennen: Epitaph des Christoph v. Trautenberg (1575), ein Sandsteinrelief mit guter Bildnisfigur.

Der Bestand an älteren **Bürgerhäusern** ist durch Stadtbrände stark zusammengeschmolzen. Doch stehen noch einige gute mit rundbogigen Einfahrtstoren und Staffelgiebeln; **Nr. 26** am Markt sei unterstrichen.

St.-Pirmin-Säule, 1695 (am westl. Ortseingang). – **Sebastian-Säule** (auf dem Marktplatz), 1714.

KIRCHZELL (UFr. / Miltenberg B5)

Burgruine Wildenburg •

Das hier einst herrschende, den staufischen Kaisern eng verbundene Geschlecht der Herren v. Dürn dürfte um die Wende zum 13. Jh. die 1215 bezeugte Burg auf dem Preunschener Berg begründet haben. 2 Inschriftsteine (1821 nach Schloß Eulbach/Hessen [Michelstadt] transloziert, 1936 wieder an alter Stelle im Torgewände eingesetzt) nennen als Bauherren Bvrkert und Rvprecht von Dvrn. Die ersten 3 Jahrzehnte des 13. Jh. sind als die Hauptbauzeit anzusprechen. Konrad v. Dürn, in dem das (1323 erlöschende) Geschlecht seine Höhe gewinnt, nennt sich 1226 erstmals »de Wildenberc«. Ulrich v. Dürn stößt Wildenburg 1271 an das Mainzer Hochstift ab, das hier im 14. Jh. einen Amtssitz einrichtet. 1356 wird der Bestand durch das Erdbeben dieses Jahres geschädigt. 1440 wird der den Palas nordwestlich flankierende Turm gebaut, 1445 die querende Mauer in den Hof gesetzt, 1511 die Burgkapelle (St. Georg) erneuert. 1525 kommen die Bauern über die Burg, die sich von diesem Schlag nicht mehr erholt. Sie dient nun lange als Steinbruch. 1821 wandern ausgesuchte Baufragmente zur Ausstattung der Kunst-Ruine nach Eulbach ab (s. o.). Die Säkularisation bringt die Burg an die Fürsten Leiningen. 1935–39 und 1959–63 finden Sicherungsarbeiten statt, die aber die Vorburg auslassen.

2 Halsgräben, ein äußerer und ein innerer, decken die schwache nordwestl. Seite; ursprünglich werden sie eine Vorburg eingeschlossen haben. Der Bering steckt ein bis auf die schräge NO-Seite regelmäßiges Rechteck ab, das ein (nur noch in Resten angedeuteter) Zwinger umfährt. 2 Höfe teilen die Fläche auf. Der **Torbau,** der in den äußeren größeren einläßt, ist ein vorzüglich ausgeführter glatter Quaderblock mit mehrfach gestuftem Rundbogentor und kreuzgewölbter Torhalle, dessen Aufstokkung die Kapelle barg, auf die noch der westlich vorgekragte halbrunde *Chorerker* – ein Schmuckstück spätroman. Architektur – hinweist. Das links benachbarte **Torwächterhaus** kam erst 1485 hinzu, doch birgt der angrenzende **Wohnbau** noch Romanisches (Arkadenfenster, Kamin). Der äußere (östl.) Hof ist westlich durch die starke Schildmauer abgeschlossen, in die der übereck stehende, einst nur mittels Leiter zugängliche **Bergfried** eingreift, ein wuchtiger Buckelquaderturm. Die ehemals im W-Teil des Hofes befindlichen Wehrbauten sind bis auf wenige Reste zerstört. Eine (spätgot.) Mauer trennt die beiden Höfe. Im Inneren der **Palas,** ein 2geschossiges, von Buckelquadern ummanteltes Rechteck. Im (unterkellerten) Erdgeschoß noch roman. Formen (mächtiger Kamin). Der *Saal im Obergeschoß,* einige Jahrzehnte jünger, den 30er Jahren des 13. Jh. zugehörig, ist eine der großen profanen Architekturleistungen des spätstaufischen Zeitalters, ausgezeichnet durch die schönen, in Gestalt und Zier noch spätroman., groß ins Licht geöffneten Fensterarkaden.

In der Leibung eines südöstl. Erdgeschoßfensters die viel zitierten (in ihrer Echtheit umstrittenen) Inschriften: O WE MVTER / und / BERTOLD MVRTE MICH VLRICH HIWE MICH. Die erste bringt Worte des »Parzival«, die zweite macht uns, seltener Fall!, mit Maurer und Steinmetz bekannt.

Die Wildenburg ist eine der großen Burgen des 13. Jh. Zweifellos steht sie auch den Burg- und Pfalzbauten des Kaisergeschlechtes sehr nahe; es darf auch die Vermutung gewagt werden, daß die in Gelnhausen tätige Bauhütte hierfür Kräfte abstellte. Man weiß, daß sie eine Rolle im Leben Wolframs von Eschenbach spielte, der wohl bald nach 1200 »hie ze Wildenberc« als Gast weilte. Er nennt die Gralsburg »Munsalvaesche« (= mont sauvage, Wildenberg).

Bad KISSINGEN (UFr. / Bad Kissingen D2)

801 meldet sich die Siedlung zu Wort, die Salzquellen erscheinen 823. Das »castrum Kitziche cum oppido« *(1290) kommt 1394 an Würzburg, das für die Befestigung (von der das 19. Jh. wenig übrigließ) Sorge trägt. Doch dürfte die Stadtwerdung schon ins 13. Jh. zu setzen sein. Dafür spricht der rechteckig eingeschlossene Stadtplan in der Regelmäßigkeit seiner Gliederung. Etwa die Mitte besetzt der Markt mit dem Rathaus.*

Die moderne Badestadt hat die Altstadt verbraucht. Von den einst 14 Türmen steht nur noch einer, der **»Feuerturm«,** dem sich auch noch Reste der **Mauer** anschließen.

Das **Alte Rathaus** wurde 1577 errichtet. – Das **Neue Rathaus,** ehem. Sitz der Heusslein v. Eussenheim, 1707, ist ein stattlicher 2geschossiger Bau Johann Dientzenhofers mit mehreren – vielleicht vom Bamberger Johann Caspar Vogel – vortrefflich stuckierten Räumen.

Kath. Stadtpfarrkirche St. Jakob. Gutes Beispiel des frühen Klassizismus. Ihr Autor ist der Würzburger Hofkammerrat Johann Philipp Geigel, der sie 1772 ff. baute. Einziger Rückstand der älteren Kirche ist der östlich stehende, im Erdgeschoß got., in den oberen Geschossen nachgot. Turm. Der quadratische, in den Ecken abgeschrägte Saalraum fällt durch seine Höhe auf; über den rundbogigen Arkaden öffnen sich korbbogige Emporen; die in die Spiegeldecke einschneidenden Ovalfenster sind durch ein dem Hauptgesims aufruhendes geschlossenes Wandstück in eine Randzone abgerückt.

Die zwar nicht reiche, aber doch immer noch mitsprechende Stuckausstattung gab Anton Petrolli; sie ist barock-klassizistisch; die Altäre (Stuckmarmor) zehren noch vom Besitz des 18. Jh.

Kath. Friedhofkirche St. Burkard. Chor und Turm wurden 1446 begonnen. Das Langhaus entsteht neu, nach Riß von Balthasar Neumann, 1727–44. Die einheitliche Ausstattung der Kirche – an den stark eingezogenen überwölbten Chor (1466 ff.) legt sich ein rechteckiger Saal – schuf hauptsächlich der Bildhauer Benedikt Lux aus Neustadt a. d. S.

Im 16. Jh. fangen die **Heilquellen** an, bekannt zu werden. Der Große Krieg läßt sie wieder vergessen. Doch Ende des 17. Jh. kommen sie erneut zu Ansehen. Es fließen u. a. der Sauerbrunnen (jetzt **Maxbrunnen**) und der Scharfe Brunnen (jetzt **Pandur**). In den 30er Jahren des 18. Jh. wird gelegentlich der von Neumann geleiteten Arbeiten zur Sicherung des Scharfen Brunnens der dritte, 1738 vom Fürstbischof **»Rakoczy«** getaufte Brunnen entdeckt. – Das gleichzeitig von Neumann erbaute **Kurhaus** hat sich im 19. Jh. zu stark verändert, um noch eine Vorstellung seines Einst zu vermitteln. **Konversationshaus** und **Arkaden** entstehen, nach Entwürfen Friedrich v. Gärtners, 1834–38, das neue Kurhaus, der **Regentenbau** von Max Littmann, 1911–13.

Der Bau der **Oberen Saline** wurde 1767–72 aufgeführt; Pavillons betonen Mitte und Ecken, 1geschossige Trakte mit Mansarden verbinden sie. – Das Baujahr der **Unteren Saline** ist 1788.

Burgruine Bodenlauben

Graf Otto v. Bodenlauben, aus dem Geschlecht der Henneberg, Kreuzfahrer und Minnesänger, verkauft die von ihm ererbte Burg 1234 an Würzburg. 1525 zerstören sie die Bauern; seither liegt sie in Trümmern.

Die beiden Rundtürme im S und N des etwa ovalen Beringes der im südöstl. Blickfeld Kissingens liegenden Ruine weisen über ihr schönes Buckelquaderwerk ins späte 12. oder frühe 13. Jh.

KITZINGEN (UFr. / Kitzingen E5)

Einer der ältesten Orte am Main, schon 748 bezeugt, fränkischer Königshof, entwickelt sich K. zunächst als Grundherrschaft eines auf Bonifatius zurückgehenden, von der Äbtissin Tecla geleiteten Benediktinerinnenklosters, zu dessen Ausstattung auch die Königshöfe Dettelbach und Iphofen gehörten. Im 11. Jh. ist es königseigen; Heinrich II. schenkt es 1007 an sein Bamberger Stift. Als Klostervögte herrschen im 13. Jh. die Hohenlohe. Im 14. teilen sich Würzburg und die Nürnberger Burggrafen, späteren Markgrafen, in die Herrschaft. Die Markgrafen bringen 1443 die Würzburger Anteile an sich. Erst 1629 tritt das Hochstift an ihre Stelle.
Die Siedlung neben dem Kloster erscheint im 11. Jh. als »villa«, 1290 als »oppidum«, 1300 als »civitas«. Die Entwicklung zur Stadt im rechtlichen Sinn dürfte sich im frühen 13. Jh. vollzogen haben. Bürger und Schultheiß zeigen sich erstmals 1226.

Der Stadtplan stellt noch deutlich einen inneren älteren und einen äußeren jüngeren, erst 1443 angelegten **Mauerring** heraus. Ein östl. Teil des ersten Beringes hat sich (an der Kapuzinergrabengasse) erhalten, auch der **Marktturm.** Unter den wenigen Überständen des jüngeren ragt der 1469 ff. erbaute, 1551 erneuerte runde **Falterturm** hervor. – Kitzingen und Etwashausen jenseits des Stromes sind durch die steinerne **Main-Brücke** verbunden, die mittelalterl. Ursprungs ist (erste Nennung 1300), in ihrer heutigen Gestalt aber ins 17. und 18. Jh. zurückweist. Erscheint sie im Stadtspiegel (schon 1349) und im Stadtwappen, so zeugt das für die ihr zugemessene Bedeutung. Der Brückenschlag über den Main, dem eine Furt vorausgegangen sein wird, war die Wurzel der Siedlung.

● Das **Rathaus** wurde 1561–63 vom Schaffhausener Meister Hans Eckart errichtet; 1896 restauriert. Ein solides Gewächs deutscher Renaissance, 3geschossiger Block mit reicher gegliederten Giebeln, an der W-Seite ein Halbrundturm. Vortrefflich, in schräger Zuwendung, steht der Bau zur unteren Marktgasse.

Die **kath. Pfarrkirche St. Johann Bapt.** ist eine im 15. Jh. errichtete 3schiffige Halle mit eingezogenem Chor. Eine Sonderheit ist die ins südl. Seitenschiff 1485 einbezogene Empore. Das Hauptportal, mit flacher, gewölbter Vorhalle und schmuckreicher Stirnwand, liegt an der N-Seite.

Im Bogenfeld des N-Portals ein gutes Relief des Jüngsten Gerichts aus der Frühzeit des 15. Jh. Das W-Portal bringt im Bogenfeld die Krönung Mariae aus den 30er oder 40er Jahren, eine Abschrift des Bogenfeldreliefs der Würzburger Marienkapelle. – Die neugot. Ausstattung des 19. Jh. wurde 1958/59 beseitigt. Der Restaurator deckte gleichzeitig spätgot. Wandmalereien (im nördl. Seitenschiff) auf und befreite das etwa 1470–80 geschaffene Sakramentshaus von den Krusten späterer Übermalungen. Aus einem der Endjahrzehnte des 15. Jh. stammt auch das Chorgestühl. Die Kanzel, Marmor, guter Klassizismus, von Materno Bossi (1793/94). Die 4 ausgezeichneten, von starker Bewegung erfüllten (ungefaßten) Holzreliefs, jetzt über dem modernen Hochaltar, Darstellungen der Passion von etwa 1480, sind Relikte des alten Hochaltars. Das Crailsheimsche Epitaph (1556) wird dem jüngeren Peter Dell zugeschrieben.

Ev. Pfarrkirche, ehem. Benediktinerinnen-, später Ursulinerinnen-Klosterkirche ●

Das Benediktinerinnenkloster wird in der Markgrafenzeit 1568 in ein ev. adeliges Damenstift umgewandelt. 1660 besiedelt es der Bischof mit Metzer Ursulinerinnen. 1686 wird der Grundstein zur neuen Kirche gelegt, deren Baumeister Antonio Petrini ist; 1693 fertig, wird sie 1699 geweiht. Seit 1817 ist die Kirche protestantisch.

Eindrucksvoll die *Fassade:* reiche, wuchtige Gliederung in den Formen italienischen Barocks verbindet sich mit nordischer Steilwüchsigkeit. Schwer und zugleich steil auch der an der S-Flanke des Chores stehende Turm, der die Main-Seite der Stadtansicht beherrscht. Ausstattung fehlt. Es spricht die nackte Architektur mit ihrer strengen Pilastergliederung – ein Kirchenraum, der von den Protestanten sehr wohl übernommen werden konnte. Das Schiff ist flach gedeckt, nur der Chor gewölbt. Eigenartig und wuchtig wie alles an diesem Bau die Treppenanlage im Block der Fassade.

Etwashausen

Etwashausen war als Vorstadt dem Befestigungsgürtel Kitzingens einbezogen; hier noch das 1565 erbaute **Großlangheimer Tor.**

Kath. Kapelle Hl. Kreuz ●

Vor dem Mainbernheimer Tor entstand 1450 ein Kreuzkirchlein. Für den Neubau suchte man sich im 18. Jh. den Platz am Brückenkopf gegenüber Kitzingen aus. 1733 setzte Balthasar Neumann den Plan auf. Baubeginn aber erst 1741, Vollendung 1745.

Die kleine und doch monumentale Kirche, von Neumann »gantz allein besorget«, ist eine seiner eigenartigsten Raumschöpfungen. Der Grundriß beschreibt ein Kreuz mit etwas längerem S-Arm, in dessen gerundete Front der in 3 Stufen

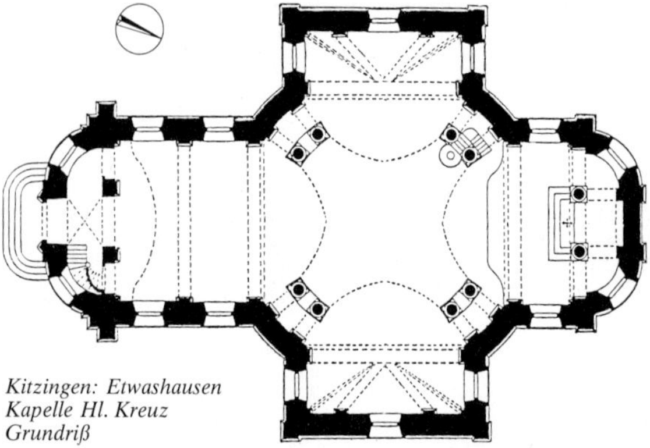

Kitzingen: Etwashausen
Kapelle Hl. Kreuz
Grundriß

aufstrebende Turm einbezogen ist. Über dem Schnitt der Kreuzarme ruht, auf Säulenpaaren, die frei den Eckabschrägungen vorgestellt sind, eine den Raum beherrschende, stark gestelzte Kuppel, in welche die Tonnen der Kreuzarme mit fast den Scheitel erreichenden Kappen einschneiden. Der Gewinn dieses Ineinandergreifens ist der Eindruck eines vielfältigen Zusammenspiels verschränkter sphärischer Flächen. Ein anderes ungewöhnliches Motiv ist die Verstellung des Chorschlusses durch 3 Arkaden. Ihre Säulen treten im Blick des Eintretenden mit den freistehenden Kuppelträgern zusammen. Die Kirche entbehrt der Ausstattung in Stuck und Farbe. Und doch entbehrt man sie nicht: Die Architektur steht so rein da, wie sie der Kopf des Meisters erdachte, ein elementares Raumgefüge.

In der neuen Kitzinger Wohnsiedlung südlich des Mains 2 moderne Kirchen, die **kath. Kirche St. Vincenz,** 1950 von Hans Schädel errichtet – das Schiff ein Rasterbau parabelförmiger Bogenspannungen –, und die von Gerhard Saalfrank gebaute, 1958 vollendete **ev. Friedenskirche,** ein Ziegelbau, mit westwerkartig gestaltetem Turm, das einfache Raumrechteck durch das starkfarbige Bildfenster der Chorwand beschlossen.

Kleinheubach
Schloß. Mittelpavillon

KLEINHEUBACH (UFr. / Miltenberg B5)

Schloß

Aus dem Besitz der hier schon 1037 nachweislichen Rieneck kommt Kleinheubach 1559 an die Erbach, die 1721 an die Fürsten Löwenstein-Wertheim verkaufen. Der neue Besitzer ersetzt wenig später das alte Schloß (des späten 16. Jh., Georgenburg) durch das bestehende. Louis Remy de La Fosse, der darmstädtische Baumeister, übernimmt 1723 die Aufsicht. Ihm gehört der Schloßbau in erster Linie; der Baumeister Johann Dientzenhofer dürfte sich ziemlich genau an die Risse des Franzosen gehalten haben. Zu Ende gebracht wurde der 1726 schon größtenteils aufgeführte Bau 1732 vom Mannheimer Johann Jakob Rischer. Von ihm, auch im Entwurf, Marstall und Kanzlei. Die Bildhauerarbeit leistete der Würzburger Jakob van der Auvera.

Das Schloß umfaßt mit 3 Flügeln einen Ehrenhof. Die vorgeschobenen Gebäude des Marstalls und der Kanzlei waren ursprünglich durch Gitter mit den Flügeln des Ehrenhofes verbunden. – Das Schloß ist 3geschossig, doch dominiert das 1. Obergeschoß; das Erdgeschoß hat Sockelcharakter, das 2. Obergeschoß ist Halbgeschoß. Die starken Akzente sammeln sich am vortretenden Pavillon der Mitte, dessen beide Obergeschosse durch Kolossalpilaster zusammengefaßt und durch plastische Fensterverdachungen ausgezeichnet sind; das Portalgeschoß ist ohne Aufwand, das Gewicht liegt im Hauptgeschoß mit seinen hohen Fensteröffnungen; das Halbgeschoß darüber ist oval befenstert; ein schweres Gesims schließt ab, darüber Balustrade und großes Wappenrelief. Einfacher die Gliederung der Stirnseiten der Flügel, in den Grundzügen übereinstimmend, nur daß hier flache Giebel aufsitzen. Die Gartenfront fluchtet gerade, die Gliederung der Pavillons, des mittleren und der beiden seitlichen, entspricht der angegebenen des Ehrenhofpavillons; alle sind mit hohen Mansarden bedacht. Der Wechsel von roten Sandsteingliederungen und hellen Putzflächen bestimmt die farbige Erscheinung. – Die beiden dem Ehrenhof vorliegenden Flankengebäude, **Marstall** und **Kanzlei,** sind in der Mitte 1-, in den Ecken 2geschossig, die Eckpavillons durch Pilaster gegliedert und mit Mansarden bedacht.

Die Schloßkapelle im Pavillon des S-Flügels wurde 1871 ihrer urspr. Ausstattung beraubt und neuromanisch restauriert. An der N-Seite des 3schiffigen Vestibüls im Mittelpavillon das Treppenhaus, eine klassizist. Schöpfung des fürstlich Löwensteinschen Baumeisters G. Weber und des (von Amorbach her bekannten) Andreas Dittman (1797/98). Der die beiden Geschosse des Pavillons einnehmende Marmorsaal verdankt seine reiche Wirkung den Stukkaturen Johann Wickes und den Fresken Ambrosius Reiths (um 1730–40). Der Thronsaal ist wieder rein klassizistisch; die Stuckdekoration schuf Dittman. Der Gobelinsaal erhielt seine zarten Deckenstukkaturen in den 30er Jahren des 18. Jh.

Der sich hauptsächlich südlich erstreckende sehr große **Park** ist englischen Stils.

Kath. Pfarrkirche Hlste. Dreifaltigkeit

Kleinheubach ist schon im 13. Jh. Pfarrsitz. Durch seine Herrschaft (Rieneck) fällt es im 16. Jh. der neuen Lehre zu. 1949 Errichtung einer kath. Pfarrei. 1954–56 entsteht, nach den Plänen des Würzburger Dombaumeisters Hans Schädel, die Pfarrkirche.

Das Schiff verjüngt sich zum Chor, der mit den Ansätzen seiner Parabelkurve die Endigungen seiner Wände übergreift. Der Gehrung des Grundrisses entsprechend senkt sich das Dach gegen den Chor. Frei stehender Turm. Alle Außenwände mit Bruchsteinen bekleidet.

KLINGENBERG a. Main (UFr. / Miltenberg B4)

Burgruine. Im 13. Jh. mainzischer Lehensbesitz der Schenk v. Klingenberg, geht die Burg 1260 an die Bickenbach über, 1469 an die Grafen v. Hanau-Lichtenberg. Seit 1505 besitzt das Erzstift Stadt und Burg. 1683 von den Franzosen zerstört, ist die Burg seither Ruine. Im 12. oder 13. Jh. begründet, reicht das von ihr Erhaltene kaum tiefer als ins 15. Jh. zurück.

Das **ehem. Stadtschloß** des mainzischen Amtmannes, ein 3geschossiger Renaissancebau, entstand 1560ff. – Der **Schloßpark** auf der anderen Straßenseite ist eine Anlage d. J. 1741.

Kath. Pfarrkirche St. Pankratius. Der Erbauer des Schlosses, der Amtmann Hans Leonhard Kottwitz v. Aulenbach, ließ 1575 auch eine Gruftkapelle errichten, die den Chor der Kirche bildet. Langhaus und Turmaufstockung sind jünger, 1617. Im Chor steht das prätentiöse Grabdenkmal des Stifters.

KÖNIGSBERG i. Bay. (UFr. / Haßberge F3)

Der Name deutet auf fränkisches Königsgut, aber sichtbar wird die einer Burg (wohl staufischen Ursprungs, auf dem Schloßberg) zugeordnete Siedlung erst 1234 in einem Erlaß König Heinrichs VII., der sich an die Schultheißen und Amtleute mehrerer königlicher Orte in Franken, darunter »Künesberg«, wendet. Aus meranischem Lehensbesitz fällt K. 1248 an den Bischof von Bamberg zurück, wird aber von diesem schon 1249 an Henneberg verpfändet und nicht mehr eingelöst. Hennebergisch, Ort eines zur Pflege Coburg rechnenden Zentgerichtes, bleibt er ein rundes Jahrhundert lang. 1333 gewährt Kaiser Ludwig die Marktgerechtigkeit. 1358 ist der Markt Stadt. Um die Mitte des Jahrhunderts fällt sie, erheiratet, an die Nürnberger Burggrafen, dann an den Herzog von Pommern, weiter, 1394, an Würzburg, 1400 an den Landgrafen von Thüringen, endlich, erbschaftlich, an Kurfürst Ernst von Sachsen, um fortan, über eine kurze Unterbrechung 1806–26 hinweg, bis zur Angliederung des Coburger Landes an Bayern, 1920, bei Sachsen (seit 1826 Coburg-Gotha) zu bleiben, eine sich zäh behauptende Enklave.
Die kleine, dem Schloßberg (ohne Schloß; die Burg ist abgegangen) angelehnte Stadt dürfte unter Henneberg im frühen 13. Jh. ihre Anlage um den südöstlich bergan steigenden Salzmarkt gefunden haben. Die Stadtmauer ist 1343 bezeugt, 1414 ist die äußere Mauer im Bau; 1420 entsteht die Gottesackerkirche St. Burkhard vor dem N-Tor. Ein 1336 von Kunigunde v. Sternberg gestiftetes Kloster der Augustiner-Eremiten, außerhalb der Mauern (an das keine Spuren mehr erinnern), hatte bis 1524 Bestand; ebenso lange die ihm zugesellte Adelige Schwesternschaft der Agelblume.

Das Ortsbild ist gut, frei von Störungen. Mehrere **Tore** lassen noch ein (das **Haßfurter** westlich, die **Lauerpforte** südlich, das **Schneckentor** nördlich, das **Hoftor** östlich). – Viel Fachwerk. Insbesondere beachtlich das schmuckreiche **Haus Marienstr. 36** (Uhrmacherhaus) von 1733, das dem Zeiler Zimmermeister Jörg Hoffmann (vgl. seine Fachwerkbauten in Zeil, Burgkunstadt, Scheßlitz) verdankt wird: massives Erdgeschoß mit breiter Toreinfahrt, Fachwerkobergeschoß, mit Balusterständern und Verschalungen unter den Fenstern. (Nächst verwandt das Haus im nahen **Zeil a. Main,** Hauptstr. 3, das 1689 datiert ist.)

Am Markt, dessen N-Seite die Pfarrkirche begrenzt, westlich das 1456 begründete, nach dem Stadtbrand in d. J. 1659–68 großenteils erneuerte **Rathaus,** ein 2geschossiger Block, unten massiv, in 2 Spitzbogentoren geöffnet, oben Fachwerk. – Der vom letzten Restaurator an die Ecke des Hauses gesetzte **Roland** von 1608 ist der südlichste Exponent der als Male der Gerichtsbarkeit zu deutenden nord- und mitteldeutschen Rolande. – Vor dem Rathaus das **Denkmal** des 1436 in Königsberg geborenen Astronomen Johann Müller, der sich **»Regiomontanus«** nannte. Ein (neues) Fachwerkhaus am Salzmarkt beansprucht, sein Geburtshaus zu sein.

● **Ev. Pfarrkirche** (ehem. St. Kilian, später St. Maria)

1397 wird der bestehende Bau begonnen, 1432 geweiht. Das Vollendungsjahr des Turmes ist 1466. Die Wölbung schließt sich in den 1460er Jahren. 1520 kommt der Sakristeianbau an der S-Seite hinzu. 1640 brennt die Kirche bis auf die Mauern nieder, nur die östl. Chorgewölbe halten. Bis 1894 mußten Holzeinbauten genügen. Dann Ausbau durch den Coburger Professor Leopold Oelenheinz.

Die Kirche gehört zu den ansehnlichsten fränkischen Pfarrkirchen. Mit ihrer S-Seite begrenzt sie den leicht ansteigenden Markt; mit der N-Seite tritt sie an die dem Zug der Stadtmauer folgende Marienstraße heran; gegen W sichert eine spätgot. Böschungsmauer den hier steil abfallenden Höhensockel. – Auf der N-Seite, im Einsprung des Chores, erhebt sich der stämmige, in 5 sich verjüngenden Geschossen aufsteigende, durch Eckstreben gefestigte Turm, an der S-Seite der 3geschossige, von einem Fachwerkgiebel beschlossene Sakristeianbau. Chor und Langhaus von Streben umstellt; der Chor höher als das Langhaus, bei gleicher Firstlinie des Daches. Mehr Zierat am Turm, dessen gruppierte Fenster (rundbogig, mit Maßwerkfüllungen) von Rechteckblenden umfaßt sind. – Das Langhaus ist eine 3schiffige, in der Mitte überhöhte Halle. Der 2 Joche tiefe, in 5 Seiten des Achtecks schließende Chor war, nach Ausweis der die Dienste unterbrechenden Standplätze, auf Schmückung mit Statuen angelegt; 1573 wurden 4 hier stehende Apostel erneuert (eine aus der Pfarrkirche stammende spätgot. Muttergottes in den Sammlungen der Veste Coburg). Das Treppentürmchen an der S-Wand entstand jedenfalls gleichzeitig mit der Sakristei, zu deren oberen Geschossen es vermittelt, 1520.

Die 1428 errichtete, »in den finsteren Zeiten des Papsttums« dem hl. Burkhard geweihte **Friedhofskapelle** wurde 1617 erneuert. Diese Daten überliefern die Inschriftsteine an der W-Seite. Die Kapelle ist ein schlichter, im Kern noch spätgot. Bau.

Die **kath. Pfarrkirche,** südlich, auf der Schwelle des Schloßberges, über dem Salzmarkt, wurde 1955 aufgeführt; Baumeister Hans Schädel, Würzburg.

Bad KÖNIGSHOFEN i. Grabfeld (UFr. / Rhön-Grabfeld F2)

739 ist die Siedlung als karolingischer Besitz bezeugt. 1354 kann sich hier, nach Henneberg, Würzburg festsetzen und – eine auch wieder hennebergsche Unterbrechung im 15. Jh. abgerechnet – auch auf die Dauer, bis 1803, behaupten. Der 1323 mit dem Marktrecht ausgestattete Ort ist jedenfalls schon befestigt oder doch eben dabei, sich zu befestigen. Um 1650 beginnt der Würzburger Fürstbischof Johann Philipp v. Schönborn, die Stadt zur modernen bastionären Festung auszubauen; sie wird 1830 geschleift.

Die **Stadt** liegt eben. Der Plan zeigt ein Rechteck; der rechte Winkel beherrscht auch die Führung der Gassen und den großen Marktplatz, dessen westl. Häuserzeile der Turm der Pfarrkirche überragt. Hier steht auch das stattliche, 1563–75 gebaute **Rathaus,** späte Renaissance Würzburger Prägung, bis auf die im 18. Jh. aufgesetzte Mansarde; ein 2geschossiger, polygoner Eck-Erker belebt den sonst wenig gegliederten Block.

Kath. Pfarrkirche Mariae Himmelfahrt

Eine älteste Kirche steht schon im 8. Jh. Die jetzige wird 1442 begonnen, 1496 ist sie wohl großenteils fertig, 1514 findet eine Glockenweihe statt. In den 60er Jahren des 19. Jh. wird sie »regotisiert«; der Chor wird gewölbt.

Die Kirche ist eine im Mittelschiff stark überhöhte Halle mit eingezogenem Chor, den südlich der Turm flankiert. Die Netzrippengewölbe des Langhauses, insonderheit die infolge starker Busung fast kuppelig wirkenden des Mittelschiffes, sind reich figuriert. Ein Prachtbeispiel spätgot. Steinmetzenarbeit ist die in ganzer Breite des Langhauses durchlaufende *W-Empore* von etwa 1520; ihre Unterwölbung ist mit einem der schönsten Rippennetze (»gewundene Reihungen«) geschmückt; preiswürdig auch das Maßwerk der Brüstungen. – Der Außenbau, basilikal gestuft, ist nur durch Fenster und Streben gegliedert. Der Turm geht in seinem jüngsten Teil (1603) ins Achteck über.

Unter den 3 Portalen tut sich das westliche hervor, dessen Bogen mit einem auf 2 Streifen aufgeteilten Relief des Jüngsten Gerichtes (von Hans Ditterich, um 1480) gefüllt ist. Ein Relief der Verkündigung im

Kötzting: Weißenregen. Wallfahrtskirche. Kanzel (Detail)

Bogenfeld des nördlichen. – Die Ausstattung (purifiziert) besitzt in der steinernen *Kanzel* ein Exempel spätgot. Meißelarbeit, rühmliches Werk des an der W-Empore tätigen Steinmetzen.

Ipthausen (F2)

In geringer Entfernung östlich von Königshofen und durch einen gesteinten Birkenweg mit der Stadt verbunden, liegt die

Wallfahrtskirche Mariae Geburt. Der kleine, aber sehr reizvoll ausgestattete Bau wurde 1746–54 nach den Entwürfen des Königshofeners Johann Michael Schmidt errichtet. Die von G. B. Tiepolo inspirierten *Deckenfresken* schuf 1752 Georg Anton Urlaub: im Chor St. Michael als Teufelsbezwinger, im Schiff die Verherrlichung des Kreuzes; die Malerei geht da und dort, in der Randzone, ins Plastische (Stuck) über. Im Hochaltar, der die Breite des eingezogenen Chores besetzt, eine spätgot. Muttergottes. Die Seitenaltäre gelöstes Rokoko. Das Gnadenbild, das zum Bau dieses kleinen, so heiter geschmückten Gotteshauses veranlaßte, eine Pietà des 17. Jh., steht in einer Nische der S-Wand. ●

KÖTZTING (OPf. / Cham N7)

Ende des 11. Jh. in der Gründungsüberlieferung des Klosters Rott am Inn bezeugt, dem die Siedlung seither grundherrschaftlich zugehörte. K. bringt es schon um die Mitte des 13. Jh. zu Marktrechten, die Kaiser Ludwig 1344 bestätigt. 1453 steigt der Markt zur (wohlbefestigten) Stadt auf. – Eine besondere volkskundliche Auszeichnung K.s sind Pfingsthochzeit und Pfingstritt, Frühbezeugungen dieses altbaierischen Brauchtums.

Kath. Pfarrkirche Mariae Himmelfahrt

Die Kirche wurde schon 1224 dem Kloster inkorporiert. Mit dem ihr anliegenden Burgsitz des heimischen Adels, dann des vom Herzog bestellten Pflegers entwickelte sie sich zur eindrucksvollen Gruppe einer spätgot. Kirchenburg, dank Grenzlage des Chamer Markenlandes. 1737/1738 (Langhaus), 1764 (Turm) und 1766–69 wandelte sich der Bau in seine barocke Gestalt.

Die A u s s t a t t u n g trifft vorwiegend in d. J. 1738 und 1771. Vortrefflicher *Hochaltar;* die Seitenfiguren, 1771, wie die der beiden Seitenaltäre (diese nachweislich) vom Landshuter Christian Jorhan. Die Kanzel datiert 1730. Die Seitenfiguren an den Wänden des Schiffes (hll. Johann Nepomuk 1733, Florian 1740, Judas Thaddäus 1737) von Johann Paul Hager.

Weißenregen (N7)

Die **Wallfahrtskirche Mariae Himmelfahrt,** aufgesockelt über die umgebende Hügellandschaft, hat sich an einem im 16. Jh. hierher gelangten Marienbild entwickelt. Nach unbedeutenden Vorgängerbauten entstand um 1750 die heutige Kirche (geweiht 1765), ein 1schiffiger Raum, dessen Ausstattung von hohem Interesse ist: der Hochaltar von 1755, der das aus dem 14. Jh. stammende, später überarbeitete Gnadenbild enthält, und v. a. die überreiche *Kanzel* von Johann Paul Hager, 1758, eine »Schiffskanzel« mit der Darstellung des Fischzuges Petri. Sie ist die reichste der in Bayern bekannten Schiffskanzeln (Abb. S. 256; vgl. »Bayern Süd«: Irsee, Altenerding).

KRONACH (OFr. / Kronach H2)

Auf der Höhe zwischen den Flüßchen Kronach und Haslach entsteht vermutlich in frühkarolingischer Zeit eine Befestigung, der ein Burgflekken (die obere Stadt, als solche frühestens 1323 belegt) zuwächst. Die »urbs Crana« *ist im 10. und 11. Jh. Besitz der sog. jüngeren Babenberger. Über Kaiser Heinrich V. kommt die Herrschaft 1122 an das Hochstift Bamberg.*

Festung Rosenberg

Um 1130 baut Bischof Otto »ein steinernes Haus und einen Turm«, womit er die künftig (in Urkunden erstmals 1249) so genannte Veste Rosenberg, den nördl. Eckpfeiler der bambergischen Landesverteidigung, begründet. In der 2. Hälfte des 14. Jh. erneuert und erweitert, verdankt sie ihre heutige Erscheinung dem späten 15. und insbesondere der 2. Hälfte des 16. Jh. Der äußere, ein Fünfeck formierende Festungsgürtel kommt 1656–1700 hinzu. Die Bastionen entstehen in dieser Reihenfolge: Valentin (NW) 1656–58, Sebastian (NO) 1659 bzw. (nach Einsturz) 1693, St. Kunigunda (SW) 1663, St. Heinrich (SO) 1671, Lothar (N) um 1700. Etwas später die Vorwerke nördlich des die N-Seite sichernden Hauptgrabens.

Rosenberg ist eine der großartigsten Festungsanlagen bastionären Systems, die sich in Deutschland erhalten haben. Mächtige Mauerstirnen barocker Bastionen, verschränkte Gruppenkompositionen von Baulichkeiten der Spätgotik und der Renaissance sind die den Eindruck bestimmenden Faktoren. – Das 1662 von Johann Christein errichtete Rustika-**Tor** (vor der gewaltigen Mauerfläche der die Basteien Heinrich und Kunigunda verbindenden Kurtine) läßt ein, ein Schmuckstück frühbarocker Art. Der linkswendig Weitergehende erreicht dann das **Zeughaustor,** d. i. das Tor der älteren Hauptburg. Links der massive **»Dicke Turm«** (um 1570). Der das Tor Durchschreitende tritt in den schmalen Zeughaushof ein, den rechts das gegen Ende des 16. Jh. aufgeführte **Zeughaus** (hier das **Frankenwald-Museum**), links der wenig früher erneuerte S-Flügel (**Fürstenhaus**) der Hauptburg, in der Tiefe ein Rundturm begrenzen. Der **Hauptbau,** im wesentlichen Werk des fürstbischöflichen Baumeisters Daniel Engelhardt (s. Kulmbach-Plassenburg), umschließt mit 4 Flügeln einen annähernd viereckigen Innenhof, in dem der quadratische Bergfried (2. Hälfte 14. Jh.) aufragt. Der den Hof südlich durch den gewölbten Durchgang Verlassende sieht sich, zurückgewendet, dem **Kommandantenhaus** (16./17. Jh.) gegenüber.

Die innere, **obere Stadt** liegt noch im Ring ihrer **Mauern,** einer dreifachen zwischen Hämelturm und Mäusturm. Von den Wehrgängen sind allerdings nur Fragmente (N- und W-Seite) übriggeblieben. Von den 3 Toren steht noch das **Bamberger Tor,** das freilich auch (1871) das innere Tor und den Turm hergeben mußte. Von den Türmen existieren noch der (1579 erhöhte) **Pfarrturm,** der (1614 ebenfalls erhöhte) **Lehlaubenturm,** der 1467 errichtete **Hämelturm** und der in den unteren Geschossen spätroman. obere **»Stadtturm«.**

Kath. Pfarrkirche St. Johannes Bapt. Der Chor ist in den Grundmauern romanisch, im aufgehenden Mauerwerk frühgotisch. Das Langhaus, eine 3schiffige Halle auf Rundpfeilern, entsteht bald nach 1400, der höhere, polygonal geschlossene westl. Teil 1510. Auch der nordöstl. Turm kommt erst jetzt hinzu, das Glockengeschoß 1551–58. Das hölzerne Gewölbe schließt sich 1655. Baumeister des W-Baues war wahrscheinlich der Nürnberger Hans Beheim, dem auch das bedeutende Portal an der N-Seite zugeteilt werden darf. ●

Das von 2 hohen starken Fialen flankierte, in Stäben profilierte *Portal* liegt im Überfang eines von schweren Krabben besetzten Kielbogens, dessen Bogenschenkel die Kreuzblume durchwachsen, um sich in freier Krümmung den Fialen zuzubiegen; die in den Kielbogen gestellte Figur des Täufers von Hans Hartlin, 1498. – Die Ausstattung wurde im 19. Jh. purifiziert. Wiedergutmachende Überholung 1958.

Im O des Chores steht die auf den Zwinger der Stadtmauer gesetzte **Annenkapelle,** 1512/13 gebaut. Die beiden Schiffe, die dem Karner aufsitzen, sind durch einen stämmigen Spiralpfeiler geteilt. Der kleine originelle, spätgot. Bau dürfte gleichfalls den berühmten Nürnberger Hans Beheim zum Urheber haben.

Kath. Spitalkirche St. Anna. Die 1467 errichtete Kirche des 1462 gestifteten Spitals verbindet mit 2geschossigem Langhaus quadratischen Chor mit Dreiseitenschluß. – Der **Spitalbau** entstand 1715–18 nach Riß Johann Dientzenhofers.

Klosterkirche St. Petrus von Alcantara. Die Franziskaner errichteten sie 1670–72. Beachtlich die gute spätbarocke Ausstattung, die fast ganz Bamberger Meistern (Martin und Georg Joseph Mutschele) zu danken ist.

Altes Rathaus (Lucas-Cranach-Str. 19). Baujahr ist 1583. Der 2geschossige Quaderbau ist mit einem 3geschossigen, geschweift umrissenen

Giebel bestirnt. Das schöne antikische Portal, das, gut altdeutsch, nicht in der Achse steht, ist etwas jünger, frühes 17. Jh.

Bürgerhäuser. Haus zum Scharfen Eck (Lucas-Cranach-Str. 2). Hoher, im Erdgeschoß massiver, im Obergeschoß gefachter Giebelbau wohl des 16. Jh., in wirkungsvoller Ecklage zum Markt. 1539 von Barthel Sunder, Maler genannt, dem Schwager Lucas Cranachs d. Ä., erworben, bis 1670 im Besitz der »Sundermaler«. (L. Cranach selbst kam wahrscheinlich im Haus **Marktpl. 1,** dessen Erdgeschoß noch spätmittelalterlich ist, zur Welt.) – **Ehem. Kommandantenhaus** (Amtsgerichtsstr. 21). Das 1692 erbaute, sehr stattliche Bürgerhaus zeichnet sich durch das reiche Gefach im Obergeschoß und Giebel und einen dem Obergeschoß anhängenden polygonen Eck-Erker aus. – **Dümleinshaus** (Schwedenstr. 27). Guter 2geschossiger Quaderbau mit flachem begiebeltem Mittelrisalit und Mansarde, 1769.

Ehrensäule (Melchior-Otto-Platz). 1654 von der Stadt dem Bamberger Fürstbischof Melchior Otto, aber auch sich selbst zu Ehren errichtet, zugleich Erinnerungsmal an die rühmlichst bestandenen Belagerungen von 1633 und 1634. Die Rundsäule, Werk der Kulmbacher Bildhauer Johann Brenck und Hans Georg Schlehendorn, trägt auf dem Kapitell das von den »geschundenen Männern« (1634 zu Tode gemarterten Kronachern) gehaltene Stadtwappen, das der anerkennende Landesherr verliehen hatte.

KULMBACH (OFr. / Kulmbach I3)

● Plassenburg

Im 12. Jh., erstmals 1135, nennen sich die Grafen von Andechs in fränkischen Urkunden Grafen von »Plassenberg«; sie werden nicht viel früher den günstig gelegenen Berg nahe der Vereinigung der beiden Mainläufe burglich befestigt haben. Nach dem Ausgang der Andechs, 1248, fällt der Besitz an die Grafen von Orlamünde, die ihn, bedrängt, 1338 an den Burggrafen von Nürnberg verpfänden. Seit 1340 ist Kulmbach bis zum Anfall an Bayern, 1810, burggräflich-markgräflich. 1397 wird die im 14. Jh. stark ausgebaute Plassenburg fürstliche Hofhaltung und bleibt es bis 1602 (Übersiedlung des Hofes nach Bayreuth). Vom Markgrafen Albrecht Alcibiades neu und stark bewehrt, geht die »weyt beruembte Festung Plassenburg« im bundesständischen Krieg 1553 zugrunde. 1559 wird unter Leitung eines Amberger Baumeisters, Georg Beck, der Neubau begonnen; 1561 ist dann schon Caspar Vischer Baumeister. 1563 kommt der Steinmetz Daniel Engelhardt hinzu, dessen Hand der reiche Schmuck des Schönen Hofes zu danken ist; er ist später (1573) bambergischer Baumeister. Der durch die Ratschläge erfahrener Architekten – wie des Stuttgarters Aberlin Tretsch und des Ansbachers Blasius Berwart – geförderte Bau kann 1564 vom Fürsten bezogen werden. Noch steht der Ruhm der Plassenburg nicht, der Schöne Hof, dessen S-Flügel erst 1565/66 errichtet wird; der ältere O-Flügel erhält 1567/68 seine

Arkadenreihen, der W-Flügel wahrscheinlich 1569. Auch der Bau der Fortifikationen ist 1564 noch keineswegs abgeschlossen. Erst mit der Erneuerung der Hohen Bastei 1585 endete die fast 25 Jahre währende Bauzeit. Markgraf Christian läßt im frühen 17. Jh. die Wehr der O-Seite verstärken. Das 18. Jh. fügt noch Kommandantenhaus und Kaserne hinzu. Aber die militärische Bedeutung der Festung mindert sich. Immerhin hält es Napoleon noch 1806 für nötig, die äußere Fortifikationslinie schleifen zu lassen.

Die auf der W- und N-Seite des Berges emporführende Zufahrt erreicht das ehemals Rittertor genannte (im 18. und 19. Jh. veränderte) **Außentor,** dem das **Kommandantenhaus** (1774/75) aufsitzt. Das Tor läßt in die **Vorburg,** den »Kasernenhof« ein, den nördlich und westlich die unter dem letzten Markgrafen 1782–84 errichtete **Kaserne** schließt. Auf deren O-Flügel folgt südlich der wuchtige massive **Christiansturm,** der, wahrscheinlich 1579 aufgeführt, 1606/07 das prächtige *Rustikaportal* mit dem Reiterstandbild des Markgrafen Christian in der hohen, dem Tor aufgesetzten Nische erhielt, Werk des Nürnberger Bildhauers Hans Werner. Südlich des Turmes lag die Hohe Bastei (»Christianin«), ein mächtiges Bollwerk, das 1806/1807 demoliert, 1866 gänzlich zerstört wurde. Eine südlich verlaufende Kurtine vermittelt zum südlich schließenden **Arsenal,** einem rauhen Hochgefüge, 1572–74 unter Markgraf Georg Friedrich errichtet. Das 6geschossige Gebäude verdankt seine Höhe der Notwendigkeit, die Höhendifferenz zwischen Vor- und Hauptburg auszugleichen. Westl. Begrenzung des unteren Burghofes ist der an das Arsenal angelehnte O-Flügel der Hochburg, dessen gequaderter N-Teil noch mittelalterlich ist (S-Teil um 1560).

Am Vorwerk unter der NO-Ecke der Hochburg vorbei führt die Straße aufwärts zur **Hochburg,** die mit ihrer im Kern auch noch spätmittelalterl. N-Front im Blick steht. Die Straße erreicht das Rondell, die westl. Bastion, die sich der W-Front der Burg vorlegt. Hier öffnet sich der durch ein Renaissance-Portal ausgezeichnete Durchgang zum Schloßhof, dem »Schönen Hof«, dessen Reichtum um so stärker wirkt, als die Kargheit der Außenfronten in keiner Weise auf ihn vorbereitet. Ein unregelmäßiges Viereck mit Türmen in den Ecken, ist er auf 3 Seiten gleichartig, durch die offenen Arkadengänge begrenzt; nur die N-Seite weicht ab, deren östl. Teil, mit dem hohen Säulenportikus, um 1550 entstand, deren westlicher wohl noch spätgotisch ist. Ganz gleich sind auch die 3 Flügel von 1564–68 nicht. Das massive Sockelgeschoß des südlichen,

Kulmbach. Plassenburg. »Schöner Hof«. Westflügel

der nur die Tiefe des Arkadenganges hat, und teilweise auch des östlichen ist in Rundbogennischen aufgebrochen, das des W-Flügels prunkt mit einem (dem äußeren entsprechenden) Portal. Die schweren Pfeiler- und Mauerstirnen der Sockelgeschosse sind steigernde Folie für die beiden Arkadengeschosse, die zu den geschmücktesten Architekturen der deutschen Renaissance zu rechnen sind. Denn jede Fläche, Brüstung, jeder Pfeiler, Bogen ist mit flachem Relief, ornamentalem und figürlichem, in teppichhafter Ausbreitung bedeckt. Die einheitliche Gliederung ist nur am O-Flügel durch ein mittleres Leerwandstück unterbrochen. Dieser Flügel ist nördl. Teiles etwas älter als die ihm vorgeblendete Arkadenfassade; auf das Wandstück lief ursprünglich (vor 1554) die S-Mauer der Hochburg, deren Hof noch nicht die spätere Ausdehnung hatte.

Das Innere (lange zum Zuchthaus degradiert) birgt noch einige gute alte Räume wie die um die Mitte des 16. Jh. entstandene *Waffenhalle* im Obergeschoß des N-Flügels mit ihren 7 stämmigen, die Kreuzgewölbe stützenden Steinsäulen und den *Markgrafensaal* im Obergeschoß des O-Flügels, der um 1560 anzusetzen ist; gebauchte Wandsäulen stützen hier das in Stuck ausgeführte Netzgratgewölbe. – Die Plassenburg beherbergt das **Deutsche Zinnfigurenmuseum,** eine **Filialgalerie** der Bayerischen Staatsgemäldesammlung sowie das **Landschaftsmuseum Obermain.** •

Die Siedlung, »Culminaha« *in erster Nennung (11. Jh.), am Fuß des Burgberges entwickelt sich um die befestigte Peterskirche, westlich ausgreifend entlang des breiten, bergab fallenden Straßenzuges Obere Stadt. Der um 1300 erreichte Umfang läßt sich an den einen südl. Halbkreis um Obere Stadt und Marktplatz schlagenden Gassenläufen Schießgraben und Grabenstraße ablesen.*

Der **Mauerring** ist in Teilen erhalten; mehrere Türme (**Weißer** und **Roter Turm**) stehen noch.

Ev. Pfarrkirche (St. Petri)

Lt. Inschrift (am Chor) 1439 begonnen, nach Zerstörungen (1553) wiederhergestellt 1559ff.; der Turm 1568 ausgebaut.

Die 3schiffige Halle mit eingezogenem, nach 2 Jochen polygon schließendem Chor wurde 1877/78 purifiziert; die Gewölbe des Langhauses sind neu (die beseitigte Holztonne stammte von 1643). Nur Chor und Turmhalle erfreuen sich noch der alten Sterngewölbe. – Von der Ausstattung blieb wenigstens der sehr gute, fast 15 m hohe *Choraltar,* mit figurenreicher Kreuzabnahme in der Mitte, Werk von Johann Brenck und Hans Georg Schlehendorn, 1650–53. Arbeit dieser beiden tüchtigen Kulmbacher Meister ist wohl auch das am Choräußeren befindliche Grabmal des Georg Wolf v. Laineck und seiner Gattin, 1644. •

Ev. Spitalkirche (Hl. Geist; Spitalgasse)
Eine spätgot. Kapelle (St. Elisabeth) geht voraus. 1738/39 führt der Kulmbacher Maurermeister Johann Georg Hoffmann den Neubau auf, zunächst noch ohne Turm, der 1749 folgt.

Die Quaderwände sind einfach und gut gegliedert, durch Pilaster, Triglyphen, Kranzgesims. Der der östl. Front vorgesetzte, den Chorraum bergende korpulente Turm, in 3 Geschossen aufsteigend, im dritten 8eckig, trägt eine kräftige 2teilige Kuppel mit Laterne darüber. Der einfache Saalraum mit doppelten Emporen besetzt, die Brüstungen mit biblischen Geschichten bemalt, wohl gleichzeitig mit Deckengemälde und Stuck, Mitte 18. Jh.; nur die Kanzel runde 100 Jahre älter.

Ev. Friedhofskirche (St. Nikolaus; Pestalozzistraße)
Wahrscheinlich Nachfolgerin einer Siechenkapelle, wurde sie 1573–76 errichtet und diente als Kapelle eines im Spätmittelalter angelegten Pestfriedhofes, der sich anscheinend schon im 16. Jh. zum allgemeinen Stadtfriedhof entwickelte und bis zur Anlage des neuen Friedhofes (Friedhofstraße) in Gebrauch blieb.

Der kleine nachgot. Quaderbau schließt einen flachgedeckten Saalraum ein. Die westl. Achse ist Erweiterung von 1666 (Inschrift). Arbeiten Johann Georg Brencks sind der 1669 gestiftete Altar und die Kanzel von 1674, vielleicht auch die Marmortafel des 1685 gestorbenen Superintendenten Ludwig Liebherz.

● Der schöne, nun etwas stark verwilderte **Alte Friedhof** ist einer der stimmungsvollsten Gottesäcker Frankens, der auch durch eine beträchtliche Anzahl alter, ins 17. und 18. Jh. zurückreichender *Grabsteine* ausgezeichnet ist. Beachtlich insbesondere das in der Mitte liegende **Jahnsche Grufthaus,** 1747, eine gut gegliederte Quaderarchitektur mit rundbogigem Portal und flankierenden Fenstern in der Front; das schmiedeeiserne Gitter ist 1749 datiert.

Ehem. Langheimer Klosterhof (Finanzamt). In emporgehobener Lage auf einem Vorsprung des Schloßberges sammelt das 1691–95 errichtete Gebäude, ein 3geschossiger Quaderblock, seine Kraft in der hohen Giebelfront, deren schwere Rustika auf die Mauerwucht der Plassenburg (durch die sie eingegeben wurde) vorbereitet.

Ehem. markgräfliche Kanzlei (Landratsamt; Obere Stadt 33). Wahrscheinlich von Georg Beck 1561 begonnen, wird sie von Caspar Vischer 1563 vollendet. 1662 ff. baut Sigmund Andreas Schwenter sie teilweise um. 2 hohe Giebel steilen den einfachen Block, dessen Schmuck ein Erker ist.

Rathaus (Marktplatz). Der nicht große, aber durch seine kurvig umrissene Rokoko-Fassade heiter ansprechende Bau entstand 1752, nach den wahrscheinlich von Joseph Saint-Pierre modifizierten Plänen des Kulmbachers Johann Matthäus Gräf, ausgeführt vom Stadtbaumeister Johann Georg Hoffmann.

LAABER (OPf. / Regensburg K8)

Steil aufgesockelt über dem ehemals befestigten Marktflecken im Tal der Schwarzen Laaber liegen die Trümmer einer **Burg,** die noch umfangreiche Teile roman. Quaderwerks aufweist. Sie stammen von einem Um- oder Neubau des frühen 13. Jh. Kräftige Buckelquadern mit Randschlag türmen sich im Unterbau des Bergfrieds wie in einigen Strecken des Beringes. Glatt behauene Quadern umfrieden die alte Kapelle. Die Burg, im 14. Jh. Heimat des Minnesängers Hadmar III. v. Laaber, wurde nach Umgestaltungen im 15. und 17. Jh. später dem Verfall preisgegeben.

Im Ort die got., um 1760 barockisierte **kath. Pfarrkirche** mit der skulptierten Grabplatte Hadmars IV. v. Laaber, † 1420.

LANGENZENN (MFr. / Fürth G6)

An der Rhein und Donau, näherhin Windsheim und Fürth verbindenden W-O-Straße liegt ein Königshof »Cinna«, *der sich urkundlich erstmals 903 fassen läßt. »Apud Cinnam« versammelt Otto I. 954 die Großen des Reiches. Heinrich II. schenkt diesen, wie so viele andere Besitze des Reiches, an sein Bamberger Bistum, 1021. Im 12. Jh. ist L. abenbergisch, nach 1200 burggräflich. Die Großpfarre (Dekanat) wird 1409 durch die Burggrafen Johann und Friedrich zu einem Stift für Augustinerchorherren erhöht, das nicht allzulange Bestand hat; im Zuge der Reformation verfällt es 1533 der Aufhebung. – Die Siedlung erscheint 1331 und noch 1362 als Markt, 1369 als Stadt, die sich wohl wenig später mit Mauern bewehrt; 1388 ist sie ummauert. In diesem Jahre brennen die Nürnberger sie nieder. Die Ortschaft umschließt 2 Märkte, den oberen (alten) westlich, den unteren (neuen) östlich der Stiftskirche. Im Rund des Kirchenbereiches ist die Ursprungszelle der Siedlung zu suchen. Die Marktsiedlung legt sich dem von Würzburg her kommenden Straßenzug an. Der untere Markt dürfte sich im Anschluß an die Stiftskirche entwickelt haben. Er zog dann, als der stärkere, das Rathaus an sich und dominiert auch städtebaulich; die Baugruppe der Stiftskirche tritt von ihrem Podest herab beherrschend ins Bild. Die ältere Bebauung räumt ein Brand 1720 ab. Die bestehende, gute steinerne, ist Beitrag des 18. Jh.*

Das stattliche **Wagenhöfersche Haus** (Prinzregentenpl. 8) wurde, lt. Inschrift über dem Tor, noch vor dem Brand, 1716, errichtet. – Das 2geschossige, mit einem Dachreiter geschmückte **Rathaus,** das den Chor der Stiftskirche abschirmt, entstand nach Entwurf des Ansbachers Johann David Steingruber 1727. – Erwähnenswert auch das wohl bald nach 1720 gebaute **Gasthaus zum Schwedentisch** (Hindenburgstr. 13); der namengebende Steintisch, der recht wohl in die Schwedenzeit zurückreichen kann, steht noch.

● **Ev. Pfarrkirche,** ehem. Augustiner-Chorherrenstiftskirche

Der Grundriß des Langhauses reicht ins späte 13. Jh. zurück. Ein Ablaß 1279 läßt auf Bautätigkeit um dieses Jahr schließen. Erneuerung 1388; sie betraf den Chor, die Hochwände des Mittelschiffes, die Mauern der Seitenschiffe. Eine zweite folgte 1467/68; sie betraf den Chor, der östlich erweitert wurde; es kamen jetzt auch die beiden Nebenchöre in den Achsen der Seitenschiffe hinzu, die sog. Beichtkapelle südlich, die sog. Rosenkapelle nördlich, außerdem das vorletzte Geschoß des in den unteren 6 Geschossen ins 14. Jh. zu setzenden Turmes. Letztes Geschoß und Kuppelhaube wurden erst 1773 aufgesetzt. – 1878–1903 wurde renoviert und purifiziert; Hochaltar und Emporen wurden hinausgeräumt.

Die schon als steinerne Baumasse bedeutende Stiftskirche, durch eine natürliche Erhebung aufgesockelt, doch in einen engen Ring von Gebäuden eingeschlossen, kommt nur mit ihrem den Unteren Markt (Prinzregentenplatz) überragenden O-Bau zu städtebaulich stärkerem Einsatz. Nördlich liegt das in seiner Ganzheit erhaltene **Stiftskloster** vor. Die W-Front, über die sich links ein Flügel des Klosters vorschiebt, treibt einen 7 Würfel übereinander schichtenden *Turm* hoch. Ein Portal, mit Vorhalle (15. Jh.), auf der S-Seite. – Die **Kirche** ist eine in den 3 Schiffen flach gedeckte Basilika mit westl., ins Mittelschiff einbezogenem Turm, einem tiefen, 3 Joche reihenden Chor, der in 5 Seiten des Achtecks schließt und mit Kreuzrippengewölben gedeckt ist. Der Chor von Nebenchören begleitet, deren südlicher 4 Joche, mit Netzrippengewölben, deren nördlicher 2 Joche zählt. Die 3 Arkaden des Mittelschiffes sitzen auf Rundpfeilern; der Raum der 1. westl. Arkade ist durch die (erneuerte) Empore ausgefüllt. Die Hochwände öffnen sich in Rundfenstern mit (erneuertem) Maßwerk. Die Turmvorhalle ist mit 2 Kreuzgewölben gedeckt, deren Rippen auf Kopfkonsolen sitzen; ein Maßwerkfries umfängt den östl. Spitzbogen.

Die Ausstattung bewahrt noch eine beachtliche Anzahl spätmittelalterl. Kunstwerke. Der (neugot.) Hochaltar beherbergt eine Gnadenstuhlgruppe des frühen 16. Jh. Eine Reihe spätgot. *Altäre* in den Seitenchören und Seitenschiffen: Im südl. Seitenchor der 1483–90 gestiftete Apostelaltar, auf alter Steinmensa, im Schrein Erbärmde-Christus zwischen Johannes Bapt. und Nikolaus; der Jungfrauenaltar, frühes 16. Jh., im Schrein und auf den Flügeln, geschnitzt, 5 hll. Jungfrauen, die Gemälde vielleicht von Hans Traut, Nürnberg; der Sippenaltar, 1. Jahrzehnt 16. Jh., im Schrein die Hl. Familie, die Gemälde der Flügel wohl von Hans von Kulmbach. Im südl. Seitenschiff der Christophorusaltar, im (neuen) Schrein Christoph, Nikolaus, Ursula, Mitte 15. Jh.; die Flügelbilder sind älter, wurden jedoch 1902 hart restauriert. Im nördl.

Chorschluß der Kreuzaltar, auf alter Steinmensa, mit den Reliefs der Kreuzabnahme und der Grablegung, dat. 1498. Insbesondere beachtlich die beiden *gemalten Altarflügel* (leider mit Randbeschneidungen) im W des südl. Seitenschiffes: Zurückweisung des Opfers Joachims und Verlobung Mariae, die dem bedeutenden Nürnberger »Meister des Bamberger Altars« (um 1430) gegeben werden dürfen; sie gehörten wahrscheinlich zum spätgot. Hochaltar. – Das Chorgestühl kommt aus der Zeit um 1500. Relikte der barocken Ausstattung sind Kanzel (1626) und Orgelgehäuse (1720). Ein durch das Meisterzeichen gesichertes Werk des Veit Stoß ist das 1513 datierte Steinrelief der *Verkündigung* (am Chorbogen links), Stiftung der Margarete v. Wildenfels († 1513), um 1880 in den Rahmen eines (im frühen 15. Jh. geschaffenen) Sakramentshauses eingefügt. Mit dem Ölberg (1486?) im nördl. Nebenchor und dem Grabstein des Hans v. Seckendorf und seiner Gattin Anna († 1444) sei die Aufzählung beschlossen.

An der N-Seite das Vierflügelgeviert des **Kreuzganges,** gleichzeitig mit dem letzten spätgot. Ausbau der Stiftskirche entstanden; 1893–95 etwas scharf restauriert. Breite 3teilige Maßwerkfenster öffnen die hofseitigen Wände; Netz- bzw. Kreuzrippengewölbe decken. Über den Gängen Obergeschosse mit gepaarten Rechteckfenstern; auch hier ursprünglich umlaufende Gänge (nur der südliche erhalten). Am O-Flügel der *Kapitelsaal* (heute Gemeindesaal), am W-Flügel die *Küche* und neben ihr, nördlich, das *Refektorium,* das aber nur noch seine alte Pforte vorzuweisen hat.

Zuletzt noch ein Blick auf die dem O-Chor der Stiftskirche vorgesetzte spätgot. **Sakristei,** der wieder eine steinerne Freikanzel (»Tetzelkanzel«) vorgesetzt ist; erhalten nur der 3stufige Pfeiler, der die Brüstung trug.

LAUF a. d. Pegnitz (MFr. / Nürnberger Land H6)

1170 hervortretend, Sitz staufischer, sich »de Loufe« nennender Reichsministerialen, entwickelt sich die Siedlung, nächst der Wasserburg auf der künstlich geschaffenen Pegnitz-Insel, dank günstiger Straßenlage (Nürnberg–Böhmen) noch vor Mitte des 13. Jh. zum Markt. 1268 kommt L. an die Wittelsbacher, 1329 an deren pfälzische Linie, die es 1351 an Kaiser Karl IV. verkauft. Karl erhebt es 1355 zur Stadt. Sein bis an die Bannmeile Nürnbergs heranreichendes »Neuböhmen« hat keinen Bestand; L. kehrt 1373 zu Pfalz-Bayern zurück, das es indessen 1504 und nun für die Dauer an die Reichsstadt Nürnberg verliert; seitdem ist es – bis 1806 – nürnbergisches Pflegamt. – Dank der Wasserkraft der Pegnitz (der Ortsname drückt ihr gutes, nutzbares Gefälle aus), die schon im Mittelalter Mühlen und Hämmer treibt, entwickelt sich im Jahrhundert des Fortschritts eine blühende Industrie, die aber das behaglich-fränkische Stadtbild ungekränkt läßt.

2 **Tore,** das **Hersbrucker** östlich, das **Nürnberger** westlich, erinnern an die (von Karl IV. bewilligte), sonst größtenteils abgegangene mittelalterl. Stadtwehr; das erste 1476 bezeichnet, doch im Kern älter, das zweite 1504 errichtet (oder erneuert) und 1526 restauriert.

Der Markt, ein großes rechteckiges Platzgeviert, mit dem Rathaus in der Mitte, mag an altbayerische Märkte denken lassen; das Land an der Pegnitz rechnete ja auch, bis ins Hochmittelalter, zum bayerischen Nordgau. – Das **Rathaus,** das ins 16. Jh. zurückgeht, hat gegen Ausgang des 19. Jh. einige Verschönerungen erleiden müssen, die der Restaurator von 1936 allerdings wieder ausmerzte. – Die einschließenden **Häuserzeilen** ohne Anspruch, doch, meist wenigstens, von guter alter Art; da und dort Fachwerk.

Ev. Stadtpfarrkirche

Erwachsen aus der schon 1275 bezeugten Johanniskapelle, die nach Zerstörung der Leonhardskirche 1553 zur Pfarrkirche erweitert wurde.

Die Kirche ordnet sich als wirkungsvolles Blickziel der östl. Schmalseite des Marktes zu. Der Chor, mit Kreuzgewölben, noch spätgotisch. Der in den unteren Geschossen ebenfalls noch mittelalterl. Turm erhielt die beschließende reizvolle Laterne um 1710. Das Langhaus ist ein schlichter Saalraum mit 1699 geschaffener Holztonne.

Die Ausstattung ist barock: Hochaltar 1692, Kanzel 1672, Orgelgehäuse 1700. Älter nur der Kruzifixus von 1498 über dem Chorbogen.

Die urspr. Pfarrkirche **St. Leonhard** ist seit 1553 (Markgrafenkrieg, Verheerung der Stadt) Ruine; nur Turm und Umfassungsmauern des Schiffes, spätgotisch, stehen noch. – Das 1374 von Heinrich und Elsbeth Glockengießer bei St. Leonhard gestiftete **Spital** wurde nach 1553 wiederaufgebaut und 1690 und 1713 erneuert. Fachwerk über massivem Sockelgeschoß, gegen den Hof ein Treppenturm mit 1736 aufgesetzter Dachkuppel. Das sog. **Bräuhaus** (im Hof) ist ein Quaderbau von 1721.

Auf der Pegnitz-Insel das in der Burg der Reichsdienstmannen von Lauf begründete sog. **Wenzelsschloß,** das bald nach 1360 von Karl IV. aufgeführt und 1526 in Teilen durch den Nürnberger Paul Beheim erneuert wurde, eine starke, hochaufragende, vielfältige, typisch fränkische Baugruppe, die einen kleinen engen Hof einschließt.

Ein prächtiges Beispiel profaner Raumarchitektur der Gotik ist der große, von Kreuzgewölben gedeckte *Wappensaal,* so genannt nach der umlaufenden Doppelreihe steinerner Wappen (über 100), deren Eigner der Zeit des Bauherrn, Karls IV., angehören. Der zweite große Saal, *Kaisersaal* (Erdgeschoß), wurde um 1700 durch eine Stuckdecke barock abgewandelt.

LAUTERHOFEN (OPf. / Neumarkt i. d. OPf. I6)

Trautmannshofen (I7)

Kath. Pfarr- und Wallfahrtskirche Mariae Namen •

Erste Kunde von einem Marienheiligtum 1382. Die Wallfahrt, hervorgerufen durch ein Bildmirakel in der Hussitenzeit, 1432, ist seit dem späten 15. Jh. nachweisbar. Brandunglücke (1504 und 1561) und Reformation (1544) minderten die Wallfahrt. 1626 kehrte der alte Glaube wieder; 1655 begann die Instandsetzung der Kirche. Etwa 10 Jahre später entschloß man sich zu völligem Neubau. Baumeister ist Johann Leonhard Dientzenhofer (seit 1686), der aus älterem Bestand den Turmklotz übernahm und sein Untergeschoß zum Chor ausgestaltete. Die örtliche Bauleitung hatte zunächst – bis zu dessen Tod – sein Bruder Georg, anschließend dann Wolfgang Dientzenhofer aus Amberg. Weihe 1691. Neudekoration des Raumes um 1760. Restauriert 1958.

Das freundliche Raumbild folgt dem System einer 2jochigen, emporenbesetzten Wandpfeileranlage mit eingezogenem, schmalem (in den mittelalterl. Turm eingeborgenem) Chor. Auch die strenge Pilastergliederung gehört zum Werk der Dientzenhofer. Der übrige Raumdekor kam um 1760 herein: locker verteilter Rocaille-Stuck mit Ast- und Blütenwerk, die von Johann Michael Wild geschaffene Freskomalerei (im Chor Esther vor Ahasver, im Langhaus Verehrung Mariae durch die Erdteile und Geschichte der Wallfahrt). Die Altäre werden dem Jesuitenfrater Johannes Hörmann zugeschrieben (Hochaltarbild 1874, Kopie nach Bartolomé Esteban Murillo). Rechts der Gnadenaltar mit dem Muttergottesbild um 1400. Vermerkt sei auch die Vielzahl alter Votivbilder (älteste 17. Jh.) und das im Pfarrhof aufbewahrte, 1750 begonnene Mirakelbuch.

LEUCHTENBERG (OPf. / Neustadt a. d. Waldnaab L5)

Die Landschaft an der Luhe ist schon im 10. Jh. urkundlich bezeugt. 1124 weiht Otto von Bamberg die Kirche des Edlen Gebhard v. Waldeck in L., doch kaum eine Burgkapelle, sondern eher eine verschwundene Ortskirche. Die Herren v. Leuchtenberg, Edelfreie, treten im frühen 12. Jh. hervor. Häufig im Gefolge des Königs, sind sie seit 1158 Grafen, seit 1196 Landgrafen. Im 15. Jh. gewinnen sie Fürstenrang. Seit der 2. Hälfte des 14. Jh. residieren sie in Pfreimd. 1646 gehen sie aus; ihr Erbe ist Kurbayern.

Burgruine •

1223 verpfändete Landgraf Diepold die Burg an Heinrich v. Ortenburg, der den Bergfried instand setzen ließ. 1268 belagerte Herzog Ludwig d. Strenge den Leuchtenberger. Dann schweigt die Überlieferung. Man nimmt an, Landgraf Ulrich I. (1294–1334) habe einen Neubau ins Werk gesetzt. Weitere Erneuerungen jedenfalls 1440, nach dem Abzug der

Hussiten. »Im Juli Anno 1621 ist das fürstl. Schloß und Stambhauß... durch das Mansfeldische Volkh überfallen und ausgeblindert worden...« Ein neuer Überfall der Schweden 1634. Was sie ganz ließen, zerstörte die kaiserliche Besatzung ein paar Monate später. Die massigen mittelalterl. Architekturen hatten den Stürmen so gut es ging standgehalten. Doch sie waren angeschlagen, und da Reparaturgelder fehlten, war der Verfall besiegelt. Einige Ausbesserungen konnten ihn nicht mehr aufhalten, bis 1842 ein Brand alles zur Ruine machte.

Die Burg, auf weithin sichtbarer Höhe des Naabberglandes, ist, noch in Trümmern, eine der mächtigsten Wehranlagen des bayerischen Nordgaues. Ein spitzbogiges Tor führt von S durch den äußeren Bering in die **Vorburg,** vorbei an den Resten des **ehem. Amtsknechthauses.** Noch einmal ist ein Tor zu passieren, eines aus dem 17. Jh., neben der Ruine des **Rentamtes** und sog. **Neuen Schlosses.** Vom 3. Tor an der Wegbiegung im N ist kaum etwas erhalten, so daß man ungehindert zum Rest des **Getreidekastens** vordringen kann, neben dem sich der letzte Torbau vorschiebt, der in den inneren Hof führt. Durch einen Vorbau des 15. Jh. eingetreten, der zum Kranz der **äußeren Zwingmauer** mit ihren halbrunden Turmbastionen gehört, entläßt ein älterer, got. Bauteil des 14. Jh. gegen den Innenhof. Linker Hand steht die **Burgkapelle.** Auch sie ist, wie die ganze innere Burg, aus dem frühen 14. Jh., ein unregelmäßiger Viereckraum mit eingezogener rechteckiger Chornische. An einer Rundstütze in ihrer Mitte steht: »... 1440 Renovata est...« Damals wurde der Bau mit Netzgewölben versehen, die bis auf geringe Reste im Chor zugrunde gegangen sind. Die Sakristei und das darüber befindliche Oratorium kamen erst im 17./18. Jh. hinzu. – Auf der höchsten Stelle inmitten des Burghofes ragt der **Bergfried** (Lehenturm). In seinem ausspringenden Unterbau wird der Turm von 1223 vermutet, auf dem sich die Ergänzung des 14. Jh. erhebt. (1888 nach Einsturz wiederhergestellt.) Obwohl der Bergfried viel an Höhe eingebüßt hat, bietet er noch umfassende Ausblicke über das oberpfälzische Bergland vom Fichtelgebirge und Bayerischen Wald bis zum Jura. – Gegen S bildet die Innenburg einen Winkel, vergleichbar einem Schiffskiel. Hier ragen die Mauern des **Palas** aus dem 14. Jh. (geringe Veränderungen im 17. Jh.). Ein Blendbogen ließ in der Höhe des Saales außen die Wand einspringen zum Schutz gegen Regeneinfall und zu besserer Belichtung des ehemals großen Raumes (Fenster zugesetzt), ein Motiv, das sich an Burgen öfter findet. – Der nördlich an den Palas grenzende Bau gehört dem 15. Jh. an und verbindet mit der **Dürnitz,** einem gewölbten Raum, ebenfalls des 15. Jh., mit 8eckiger Mittelstütze. Darunter gewölbte Kellerräume, darüber Reste des 1644 erwähnten »Neu Gebäu über dem Gewölb und Keller«.

LICHTENAU (MFr. / Ansbach F7)

Veste •

Aus dem Besitz der Herren v. Heideck kommt Lichtenau 1406 an die Nürnberger, die es zur Beschwernis des Markgrafen im nahen Ansbach stark befestigen. Markgraf Albrecht Alcibiades läßt die Festung 1552 schleifen. Die Nürnberger bauen sie ab 1558 – nun im modernen bastionären System – wieder auf. Der Bau schreitet langsam voran, schneller erst in den 90er Jahren. Der Großteil dürfte erst jetzt und in den ersten 2 oder 3 Jahrzehnten des nächsten Jahrhunderts (bis 1630) entstanden sein. Der planende Kopf ist noch nicht ermittelt. Beteiligt waren der in Ingolstadt tätige Niederländer Simon Wick und die Nürnberger Peter Carl, Jakob Wolff d. Ä., Wolf Stromer und Hans Westhauser.

Der Durchmesser der ein unregelmäßiges Fünfeck einschließenden Anlage beträgt von Wall zu Wall etwa 150 m. Die 5 **Eckbastionen** greifen in den breiten und tiefen Graben vor, aus dem die Böschungsmauern der Wälle aufsteigen; 2 starke Wulstgesimse gliedern die wuchtigen Buckelquadermassen. Der Eingang (ehemals durch Zugbrücke gesichert) liegt südwestlich, im Schutz der »Glockenbatterie«. Ein tonnengewölbter Gang führt zunächst in einen kleinen Vorhof. Hier die Auffahrt zu den Wällen und links das zweite, **innere Tor.** Dieses, das sich in den Gliederungen seines Rahmens auf den schräg zur Achse des Hofes verlaufenden Torweg ausrichtet, ist ein prächtiges Stück antikischer Rustika-Architektur: Pilaster, Gebälk, Sprenggiebel darüber, Oval-Oculus in der Mitte. Der innere Torgang durchquert die Kasematte und trifft den großen Hof, dessen Grundriß als Rechteck mit abgeschrägten (südwestlich doppelt abgeschrägten) Ecken zu bezeichnen ist. Frei in den Hof gestellt der 3geschossige, im einzelnen anspruchslose **Schloßbau,** ein quer zur Hauptachse des Hofes (N-S) stehendes Gebäuderechteck mit Satteldach, den die beiden hohen, das Fernbild der Festung beherrschenden, typisch nürnbergischen Rundtürme flankieren. Dieser Bau hatte ursprünglich 2 nördlich vorgreifende Flügel und, als das Herz der Festung, eigenen Grabenbering. Der große Hof ist ausgezeichnet durch die regelmäßige, geometrisch klare Disposition der den Wällen anliegenden **Kasematten** und **Kavaliere** und die zugleich wuchtigen und schmuckvollen Gliederungen der Fronten. Die um ein 3. Geschoß erhöhten Kavaliere an W-, O- und N-Seite treten als starke Risalite über die 2geschossigen Kasemattentrakte vor. Die allseitig umlaufenden gewölbten Gänge der Erdgeschosse öffnen sich in stichbogigen Arkaden. Fortlaufende Fensterreihen gliedern die Obergeschosse. In den Ecken je ein die Wallhöhe wenig überragendes Treppentürmchen; das südwestliche, das auch durch reichere Bedachung (Kuppel statt Zelt) abweicht, birgt einen nachgot. Wendelstein. Die gedrungenen Blöcke der Kavaliere durch vollere, schwerere Gliederungen und ein Mehr an Schmuck betont. In Holz aufgeführte, mit Zeltdächern gedeckte Hallen (Geschützstände) schließen die Kavaliere ab. Kraftvolle Rustika, starkes Relief in den Pilasterrahmungen und Gesimsverdachungen der in regelmäßigen Abständen dicht gereihten Fenster, schwere grundstabile Quadermauer, das sind die Charakteristika dieser Zweckarchitektur, die ihren Zweck nicht nur genau erfüllen, sondern auch in der Symbolsprache architektonischer Formen sinnfällig und »schön« ausdrücken wollte. – Die wenigen Veränderungen im 19. Jh., welche die (wieder aufgegebene) Verwendung als Zuchthaus mit sich brachte (einige Aufstockungen über den Wällen und Bastionen), fallen nicht ins Gewicht. Lichtenau ist eine Kostbarkeit der Festungsarchitektur.

Auch der erstmals 1246 genannte, im »castrum« der Herren v. Dornberg aufscheinende Ort liegt noch gutenteils im Ring der 1734–36 aufgeführten **Mauern.** Das **obere Tor** entstand 1749, das **untere** (nördlich), das an die Festungsmauer anschließt, 1763.

Nicht geringe Anzahl guter, meist gequaderter **Bürger- und Bauernhäuser** des 17. und 18. Jh.

Die **ev. Pfarrkirche,** halbrund geschlossenes Rechteck mit Frontturm, einfach, aber solid, datiert 1724.

LICHTENFELS (OFr. / Lichtenfels G3)

Im 10./11. Jh. (bis 1058) Besitz der Markgrafen von Schweinfurt, fällt L. 1142 durch Schenkung an das Hochstift Bamberg, das allerdings erst nach dem Ausgang der Andechs-Meranien (1248) Besitz ergreifen kann.

Die Ringbefestigung der sicher schon im 13. Jh. so zu nennenden Stadt ist nur in Resten überliefert, doch stehen noch 2 der 3 **Tortürme:** der ältere **Kronacher** reicht ins frühe 15. Jh. zurück, doch ohne die erst 1551 aufgesetzten beiden Obergeschosse (Dachhaube 1802), der jüngere **Bamberger** ins 16. Jh. (1535; Obergeschosse und Helm 1688).

Am N-Abhang des »Burgberges«, dessen Höhe die 1142 bezeugte Burg krönte, das 1555 durch Caspar v. Sternberg errichtete, 1612 von Bamberg erworbene Schloß, der **»Kastenboden«** (so nach Verwendung als Getreidespeicher seit Mitte des 17. Jh.), ein wuchtiger Quaderbau mit Eck-Erkern und steilem Dachsattel, in wirkungsvoller Blickbeziehung zum Markt am Fuße des Burgberges.

Der östlich ansteigende Marktplatz ist gut umhegt. Hier, allseitig frei, das **Rathaus,** ein langgestrecktes 2geschossiges Rechteck, das 1743 nach den Plänen Justus Heinrich Dientzenhofers aufgeführt wurde.

Kath. Pfarrkirche Mariae Himmelfahrt. Der starke Turm an der S-Seite steht zeitlich voran. Dank Lage, auf östl. Anstieg, hebt er sich mit seinem von 4 Ecktürmchen umstellten Spitzhelm über die Stadt. Etwas jünger ist der 1483 begonnene, 1487 geweihte Chor, der, 2 Joche umfassend, 5seitig schließt und mit Netzgewölben gedeckt ist. Das Langhaus kam in der 1. Hälfte des 16. Jh. hinzu. Die gute Ausstattung gehört dem 18. Jh. Kostbarer Besitz sind die Bronze-*Epitaphien* für Wolf († 1528) und Walpurg v. Schaumberg († 1529), die dem jüngeren Hermann Vischer, dem Sohn Peters d. Ä., gegeben werden dürfen.

Klosterlangheim (H3)

Ehem. Zisterzienserkloster Langheim. Eines der großen fränkischen Klöster des Ordens, in seiner letzten spätbarocken Erscheinung nicht viel hinter Ebrach zurückstehend, doch aufs schwerste vom Vandalismus der Säkularisation betroffen (der allerdings ein Großbrand, 1802, vorgearbeitet hatte). So ist Langheim viel mehr Erinnerung als Wirklichkeit.

1132 legt Bischof Otto von Bamberg den Grundstein. Die Grafen von Andechs-Meranien, dann die von Truhendingen und Orlamünde kräftigen die wirtschaftliche Basis des Klosters. Die große, bis zu Brand und Abbruch im frühen 19. Jh. bestehende Kirche, 1289 im Bau, wird 1316 geweiht. Sie läßt sich als 3schiffige Basilika ohne Querschiff, mit flach geschlossenem Chor, Turm an dessen N-Flanke und 2 Dachreitern rekonstruieren. Die im 18. Jh. bestehende Absicht, festgehalten in Entwürfen Balthasar Neumanns, sie durch einen Neubau zu ersetzen, fand keine Verwirklichung. Doch verjüngte sich der umfangreiche Komplex des Klosters südlich der Kirche von Grund auf. Die Ausführung in den 30er und 40er Jahren des 18. Jh. lag in der Hand des Sachsen-Eisenacher Oberlandesbaumeisters Gottfried Heinrich Krohne, dem wohl auch die Planung zuzuweisen ist. Gegen Ende des Jahrhunderts, in den 90er Jahren, wurden noch einige Teile vom Bamberger Lorenz Fink klassizistisch, doch in Anpassung an den älteren Bestand, hinzugefügt.

Geblieben ist: von der Kirche nichts. Geblieben sind: 2 kleine Kapellen; die **ehem. Katharinenkapelle** am NW-Ausgang des Ortes ist ein (durch Profanierung entstellter) Bau des 13. Jh., auf der Grenze zwischen Romanik und Frühgotik (beraubt um Wölbung, Apside und Portal); die ehem. Michaelskapelle (**kath. Filialkirche St. Maria, Petrus und Bernhard**), erneuert 1624, ist ein nachgot. Bau, der auf den in Bamberg tätigen Giovanni Bonalino hinweist.

Vom Kloster blieben: Der S-Flügel des den Kreuzhof umfassenden **Konventbaues** mit dem westl. und dem östl. Eckpavillon, der erste, mit straff gegliederter und doch schmuckreicher S-Front, von Krohne, der zweite (1792) von Fink; die westl. 4 Achsen des S-Flügels entstanden nach dem Brand von 1802. Vom äußeren, Verwaltung und Wirtschaft dienenden Bereich: der **»Hofratsbau«,** der **»Sekretärsbau«,** ein größeres, 4flügeliges **Ökonomiegebäude,** ein Teil des **südl. Torhauses;** gute, stabile Leistungen der letzten, von Fink dirigierten Bauperiode.

Nassanger (H3)

Gutshof, ehem. Wirtschaftshof des Klosters Langheim

1692/93 von Johann Leonhard Dientzenhofer aufgeführt. Die Angabe, Abt Gallus Knauer habe den Plan in Rom beschafft, kann zu Recht bestehen, wenn auch nur hinsichtlich des Grundrisses.

Das sehr eigenartige, schloßartig wirkende Gebäude, ein ursprünglich von einem Wassergraben umfaßter 3geschossiger Steinbau, umschließt als Ring einen ovalen Innenhof.

LOHR a. Main (UFr. / Main-Spessart C3)

Die schon im 9. Jh. bezeugte Siedlung am Einfluß der Lohr in den Main wird 1333 vom Kaiser mit dem Stadtrecht begabt und gleichzeitig den Grafen von Rieneck übereignet. 1559 kommt sie an Mainz. Von einer ältesten Befestigung steht noch der »Stadtturm« des 13. oder frühen 14. Jh. Der Mauergürtel des 14. und 15. Jh. wird im 19. Jh. bis auf wenige Teile abgetragen.

Die **kath. Pfarrkirche St. Michael** ist ein noch durch roman. Schwere bestimmter Bau der 2. Hälfte des 13. Jh., basilikal, flach gedeckt. Chor und Turm spätes 15. Jh. Überstand eines roman. Baues (Kapelle?) ist die Sakristei mit Tonnenwölbung und östlich ausspringender Apside. An der S-Wand außen neben dem Eingang eine Architekturspolie, Bruchstück von Chorschranke oder Mensa, mit Kleeblatt- und Spitzbogenarkaden des mittleren 13. Jh.

Die Ausstattung ist durch die neugot. Altäre (1890) bestimmt. Ein Relikt der verdrängten älteren ist die barock-klassizist. Kanzel, eine Arbeit des Karlstadter Bildhauers Georg Schäfer, 1804. Der im nördl. Seitenschiff stehende Kreuzaltar, ganz Rokoko, ist die eines älteren Bildhauers, Anton Herwiths, 1756. – Rühmenswert aber v. a. die Reihe ● bedeutender *Grabdenkmäler,* vorab die des Grafengeschlechtes der Rieneck: Ludwig IV. (1408), Elisabeth (1419, beide Steine, wohl von gleicher Meisterhand, an der N-Wand des Chores), Johannes, Mainzer Domkustos und Pfarrer von Lohr (1401, wie die folgenden an der S-Wand des Chores), Thomas II. (1421), Reinhart (1518) und Agnes,

Gattin Reinharts (1519). Doch sei nicht nur auf die besonders kostbaren Steine der mit Philipp II. 1559 erloschenen Spessartgrafen hingewiesen. Beachtlich sind auch diese: Grabstein der vor dem Kruzifixus knienden Elisabeth Lauter (1543, S-Wand der Taufkapelle), Werk Jörg Riemenschneiders, des Sohnes Meister Tills; des Ratsherrn Johann Koler (1635, O-Wand der Taufkapelle), mit dem Relief der Grablegung Christi, Arbeit Zacharias Junckers; des Johann Walter v. Kerpen (1623, Vorhalle) mit der prätentiös-prächtigen Gestalt des Malteserritters.

Das im Kern spätgot., in der 2. Hälfte des 16. Jh. veränderte **Schloß** erinnert an die Stadtherren (Rieneck, Mainz).

Das **Rathaus,** 1601/02 von Michael Imkeller neu errichtet, verlor Anfang des 19. Jh. seine Giebelbekrönung. – An den Gassen noch viel guter alter **Hausbau,** z. T. Fachwerk.

Steinbach (C3)

Kath. Pfarrkirche St. Joseph

1724/25, wohl nach Plänen Balthasar Neumanns (ältere Meinung) oder Joseph Greisings (letzte Meinung) aufgeführt. Bauherr ist der Würzburger Fürstbischof Christoph Franz v. Hutten.

Bezeichnend der in die Fassade eingestellte Turm mit den abgekanteten Ecken, die einfache aber straffe Gliederung, der gute Fenstersitz. Über dem Portal Johann-Nepomuk-Nische und große Ahnenprobe, Wappen des Stifters und seiner 16 Ahnen. – Die Ausstattung wird bestimmt durch den originellen Hochaltar, Baldachinaufbau mit der Hl. Familie, Gottvater in der Himmelsglorie darüber. An der N-Wand des Chores Epitaph des Franz Ludwig v. Hutten, 1728.

Schloß

1725–28 entsteht es, Besitz der Freiherren v. Hutten, nach Plänen Georg Bayers, wohl mit Beirat Balthasar Neumanns. 1945 stark beschädigt; wiederhergestellt.

Der 3geschossige Bau schiebt 2 starke Risalite vor, deren innere Wände gerundet an die Fassade schließen. Das 3. Geschoß ist Halbgeschoß, das Dach Mansarde. Die Wände sind hell verputzt, die Gliederungen Sandstein.

LUDWIGSTADT (OFr. / Kronach H1)

Lauenstein (H1)

Burg •

Gründung schon im 10. Jh. (915) durch König Konrad I. ist Legende. Eine Höhenburg in dieser Grenzwaldzone (des Nordwaldes, schon jenseits des Franken-Thüringen scheidenden Rennsteigs) kann nicht älter als hochmittelalterlich sein. Der Name taucht erstmals 1222 auf (Lewinsteine). Im 13. Jh. ist sie Besitz der thüringischen Grafen von Orlamünde, reichsunmittelbar, erst 1427 dem Kulmbacher Markgrafen zu Lehen aufgetragen. Um diese Zeit schwindet die Lebenskraft der Orlamünde. Graf Wilhelm verkauft »von seiner großen Notdurft wegen« 1430 Lauenstein an die Grafen von Gleichen-Blankenhain. Die Herrschaft wechselt in der Folge mehrmals. 1506 erwirbt sie Heinrich v. Thüna, dessen Sohn Friedrich (bekannt durch seine Beziehung zu Luther) in Lauenstein die Reformation einführt und dessen Enkel Christoph der Burg die letzte Prägung, die Schloß-Prägung, gibt. 1622 verkaufen die Thüna an den Markgrafen. Die Burg dient jetzt als Amtssitz. Mit den Markgrafschaften kommt Lauenstein 1791 an Preußen, dann, 1803, an den Staat Bayern, der es in private Hände übergehen läßt. Ein Romantiker, Dr. Meßmer, nimmt schließlich 1896 das seit 1838 (Verlegung des dem markgräflichen Amt folgenden bayerischen Landgerichtes nach Ludwigstadt) verwahrloste Schloß in seine Pflege und macht es zu dem, was es heute ist: »ein Denkmal deutscher Kunst«; so geschrieben über dem Tor (1896). Seit 1961 ist Lauenstein wieder Staatsbesitz. 1966–76 gründliche Restaurierung des ganzen Bestandes, doch mit Toleranz, ohne Schärfe gegen die Einbringungen des (wieder zu einigen Ehren gekommenen) Historismus.

Standort ist ein sich frei erhebender, nur nordwestlich an die Randhöhe des Loquitz-Tales angelehnter Felskopf, dessen höherer Teil die Hauptburg, dessen tieferer die Vorburg trägt. Das westlich (in die Vorburg) einlassende Tor ist barock (1749), aus markgräflicher Zeit wie die Steinbrücke davor und das gleichfalls 1749 gebaute **Amtshaus** (nun Burghotel). Das in den zweiten Bering einlassende Tor (östlich) ist Rekonstruktion. Vor dem Tor des dritten Beringes, der Hauptburg, zieht sich ein in den Fels eingeschnittener Graben. Der (barock erneuerte) **Torturm** schließt an die nordwestl., von einem Wehrgang begleitete Mauer an, die auf das nordöstlich stehende Hauptgebäude des inneren Burghofes zuhält. Die dem (erneuerten) Wehrgang zugegebene Holzgalerie (Mitte 16. Jh.) ist ein 1902 erworbener Nürnberger Zukömmling. Dicht am Tor, innen, der Strunk des zu Anfang des 19. Jh. abgetragenen mauerstarken runden Bergfrieds, der ältester, noch roman. Burgbestand ist. Der annähernd rechteckige Hof ist südöstlich vom 2teilig konglomerierten, leicht gekrümmten **Orlamünde-Bau,** nordöstlich vom Thüna-Bau begrenzt, der erstere wahrscheinlich in der 2. Hälfte des 14. Jh. von Graf Otto v. Orlamünde aufgeführt und im Mauerwerk wohl noch in diese Zeit zurückreichend; der ihm hofseits vorliegende Arkadengang gehört vermutlich in die gleiche Periode.

Der große, an die 20 m lange *»Bankettsaal«* im Erdgeschoß ist eine 2schiffige Halle mit Rundpfeilern, von wuchtiger Fügung. Der Bauherr des 16. Jh., Christoph v. Thüna, griff umprägend in das 2. Obergeschoß ein, dessen Ausstattung ins 6. Jahrzehnt des 16. Jh. zurückgeht.

Ganz Werk dieses Bauherrn ist der 1551–54 aufgeführte NO-Flügel (**Thüna-Bau**), dem im Winkel zum Orlamünde-Bau ein hoher 8eckiger *Treppenturm* vorliegt, der den vielteiligen, steil aufgereckten Baukörper der Hauptburg noch überragt.

Die schöne Treppenspindel dreht sich durch 4 Geschosse. – Hauptraum ist der *»Rittersaal«*, ein Quadrat mit starker Mittelsäule und prächtigem Fächer der Gewölberippen. Die alte deutsche Spätgotik ist noch bei gutem Ansehen. Auch in den Räumen der 3 Obergeschosse werden wir angesichts der Gewölbebildungen immer wieder den deutsch-spätgot. Stilcharakter dieser an kursächsischen Vorbildern hängenden »Renaissance«-Architektur betonen müssen. Nur die kassettierten Holzdecken folgen einem jüngeren Formprinzip. Der sehr große, etwa 40 m lange *Festsaal* sei seiner Kassettendecke wegen gerühmt.

Lauenstein hat etwas viel an romantischem Neu-Mittelalter in sich aufnehmen müssen. Doch sei die Freude der Groß- und Urgroßväter an den »Ritterburgen« des Mittelalters nicht nur verurteilt; sie hat viel Altes gerettet.

MAINBERNHEIM (UFr. / Kitzingen E5)

1172 nimmt Friedrich I. das 889 bezeugte, damals königseigene Bernheim (M. erst seit dem 16. Jh.) in den Schutz des Reiches. Als Reichspfandschaft geht es, seit 1382 Stadt, von Hand zu Hand. 1494 gewinnen es die Thüngen und Bibra dem letzten Pfandinhaber, Burian v. Guttenstein, gewaltsam ab und verkaufen es 1500 an den Landgrafen von Hessen, der es 1525 weiterverkauft an die Markgrafen von Brandenburg-Ansbach, die es festzuhalten wissen.

Das kleine Mainbernheim ist eine der besterhaltenen mainfränkischen Städte. Der Grundriß beschreibt ein unregelmäßiges Rechteck, das die im oberen Teil gerade und breite, im unteren gekrümmt verlaufende Herrnstraße der Länge nach hälftet. – Der mit vielen (noch 18), meist runden, Voll- und Halbtürmen besetzte, in Bruchstein aufgeführte **Mauerring** steht noch gutenteils aufrecht; auch die beiden **Tore, Oberes** und **Unteres,** welche die Herrnstraße an ihren beiden Polen beschließen, Tortürme des frühen 15. Jh., stehen noch auf ihren Plätzen. ●

Die **ev. Pfarrkirche** geht noch in den Untergeschossen des Turmes ins späte 13. Jh. zurück; Chor und Langhaus erhielten 1732 die endliche Gestalt.

Das 1548 erbaute **Rathaus** setzt sich weniger durch sein Gewicht als den ihm nördlich anliegenden kleinen Platz von seiner Umgebung ab.

Der Bestand an alten **Bürgerhäusern** hat keine Störungen erfahren. Hervorhebenswert das **Haus Herrnstr. 41** mit geschmückten Toren (außen und in der Durchfahrt) und einem 8eckigen Treppentürmchen an der Hofseite, Anfang 17. Jh.; originell, malerisch der durch Fachwerk belebte Hof mit der die beiden Hofgebäude an der N-Seite verbindenden Galerie. – Im Schnittpunkt der Herrnstraße mit der Querachse (Badgasse – Untere Brunnenstraße) ein im Becken 6seitig umrissener **Brunnen,** dessen mittlerer Pfosten den Bären (des Stadtwappens) trägt; 1681 errichtet. – Liebenswürdige *Steinkanzel* im **Friedhof** vor dem Unteren Tor, ca. 1618, mit lustiger, übergroßer, geschweifter Kuppelhaube.

MAINLEUS (OFr. / Kulmbach H3)

Wernstein (H3)

Schloß

1376 urkundlich bezeugt; damals schon Besitz der Herren v. Künsberg, die noch die Schloßherren sind. Das Obere Schloß reicht im Kern (N- und W-Flügel) ins 14. Jh. zurück; umprägende Erneuerungen wurden im 16. Jh., 1563 ff., vorgenommen, weniger eingreifende im 18. Jh., restaurierende im 19. Jh. Das Untere Schloß, das sich erstmals 1485 zeigt, wurde 1586–93 erneuert.

Das **Obere Schloß,** im Ring eines Zwingers – mit 4 Schalentürmen an den Ecken und dem reizvollen, 2geschossigen, mit Wappenfiguren geschmückten Torbau – und einer (auf 3 Seiten erhaltenen) Außenmauer stellt 4 Flügel zu je 3 Geschossen um einen schmalen Hof. 2 Rundtürme mit Spindeltreppen in den Ecken. Der Bergfried, der aus dem Viereck ins Achteck wächst, lehnt sich, gutenteils eingebaut, an den großen östl. Giebel des (erst im 16. Jh. bis hierher verlängerten) N-Flügels. – Im Inneren eine Anzahl von Räumen mit guten, meist im 18. Jh. geschaffenen Ausstattungen.

Das östlich abgerückte **Untere Schloß** gruppiert 2 Langtrakte zu je 2 Geschossen, die sich im stumpfen Winkel, den ein Rundturm besetzt, begegnen. Die Hauptfront der im späten 16. Jh. errichteten Trakte mußte, baufällig, 1955 erneuert werden. 2 Rundtürme akzentuieren die lange Erstreckung. Ein Rundturm tritt vor die südl. Giebelfront. Der N-Flügel schließt den durch Erker und Schweifgiebel ausgezeichneten Torbau (1587 ff.) ein.

MARKTBREIT (UFr. / Kitzingen E5)

Vormals Niedernbreit *geheißen, bewehrt sich die in geschützter Mulde am linken Main-Ufer liegende Siedlung, seit dem 15. Jh. Besitz der Seinsheim, im 16. Jh. mit Mauern und Türmen, kurz ehe ihr 1558 das Marktrecht zuteil wird. Blühende Kaufmannschaft in der Folge. – 1945 (1. 5.) hart heimgesucht.*

Gut erhalten liegt die durch die nachbarlich zusammenstehenden Türme von Kirche und Schloß beherrschte kleine **Stadt** im Ring ihrer Mauern. Der Platz liegt ziemlich genau in der Mitte, bei Schloß und Kirche, das Rathaus am Rande, am nördl. Stadtausgang. Von den Toren steht noch das **Maintor,** das 1600 errichtet wurde und einen der schönsten fränkischen Gasseneinblicke (Schustergasse) abschließt.

Das **Schloß,** ein 3geschossiger gegiebelter Block, der die Dächerebene der bürgerlichen Umgebung überwächst, mit einem Treppenturm an der O-Seite, entstand um 1580.

Das **Rathaus** wurde 1579 begonnen. Hans Kessebrot, ein Steinmetz aus Segnitz, führte es aus. Mit dem gut gegliederten Giebel stößt der 3geschossige Block an das Maintor; beide stehen im rechten Winkel zueinander. Die getäferte *Ratsstube* ist eines der besten Beispiele altdeutscher bürgerlicher Wohnkultur (deutsch gesprochene Vokabeln italienischer Renaissance). •

Die **ev. Pfarrkirche** (St. Nikolaus) ist ein Konglomerat verschiedener Bauzeiten. Der Turm ist, bis auf die Erhöhung von 1567, frühgotisch. Das Langhaus, 14. und 15. Jh., ist flach gedeckt, ein Saalraum, stark durch die Emporen (um 1607) bestimmt. Vortreffliche Restaurierung durch Hans Döllgast 1960/61. – Gute Seinsheimsche Grabsteine des 16. Jh.

MARKTLEUGAST (OFr. / Kulmbach I3)

Marienweiher (I3)

Kath. Pfarr- und Wallfahrtskirche Mariae Heimsuchung

Die angeblich von Bischof Otto d. Hl. von Bamberg (1102–39) gegründete Kirche kam 1189 an Kloster Langheim, dem sie aber nicht blieb. 1384 gehörte sie Bamberg. 1430 räumte der Hussitenbrand bis auf den Chor alles ab; das Gnadenbild überstand, wurde aber im frühen 16. Jh. durch ein neues ersetzt. Die nach dem Brand gebaute spätgot. Halle erfuhr im frühen 17. Jh. einen Umbau, an dessen Stelle 1718–21 der letzte Neubau trat, ausgeführt von Christoph Leidner. 1743–45 kam noch der von Johann Jakob Michael Küchel entworfene W-Turm hinzu.

Der Turm akzentuiert die eine Anhöhe krönende Baugruppe von Kirche und Kloster mit seinem kräftigen Quaderkörper und der aufsteigenden Helmkuppel vortrefflich. Der barocke Kirchenbau ist ein wohlgeschmückter Saalraum mit Holzgewölbe und halbrundem, steingewölbtem Chor. – Die Bandelwerkstukkaturen gab der Bamberger Johann Jakob Vogel, die Fresken Anton Nave. Der Hochaltar mit dem Gnadenbild ist die 1811/12 geschaffene Arbeit des Burgkunstadter Bildhauers Paul Hetzel, eine reiche, barock-klassizist. Viersäulenanlage. Die Seitenaltäre sind älter, von 1732; der Altar der Hl.-Grab-Kapelle an der S-Seite des Chores wurde wahrscheinlich von Küchel, vermutlich in den 1740er Jahren, entworfen. Älterer Besitz ist das Relief des Marientodes im Chor (N-Seite), um 1500. – Beachtet seien noch die Denkmäler der Folklore: das in der Mitte des 16. Jh. gemalte, im 18. erneuerte Votivbild eines wunderbar aus türkischer Gefangenschaft Geretteten, mit Kette und Handschellen (linke Chorwand), und die mit Devotionalien gut besetzte Mirakelkammer. – Ein vorzügliches Werk spätgot. Plastik bambergischer Prägung ist die *Kreuzigungsgruppe* an der N-Seite außen.

Das nördlich an den Chor angrenzende **Kloster** (seit 1646, erneut seit 1836 der Franziskaner) ist ein ältere Teile einschließender Bau d. J. 1699/1700. – Zwischen Kloster und N-Flanke der Kirche die schöne, von Küchel entworfene **Terrasse** mit dem *Marienstandbild* von 1695 zwischen den beiden Treppenläufen, die dem Kirchenportal zuführen.

MARKTRODACH (OFr. / Kronach H2)

Hl.-Kreuz-Kapelle am Kreuzberg. Ein **Stationsweg,** 1739 gesetzt, doch 1871 erneuert, geleitet von Kronach hinauf. Die 1634 als Pestvotiv gebaute, 1644 geweihte **Kapelle** ist eine einfache Rechteckanlage; die 3seitig schließenden Kreuzflügel sind Hinzufügungen d. J. 1659–61.

MARKTZEULN (OFr. / Lichtenfels H3)

● **Rathaus.** Der Markt darf sich eines der schönsten, wurzelecht fränkischen Rathäuser berühmen. Auf älterem Steinsockel (des 16. Jh., auf das auch einige Wappentafeln verweisen) bauen die beiden Zimmermeister Hans Mühlhans und Carl Fuß 1690 das neue Haus auf. Die Schmuckseite ist natürlich der Straße zugekehrt. Einfaches konstruktives Fachwerk im Erdgeschoß, mit schönen geschnitzten Türflügeln im rund geschlossenen Tor. Um so reicherer Aufwand in Obergeschoß und Giebel; hier prächtiges Zierfachwerk, meist Rautenmuster. Die Fensterpfosten (Obergeschoß) mit Halbsäulen ausgestattet. Der einfacher gehaltenen O-Seite liegt ein ebenfalls fachwerkgezimmerter Achteckturm vor, der seine Wendeltreppe durch einen dritten Zimmermeister, Hans Rühr, erhielt. – Unter den behaglich altdeutschen Räumen des Inneren ragt der *Sitzungssaal* mit gutem geschnitztem Holzwerk hervor.

MAROLDSWEISACH (UFr. / Haßberge F2/3)

Altenstein (F3)

Burg

Die erstmals 1225 bezeugte Burg, an einer von Baunach herkommenden, über die Haßberge nach Thüringen führenden Straße, ist der Stammsitz der (1875 erloschenen) Stein v. Altenstein. 1703 von diesen verlassen, verfällt die Burg.

Im ältesten Bestand reichen die immer noch imponierenden Reste ins 13., die Kapelle ins 15., der Zwinger auf der N-Seite ins 16. Jh. (um 1567) zurück. Die schwache nördl. (Berg-)Seite sichert ein Halsgraben; südlich schützt die natürliche Steilheit des Burgfelsens. Das nördlich einlassende Tor liegt in der Flankierung zweier Rundtürme; 2 gleich gestaltete decken die beiderseits anschließende Zwingermauer. Jenseits des Zwingers, auf der Grenze der inneren (und älteren) Burg, der starke, mit Buckelquadern verkleidete Bergfried. Südlich höherliegend, Kapelle und Wohngebäude.

Birkenfeld (F2/3)

Schloß

Ein Frhr. v. Hutten, ansbachischer Hof- und Regierungsrat, baut es; die Pläne gibt der ansbachische Baumeister Johann David Steingruber, der 1738–53 auch den Bau leitet.

Der »herrschaftliche Pavillon« ist die Mitte eines von Flügelbauten bestandenen Hofes, dem sich ein von kleineren Gebäuden umschlossener Nutzgarten vorlegt; an dessen S-Seite der Wirtschaftshof. Im Rükken, östlich dieser wohlgegliederten Anlage, liegt der Park. Das Äußere der verschiedenen, auch der zentralen Teile dieser Gesamtheit ist ländlich einfach, doch anmutig. Die Art Steingrubers (wie man sie von Ansbach her kennt) charakterisiert die Flügelbauten des Hofes. – Die Innenausstattung des Schlosses, die sich bis in die 70er Jahre hinzog, enthält viel Beachtliches. Genannt seien das dem Nürnberger Maler Johann Franz Gout zu dankende *Freskenzimmer* (1774) und das *Chinesische Zimmer* mit dem originellen, von Gout entworfenen Ofen.

MELLRICHSTADT (UFr. / Rhön-Grabfeld E1)

Früh bezeugt, Königsgut. Die Martinskirche kommt (um 741) als karolingische Schenkung an Würzburg, dem auch (1031) der Wildbann des Königsforstes zufällt. Stadtherren sind bis zur Säkularisation die Würzburger Bischöfe.

Kath. Stadtpfarrkirche St. Kilian. 3schiffig, im Mittelschiff leicht erhöhte Halle. Flach schließender Chor, den ursprünglich 2 Türme flankierten; der südliche ging 1496 bei Brand ab, während der nördliche, im Kern hochmittelalterlich, 1624 oktogon erhöht wurde. Wohl um die gleiche Zeit Neubau der Halle.

Die beiden anderen Kirchen, **kath. Spitalkapelle St. Sebastian** und **kath. Marienkapelle** (außerhalb, auf dem Großenberg), 14. bzw. 13. Jh. mit späteren Veränderungen, haben gute spätgot. Schnitzfiguren vorzuweisen.

Das **ehem. Schloß** ist durch die Jahre 1512 (O-Flügel) und 1712 (S-Flügel) bestimmt.

Die **Stadtbefestigung,** 14. Jh., ist im ganzen Umfang erhalten; nur die beiden Tore fehlen.

Roßrieth (E1)

Schloß

1589 wird Roßrieth Besitz der Herren v. Bibra, die wahrscheinlich wenig später das in der Anlage spätmittelalterl. Schloß in die heutige, sehr reizvolle malerische Erscheinung bringen. 1979 Instandsetzung von Teilen des Äußeren.

Ein Wassergraben schließt den 2-Flügel-Bau ein. Auf gemauerten Erdgeschossen Fachwerkobergeschosse. An O- und W-Eck Türme, deren Obergeschosse ebenfalls gefacht sind. Das Fachwerk reich figuriert und von thüringischer (nicht fränkischer) Art. Ein Treppenturm (mit Spindel) und ein Torturm vervollständigen das anmutig verwinkelte Ensemble.

In der 1527 gebauten **ev. Kirche** das Grabmal des Ernst Simon v. Thüngen und seiner Frau, vermutlich bald nach 1564 (Todesjahr des Mannes).

MEMMELSDORF (OFr. / Bamberg G4)

Kath. Pfarrkirche Mariae Himmelfahrt. Der massive Turm, der den Chor beherbergt, dürfte im frühen 14. Jh. entstanden sein; sein durch die 4 Ecktürmchen ausgezeichneter Spitzhelm kann 1609 datiert werden. Das Langhaus verdankt seine heutige Erscheinung, bis auf einen älteren got. Abschnitt, einer 1707 durch Balthasar Caminata besorgten Erweiterung.

● Der 1772/73 auf seine endliche Größe gebrachte **Friedhof** stellt gegen die Straße *Portal* und *Mauer,* die zu den anmutigsten Schöpfungen des fränkischen Barock gehören: Statuen auf den Pfeilern des Tores und der Mauer, geschaffen von einem der Besten, Ferdinand Dietz, wenn auch großenteils von einem Einheimischen, Johann Baumgärtner, ausgeführt (Kopien; Originale jetzt in Seehof) – Petrus, Paulus, Michael und Schutzengel auf den Köpfen der 4 Torpfeiler, Martin, Franz, Christus, Immaculata, Joseph, Johannes Bapt., Wendelin und Otto auf den Pfeilern der Mauer. Der 1945 zerstörte Michael trug die Inschrift: »Herr Ferd. Dietz, Bamb.-Würzb. Hofbildhauer 1773.«

● Schloß Seehof

Ein »Seehaus« bei Memmelsdorf begegnet schon im frühen 15. Jh. Im Laufe des 16. und 17. Jh. entwickelt es sich zu einem repräsentativen Herrensitz. Fürstbischof Marquard Sebastian v. Stauffenberg läßt dann 1687–95 das Schloß, die »Marquardsburg«, entstehen, dessen planender Meister im ausführenden Antonio Petrini gesucht werden muß. Die Orangerie, entworfen von Balthasar Neumann, ausgeführt von Justus Heinrich Dientzenhofer, kommt 1733–37 hinzu, das (westl.) Haupttor, entworfen von Johann Jakob Michael Küchel, ausgeführt von Dientzenhofer, 1737/38, die Schweizerei, entworfen von Lorenz Fink, 1782. – Unter Fürstbischof Ludwig Franz v. Erthal, dem Menschenfreund der Aufklärung (der ein Krankenhaus, aber kein Schloß baut), beginnt der Verfall,

Memmelsdorf. Schloß Seehof

insonderheit des vom Vorgänger Adam Friedrich v. Seinsheim verschwenderisch gestalteten Parkes, den das 19. Jh. nach Kräften fördert. Der östl. Teil des Orangerieflügels einschließlich des köstlichen sog. Frankensteinschlößchens verschwindet. Die unter großem Aufwand, insbesondere von Adam Friedrich, geschaffenen Wasserwerke werden zerstört. – Seit 1803 staatlich, 1840 an Private (v. Zandt) veräußert, ist das (nun fast gänzlich leergeräumte) Schloß seit 1975 wieder Staatsbesitz.

Trotz aller Verluste ist Seehof noch immer eine der eindrucksvollsten Schloßanlagen des Barock. – Äußeres. Ein in 4 Flügeln einen Binnenhof umfassendes Quadrat mit starken Ecktürmen, die aber erst in den Oktogonen und den prallen Kuppeldachhauben freiwerden, folgt das Schloß noch dem von Georg Ridinger in Aschaffenburg festgelegten Schema, das wieder seine Voraussetzungen in spätgot. Wasserburgen hat. Barocke Wucht im Ganzen wie in den Gliederungen charakterisiert die breitgelagerte Baumasse. Die Flügel nur 2geschossig, doch durch die Reihe der Dachgauben den 3geschossigen Eckbauten angeglichen. Die Hoffronten durchgehend 2geschossig, unten in Arkaden geöffnet, an N- und S-Seite durch 3geschossige Turmvorbauten betont.

Die Ausstattung der *Repräsentationsräume* des Obergeschosses erfolgte vornehmlich in den 30er Jahren des 18. Jh.; Neumann und Küchel sind an ihr beteiligt. Das Fresko des großen Saales malte 1752

Joseph Ignaz Appiani. – Die *Kapelle* im Erdgeschoß, die ein 8teiliger Gewölbestern deckt, besitzt einen entzückenden Altar des frühen Rokoko, nach Küchels Entwurf von Antonio Bossi (1738), mit einem älteren Altarblatt des Hans Rottenhammer.

Der das Schloß allseitig als ein von N nach S gestelltes großes Rechteck einschließende **Park** – das Schloß zentral im Schnitt der Achsen – wurde von Fürstbischof Lothar Franz v. Schönborn 1698 ff. angelegt. Fürstbischof Friedrich Karl v. Schönborn fügte 1733 ff. an der N-Seite die **Orangerie** hinzu, deren beide Häuser das jedenfalls gleichzeitig aufgeführte (**Memmelsdorfer**) **Tor** verbindet. Unter ihm entstand auch das **Haupttor** an der Bamberger Straße: durch 6 Pfeiler geteilte Einfahrt zwischen flankierenden Wachthäusern; ausgezeichnetes Werk Küchels, der sich hier allerdings aufs engste an ein Hildebrandtsches Vorbild (Göllersdorf bei Wien) anschloß. Küchel ergänzte auch die beiden **Pomeranzenhäuser** (der Orangerie Neumanns) durch die beiden **Feigenhäuser,** die **Gärtnerwohnung** und das Frankensteinschlößchen (1752/53); der westl. Flügel wurde nach Mitte des 19. Jh. um Feigenhaus und Frankensteinschlößchen verkürzt. Als letztes Bauwerk kam östlich des Gartens die (der – abgegangenen – Fasanerie entsprechende) **Schweizerei** hinzu, die der letzte fürstbischöfliche Baumeister L. Fink, entwarf (1782): 2geschossig in der Mitte, 1geschossig in den Flügeln, die aber durch die hohen Satteldächer fast die Waage halten.
Der Park selbst erfuhr weitere Ausgestaltung durch Friedrich Karl v. Schönborn, der die Querachse in die Dominanz erhob und die S-Front des Schlosses durch einen Aushieb des Hauptsmoorwaldes in den Blickpunkt des (10 km entfernten) Bamberger Domberges stellte. Zu seiner fast beispiellosen, nur mit dem wenig jüngeren (vom gleichen Bauherrn geschaffenen) Veitshöchheim vergleichbaren Fülle gedieh der Park in den 60er Jahren unter Fürstbischof Adam Friedrich v. Seinsheim; Ferdinand Dietz, der schon 1748–53, unter Frankenstein, 105 Figuren für Seehof gemeißelt hatte, schuf nun unter Seinsheim, 1760–73, gegen 300 weitere.
Von den *Statuen* dieser Götterwelt (programmatisch eng mit der Veitshöchheimer verwandt) ist an Ort und Stelle nur noch sehr wenig erhalten. – Die große, von 2 Treppen umgriffene, von einem Herkules gekrönte *Kaskade* im südl. Abschnitt vor dem Schloß kann (zwar auch nur fragmentarisch erhalten) immer noch einen Begriff von dieser versunkenen künstlerisch-künstlichen Parknatur vermitteln.

MERKENDORF (MFr. / Ansbach F7)

Das im 12. Jh. namhaft gemachte Dorf ist Heilsbronner Klosterbesitz. 1398 schenkt Kaiser Wenzel Stadt- und Befestigungsrecht. Alsbald schließen sich auch die neuen Stadtbürger in eine Mauer ein, die sie bis zur Mitte des 15. Jh. zuwege bringen. Eigene Pfarrei gewannen sie erst 1476. 1478 steht ihr Rathaus. 1518 wechselt die Herrschaft, die nun den Markgrafen zusteht. Der 30jährige Krieg setzt hart zu; 1648 brennt fast alles ab.

Merkendorf ist eine der wahrlich sonderbaren fränkischen Zwergstädte; der Bürger ist Ackerbürger, und der Dorfcharakter haftet auch spürbar an der »Stadt«. Ein ziemlich genaues Rechteck faßt das Stadtwesen ein; ein breiter Straßenzug, der durch das **Untere Tor** ein-, durch das **Obere** austritt, quert das Karree. In der Mitte dehnt er sich zu einem Keilplatz, und hier steht auch, an der Spitze einer Straßengabel, das **Rathaus.** Vom dritten der Tore, dem **Taschentor** östlich, stößt eine Transversale auf den Platz. Die Bebauung der Stadtfläche ist dörflich locker. Um so erstaunlicher, daß sich vor dem Unteren Tor eine Vorstadt bilden konnte (oder ist es die Ursiedlung Merkendorf?). – Der **Mauergürtel** ist noch vollkommen; jeder Knick der Mauergeraden treibt einen spitzbehelmten Rund- und Vierecktturm vor. Der Graben zeigt sich nur noch an der S-Seite. Die Tore sind behäbig, barocke Torhäuser. – Die **Hausbauten** sind alle guten Alters und also gut, wenn auch geringen Anspruchs.

Ev. Pfarrkirche

Baubeginn 1478. Der Turm wurde 1528 aufgeführt. 1648 brannte die Kirche ab; 1655 war sie wieder unter Dach. Eine Erneuerung 1709/10 betraf v. a. Chor und Langhausdecke. Die vom 2. Weltkrieg geschlagenen schweren Wunden sind geheilt.

Der im schönen hellroten Sandstein der Landschaft aufgeführte 1schiffige Bau, mit eingezogenem, 2 Joche tiefem, in 5 Seiten des Achtecks brechendem Chor ist spätgotisch; nur der Turm, an der NW-Ecke des Langhauses, ist etwas jünger. Eine kräftige barocke Zwiebel bekrönt ihn. Über dem Chor ein Sternrippengewölbe; die Flachdecke des Langhauses ist neu.

Der vortreffliche Kruzifixus über dem (modernen) Altar, eine Arbeit Giuseppe Volpinis (1709), stammt vom barocken Hochaltar.

MESPELBRUNN (UFr. / Aschaffenburg B4)

Schloß •

1412 wird der kurmainzische Vizedom von Aschaffenburg und Forstmeister im Spessart Hermann Echter vom Mainzer Erzbischof mit Wüstung und Hofstätte, der Espelborn genannt, beschenkt. Er baut sich 1419 da an; sein Sohn baut das Haus burglich aus. Um die Mitte des 16. Jh., unter Peter Echter, dem Vater des (hier geborenen) Würzburger Bischofs Julius, wandelt sich die kleine Wasserburg in das vor Augen stehende kleine Schloß, das aus Echterschem Besitz 1665 an die Grafen von Ingelheim übergeht, die es heute noch besitzen. 1904 eine Restaurierung vornehmlich des Inneren, die mit »Romantik« nicht sparte.

Ein Waldtal des Spessarts bewahrt diese mittelalterl., in der Renaissance reizvoll gefaßte Kostbarkeit; ein kleiner See schließt sie ein. 3 Flügel umfassen einen Hof, dessen W-Seite der hohe Rundturm sperrt, ältester, ins 15. Jh. zurückreichender Teil der Baugruppe. Der ihm anliegende Schwibbogen ist 19. Jh.

Im Erdgeschoß der *Rittersaal* und, im nördlich ausspringenden Rundbau, die *Kapelle* (1566), mit einem Alabasteraltar des Michael Kern (um 1610). – Im Obergeschoß der *Gobelinsaal* mit dem großen Familiengobelin der Echter von 1564, der *Ahnensaal* mit gutem barockem Getäfer, der *Chinesische Salon* mit Ostasien-Porzellan.

Hessenthal (B4)

Eine der ältesten, schon 1293/94 mit Ablässen begnadeten Wallfahrten Unterfrankens. 3 Kirchen im kleinen Umkreis: Wallfahrtskapelle, Wallfahrtskirche, Kreuzkapelle.

Die **Kapelle,** eine Gründung des 13. Jh., wurde 1454 erneuert; das Gnadenbild ist eine Pietà des 15. Jh.

Die **Wallfahrtskirche U. L. Frau** entstand 1439, Stiftung der Echter v. Mespelbrunn und ihrer Grablege; unter den *Grabdenkmälern* das 7 m hohe, figurenreiche, das Dietrich Echter für seine Eltern 1582 setzen ließ. Das Langhaus, das um 1600 hinzukam, mußte 1954 verkürzt werden.

Die 1618 errichtete Kreuzkapelle wurde abgetragen, um der **modernen Wallfahrtskirche** (1954/55, Baumeister Hans Schädel, Würzburg) Platz zu machen. Dieser Neubau, der rechtwinklig an die ältere Wallfahrtskirche stößt, ist gut in die Landschaft eingepaßt; die alte reizvolle, von spätgot. Mauern umfaßte Kirchengruppe hat freilich gelitten. Im Chor in beherrschender Aufstellung die großartige *Kreuzigungsgruppe* des Hans Backoffen, 1519. Die *Beweinungsgruppe* im rechten Seitenschiff, im Barockaltar, dem Eingang gegenüber, ist ein um 1490 entstandenes Frühwerk Tilman Riemenschneiders.

MILTENBERG (UFr. / Miltenberg B5)

1225 baut der Würzburger Bischof mainaufwärts die Burg Freudenberg; 1226 wird die kaum viel früher gegründete Burg M. sichtbar. Die ihr zuwachsende Talsiedlung zeigt sich 1237. Im gleichen Jahre verlautet von der Zerstörung des aufwärts benachbarten Wallhausen (auf dem Platz eines Römerkastells), aus dem der Mainzer Erzbischof den Pfalzgrafen zu verdrängen wußte und dessen Abgang der jungen M.er Burgsiedlung zustatten kam. Dank von Mainz eingeräumter Freiheiten erfreut sich die Stadt im Spätmittelalter eines nicht geringen Maßes an Selbständigkeit. Die Lage am Strom läßt sie blühen; sie ist früh Münz- und Zollstätte und hat Markt- und Stapelrecht. – Von der Burg nimmt die Siedlung ihren

Miltenberg. Fachwerkhäuser und Brunnen am Marktplatz

Ausgang, zwischen Burg und Strom dehnt sie sich, diesem aufwärts folgend, aus. Östlich und westlich gliedern sich Vorstädte an. An ihren Mauern wird im 15. Jh. gebaut. Bis 1803 kurmainzisch, fällt die Stadt (das ist sie seit rd. 1230) 1816 an Bayern.

Der **Mauerzug** steht noch großenteils im südlich an die Burg anschließenden Verlauf, hier mit 9 Türmen bewehrt. Der mainseitige ist schon seit dem 16. Jh. von Häusern überbaut. Die Befestigung der westl. Vorstadt ist bis auf den **Spitzen Turm** abgegangen; dieser ein ansehnliches Stück got. Wehrbaues von etwa 1400. Seine Entsprechung in der östl. Vorstadt ist der **Würzburger Turm** gleichen Alters.

● **Mildenburg.** In den 30er Jahren des 13. Jh. errichtet, geht der innere Ring mit dem in prächtigen Buckelquadern aufgeführten *Bergfried* auch noch in diese Frühzeit zurück. Steile Abböschungen auf 3 Seiten. Nur die Bergseite erforderte die Anlage eines Halsgrabens. Der ursprünglich hölzerne Palasbau erhielt Ende des 14. Jh. einen steinernen Nachfolger; gleichzeitig dürfte sich der Zwinger um die ältere innere Burg geschlossen haben, der in der 2. Hälfte des 15. Jh. eine südl. Erweiterung erfährt. Ins späte 15. Jh. gehört die Vorbefestigung auf der S-Seite, auch der (jetzt in Ruinen liegende) Anbau des Palas.

Der (auf dem Greinberg gefundene) Monolith im Hof, der **»Toutonenstein«** (so nach den lesbaren Worten der Inschrift: »Inter Toutonos«), ist ein noch ungelöstes Rätsel; sicher wohl nur, daß er nicht vorgeschichtlich, fraglich, ob er römerzeitlich ist.

● Die **Stadt** ist eine der reizvollsten altfränkischen. Eingeengt, in die Länge entwickelt, birgt sie nur 2 Plätze, den Marktplatz, der sich als gewachsen, und den Engelplatz bei der Franziskanerkirche, der sich als geschaffen zu erkennen gibt. – Der ansteigende, aufwärts sich verengende Marktplatz unterhalb der Burg, die ihr unterstes, 1610 errichtetes Tor an ihn heranstellt, ist berühmt genug und mit Recht. Die Staffelung der **Fachwerkbauten** mit ihren Steilgiebeln ist fast einzig. Der beerkerte steilste (**Hohes Haus;** Schnatterloch 185), dem sich der Mildenburg-Torbogen anschließt, an dessen anderer Seite ein kleines Giebelhaus (des Torwarts) steht, ist noch spätgotisch, um 1530. Die gegenüber liegende östl. Marktseite verhält sich, bei vorherrschender Traufseitenstellung der Häuser, ruhiger. Auch hier am (1623 errichteten) **ehem. Gasthaus zur Krone** (»Güldene Cron«) ein polygon gebrochener Erker. – Fachwerk schmückt die lange Hauptstraße. Eines der ältesten ist das 3geschossige Giebelhaus **Nr. 94** (1480); das Riegelwerk hat noch keinen anderen Ehrgeiz als den des sachlichen Genügens. Erst im 16. Jh. beginnt die Zier zu blühen. Verschalungen decken die Schwellen und Balkenköpfe, die Ständer sind geschnitzt, die Gefache fügen sich zu reichen Figuren. Durch besondere Stattlichkeit tut sich das über massivem Erdgeschoß aufstrebende **Haus zum Riesen** (Hauptstr. 99) hervor, Kopfbau einer Straßengabel und schon aus dieser Lage Gewinn ziehend; 1504 als Fürstenherberge bezeugt, wird es zu dem, was es ist, 1590. In der stärkeren Betonung der horizontalen Teilungen spricht die Zeit, im Ganzen hält der Aufriß aber doch an der hergebrachten Steilwüchsigkeit fest. »Dieser Bauw stehe in

Gotts handt / Zum Rihsen ist er genandt / Fürsten vnd Herren ist er wohl bekandt / Bürger und Bauren steht er zu der Handt«, kündet die Inschrift an der N-Seite. – Hohen Anspruchs ist auch das **Alte Rathaus** (Hauptstr. 137), was es allerdings erst seit 1824 war. Gebaut wurde es im frühen 15. Jh. als Mainzer Kaufhaus. 18. und 19. Jh. haben korrigiert; 1978 Sanierung (noch im Besitz der Stadt). Aber die schöne, flächig geschlossene Quaderstirn ist doch geblieben. Die 8 kleinen Fenster denke man sich in 4 Hochfenster um und 2 einfassende Ecktürmchen hinzu. – Die **ehem. Mainzer Amtskellerei** (Hauptstr. 171; seit 1950 **Heimatmuseum**) ist ein Bau von 1541, ausgezeichnet durch Laubenhof und 1611 datierten Erker; über massivem Erdgeschoß reich figuriertes Fachwerk. Eine beachtliche Wendeltreppe verbindet die 3 Geschosse. – Das 18. Jh. hat das im Spätmittelalter geprägte Stadtbild kaum verändert. Das imposanteste, 1750/51 gebaute Haus **Nr. 158** am Marktplatz mit seiner klassizistisch kühlen Pilasterfassade ist ein Fremdling im altfränkischen Miltenberg, wennschon von einem Miltenberger Meister, Johann Martin Schmidt, errichtet.

Der feine **Marktbrunnen,** der dem Raumbild des Marktes so zuträglich ist, wurde 1583 von dem Miltenberger Michael Juncker ausgeführt.

Kath. Pfarrkirche St. Jakob. Ein spätmittelalterl. Bau wird im 18. und 19. Jh. umgeschaffen. Der Eindruck ist stärkstens durch die Zutaten des 19. Jh. bestimmt. Die beiden barocker Tradition verpflichteten Türme seitlich des Chores entstanden 1829 ff., gleichzeitig die Emporen über den Seitenschiffen, die aber erst 1886 ins Hauptschiff geöffnet wurden. Das Baujahr des Chores ist 1862. In jüngerer Zeit, nach Plänen Hans Schädels, in den Grenzen des Möglichen neu, modern gestaltet. – Die Ausstattung hat nicht mehr viel, aber doch einiges gute Alte bewahrt: Kanzel mit 4 Passionsreliefs am Corpus und den Kirchenvätern an der Stütze, Werk Zacharias Junckers d. Ä., 1635; Steinstatuen der Muttergottes und der anbetenden Könige, an der O-Wand des südl. Seitenschiffes (aus der 1825 beseitigten Marienkapelle), von rd. 1400; Steinkruzifixus über dem Altar an der O-Wand des nördl. Seitenschiffes, 1525, mainzisch, Hans Backoffen nahestehend; im gleichen Seitenschiff an der W-Wand ein in der Rahmung sandsteinerner, in den Reliefs (Marienleben) alabasterner Altar Hans Junckers, 1624; in der Kapelle südwestlich Holzkruzifixus der Mitte des 15. Jh.

Laurentiuskapelle, 1456 (Chor) und 1594 (Schiff) außerhalb der Stadt errichtet. Bemerkenswert sind die aus der Bauzeit stammenden *Wandmalereien* im Chor. Die mittelalterl. Altarmensa trägt einen Flügelaltar d. J. 1509, mit 3 Figuren im Schrein (Laurentius in der Mitte), Flügelreliefs und Flügelmalereien.

Franziskanerkirche. 1schiffiger, mit Stichkappentonne gedeckter, sehr schlichter Bau, 1667 ff. von Antonio Petrini errichtet, 1707 geweiht.

Unweit westlich von Miltenberg, am O-Hang des Mainbullauer Berges, liegen die **»Heunesäulen«,** 6 starke Monolithsäulen aus Buntsandstein, die, früher meist als römisch angesprochen, heute (aber auch nicht mit bester Gewähr) ins frühe Mittelalter datiert werden. (Im 18. Jh. wurden noch 14 gezählt; 2 stehen in den Höfen des Germanischen Nationalmuseums in Nürnberg und des Bayerischen Nationalmuseums in München, eine in den Miltenberger Main-Anlagen, eine vor dem Mainzer Dom.)

MÖTZING (OPf. / Regensburg LM9)

Schönach (M9)

Schloß

Nach dem Aussterben der Schönacher und häufigem Besitzerwechsel setzte Graf Johann Georg v. Königsfeld 1703 den Schloßneubau ins Werk, den 1726 die Grafen Arco und 1764 die v. Seinsheim übernahmen.

Der schlichte, 3geschossige Bau bewahrt eine Reihe schön stukkierter und ausgemalter Gemächer der Erbauungszeit. Von besonderer Würde ist der *Festsaal* mit seiner vorzüglichen Stuckdecke, einer Komposition aus dünnem Akanthus, Girlanden, Rahmen- und Kartuschenformen. Dem Stil der Zeit gemäß verteilt sich die Bemalung auf mehrere abgegrenzte Felder. In den beiden größeren Phaëthons Aufstieg und Sturz, in den kleineren Götter des Olymp.

MÜNCHSTEINACH
(MFr. / Neustadt a. d. Aisch - Bad Windsheim F5)

Der Ort (Steinach) erscheint erstmals 912, damals von König Konrad an Bischof Dracholf von Freising (zugleich Abt von Münsterschwarzach) geschenkt.

Ehem. Benediktinerkloster

Um oder bald nach 1102 verstiftet ein Albert v. Steinach seinen Besitz an die Benediktiner. Vögte sind im 12./13. Jh. die Staufer, seit 1265 die Burggrafen von Nürnberg. 1525 brennen und plündern die Bauern. Wenig später erliegt das Kloster der Reformation und zugleich der Säkularisation durch den Markgrafen.

Ev. Pfarrkirche, ehem. Klosterkirche St. Nikolaus

Die Kirche dürfte großenteils im frühen 13. Jh., um 1220–30, entstanden sein. Nicht ursprünglich sind die 3 oberen Geschosse des Turmes, deren 3. und 4. wahrscheinlich 1526–28 erneuert wurden, deren letztes 1733 hinzukam; nicht ursprünglich sind auch die W-Wand, bei deren Aufführung (im 16. Jh.?) wohl auch die westl. Arkade des Mittelschiffes geschlossen wurde, und die Tonne über dem Chorquadrat (18. Jh.). 1723 wurde die Kirche barockisiert. 1969 gründlich restauriert, mit Rückgewinn von Teilen der farbigen Fassung und Rekonstruktion des in Fragmenten erhalten gebliebenen Lettners (S-Seitenschiff).

Die – wenigstens im steinernen Bestand – leidlich erhaltene, lange durch eine Zwischenwand halbierte Kirche ist eine 3schiffige, 7 Pfeilerarkaden reihende, flach gedeckte Basilika mit östl. Querschiff, Chorquadrum mit leicht eingezogener Apsis, einem südl., aus gewölbtem Joch und Apsidiole bestehenden Nebenchor (Sakristei) und einem dem Joch des Nebenchores aufgesetzten Turm. Der entsprechende, ebenfalls einen Turm tragende nördl. Nebenchor ging, wahrscheinlich 1525, ab. Das Quadrum des Chores ursprünglich mit einem Kreuzrippengewölbe gedeckt. Die Apsiden von Chor und Nebenchor (diese nur außen) polygon gebrochen. In der Vierung und im Nebenchor vortreffliche Kapitellplastik.

Auch die Umgebung der Kirche hat noch teilweise gutes Gesicht. Der von N Kommende passiert ein erstes und ein zweites Durchgangstor und hat gegen W Blick auf das steil aufgereckte **»Schlößchen«** des letzten Abtes Christoph v. Hirschaid. Alte, roman.-got. Mauer dürfte noch in dem südlich an das Querschiff stoßenden Bautrakt stecken, in dem der **O-Flügel** des urspr. Klostergeviertes zu erkennen ist.

MÜNNERSTADT (UFr. / Bad Kissingen E2)

770 tritt »Munrihestat« *in die schriftliche Überlieferung ein. Die 812 hervortretende »Grapfeldonoburg« befand sich (die Historiker sind sich nicht einig) auf dem benachbarten Michelsberg oder auf dem Platz des hochmittelalterl. »burgus« der Henneberg. Die Burg, hier oder dort, war einer der Hauptsitze der fränkischen Herrschaft. Der wohl im 12. Jh. antretende Grundherr Henneberg dürfte die Siedlung zu Markt und Stadt gemacht haben. 1196 erscheint sie noch als »villa«, 1292 als »oppidum«; 1335 begabt sie der Kaiser schon mit besserem Stadtrecht. Die Befestigung reicht ins mittlere 13. Jh. zurück. Seit 1354 teilen sich die Henneberg mit den Würzburger Bischöfen in die Stadtherrschaft. 1434 drängt der Henneberger den Bischof wieder ab, der sich erst 1585 endgültig festsetzen kann.*

Stadtanlage. Die wohlerhaltene **Mauer** umschließt ein im O zugespitztes Oval, dessen östl. Abschnitt nur locker bebaut ist. Die halbierende Hauptstraße erweitert sich zu einem keilförmigen Marktplatz, in dessen Mitte das Rathaus steht. Die älteste Siedlung nahm von der schon 812 erwähnten Burg ihren Ausgang, auf die noch die Burggasse hindeutet. Dem im Grundriß noch gut ablesbaren Rund der (längst abgegangenen) Burg lehnte sich als wohl älteste Platzbildung der Hafenmarkt an. Gegen die unregelmäßige Bebauung der östl. Stadthälfte hebt

sich die regelmäßige der westlichen (einschließlich der Hauptstraße) ab, die einem Gründungsakt des 13. Jh. zuzuschreiben ist. – Die **Tore** stehen noch zu viert (das nördliche zugemauert).
Für das Stadtbild wesentliche Bauten sind das spätgot. **Rathaus,** der **Bildhauser Hof,** ein Fachwerkbau des mittleren 17. Jh., das **Schulhaus** (Areal der Burg), 1699. – Die **Deutschordenskomturei** (nördlich der Pfarrkirche), 17. Jh., grabenbewehrt, umschließt mit ihren Flügeln einen Innenhof; dort vortreffliche Steinmetzenkunst der Echterschen Renaissance-Gotik: Portal des Treppenturmes 1611, Standerker 1621. (**Stadtmuseum.**)

● Kath. Stadtpfarrkirche St. Maria Magdalena

In den 40er Jahren des 13. Jh. übereignet Graf Poppo v. Henneberg die Pfarre dem Deutschorden, der auch gleich einen Neubau in Angriff nimmt, denn der W-Turm, spätromanisch-frühgotisch, deutet in diese Zeit. Erhalten hat sich von diesem Bau, neben dem Turm, nur die W-Wand. 1428 entsteht die Sunterkapelle (an der S-Seite), und etwa gleichzeitig müssen nach Ausweis der Stilmerkmale der Chor und die ihn flankierenden Türme in Bau genommen worden sein (vollendet 1446). 1503 wird das südl. Seitenschiff erneuert. Stärker greift der tätigste aller Würzburger Bischöfe, Julius, ein. 1609 hebt ein Umbau an, der das spätroman. Mittelschiff ersetzt und auch das nördl. Seitenschiff neu aufführt. Eine Restaurierung 1818–20 und Purifizierungen 1831 und 1851 haben dem Juliusbau eine unerfreuliche Kahlheit mitgeteilt, die indessen die 1954 und 1978 abgeschlossenen Restaurierungen in den Grenzen des Möglichen korrigierten.

Angesichts des Wandaufrisses – Rundbogenarkaden auf Rundpfeilern, ungegliederte Wandflächen, hoch sitzende und verhältnismäßig kleine Fenster – läßt sich vermuten, daß der Baumeister des 17. Jh. den Wandaufriß des roman. Schiffes in seinen allgemeinen Zügen wiederholte. Über die Beschaffenheit der älteren Kirche, einer 3schiffigen flach gedeckten Basilika, gibt der W-Turm noch einigen Aufschluß, dessen Geschoßtrennungen durch Rundbogenfriese markiert sind (der Rundbogenfries des älteren Schiffes wurde übrigens 1609–12 am neuen wieder verwendet: auch ein Beweis für die historisierende Haltung, die sich am Aufriß des Schiffes ablesen läßt). Daß der Bauherr, der Deutsche Orden, die Bauzier nicht hintanstellte, möchte das gute W-Portal erweisen, dessen breiter, tief geleibter Rundbogen sich in eine mit steilem Rippenkreuzgewölbe gedeckte Vorhalle öffnet, die durch das innere, zweimal gestufte Spitzbogentor in die Kirche einläßt. Von den beiden spätgot. O-Türmen gewann nur der südliche Höhe, der nördliche blieb Torso.

Die Ausstattung wurde 1851 »gereinigt«. Schon vorher, 1831, war der spätgot. Hochaltar, Frühwerk Tilman Riemenschneiders von 1492 bis 1494, abgetragen worden (die große Schreingruppe mit der Titelheiligen – im Haarkleid – heute im Bayerischen Nationalmuseum München). Doch wurden einige Figuren des Gesprenges – Gnadenstuhl, hll. Kilian und Elisabeth, die beiden Johannes – in den neugot. Hochaltar übernommen, der zudem noch mit Spolien – wie der nürnbergischen, angeblich aus Heilsbronn stammenden Tafel des Marientodes (um 1420) und dem ebenfalls nürnbergischen Holzrelief der Kreuzigung – ausgestattet wurde; dieser Altar wurde 1953 abgetragen. Die genannten *Kunstwerke der Spätgotik* jetzt an verschiedenen Stellen der Kirche (das Kreuzigungs-Relief heute in der Ritterkapelle an der S-Seite des Chores). Von den 4 Flügelreliefs (Legende der hl. Magdalena) befinden sich noch 2 in der Kirche, die auch noch die Tafeln mit der Kilians-Legende, die 1504 Veit Stoß malte, besitzt. Stoß übernahm auch die farbige (polychrome) Fassung des Altares, die 1494 offenbar noch nicht gewünscht wurde. Neben diesen Werken verfügt die Kirche in den Scheiben der 7 hohen *Chorfenster* über einen Schatz altdeutscher Glasmalerei; die Themen sind (von N nach S): 1. Apostel, 2. Pfingstwunder, 3. Legende der hl. Elisabeth, 4. und 5. der hl. Magdalena, 6. der hl. Katharina, 7. Passion Christi. Die Scheiben sind nicht von einer Hand und auch nicht gleichzeitig (1420–50; restauriert 1898–1900, erneut 1974). – Hinweis auf die Tonfiguren Christi und der 6 Apostel im Chor (1410–20), auf die Holzfiguren Anna selbdritt (um 1500) und Pietà (2. Hälfte 16. Jh.) sowie auf die Reihe z. T. sehr guter Grabsteine schließen diesen Überblick auf die besten Besitze der Kirche.

Augustinereremitenkloster

Die Klosterkirche entsteht 1279 als Gründung der Stadt, mit Zutun des Stadtherrn Henneberg. Nach Plünderung durch die Bauern 1525 und dem Einzug der Reformation wandert der Konvent nach Würzburg ab, kann aber 1650 in die Stadt zurückkehren. Auf einen Neubau in den 1650/60er Jahren folgt 1751–54 (Weihe) der Bau der (heute noch augustinischen) Kirche; Baumeister ist der Königshofener Johann Michael Schmidt. Die schöne, reiche Ausstattung nimmt die Jahre 1755–59 in Anspruch. 1959/1960 wird die Kirche innen und außen restauriert.

Klosterkirche. Ein Rechteck mit flacher, nur am Anstoß zur Wand gewölbter Decke, das sich in leichten Ausstößen querschiffartig erweitert; der ebenfalls rechteckige Chor mit Stichkappentonne gedeckt. – Die Ausstattung ist ganz einheitlich. 3 Landsberger Gipser Wessobrunner Schulung – Michael Ebner, L. Schüßler und V. Settele – schufen die das Malwerk der Decke umspielenden Rocaille-Stukkaturen. Die Malerei – im Chor der hl. Maria vom Trost, im Langhaus St. Augustin gewidmet – ist die Leistung des Lauinger Meisters Johann Anwander, dem auch die Gemälde des Hochaltars und der beiden Seitenaltäre gehören. Alles Geschreinerte (Altäre, Kanzel, Gestühl) vom Ordensbruder Nikolaus Steiner, alles Figürliche vom Königshofener Bildhauer Johann Josef Keßler. Das Resultat dieser Künstlergemeinschaft steht als eine von *einem* Geist beseelte glückliche Ganzheit vor Augen. – Aus der Kirche des 17. Jh. blieben die Gemälde der beiden kleineren Altäre St. Sebastian und St. Nikolaus, beide vom Würzburger Oswald Onghers.

Vermächtnis des 17. Jh. ist auch der *Aula*-Saal im SW-Flügel des **Klosters,** der 1691/92 von Thomas Zeni stuckiert wurde.

Maria Bildhausen (E2)

Ehem. Zisterzienserabtei (Pflegeanstalt)
Pfalzgraf Heinrich v. Stahleck gründet sie um die Mitte des 12. Jh.; das ältere Ebrach besiedelt sie. 1803 verfällt sie der Säkularisation. 1826 wird die (im 12. Jh. erbaute) Kirche abgetragen; auch Kreuzgang, Torkapelle und Gastbau verschwinden.
Die Klosterbaulichkeiten haben sich in Teilen erhalten: das noch roman. **Torgebäude,** mit spätgot. Muttergottesstatue über dem Rundbogentor, die 1615 errichtete **Abtei** mit dem 1754–70 hinzugebauten, durch reizvolles Stiegengeländer ausgezeichneten *Treppenhaus* und vorzüglichen Rokoko-Ausstattungen in den Räumen der *Abtswohnung,* die in gleicher Flucht anschließende **Kanzlei** von 1626 mit guter Giebelfassade, der um einige Jahrzehnte ältere **Archivturm,** das **Kuratiegebäude,** das aus 2 in rechtem Winkel gruppierten Flügeln besteht (17. und 18. Jh.), deren westlicher im Erdgeschoß noch 3 beachtliche Räume des roman.-frühgot. Klosters enthält, das **Refektorium,** das aber nur mehr im Kellergeschoß und im Treppenturm (des frühen 17. Jh.) erhalten ist, der anmutige, 1766 errichtete **Gartenpavillon**.

NABBURG (OPf. / Schwandorf L6)

Auf steil abfallender Höhenzunge über dem Naab-Tal erstreckt sich die Stadt vom N nach S ansteigend um 2 parallele Straßenzüge. Ein Halsgraben trennt den Stadtbereich vom übrigen Höhenzug. Mauern und Türme taten ein übriges, den Ort zu befestigen. Die natürliche Sicherheit des Platzes unterstützt die Vermutung, daß sich bereits im 10. Jh. hier Befestigungen befunden haben. – Erste Nennung in einer Urkunde König Heinrichs I. 929. N. ist die Mitte einer Grafschaft. 1254/55 fällt es an Bayern; 1296 erhält es Stadtrecht. 1329 ist es pfalz-bayerisch. 1420 hussitische Brandschatzung; schwere Heimsuchungen im Großen Krieg des 17. und auch in den Erbfolgekriegen des 18. Jh.

● **Kath. Pfarrkirche St. Johann Baptist**
In der 1. Hälfte des 14. Jh. entstanden. Pfarrsitz erst 1419 (vorher bei Perschen). Einige Veränderungen im 15. und 16. Jh. Nach 1960 restauriert.

Die gut proportionierte 3schiffige Basilika hat ihr einheitliches Bild bewahrt. Die Gliederung zeichnet sich in der Dächergruppe ab: Das Dachpolygon des O-Chores wird vom Giebel des Hochschiffes überragt. Ihn durchkreuzt das ebenso hochgiebelige Querschiff. Dann erst folgen die niedrigen Pultdächer der Seitenschiffe, bis nach 3 Jochen der Turm und sein nur zum Teil ausgeführter nördl. Gefährte sie auffangen und das Hochschiff sich zum W-Chor bricht. Die bei spätgot. Kirchen ungewohnte Doppelchörigkeit mag in der Rücksicht auf alte Fundamente beruhen oder im Vorbild von Regensburgs älteren Zweichoranlagen begründet sein. Der Außenbau zudem durch Strebepfeiler, Treppentürmchen, Ornamentbänder und durch reiche Maßwerkfiguren ausgezeichnet.

Das Grablegungs-Relief an der S-Wand verrät die reiche, flüssige Formensprache des Weichen Stiles (um 1400). Etwa gleichzeitig das Ölberg-Relief in der nördl. Eingangshalle und der vollplastische Schmerzensmann außen an der N-Wand. Das Hauptportal an der S-Seite wurde durch die Sebastianskapelle teilweise verbaut. Seine Gewände haben den Figurenschmuck eingebüßt; die Figuren stammen aus anderem Zusammenhang. Auch das Tympanon fehlt. Erhalten blieben 2 wertvolle Zwickelreliefs: Geburt Christi und Darstellung im Tempel (um 1350).

Das I n n e r e ist weit und hell, eine kreuzförmige Basilika mit 2 Chören. Reich profilierte Stützen tragen die Arkaden zum niedrigen Seitenschiff. Schlanke Dienste an der stark überhöhten Mittelschiffswand entsenden die Kreuzrippen der Gewölbe. Einzelheiten verweisen auf die Regensburger Bauhütte. Der W-Chor wurde im 15. Jh. durch eine tiefe Empore seines Charakters als Altarraum entkleidet.

Aus der alten E i n r i c h t u n g blieb nur wenig. Das Kanzelcorpus stammt von 1526. Im nördl. Seitenschiff steht eine gute spätgot. Schnitzfigur der Muttergottes. 3 *Glasgemälde* des späteren 14. Jh., Medaillons, in den Fenstern des nördl. Seitenschiffes: Kreuztragung, Christus erscheint Maria Magdalena und Christi Himmelfahrt.

Friedhofskapelle St. Georg. Unter Verwendung eines roman. Turmes wurde im 18. Jh. der einfache Rechteckraum geschaffen. Altareinrichtung Mitte 18. Jh. Kanzel 1605.

Das **Rathaus** entstand um die Mitte des 16. Jh., ein schlichtes, doch malerisches Gebäude mit laubenartigen Öffnungen im Obergeschoß des Treppenhauses. Türmchen und Zinnen sind Zutat des 19. Jh.

Eine Anzahl älterer **Wohnhäuser** mit hohen Giebeln gibt dem Städtchen sein Gepräge. Eigenartig das Rückspringen einer Ecke unter dem hohen Dach. ●

Die **Stadtbefestigung** verläuft in Form eines langgestreckten Trapezes. Mauern und Zwinger sind zu großen Teilen abgetragen. Die Anlage entstand nach 1420 und wurde im 16. Jh. verstärkt und ergänzt. Von den Wehrtürmen blieben der **Dechanthofturm** im SO und der **Pulverturm** im N erhalten, außerdem: das **Obertor** im NW, ein got. Torturm mit Zutaten von 1565, und das **Mähntor,** das die Jahrzahl 1532 trägt.

Vorstadt Venedig, links der Naab

Ehem. Kirche St. Nikolaus (profaniert)

Eine ältere Kirche, vielleicht des 11. Jh., konnte in Fundamentteilen nachgewiesen werden. Der Torso des bestehenden Gebäudes dürfte ins mittlere 12. Jh. zurückgehen. Seit 1910 Staatsbesitz.

1792 stand der massive Quaderbau noch im ganzen aufrecht: eine 3schiffige Halle mit Kreuzgratgewölben auf schlanken (etwa 5 m hohen) Säulen bzw. (östl.) Pfeilern, halbrunder Apsis, in 3 Arkaden geöffneter, oben geschlossener Empore und 2 Türmen über den O-Jochen. Die Profanierung kostete den als eine der frühen, roman. Hallen hochbedeutenden Bau Türme und Apsis, Stützen und Gewölbe. Erhalten blieb nur das Rechteck des Schiffes mit den die Joche markierenden flachen Wandvorlagen und der Empore, die noch die urspr. Kreuzgratgewölbe und Arkadensäulen besitzt. Enge Zusammenhänge mit Regensburg sind deutlich: für die Hallenform mit St. Leonhard, für die Form der W-Empore mit Prüll. Die halbkreisförmige (doch außen eckige) Apsis wurde im Zuge von Restaurierungsmaßnahmen 1964–67 auf altem Fundament wiederhergestellt.

Perschen (L6)

● **Kath. Pfarrkirche St. Peter und Paul**

Ehemals war diese sehr alte Kirche, eine der ältesten oberpfälzischen, die Pfarrkirche des benachbarten Nabburg und des nahe liegenden Pfreimd. 1122 stellen wir sie urkundlich fest. 1160 dem Regensburger Domkapitel inkorporiert, verliert sie 1419 ihre Pfarrechte an Nabburg. Dem Domkapitel verdankt sie ihre das übliche Maß überschreitende monumentale Gestalt. Zweifellos waren es auch Regensburger Kräfte, die Bau und Ausstattung besorgten. 1752 und 1753 muß sie, erheblich baufällig, restauriert werden; das flachgedeckte Langhaus wird gewölbt.

In eindrucksvoller Gruppe steht die doppeltürmige Basilika mit der ihr seitlich gestellten Rundkapelle des Karners über dem Hochufer der Naab. Die Kirche – ein Rechteck mit 2 Türmen an den Flanken des rechteckig schließenden Chores – verrät außen nur in dem die Türme verbindenden Riegel (statt des urspr. Giebels) und in den Fensterfronten spätere Eingriffe. Innen eine querschifflose, ursprünglich flach gedeckte Pfeilerbasilika, die in 6 Jochen abschreitet. Über den (später abgemauerten) östl. Jochen der Seitenschiffe stehen die Türme. Die Arkaden des im Grundgefüge noch ganz roman. Baues sind schon gotisch gebrochen. Chorgewölbe und Sakristei sind spätgotisch (um 1410). Pilaster der Hochschiffwände und Gewölbe sind barock.

Die erhaltenen *Wandmalereien* im Chorbereich sind spätgotisch: in den Kappen des Chorgewölbes Evangelistensymbole, in der Leibung des

Triumphbogens die Klugen und die Törichten Jungfrauen und der (hier schweinsköpfig dargestellte) »Verführer«. Reste von Malerei auch im Untergeschoß des S-Turmes. Die Fresken im Schiff datieren 1753. – Ein Taufstein des späten 13. Jh., noch ganz romanisch, ist ältester Rückstand des Mittelalters.

Nordwestlich, an die Kirchhofmauer anschließend, der schon 1161 bezeugte **Pfarrhof,** der 1419 und bis 1957 als Bauernhof (Edelmannshof) diente; im frühen 17. Jh. ausgebaut. Seit 1964 **Oberpfälzer Bauernhofmuseum (Oberpfälzer Freilandmuseum Neusath-Perschen)**.

Friedhofskapelle. Älter als der Kirchenbau ist die 2geschossige Rundkapelle mit ihrer halbrunden Apsis, ein Beispiel für die in Bayern und Österreich verbreiteten »Karner«. Das Untergeschoß diente als Beinhaus, das Obergeschoß war dem hl. Michael geweiht. Die Entstehung ist gegen Ausgang des 12. Jh. anzusetzen.

Von hoher Bedeutung ist die *Bemalung* des Inneren, die der Erbauungszeit angehört und in der Regensburger Buchmalerei der Mitte des 12. Jh. ihre Parallelen hat. In der Kuppelmitte trägt ein Medaillon das Brustbild Mariens. Zwischen diesem und der Apsis thront Christus in der Mandorla. In 2 Ringen gemalter Arkaturen reihen sich Brustbilder von Engeln und Heiligen. Das Programm deutet auf Weltgericht und Fürbitte, der Totenkapelle entsprechend. Alter und Restaurierungen haben der Malerei nur wenig anhaben können. ●

NEUDROSSENFELD (OFr. / Kulmbach I3)

Ev. Pfarrkirche, ehem. St. Jakob

1753–61 vom Kulmbacher Maurermeister Johann Georg Hoffmann errichtet.

Die östlich des Marktes stehende Kirche, eine der besten und kennzeichnendsten des Bayreuther Landes, ist ein rechteckiger Quaderkörper mit einem im Obergeschoß 8eckigen Turm an der O-Seite. Der Schiff und Chor verbindende Saalraum ist vorzüglich ausgestattet. Emporen auf 4 Seiten, einfach an der Chorwand, doppelt an den 3 anderen Wänden; westlich Herrschaftslogen.

Die feinen Stukkaturen der Decke arbeitete Jean-Baptiste Pedrozzi (1759), die Gemälde Wilhelm Ernst Wunder (1756). Der aus einem spätgot. Flügelaltar von 1513, mit Schnitzfiguren im Schrein und in der Staffel, wahrscheinlich von Johann Georg Brenck umgeschaffene *Kanzelaltar* von etwa 1680 ist in der Verbindung so heterogener Teile ein (doch wohlgelungenes) Kuriosum. Die 1519 datierten Flügelgemälde der Jakobs-Legende wahrscheinlich Werke des Hans von Kulmbach.

Pfarrhaus. Ansehnlicher 2geschossiger Quaderbau von 1764/65, vermutlich Gontardscher Planung.

Schloß. In beherrschender Lage über dem Main-Tal. Im Kern 16. Jh.; die Seitenflügel, die Reichsgraf Philipp v. Ellrodt 1763 hinzufügen ließ, wohl nach Entwürfen Karl Philipp v. Gontards. 3 Flügel zu je 2 Geschossen umschließen einen Hof. Der (im Kern ältere) westl. Mitteltrakt verputzt (Bruchstein), die Seitenflügel Quaderbauten mit Mansarddächern. – Zum Main abwärts gestufter **Terrassengarten,** als solcher ein Unikum jetzt und hier, wohl auch von Gontard erdacht.

NEUMARKT i. d. OPf. (OPf. / Neumarkt i. d. OPf. I7)

1149 kommt N. an die Staufen, 1269 an die Wittelsbacher. Der Hausvertrag von Pavia 1329 weist es der pfälzischen Linie zu. 1410–1499 ist es Residenz einer Seitenlinie (Neumarkt-Mosbach). 1513–1544 residiert hier Pfalzgraf Friedrich als kurpfälzischer Statthalter. Das Schloß ist der Beitrag dieses baufreudigen Fürsten zur monumentalen Stadtgeschichte. 1628 fällt N. mit der Oberpfalz an die bayerische Stammlinie zurück. – Der in Bayern häufige Straßenmarkt bestimmt das regelmäßige Stadtgefüge. Inmitten des Marktplatzes steht das Rathaus, neben ihm, zur Seite gerückt, die Pfarrkirche. Die Stadtmauer ist bis auf Reste verschwunden. Der 2. Weltkrieg schädigte die Stadt schwer.

Kath. Pfarrkirche St. Johann Baptist

Der Chor trägt eine Bauinschrift von 1404. Die Bauarbeiten im Langhaus haben vermutlich schon im späten 13. Jh. begonnen; 1442 wird noch gearbeitet. 1556 ist von einer Turmerhöhung die Rede, womit nur das Oktogon gemeint sein kann. Kriegszerstörungen wurden behoben.

3 reich gegliederte Portale führen in die 3schiffige Halle, die Chor und Langhaus ineinander überführt. Nur architektonische Detailformen unterscheiden die beiden Raumteile nach ihrer Bedeutung. Reichgebildete Wanddienste mit figürlichem Skulpturenschmuck begleiten die Chorjoche. Im Langhaus sitzen die Gewölberippen auf Wandkonsolen, wenn sie nicht, wie an sämtlichen Pfeilern, aus der Wand herauswachsen. Rundstützen zwischen dem 3. und 4. Joch tragen einen bestimmten Rhythmus in den Raum, der, über je 2 Achteck-Stützenpaare schreitend, von den halbrunden Wandvorlagen der Turmvorhalle aufgefangen wird. Unebenheiten des Terrains führen zu Verschiebungen im Grundriß.

Aus der vorgot. Zeit blieb der *Taufstein* erhalten, ein flach ornamentiertes Becken, um 1200.

Hofkirche Mariae Himmelfahrt. Als Pfalzgraf Johann 1410 seinen Sitz in Neumarkt nahm, wurde neben dem Schloß eine

Hofkapelle errichtet. Aus dieser Anlage verblieben Chor und W-Teile mit dem 1535 ausgebauten Turm. Der N-Turm wurde als Stumpf belassen. Das Langhaus erfuhr 1701/02 seine Umgestaltung nach Plänen des Eichstätters Jakob Engel in der Art einer flachgedeckten Basilika mit sehr niedrigen gewölbten Seitenschiffen.

Im südl. Seitenschiff steht die Rotmarmor-*Tumba des Pfalzgrafen Otto II.* (Mosbacher Linie, † 1499). Die Deckplatte zeigt den Verstorbenen, geharnischt und mit pfalz-bayerischem Banner, auf einem Löwen stehend; an den Seitenwänden tragen Engelsfiguren die Wappen des Stammbaumes. Die Tumba ist eine vorzügliche Arbeit der späten Gotik. Erwähnt sei auch das gemalte Epitaph für Jac. de Febuer († 1649); als Triptychon aufgebaut, vereinigt es 3 gute Gemälde: Gnadenstuhl zwischen Maria und Elisabeth.

Friedhofskirche St. Jobst. Neubau von 1654 in schlichten Formen. Altarausstattung um 1760.

Kath. Kirche St. Anna (im N außerhalb der Stadt). Der Neubau von 1708 wurde 1746 erweitert, der Chor 1748 erneuert. Die Stuckausstattung verwendet ältere Motive, wie Laub- und Bandwerk, Gitter, Lambrequins, die für die Jahrhundertmitte altertümlich anmuten. Deckengemälde von Johann Andres. Altarausstattung von 1750–60.

Wallfahrtskirche Maria-Hilf (auf dem Kalvarienberg). Einfacher Bau von 1718. Die üppigen Laub- und Bandwerkstukkaturen fertigte Johann Bajerna. 4 Tafelgemälde mit Szenen aus dem Marienleben, dat. 1478 und wohl fränkischer Abkunft, kamen im 19. Jh. hierher. – Unterhalb der Wallfahrtskirche steht die **Hl.-Geist-Kapelle,** eine der zahlreichen »Nachbildungen« des Hl. Grabes; erbaut 1684.

Ehem. Schloß (Landratsamt, Amtsgericht)

Die alte Residenz von Johann »d. Neumarkter«, 1410 errichtet, wird 1520 ein Raub der Flammen. Pfalzgraf Friedrich läßt bis 1539 ein neues Schloß erbauen. Als Schöpfer des Gebäudes gilt Erhard Reich aus Eichstätt. Das 19. Jh. hat wesentliche Teile der Anlage vernichtet.

Es verblieben NO- und SO-Flügel, 3geschossige, hochgiebelige Bauten. Dem Hauptflügel ist ein Treppenturm vorgesetzt mit prunkvollem, von 2 Löwen flankiertem Portal. Die Innenräume dienten vermutlich der pfalzgräflichen Wohnung. Erhalten sind 2 vornehme Kaminaufbauten. Der südöstl. Seitenflügel trägt über seinem Eingang einen vorzüglichen Wappenstein, der Loy Hering zugeschrieben wird.

Rathaus. Der rechteckige Bau mit seinem hohen Zinnengiebel entstammt dem 15. Jh. Er enthält Repräsentationsräume, deren Ausgestaltung z. T. dem 16. Jh. angehört. Im 2. Weltkrieg weitgehend zerstört. Wiederaufbau 1956/57.

Von der **Stadtbefestigung** blieben einige Mauertürme und das **Untertor,** wohl 14. Jh., später mehrmals verändert.

NEUNBURG vorm Wald (OPf. / Schwandorf LM6/7)

1017 schenkt Kaiser Heinrich II. den Ort Wenigrötz *an seine Bamberger Stiftung; der wahrscheinlich von ihm gegebene Burgenname möchte auf die Präexistenz eines Burgsitzes schließen lassen. Über einen Truhendingen kommt N. 1261 an Herzog Ludwig d. Strengen, und bei Pfalz-Bayern bleibt es. 1289 ist es Markt, 1307 Stadt. Kaiser Ludwig d. Bayer fördert den Bau der Stadtbefestigung, 1323. Einer der Pfalzgrafen beginnt dann auch, in N. zu residieren (1354), doch wird diese Residenz nicht sehr alt. Seit 1499 kurfürstlich pfalzbayerisch, bleibt N. das auch bis zur Flurbereinigung der Landkarte nach 1800.*

Von der **Burg** stehen noch der Dürnitztrakt aus dem 15. und, im rechten Winkel anstoßend, das **Neue Schloß** aus dem 16. Jh. An der W-Ecke ragt der spätgot. Wartturm. Schlicht, unter hohen Dachungen, eignet diesen Bauten noch etwas von ihrem Trutzcharakter. – **Heimatmuseum** (Im Berg 17).

Die **kath. Pfarrkirche St. Georg** dürfte aus der Burgkapelle hervorgegangen sein. Der 1433–43 gebaute Chor, 1965 abgetragen, wurde durch einen Neubau ersetzt. Auch das Langhaus, mit den Baudaten 1478–82 und 1632, ist in Teilen erneuert. Die Ausstattung wurde entfernt. Es blieb u. a. der große spätgot. Kruzifixus nürnbergischen Charakters. Die noch spätroman. Marienfigur kam 1904 hinzu. Auf das Grab des Pfalzgrafen Johann († 1443) verweist eine Marmorplatte im Chorboden.

Die **kath. St.-Jakobs-Kirche** (in der Vorstadt **Aigen**), ein kleiner roman. Bau, ist die älteste Pfarrkirche.

Die **Hl.-Geist-Spitalkirche** ist ins frühe 15. Jh. zu setzen.

Im **Rathaus** und in einigen **Häusern** stecken noch spätgot. Bauteile. – Überstand der mittelalterl. Stadtbefestigung sind das **Untere Tor** und der **»Schiltenhelm«** oder **Bleihofturm.**

Katzdorf (L6/7)

Wallfahrtskirche, ein Zentralbau, um 1725, mit Bandwerkstuck und spätgot. Gnadenbild (Vespergruppe) vom Ende des 15. Jh.

NEUNKIRCHEN a. Brand (OFr. / Forchheim H5)

Erstmals 1028 hervortretend, ist N. 1348 als Markt bezeugt; es versucht auch, im 15. Jh. Stadt zu werden, was ihm aber nicht – oder doch nur vorübergehend – gelingt.

Das **Ortsbild** ist noch gut fränkisch; der **Mauerring** steht in langen Strecken, es stehen auch noch 3 **Tore:** das **Erlanger** (1479), das **Erleinhofer** (mit Wappenrelief 1502), das **Forchheimer** (mit Wappen 1503 und 1582); das vierte, Gräfenberger, fehlt seit 1945.

Kath. Pfarrkirche St. Michael, ehem. Stiftskirche ●

Eine ausgedehnte, dem Bamberger Domkapitel zuständige Pfarrei veranlaßt 1313/14 die Errichtung eines Chorherrenstiftes. Urheber ist der Domkanoniker Leupold v. Hirschberg. Das gut fundierte Stift hält sich bis in die Reformationszeit am Leben. 1553 zieht es der Bamberger Bischof ein, 1661 wendet er den Besitz an sein Bamberger Priesterseminar. Die Baulichkeiten des Klosters gehen in der Folge bis auf den Kapitelsaal an der SO-Seite der Kirche ab. – Die ehem. Stiftskirche ist ein vorwiegend got., um die Mitte des 13. Jh. begonnener, im späten 15. Jh. beendeter Bau. Aus dem 13. Jh. kommen die 4 quadratischen Würfelgeschosse des westlich stehenden Turmes mit ihren noch roman. Gliederungen. Das, nach Ausweis der S-Mauer, ebenfalls im 13. Jh. begründete Langhaus wurde gegen 1400 erhöht und wohl wenig später um das nördl. Seitenschiff ergänzt; gleichzeitig Einbau der W-Empore. Der Chor und die ihm anliegende Marienkapelle sind am Beginn dieser entscheidenden Bauzeit (um 1400) anzusetzen. Der Turm wurde zur gleichen Zeit um ein 5., 1577/78 um ein 6. Geschoß aufgestockt (Helm 1809), das Langhaus 1690 ein zweites Mal erhöht.

Äußeres. Der stattliche, durch eine Bodenschwelle gehobene Quaderbau gipfelt in dem der Stirnseite vorgestellten starken und hohen *Turm,* der in seinen durch Lisenen und Rundbogenfriese gegliederten roman.-frühgot. Geschossen, v. a. in den schönen Fenstergruppen, an die O-Türme des Bamberger Domes denken läßt; Beziehungen anzunehmen liegt bei dem engen Verhältnis des Stiftes zu Bamberg nahe genug. Die beiden die Würfelgeschosse krönenden Oktogongeschosse, die ein Treppentürmchen begleitet, sind ungleichen Alters; das untere gehört noch in die mit 1400 anzusetzende Hauptbauzeit der Kirche, das obere und das Treppentürmchen dazu wurden in den 70er Jahren des 16. Jh. hinzugefügt. Der *Chor* steht, von SO gesehen, in guter Stufengruppe mit dem südlich anschließenden, ebenfalls steil bedachten Kapitelsaalbau zusammen, dessen Chörchen auch noch einmal das Motiv des Polygonschlusses anklingen läßt. An der N-Seite des Chores reizvolle, in Kielbogenarkaden geöffnete *Ölbergkapelle* von 1492. In der N-Wand des Seitenschiffes breite, 4teilige Spitzbogenfenster. – Inneres. Der Raum des flach gedeckten Hauptschiffes wurde durch die 1690 vorgenommene Erhöhung der damals auch neu befensterten Wände um seine urspr. Wirkung gebracht. Arkaden auf Achtkantpfeilern trennen und verbinden die Schiffe, deren jüngeres seitliches mit Kreuzrippengewölben gedeckt ist. Kreuzrippengewölbe unterfangen auch die Empore. Schwere rechteckige Rippen der Frühgotik im Erdgeschoß des Turmes, das zugleich Vorhalle ist. Der

Chor, 2 Joche tief, über Kreuzrippen gewölbt, schließt in 5 Seiten des Achtecks. – Die südlich anliegende, durch 2 Spitzbogenarkaden verbundene *Marienkapelle* ist ebenfalls 2jochig und ebenso gewölbt und auch, im leicht eingezogenen Chörchen, 5seitig schließend; die westl. Öffnung ins Seitenschiff datiert 1709.

● Reiche, hochwertige Ausstattung. Im Seitenschiff noch Wand- und Deckenmalereien aus dem frühen 15. Jh.; im Langhaus, an der S-Wand, ein großer *Hl. Christoph,* Anfang 16. Jh. Beachtliche *Steinbildwerke:* die Figuren einer Anbetungsgruppe, Maria und die Könige, nürnbergische Arbeiten, die, nach dem Wappen, Hirschberg, spätestens in die 20er Jahre des 14. Jh. zu setzen sind; der Mohrenkönig, am Emporenpfeiler, noch unter urspr. Baldachin. An der Wand des Seitenschiffes eine gute Verkündigungsgruppe, welche die Wappen an der Konsole des Engels (Schütz v. Hackenbach, Haller; sie begegnen auch an den Schlußsteinen des Seitenschiffes) ins frühe 15. Jh. datieren lassen. – Altäre und Kanzel sind gute Leistungen Bamberger Meister aus der 1. Hälfte des 18. Jh. Die ausgezeichnete Holzfigur des hl. Michael, frühes 16. Jh., vermutlich Arbeit eines Bamberger Schnitzers, jetzt an der W-Empore aufgestellt, dürfte dem Hochaltar zugehört haben. – Aus der Reihe der *Grabsteine* müssen genannt werden: der des Stifters L. v. Hirschberg († 1328), der des Wolfram v. Egloffstein († 1459), der eines Ritters des Schwanenordens (Ende 15. Jh.) und das feine kleine Epitaph, mit Schutzmantelmuttergottes, eines Gozmann v. d. Bueg (1536), eine Arbeit Loy Herings.

Neben der ins späte 14. Jh. zu datierenden Sakristei an der S-Seite besteht noch vom abgegangenen Kloster der gleichzeitig anzusetzende **Kapitelsaalbau;** das Untergeschoß zählt 4 Gewölbejoche mit 2 seitlichen Annexen und Polygonchören im O; das Obergeschoß entsprechend, doch durch Wandeinbau entstellt.

Die kleine (profanierte) **Katharinenkapelle** nordöstlich der Pfarrkirche besteht schon 1313 und wird 1427 neu errichtet.

Die außerhalb des Marktes liegende **Hl.-Grab-Kapelle** ist ein Quaderbau d. J. 1625/26 des Graubündners (Bambergers) Giovanni Bonalino. Nach Brandschaden (1958) mit gänzlich erneuerter W-Wand wiederhergestellt.

NEUSTADT a. d. Aisch
(MFr. / Neustadt a. d. Aisch - Bad Windsheim F5)

Ursprungszelle ist das 889 erstmals genannte Riedfeld *am linken Ufer des Flusses, ein fränkischer Königshof, der 741 an Würzburg kam. 1274 als Markt bezeugt, Lehensbesitz der Nürnberger Burggrafen, die 1458 bei der Kirche (urspr. Pfarrkirche St. Martin) ein kleines Franziskanerkloster begründen. Die Stadt auf der anderen Aisch-Seite entsteht in den 70er oder*

80er Jahren des 13. Jh. Die markgräfliche Erbteilung von 1437 bringt sie an das Fürstentum ober Gebirgs (Kulmbach-Bayreuth), bei dem sie, Sitz eines Vizedoms, vorübergehend auch Residenz, bis ans Ende der fränkischen Markgrafschaften bleibt. Im 15. Jh. wächst sie stark (etwa um das Dreifache). 1553, 1632, 1634 erleidet sie Kriegsverwüstungen.

Die spätmittelalterl. **Stadtwehr** hat sich in Teilen südlich (am Mauerweg), nördlich und nordwestlich erhalten; auch eine Anzahl von Mauertürmen steht noch. Von 4 Toren blieb nur das östl. **Nürnberger Tor:** Turm und Torhaus mit vorliegender halbrunder Bastion.

Das die N-Ecke der Stadtwehr besetzende ehemals von Wassergräben umgürtete, vor 1450 gebaute **Alte Schloß** hat einige ältere Teile in seinen heutigen Bestand (**Städt. Krankenhaus**) hinübergerettet. (Das einst angrenzende jüngere Schloß [1575 ff.] ging 1906 durch Brand zugrunde.)

Ev. Stadtpfarrkirche (ehem. St. Lorenz)

Um 1400 mit den Pfarrechten der Riedfelder Martinskirche ausgestattet; wohl wenig später neu aufgeführt.

3schiffige Basilika, doch hallenartig infolge der hoch geöffneten Arkaden, deren Spitzbögen starken Rundpfeilern entwachsen. Die Schiffe flach gedeckt, der von Streben umstellte, 3seitig gebrochene Chor gewölbt. Der 6geschossige Turm, mit Kuppelhaube und Laterne, flankiert die Fassade. – Bester Besitz: die spätgot. Holzreliefs des (im Schrein neuen) *Flügelaltars,* mit figurenreicher Kreuzigung in der Mitte.

Nordwestlich der Kirche der sog. **Kärnter** (Karner, vormals Michaelskapelle), ein um 1400 entstandener 2geschossiger Bau mit Durchgang im Erdgeschoß.

Das **Rathaus,** in der O-Zeile des geräumigen, rechteckig begrenzten Marktes, wurde 1714 nach dem Plan Johann Georg Kannhäusers errichtet. 1947 durch Brand ruiniert; der Neubau 1948–54 hielt sich an den 3geschossigen Block des Vorgängers.

Birkenfeld (F5)

In B., das 1272 aus Seckendorffschem Besitz in den des Burggrafen Friedrich III. und seiner Gemahlin Helene von Sachsen übergeht, stiften diese um 1275 ein für die Töchter des Adels bestimmtes

Zisterzienserinnenkloster.

Die Burggrafen sind seine Vögte; zweimal, im 14. Jh., walten Burggrafentöchter als Äbtissinnen. 1544/45 verfällt es der Aufhebung.

Ev. Kirche, ehem. Klosterkirche St. Maria. Der wohl bald nach Gründung – zuerst im Chor, dann im Langhaus – aufgeführte Kirchenbau ist der typische der Zisterzienserinnen: 1schiffig, in langer Erstreckung, der leicht eingezogene Chor flach schließend und mit 2 Kreuzgewölben gedeckt, deren Rippen auf Konsolen sitzen. Eigentümlich zisterziensisch auch die den größeren Teil des Schiffes besetzende »Gruft« und Nonnenempore (beide profaniert); die *Gruftkirche* ist eine 3schiffige, 7 Joche tiefe Halle mit 8kantigen Pfeilern und Kreuzrippengewölben;

die Verstärkung des mittleren Joches durch Mauerpfeiler läßt auf einen urspr. Turm, der nur als Dachreiter zutage trat, schließen (vgl. Würzburg-Himmelspforten); der Holzdachreiter wurde 1756 aufgesetzt. Die *Nonnenempore,* über der Gruftkirche, ist jetzt flach gedeckt, war aber ebenfalls gewölbt.

NEUSTADT a. Kulm (OPf. / Neustadt a. d. Waldnaab K4)

Das Land weithin überragend, reckt der Basaltkegel des Rauhen Kulm sein Haupt. Schwache Mauerspuren auf seinem Gipfel deuten auf Reste einer Burg. Die Landgrafen von Leuchtenberg besaßen ehemals den Kulm als Reichslehen. 1281 geht der Besitz an den Burggrafen von Nürnberg über. Auch der benachbarte Kleine oder Schlechte Kulm wird mit seiner Festung burggräflich. 1370 erlaubt Kaiser Karl IV. die Anlage einer Stadt zwischen den beiden Erhebungen, Neustadt genannt. 1554, im Krieg gegen Markgraf Albrecht von Brandenburg, werden beide Festungen von den Nürnbergischen belagert und eingenommen. Eine zweite Zerstörung erfährt die Stadt 1633.

Die **Stadt** besteht aus 2 weit voneinander getrennten Häuserzeilen, in deren Mitte das Rathaus (1611, zerstört 1944) lag. Vom **ehem. Mauergürtel** sind einige Reste und das spätgot. **Untere Tor** erhalten. – Südlich, vom Straßenzug der Oberen Stadt abgerückt, liegt die

ev. Pfarrkirche, ehem. Karmeliten-Klosterkirche.

1413 wird von der Stiftung des Klosters berichtet. 1527 weicht es der Reformation. Ein Brandschaden verursacht 1531 ausgedehnte Reparaturen. Neue Brandschatzung legt 1633 den Klosterbau in Asche. Zu Beginn des 18. Jh. findet die gründliche Restaurierung der Kirche statt unter Hinzuziehung von Bayreuther Kunsthandwerkern, an deren Spitze vermutlich der Stukkateur Domenico Quadro stand.

Chor, Sakristeien und Turmunterbauten stammen noch vom Gründungsbau; die Langhausmauern später. Das frühe 18. Jh. zog neue Gewölbe ein und versah sie mit breiten, kräftigen Stukkaturen, vorherrschend Akanthuslaub, Fruchtgehänge und Kartuschen. Die Deckengemälde wurden 1786 geschaffen. Über dem Chorbogen das markgräflich bayreuthische Wappen. Altar und Kanzel sind um 1720 entstanden. Von den Epitaphien sei jenes hervorgehoben, das Pfarrer Adam Rösler 1683 seinen verstorbenen Kindern setzen ließ: In flachem Relief ruht hier ein Kind im Todesschlaf; ein leises Lächeln verklärt seine Züge.

NEUSTADT a. Main (UFr. / Main-Spessart C4)

Ehem. Benediktinerabtei

Auf dem durch die Michaelskapelle besetzten Hügel südlich des Klosters wird ein frühkarolingisches Kastell vermutet. Unweit dieser (in Spuren noch kenntlichen) Wallbefestigung errichtete Bischof Megingoz von

Neustadt a. Main
Ehem. Klosterkirche
von Nordosten

Würzburg ein Benediktinerkloster, dessen angeblich 793 geweihte Kirche in der Peter-Pauls-Kapelle (nördlich der Klosterkirche) gefunden werden darf, die um die Mitte des 19. Jh. bis auf die Vierung abgebaut wurde.

Ehem. Peter-und-Pauls-Kapelle. Der in den Fundamentmauern teilweise freigelegte Grundriß dieser kleinen 1schiffigen Anlage (die im 12. Jh., wie die inneren Bögen der Vierungsarkaden beweisen, überholt wurde) folgt dem griechischen Kreuz; an die ausgeschiedene quadratische Vierung legte sich ein Chorquadrat mit eingezogener Apsis an; über der Vierung stand ein Turm. Trifft die Datierung 793 zu, was nicht sicher ist, dann ist die Neustädter eine der frühesten karolingischen Kreuzkirchen.

● **Kath. Pfarrkirche St. Michael und Gertrud,** ehem. Klosterkirche

Die Kirche des 12. Jh., 1525 durch die Bauern ruiniert, wird 1534 neu geweiht. 1616ff. unter Bischof Julius in Teilen (wie auch das Kloster) erneuert. 1857 brennt sie ab, mit der Nachfolge zeitgemäßer Restaurierung durch Heinrich Hübsch.

Die Klosterkirche kann nur im frühen 12. Jh. entstanden sein. Sächsischer Einfluß (Stützenwechsel) kreuzt sich mit schwäbischem (O-Türme, ehemals westl. Paradies). Nur der in Bruchstein aufgeführte N-Turm ist – bis Gesimshöhe – älter, wohl 11. Jh. Ab 1616 wird erneuert, gründlich der Chor; Kirche und Türme wachsen um rd. 9 Fuß höher. Der Restaurator des 19. Jh. nimmt dann wieder weg, was Julius hinzutat. Erfolg seiner Bemühungen: Neubau der Hochwände des Mittelschiffes, Erhöhung der Umfassungsmauern, Abtragung des Julius-Chores, Aufbau einer neuen Apsis und der Obergeschosse der Türme. – Die Kirche ist eine 3schiffige Basilika mit Querhaus und 2 Türmen an den Flanken des Chorhauses. Alle Decken sind flach, doch trug die Vierung ein (vom Restaurator entferntes) Kreuzgratgewölbe. 8 Rundbogenarkaden begrenzen das Mittelschiff. Säule folgt auf Pfeiler; ein von Pfeiler zu Pfeiler geschlagener Blendbogen faßt je 2 Arkaden, die mit ihren inneren Bogenläufen dem Würfelkapitell einer Säule anfallen, zusammen.

Die Ausstattung wurde bei der Restaurierung 1968/69 dem Stilempfinden der Zeit angeglichen. Wahrscheinlich von Chorschranken stammen die jetzt im nördl. Seitenschiff eingemauerten *Steinreliefs* des reitenden hl. Martin und des Bettlers, wohl 11. Jh., und des thronenden hl. Martin, Mitte 12. Jh. Die Reliefs der thronenden Muttergottes, Karls d. Gr. und des stehenden hl. Martin sind pseudoromanisch, nach den trachtlichen Indizien frühes 15. Jh. Im N-Flügel des Querschiffes das ausgezeichnete Doppelgrabmal eines Voit v. Rieneck und seiner Gattin (1379, 1381).

Michaelskapelle, inmitten des Friedhofes, auf der südwestlich benachbarten Anhöhe; vielleicht ist diese von frühgeschichtlichen Befestigungen eingekreiste Höhe das karolingische »Rorinlacha«; hier wäre auch die erste Mönchsniederlassung zu suchen. Die Michaelskapelle war zu Klosterzeiten Pfarrkirche. Die bestehende Kirche geht, bis auf den im Kern wohl noch roman. Turm, ins frühe 18. Jh. zurück.

Bad NEUSTADT a. d. Saale (UFr. / Rhön-Grabfeld E2)

Seit 1000 würzburgisch. Im 11. Jh. noch nach dem schon 878 bezeugten Obersalz genannt, verlautet erst um 1230 von der – jedenfalls um diese Zeit angelegten – Neustadt. Sie ist Sitz eines würzburgischen Amtes, einer Kellerei, einer Zent. Die Straße von Franken nach Thüringen und die von Bamberg nach Fulda, die sich hier kreuzen, sind ihre Lebensadern. Sie ist stark genug, sich 1400 am Kampf der fränkischen Städte um die Reichsfreiheit zu beteiligen. – Im 13. Jh. entsteht ihr Mauergürtel; Ende des 16. Jh. wird er überholt. – Bad N. seit 1934 durch die Eingemeindung von Bad Neuhaus.

Der **Bering** hat sich großenteils erhalten. Das Flüßchen, die Brend, dient fast allseits (nur nicht westlich, hier mehrere runde Wehrtürme) als Graben. Von den 4 Toren steht noch das 1580 aufgeführte **Hohntor.**

Kath. Pfarrkirche Mariae Himmelfahrt ●

Nach dem Abbruch der alten Kirche (1783) geht man 1794 an den Bau der neuen, nach den Plänen des Würzburger Hofkammerrats Alois Geigel. 1801 wird der Dachstuhl gesetzt. Die Gestaltung des Innenbaues übernimmt der Hofarchitekt Andreas Gärtner, der sich nicht eben genau an die Idee des (1801 verstorbenen) Geigel bindet. Vollendet wird das langwierige Unternehmen 1836. 1955–57 gut restauriert.

Die Kirche ist reiner Klassizismus. Der Grundriß umfährt ein langes Rechteck, in das östlich der Turm eingreift. 2 Reihen starkstämmiger korinthischer Säulen scheiden die 3 Schiffe. Der (nicht abgesetzte) quadratische Chor ist durch 8 im Kreis gestellte Säulen zentralisiert. Das Mittelschiff ist überhöht und mit einem gerahmten Spiegelgewölbe gedeckt, die Decken der Seitenschiffe sind kassettiert. Der Außenbau ist kühl, Lisenen gliedern, die Fenster sind rechteckig. Der Klassizismus des Inneren dürfte durch Gärtner eine letzte Steigerung erfahren haben. Bezeichnend der Anspruch der Säulen – die körperlichen Elemente schieben die räumlichen zurück. Bezeichnend auch das harte, steigerungslose Nebeneinander der Raumteile, Schiff und Chor.

Ehem. Karmelitenkirche

1352 lassen sich die Beschuhten Karmeliten in Neustadt nieder und bauen auch gleich ihr »arm Gotteshäuslein«, das, bei allen späteren Umbauten, die Sachlichkeit seines Ursprungs bewahrt.

Ein flach gedecktes Rechteck mit nördlich anliegendem rippenkreuzgewölbtem Seitenschiff. Der Turm kam 1611 hinzu, und erst die Ausstattung des 17. und 18. Jh. trug Reichtum in die betonte Armut: die gute warme Kassettendecke von 1680, der aufwendige Hochaltar von etwa 1700, die Seitenaltäre 1732, die hoch zu rühmende *Kanzel* von

1748–50, reinstes Rokoko, die Orgel (mit noch altem Werk) von 1732.
Die 1693–1703 errichteten **ehem. Klostergebäude** dienen heute als Amtsgericht.

Bad Neuhaus (E2)

Am Fuße der Salzburg. Im 15. Jh. baut hier Simon v. Thüngen ein »neues Haus«. N. ist seit 1853 Heilbad; seine 4 Quellen wurden 1954 neu gefaßt. 1934 nach Neustadt eingemeindet.

Schloß, heute **Kurhaus.** 1767 errichtet Enrico Todosci anstelle des alten Thüngen-Baues die 3flügelige Anlage. In mehreren Räumen noch vorzügliche Stukkaturen. Auch die 1773–76 eingerichtete Schloßkapelle erfreut durch ihre Rokoko-Ausstattung.

● **Salzburg**

Die Burg darf nicht mit der im 8. und 9. Jh. genannten karolingischen Pfalz Salz gleichgesetzt werden; die lag unten, beim Dorf Salz. Die Höhenburg ist mittelalterlich, wenn der ungewöhnlich weite Bering auch auf eine frühe Verschanzung zurückgehen könnte. Der Würzburger Bischof, der i. J. 1000 in den Besitz des Königsgutes Salz einrückt, wird frühestens im 11. Jh. den Berg befestigt haben. Ende des 12. Jh. läßt sich die Burg erstmals nachweisen. Sie ist Ganerbenburg (von mehreren Dienstmannen behaust), wenn auch die sich nach ihr nennenden Voite von Salzburg den ersten Platz behaupten. Im 16. Jh. verliert sie ihre Bedeutung und wird langsam Ruine.

Eine der größten Burganlagen – auf einem Vorgriff der die Saale säumenden Höhen –, ist die Salzburg zudem durch einen ins 12. und 13. Jh. zurückreichenden wohlerhaltenen Bestand an Mauern und Baulichkeiten ausgezeichnet. Ein Trockengraben umschließt das mit der Spitze südwestlich liegende Dreieck, dessen nordöstl. Basis die schwache Seite ist. Die umfassende 2schalige Füllmauer mit Zinnenkrone (12. Jh.) ist hier mit 4 quadratischen Türmen bewehrt, deren zweiter der **Torturm** ist: ein in Buckelquadern aufgeführtes starkes Geviert, der Torbogen von einem (»normannischen«) Zackenstab umfaßt. – 6 **Ansitze** der Ganerben lassen sich noch in der umringten Burgfläche aufzeigen. Der größte (der Voite von Salzburg) in der Spitze des Dreiecks schließt den großen, gequaderten Bergfried und den benachbarten (75 m tiefen) Brunnenschacht ein. Der zweite, südöstlich folgende enthält, neben einem Wohnturm, den **Palas,** dessen von einem Staffelgiebel überhöhte Front durch ein Doppelfenster, mit 3 + 3 Spitzbogenarkaden in rechteckiger, plastisch profilierter Rahmung, ausgezeichnet ist; diese aus der Mitte des 13. Jh. kommende sog. **Münze** ist als eines der reizvollsten profanen Bauwerke der

Frühgotik zu schätzen. Wenig entfernt, nordöstlich, ragt der zweite Bergfried, gequadert wie der erste, doch eher früher als später entstanden. Der dritte Ansitz, östlich des vorigen, verfügt über den stärksten und wohl auch ältesten der Burgtürme, der eine wohlerhaltene roman. Kaminanlage enthält. Der nächste, südöstlich, hat nur noch wenig aufrechtes Mauerwerk. Zu ihm gehört der erste der in die Ringmauer eingestellten Türme. Der fünfte, in der O-Ecke, ist fast gänzlich vergangen. Zu ihm gehörte der zweite der Ringmauertürme, wie zum letzten der Ansitze, in der N-Ecke, der dem Torturm folgende sog. Schäferturm. – Einiges wurde im 16. Jh. hinzugebaut (**»Jägerhaus«**), das romantische 19. brachte (1841–48) die **Kapelle.** Aber diese Zugaben wollen nichts besagen. Die Salzburg ist durch das 12. und 13. Jh. charakterisiert, ihr Gesicht ist romanisch.

Brendlorenzen (E2)

Kath. Pfarrkirche St. Johannes Bapt.

Schon 742 bezeugt, darf die damals von St. Martin patronisierte, in frühfränkische Zeit zurückreichende Kirche in der Substanz ihrer Langhaus- und Querschiffmauern in karolingische Zeit gesetzt werden.

Korrigiert man die späteren Veränderungen, so erhält man ein breitrechteckiges Langhaus, ein überhöhtes, durch einen eingezogenen (1711 beseitigten) Scheidbogen vom Langhaus abgesetztes Querhaus, das sich durch je 2 Arkaden in Seitenschiffe, östlich in eine unmittelbar anliegende Apsis öffnet; diese mußte dem durch geschmückte Klangarkaden ausgezeichneten Chorturm des frühen 13. Jh. weichen.

Die kleine einfache **kath. Laurentiuskirche** aus der 1. Hälfte des 13. Jh. ist Zeitgenossin des Turmes der Johanneskirche.

NEUSTADT a. d. Waldnaab
(OPf. / Neustadt a. d. Waldnaab L5)

Die Geschichte dieser kleinen Residenzstadt war wechselvoll. Zunächst Besitz der Ortenburg, dann der Truhendingen, gelangt die neben der älteren Dorfsiedlung (Altenstadt) spätestens 1232 gegründete Stadt 1261 an Oberbayern, 1287 an Niederbayern, 1329 an Kurpfalz, das sie (als Teil der Herrschaft Störnstein) 1353/54 mit vielen seiner nordoberpfälzischen Besitzungen an Karl IV. verkauft. Der Kaiser verleibt sie »auf ewige Zeiten« der Krone Böhmen ein. Kurpfalz gewinnt wohl das meiste zurück, aber nun als böhmisches Lehen. 1563 verpfändet Kaiser Ferdinand I. die Herrschaft an Ladislaus v. Lobkowitz. 1575 wird sie Erblehen der Lobkowitz, 1641 gefürstete Reichsgrafschaft. 1689 ff. führen die Fürsten ihr Residenzschloß auf. 1808 tritt Bayern an ihre Stelle. – Die Stadt, auf einem schmalen Hügelrücken zwischen Waldnaab und der ihr hier zufal-

lenden Floss, umfaßte zunächst nur den vom oberen und unteren Tor beschlossenen Markt, mit dem Schloß oben und der Pfarrkirche unten. Erst 1358, unter Karl IV., konnte sie sich um die die Achse des Marktes abwärts fortsetzende, selbst marktartig geräumige Freiung erweitern.

Die beiden Schloßbauten, besonders das die ansteigende Raumbahn abriegelnde Neue Schloß, beschließen das östl. Ende des Marktes. Das **Alte Schloß** (heute Besitz der Gemeinde) ist ein wenig aufwendiger Bau des frühen 17. Jh., doch mit reizvoller Arkadenfreitreppe. Das **Neue Schloß** (heute **Landratsamt**) wurde 1689 vom Architekten der Lobkowitz, Antonio della Porta, begonnen, 1702 von Anton Ritz weitergeführt und 1720 beendet. Die dem Markt zugekehrte W-Seite des 3geschossigen Gebäudes ist durch das plastische Relief ihrer Gliederungen ausgezeichnet: Rustikapilaster im Erdgeschoß, durchgehende toskanische oben, Blendarkaturen zwischen den Pilastern, Balustradensockel unter den Fenstern.

Kath. Pfarrkirche St. Georg. Der lt. Inschrift 1607 gebaute Turm wurde 1794 erhöht. Weihe der wohl bald nach Mitte des 17. Jh. begonnenen Kirche 1689. Gute Stukkaturen des frühen Rokoko an den Decken. Ein vortreffliches Stück Steinplastik ist der Grabstein des 6jährigen Albrecht Ludwig Gottfried v. Matzdorf (1646): der kleine Junker gestiefelt und gespornt.

Diesseits der Waldnaab, doch außerhalb der Stadt, liegt die **Wallfahrtskirche St. Felix,** Stiftung der Fürsten v. Lobkowitz, erbaut 1735, erweitert oder vielleicht völlig neu errichtet 1763–65. Die Anlage verbindet ein quadratisches Laienhaus mit abgeschrägten Ecken und einen kleeblattförmigen Chor zu einem originellen Raumbild. Die Deckenbemalung reiht eine Vielzahl von Szenen aus dem Leben des hl. Felix aneinander. Anmutige Altäre aus der Zeit um 1765.

NÜRNBERG (MFr. / GH6/7)

Die erste Nennung, 1050, dürfte nicht viel später liegen als die Begründung des nach dem die flache, waldreiche Pegnitz-Landschaft überragenden Felskopf genannten Platzes, veranlaßt durch die Bestrebungen Kaiser Heinrichs III., zwischen den Territorien der Bischöfe von Eichstätt und Bamberg ein Kronland zu schaffen. Die Anlage eines Königshofes links der Pegnitz (bei St. Jakob) wird Hand in Hand mit der Befestigung des Berges rechts des Flusses gegangen sein. Burg und Hof legten sich Siedlungen an, deren eine sich zur Sebalder, die andere zur Lorenzer Stadt entwickelte. Die Trennung der beiden Siedlungen sprach sich bis ins hohe Mittelalter noch ersichtlich aus; die versumpfte Uferbreite der Pegnitz zwang Abstand zu halten, den erst die Ansetzung der Juden im Umfang des (durch die Zerstörung des Ghettos 1348 freigewordenen) Marktes ausglich.

Die junge, um 1040 gepflanzte Stadt entwickelt sich rasch. Im Schnittpunkt wichtigster, S und N, W und O verbindender Fernstraßen kann sie die Dürftigkeit ihres Sandbodens durch die Vorteile der geographischen Mittellage ausgleichen. Die Quellen ihres Wohlstandes können nur Handel und Gewerbe sein, und wenn sie groß, reich, mächtig wird, dann dank einer wagenden Kaufmannschaft und eines in hohem Maße erfinderischen Handwerks, das v. a. die Metallverarbeitung, in den verschiedensten Zweigen, an sich zieht. In den 70er Jahren des 11. Jh. beginnt ein bei der Peterskirche begrabener Gottesmann Sebald Wunder zu wirken. N. hat nun seinen Heiligen, der bald den Peterstitel der von der Pfarre Poppenreuth abhängigen, noch kleinen, erst im 13. Jh. groß heranwachsenden Kirche verdrängt. Wie sich St. Sebald erst aus dem Pfarrverband eines Dorfes lösen muß, so die wohl gleichzeitig, d. h. auch noch im 11. Jh. entstandene zweite Kirche, St. Lorenz, aus dem von Fürth, das nicht zuletzt die Kosten des Aufstiegs N.s zu tragen hatte.

Die geographische Mittellage hat ihre Konsequenzen. N. ist der entscheidende Platz in den Endkämpfen Kaiser Heinrichs IV. und im Widerstreit von Welf und Waibling (1105, 1127, 1130). In der schwäbisch-fränkisch-böhmischen Territorialpolitik der Staufer nimmt es eine Schlüsselstellung ein, wie es dann noch einmal, in den territorialpolitischen Plänen Karls IV., in die Mitte rückt. – Der »Freiheitsbrief« Kaiser Friedrichs II., 1219, stattete die Kaufmannsgilde mit bedeutenden Rechten und Vorrechten aus. Der Übergang in die Unmittelbarkeit des Reiches vollzieht sich schrittweise im Laufe des 13. Jh. Der Versuch des Herzogs von Bayern, die Stadt als staufisches Erbe an sich zu ziehen, mißlingt. Schwerer gestaltet sich der Kampf mit den Zollernschen Burggrafen, den erst der Übergang der Stadt an Bayern, 1806, beendet. Der etwa 1235 einsetzende Prozeß der Reichsstadtwerdung ist um 1350 abgeschlossen. 1385 gelangt noch das Reichsschultheißenamt an die Stadt, und 1427 stoßen die Burggrafen (jetzt Markgrafen) ihre wertlos gewordene Burg (Burggrafenburg) an die Stadt ab. Die Angriffe des Markgrafen Albrecht Achilles werden abgeschlagen. Die Stadt ist auf der Höhe ihrer Macht, zugleich auch ihrer kulturellen Kraft. Der Bayerische Erbfolgekrieg ermöglicht 1505 die Schaffung eines Territoriums, unerläßlich für die wirtschaftliche Sicherung der stets durch markgräfliche Blockaden bedrohten Stadt.

1271 beruft König Rudolf von Habsburg seinen ersten Reichstag nach N.; die 1356 hier erlassene Goldene Bulle Kaiser Karls IV. bestimmt N. zur Stadt des ersten Reichstages eines jeweiligen Königs. 1427–1792 verwahrt N. Heiltum und Kleinodien des Hl. Römischen Reiches. – Das Stadtregiment liegt in der Hand der Geschlechter, eines starken Patriziates. Der Rat duldet keine Zünfte; die »geschworenen« Handwerke unterstehen seiner Kontrolle. Der Übergang zur Reformation, 1525, vollzieht sich ohne Aufregung. Es gibt keine Bilderstürme. Aber die Höhe der Lebenskraft ist überschritten. 1542 und 1543 sieht N. die letzten Reichstage in seinen Mauern. 10 Jahre später hat es eine schwerste Bewährungsprobe im »Markgrafenkrieg« zu bestehen; es besteht sie eben noch. Im 30jährigen Krieg steht N. noch einmal im Brennpunkt des Geschehens (1632). 1648 tagt in seinem Rathaus der Friedens-Exekutions-Kongreß. Künftig führt es das Leben der überalterten Reichsstädte, bis es die Eingliederung in den Staat Bayern 1806 zu neuem tätigem Dasein erweckt.

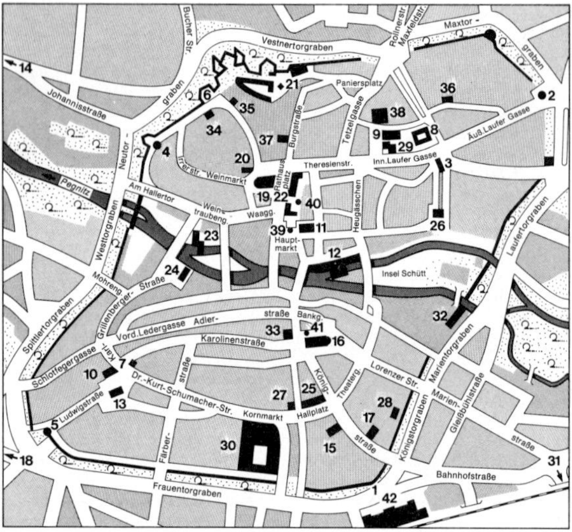

Nürnberg. Innenstadt-Lageplan

1835 hat die erste deutsche Eisenbahnstrecke N. als Abgangsbahnhof. Mitte des 19. Jh. siedelt sich verstärkt Industrie an (Maschinenbau, Elektrotechnik u. a.). Die Stadt wächst über ihre Mauern hinaus; die Einwohnerzahl schwillt an (1806: 25000, 1881: 100000, 1939 rd. 420000). Die Luftangriffe des 2. Weltkrieges zerschlagen die Altstadt. Die Nachkriegszeit müht sich um rettende Wiederherstellung und schonende Neubebauung. Eine erneute Erweiterung des Stadtgebietes bringt 1972 der Einschluß von 8 Umlandgemeinden.

● Die Stadt

Die Sebalder Stadt nimmt, von der Burg her zu Tal gehend, großenteils Hanglage ein, die südliche, um St. Lorenz, breitet sich im Flachen aus. Beide werden noch im 14. Jh. als »oppidum« und »civitas«, Burg- und Bürgerstadt, unterschieden. – Der Grundriß der Lorenzer Stadt läßt Planung erkennen. Ein Oval ist die Umfassung (vor dem westl. Pol lag der Königshof), ein System von Parallelgassen mit Querverbindungen charakterisiert die Gliederung. In dieses Gefüge legt nur

Zu nebenstehendem Plan:

Stadttore und -türme

1 Frauentor
2 Laufer Torturm
3 Laufer Schlagturm
4 Neues Tor
5 Spittlertorturm
6 Tiergärtnertorturm
7 Weißer Turm

Kirchliche Gebäude

8 Ehem. Allerheiligenkapelle des Zwölfbruderhauses
9 Ev. Egidienkirche
10 Kath. Kirche St. Elisabeth
11 Kath. Frauenkirche
12 Hl.-Geist-Spital
13 Ev. Jakobskirche
14 zu ev. Johanniskirche, Johannisfriedhof, Holzschuhersche Kapelle
15 Kath. Kirche St. Klara
16 Ev. Lorenzkirche
17 Ev. Marthakirche
18 zu Rochuskapelle, Rochusfriedhof
19 Ev. Sebalduskirche
20 Sebalder Pfarrhof

Profane Gebäude

21 Burg
22 Rathaus
23 Weinstadel, Wasserturm, Henkersteg, Henkertürme
24 Unschlitthaus
25 Mauthalle
26 Herrenschießhaus
27 Zeughaus
28 Baumeisterhaus
29 Richard-Willstätter-Gymnasium, Melanchthon-Denkmal
30 Germanisches Nationalmuseum
31 zur Meistersingerhalle
32 Norishalle
33 Nassauer Haus
34 Albrecht-Dürer-Haus (Museum)
35 Pilatushaus
36 Tucher-Schlößchen (Museum)
37 Fembohaus (Stadtmuseum)
38 Pellerhaus (Stadtbibliothek, Stadtarchiv), Apollo-Brunnen
39 Schöner Brunnen
40 Gänsemännchen-Brunnen
41 Tugendbrunnen
42 Hauptbahnhof

---

die Königstraße (die südlich bis zur Maut dem inneren Stadtkern zugehört) eine transversale Richtungsachse, die ihre Erklärung in der Festhaltung eines alten, von S herkommenden, auf die Pegnitz zuhaltenden Verkehrsweges finden dürfte; an ihr entstand die Pfarrkirche St. Lorenz, auf deren Stirn sich die Mittelachse (Karolinenstraße) des Ovalgrundrisses ausrichtet. – Gemessen an dieser Planordnung erscheint das Gassennetz der Sebalder Stadt regellos. Der Siedlungsursprung ist am S-Hang des Burgfelsens, die Kristallisationszelle bei der Peterskapelle (später St. Sebald) auf der Fußschwelle des Burgberges über der Pegnitz-Niederung zu suchen. Die Ausrichtung auf eine Platzmitte, den Markt, erfolgt erst nach 1348. Die frühmittelalterl. Stadt liegt zwischen Markt und Burg; ihre tragende Straßenachse verläuft, in der Richtung des Flusses, von O nach W.

Stadtbefestigungen. Von einer *ältesten Befestigung,* die wohl nur die Sebalder Seite betraf, lassen sich keine Spuren mehr ●

feststellen. Sie reichte westlich über den Weinmarkt bis zur Irrerstraße. – Deutlich zeichnet sich erst der *zweite Gürtel* (Mitte 12. Jh.) ab, der westlich schon die endgültige Grenze anlief, östlich bis zum Laufer Schlagturm vorstieß und südlich den Markt querte; der Fluß wurde noch gemieden. Der gleichzeitig angelegte Gürtel der Lorenzer Stadt umgriff östlich die Kirche, wendete westlich am Weißen Turm und verlief südlich auf der Höhe des Kornmarktes; an den Fluß trat auch er noch nicht heran. Der Zusammenschluß beider Stadthälften erfolgte erst nach 1320. Brückenbollwerke überquerten jetzt – östlich bei der Insel Schütt, westlich beim Henkersteg – den Fluß. Dieser zweite, im Fortgang des Jahrhunderts erneuerte und verstärkte Gürtel, dessen noch ragende Zeugen **Weißer Turm** und **Laufer Schlagturm** sind, hinderte die immer noch junge Stadt nicht am Wachsen; v. a. südlich und östlich weitete sich der besiedelte Raum. – So wurde 1377 der *dritte,* letzte, mächtigste *Wehrgürtel* in Angriff genommen und bis zur Mitte des 15. Jh. ins Werk gesetzt. Diese spätgot. **Mauer,** die das 19. Jh. (mit einigen Verlusten) und auch noch die schlimmsten aller Nürnberger Jahre, 1944/45, großenteils – zu 2 Dritteln etwa (von den 88 Türmen gingen 31 zugrunde) – überdauert hat, baut sich, 1 m breit, 7–8 m hoch, hinter einem tiefen (zu endlicher Breite aber erst im 16. und 17. Jh. gebrachten) Trockengraben auf; ein etwa 15 m breiter Zwinger verstärkt sie; an die 120 Türme sicherten sie in Pfeilschußabständen. Sie wurde nie erstürmt, und wenn sie auch im 16. Jh. im nun modernen *bastionären System* ergänzt wurde (1556/64; die beiden Bastionen nördlich des Spittlertores schon 1527), so war es doch im wesentlichen immer noch sie, die den im 15. Jh. ausgereiften Stadtkörper bis zum Ausgang der Reichsstadt umfriedete. Die bastionären Zusätze des 16. Jh. legten sich in besonderer Stärke dem Rücken der Burg an. Das 16. Jh. fügte aber auch die Monumente der Stadtbefestigung hinzu, die an den 4 Drehpunkten des Stadtumfanges aufgestellten »dicken Türme«, deren wuchtige Rundkörper (erdacht von Paul Beheim, gebaut von Georg Unger) für das äußere Stadtbild so entscheidend sind: **Laufer Torturm** (1556 vollendet), **Spittlertorturm** (1557), **Frauentor** (1558) und **Neues Tor** (1559); nicht allerdings völlige Neubauten, sondern Ummantelungen der älteren spätgot. Vierecktürme; nur der **Tiergärtnertorturm** blieb bei seiner alten Gestalt. 1563/64 kommt noch, im Anschluß an die Burgfortifikationen, die große Bastion am Neutor (nordwestlich) hinzu. Die noch

spätere vor dem Wörther Tor, 1613, verfiel 1869 dem Abbruch.
Das innere Stadtbild hat der 2. Weltkrieg zerstört. Von vielen Plätzen, Straßen, Gassen kann nur erinnernd gesprochen werden; die etlichen verschonten Parzellen mögen die Erinnerung stützen. Das **Bürgerhaus** trieb wenig Aufwand, es sei denn, daß es sich mit einem der für Nürnberg so typischen »Chörlein« schmückte, die, spätgot. Herkommens, meist in späten (und meist hölzernen) Vertretern des 17. und 18. Jh. vor Augen waren (und zu einem Teil auch noch sind). Das Haus, häufig massiv, gequadert, verspannt sich mit glatter Wandung in die Zeile. 3- oder 4geschossig fügt es sich zu relativ regelmäßigen, geschlossenen Fronten zusammen, zu freierer Bewegung des Umrisses erst in der durch Ladeerker belebten Dachregion gelockert. Ein persönliches Heraustreten aus der Gemeinschaft gestattete nur die Ecklage, und Eckhäuser gehörten (und gehören in einigen Fällen noch) auch zu den »prominentesten« der Stadt. Zu nennen sind das aus dem höheren engeren Teil der Burgstraße in den tieferen breiteren vorgreifende → **Fembohaus** und das (zerstörte) **Toplerhaus** (1590–97), das sich, als Kopfbau zwischen 2 dem oberen Paniersplatz zustrebenden Gassen, schmalhüftig steilwüchsig, zum reichgegliederten Giebel aufreckte. Es geschah nur ausnahmsweise, und auch erst spät, daß sich eines der in der Zeile stehenden Häuser »brüstete«, wie das → **Pellersche** auf der Höhe des Egidienplatzes, das den zu ihm ansteigenden Platz prächtig beherrschte. Wirkte die Erscheinung der Stadt weniger »altfränkisch« als etwa Rothenburg, so mag der Grund dafür in einer strengeren, schon früh auf Ordnung bedachten Baupolizei zu finden sein. Doch war das Stadtbild überall da »malerisch«, d. h. durch Gruppierungen, Verschränkungen belebt, wo die Situation keine Ordnung forderte oder zuließ, wie an den Ufern der Pegnitz und an den Hängen des Burgfelsens. Auch Fachwerk, im Spätmittelalter sicher noch vorherrschend, hatte sich in einigen Inseln behauptet. Ein Fachwerkbau ist auch das geweihteste aller Nürnberger Häuser, das → **Dürerhaus** am Tiergärtnertor. – Das Stadtbild hat sich im 17. und 18. Jh. nicht mehr verändert; keine Reichsstadt war noch des Wachsens fähig, und was dann die barocken Jahrhunderte noch zubrachten (Egidien-, Elisabethkirche), störte mehr, als daß es steigerte. Bis 1944 war Nürnberg, obwohl Großstadt, eine der besterhaltenen Städte deutscher Vergangenheit, und wenn wir

sagen: die großartigste von allen, machen wir uns keiner Übertreibung schuldig.

● Burg

Gründung Kaiser Konrads II. oder Heinrichs III. im 2. Viertel des 11. Jh. auf einem nur gegen O »schwachen« Sandsteinfelsen, dessen Schroffen südlich noch freiliegen. Von der ersten Anlage hat sich nur der Fünfeckturm »Altnürnberg« erhalten. König Konrad III. scheint es gewesen zu sein, der die »Kaiserburg« bis an den westl. Steilabfall vorschob und die ältere östl. Burg den »castellani«, »Burggrafen«, überließ. Die ältesten Teile – Heidenturm, Margarethenkapelle, O-Wand des Palas – sind aber schon spätstaufisch, Zeit Heinrichs VI. – Seit 1313 steht die Burg bei Königsvakanz in der Hut der Stadt; Ludwig d. Bayer bestimmt, daß Burg und Stadt ein Ding sei. Die nicht mehr aussetzenden Reibungen der Stadt mit dem Burggrafen veranlassen diesen (seit 1415 Markgraf von Brandenburg) 1427 zur Veräußerung der »Burggrafenburg«; erst jetzt sind Burg und Stadt wirklich ein Ding. Die kurz vorher, 1420, anläßlich einer Fehde des Markgrafen mit Bayern, verbrannte Burggrafenburg im östl. Sektor des Burgbereiches wird von der Stadt nicht wiedererrichtet. – Der letzte Kaiser, der bei seinen Aufenthalten die Burg bewohnte, war Friedrich III. Auf sein Geheiß erfolgten die letzten Eingriffe in den ererbten Bestand. Palas und Kemenate wurden 1440–42 umgebaut; die 2geschossige Unterteilung des großen Palas-Saales geht in diese Spätphase zurück. Eine westl. Verlängerung des Palas-Flügels, 1487, schloß diese auf zeitentsprechende Wohnlichkeit der staufischen Burg zielenden Maßnahmen ab. Wenig später, 1494/95, stellte die Stadt ans O-Ende noch die sog. Kaiserstallung. – Das 16. Jh. sieht die Burg unter dem Blickpunkt der modernen Fortifikation; es entstehen die großen Bastionen zwischen Tiergärtnertor und Fünfeckturm, 1538/45; es erhält der Sinwellturm seinen ihm so wohl anstehenden Kopf, 1561; es wird der in der Anlage wahrscheinlich ins 12. Jh. zurückgehende Tiefe Brunnen in ein neues Steinhaus eingeborgen, 1563. Der Sektor der Wohnbauten ergänzt sich nur noch um einen zweiten W-Anbau des Palas-Flügels, 1559/60, und den guten Fachwerkbau der sog. Sekretariatswohnung, 1564, am N-Rand des äußeren Burghofes. Damit schließt die alte Geschichte der Burg.
Die neue und neueste Geschichte hat von Restaurierungen und Zerstörungen zu berichten – Restaurierungen 1835 und 1934/35 (die zweite gegen die erste gerichtet), Zerstörungen 1944/45; der Luftkrieg brachte schwersten Schaden: Palas und Kemenate ausgebrannt, Walpurgiskapelle, Luginsland, Kaiserstallung großenteils zerstört, alle anderen Gebäude mehr oder weniger stark beschädigt. Der Wiederaufbau läßt die Spuren des Unheils kaum mehr erkennen, es sei denn in der Tatsache bruchfrischen Steines.

Die Erscheinung der Gebäude geht vorwiegend ins 15. Jh. zurück. Die starke bastionäre Befestigung, die 1538–45 nördlich und nordwestlich vorgelegt wurde, vollendete die bauliche Gestalt der Burg.

Nürnberg. Burg. Margarethenkapelle (Unterkapelle)

Aus der Stadt, von S heraufsteigend, tritt man durch das **Himmelstor** ein. Der zwischen **Hasenburg** und **Himmelstallung** links und Felsböschung rechts weiterführende Weg stößt auf die **Kaiserburg,** die mit Heidenturm und Kapelle an ihn herantritt. Beide spätstaufisch, in vorzüglichen Quaderverbänden von einer Regensburger Hütte ausgeführt. Die **Burgkapelle** ist nach der Art der Hofkapellen doppelgeschossig, beide Geschosse, 9jochige, mit Kreuzgratgewölben gedeckte Hallen, durch eine mittlere quadratische Öffnung verbunden. Die Chöre sind in den in der Achse abweichenden, in der Grundlage wohl älteren **Heidenturm** verlegt, der seinen Namen den (nicht sicher deutbaren) roman. Steinfiguren an der O-Wand verdanken dürfte. Schwere, gedrungene Verhältnisse in der Unterkapelle, einer Pfeilerhalle (*Margarethenkapelle*); leichte, schlanke in der von anderer Hütte und wohl auch etwas später ausgeführten oberen, einer Säulenhalle (*Kaiserkapelle*); die vom Palas (Ritter- und Kaisersaal) her zugängliche doppelgeschossige W-Empore diente dem königlichen Burgherrn, dessen Kapelle die obere war. Die Kapitellplastik, in der Unterkapelle sehr nah der der Regensburger Schottenkirche, ist beste der Zeit. – An Turm und Kapelle vorbei erreicht man das **Burgtor** und den inneren Burghof, den im S und W **Palas** und **Kemenate** begrenzen, beide im wesentlichen spätmittelalterlich, beide durch breite Mauerstirnen das Gesicht der Burg bestimmend, beide durch den 2. Weltkrieg betroffen und ihres Inhalts beraubt, 1947–50 großenteils erneuert. – Die östl. Erstreckung der Kaiserburg bezieht noch, als geräumige Vorburg, eine Reihe locker ausgeteilter kleiner Baulichkeiten (**Kastellans-, Sekretariatswohnung, Finanzstadel, Tiefer Brunnen**) in sich ein und grenzt sich gegen die Burggrafenburg durch eine Mauer, den **»Heimlichen Wächtersgang«** zwischen Hasenburg und Sinwellturm, ab. Hier an der Grenze ragt der den gedehnten Baukörper steil übergipfelnde, nach seiner Rundheit so genannte **Sinwellturm** (mhd. sinwel = rund), der, bis auf sein um die Mitte des 16. Jh. aufgesetztes Haupt, zum ältesten (spätstaufischen) Bestand gehört. An ihm vorbei betritt man, mit der sich jetzt öffnenden Freiung, die

Burggrafenburg, ehemals, bis zum Brand 1420, eine gedrängte Häufung von Baulichkeiten, nun aber wenig mehr enthaltend. Die **Walpurgiskapelle,** erstmals 1267/68 bezeugt (bis ins späte 15. Jh. nach dem hl. Ottmar genannt), wurde 1420 ruiniert, in der Folge wiederaufgebaut, 1945 abermals ruiniert, mit Verwendung der erhaltenen Teile (romanische im Chorturm) rekonstruiert. Die burggräfliche Burg schließt auch auf der nordöstlich vorstoßenden Schroffe den **Fünfeckturm** (»Altnürnberg«) ein, den ältesten der Burg. Die 2,5 m starke Mauer (mit das 5. Eck ergebender Verstärkung nördlich) ist 2schichtig: Hausteinschalen mit Füllung. Das geziegelte Obergeschoß ist spätgotisch; die Streichwehr am Fuße datiert 1535/36.

In geringer Entfernung von ihm steht der **»Luginsland«,** 1377 von den Nürnbergern in der Absicht gebaut, dem Burggrafen in die Burg zu sehen, 1945 durch Bombenvolltreffer bis auf einen Strunk zerstört, 1954 wiederaufgebaut und mit einem Fachwerkkopf ausgestattet. Der Raum zwischen den Türmen wurde 1494/95 (Bauinschrift über dem Wappenrelief Adam Kraffts) durch den unter dem Namen **Kaiserstallung** bekannten Getreidespeicher ausgefüllt, der – Werk des Stadtbaumeisters Hans Beheim – mit seinem typisch nürnbergischen schweren und steilen Satteldach die O-Hälfte der Burg so wuchtig beherrscht wie der Palas die westliche. Das 1945 großenteils zerstörte Gebäude (erhalten nur die N-Seite und ein Teil der südlichen) wurde 1950–52 mit einigen, durch die Zwecke der Jugendherberge bedingten Änderungen wiederaufgeführt.

Bei geringerer Abschüssigkeit des Bergsockels steht die stadtabgewandte N-Seite der Burg an Eindrücklichkeit des Umrisses hinter der stadtzugewandten S-Seite zurück. Hier trotzen aber, ausgleichend, die mächtigen, 1538–45 nach den Vorschlägen des aus den Niederlanden kommenden Italieners Antonio Fazuni von Paul Beheim und Simon Rößner aufgeführten **Fortifikationen** mit ihren Bastionen in prächtiger Buckelquaderung, höchst eindrucksvolle, schlechthin monumentale Zeugnisse früher »moderner« Festungsbaukunst.

Kirchliche Bauten

Ev. Stadtpfarrkirche St. Sebaldus (Rathausplatz) ●

Auf der südl. Terrasse des Burgberges steht im 11. und 12. Jh. eine Peterskapelle, mit der sich der Ende des 11. Jh. aufblühende Kult eines Pilgerheiligen, Sebald, verbindet. Der große, der Bedeutung der Stadt entsprechende Neubau des 13. Jh. schließt St. Peter zwar noch in sein Patrozinium ein (W-Chor), stellt aber St. Sebald (O-Chor) an die Spitze. St. Peter-Sebald untersteht pfarrlich bis ins 13. Jh. dem nördlich benachbarten Poppenreuth, erscheint aber schon 1255 als Pfarrkirche. Sein Titelherr Sebald wird erst spät, 1425, kanonisiert. – In den 30er Jahren des 13. Jh., kaum später, Baubeginn. 1256 wird ein Stephansaltar geweiht. Die O-Teile sind wohl um diese Zeit fertig. In etwa 2 Jahrzehnten entstehen dann Langhaus, W-Chor und W-Türme. Der Quaderbau, dessen Form sich eng an die Zisterziensergotik der Klosterkirche Ebrach und des Bamberger Domes anlehnen, ist eine Pfeilerbasilika mit östl. Querschiff und 2 Chören über Krypten (folgt also einem um Mitte des 13. Jh. »überholten« Grundriß). – Die Seitenschiffe wurden in den 1. Jahrzehnten des 14. Jh. bis an die Stirnlinie der Querhausflügel hinausgeschoben; für die in die Front der Türme versetzten 2 älteren Portale entstanden 3 neue, das 3. (Brautpforte) am N-Arm des Querschiffes. Auf der Höhe ihrer Macht ging die Reichsstadt 1361 an den Austausch des O-Chores durch den mächtigen Hallenchor, der das Querschiff einbezog und sich nun in dessen Breite bis zum Vieleckschluß ausdehnte: der neue, 1379 geweihte Chor umgriff die Hälfte des Gesamtbaues. Um 12 m das Schiff überragend, bestimmte er auch das Außenbild; an die Burgstraße vortretend, trat er in das Blickfeld des Marktes ein. – Spätere Zeiten brachten nicht mehr viel hinzu, nur daß die beiden schon vor Mitte des 14. Jh. um 1 Geschoß erhöhten W-Türme 1481–90 durch den Nördlinger Steinmetzen Heinrich Kugler auf ihre endliche Höhe gebracht wurden. Eine barocke Ausstattung des 17. Jh. (1667) verschwand bis auf weniges wieder im 19. Jh., gegen dessen Ende (1888 ff.) eine Instandsetzung statthatte. Der 2. Weltkrieg traf insbesondere den O-Chor, dessen Gewölbe völlig zerstört wurden, wie großenteils auch die des W-Chores und des nördl. Seitenschiffes. Der Wiederaufbau, schon 1945 in Angriff genommen, ist abgeschlossen.

Das Äußere ist wie das Innere durch den Gegensatz von älterer und jüngerer Bauhälfte gekennzeichnet, wennschon geringeren Grades als dort, da die reif got. Umfassungsmauern der Seitenschiffe die ältere Struktur des Langhauses überblenden. So tritt die geschlossene Wandfläche der noch von roman. Motiven durchsetzten Zisterziensergotik verhältnismäßig rein nur an der *westl. Turmfront* in Erscheinung, wenn auch die spätere (der Frühzeit des 14. Jh. angehörende) Befensterung schon lockert. Am *Hallenchor* folgen die durch die gestaffelten Streben getrennten, sehr hohen Fenster, vom Sockelgesims bis zur Traufe die Wand aufbrechend, dicht aufeinander, und wenn trotz aller Aufbrechung der Eindruck einer prallen Körperlichkeit entsteht, so liegt diese doch in der Haft der starken senkrechten Bewegungsbahnen. Das geplante Statuenwerk kam nur teilweise zur Ausführung, aber das Zierwerk breitet einen Prunkmantel aus. Als Abschluß denke man sich einen Kranz von Wimpergen und Fialen und eine Maßwerkbrüstung (erhalten an der W-Wand des Chores) hinzu. Der planende Meister war vielleicht ein Parler. Unmittelbare Vorstufe ist der Chor der Hl.-Kreuz-Kirche in Schwäbisch Gmünd: enge Beziehungen bestehen zur Esslinger Frauenkirche.

Nürnberg. St. Sebaldus. Südansicht

Portale. S- und N-Portal entstanden im Zuge der Erweiterung der Seitenschiffe Anfang 14. Jh. Das Jüngste Gericht des *S-Portals* deutet ikonographisch auf das Bamberger Fürstentor zurück; die beiden Flankenstatuen Katharina und Petrus (jetzt ins Innere und ins Germanische Nationalmuseum geborgen) sind vorzügliche Werke des letzten frühgot. Stils (um 1310). Im 2streifigen Bogenfeld des etwa gleichzeitigen, auch gleicher Stilquelle (Mainz) verhafteten *N-Portals* Tod, Begräbnis und Krönung Mariae. Das wenig spätere *Brautportal* nordöstlich birgt im Gewände die Statuen der Klugen und Törichten Jungfrauen. Das um Mitte des 14. Jh. entstandene *Dreikönigsportal* am S-Schiff ist mit den Statuen der Muttergottes und der anbetenden Könige ausgestattet. Die Stilwurzel ist schwäbisch (Schwäbisch Gmünd, Rottweil). Im *südwestl. Turmportal* ein Tympanonrelief mit der Kreuzlegende der hl. Helena (1945 beschädigt), das, wenn nicht von Adam Krafft, diesem nahesteht. – Einzelne Steinbildwerke (die kunstgeschichtlich wertvollsten jetzt im Germanischen Nationalmuseum: der Rietersche Schmerzensmann von 1437 und der Schlüsselfeldersche Christophorus von 1442): Das Steinrelief an der S-Seite des O-Chores, *Epitaph des Arztes Hermann Schedel* († 1485), trägt das Zeichen eines unbekannten Bildhauers, der unter die besten vor Veit Stoß zu rechnen ist. Am Chorpolygon, nördlich der Mitte, zwischen 2 Streben eingefügt, das Erstlingswerk A. Kraffts, das 1492 datierte *Schreyersche Epitaph* mit Darstellungen aus der Passion, die an Gemälde niederländischer Prägung erinnern und von denen man auch weiß, daß sie ein älteres Gemälde an dieser Stelle ersetzen; die beiden vordergründigen Jünger rechts (Mittelfeld) tragen vermutlich die Züge der Stifter Landauer und Schreyer. Der der Brechung des Chores nordöstlich Gegenüberstehende beachte auch den (bisher zu wenig geschätzten) monumentalen »Starckschen« Bronze-Kruzifixus, dessen Spätdatierung zu revidieren ist; er stand wohl ursprünglich im angrenzenden Sebalder Gottesacker und ist wahrscheinlich ein 1517 geschaffenes, überraschend wuchtiges Werk des Veit Stoß.

Inneres. Entscheidend die Entgegensetzung zweier Bauzeiten: des frühgot. 13. Jh. in der W-, des spätgot. 14. Jh. in der O-Hälfte. W-Chor und *Hochschiff* wuchten noch mauerschwer; das Gliedergerüst der gebündelten Dienste und der ihnen auffußenden Gurte und Rippen der Kreuzgewölbe ist von starker Plastik, der Abschritt der 5, wenn auch schmalrechteckigen, Joche ist doch kein rascher; mit dem Zug in die Tiefe konkurriert der in die Höhe (Breite:Höhe = 1:3). Die aus je 4 Öffnungen gebildeten Triforien betonen eher, hinweisend, die Mauerschwere, als daß sie sie erleichtern. Der Aufwand an plastischen Gliedern charakterisiert auch den *W-Chor* (Löffelholz-Kapelle), dessen Vorjoch noch den dunkel über dem Triumphbogen ins Schiff sich öffnenden *»Engelschor«* trägt. Die *Chorkrypta* ist 1schiffig, mit Kreuzrippengewölben gedeckt. Aus der durch das Andringen körperlicher Massen eng wirkenden Raumschlucht des Schiffes schreitet man hinaus in die helle Raumbreite des *Hallenchores,* dessen etwa quadratische, gegen O an Tiefe ab-, an Breite zunehmende Kreuzjoche sehr schlanken, mit Runddiensten bestandenen Achtkantpfeilern entwachsen. Sein Mittelschiff schließt in 3 Seiten des Achtecks, der Umgang in 7 des Sechzehnecks, womit er sich runder Umreißung nähert.

● Ausstattung. St. Sebald beherbergt eine Fülle einzelner Kunstwerke; nur die Spitzen können genannt werden. Die Apostel an den Pfeilern, ausgezeichnete Werke des mittleren 14. Jh., stehen noch im engen Architekturverband. Sakramentshaus im O-Chor aus den 70er oder 80er Jahren des 14. Jh. Bronzetaufbecken von etwa 1430 im südl. Seitenschiff. Aus der Spätzeit des 15. Jh. die 1499 datierte, mit dem Meisterzeichen signierte 3teilige Volckamersche Passion, im Chorumgang, von Veit Stoß. Aus der Frühzeit des 16. Jh. (angeblich 1506) die Kreuztragung des A. Krafft, am 2. Pfeiler der S-Seite des Mittelschiffes. Am 1. N-Pfeiler des O-Chores die hervorragende Muttergottes in der Strahlenglorie, ein Holzbildwerk späten Weichen Stils im alten Gehäuse.

Nürnberg. St. Sebaldus. Sebaldusgrab. Längsseiten-Detail nach dem Entwurf von 1488 (Wien, Akademie der Bildenden Künste)

Von 1499 die Stoßsche Holzfigurengruppe Christi und seiner Mutter Maria, Volckamersche Stiftung wie die eben erwähnte gleichzeitige Dreiertafel der Passion, über der sie aufgestellt ist. Werke des V. Stoß auch der mächtige Andreas, Tuchersche Stiftung von 1506, und die Kreuzigungsgruppe auf dem Hauptaltar; der Kruzifixus, eine Stiftung von 1520, ursprünglich in der Frauenkirche; Maria und Johannes sind um ein rundes Jahrzehnt älter. – Berühmtestes Kunstwerk des reichen Inventars: das *Sebaldusgrab* im O-Chor (vom urspr. Standort im 2. Chorjoch ins 3. zurückgeschoben); Messingguß des Rotschmieds Peter Vischer d. Ä., der, schon 1488 mit der Aufgabe betraut, erst 1508 (Inschrift: »ein Anfang durch mich Peter Vischer 1508«) an sie herantreten konnte, um sie bis 1519, unter dem weitgehenden Beistand seiner

Söhne Peter und Hermann, zu lösen. Mitte ist der mit Silberblech beschlagene, 1391 geschaffene Reliquienschrein. Der Sockel, der ihn emporhebt, trägt 4 Reliefdarstellungen der Sebaldus-Legende und, in den Nischen der Schmalseiten, die Statuetten des Heiligen (mit den Porträtzügen Sebald Schreyers) und des Meisters. In 8 schlanken, schnittig profilierten Pfeilern steigt das Gehäuse auf. Vor jedem Pfeiler ein (an den Ecken 2) Apostel. Auf den Fialenaufsätzen, kleiner, die Propheten. Über den Pfeilern schließt sich die Wölbung; 3 gestufte, vielteilig gegliederte Kuppelpyramiden überragen sie. Die auffälligste Abweichung vom (erhaltenen) Entwurf von 1488 ist die Verminderung der Höhe im Baldachin. Diese zeitgemäße Modifikation geht sicher auf die (mit italienischen Eindrücken befrachteten) Söhne zurück, deren Anteile bedeutend sind. Neben den Renaissance-Zierformen wird man ihnen das reizvolle mythologische und allegorische Figurenwerk der überquellend reichen Standplatte zuweisen müssen, dazu die Reliefs des Sockels und auch die schönen, einprägsamen Statuetten St. Sebalds und Peter Vischers d. Vaters. Für den Vater bleibt die – bei allen Abänderungen – doch entscheidende erste Konzeption; ob ihm oder einem anderen der Söhne, auch die durch enge Anlehnung an got. (deutsche und italienische) Plastik des späten 14. und frühen 15. Jh. auffälligen Apostel gehören, die – nicht so kräftig, derb, frisch wie die kleineren, stämmig-standhaften Propheten über ihnen – mit »still und edel« oder »ideal« zu bezeichnen sind, steht in Frage. Bei aller Verhaftung noch im Deutsch-Gotischen ist das Sebaldusgrab ein beispielhaftes Werk der Renaissance, das das Juvat-vivere-Hochgefühl der ersten Jahrzehnte des neuen (16.) Jahrhunderts so unmittelbar und beglückend erkosten läßt wie wenig neben ihm.

Aus dem Besitz der Kirche an *Gemälden* sei genannt das von Hans von Kulmbach, nach Entwurf Albrecht Dürers, gemalte Tuchersche Epitaph
● von 1513 (Chorumgang). – Hochbedeutend die *Glasgemälde* des O-Chores, wie die des Bamberger Fensters von 1501 (links der Chormitte), des Maximiliansfensters von 1514, des Markgrafenfensters von 1515, diese sämtlich Werke des älteren Veit Hirsvogel nach Malerentwürfen (Dürer wohl an erster Stelle), weiter Stromer-Fenster, älteren Teils 1388, Pfinzing-Fenster, 1515 (Hirsvogel nach Dürer-Entwurf), Volckamer-Fenster, 1488 (vielleicht von Peter Hemmel von Andlau, wie das Volckamer-Fenster in St. Lorenz).

● **Sebalder Pfarrhof** (Albrecht-Dürer-Pl. 1). Das der Kirche nördlich benachbarte Gebäude, ein um einen Innenhof gestelltes unregelmäßiges Geviert, wurde im Hauptbau nach einem Brand, 1361, neu aufgeführt. Sein berühmtes Chörlein, das älteste und reichste Nürnbergs, wurde 1898 durch eine Nachbildung ersetzt (Original im Germanischen Nationalmuseum). Die vom 2. Weltkrieg geschlagenen Wunden wurden geheilt.

● **Ev. Stadtpfarrkirche St. Lorenz** (Lorenzer Platz)

Am O-Rand der vom Königshof bei St. Jakob ausgehenden Siedlung besteht im frühen 13. Jh. eine Lorenzkapelle und neben ihr eine des Hl. Grabes. An diese erinnernd heißt die in der Spätzeit des 13. Jh.

aufwachsende Großkirche noch 1327 »St. Laurentius zu dem Hl. Grab«. Die Baugeschichte dieser bis ins späte 13. Jh. der Pfarrei Fürth unterstellten Kirche ist dürftig überliefert. Älteste, noch im 13. Jh. errichtete Teile sind die Untergeschosse der Türme und das 1. Langhausjoch. Die anschließenden Joche entstehen in der Frühzeit des 14. Jh., um dessen Mitte – nach Ausweis der Wappen Kaiser Karls IV. und seiner Gemahlin Anna v. Schweidnitz – die von den Türmen eingeschlossene reiche Fassade hinzukommt. Die letzten beiden Langhausjoche, stilistisch jünger, können erst gegen Ende des 14. Jh. entstanden sein. Größtenteils dem 14. gehört auch der Ausbau der Türme an, deren nördlicher rascher aufstieg als der südliche, der erst in der Frühzeit des 15. seinen Abschluß fand. Zu Beginn des 15. Jh. (1403ff.) rücken die Mauern der Seitenschiffe bis an die Stirnen der Streben vor; gleichzeitig entstehen die Portalvorhallen und, über den Portalen, die beiden Emporen im S-Schiff und die im N-Schiff. Aber der Raumgewinn ist bei weitem noch nicht ausreichend, und so entschließt man sich zum Abbruch des Chores, um ihn durch einen größeren zu ersetzen. Dieser, der 1439 begonnen, 1472 geweiht und 1477 vollendet wird, besetzt die volle Breite des Langhauses und bleibt auch hinter dessen Länge nicht viel zurück. Die Planung muß dem Rothenburger Konrad Heinzelmann zugesprochen werden, wenn auch der Regensburger Dombaumeister Konrad Roritzer, Werkmeister seit 1456, den aufgehenden Bau geprägt hat. Er modifiziert die sich eng an den Chor der Schwäbisch Gmünder Kreuzkirche anschließende Planung Heinzelmanns im Interesse einer freien Weiträumigkeit durch Verringerung der Jochzahl des Mittelschiffes von 4 auf 3 und durch Ausscheidung der beengenden Kapellen an den Seitenschiffen (nicht am Umgang, die Heinzelmann bereits aufgeführt hatte). Die örtliche Bauleitung liegt 1458–62 in den Händen Hans Paurs von Ochsenfurt, eines Vetters des Regensburger Dombaumeisters, 1462–66 bei Matthäus Roritzer, Sohn des Konrad, dann, 1466–77, bei dem Nürnberger Jakob Grimm. Auf diesen sind – in der Anlage – die beiden Anbauten nördlich und südlich zurückzuführen, die Vorhalle der Brautpforte einschließlich der ihr aufgestockten Volckamerschen Empore und die (1463 vollendete) doppelgeschossige Sakristei. Grimm darf die außerordentliche Leistung der Wölbung zuerkannt werden. Das entzückende Chörlein über der inneren Sakristeipforte wird erst 1517–19, vermutlich durch Hans Beheim, hinzugefügt. – Über die Restaurierungen, deren sich die Kirche im 19. und 20. Jh. zu beklagen oder zu erfreuen hat, sei hinweggegangen. Der 2. Weltkrieg schädigt St. Lorenz schwer (1943–45). Der Wiederaufbau beginnt noch 1945; 1952 findet die Weihe statt. Die großenteils zerbrochenen Gewölbe (des Chorumganges und dreier Langhausjoche) haben sich wieder geschlossen, und man darf sich wieder vom Raumwunder dieses Chores gefangennehmen lassen.

Der Außenbau wiederholt den Umriß des in seinen älteren wie jüngeren Teilen stets um 2 oder 3 Menschenalter voranschreitenden St. Sebald: Turmpaar im W, langgestrecktes Schiff, stark überragender, von mächtigem Walm bedachter

Nürnberg
St. Lorenz
Westfassade
(Vorkriegs-
aufnahme)

Chor. Ein wesentlicher Unterschied der jüngeren der beiden Hauptkirchen ist die *Fassade;* St. Sebald hat statt ihrer einen zweiten Chor. Die Lorenzer ist eine der reichsten deutschen Fassaden; ihr Reichtum äußert sich um so wirksamer, als er sich von der kahlen Rahmung der in rechteckigen oder quadratischen Geschossen aufsteigenden Türme absetzt. Daß die Anregung von den oberrheinischen Münstern (Straßburg) ausging, liegt auf der Hand. Groß, ja riesig, öffnet sich das *Tor.*

Statuen (die Originale z.T. im Germanischen Nationalmuseum) und Statuetten schmiegen sich in die Kehlen der Gewände und Bogenläufe; ein Pfosten, besetzt mit einer Muttergottes, teilt den Eingang; mit erzählenden Reliefs dicht gefüllte Spitzbögen begiebeln die beiden Pforten, darüber, mit Kreuzigung und Gericht, das große Bogenfeld.

Über der die Portalzone abschließenden Balustrade kreist das von einem Quadrat umschriebene Radfenster, und über dieser (1950 gänzlich erneuerten) »Rose« steht der – nach dem Exempel der Frauenkirche – in mehreren Rängen übereinander in Fensternischen aufgebrochene, in einem Scheiteltürmchen gipfelnde Giebel. – Der Blick auf die *Flanken* der Kirche trifft auf die breit durchfensterten, bis auf die Portale schlicht gehaltenen Seitenschiffe, auf die Abfolge der Strebebögen darüber und die mauerflächige Hochwand des Mittelschiffes, um dann den an Massenwucht überlegenen *Chor* zu ergreifen, der, 2geschossig gegliedert, mit dem im Untergeschoß eingezogenen, im Obergeschoß freistehenden Streben zwar nicht ungeschmückt ist, aber teilhat an einer Nürnberg eigentümlichen Trockenheit – seine Kraft liegt im Raum.

Das Innere ist, wie bei St. Sebald, durch den Gegensatz des basilikalen, eng schluchtenden *Langhauses* und des jüngeren, breit gelagerten Hallenchores gekennzeichnet. An die trotz Empore voll ins Schiff geöffnete Vorhalle schließen die 8 schmalen Arkadenjoche, getrennt durch Dienstvorlagen, die strähnig linear die sonst gliederungslose Wandfläche zerteilen, in der oben, in die Schildbögen der Kreuzrippengewölbe eingepaßt, die Fenster sitzen. Dieses Langhaus öffnet sich in der Breite seiner Schiffe in den *Chor,* der zwar auch 3schiffig ist, aber nicht mehr 3räumig wie das Langhaus, sondern 1räumig; die die gleich hohen Schiffe trennenden Pfeiler werden nicht mehr als Trennung empfunden; sie stehen im umflutenden Raum, der seine feste körperliche Grenze erst in der Umfassungsmauer findet. Wesentliche Unterscheidung gegen den älteren Chor von St. Sebald ist die durch die umlaufende Galerie unterstrichene Zweigeschossigkeit der im Schluß siebenfach gebrochenen Umfassung, die gegen die Höhe zwar nicht gleichgewichtig, denn die führende Blicklinie ist immer noch die Vertikale, aber doch starkgewichtig die Breite setzt. Alles ist hier kompakter, schwerer, zugleich aber auch schärfer in der Konturierung: der »eckige Stil« des späten 15. Jh. hat das Wort, das Lineament der Rippennetze ist wie das Faltengeflecht des Bildschnitzers, des Veit Stoß etwa.

● Die Ausstattung ist vielfältig reich, wurde nicht geringen Teils allerdings erst im 19. Jh. aus anderen Nürnberger Kirchen hierher geborgen. Ursprünglicher, mit der Architektur des Chores aufs engste ● verbundener Besitz ist das hochberühmte *Sakramentshaus* des Adam Krafft von 1493–96, Stiftung des Hans Imhoff, eines jener Wunderwerke spätgot. Steinmetzkunst, die den Stein bis ins Letzte entschwert; Träger des Werkes sind der Meister selbst und seine beiden (namentlich unbekannten) Gesellen. Ein älteres, noch frühgot. Bildwerk ist die Muttergottes an einem der N-Pfeiler des Schiffes, die sich mit den späteren, durch den »Parler-Stil« geprägten Hll. 3 Königen von rd. 1360 zur Anbetungsgruppe verbindet. Etwas jünger, Ende 14. Jh., sind die an den letzten Pfeilern des Mittelschiffes und im Chor aufgestellten Statuen Christi und der Apostel, schon Weichen Stils, aber leidenschaftlich erregt bis in die Faltengebärde. Der hl. Paulus trat später hinzu, 1513 von Veit Stoß geschaffen, Stiftung des Propstes Anton Kreß (sein Bronze-Epitaph von Peter Vischer d. J. am gleichen Chorpfeiler). In der Raumweite des Chores schwebt unvergleichlich, ein Spätwerk des ● V. Stoß, der *Englische Gruß,* die Verkündigung des Engels an Maria (mit ihren 7 Freuden in den Reliefmedaillons des Kranzes), Stiftung des Anton Tucher und 1517–19 gearbeitet; mit immer noch spätgot. Stilmitteln gewann der betagte Meister eine dem reifen Dürer nahekommende Monumentalität. Von Stoß auch der großartige Holz-Kruzifixus von rd. 1500 auf dem Hauptaltar, der sich bis 1824 in St. Sebald befand. Genannt seien noch der Deocarus-Altar von 1437 (Chor-N-Seite), der ● auf verschiedene Plätze zerteilte *Imhoffsche Altar* von 1418–21, eines der bedeutendsten Frühwerke der Nürnberger Tafelmalerei, das Ehenheim-Epitaph, um 1438, Werk des »Meisters des Tucherschen Altars« der Frauenkirche, vorzügliches Beispiel für den realistischen Stil der Jahrhundertmitte, und der Martha-Altar mit Gemälden des nach ihm genannten Meisters von 1517. – Hingewiesen sei auch auf die beste ● altdeutsche Glasmalerei enthaltenden *Chorfenster:* das Rietersche von 1479 (Chorumgang N), das Hallersche von 1480, das Knorrsche von 1476, das Kaiserfenster von 1477 (Chormitte), Stiftung Kaiser Friedrichs III. und seiner Gemahlin Eleonore, das Konhofersche von 1477, das Volckamersche von rd. 1480, dieses Werk des Straßburger Meisters Peter Hemmel von Andlau. Es ist eine der Auszeichnungen dieses reichen Chores, daß er seine alte farbige Verglasung noch besitzt. – Erwähnen wir noch in dieser Aufzählung, die, weniger abkürzend, ein

Katalog sein würde, den *Bronze-Leuchter* von 1489 im Mittelschiff, angeblich Tuchersche Stiftung und Meisterstück des älteren P. Vischer, und die große Reihe von Totenschilden der führenden Geschlechter aus dem 15. bis 17. Jh.

Kath. Stadtpfarrkirche U.L. Frau (**Frauenkirche**; Hauptmarkt) ●
Sie steht zwischen den beiden Märkten, dem Obstmarkt im O und dem Hauptmarkt im W, und sie entstand auch mit diesen, nach der Niederlegung des Ghettos, die Kaiser Karl IV. 1349 der Stadt bewilligt hatte, doch mit der Auflage, »daz man aus der iudenschul soll machen eine kirchen in sant Marien ere vnser frawen«. Dieser wahrscheinlich im Frühjahr 1350 vom Rat begonnene, 1355 im Chor geweihte, spätestens 1358 vollendete »Mariensaal«, seit 1350 auch Hofkapelle, war also eine auf Kosten der Juden getätigte Stiftung des Kaisers, der sie auch einem Prager Chorherrenstift (Augustiner) unterstellte. »Saal« drückt die hierzulande ganz neue Raumgestalt der Halle aus, die ihre süddeutsche Wurzel in Schwäbisch Gmünd hatte. Die Beziehung Karls IV. zur Gmünder Parler-Hütte (1353 Berufung Peter Parlers nach Prag) macht auch die Beziehung Nürnberg–Gmünd wahrscheinlich genug. – Die folgenden Jahrhunderte haben am Baukörper, bis auf die Erneuerung des Giebels über dem Michaels-Chörlein durch Adam Krafft 1506–08, nichts wesentliches geändert. Die Reformation schonte die Inhalte; um so schonungsloser vergriff sich die Säkularisation, sie räumte sie nahezu gänzlich aus (1812). Die 1816 der jetzt rasch wachsenden kath. Gemeinde zugeeignete Kirche (Pfarrkirche) mußte sich ihre Ausstattung erst wieder beschaffen; es ist spät erworbener Besitz, was sie jetzt an Kostbarkeiten birgt. – Über die mehreren Restaurationen (die vorletzte, von August v. Essenwein, 1879–81) zu sprechen, erübrigt sich. Die Heimsuchungen d. J. 1945 ließen nur 4 Mauern zurück. Daß es innerhalb weniger Jahre gelang, aus den Trümmern ein gutes Ganzes zurückzugewinnen, verdient hohe Anerkennung. 1950 konnte das neu eingewölbte Langhaus, 1953 die fast ganz wiederhergestellte Kirche geweiht werden.

Der gedrungene Quaderkörper erschließt sich in der mit dem reichsten Aufwand geschmückten *Fassade* gegen die große Rechteckfläche des Hauptmarktes, der ihn, bis zu seiner Zertrümmerung, so selbstverständlich richtig einhegte. Vor die Mitte setzt sich zwischen 2 Treppentürmen das Prunkstück des 2geschossigen Vorbaues, bestehend aus der breitrechteckigen Vorhalle – mit dem breitgespannten, in sich wieder unterteilten Spitzbogentor an der Front – und dem 3seitig gebrochenen *Michaels-Chörlein* mit dem Filigrangiebel A. Kraffts. Der Giebel der Kirche selbst bleibt in seinen 5fach übereinandergereihten, ursprünglich mit Statuen besetzten Nischen an Aufwand nicht zurück, und der seiner Achse vorgelegte, den First übersteigende 8eckige, feingegliederte Erkerturm vollendet dieses prächtige Gebilde got. Steinmetzkunst.

Der Giebel des Michaels-Chores umschließt das weitberühmte »Männleinlaufen« (Lauf der 7 Kurfürsten um den Kaiser), Werk des Jörg Heuß (Uhr) und Sebastian Lindenasts d. Ä. (Figuren, meist erneuert), 1506–09: Übertragung des Wappenfrieses unten, an der Balustrade, in das sinnfällige Szenarium der dem Kaiser huldigenden 7 Kurfürsten. – Der Portalbau ist Zeuge einer überschwenglichen Schmuckfreude, die auch noch die Vorhalle bis zu den Rippen hinauf erfüllt. Wie stets war die Menge des vom Steinmetzen Geleisteten der Güte im einzelnen abträglich; die Nürnberger Bildhauer haben Besseres geschaffen, ein so reiches Schmuckstück aber nicht noch einmal. Das Programm der Statuen und Reliefs, das die thronende Muttergottes des Hauptportals als Schlüsselfigur umkreist, durch willkürliche Umstellungen, Ergänzungen und Erneuerungen des Restaurators (Essenwein) verunklärt. – Die reiche Schmückung dieser Fassade hatte ihren besonderen Anlaß: die Weisung der Heiltümer und Kleinodien des Hl. Römischen Reiches, deren von Karl IV. bestimmter (auch schon 1361 als solcher bezeugter) Ort die Plattform der Vorhalle war.

Inneres. An die 3schiffige quadratische Halle schließt ein eingezogener, 2 Joche tiefer, in 5 Seiten des Achtecks brechender (1945 fast ganz zerstörter, nun ganz erneuerter) Chor. 4 stämmige Rundpfeiler nehmen über ihren ehedem von Engelschören umkränzten Kapitellen das Kreuzrippengewölbe auf. Die 9 (3 × 3) Joche des Schiffes, anscheinend flächengleich, sind es doch nicht ganz. Reine Quadrate sind nur die in den Ecken und das in der Mitte, das zudem, gleichsam sammelnde Vierung, an Größe überwiegt. Breit, untersetzt, schwer, so wird man diesen Raum, eine der frühesten süddeutschen Hallen, einer ersten, bürgerlich bestimmten Spätgotik schwäbischer Wurzel charakterisieren dürfen.

● Ausstattung. Alter eigener Besitz sind die um 1360 geschaffenen Steinstatuen im Chor, unter denen (wieder ein Hinweis auf den Stifter-Kaiser) der hl. Wenzel steht. Alter Eigenbesitz ist natürlich auch die Bauplastik, die aber, meist der Gewölberegion zugehörig, bis auf Fragmente zerstört wurde. Vielleicht wird sich auch ein Teil der die Fenster besetzenden *Bildscheiben* als altes Eigentum ansprechen lassen (einige aus dem mittleren 14. Jh., die meisten aus der Dürer-Zeit). Vom letzten, um 1525 aufgeführten Hochaltar (Welser-Altar, 1815 abgetragen) stammen die Verkündigungsgruppe und die Muttergottes, die aber älter ist, in den Renaissance-Altar des Hans Peißer aufgenommenes (und von ihm mit 4 Putten umringtes) Werk der 40er Jahre des 15. Jh. (Zugehörige Gruppen, Heimsuchung und Geburt Christi, in der Jakobskirche und im Germanischen Nationalmuseum.) Vielleicht standen auch die 17 Leuchterengel von rd. 1500 (5 weitere sind neu) schon ursprünglich im Chor. – Aber die Hauptwerke der Ausstattung stammen aus anderen, aufgelassenen und zerstörten Nürnberger Kirchen. So die beiden *Epitaphien* des Adam Krafft: an der N-Wand des Schiffes das *Pergenstorffersche* von

Nürnberg. Frauenkirche. Tucher-Altar. Mitteltafel

1498 (aus der Augustinerkirche), mit der Schutzmantelmaria, und das des *Hans Rebeck* von rd. 1500 (aus der Dominikanerkirche), mit der Marienkrönung, Hauptwerke des Meisters und eines hand- und standfesten Nürnberger Wirklichkeitssinnes. Im nördl. Seitenschiff (O-Wand) der großartige *Tuchersche Altar* (1615 auf Tuchersche Kosten restauriert, damals in der Katharinen-, später in der Augustinerkirche); die breite Mitteltafel bringt nebeneinander Kreuzigung, Verkündigung, Auferstehung, die Flügel je 2 Paare von Heiligen, Augustin und Monika, Paulus und Antonius, die Eremiten. Der »Meister des Tucher-Altars«, tätig um oder kurz vor Mitte des 15. Jh., muß niederländische Kunst an der Quelle erfahren haben; aber der genius loci »Nürnberg« hat diesen Maler, einen Zeitgenossen des Konrad Witz, doch unverkennbar geprägt, wie er später Albrecht Dürer prägte, dessen stärkster Vorgänger er ist.

Ev. Pfarrkirche St. Egidien (Egidienpl. 12)

Die erste Egidienkirche ist staufische Gründung des 12. Jh. König Konrad III. gibt sie in die Sorge der aus Regensburg berufenen Schottenmönche, die einen Konvent begründen und von der zu einem Wirtschaftshof (der Burg) gehörigen Königskirche Besitz ergreifen. Die roman. Kirche, eine 3schiffige kreuzförmige Pfeilerbasilika mit östl. Querschiff und westl. Zweiturmfassade, wurde nach einem Brand (1696) durch den im got. Nürnberg befremdlichen, barocken Neubau der beiden Trost, Johann und Johann Gottlieb, 1711–18 – mit Einbeziehung älterer Bauteile, v. a. des (schon 1429–33 erneuerten) Chores – ersetzt. 1945 innen gänzlich ausgebrannt, auch die Annexkapellen angeschlagen (am schwersten die Wolfgangskapelle, die sich nur in den Umfassungsmauern erhielt); im gesamten wiederhergestellt.

Streng, doch wuchtig gegliedert ist die doppeltürmige Fassade. Den Raumgrundriß bildet ein zum Oval abgerundetes Längsrechteck. An den S-Arm des Querschiffes legen sich 3 Kapellen an:

Durch die im Kern roman. Wolfgangskapelle (mit der bedeutenden Grablegungsgruppe von 1446) führt der Weg in die

Euchariuskapelle, wahrscheinlich die erste Kirche der Schottenmönche von rd. 1140, wenigstens in der Umfassung des kleinen, 2schiffigen Rechteckraumes; denn die beiden Säulen mit hohen Sockeln, sich verjüngenden Schäften, Palmettenkapitellen und profilierten Kämpfern, die ihn teilen und die Decke, Kreuzgewölbe mit rechteckigen Gurten und starken Wulstrippen, stützen, kamen später hinzu. Lassen sich die Säulen und die Wölbungen des N-Schiffes, die rundbogig sind, um 1220 ansetzen, so wird man die spitzbogigen des S-Schiffes doch wohl mit einer Erneuerung von 1424 in Verbindung bringen müssen.

Die als letzte folgende Tetzelkapelle entstand 1345 anstatt des damals abgebrochenen Chores der Euchariuskapelle. In ihr das Landauersche Epitaph (Krönung Mariae) von Adam Krafft, 1503.

Ev. Pfarrkirche St. Jakob (Jakobspl. 1)

Kirche des hier im 11. Jh. stehenden Königshofes, der 1209 als Schenkung Kaiser Ottos IV. an die Deutschherren übergeht. Der Chor reicht in die 1. Hälfte des 14., das Langhaus wahrscheinlich ins frühe 15. Jh., die beiden westl. Joche der ursprünglich 1schiffigen Kirche gehen ins späte 15. oder frühe 16. Jh. zurück. An die Stelle der 1632 eingezogenen Flachdecke trat 1825 eine neugot. Wölbung. Die Bombenorkane d. J. 1945 ließen nur die Umfassungsmauern zurück. Chor und Turm konnten wiederhergestellt werden.

Der 3jochige, polygon geschlossene Chor deutet in seiner Länge auf den urspr. Eigner der Kirche, den Deutschorden, zurück. – Der 1824 unter Karl Alexander v. Heideloff stark restaurierte *Hochaltar* von etwa 1370, mit einem Schmerzensmann von etwa 1420 in der Mitte, trägt auf den Flügeln kunstgeschichtlich bedeutende Malereien, Frühzeugnisse der sich bald so kraftvoll entwickelnden Nürnberger Tafelmalerei. Die 3 sitzenden Ton-Apostel auf der Mensa des Hochaltars (seit 1825 in St. Jakob) gehören zu den 6 im Germanischen Nationalmuseum, berühmte Repräsentanten des Weichen Stiles um 1420. Bemerkenswert die lange Reihe der Totenschilde und die der Aufschwörschilde der Ordensritter, 16. und 17. Jh. Wertvoller Besitz an *gemalten Scheiben* des 15.–17. Jh.

Kath. Pfarrkirche St. Elisabeth (Ludwigstr. 34a) •

1209 faßt der Deutsche Orden in Nürnberg Fuß; schon um 1220 steht ein Hospital der hl. Elisabeth außerhalb des zweiten Mauerringes, vor dem Weißen Turm. Unbetroffen durch die Reformation, eine kath. Enklave, entschließt sich das Nürnberger Ordenshaus doch erst in sehr später Stunde zur großen barocken Architektur. Die Pläne des jüngeren Neumann, Franz Ignaz Michael, der 1784 den Bau beginnt, kommen nicht oder nur in Fundamentteilen zur Ausführung; für sie treten die des Peter Anton Verschaffelt ein. Auch sie müssen sich zwar durch den 1789 den Bau übernehmenden Münsteraner Baudirektor Wilhelm Ferdinand Lipper Änderungen gefallen lassen, setzen sich aber doch in Grundzügen durch. Innen erst 1902/03 ausgebaut. 1942–45 hart betroffen; 1947–50 wiederhergestellt, der Kuppelbau erneuert.

Der pompöse Kuppeltempel ist eine Rotunde mit Rechteckannexen und Säulen-Giebel-Fassade (an der Ludwigstraße). Er steht um so fremder im Stadtgefüge, als er die alte Jakobskirche zum Gegenüber und einen der alten Tortürme, den Weißen, zum nahen Nachbarn hat.

Kath. Kirche St. Klara (Königstr. 62)

In den 20er oder 30er Jahren des 13. Jh. lassen sich Reuerinnen vor dem Frauentor nieder. 1241 sind sie bezeugt, 1246 entsteht ihre Kirche, seit 1279 sind sie Klarissen. Der Bau ihrer Kirche beginnt um 1270, der Chor wird 1274 zu Ehren des hl. Johannes Bapt., die vollendete Kirche 1339 zu Ehren der hl. Klara geweiht. 1428–34 werden die Mauern des Schiffes erhöht. Die Reformation (1524) beendet die klösterliche Existenz, doch ist der Rat so gnädig, den von der unerschütterlichen Caritas Pirckheimer geleiteten Konvent im Kloster absterben zu lassen, was mit der letzten Nonne 1590 geschieht. Nach 1806 profaniert, seit 1854 wieder dem (kath.) Kult überlassen. Der 2. Weltkrieg läßt eine ausgebrannte Ruine zurück; sie wird 1948–51 wiederausgebaut.

Die Formen des mit Kreuzrippengewölben gedeckten Chores sind frühgotisch, nächst verwandt denen von St. Sebald. Das Schiff, mit erneuerter Holztonne, ist franziskanisch schlicht. Die gewölbte Sakristei an der N-Seite des Chores entstand 1434, die Kapelle an der N-Seite des Schiffes (mit neuer Holztonne) 1428.

Ev. Pfarrkirche St. Martha (Königstr. 75)

Stiftung des Konrad Waldstromer 1363, wurde die einem Pilgerhospiz dienende Kirche in den 60er und 70er Jahren aufgeführt. 1526 von der Stadt übernommen, diente sie Theaterzwecken (1578–1620 den Singschulen der Meistersinger). Seit 1808 ist sie ev. ref. Pfarrkirche.

An der Königsstraße, doch durch die voranstehende Häuserzeile nahezu verdeckt; frei nur gegen den Baumeisterhof nördlich. 3schiffige Kirche mit gewölbtem Polygonchor. Die Holztonne ist Zutat d. J. 1729. Der Ausstattungsbesitz beschränkt sich auf die allerdings kostbaren *gemalten Glasscheiben,* vorwiegend des späten 14. Jh.

Ev. Pfarrkirche St. Bartholomäus (Wöhrder Hauptstr. 25)
Die erste Kirche des Vorortes Wöhrd war burggräfliche Stiftung zwischen 1396 und 1418. 1552 wurde sie zerstört. Die 1564 geweihte zweite Kirche, im 19. Jh. umgestaltet und 1945 großenteils zerstört, wurde 1955 ff. wiederhergestellt.
Der Wiederaufbau lehnte sich an den Altbestand an. Der Hochaltar, wahrscheinlich von Wolf Traut 1501–03, ist ein Flügelaltar, eine Löffelholzsche Stiftung für die Augustinerkirche.

● **Hl.-Geist-Spital** (Spitalgasse 12–14)
Das von Konrad Groß gestiftete, 1332–39 erbaute, 1506–11 von Hans Beheim d. Ä. erweiterte, an und noch über der Pegnitz liegende Spital mit seiner (als Verwahrungsort der Reichskleinodien 1424–1796 berühmten) Kirche fiel 1945 großenteils den Bomben zum Opfer; nur ein Teil der Umfassungsmauern überstand. 1950–53 Wiederherstellungsarbeiten.
Der Wiederaufbau ließ die sog. Sutte, die Krankenstube über der Pegnitz, so wie sie war, im Äußeren zurückgewinnen. Im weitgehend zerstörten Hof konnten die erhaltenen Beheimschen Arkaden von ihren Entstellungen befreit werden. An der N-Wand jetzt die *Kreuzigungsgruppe* Adam Kraffts von 1506, ehemals bei St. Johannis (im 17. Jh. überholt und ergänzt). In der angrenzenden Halle die früher in der Hl.-Geist-Kirche aufgestellten *Hochgräber* des Stifters Konrad Groß (1356) und des Herdegen Valzner (1423); tischförmig, mit den liegenden Figuren der Toten auf dem Grunde des Tisches, dessen Platte von »Pleurants« oder (Valzner) 8eckigen Stützen getragen wird; die Deckplatte des ersten erneuert.

Allerheiligenkapelle des vor 1511 von Matthäus Landauer gestifteten Zwölfbruderhauses (jetzt ein Teil des → Richard-Willstätter-Gymnasiums [Innerer Laufer Pl. 11]). Die 1506/07 von Hans Beheim d. Ä. gebaute Kapelle – 3schiffige Halle mit einem durch hängende Rippen ausgezeichneten Gewölbe – ging 1945 fast ganz zugrunde; 1956/57 wiederhergestellt.

Ev. Johanniskirche und **Johannisfriedhof** (Johannisstr. 57)
Ursprünglich stand hier, westlich vor der Stadt, 1234 bezeugt, ein Siechenkobel. »Meister und Brüder von St. Johannis« bauen wahrscheinlich um die Mitte des 13. Jh. eine Kapelle, mit der ein Friedhof verbunden ist. Gegen Ende des Jahrhunderts wird die Kapelle neu aufgeführt, 1377 »weihet man Sant Johans Chor«, 1395 die ganze Kirche (und mit ihr den Friedhof). Der Bau hat später (bis auf die 1945 erneuerte W-Wand) keine wesentlichen Veränderungen erfahren. Dürer hat ihn, 1494, gezeichnet. Restaurierung 1970/71.
Die **Kirche** hat ein flach gedecktes Schiff und einen 5seitig geschlossenen gewölbten Chor. – ● Die Ausstattung ist immer noch reich; angeführt seien: der *Choraltar,* 1511/12, Holzschuhersche Stiftung, mit Schnitzfiguren (Muttergottes und die beiden Johannes) im Schrein und Gemälden Wolf Trauts auf den Flügeln; der um 1510 von Paul Imhoff gestiftete (1648 veränderte) Seitenaltar nördlich, auch mit Trautschen Malereien auf den Flügeln; der Passionsaltar an der S-Wand, ein dem

»Meister des Tucheraltars« (der Frauenkirche) zugeschriebenes Triptychon von rd. 1440, mit Kalvarienberg als Mitte; viele Grabsteine, Epitaphien und Totenschilde, die wir, wie auch die gemalten Scheiben der Fenster, auch nicht in Auswahl bringen können.

Johannisfriedhof

Das 1508 vom Rat ausgesprochene Verbot der Begräbnisse bei den Pfarrkirchen führt zur Belegung der bereits bestehenden kleineren Friedhöfe (Pestfriedhöfe) vor der Stadt, bei St. Johannis für die Sebalder Seite, bei St. Rochus für die Lorenzer. Bei St. Johannis wird der (1395 geweihte) Friedhof erweitert. Weitere Vergrößerungen 1562, 1592, 1604, 1677, die letzte 1896. Der 2. Weltkrieg hat, v. a. im nördl. (jüngsten) Teil, Zerstörungen gebracht, doch minder schwere als bei St. Rochus.

Der Friedhof ist wohl der ehrwürdigste, älteste und besterhaltene Deutschlands. Er war bis ins frühe 19. Jh. fast nur mit liegenden, flachen Steinen besetzt, und die meist wuchtigen, seit dem 17. Jh. aufgewölbten und mit Bronze-Epitaphien (teilweise hohen Ranges) ausgestatteten Blöcke bestimmen auch heute noch das Bild dieser ausgedehnten Totenherberge. – Das berühmteste *Grab* ist das *Albrecht Dürers.* Die Grabstätte wurde 1521 vom Schwiegervater Hans Frei erworben, im gleichen Jahr auch schon von seiner Frau Anna Rummel und 1523 von ihm selbst belegt. »Der Freien Begräbnis« (unter dieser Aufschrift die Wappenschilde Frei und Rummel) nahm 1528 Dürer auf, dem Pirkheimer das Epigraph setzte: »Memorie Alberti Dureri Quicquid Alberti Dureri mortale fuit. sub hoc condita tumulo.« 1539 folgte Dürers Frau Agnes. Da der Stamm Frei anscheinend erloschen war, ließ die Stadt 1651 das Grab erneuern und belegte es in diesem und in den folgenden Jahren mit 5 Verstorbenen aus dem Spital zum Hl. Geist. Weitere Belegungen zu verhindern, erwarb es Joachim v. Sandrart (seit 1674 in Nürnberg; selbst 1688 im nahe gelegenen Grab C34 beigesetzt); er ließ 2 Schriftplatten zur Rühmung des Künstlers hinzufügen. 2 letzte, als Ehrungen gedachte Beisetzungen fanden 1801 statt. – Außer der Johanniskirche besitzt der Friedhof noch eine zweite, kleinere Kapelle, die

Holzschuhersche Kapelle.

Eine 1395 genannte Stephanskapelle war Vorgängerin der Stiftung des Heinrich Marschalk zu Rauheneck. 1513 wahrscheinlich vom Stadtwerkmeister Hans Beheim begonnen und 1515, jetzt mit Zutun der Imhoff, vollendet. Seit 1523 Begräbniskapelle der Holzschuher.

Gedacht als Heiliggrabkapelle, deshalb auch als reine Rotunde, mit Halbrundchor, entworfen. Chor und Hauptraum tragen Netzgewölbe; die des Hauptraumes sind mit ihren sich im frei herabhängenden Schlußstein treffenden Rippen hohe Leistungen spätgot. Steinmetzenkunst. Die Fenster sind korb- oder rundbogig. Der *Choraltar,* mit Auferstehung Christi in der Mitte, 1508, steht Veit Stoß nahe. Das Sandsteinrelief in der Rundbogennische der S-Wand, *Grablegung Christi,* ist das 1507/08 geschaffene Werk Adam Kraffts.

Von Krafft auch die von Heinrich Marschalk gestifteten 7 **Kreuzwegstationen** mit dem Kalvarienberg am Ende des vom Tiergärtnertor (Pilatushaus) ausgehenden Weges; die Hochreliefs an den Standorten durch Kopien, 1889 ff., ersetzt (Originale heute im Germanischen Nationalmuseum, die des – nur in der Kreuzigung erhaltenen – Kalvarienberges im Hof des → Hl.-Geist-Spitals).

Rochuskapelle und **Rochusfriedhof** (Rothenburger Straße)
Die Vorstadt Gostenhof vor dem Spittlertor ist seit 1453 nürnbergisch. Der Friedhof der Lorenzer Pfarrgemeinde entsteht wie der von St. Johannis infolge des 1517/18 erlassenen Verbotes von Begräbnissen in der Innenstadt. Erweiterungen der Gründungsanlage (bei der Kapelle) 1599 und 1693. – Die Friedhofskapelle St. Rochus ist Stiftung Konrad Imhoffs, 1520/21; Hans Beheim d. Ä. verdingt, aber wahrscheinlich von Paul Beheim ausgeführt, 1945 großenteils zerstört; wiederaufgebaut.

Kapelle. An ein 3jochiges Langhaus mit Netzgewölben schließt ein polygoner Chor mit Sterngewölbe. Späteste Spätgotik: noch gelten die alten Überlieferungen, aber dieser Bau ist doch schon ein Grenzfall. Schmuck ist keine Sorge mehr. So sind auch die rundbogigen oder nur leicht geknickten Fenster ohne Maßwerk. – Der *Hochaltar,* Imhoffsche Stiftung, 1521, enthält im Schrein die Schnitzfiguren der hll. Rochus, Sebastian und Martin, auf den Flügeln Gemälde von Wolf Traut. Imhoffsche Stiftungen auch die Seitenaltäre; der südliche 1522, im Bau (schon ganz Renaissance) vom Kistler Thomas Hebendanz, im Geschnitzten wahrscheinlich von Sebastian Loscher (der das Ganze visiert haben dürfte), im Gemalten von Hans Burgkmair d. Ä. – also augsburgischer »Import«; der nördliche, mit der hl. Katharina als Hauptbild, erst 1622. Schließlich noch ein Hinweis auf die zahlreichen Epitaphien und Grabsteine der Imhoff und die Hirsvogelschen Scheiben (1520) in den Fenstern.

Der **Friedhof,** im 2. Weltkrieg hart heimgesucht, ist immer noch reich an alten Grabsteinen (für die das bei St. Johannis Gesagte gilt).

Karitative Anstalten im Umkreis der Stadt, die noch genannt werden müssen, samt und sonders Gründungen des Spätmittelalters, sind die **Siechenkobel St. Peter** (Kapellenstr. 2), **St. Jobst** (Äußere Sulzbacher Str. 138) und **St. Leonhard** (Schwabacher Str. 54) sowie das **Pestspital** (Großweidenmühlstr. 31–35).

Kirchen des 20. Jh.

Ev. Friedenskirche (Palmpl. 11), Pfarrkirche des Sprengels St. Johannis, 1925–28 von German Bestelmeyer gebaut, 1944 ausgebrannt, 1950 wiederhergestellt. Hier befindet sich seit 1952 der Hochaltar der zerstörten Hl.-Kreuz-Kirche (Ruine Johannisstr. 22), die ihn 1564 aus der ● Augustinerkirche übernommen hatte, der sog. *Peringsdörfer Altar,* dessen Flügelgemälde 1486–88 datierbare Werke Michael Wohlgemuts sind.

Ev. Gustav-Adolf-Gedächtniskirche (Katzwanger Str. 2), ein 4türmiger Ziegelbau d. J. 1927–30 mit Anklängen an roman. Kirchen. Ihr Architekt: Konrad Roth.

Die **kath. Pfarrkirche Allerheiligen** (**Schoppershof;** Graudenzer Straße) wurde 1955 nach Plänen der Nürnberger Architekten Winfried und Peter Leonhardt errichtet: Rechteck mit geschlossener, abgesehen von den Eingängen nur in einer Rose geöffneter Stirn und frei stehendem Glockenturm; der Raumkubus durch horizontale Freskenbahnen, von H. Uhl, an den Längswänden ausgezeichnet.

Ev. Christuskirche (**Steinbühl;** Landgrabenstr. 105). Anstelle einer 1945 zerstörten Kirche aus den 1890er Jahren entwarf Werner Lutz einen Neubau, 1956/57: Stahlbeton, die Seitenwände in Fensterzellen aufgegliedert; 2 hohe, vom Boden bis zur Decke durchstoßende Fenster, mit Gemälden Georg Meistermanns, im Anschluß an die Altarwand, in deren Fläche das Bildwerk (Messing) des segnenden Christus (vom Schweizer Meinrad Burch-Korrodi) gesetzt ist. Der neugot. Ziegelturm der älteren Kirche ragt seitlich isoliert auf, ein Memento pacis.

Die **ev. Matthäuskirche** (Rollnerstraße), 1958–60 von Wilhelm Schlegtendal, steht mit ihrem hohen Turm im Blick der Flughafenstraße.

Die **kath. Pfarrkirche St. Franziskus** (Pachelbelstraße; unweit westlich des Südfriedhofes) von Robert Gruber entstand in den gleichen Jahren, 1958–60.

Die **kath. Pfarrkirche Hl. Dreifaltigkeit** (**Langwasser;** Imbuschstraße) baute Alexander v. Branca 1962–64.

Ev. Passionskirche (**Langwasser;** Dr.-Linnert-Ring). Eine Zeltkirche mit abgesetztem Turm, 1967/68 erbaut von Wilhelm Schlegtendal.

Profanbauten

Rathaus (Rathauspl. 2). Zwar nahe dem Markt, aber nicht am Markt, fand das Rathaus – nach wechselnden Standorten im 14. Jh. – hier am Anstieg der Burgstraße seinen Platz. Ältester Teil ist der 1332–40 errichtete **Saalbau,** den ein geziegelter Staffelgiebel schmückte. Der nächstälteste Teil ist der nördl. Anbau (N- und O-Flügel, der sog. **Ratsstubenbau** am Kleinen Rathaushof) des Hans Beheim d. Ä., 1514/15, in dem letzte Spätgotik erfindungsreich ausblüht. Kurz vor dem 30jährigen Krieg, schon in den Abendstunden reichsstädtischen Glanzes, entstand 1616–22 der monumentale **Rathausbau** des jüngeren Jakob Wolff, der sich über seine altfränkische Umgebung hinaushob, ein prätentiöser Fremdkörper, großartig allerdings und einer der ersten in der Berührung mit dem Geiste der Romania gezeugten wirklichen »Paläste«. Aber in Rom könnte er nun doch nicht stehen: die der langen schweren Gesimshorizontale aufgesetzten 3 Zwerchhäuser opponieren im Namen der gewohnten Steilwüchsigkeit gegen eine doch noch schwer erträgliche Abdrehung der Bewegungsbahnen in die Breite.

3 von Säulen flankierte, von Giebeln bekrönte Portale legen sich der langen geschlossenen Fläche des Erdgeschosses vor. Der Bronze-Adler über dem Mittelportal und die (steinernen) Allegorien der Gerechtigkeit und Weisheit auf den Giebelschrägen gehören Wenzel Jamnitzer (1616/17), die beiden Stadtwappen und die Allegorien der 4 Weltreiche (Ninus, Cyrus, Alexander, Caesar) Leonhard Kern (1618/19; die Originale im Germanischen Nationalmuseum).

1945 schlimm zerstört. Der Saalbau brannte (bis auf das Kellergeschoß) aus; das gleiche Unheil betraf den Beheim-Bau. Vom Wolffschen W-Flügel erhielten sich nur Teile der Umfassungsmauern (außer Keller und Erdgeschoß). Dieser steht nun wieder (1960 vollendet), wenn auch um 2 nördl. Achsen verkürzt, in der alten Gestalt vor Augen. Restaurierung des Saalbaues 1980ff. Die bewegliche Ausstattung war großenteils erhalten geblieben.

● **Puttenbrunnen.** Der entzückende Bronze-Putto auf der Brunnensäule im Großen Rathaushof wurde 1550 dem Rotschmied Pankraz Labenwolf in Auftrag gegeben, der aber sicher nach Bildhauerentwurf, wahrscheinlich Hans Peißers, gearbeitet hat. (Das Holzmodell im Germanischen Nationalmuseum.) Die Inschrift des Trogsockels nennt d. J. 1557.

Weinstadel, heute Jungarbeiter- und Studentenheim (Maxpl. 8). 1446–48 von der Stadt als Sondersiechenhaus errichtet, im 17. Jh. »zweckentfremdet« (Einlagerungen für den Weinmarkt). Der große 3geschossige Bau – 2 Fachwerkgeschosse über massivem Erdgeschoß – ist in seinem 1945 schwer gefährdeten Bestand gesichert. – Eine der berühmten Baugruppen der Altstadt: Weinstadel, **Wasserturm** (13. Jh.), **Henkersteg** und **Henkertürme.**

Unschlitthaus, heute Verwaltungsgebäude (Unschlittpl. 7a). Massives Sandsteingebäude, gegenüber dem Weinstadel am S-Ufer der Pegnitz, 1490/91 von der Stadt als Kornhaus durch Hans Beheim d. Ä. errichtet; die im jetzigen Namen liegende Bestimmung (Unschlitt = Kerzentalg) erst seit rd. 1560. N-Flügel 1945 zerstört.

● **Mauthalle** (Hallpl. 2)

Das Kornhaus (seit 1572 Zollamt, »Maut«) bei St. Lorenz entsteht 1489–1502; Hans Beheim d. Ä. führt es auf. Der 2. Weltkrieg hat die Maut zu 90% zerstört. Es blieben übrig: Teile der Umfassungsmauern, Fragmente des O-Giebels, das Portal, die westl. Kellergewölbe. 1951–53 erlebte der Bau seine Wiederauferstehung; einige Änderungen erwiesen sich als unvermeidlich.

Mit mächtigen Abmessungen (20 × 80 m) verbindet der für das Gefüge der Lorenzer Stadt so wesentliche Bau die einfache Wucht des Steinkörpers, dem ein nicht minder wuchtiger, nur in den Gauben (in 6 Reihen übereinander) gelockerter Dachsattel auflastet. Eine bei der Länge des Gebäudes erwünschte Gegenrichtung setzen die hohen Ladeerker an S- und N-Seite, die ursprünglich (bis 1945) zudem noch Fachwerk ins Steinerne einkreuzten. Die übrigens auch nicht gequaderten, sondern geziegelten Steilgiebel sind von Blenden übernetzt: einziger Schmuck, wenn man vom Spitzbogentor an der O-Seite mit seinem Wappenrelief (von Adam Krafft) absieht.

Herrenschießhaus, heute Schulgebäude (Am Sand 8). Das 1582/83 vom Stadtbaumeister Hans Dietmair aufgeführte Quadergebäude, 1957 wiederhergestellt, setzt auf ein wandgeschlossenes, rustiziertes, nur durch ein mittleres Portal belebtes Sockelgeschoß 2 Geschosse mit eng gereihten Rundbogenfenstern und schließt in einem steilen, mittlich durch ein Zwerchhäuschen mit Spitzhelm geschmückten Satteldach.

Zeughaus (Pfannenschmiedsgasse 24). Der 1588 von Hans Dietmair aufgeführte, 1945 ausgebrannte, 1954/55 restaurierte 2geschossige Quaderbau ist durch den von 2 starken Halbrundtürmen flankierten Portalbau an der S-Seite ausgezeichnet.

Baumeisterhaus auf der Peunt (Bauhof 9), 1615 ff. als Amtshaus der Stadt vom jüngeren Jakob Wolff errichtet, ein 3geschossiger rustizierter Quaderbau mit exzentrisch situiertem Portal und begiebeltem Zwerchhaus vor der Mitte des hohen Satteldaches.

Richard-Willstätter-Gymnasium, ehem. Melanchthon-Gymnasium (Egidienpl. 10). Der mit 3 Flügeln einen Hof umfassende Komplex schließt südlich an die Fassade der Egidienkirche an. Johann Trost baute ihn 1697–99 auf dem Areal des Schottenklosters, in dem Melanchthon 1526 das (1571 nach Altdorf verlegte) Gymnasium Aegidianum eingerichtet hatte. – Das **Denkmal Philipp Melanchthons** vor dem Gebäude auf dem Egidienplatz ist ein Werk Johann Daniel Burgschmiets, 1826.

Germanisches Nationalmuseum (Kornmarkt 1) •

Grundstock ist die Sammlung des Gründers, Frhr. Hans v. Aufseß, dem eine wissenschaftliche Anstalt für die gesamtdeutsche Altertumskunde vorschwebte. Das Gründungsjahr ist 1852. Im Anschluß an das 1857 erworbene Kartäuserkloster entwickelte sich der umfangreiche Komplex, dessen Baugestaltung der zweite Direktor, August v. Essenwein, selbst Architekt, bestimmte.

Die im Kern der Anlage stehende **Kirche** des 1380 von Marquard Mendel gestifteten **Kartäuserklosters** wurde 1380–82 aufgeführt; etwas jünger, 1. Hälfte 15. Jh., sind die (stark erneuerten) **Kreuzgänge.** 1872–75 wurden Teile des **ehem. Augustinerklosters** in den Erweiterungsbau (südlich) einbezogen. Der **nördl. Trakt** am Kornmarkt entstand 1916–26 (Architekt German Bestelmeyer), eine **östl. Erweiterung** 1934, ein kompromißloser moderner Bau (»**Theodor-Heuss-Bau**«) von Sep Ruf 1957/58. Erweiterungsbauten nach W und S folgten. Das vom 2. Weltkrieg schwer betroffene Gebäudekonglomerat konnte zu beträchtlichen Teilen wiederhergestellt werden.

Die großen und reichen **Sammlungen** (deutsche Kunst und Kultur von der Frühzeit bis zur Gegenwart) haben nur geringe Schmälerung erfahren.

Meistersingerhalle (Schultheißallee 2–4). Standort dieses »Monumentes« der modernen Architektur Nürnbergs ist die Parklandschaft des Luitpoldhaines. Architekt war Harald Loewermann, Innenarchitekt Wunibald Puchner. 1963 wurde die weitläufige, insbesondere kulturellen, aber auch gesellschaftlichen Aufgaben dienende Halle eröffnet. Das tragende Gerüst ist Beton; Quarzit und Travertin verblenden die Fassaden. Das Ensemble der Räumlichkeiten umfaßt den Großen und den Kleinen Saal mit den zugeordneten Foyers, Restaurant, Konferenzräume u. a.

Die **Norishalle** (Marientorgraben 8), ein zweites Monument der modernen Stadtarchitektur, in Fühlung mit der alten Stadtmauer (südöstlich des Marientores), ist ein Bau des Fürther Architekten Heinz Graber, 1971/1972. Eine moderne Beton-Glas-Architektur, dient sie Ausstellungen, nicht zuletzt der Architektur des 20. Jh.

Wohnbauten

● **Nassauer Haus** (Karolinenstr. 2). Gegenüber der Fassade von St. Lorenz, monumentaler Eckpfeiler der auf sie hinführenden Hauptverkehrsader der Lorenzer Stadt. Ein Turmhaus, vielleicht ursprünglich Sitz der Reichsbutigler, sicher nie der nur benachbart behausten Grafen von Nassau. 1945 in den oberen Teilen schwer beschädigt; wieder geheilt. Die beiden mauerschweren Untergeschosse reichen noch ins 13. Jh. zurück. Die beiden Obergeschosse mit dem Chörlein und dem abschließenden Zinnengeschoß mit den vier 8seitigen Ecktürmchen wurden 1422 ff. und 1431/32 aufgesetzt. – Ein »festes Haus« augenscheinlich; im reizvollen Kontrast zur schweren, trotzigen Mauerstirn das feine Chörlein, das hier sicher als Kapellenerker aufzufassen ist, und die krönende Zinnenwehr, die nur noch Schmuck sein will.

● **Albrecht-Dürer-Haus** (Albrecht-Dürer-Str. 39). Das um die Mitte des 15. Jh. gebaute Eckhaus vor dem Tiergärtnertor gelangte 1509 durch Kauf in den Besitz des Meisters. 1945 schwer beschädigt; wiederhergestellt. Bedeutend nicht nur als die Wohnstätte (1509–28) des großen Malers, sondern auch als typisches Fachwerkhaus der Nürnberger Spätgotik. (**Museum**.)

Pilatushaus, Haus zum geharnischten Mann (Obere Schmiedgasse 66). Etwas jüngerer Zeitgenosse des Dürerhauses, 1489 errichtet, Besitz des Plattners Hans Grünwald und seiner Erben Wilhelm von Worms und Valentin Siebenbürger. Über dem massiven Erdgeschoß 3 Fachwerkgeschosse und Fachwerkgiebel mit Firsterkertürmchen. – Das Standbild

Nürnberg. Nassauer Haus

des geharnischten Ritters *St. Georg* an der Ecke ist neu, hatte aber einen wahrscheinlich von Hans Grünwald geschaffenen Vorläufer.

Tucher-Schlößchen (Hirschelgasse 9/11). Bauherr dieses einstigen Gartenhauses war Lorenz Tucher, Planer wahrscheinlich Peter Flötner, die Bauzeit 1533–44. Das Jahr 1945 ließ nur übrig: den unteren Teil der westl. Hofseite, die Straßenseite (mit Erker, 1533), Teile der Erdgeschoßgewölbe; 1967–69 wiederhergestellt. Wertvoll ausgestattet. **(Museum.)**

● **Fembohaus (Stadtmuseum;** Burgstr. 15)
In den 90er Jahren des 16. Jh. bis 1598 errichtet, im 18. Jh. Haus des Homannschen Kartenverlages, »Fembohaus« erst seit 1804. Von der Stadt erworben (1928) und seit 1953 Altstadtmuseum.
In beherrschender Lage, mit breiter hoher Giebelstirn dem Anstieg der Burgstraße zugewendet. Über 4 kompakten Geschossen ein prächtiger Stufengiebel mit einer Fortuna (in Kupfer getrieben) auf der Spitze. Das Rundbogentor seitlich gerückt, über ihm das steinerne Chörlein. Vorzügliche, z. T. alt ausgestattete Räume.
Im 1. Stock gute Stuckausstattungen des Donato Polli, 1734/35. Im 2. Stock der *Vorsaal* mit schöner, stark plastischer Stuckdecke von Carlo Brentano, 1674, und der getäfelte *Familiensaal* von rd. 1600. – Im Hinterhaus die geborgene Ausstattung des *Hirsvogelsaales;* Werk Peter Flötners von 1534, Hauptwerk einer klassisch inspirierten deutschen Renaissance.

Pellerhaus (Egidienpl. 23)
Bauherr war der Kaufmann Martin Peller, der 1581 aus Radolfzell zugewandert war. Das große, herausfordernd prächtige Vorderhaus mit der breiten und hohen Giebelfassade entstand nach dem Entwurf des Ratsbaumeisters Jakob Wolff d. Ä. 1602–05, der aus einem Hintergebäude und 2 seitlichen Flügeln bestehende Hof 1605–07. Dieses aufwendigste Nürnberger Bürgerhaus, 1929 von der Stadt erworben, seit 1934 Herberge des Stadtarchivs, ging 1945 bis auf wenige Teile zugrunde. Wiederaufbau bzw. Neubau in den 1950er Jahren.
Erhalten ist die 3schiffige *Erdgeschoßhalle,* die in den modernen Neubau der **Stadtbibliothek** und des **Stadtarchivs** einbezogen werden konnte. Und erhalten blieb der Treppenturm mit der Schnecke im NW-Eck, und es steht auch noch das Erdgeschoß der Hofumfassungen (die Arkaden fast ganz); das ist im Verhältnis zur einmal so glänzenden Gesamtheit Pellerhaus nicht viel, aber doch noch genug, um eine Vorstellung dieses Hauptwerkes letzter deutscher Renaissance zu vermitteln.

● Im Hof der **Apollo-Brunnen.** Die bronzene Brunnenfigur des bogenschießenden Apoll (bis zum Krieg im Rathaus), 1532 dat., vollendete Leistung einer klassisch-italienisch orientierten deutschen Renaissance, gehört im Entwurf Peter Flötner, in der Ausführung dem Rotschmied Pankraz Labenwolf.

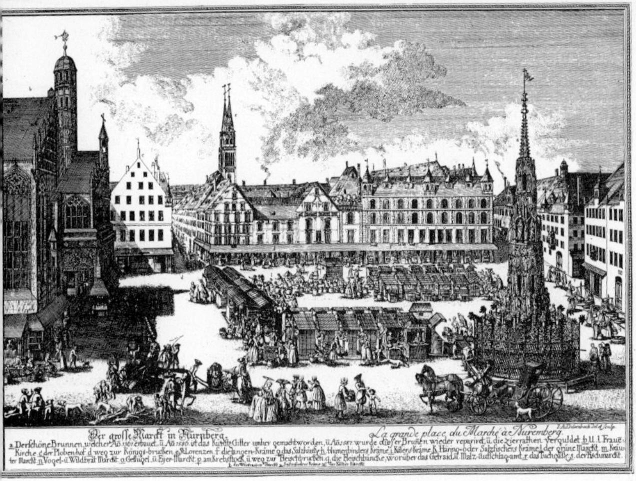

Nürnberg. Der Hauptmarkt gegen Süden
Kupferstich von Johann Adam Delsenbach, um 1715

Weitere Brunnen

Schöner Brunnen (Hauptmarkt). Außerordentlich glückliche Position an der NW-Ecke des Marktes; in Blicklinien verbindet er sich mit der Chorarchitektur von St. Sebald und der Fassadenarchitektur der Frauenkirche, an die ihn auch die Reichssymbolik seines Bildprogrammes anschließt. – In den Jahren 1385–96, am Ende der für Nürnberg so ergiebigen Ära Karls IV., von einem Meister Prager Schulung, einem »Heinrich Beheim parlir« (vielleicht einem Parler), errichtet, bewahrt er, immer wieder erneuert (zuletzt 1897–1902 gänzlich), keinen originalen Stein. Aber er bewahrt doch, im Ganzen wie im Einzelnen, die urspr. Form. Aus 8seitigem Becken wächst in Stufen der 8seitige Turm der beschließenden Kreuzblume zu, mit einer Vielzahl von Statuen bestellt: unten die 7 Kurfürsten und die 9 jüdischen, heidnischen und christlichen Helden, oben Moses und die 7 Propheten, auf dem Beckenrand die Kirchenväter und die Evangelisten. (Die wenigen Originale, Fragmente, im Germanischen Nationalmuseum und im Berliner Deutschen Museum; hervorragende Leistungen des Parler-Stils.) Meisterliches Schmiedewerk ist das Gitter, Arbeit des Paulus Kuhn 1587 (bis auf die 1902 hinzugefügte Bekrönung).

1752 bestand die Absicht, den schon vom Meistersinger Rosenplüt (1447) als eines der Kleinodien der Stadt gerühmten, früh schon »der schöne« genannten Brunnen zu beseitigen. Damals wollte der Rat den 1652–60 von Georg Schweigger geschaffenen, ungenutzt im Bauhof lagernden **Neptun-Brunnen** in die Mitte des Marktes stellen; es unterblieb, glücklicherweise. Aber zu bedauern ist, daß dieses barocke Bronzewerk 1797 an den Zaren Paul I. veräußert wurde (im Park von Peterhof bei Leningrad aufgestellt und dort auch erhalten). Eine Kopie hat im Stadtpark Aufstellung gefunden.

● **Gänsemännchen-Brunnen** (Rathausgasse; früher auf dem Obstmarkt im Rücken der Frauenkirche, jetzt im Rücken des Rathaus-Neubaues). Die Figur auf der Brunnensäule, der kleine stämmige Bauer mit den unter die Arme geklemmten Gänsen, wird dem Rotgießer Pankraz Labenwolf zugeschrieben, der Entwurf Hans Peißer (das Holzmodell im Germanischen Nationalmuseum); geschaffen wohl in den 50er Jahren des 16. Jh. Aus der volkstümlichen, humoristischen Ader der Nürnberger Kunst erwachsen; nicht denkbar ohne den Vorgang Adam Kraffts und wohl auch Albrecht Dürer verpflichtet, der das Motiv des Gänsemännchens schon ein halbes Jahrhundert früher, um 1500, in Brunnenentwürfen angeschlagen hatte.

● **Tugendbrunnen.** Nächst St. Lorenz (N-Seite), in städtebaulich wirkungsvollster Aufstellung am Schnitt mehrerer Straßen. Werk des Rotgießers Benedikt Wurzelbauer, 1585 begonnen, 1589 vollendet. Die steinerne Brunnenschale wurde im 19. Jh. durch eine neue ersetzt. Der Bronzeaufbau steigt in 3 Geschossen, deren 2 obere die den Namen gebenden Tugenden besetzen: Liebe, Großmut, Tapferkeit, Glaube, Geduld, Hoffnung und, krönend, Gerechtigkeit.

Herrensitze

Die Herrensitze in den Vororten und der weiteren Bannmeile der Stadt sind etwas eigen Nürnbergisches. In der Wurzel meist spätmittelalterlich (die Wurzel liegt wohl in den Weiherhäuschen, bekannt als Requisiten Wohlgemutscher und Dürerscher Bildhintergründe), verjüngen sich die meisten nach dem Verwüstungsjahr 1552 (Markgrafenkrieg), halten aber an den Grundgegebenheiten, den steilen turmartigen Proportionen fest. Bis ins 18. Jh. waren es wohl an die 100; heute sind es noch etwa 20. Die hier aufgeführten verdienen schon eine Rundfahrt.

Einer der ältesten Herrensitze ist **Neunhof** (Neunhofer Schloßplatz), auch einer der am besten überkommenen, zwar nicht ohne Um- und Einbauten, doch ohne Schädigung des ihm bald nach Mitte des 15. Jh. im massiv gequaderten »Fuß« gegebenen Charakters, der sich im frühen 16. Jh. zu der noch erhaltenen schmuckreichen Schlößchengestalt entfaltete. Jetzt mit einer Abteilung (Jagdaltertümer) des Germanischen Nationalmuseums belegt.

Einige andere dieser ehemals patrizischen Sitze sind: **Lichtenhof** (Wirthstr. 76), Baujahr 1577; **Schoppershof** (Elbinger Str. 16–24), Baujahr 1616; **Gleißhammer** (Gleißhammerstr. 2–6), nach Mitte des 16. Jh.; **»Linksches Schlößchen«** in **Mögeldorf** (Ziegenstr. 5), in der Grundlage wohl 1512, in der Prägung um 1600; **Schübelsberg** (Bismarckstr. 36), Baujahr 1602; **Glockenhof** (Glockenhofstr. 47), Baujahr 1760, der klassizist. Spätling des nun – wie die Stadt – altersmüden Weiherhaus-Typus, der sich schon im Laufe des 16. Jh. zum Sommerhaus oder -häuschen gewandelt hatte.

Altenfurt

Kath. Kapelle St. Johannes Bapt. und St. Katharina
Der Sage nach durch Karl d. Gr. gegründet. Sichtbar wird sie erstmals 1225; damals nimmt König Heinrich das Nürnberger Schottenkloster und mit ihm die zugehörige Kirche in Altenfurt in seinen Schutz. Die Erwähnung der Brüder des hl. Johannes und der hl. Katharina setzt einen Konvent voraus, der aber kaum lange Bestand hatte. Das ursprünglich vorrangige Johannes-Patrozinium stützt die Hypothese einer in der Gründung frühmittelalterl. Taufkirche. Als Bauzeit wird sich die Mitte des 12., für die Apsis die Mitte des 13. Jh. ansetzen lassen.
Einfacher, gewölbter Rundbau, dem sich östlich eine über Dreiviertelkreis stehende Apsis, in Sandsteinquadern, anlegt. Der den Rundbau umfahrende eingetiefte Rundbogenfries greift nicht auf die Apsis über, die jünger ist.

Katzwang

Wahrscheinlich schon im frühen Mittelalter, spätestens im 12. Jh. Besitz des Klosters Ellwangen, das sich seiner 1296 durch Verkauf an Kloster Ebrach entäußert.

Ev. Pfarrkirche (St. Maria)
1287 bezeugt, ist sie, und zugleich auch schon ihre Wehranlage, 1296 im Bau und ist es noch 1301. Im frühen 16. Jh. (1510) wird sie nördlich verbreitert. Um 1530 zieht die neue Lehre in die von Ebrach patronisierte Marienkirche ein. 1711 findet eine Wiederherstellung statt, die aber den Baukörper wenig – nur in den Fenstern – verändert.
Der kleine massive Kirchenbau ist bis auf die Aufstockung des Turmes (um 1400), die N-Mauer und die Sakristei (1510) frühgotisch. Der Turm, der noch den roman. Rundbogenfries zuließ, beherbergt den Chor, den ein auf Eckdiensten ruhendes Kreuzrippengewölbe deckt. Er öffnet sich in einem auf Konsolen gesetzten Spitzbogen ins ursprünglich flach, dann (wahrscheinlich 1711) mit Holztonne gedeckte Schiff, ein Rechteck innen so schlicht wie außen, doch durch ein gutes, mit Diensten und Archivolten ausgestattetes Spitzbogentörchen (südlich) ausgezeichnet.

● Der Vorzug der kleinen schlichten Kirche liegt in ihrer reichen Ausstattung. Der *Hochaltar,* ein Wandelaltar mit 2 beweglichen und 2 festen Flügeln, ist Nürnberger Arbeit um 1480–90. Wie gut steht er im kleinen steinernen Gelaß des Chores, wie fein ist die ältere Muttergottes, noch Weichen Stiles, die den Schrein besetzt! Auch der *Seitenaltar* links, der den hl. Leonhard in der Mitte (ein Stifter und ein Gefangener im Stock sind ihm zugeordnet) mit Barbara und Magdalena auf den Flügeln verbindet, stammt aus dem späten 15. Jh. Etwas älter, aus der Mitte des Jahrhunderts, die beiden gemalten Altarflügel, mit den Seligen und Verdammten des Gerichts, an den Wänden des Chores. – Hervorragend das *Sakramentshäuschen* im Schiff, links vom Chorbogen. Das Adam Kraffts zu St. Lorenz in Nürnberg stand jedenfalls Pate; 2 Nürnberger waren es auch, die es – aus weißem Kalkstein – 1518 schufen, der Baumeister Hans Beheim und der Bildhauer Veit Wirsberger. Die Reliefs über der Nische erzählen aus der Passion; die Gipfelfiale rollt sich (wie in Nürnberg) ein. Werk des gleichen V. Wirsberger ist auch der 1519 aufgestellte große *Kruzifixus* an der O-Wand des Schiffes (Holz), eine der besten Formulierungen des Themas neben den bekannten des Veit Stoß in den Nürnberger Kirchen.

Rühmenswert die Gesamtheit Kirche–Friedhof, von starker **Wehrmauer** und einem aus der vorbeigehenden Rednitz gespeisten (jetzt großenteils zugeschütteten) Graben umfangen. Im Einschluß des Beringes steht auch noch, neben der Kirche, der gleichzeitige (frühgot.) **Karner.** Außerhalb, vor dem Tor, die spätmittelalterl. Gruppe von **Bildstock** (1476) und **Sühnekreuz.**

Kraftshof

Die Burg zu »Krafteshove« *zeigt sich erstmals 1277. Damals gelangt sie als burggräfliches Lehen an zwei Holzschuher. 1290 erwirbt Friedrich Kress einen Burgstall (»Kressenstein«), und Kressisch ist nun K. durch die Jahrhunderte. Das (1712 erneuerte) Herrenhaus westlich des Ortes, nahe dem alten Kressenstein, erlag 1943 den Bomben des Luftkrieges. – Seit 1930 nach Nürnberg eingemeindet.*

Ev. Pfarrkirche (St. Georg)

Die Kirche, ehemals wie St. Sebald Filiale von Poppenreuth, wurde 1305–15 durch den genannten Friedrich Kress errichtet; 1438–40 westlich erweitert. 1943 ging sie mit dem Großteil ihres reichen Inventars zugrunde, konnte aber, dank der Spende eines amerikanischen Kress, wieder aufgeführt werden.

2 Altäre des späten 15. Jh., Leonhards- und Marienaltar, sind, neben einem Bronzeleuchter des 16. Jh., die Ausstattungsrelikte der alten Kirche. Aber die schönste Auszeichnung der kleinen Chorturm-Kirche war und ist der

● befestigte **Friedhof,** der, gelegentlich einer Erweiterung, 1505–10 mit dieser starken Wehr umschlossen wurde. Sie umfängt mit ihren hohen massiven Mauern ein Fünfeck, dessen Ecken ebenso viele spitzbehelmte Rundtürme besetzen.

OBERNBURG a. Main (UFr. / Miltenberg AB4)

Die Stadt – auf einer Main-Terrasse gegenüber der Einmündung der Elsava – erwuchs über einem römischen Kohortenkastell des späten 1. Jh. im Verlauf des obergermanischen Limes, das aber erst unter Marc Aurel steinern ausgebaut wurde. Kleiner als die Stadt des Mittelalters, übergriff es diese in den seitlichen Vicus-Anhängen. Mit der Preisgabe der Main-Linie um 260 endet die römische Existenz. Ein Alemannendorf tritt spätestens im 5. Jh. an die Stelle. Doch urkundlich faßbar ist »Overenburc« *erst 1183; das »burg«-Grundwort deutet auf den römischen Vorgänger. Über das Aschaffenburger Stift kommt es 1313 an Mainz; unter Mainz wird es 1317 Stadt; mainzisch bleibt es bis zum Anfall an Bayern.*

Vom spätgot. **Mauergürtel** von 1364 und 1440 ff., größtenteils Mitte des 19. Jh. abgetragen, stehen noch ein paar **Türme,** darunter der **Runde** und der **Almosenturm.** – Der Kern der **Stadt** ist wohlerhalten, trotz der im 20. Jh. stark herandrängenden Industrie.

Kath. Pfarrkirche St. Peter und Paul

Die Kirche hat eine lange, karolingisch beginnende Geschichte. Aber der bestehende Bau, der einen bis auf Erweiterungen des 19. Jh. barocken (der 20er Jahre des 18. Jh.) ablöste, ist – bis auf den Turm von 1581 – jung: 1965/66 nach den Entwürfen von Lothar Schloer errichtet.

Zum Altar hin verbreitert sich ein Trapez, mit in Faltungen gebrochener Zeltdecke. – Gutes Relikt der vormodernen Ausstattung: das im Turm stehende Grabmal der Brüder Johannes und Peter Obernburger, von denen der erste († 1552) als Sekretär Kaiser Karls V. zu den berühmten Söhnen der Stadt gehört, ein proportionssicheres Werk begriffener Renaissance.

Im **Friedhof** – dessen Bereich wahrscheinlich mit einem kleineren Kastell mit Mithräum besetzt gewesen ist – die **kath. Annakapelle** (bis ins 18. Jh. Notburgiskapelle) mit noch roman. Mauerteilen, doch spätgot. Chor, die verschiedenes gute Alte einschließt: Freskenreste der 2. Hälfte des 16. Jh. im Chor, Steinkanzel von 1619, 3 typisch würzburg-fränkische Holzfiguren (Magdalena, Notburgis, Odilia) im Hauptaltar, um 1500, und eine Anna selbdritt gleicher Zeit im Seitenaltar links. Im Chor sind Fragmente römischer Inschriftsteine eingesetzt. – 1967 wurde die Kapelle restauriert.

Die **kath. Wendelinskapelle,** 1615, ist aus einem »Bildhäusl« des 14. Jh. erwachsen. Renoviert und neu geweiht, wurde sie 1908 ins kirchliche Leben zurückgeführt.

Die **ev. Friedenskirche** (Mittlerer Höhenweg), nach Entwürfen Walter Schülers gebaut, empfing 1951 ihre Weihe.

OBERSTREU (UFr. / Rhön-Grabfeld E1/2)

Kath. Pfarrkirche St. Andreas. Nicht die vielfach erneuerte Kirche, sondern ihre Befestigung, der **»Kirchgaden«,** läßt Oberstreu nennen. Noch in der 1. Hälfte des 20. Jh. auf 3 Seiten umschließend, steht der Gaden jetzt nur noch auf der O-Seite. An die im 13. Jh. errichtete Bruchsteinmauer legen sich innen die unten massiven, oben gefachten Gaden (des 15.–17. Jh.) an; eine zweite freistehende Gadenreihe ist östlich zwischen Chor und äußerem Gaden eingeschaltet.

Nahe verwandte Kirchenburg: Ruine **Mauerschedel** bei **Filke** (Gde. **WILLMARS**), ca. 15 km nördlich.

OCHSENFURT (UFr. / Würzburg D5)

Das 725 von der hl. Thekla, einer der Jüngerinnen des hl. Bonifatius, gegründete Benediktinerinnenkloster stand wahrscheinlich im rechtsmainischen Kleinochsenfurt. Die linksmainische Furtsiedlung entwickelt sich seit dem frühen 12. Jh. zu einem der Hauptplätze des Würzburger Hochstiftes im Main-Tal. Der Mauergürtel – Ringmauer, Zwinger, Graben – der seit 1295 dem Würzburger Domkapitel zuständigen, annähernd viereckig umrissenen, von einer am Rathaus sich gabelnden O-W-Achse geteilten Stadt wird im 14. Jh. aufgeführt worden sein. Doch ging ihm (Beweis der ältere Pulverturm) ein früherer, wohl des 13. Jh., voraus.

Der **Mauergürtel** ist noch großenteils erhalten. Von den 4 Toren stehen noch 3; das **Obere** (wuchtig, gut die gut bestandene Gasse schließend), das **Klingen-** und das **Untere Tor.**

● Kath. Pfarrkirche St. Andreas

Ältester Teil ist der von einem 1288 geweihten frühgot. Bau gebliebene Turm, in dem auch noch eine Glocke von 1296 hängt (nur das 6. Geschoß in der Juliuszeit aufgestockt). Chor und Langhaus sind in die 2. Hälfte des 14. Jh. zu setzen, die Seitenkapellen ins späte 15. Jh. 1736 entsteht die Johann-Nepomuk-Kapelle an der SO-Ecke. Die Folgen einer purifizierenden Wiederherstellung 1892 wurden 1938–54 nach Möglichkeit behoben.

Die 3schiffige Kirche ist eine Staffelhalle mit 1schiffigem Chor. Die Scheidbogen der Schiffe ruhen auf starken Achteckpfeilern. Rippenkreuzgewölbe decken die 7 Joche. Im westl. Joch eine unterwölbte, über Wendeltreppen zugängliche Empore. Hohe Maßwerkfenster erhellen den Chor. Schönes, meist aus Rosetten gebildetes Maßwerk auch in den Fenstern des Langhauses.

Ausstattung. Der *Hochaltar* ist ein ausgezeichnetes Werk des Windsheimer Bildhauers Georg Brenck von 1612 (durch die neugot. Ausstattung verdrängt; 1953 wiederaufgerichtet): hoher, der Steilung des Chores angemessener, 3teiliger Aufbau, mit Kreuzigung, Andreas-

Marter darüber und Marienkrönung zuhöchst. Das feine, aufsprießende Sakramentshaus wurde 1498 geweiht. Das 8seitige Bronze-Taufbecken dürfte 1514/15 entstanden sein, Werk eines Nürnberger Rotschmieds, wahrscheinlich eines der Vischer. Spätgot. Chorgestühl. Statuengruppe der Anbetung der Könige, Ende 14. Jh. Vorzüglich die Holzfigur des *Hl. Nikolaus* von Tilman Riemenschneider.

Kath. Michaelskapelle (bei der Pfarrkirche, im Bereich des alten Friedhofes), 1440 begonnen und gegen Ende des Jahrhunderts vollendet. Sie ist wie so viele Friedhofskapellen 2geschossig, zählt 4 Joche und schließt in 3 Seiten des Achtecks; ein Netzrippengewölbe deckt das Obergeschoß; westlich eine unterwölbte Empore, durch ein angebautes Treppentürmchen zugänglich.

Das ziervolle Portal zum Obergeschoß (über Freitreppe), dessen äußerer Kielbogen vor einer Maßwerkfläche liegt, schließt ein Tympanon mit der Darstellung des Jüngsten Gerichtes (um 1450) ein. – Am neugot. Altar Steinfigur der Muttergottes um 1450, und 2 gute Holzfiguren, Sebastian und Michael, um 1480.

Spitalkirche Herz Jesu. Sie wird um 1500 erbaut, der Chor aber erst 1616 gewölbt, gleichzeitig der Turm errichtet. Das Portal auf der Seite ist Überstand eines älteren Baues, um 1430; das Tympanon vergegenwärtigt die Liebeswerke der hl. Elisabeth.

An die Kirche angelehnt das 1604 errichtete **Spitalgebäude.** Anmutige Fachwerklaube im Hof.

Kath. Wolfgangskapelle (südlich der Stadt). 1463 begonnen. Der Turm erhält 1738 seine Kuppel. Der Chor hat ein Netzgewölbe; die Flachdecke des Langhauses ist barock. Beachtlich die steinerne, 1551 datierte Kanzel Peter Dells d. Ä. – Dank des alljährlichen Pfingstumrittes kommt der Kapelle auch volkskundliche Bedeutung zu.

Das **Rathaus,** breit gegen den Markt gestellt, 2 der dem Markt von O her zustrebenden Gassen an seinen Schmalseiten vorbeilassend, ist eines der rühmlichsten in Franken. Der Hauptbau entstand um die Wende zum 16. Jh. Der O-Flügel kam 1514/15 hinzu. Der große platzbeherrschende W-Bau 3geschossig. Fachwerk ist das leicht vorgekragte 3. Geschoß, dessen Mitte das 8eckige spitzbehelmte Uhrtürmchen (mit Spielwerk von 1560) seinen Fuß anlegt. Nicht der letzte Reiz liegt bei der Freitreppe mit ihren Maßwerkbalustraden. ●

An der SW-Ecke eine gute steinerne *Muttergottes* von 1498.

Das sog. **alte Rathaus** (Brückenstr. 1; nördlich der Pfarrkirche) gehört der 2. Hälfte des 15. Jh. an, ein 3geschossiger Block mit turmartigem jüngerem Anbau an der NW-Ecke. Am 2. Geschoß, vorgekragt, der Pranger.

Main-Brücke. 1397 ist die erstmals 1254 erwähnte Brücke noch aus Holz, erst 1512 entsteht eine steinerne. Erneuerungen des 17. und 18. Jh. bestimmen die heutige Erscheinung. Der 1945 gesprengte Mittelbogen wurde ersetzt.

Stadtmuseum: Heimatmuseum im sog. **Schlößchen** (Brückenstr. 26; 2. Hälfte 15. Jh.); **Trachtenmuseum** im **Greisinghaus** (Spitalgasse 12; 1717).

Tückelhausen (D5)

● Ehem. Kartäuserkloster

Um 1138 gründet Bischof Otto I. von Bamberg das Kloster. Die Prämonstratenserpropstei wird 1350 aufgelöst, das Kloster 1351 den Kartäusern eingeräumt. Eingreifender Umbau der mittelalterl. Kirche 1613. 1803 endet die klösterliche Existenz.

Kirche und Kloster schließen sich zu schöner, durch die Hügellage gehobener, vielteiliger Baugruppe zusammen.

Kath. Pfarrkirche St. Georg. Die im Kern roman., im 14. Jh. und noch einmal im 17. umgebaute ehem. Klosterkirche ist 1schiffig; der Chor, auf noch kenntlichem roman. Sockel, schließt flach. Die Wölbung (Netzrippengewölbe) ist nachgotisch. Das Querschiff, im 14. Jh. vom Langhaus durch Mauern abgeriegelt, tritt nur außen in Erscheinung. Der Außenbau trägt die Signatur der Juliuszeit. Die W-Fassade schmucklos, kahl; um so wirkungsvoller das reiche Renaissance-Portal (1615) und der 2stufige Giebel. Giebel, 3stufige, besetzen auch die Fronten des Querschiffes (dem südlich das ehem. Priorat, heute Pfarrhof, anliegt).

Das entgegen den Ordensgewohnheiten verhältnismäßig reich ausgestattete (1964/65 restaurierte) Innere kulminiert in dem vorzüglichen *Hochaltar* des Würzburgers Johann Wolfgang van der Auvera, 1758. Die Kanzel des Jakob van der Auvera, 1710–20, wurde aus der Würzburger Karmelitenkirche übernommen. Die Seitenaltäre tragen Gemälde Johann Andreas Urlaubs. Die Kreuzigungsgruppe gegenüber der Kanzel wohl aus der Werkstatt J. W. van der Auveras. Das sehr gute Chorgestühl wurde 1746 gearbeitet.

Das **Kloster** zeigt den den Kartäusern eigentümlichen Grundriß, der nicht oft so beispielhaft zu belegen ist. Das innere, eigentliche Kloster liegt östlich, das äußere (Wirtschaft) westlich der Kirche. Das innere liegt dem **Kreuzgang** an, in dessen Hof der Chor der Kirche eingreift. 3 Seiten des (großenteils verbauten) Kreuzganges, legen sich die 14 **Kartausen** an, 1geschossige Zellen, deren jeder ein Gärtchen beigegeben ist. Der Kreuzhof war Friedhof. – Das äußere Kloster umschließt mit 3 Flügeln einen großen Hof, in den das Langhaus der

Kirche eingreift. Der südlich begrenzende **Gastbau** (1718) öffnet sich östl. Teils in einer Reihe von Rundbogenarkaden. Nördlich ein **Torbau.** Der bekuppelte Erker über der Einfahrt zur Klausur (südlich der Kirche) und die beiden **Brunnen** (1715) bereichern noch die Vielfältigkeit dieses Hofes.

ORNBAU (MFr. / Ansbach F7)

»Arnbaur« *ist 1229 Markt, Lehen der Eichstätter Bischöfe, die es 1310 einziehen und ein Amt einrichten. Trotz schon 1317 gewährten Befestigungsrechtes scheint der Mauergürtel erst 1464 (Jahr erneuter Gewährung) aufgeführt worden zu sein.*

Kath. Stadtpfarrkirche St. Jakob

Ältester Teil der in der 2. Hälfte des 11. Jh. bezeugten Kirche ist der im Kern spätroman., 1538–45 aufgestockte Turm. Der Chor trifft ins späte 14. Jh. Das ebenfalls spätgot., im späten 17. Jh. umgestaltete Langhaus mußte dem 1967/68 errichteten Neubau des Ingolstädter Architekten Josef Elfinger Platz machen.

In den Zeltbetonbau, dessen westl. Abschluß die O-Mauer des roman. Turmes ist, wurde östlich der got. Chor als eine Memorie des Mittelalters einbezogen. Das spätgot. Sakramentshaus fand seitlich des nun westlich vor der Turmwand postierten Hochaltars Aufstellung. Die Einordnung des Alten ins Neue erfreut durch originelle Lösung; die Zuordnung des Betonkörpers zur altfränkischen Stadt ist hart.

Friedhofskirche St. Jobst (an der Straße nach Triesdorf)

1410 genannt, doch wohl schon in der 2. Hälfte des 14. Jh. gebaut. 1690 wurde das Langhaus vom Obermässinger Maurermeister Johann Bapt. Camesino erhöht, 1732 die Flachdecke erneuert und mit Stuck von Franz Xaver Horneis und Fresken von Johann Michael Herzog, 1737 von Johann Murmann ausgestattet.

Der mit Rippengewölbe gedeckte Chor schließt 5seitig; das Schiff ist ein rechteckiger Saalraum. Die Altäre entstammen dem späten 17. Jh.

Im **Friedhof** das in die Mitte gesetzte *Grabmal des Marschalls Gg. Fr. de Bièvre* (1790), eine Pyramide mit reliefgeschmückter Säule.

Unter den **Häusern,** welche die Gassenzeilen in guter alter Ordnung begrenzen, sei das **Kastenamt** (jetzt Schule) hervorgehoben, ein stattliches, 2geschossiges, durch Mittelrisalit gegliedertes Gebäude, 1764 nach Entwurf des Eichstätter Hofbaumeisters Maurizio Pedetti aufgeführt.

Der **Mauergürtel** steht noch in ansehnlichen Teilen aufrecht, von den **Toren** noch das **Untere,** von den **Türmen** der **Weiße,** von den **Basteien** noch 4. Die Mauerzüge noch großenteils von Wall und Graben begleitet.

Die vermutlich im frühen 18. Jh. gebaute, auf Bögen die Altmühl überquerende **Steinbrücke** vor dem Unteren Tor verbindet sich mit diesem zu altfränkischer Vedute. Das ihr zugesellte **Standbild** des böhmischen Brückenheiligen ist 1736 datiert.

OSTHEIM v. d. Rhön (UFr. / Rhön-Grabfeld E1)

Die Geschichte der kleinen Stadt am Nordrand Bayerns, dem sie erst seit 1945 zugehört, spiegelt das deutsche und, insonderheit, fränkische Schicksal der territorialen Zersplitterung. Fränkische Königsherrschaft am Anfang, seit 804 Verschenkung des Königsgutes an das Kloster Fulda, dem es das im 11. Jh. stark werdende Geschlecht der Grabfeldgaugrafen, Henneberg, abnimmt. Die Grafen besitzen die um eine kleine Wegstunde nördlich benachbarte Lichtenburg, die sich zur Mitte einer (O. einschließenden) Herrschaft entwickelt. Aber ein Henneberg, Otto II. v. Bodenlauben, veräußert die Herrschaft um 1230 an das Hochstift Würzburg, das zwar einen Teil an Fulda abgeben muß, doch O. und schließlich auch noch den fuldischen Teil (1423) hinzugewinnt, so daß also nun die ganze Herrschaft (das Amt) Lichtenberg in seiner Hand ist. Die allerdings auch wieder, 1433, an Henneberg-Römhild veräußert werden muß. Nach dem Ausgang der Henneberg, 1555, fällt O. an Sachsen. 1586 wird es vom Coburger Herzog zum Markt erhoben, und wenig später erscheint es als Stadt. – Die landesfürstliche Gewalt, ob nun Würzburgs, Hennebergs, Sachsens, befindet sich im stetigen Kampf mit dem aus ihren Burgleuten erwachsenen Adel, der sich nahezu das ganze O. als Lehen oder Eigen zu sichern weiß, sich zu einer Ganerbenschaft zusammenschließt und in die Reichsritterschaft (Kanton Rhön-Werra) eintritt.

Trotz seiner langen Zugehörigkeit zu Sachsen-Thüringen, die erst 1933 und 1945 ihr Ende fand: Ostheim ist typisch fränkisch, man darf sagen: beispielhaft fränkisch. Die **Stadtmauer** steht noch großenteils, ohne die Tore. – Das **Rathaus** kam durch Umbau eines »alten Hauses« 1587 zustande: massives Erdgeschoß, Aufstockung in Fachwerk. – Noch im 17. Jh. werden in Ostheim 7 **Edelsitze** gezählt. Der besterhaltene ist der **Hansteinsche** (Paulinenstr. 20; im Kern spätmittelalterlich, in der Erscheinung spätes 16. Jh.).

● Die **Kirchenburg** ist das großartigste Altertum Ostheims, unter den noch existierenden dieser Anlagen eine der größten und stärksten.

Sie hat mit den erwähnten Herren (an die noch die prätentiösen Grabsteine in der Pfarrkirche erinnern), nichts zu tun. Sie ließen sich auch von der Fürsorgepflicht befreien, die also ausschließlich den »armen Leuten«, den Bürgern und Bauern, zufiel. Als Zuflucht der Bürger und Bauern ist folglich auch die wahrscheinlich in der 1. Hälfte des 15. Jh. begründete (oder erneuerte) Kirchenburg anzusprechen.

Der **Friedhof** ist von einer doppelten, einen Zwinger einschließenden **Ringmauer** umgeben. Der innere ist durch 4 Ecktürme, 2 viereckige westlich, 2 runde östlich, verstärkt. Nahe der SO-Ecke das von der Kirchnerbehausung überhöhte rundbogige Tor. Entlang der inneren Mauer noch viele, teilweise von Häuschen überdeckte Keller, die den Notvorrat aufzunehmen hatten.

Die **ev. Pfarrkirche** (St. Michael) inmitten des bewehrten Quadrates hatte einen 1410 aufgeführten Vorgänger, von dem noch Teile im Unterbau des Chorturmes stecken mögen. Die Obergeschosse dieses nur wenig das Dach überwachsenden Turmes wurden erst 1579/80, das Langhaus wurde 1616–19 errichtet: eine mit guten Portalen der Spätrenaissance ausgestattete 3schiffige Halle, mit hohen rundbogigen Säulenarkaden und Holztonne.

Bei Restaurierung 1958–61 wurden Malereien von Nikolaus Storant, 1619, freigelegt. Die Steinkanzel, mit Treppengeländer in Maßwerk, und der Taufstein stammen aus der Erbauungszeit. Die 1656 in einen Barockaltar eingeschlossenen Holzreliefs, Darstellungen aus dem Leben Jesu, sind wohl die Relikte eines spätgot. Hochaltars. Die Bildgrabsteine, vorwiegend der Herren v. Stein (zu Altenstein), sind rühmenswerte Steinmetzarbeiten, meist der 2. Hälfte des 16. Jh., einige mit dem Monogramm I H eines Meininger Meisters.

PAPPENHEIM (MFr. / Weißenburg-Gunzenhausen G8)

Burg

Seit 1111 begegnen die Burgherren, seit 1123 Marschälle von Pappenheim, und ihre Burg ist auch schon 1219 bezeugt, deren ältester Teil, der Bergfried, ins 12. Jh. zurückführt. Die Vorburg ist in die Mitte des 14. zu setzen; die beiden Häuser der Vorburg kommen aus dem 15. Die beiden Rundtürme an der N-Seite brachte das späte 16. Jh. hinzu. Im 30jährigen Krieg zerstört, verfällt die Burg im 18. Jh., im 19. wird sie Ruine.

Sie liegt auf einem nordöstlich in das hier eine Schlinge bildende Altmühl-Tal vorstoßenden Felsrücken, die Hauptburg auf dessen Spitze, zurück die durch Gräben abgesetzte Vorburg. Der quadratische Quaderstrunk des roman. Bergfrieds ist der sichtbare Überstand der Hauptburg. Die erhaltenen Mauerteile des Palas auf der S-Seite weisen ins 13. Jh. Die die Hauptburg umfassende Zwingeranlage dürfte im 15. Jh. entstanden sein; im 16. wurde sie verstärkt.

Stadt ●

Unterhalb der Burg entwickelt sich die Siedlung, die schon in karolingischer Zeit ins Licht tritt. 802 gelangt sie als Schenkung einer hochadligen Frau Reginsind an das Kloster St. Gallen, das sich aber dieses entlegenen Besitzes nicht allzu lange erfreut haben kann. Königsurkunden von 899, 902, 914 weisen auf Fiskalgut hin, das großenteils Eichstätt zukam. Im 11. Jh. stehen die grundherrlichen Rechte St. Walburg zu. Im frühen 13. Jh. sind Bürger bezeugt, und Stadt wird man die Siedlung – jetzt in der Hand der Marschälle – nun auch schon nennen dürfen.

Der Fluß bot auf 3 Seiten Schutz, den Rücken deckte die Burg, mit der sich der Ort durch Mauern verband. Ein großer Teil der **Stadtbefestigung** hat sich erhalten, und es steht auch noch das **Obere Tor** (14. Jh.). –

Das Gesicht der auf 2 Achsen, Judengasse und Herrengasse, ausgerichteten, jedenfalls planmäßig von den Marschällen geschaffenen Stadt war bis ins 17. Jh. durch Fachwerk charakterisiert. Die Dachneigung hielt sich an den stumpfen Winkel des Altmühlhauses. Erst im 18. Jh. gewann das Walmdach die Vorhand.

Die **Galluskirche,** deren Titel auf das im 9. Jh. hier begüterte St. Gallen zurückdeutet, war ursprünglich (bis zur Einführung der Reformation) Pfarrkirche. Der hochaltertümliche Bau dürfte im Kern ins 9. Jh. zurückreichen, erfuhr aber im 11. oder 12. Jh. (Erhöhung der Schiffe, Errichtung des Turmes), im 13. Jh. (die breiten Spitzbogenarkaden) und im 15. Jh. (Chor, Turmerhöhung) Umgestaltungen.

Ev. Pfarrkirche. Mitte des 16. Jh. gerieten die Pfarrechte an die spätgot., 1476 vollendete ehem. Marienkapelle.

Ehem. Augustinerkirche Hl. Geist (Klostergasse). Die gegen Ende des 15. Jh. gebaute Kirche des 1372 gestifteten, um 1550 säkularisierten Augustinerklosters ist seit 1700 die Gruftkirche der Grafen von Pappenheim.

Altes Schloß. Bis ins 19. Jh. residierten hier die Grafen. An der platzartig breiten Herrengasse liegend, fügt es 2 dreigeschossige Trakte ungleicher Höhe und auch ungleichen Alters zusammen. Der S-Teil mag im Mauerbestand noch in die Frühzeit des 16. Jh. zurückreichen; der stattlichere N-Teil mit den rahmenden polygonen Ecktürmen entstand 1608.

Neues Schloß. An der N-Seite des Marktes, stadtbürgerlicher Nachbarschaft gegenüber. Nach den Plänen Leo v. Klenzes 1819/20 errichtet. Die Fassade läßt einen Pavillon vortreten, der sich in 3 hohen Rundbogentoren öffnet und mit einem flachen Dreieckgiebel schließt. 2 kurze Flügel greifen rückseitlich gegen den Park aus. Im Inneren noch einige gute klassizist. Räume.

PARSBERG (OPf. / Neumarkt i. d. OPf. I7)

Ausgangspunkt ist die Burg, unter deren Obhut die Siedlung wächst. Die Parsberger Herren sind angeblich schon 933 nachweisbar. 1730 erlischt das Geschlecht. Schloß und Siedlung kommen an die Bischöfe von Würzburg und Bamberg und später, 1792, an die Wittelsbacher. Eine Brandkatastrophe, 1841, hat das alte Ortsbild verzehrt. Erhebung zur Stadt 1952.

Schloß. 1205 ist die Burg bezeugt; einige Reste auf dem Gipfel der Anhöhe künden von ihr. Um die Mitte des 15. Jh. begann der Neubau, den das Hauptgebäude mit seinen 2 Ecktürmchen in der 1. Hälfte des 16. Jh. beendete. Südlich davon entstand um 1600 das **»Untere Schloß«.** Der Zerstörung im 30jährigen Krieg folgten Wiederherstellungen.

Kath. Pfarrkirche St. Andreas. Die Gründung von 1444 erhielt 1459 den ihr angemessenen Kirchenbau: 1schiffig und mit 2 Seitenkapellen. 1736–38 trat ein neuer Turm hinzu. Der Umbau von 1920–27 schuf ein völlig neues Raumbild und übernahm aus altem Inventar nur den schmuckreichen Taufstein um 1500 und die rotmarmorne Stiftergrabplatte für Hans v. Parsberg, 1469.

PEGNITZ (OFr. / Bayreuth I5)

Trockau (I4)

Schloß

Seit 1273 begegnen die Groß v. Trockau, eines der namhaftesten, heute noch blühenden Geschlechter der fränkischen Alb. Ihre Burg ist Ende des 14. Jh. Leuchtenbergisches Lehen. 1737 gelingt es ihnen, ihre Herrschaft (Trockau, Kohlstein, Tüchersfeld) zur Reichsunmittelbarkeit erheben zu lassen. Ihr Burgschloß erfährt 1769ff. einen Umbau, den die beiden Waischenfelder Maurermeister Wenzel und Johann Georg Schwessinger (Vater und Sohn) ausführen.

Die Anlage besetzt eine westlich ins Püttlach-Tal vorgreifende Bergnase. Der Hof des Schlosses liegt mit 3 Seiten im Einschluß sandsteinerner Futtermauern; südlich 2 mit Welschen Hauben gedeckte Rundtürme. In der Mitte das 3geschossige **Schloßgebäude,** das nur auf der O-Seite anspruchsvoll ist; hier betont ein Risalit mit Giebel die durch Lisenen gegliederte Fläche. Im Inneren einige originell ausgestattete Räume: im 1. Obergeschoß v. a. das *nordöstl. Eckzimmer* (um 1770–80); dann das *Schlafzimmer* mit auf Leinwand gemalten phantastischen Prospekten (an der W-Wand die Darstellung eines Gewächshauses), die als Phänomene des spätesten Rokoko, seines sich ins Realistische verlierenden Illusionismus, hoch zu bewerten sind; der Stuck wird Rudolf Albini zugeschrieben; der der anschließenden Räume stammt von 2 einheimischen Gipsern, Jakob und Johann Gerstendörfer.

Der **Viehhausbau,** südlich am Vorhof, wurde 1793 vom jüngeren der beiden Schwessinger gebaut.

Die **kath. Schloßkapelle St. Oswald,** nördlich des Schlosses, besteht schon vor 1316. 1603 umgebaut, wird sie 1777 neu ausgestattet. Südlich und westlich Emporen; ein Teil der W-Empore ist Herrschaftsloge. Der Altar zeigt den hl. Karl Borromäus als Helfer der Pestkranken. Bemerkenswert ein spätgot. *Hl. Jakob* (um 1510). Auch ein Wendelin des Ebermannstädters Friedrich Theiler (spätes 18. Jh.) sei angemerkt.

1949/50 wurde östlich des Marktes eine **Kuratiekirche** gebaut; ihr Architekt ist Gerhard Günther Dittrich, Nürnberg.

PFREIMD (OPf. / Schwandorf L6)

Um die Wende des 12. zum 13. Jh. im Besitz gleichnamiger Herren, dann der Grafen von Rotteneck, weiter der Herzöge von Niederbayern, schließlich, seit 1322, der Landgrafen von Leuchtenberg, die 1332–1646 hier residieren. Wohl um 1332 errichten sie ihr Schloß, das nicht mehr besteht; auf seinem Areal jetzt das Rathaus.

Kath. Pfarrkirche Mariae Himmelfahrt
Auf dem Baugrund der ehem., schon für das 11. Jh. bestätigten Filialkirche von Perschen (→ Nabburg) erwuchs 1681–88 der Neubau, eine emporenbesetzte Wandpfeilerkirche. Baumeister und Stukkateur war Johann Schmuzer aus der berühmten Schule von Wessobrunn.

Die *Stuckdekoration,* im Stile der Zeit weiß gehalten, bringt Rahmenbildungen, Rosetten, Akanthus-Ranken und Fruchtgirlanden. Zuweilen tauchen geflügelte Engelsköpfe auf. Die kleinen Deckengemälde bilden nur einen unwesentlichen Teil der Raumdekoration. Auch die *Altareinrichtung* geht wohl auf Entwürfe Schmuzers zurück. Bedeutungsvoll der Hochaltaraufbau, eine tiefenräumliche Komposition auf 4 gedrehten Säulen, die auf Berninis Peterstabernakel zurückweist. Neuartig ist die Vereinigung von Baldachin und Rahmung des Altarblattes (Mariae Himmelfahrt). Diese Erfindung greift voraus, sie deutet auf die etwa 50 Jahre späteren Altarwerke E. Qu. Asams. Auch Seitenaltäre und Kanzel gehören der Zeit um 1680 an. Ihre Detailformen deuten auf Kenntnis der Theatinerkirche zu München, dem für das barocke Bayern richtungweisenden Werk italienischer Künstler. Nur die Orgel wurde später errichtet, 1730. – Aus dem älteren Bestand kommen 2 spätgot. Arbeiten: die Muttergottes in der 1. nördl. und die Anna-selbdritt-Gruppe in der 1. südl. Kapelle. – Von den beiden Rotmarmor-*Epitaphien* zu seiten des Hochaltars ist das für den Landgrafen *Leupold v. Leuchtenberg* († 1463) hervorzuheben. Die Porträtfigur des Verstorbenen im Plattenharnisch ist ein Meisterwerk spätgot. Bildhauerei.

PIELENHOFEN (OPf. / Regensburg K8)

Ehem. Zisterzienserinnenkloster
1240 übergab Bischof Siegfried von Regensburg die Kirche zu Pielenhofen den Zisterzienserinnen. Unter Hilfeleistung der Edlen von Hohenfels und Ehrenfels entwickelte sich das Kloster bis zu seiner Auflösung 1559. Die Gebäude wurden 1655 zur Errichtung eines Superiorats vom Reichsstift Kaisheim erworben. Seit 1702 betrieb man von dort aus den Kirchenbau. Von dort kam auch der Baumeister, der Vorarlberger Franz Beer. Zuvor schon hatte man die Neuerrichtung der Klostertrakte ins Werk gesetzt. 3 Jahre nach der Säkularisation von 1803 ließen sich Karmeliterinnen nieder, 1838 Salesianerinnen. Die Kirche wurde der Pfarrei übergeben.

Kath. Pfarrkirche U. L. Frau, ehem. Klosterkirche. Das Äußere verrät einfachen, längsrechteckigen Grundriß, aus dem ein flach geschlossener Chor und 2 Querschiffsfronten heraustreten. Die 3 Seiten tragen dreieckige Giebel. Hohe Rundbogenfenster öffnen die Wände, auch die der 3achsigen W-Fassade mit dem hohen Giebel. Sie trägt das Weihedatum 1719. Beiderseits flankieren sie 3geschossige Türme mit hohen, laternengezierten Doppelkuppeln. Das Innere ist eine Halle mit 1schiffigem Chor, vom Querschiff durchkreuzt. Ihre Seitenschiffe tragen Emporen. Schlichte, knappe Form ohne jede Rundung kennzeichnet den Geist der Zisterzienserinnen, die sich offenbar durch das Vorbild Kaisheim beeinflussen lassen. Das nicht völlige Abtrennen der Hallenstützen von der Wand kennzeichnet den Vorarlberger Architekten.

Ausstattung. Die reiche, doch zarte Stuckinkrustation spielt mit den Themen der Zeit um 1720: Bandwerk, dünnes Laubwerk, Gitter und Lambrequins auf matt getöntem Untergrund. Die 3 Flachkuppeln bemalte Karl Stauder, 1720: (v. O.) himmlisches Gloria, Ausgießung des Hl. Geistes und Christi Auferstehung. Die gleichzeitigen schönen Altäre, das treffliche Chorgestühl und der gute Orgelprospekt steigern den Eindruck des einheitlichen Raumes. (Nur der Hochaltar besitzt ein nazarenisches Blatt.)

Die **Klosterbauten** wurden 1702 errichtet; das *Refektorium* (S-Flügel) enthält gute Stukkaturen.

POMMERSFELDEN (OFr. / Bamberg G5)

Schloß Weißenstein ●

Die Herrschaft der Truchsesse von Pommersfelden gelangt 1710 an den Bischof von Bamberg und Erzbischof von Mainz, Lothar Franz v. Schönborn, der nun gleich die alte Wasserburg mitten im Dorf nach Plänen Johann Dientzenhofers zum Schloß umgestalten will, sich aber dann zu einem völligen Neubau südöstlich des Dorfes entschließt. 1711 begonnen, wächst der Bau rasch auf, zu rasch, als daß die vom Neffen des Kurfürsten, Friedrich Karl in Wien, veranlaßten Vorschläge Johann Lukas v. Hildebrandts noch entscheidenden Einfluß gewinnen können. So ist der 1716 vollendete Bau, wenn auch nicht in allem, so doch im Großen das Werk des grundlegenden Meisters Dientzenhofer. In den Fensterrahmungen des Mittelpavillons der Hofseite scheinen sich allerdings Wiener, in der vergleichsweise kühlen, an Französisches erinnernden Behandlung der Gartenseite Mainzer Einflüsse anzudeuten.

Äußeres. Der Hauptbau, das **Corps de logis,** liegt in der Flankierung zweier auf der Gartenseite gering, auf der Hofseite weit ausgreifender Flügel. In das Hufeisen des Ehrenhofes stößt ungewöhnlich tief, bis zur Hälfte der Flügel, der Mittelpavillon vor, der auch auf der Gartenseite vorgreift, hier über die Linie der Flügelrisalite hinaus. Anlaß zur Tiefe des Pavillons gab das Treppenhaus. Die Gliederung ist groß, monumental: das Erdgeschoß sockelhaft, rustiziert, in Rundtoren aufgebrochen. 2 schwere Vorlagen seitlich der Mittelachse nehmen die die beiden Obergeschosse zusammenschließenden

Säulenpaare, 2 weniger breite außen die rahmenden Pilaster auf; über dem verkröpften Gebälk ruht, von Pilaster zu Pilaster geschlagen, der mit dem Wappen besetzte dreieckige Giebel, dessen Spitze die Statue eines Merkur bekrönt; 4 weitere Statuen auf den Giebelschenkeln, über denen dann das Mansardendach aufwächst. Die Rücklagen des Corps de logis sind weniger aufwendig: rustiziertes Sockelgeschoß, taktierende Pilaster, ebenfalls rustiziert, in reicheren Rahmenprofilen nur die Fenster des 1. Obergeschosses. Gleich disponiert die Flächen der **Flügel,** deren Erdgeschoß sich hofseits in Arkadenreihen öffnet, bis auf die um je 1 Geschoß vermehrten Eckpavillons. Wird man am Mittelbau fremde (v. a. Wiener) Anregungen in Anschlag bringen müssen, hier, an den Flügeln, ist die Dientzenhofer-Note eindeutig. – Die *Gartenseite* des Mittelbaues verzichtet auf die kraftvoll schwere Plastik der Säulenpaare; nur Pilaster treten vor die Fläche, die 3 mittleren der 5 Achsen sind leicht vorgezogen; das Obergeschoß ist, unterschiedlich, oval befenstert, der in der Basis engere, steiler wirkende Giebel trägt auf seiner Spitze die Statue eines Atlas. Der Aufriß wirkt steiler, auch flächiger; es fehlt die Ballung um die Mittelachse; Mainzer Anregungen sind zu vermuten. – Alle Fronten sind aus dem landesüblichen gelbbraunen Sandstein errichtet. Das Dach ist in allen Teilen Mansarde.

Dem Ehrenhof gegenüber schwingt die konkave Kurve des **Marstalls,** den der Kurfürst 1714–17 nach den Plänen seines Mainzer Baudirektors Maximilian v. Welsch von Dientzenhofer ausführen ließ. Sehr glücklich schließt das niedrig gehaltene, flach gegliederte, nur in der vorgewölbten Mitte stärker plastische Gebäude die offene Seite des Ehrenhofes ab, eine monumentale Schranke, die nachgiebig und fest zugleich den Stoß des Schlosses beantwortet.

Als einer der ersten großen Schloßbauten steht Pommersfelden am Beginn des deutschen 18. Jh. Der hohen Bedeutung ● des Außenbaues entspricht der Innenbau. Da ist das *Treppenhaus,* Erstling der den nächsten Zweck so weit hinter sich zurücklassenden deutschen Treppenhäuser des 18. Jh. und von keinem der künftigen übertroffen. Die Stiege sei von seiner »Invention« und sein Meisterstück, behauptete der Schloßherr. Die Gestaltung gehört allerdings dem Wiener J. L. v. Hildebrandt (die Ausführung J. Dientzenhofer). In 2 Läufen steigt die Treppe an, und über 2 Umkehrpodesten gewinnt sie, frei in den hohen Raum gestellt, das 1. Obergeschoß. Offene Gale-

Pommersfelden. Schloß Weißenstein. Treppenhaus
Kupferstich von Georg Daniel Heumann nach Salomon Kleiner, um 1728

rien umfahren die Obergeschosse; die des ersten stützt mit ihren kannelierten Säulen das waagrechte Gebälk, das die mit Hermenpilastern besetzten Pfeiler der Rundbogenöffnungen der Galerie des zweiten trägt. Ein Muldengewölbe schließt den Raum.

Im großen *Deckengemälde* scheint er sich dann doch wieder zu öffnen. Dessen Autor ist der Schweizer Johann Rudolf Byß; Thema: die 4 Erdteile. Die Stukkaturen gab der hervorragende Daniel Schenk (1716/1717).

Unten legt sich, in der Tiefenachse, die *Sala terrena* vor, ein Ovalraum, dessen Stichkappengewölbe auf 16 Pfeilern ruht; beachtlich die Wölbung in der 1. und 5. Achse: Gurtbogenpaare, die sich berühren, auf übereck gestellten Pilastern (wie in Banz).

Die Dekoration will die Vorstellung Grotte erwecken: »grottesk« nimmt der Gartensaal des Barock schon die Fühlung mit dem Draußen, der Gartennatur, auf.

- Über ihm liegt der *Marmorsaal*, durch ein ovales, in der Kuppel durchbrochenes Vestibül mit der Galerie, da wo sie die Treppe empfängt, verbunden. Der große Rechtecksaal ist zum Garten hin befenstert.

Er bezieht seine starke plastische Wirkung aus den den Wänden vorgelegten hochgestühlten Säulenpaaren aus rotem Stuckmarmor und der von Schenk stuckierten, von Johann Michael Rottmayr (1717) freskierten Decke. Das Thema der Malereien, vorzüglichster der Epoche, glossiert ein älteres Inventar (1752) mit: »Die Weisheit und das gute Gewissen triumphiert über das Laster.« Eine Reihe von Schönborn-Porträts an den Wänden. – Die 1713–15 ausgestattete *Große Galerie* war ursprünglich dicht mit Gemälden besetzt, Stolz des Schloßherrn. – Angrenzend das kleine *Blumenzimmer* mit einer feinen Stuckdecke Schenks, der auch die nördlich angrenzenden Wohnräume des Kurfürsten ausstattete. Erlesen kostbar das *Spiegelkabinett* im nordöstl. Eckrisalit (1713–18). Die die Spiegel rahmenden Vertäfelungen und der prächtige eingelegte Boden sind Werk des Kunstschreiners Ferdinand Plitzner, der auch das Kabinett entworfen haben dürfte. Der Stuck der Decke stammt wieder von Schenk, der auch die meisten anderen (hier nicht einzeln anzuführenden) Räume stuckierte, auch die 1718 geweihte *Kapelle.*

- **Marstall**

1714 fertigt M. v. Welsch die Pläne für diesen vom Bauherrn als ein »extra ornament« gedachten Rahmenbau des Schloßvorplatzes. Um 1 Geschoß vermindert, kommt er 1716ff. zur Ausführung; 1718 steht der Rohbau.

Äußerlich mehr einer Orangerie als einer Stallung gleichend, buchtet das niedrig gehaltene, durch eine horizontale Attika beschlossene Gebäude in flacher Bogenlinie zurück, um in einem mittleren Pavillon wieder vorzuschwellen. Rustizierte Pilaster, die sich rundbogig verbinden, gliedern die Wandungen. Der von einem Glockenträger überhöhte Mittelpavillon ist durch gepaarte Säulen ausgezeichnet.

Der ovale Saal ist durch die auf den Zweck des Gebäudes unterhaltsam bezugnehmenden Fresken Giovanni Francesco Marchinis bestimmt. Die illusionistische Wirkung dieser (figürlichenteils wohl von J. R. Byß bestrittenen) Malereien ist fast bedrängend, der Raum öffnet sich ins Imaginäre, das Deckenbild (Perseus-Andromeda) hebt gleichsam die Decke ab, deren gemalte Gliederungen (wie die der Wandungen unten) eine starke plastische Architektur vortäuschen.

Park, 1715 nach Plänen von Welsch angelegt und noch 1729 (Tod des Kurfürsten) unvollendet, dann von Friedrich Karl v. Schönborn weiter ausgestaltet und vergrößert, 1786ff. zum Naturpark englischen Stils umgeschaffen.

POTTENSTEIN (OFr. / Bayreuth H5)

Burg

Die auf steilem, fast ganz frei stehendem Dolomitfels thronende Burg ist Gründung des kärntnerischen Pfalzgrafen Botho (eines Erben des Schweinfurter Grafenhauses) und in die 2. Hälfte des 11. Jh. zu setzen. Spätestens unter Bischof Otto I. kommt sie an Bamberg. 1227 oder 1228 Refugium der hl. Elisabeth, Nichte des Bamberger Bischofs Ekbert, ist sie durch diesen Namen geweiht.

In Teilen, **Hauptgebäude** und Grundbau des **Bergfrieds,** mag sie noch ins 12. oder 13. Jh. zurückgehen. Das sog. **Zeughaus** kam 1580/81 hinzu. Nach 1803 verödet, 1871 schon dicht vor dem Abbruch, verjüngt sie sich in privatem Besitz (seit 1878) zur Freude des Juratales der Püttlach zu ihren Füßen.

Die Stadt (als solche im 3. Jahrzehnt des 14. Jh. bezeugt) hat ihre Mauern und Tore verloren. 1736 von einem Großfeuer heimgesucht, im Wiederaufbau von dem Bamberger Johann Jakob Michael Küchel »nach der Schnur« ausgerichtet, wirkt die Hauptstraße in der Aufreihung der vielen schmalen Giebelfronten doch noch reinblütig altfränkisch.

Die **kath. Pfarrkirche St. Bartholomäus** ist ein Bau des 13./14. Jh. Pfeiler und Wölbung kamen im späten 15. Jh. hinzu. Das Obergeschoß des an der Chorflanke stehenden Turmes ist barock (die Helmkuppel 1798). Ein Rechteck, durch 2 Achtkantpfeiler 2schiffig gegliedert. An der Wölbung leichte Stuckdekoration, Rocaille um 1750–60. Am breit ausladenden Hochaltar die ausgezeichneten Figuren der hll. Joseph, Heinrich, Kunigunde und Nikolaus, Arbeiten des Bambergers Franz Anton Schlott.

Das **Elisabethspital,** wahrscheinlich hochmittelalterl. Stiftung, wurde 1750 nach einem Riß Johann Jakob Michael Küchels neu errichtet. – Die westlich benachbarte **kath. Spital- und Friedhofskirche St. Kunigund,** 1409 belegt, entstand neu 1775–76. Anmutiges Rokoko der Choraltar mit den Figuren der hl. Elisabeth und des hl. Michael. – Spital und Spitalkirche sind wesentliche Komponenten im Umriß der eng zusammengedrängten kleinen Stadt.

PRICHSENSTADT (UFr. / Kitzingen E4)

1366 gelangt »Brixendorf«, *Besitz der Fuchs v. Dornheim, an Kaiser Karl IV., der es 1367 zur Stadt erhebt. Seit 1403 gehört es den Nürnberger Burggrafen. 1792 kommt es an Preußen, 1806 an Bayern.*

● Die sehr kleine **Stadt,** an der Straße Schweinfurt–Iphofen, ist eine fränkische Zwergstadt, wie sie im Buche steht. Ihre **Mauern** entstanden im 15. und 16. Jh. Sie umschließen ein Rechteck, dem, westlich, eine Vorstadt anliegt. Von den **Toren** stehen das hohe innere und das reizvoll malerische, von Rundtürmen flankierte äußere (der Vorstadt). – Viele gute alte **Häuser** schmücken das rühmenswert altfränkische Stadtgesicht. Erwähnt sei neben dem **Rathaus,** einem 3geschossigen (im Erdgeschoß massiven) Fachwerkbau des späten 16. Jh., der in heutiger Gestalt 1592 erbaute, ehemals mit kaiserlichem Asylrecht ausgestattete **»Freihof«:** massives Erdgeschoß mit rustiziertem Doppelportal, Fachwerkobergeschoß, mit Treppengiebeln über den Schmalseiten.

Die **ev. Pfarrkirche,** größtenteils in der 2. Hälfte des 16. Jh. errichtet, ist ohne viel Anspruch. Der aus der Achse gedrehte Turm, der noch ins 14. Jh. zurückgeht, steht im Zuge der Stadtmauer; er fand erst 1725 den Anschluß an die damals westlich verlängerte Kirche. An der S-Wand ein bemerkenswerter *Ölberg* des späten 17. Jh.

Der **Friedhof,** westlich der Stadt, 1542 begründet, 1588 erweitert (lt. Inschrift des Portals), beachtlich als Typus eines alten prot. Gottesackers, besitzt ein Rarissimum: die frei stehende **Predigtkanzel,** einen in Sandstein aufgeführten Pavillon von 1605, dem sich eine – wohl gleichzeitig gebaute – **Arkadenhalle** (Holz) zuordnet.

PÜCHERSREUTH (OPf. / Neustadt a. d. Waldnaab L5)

Wallfahrtskirche St. Quirin

Fürst Ferdinand v. Lobkowitz ließ die Kirche erbauen; 1680 vollendet.

In knappen Formen das Schema einer emporenbesetzten Wandpfeileranlage mit eingezogenem Chor. Bis auf profilierte Gebälkstreifen ist der Raum schmucklos; um so wirkungsvoller die Altäre. Der *Hochaltar* ist ein prächtiges Beispiel der architekturlosen Formgebung, wie sie in der Oberpfalz um 1700 beliebt war: Akanthuslaub umgibt das Altarblatt (Pfingstwunder). Vor ihm schweben 2 anbetende Engel. Über dem Bild das Allianzwappen Lobkowitz-Baden, darüber eine Uhr und der ovale, mit Palmettenlaub gerahmte Auszug. In der 1. Kapelle der S-Wand steht der *Wallfahrtsaltar* des späten 18. Jh. mit einem (überarbeiteten) Quirinus-Relief des 15. Jh.

PYRBAUM (OPf. / Neumarkt i. d. OPf. H7)

Seligenporten (H7)

Ehem. Zisterzienserinnenkloster

Um 1247 unterstellt sich eine Sodalität frommer Frauen, dank der Güterschenkung des Reichsdienstmannes Gottfried v. Sulzbürg zu eigenem Besitz gelangt, dem Zisterzienserorden. 1249 bestätigt der Eichstätter Bischof diese »felix porta«; im gleichen Jahr gewinnt das in die Obhut des Abtes von Heilsbronn gegebene Kloster Königsschutz. Seit 1355 wird es vom Pfälzer Kurfürsten, Landesherrn der »Oberen Pfalz«, bevogtet, der es im Zeitalter der Reformation 1556, endgültig 1576 säkularisiert. Im Zuge der Rekatholisierung der Oberpfalz kommt es an die Amberger Salesianerinnen, die nun auch wieder von der Säkularisation 1803 enteignet werden. Die Wiederbesiedlung 1930/31 durch Zisterzienser (ehemals im slowenischen Sittich [Stična], dann in Bronnbach) kann sich nur kurz – bis 1965 – behaupten.

Kath. Pfarrkirche Mariae Heimsuchung, ehem. Klosterkirche ●

Die Baugeschichte ist durch keine brauchbare Quelle belegt. Sicher erscheint aber doch, daß das Langhaus um die Wende des 13., der Chor in der 1. Hälfte des 14. Jh. gebaut wurde.

Der langgestreckte, verputzte Ziegelbau, 1schiffig, mit leicht eingezogenem, 3seitig gebrochenem Chor, im Äußeren durch die Aufreihung der Streben bestimmt, ist typisch zisterziensisch, durch die insonderheit in Franken aufzeigbaren Merkmale der Frauenklöster des Ordens bestimmt. Der nur im wenig hohen, dem W-First entwachsenden Turm etwas Höhe gewinnende Bau ist so anspruchslos, wie der asketische Orden es wollte, und doch in seinem zur Schau getragenen Verzicht großartig. – Inneres. Der Chor, unterschiedlich zum Langhaus in hohen, schlank-steilen Fenstern geöffnet, mit Rippenkreuzgewölben gedeckt, ist schlechthin monumental. Das Langhaus kam nicht zur beabsichtigten Wölbung; der die alte Flachdecke ersetzende offene Dachstuhl ist Zutat d. J. 1896. Gruft und Nonnenempore besetzen von W her mit 20 m Länge das insgesamt 36 m lange Schiff. Die durch eine Scheidmauer westlich begrenzte *Gruft* (der breite mittlere Durchgang datiert 1931) ist flach holzgedeckt. Die Decke ruht auf 4 Eichenstützen; schwerfällige Zimmermannsarbeit, die nun doch in ihrer archaisch anmutenden Klotzigkeit stark beeindruckt.

Gleicherweise läßt sich das auf der Nonnenempore stehende *Chorgestühl* charakterisieren, das unter die frühesten erhaltenen deutschen zu stellen ist, wohl noch ins frühe 14. Jh. zu datieren. Erhalten sind 44 Stallen (Eiche, auch Fichte) mit ihren Rückseiten, dazu 16 freiständige und 8 an N- und S-Wand. Die Zurichtung ist höchst einfach; einiges Zierwerk nur an den Wangen. Klappsitze mit Miserikordien sind nur noch an 3 Stallen erhalten. – Die nicht (oder nicht mehr) reiche Ausstattung ist – sieht man von den 7 großen Totenschilden mit dem Wappen der Wolfstein und den mit 1391 beginnenden, mit 1485 endenden Stiftungsjahren an der W-Wand ab – barock. Das Jahr der Kanzel ist angeblich 1731; sie wurzelt aber im späten 17. Jh. Der Hochaltar entstand 1728, der linke Seitenaltar 1729 (doch ist die Muttergottes – ehemals am Schulhaus – noch 17. Jh.), der rechte 1731, der Johann-Nepomuk-Altar in der Gruft 1762. Die älteste der (1913 in den Boden der Gruft eingelassenen) Grabplatten ist die des Gottfried v. Wolfstein (1322).

Von den **ehem. Klosterbauten** (profaniert) steht nur noch der O-Flügel (16. Jh.); er bewahrt 3 Joche des Kreuzganges. Der N-Flügel kam erst 1930/31 hinzu. – Von der **Befestigung** blieben Teile der Ringmauer und der südöstlich einlassende korpulente **Torturm.**

RANDERSACKER (UFr. / Würzburg D4/5)

Ehemals Besitz des Würzburger Domkapitels, dessen großer **Amtshof** (Herrenstr. 25; frühes 17. Jh.) noch aufrecht steht. – Das weinberühmte Dorf erfreut durch seinen wohlerhaltenen altfränkischen Habitus. Viele gute **Häuser** des 16.–18. Jh. Der Gartenpavillon bei der »Krone« war Besitz Balthasar Neumanns und wurde auch von ihm gebaut.

Die **kath. Pfarrkirche St. Stephan** – inmitten alter, noch teilweise erhaltener Friedhofbefestigung (Anfang 17. Jh.) – ist im Kern spätromanisch. Besterhaltener Teil des Kernbaues ist der gequaderte *Turm,* dessen 4 ungleich hohe Geschosse durch Lisenen, Rundbogen und Rundbogenfriese gegliedert sind. Die Ausstattung ist barock. Beachtlich 2 Grabsteine des frühen 15. Jh.

REGENSBURG (OPf. / KL8)

Die Stadt im früh, schon in der Steinzeit, besiedelten Donaugau, in günstigster Verkehrslage an N-Knie der Donau, die mit ihren Nebenflüssen Regen und Naab fast allseitig breite Aus- und Zugänge öffnet, wird von wenigen deutschen Städten an Alter erreicht, von kaum einer übertroffen. Der erste Name, der an dem Platze haftet und in romanischer Zunge noch heute gilt, ist Radasbona *(frz. Ratisbonne). Die vielleicht nach einem Wort für Flußlände so genannte, wohl ins 5. Jh. v. Chr. zurückreichende Keltensiedlung lag westlich der ältesten Altstadt, in der Gegend des Weißgerbergrabens.*

Die Römer, die sich erst in der flavischen Kaiserzeit, um d. J. 80, des strategisch so wichtigen Strompunktes versichern, errichten ihre erste Befestigung, ein Kohortenkastell, oberhalb der keltischen Flußsiedlung auf der Höhe von Kumpfmühl. Erst der Markomannenkrieg veranlaßt die Verlegung an den Strom, die Aufführung des Legionslagers Castra Regina, *etwas unterhalb des keltischen Radasbona, dem Zufluß des Regen gegenüber, der dem Lager den unterscheidenden Namen gibt. Das Gründungsjahr ist 179, der gründende Kaiser Marc Aurel, die Legion die III. Italica. Die Festung ist Sitz der rätischen Militärverwaltung.*

Das römische Geviert läßt sich noch gut aus den Überschichtungen des Mittelalters herauslösen. Die (wie üblich) gerundete NO-Ecke liegt noch mit starkem Quaderwerk am Georgenplatz frei; die donauparallele N-Mauer ist durch die Gassen Unter den Schwibbögen und Goliathstraße gekennzeichnet, und hier steht auch dieses gewaltige, ursprünglich von 2 Rundtürmen flankierte Donautor, die (1887 freigelegte) Porta Praetoria. Obere und Untere Bachgasse folgen dem westl. Mauerzug, der St.-Peters-Weg folgt dem südlichen. Der östliche läßt sich von der erhaltenen NO-Ecke aus leicht rekonstruieren; ein Mauerstück von 56 m Länge wurde 1972 am Dachauplatz freigelegt; Ausgrabungen bestätigten (am Ernst-Reuter-Platz) die SO-Ecke

Die Zeit dieser schweren Mauern ist aber nicht die Marc Aurels, sondern die Diokletians oder Konstantins, die Zeit um 300, die ja allenthalben im wachsenden Druck der Grenze die Kastelle zu Bollwerken ausbaut. Ein Jahrhundert später garnisonieren nur noch Teile der Legion in der Lagerfestung in die sich die Bewohner des westlich anschließenden Vicus, der offenen Zivilstadt, zurückgezogen haben.

Im Zeitalter Konstantins wird sich bereits eine starke christliche Gemeinde voraussetzen lassen. Außerhalb der Mauer, westlich auf dem Platz St. Emmerams, dürfte früh eine Friedhofkirche entstanden sein. Innerhalb der Mauern, auf dem Platz des Domes, ist eine frühe Bischofskirche zu vermuten. Die Germanenstürme des 5. Jh. verheeren die römische Stadt. Gegen Anfang des 6. Jh. rücken die Bajuwaren ein. »Regensburg« ist nun Sitz ihrer Herzöge, der Agilolfinger; das einstige Praetorium, in der O-Hälfte des Lagers (Kornmarkt), wandelt sich in die herzogliche Pfalz. Um die Mitte des 7. Jh. erscheint ein fränkischer Wanderbischof, Emmeram. Er fällt einem Racheakt zum Opfer. Über dem Grab des hl. Blutzeugen erwächst die große, wirkungsreiche Abtei St. Emmeram. 738 entsteht, durch Bonifatius, das kanonische Bistum, das, nach allen Umständen zur Metropole der bayerischen Kirchenprovinz berufen, diesen Rang dann doch dem Salzburger überlassen muß. 788 erliegt der letzte Agilolfinger der Gewalt Karls d. Gr. Die Stadt ist nun von 788 bis 911 in der Hand der Karolinger, seit Ludwig d. Deutschen bevorzugte Residenz. Nach dem Ausgang der Karolinger erstarkt wieder eine herzogliche Gewalt. Unter dem tatkräftigen Luitpoldinger Arnulf wächst die Stadt, um 920, im nördl. Ausgriff bis an das Donau-Ufer, westlich erreicht sie, das ursprünglich außerhalb liegende Emmeramskloster einbeziehend, die Linie Ägidienplatz – Beraiterweg – Jakobs- und Arnulfsplatz – Weißgerbergraben.

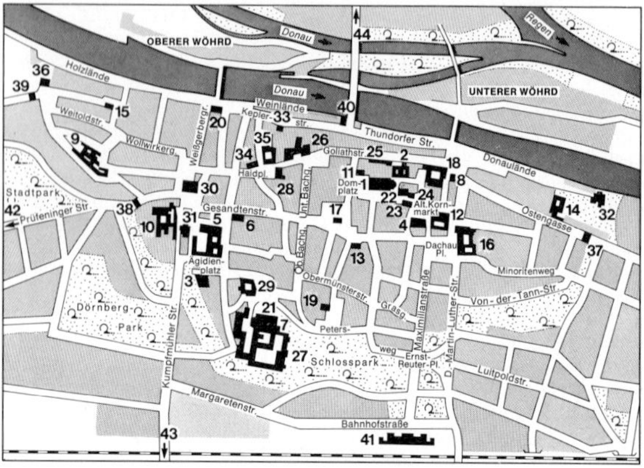

1 Dom St. Peter
2 Domkreuzgang; Allerheiligenkapelle; Kirche St. Stephan; Domkapitelhaus
3 St. Ägidien, ehem. Deutschordenskirche
4 Alte Kapelle, Stiftskirche U. L. Frau
5 Ehem. Dominikanerkloster, St. Blasius
6 Ev. Dreieinigkeitskirche
7 St. Emmeram, ehem. Benediktinerkirche
8 St. Erhard (»Erhardi-Krypta«)
9 Hl. Kreuz, Dominikanerinnenkloster
10 St. Jakob, Schottenkirche, Klerikalseminar
11 St. Johann, Stiftskirche
12 Karmelitenkirche
13 St. Kassian
14 St. Klara, Klosterkirche
15 St. Leonhard, ehem. Johanniterkirche
16 Ehem. Minoritenkloster; Museum der Stadt Regensburg
17 Ev. Neupfarrkirche
18 Niedermünster; Bischöfliches Palais
19 Obermünster-Turm
20 Ev. Oswaldkirche
21 St. Rupert
22 St. Ulrich, ehem. Kirche
23 Herzogshof
24 »Römerturm«
25 Bischofshof; Porta Praetoria
26 Altes Rathaus; Reichstagsmuseum
27 Schloß Thurn und Taxis, ehem. Benediktinerkloster; Marstallmuseum
28 Neue Waag, ehem. Herrentrinkstube
29 Regierung der Oberpfalz
30 Stadttheater
31 Ehem. Präsidialpalais, ehem. französische Gesandtschaft
32 Ehem. Königliche Villa
33 Kepler-Gedächtnishaus
34 »Goldenes Kreuz«
35 Thon-Dittmer-Haus; Stadtbücherei
36 Württembergisches Herzogspalais; Naturkundemuseum
37 Ostentor
38 Jakobstor
39 Prebrunntor
40 Brücktor; Salzstadel; Steinerne Brücke
41 Hauptbahnhof
42 nach Prüfening
43 nach Kumpfmühl-Karthaus-Prüll
44 nach Stadtamhof, Steinweg

Regensburg. Innenstadt-Lageplan

Das Herzogtum der Luitpoldinger erliegt der Reichspolitik Kaiser Ottos I., der es an sein eigenes Haus bringt. Der letzte Bayernherzog sächsischen Geschlechtes wird 1002 deutscher König: Heinrich II. d. Hl. In der Folge gehorcht Regensburg 3 Herren: dem König, dem Herzog, dem Bischof. Die eigenartigen, unklaren Rechtsverhältnisse erleichtern der durch ihren bedeutenden Fernhandel frühblühenden Stadt, die ein Autor des 11. Jh. die größte unter den deutschen Städten nennt, die Lösung von Bischof und Herzog. Um die Mitte des 13. Jh. gewinnt sie die Reichsfreiheit. Aber innerhalb der Reichsstadt behaupten sich, bis ans Ende des Hl. Römischen Reiches, die 4 älteren Reichsstandschaften: der Bischof, das Benediktinerkloster St. Emmeram und die Frauenstifte Nieder- und Obermünster. Gegen 1300 erweitert sich die Stadt stromauf- und abwärts, gegen W (Westenvorstadt) und O (Ostenvorstadt). Im frühen 15. Jh. wird der Bering auch nach S vorgeschoben. Die Ausdehnung nach N wird durch die Donau gehemmt. Seit 1135 zwar verband schon die Steinerne Brücke mit dem N-Ufer. Dort war eine kleinere Ansiedlung erwachsen, die »Stadt am Hof«. Doch ihre Entwicklung verlief (sie war und blieb herzoglich) unabhängig von der Mutterstadt, deren Ausdehnungsmöglichkeit sie beschnitt.

Im 14. Jh. beginnt R.s Niedergang. Streitigkeiten zwischen Bürgerschaft und Bischof, die Verlagerung der großen Handelsstraßen, innere Unruhen, die territoriale Einkreisung durch die Herzöge und Wirtschaftskrisen lassen die reichsstädtische Blüte welken. 1486 ist die Bürgerschaft am Ende ihrer Kraft und übergibt sich dem Herzog. Indessen ist der schwache Kaiser, Friedrich III., doch stark genug, ihn, 1492, zum Abzug zu zwingen. Die Stadt bleibt frei. Die innere Ruhe stellt sich allerdings nicht so rasch wieder her. 1514 legt, mit anderen Rebellen (gegen den Kaiser), der Dombaumeister Wolfgang Roritzer das Haupt auf den Block. 1519 werden die Juden vertrieben, ihr Viertel wird verwüstet. Über den Trümmern entsteht die Gnadenkirche zur Schönen Maria. Noch vor ihrer Vollendung, 1542, wird sie Pfarrkirche der lutherisch gewordenen Stadt. In dieser spannungsreichen Atmosphäre erblüht die große Kunst Albrecht Altdorfers.

Der 30jährige Krieg veranlaßt den Bau starker Fortifikationen. Trotz drangvoller Belagerungen bleibt R. die bevorzugte Stadt der Reichstage. Seit 1663 tagt in ihr der »Immerwährende Reichstag«, ein Parlament der Reichsstände. Ein Prinzipalkommissar vertritt den Kaiser. 1748 geht diese Funktion an die gefürsteten Reichspostmeister Thurn und Taxis über. Der Reichsdeputationshauptschluß liquidiert die Freie Reichsstadt. Es folgt 1803–10 das Intermezzo eines Fürstentums Regensburg unter Karl Theodor v. Dalberg. In das letzte Jahr des »Kurerzkanzlers« fällt die Beschießung der Stadt durch die Franzosen, in deren Folge die (gerade) »Neue Straße«, die Maximilianstraße, entsteht. Dann, 1810, öffnen sich die Tore dem bayerischen Löwen. 1860 fallen die alten Mauern. Die Gräben wandeln sich in Grünanlagen. – Die moderne Stadt, nun (seit 1967) auch Universitätsstadt, wächst weit über die Grenzen der Altstadt hinaus, die sich im großen und ganzen wohl erhält und immer noch wohl erhalten ist, eine der ehrwürdigsten Altstädte Deutschlands.

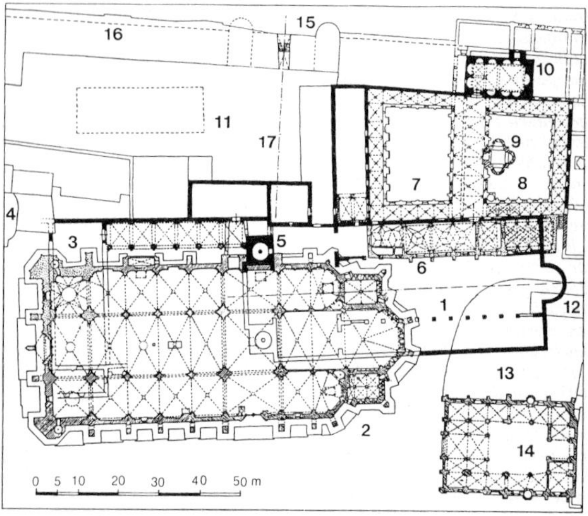

1 Ehem. romanischer Dom
2 Gotischer Dom
3 Alte Kirche St. Johann (Abbruch im 14. Jh.)
4 Stiftskirche St. Johann
5 Eselsturm
6 Domkapitelhaus
7 Westlicher Kreuzgang
8 Östlicher Kreuzgang
9 Allerheiligenkapelle
10 St. Stephan
11 Bischofshof
12 Dombauhütte
13 Domgarten
14 Ehem. Kirche St. Ulrich
15 Porta Praetoria
16 Verlauf der nördlichen Römermauer
17 Verlauf der Via Praetoria

Regensburg. Dombereich. Lageplan (nach Karl Zahn)

Kirchliche Bauten im Dombereich

● **Dom St. Peter** (Domplatz)

778 ist erstmals von einer Peterskirche die Rede. Grabungen im O der heutigen Anlage haben Reste einer roman. Basilika des 11. Jh. aufgedeckt. Von ihren 2 W-Türmen steht noch einer, der »Eselsturm«. – Der Beginn des got. Kathedralbaues darf um 1250 angenommen werden. Zunächst entsteht die eigenwillige Festlegung der Chorpartie. Schon ragen die Wände der S-Apsis. Auch der nördl. Nebenchor beginnt sich zu erheben. Nur der Hochchor steht noch aus, gehemmt durch die alte Basilika, deren man sich des Gebrauchs wegen noch nicht entledigen kann. Da bricht 1273 ein

Brand aus, der Teile des alten Domes vernichtet. Der Platz für die Hauptapsis ist frei. Aus dieser Zeit kennen wir namentlich den Meister Ludwig. Er wurde als Schöpfer des gesamten Bauprojektes angesehen; die Chorpartie war aber damals schon festgelegt. So kommt er nur für eine Planänderung in Betracht, die allerdings für die weitere Bautätigkeit verbindlich bleibt. Bischof Leo d. Thundorfer kehrt 1275 vom Lyoner Konzil zurück; westliche Anregungen fließen nun ein. Langsam schreitet die Ausführung gegen W vor. 1325 rückt man über das 2. Langhausjoch hinaus. Um 1340–50 werden die Fundamente zum S-Turm gelegt. Heinrich der Zehenter leitet jetzt die Bauhütte. Ein halbes Jahrhundert später beginnt der N-Turm aufzustreben. Das Hauptgewicht der Arbeit verlagert sich zur W-Fassade. 1395 erscheint als »Tummeister« Liebhart der Mynnär. Ihm folgt 1411 Wenzla, erster aus der Sippe der Roritzer, deren letzter, Wolfgang, 1514 endet. Die Roritzer haben Wesentliches zum Erscheinungsbild des Domes beigetragen. Die aus Amberg übersiedelnden Heydenreich führen das Werk weiter. Doch nicht mehr lange; 1525 kommen die Bauarbeiten zum Stillstand. Die Türme erhalten provisorische Bedachung. Erst 1618 schließen sich die Wölbungen der westl. Joche.
1697 entsteht, der got. Absicht gemäß, ein Vierungsturm, doch in barocken Formen. Das 19. Jh. beseitigt ihn. 1834 wird unter der Leitung Friedrich Gärtners die große »Stilreinigung« ins Werk gesetzt. Dann errichtet Franz Joseph Denzinger 1859–69 die Turmabschlüsse nach Freiburger Vorbild. Querhausgiebel und Dachreiter folgen 1870/71. Der an der W-Fassade und an den Turmhelmen des 19. Jh. verbaute Grünsandstein, wenig stabil, nötigt zu häufigen Auswechselungen; seit 1890 löst ein Gerüst das andere ab. 1915 müssen die Krabben der Turmhelme abgenommen werden. Man sucht die kranken Teile durch einen Auftrag von Dolomitsplit mit Zementbeimischung zu sichern, ein Verfahren, das 1956/57 auch die Krabben der Turmhelme zurückerstatten ließ.

Äußeres. Das Fernbild zeichnet eine 3schiffige Basilika mit Querschiff, 3teilig gestaffelter Chorpartie und 2 W-Türmen. Näher hinzutretend, bemerkt man eine treppendurchsetzte Steinterrasse als Unterbau. Die Einzelbetrachtung beginne im O; Ausgangspunkt sei der »Domgarten«. Hier erhob sich ehemals die *roman. Basilika.* Ihr nördl. Seitenschiff entsprach etwa dem Domkapitelhaus. Verfolgt man dessen Längsachse gegen W, so trifft der Blick den alten N-Turm, den *»Eselsturm«*; Aufgang zu den Baugerüsten, provisorischer Glockenträger, erhielt er sich weiter neben dem Dom der Gotik. Beherrschend erhebt sich das *Chorvieleck,* aufwachsend auf massivem Sockelgeschoß. In der Fensterregion sammelt sich alles Struktive zu kräftigem Strebewerk. Zwischen den fialenbekrönten Pfeilern breite Fenstergruppen, 3mal gestuft und in Wimpergen gipfelnd, welche die Dachbalustrade überschneiden. Filigranhaftes Maßwerk, Wasserspeier, Krabbenbesatz schmücken. Beiderseits angelehnte Sakristeibauten verstecken zum großen Teil die Abschlüsse der Nebenapsiden. Die in der 2. Hälfte des 13. Jh. ungewohnte Staffelung der O-Chöre hat die Forschung beschäftigt. Wollte man auf die damals im Bau befindlichen burgundischen Vorbilder St-Bénigne in Dijon oder St-Urbain in Troyes deuten, so wäre wohl die bischöfliche Reise von 1274/75 vorauszusetzen. Die um 1250–60 datierbaren Einzelformen des südl. Nebenchores dürften aber früheren Baubeginn und also Unabhängigkeit von den burgundischen Bauten erweisen. Sicher ist die französische Beeinflussung des Aufrisses, die jedenfalls nach dem Brand von 1273 anzusetzen ist. Sie bleibt bestimmend. So folgen die *Seitenfluchten* der im Chor angestimmten Gliederung: auch sie reich gebildet, verziert mit Galerien, Fialen, Wasserspeiern. Darunter, an den Langhauspfeilern, ein symbolischer Reliefzyklus von feinem Stimmungsgehalt, um 1350. Strebebögen empfangen den Gewölbeschub aus der Hochschiffswand, um ihn in die Außenpfeiler abzuleiten. Mächtig treten die Querschiffsfronten hervor, ohne die Tiefe der Seitenschiffe zu durchbrechen. Gegen S öffnet sich ein breites, maßwerkgeziertes Fenster. An die nördl. Querschiffsstirn lehnt sich der schmucklose frühroman. »Eselsturm«. 4 Langhausjoche reihen sich gegen W. Nun die ● triumphale *W-Fassade.* Das umgebende Häusergewinkel tritt zurück, um der Domfront das Wort zu lassen. Strebepfeiler zerlegen die gewaltige Stirn in 3 der Breite der Basilikaschiffe entsprechende Teile. Kräftige Simsgalerien binden die Dreiheit, aus der die beiden 105 m hohen *Flankentürme* emporsteigen. Bis 1859 endeten sie mit dem 3. Geschoß. Die hoch durchfensterten Achteckkörper darüber, mit ihren steinernen Maßwerkpyramiden, sind neugotisch. Nur genaueste Beobachtung ist imstande, die mittelalterl. Bauperioden zu unterscheiden. Die Roritzer-Sippe, welche den Bau der beiden alten Obergeschosse besorgte, hat sich nur im schmückenden Beiwerk zu zeitgenössischen Formen bekannt: in den geschwungenen Fensterbekrönungen oder im 8eckigen »Eicheltürmchen« über dem Mittelteil. Es trägt die Daten 1486 und 1487, das Fenstergeschoß darunter 1482. Das Hauptportal erhält seine eigene Note durch die um 1410 von Liebhart dem Mynnär entworfene Baldachinvorhalle. Sie wölbt sich über dreieckigem Grundriß; ihre vordere Spitze ruht auf einem Freipfeiler. Ergebnis einer späteren Planung, verwächst sie doch mit der Portalwand zu völliger Einheit.

Das *figürliche Programm* umkreist den Apostelfürsten Petrus, die Nebenpatrone und das Marienleben: am mittleren Torpfeiler St. Petrus als Hauptpatron (um 1410), in den Gewändekehlen die hll. Laurentius und Stephanus und beiderseits 2 Apostel. Weitere Apostel am Freipfeiler. Die Bogenleibungen des Baldachins sind mit Prophetenfiguren besetzt. Das Marienthema hebt an im großen Bogenfeld. 3 Reliefstreifen erzählen von Tod, Himmelfahrt und Krönung der Gottesmutter. Die rahmenden Bogenläufe fügen in dichter Folge die Szenen der Vorgeschichte hinzu, ausgehend vom Stammbaum Jesse und den Begebnissen um Joachim und Anna, endend mit dem 12jährigen Jesus im Tempel. Der Meister dieses Programmes tritt mit der kraftvollen Petrus-Figur des Torpfeilers greifbar hervor. Von seiner Hand sind die Skulpturen der Nebenpatrone und des Marienlebens, Weicher Stil, unter Einfluß der Parler-Bauhütte in Prag (um 1410–20). Die Apostel des Baldachins etwas jünger (um 1430). Älter, weil aus anderem Zusammenhang kommend, die Propheten in den Anschlußwinkeln des Baldachins (um 1370–80). Ebenso die Figuren unter den Spitzbogenblenden der Flankenwände: Apostel und Magdalena (um 1370), Verkündigung Mariae (um 1320). In lockerer Form breitet sich die plastische Bildfolge bis zu den Turmabschnitten. Die Strebepfeiler tragen königliche Reiterfiguren, Sinnbilder der 4 Weltreiche (im S um 1350, im N um 1400). – Das südl. Nebenportal zeigt im Bogenfeld eine originelle Komposition der Befreiung Petri (um 1350), das nördliche antwortet mit dem Gesetzesempfang des Moses (um 1410). – Das Bildprogramm erklimmt auch die oberen Geschosse; die Figuren der Kreuzigung vor der mittleren, 1482 datierten Fenstergruppe führen das Marienthema weiter. Masken und Chimärenfriese (am S-Turm um 1350–60) vervollständigen neben einer hohen Zahl weiterer figürlicher Stücke diese nach außen gerichtete Bildwelt. (Verschiedenes inzwischen durch Kopien ersetzt; Originale im Dominneren oder im Museum.)

Inneres. Die Eingangs- und Turmhalle ist kaum von der Jochabfolge des Langhauses abgesetzt. Zahlreiche Runddienste umbündeln die Arkadenpfeiler, Träger der profilierten Spitzbogen und der Rippen und Gurte der Gewölbe. Körperhafte Pfeilergebilde treten an die Stelle der flachen Raumgrenze; zwischen ihnen hat die Wand aufgehört, »Wand« zu sein. Sie ist Fenster geworden, durchgittert von reichen Maßwerkfiguren, die untere Zone ausgenommen. Hier erstreckt sich die Triforiengalerie: eine zierliche Bogenreihe zwischen Fenster- und Arkadenregion. Ein Laufgang, getragen von einer Spitzbogenfolge auf Konsolen, begleitet den Sockel zu Füßen der Seitenschiffsfenster. Entstehungszeit des Langhauses: 1. Hälfte 14. Jh. Die Einwölbung der 3 W-Joche von 1618 hielt sich an das Vorbild. Bündelpfeiler tragen die Vierung. Sie sollte in eine Kuppel hinaufreichen (Gewölbe 1834). Der südl.

Regensburg. Dom. Glasfenster von der Querhaus-S-Seite
Erzengel Gabriel, aus einer Verkündigung an Maria (um 1320)

Querarm erhält sein Licht durch ein sehr großes, reich gebildetes Maßwerkfenster, das über die Triforienzone herabreicht. Im Untergeschoß ist hier die Wandfläche durchgeführt, gequert von der das Portal aufsteigend und wieder fallend überbrückenden Seitenschiff-Galerie. Die N-Wand des Querschiffes kann sich wegen des »Eselsturmes« nicht im gleichen Maße entfalten. – Infolge der eigenartigen Chorbildung ergeben sich an den Langchorwänden Unausgeglichenheiten. Doch konsequent geht die Fensterregion darüber hinweg, um im Chorvieleck (mit durchfenstertem Triforium) das Gesamtbild zu beschließen. Stilistische Besonderheiten erweisen die um 1250 anzusetzende Entstehungszeit des südl. Nebenchores. Auch die unteren Teile des nördlichen lassen noch Frühgotisches, wenn nicht Romanisches aufklingen. Die oberen Teile sind jünger. Erst im Hochchor setzt sich die Hochgotik durch. Die Ausführung der beiden Sakristei-Anbauten an den Chorflanken folgt den anstoßenden Nebenchören. Im 3geschossigen südl. Anbau ältere Formen (um 1250), im 2geschossigen nördlichen jüngere hochgot. Bildungen (nach 1273). – Wendet man sich gegen W, so zeigt die dortige Abschlußwand des Hochschiffes eine interessante Emporenbildung, eingeschlossen von 2 als Erker durchgeführten Treppenspindeln (Brüstung und Erkerkronen 19. Jh.).

In den Ecken der Portalabschrägung 2 kleine Höhlungen mit groteskem Figurenschmuck des späten 14. Jh. (Idee der Dämonenabwehr), genannt »Der Teufel und seine Großmutter«. – Im W des nördl. Seitenschiffes 2 Bogenfeldreliefs (um 1420), Brustbild Gottvaters und Opfer des Kain und Abel.

Die hohe Wirkung des Raumganzen beruht auch in den harmonischen Verhältniswerten des Aufbaues. Der Querschnitt ist vom gleichseitigen Dreieck umrissen; die Arkadenhöhe erreicht die genaue Hälfte der Hochschiffswand; Tiefe und Breite der einzelnen Joche verhalten sich wie 2:3; die Höhe des Mittelschiffes ist aus dessen 2½facher Breite gewonnen (in Straßburg aus der doppelten, in Köln aus der 3½fachen). Wesentlich ist der Anteil des alten farbigen Lichtes, das die Raumgrenzen verschleiert.

● Viele originale *Glasgemälde* füllen noch die Maßwerkfenster. Die Oberfenster des Hochchores sind um 1360–70 entstanden. Ihre Themen treffen den Kirchenpatron St. Petrus, das Leben Christi und zahlreiche andere Heilige. In den Triforienfenstern (um 1350): Einzelfiguren von Heiligen; in den Unterfenstern: Marienleben, Apostelgeschichte und Heiligenlegenden (um 1325, mit Ergänzung des 15. Jh.). Das mächtige

Querhausfenster im S (um 1350–60) zeigt Heilige unter Arkaden. Seine Triforienöffnungen sind mit Szenen aus der Heilsgeschichte verglast (um 1270). Die Fenster der Nebenschiffe folgen der Bauentwicklung von rd. 1350 bis etwa 1470–80. An die Stelle verlorengegangener Fensterverglasungen traten seit 1828 Neuschöpfungen, die sich deutlich genug abheben.

Ausstattung. Der *Hochaltar* ist eine frühklassizist. Arbeit in vergoldetem Kupfer und Silber, vollendet 1785. Antependium 1731. – Im nördl. Winkel des Hochchores: *Sakramentshaus,* um 1493 von Wolfgang Roritzer, ein schlankes Turmgebilde mit hoch aufschießendem Sprengwerk. – Die *Nebenaltäre,* 5 Baldachinanlagen aus Stein, sind schon als Seltenheiten kostbar. Im südl. Nebenchor der reiche Aufbau des Christi-Geburt-Altars (um 1450–60). Ihm antwortet im nördlichen der annähernd gleichzeitige Dreikönigsaltar mit Reliefschmuck an der inneren Rückwand: Mariae Verkündigung und Ursula-Marter. 2 der 3 Altäre in den Seitenschiffen sind rd. 100 Jahre älter: der Verkündigungsaltar im südlichen und der Rupertus-Altar im W des nördl. Seitenschiffes mit den Figuren des hl. Kaiserpaares Heinrich und Kunigunde (dem Verkündigungsaltar sehr ähnlich). Der Albertus-(früher Abendmahls-)Altar östlich davon ist um 1460 entstanden. – Der *Ziehbrunnen* im S-Schiff trägt das Datum 1500, die *Kanzel* 1482.

● Die zahlreichen im Raum verteilten *Steinbildwerke* gehören zum Besten deutscher Plastik der frühen und späten Gotik. Außerordentlich die beiden Statuen der westl. Vierungspfeiler: *Maria* und *Verkündigungsengel.* Sie stehen einander gegenüber. Der Erzengel ist die Verkörperung der Frohbotschaft selbst; Maria antwortet mit dem Gestus der Hingabe. Die Meisterschaft der Meißelführung und die kostbare alte Farbgebung erheben diese Figuren (zu denen sich eine dritte, St. Petrus, im Museum der Stadt gesellt) zu den Großtaten plastischer Erfindung. Der Meister – es ist der des Erminold-Grabes in Prüfening – schöpfte aus den Quellen oberrheinischer Plastik; Entstehungszeit um 1280. – An den östl. Vierungspfeilern: St. Petrus mit der Tiara, um 1340, eine meisterliche Arbeit der Dombauhütte, St. Paulus, um 1350. Westlich auf der Querhausseite: die Apostel Jakobus und Bartholomäus, um 1360, alle in urspr. Farbigkeit. – Im Hauptchor zwischen den W-Jochen: der Auferstandene vor Magdalena, um 1470–80. Im S-Chor: Muttergottes, um 1370 (an der Stirnwand); Muttergottes, um 1490 (am Fensterpfeiler); St. Wenzeslaus, um 1590 (NW-Ecke). Im N-Chor: fürstlicher Heiliger, sog. »Meister Ludwig«, um 1320–30 (S-Wand); Prophet um 1350 (N-Wand). Im S-Querhaus: Hl. Katharina, um 1350 (Portalpfosten). Im N-Querhaus: Marienfigur, um 1370 (über dem Altar); St. Christophorus, um 1380 (neben dem Ausgang), ein Abkömmling böhmischer Parler-Kunst von Rang. – Im Langhaus, frei stehend: St. Petrus, um 1430 (Kopf ergänzt), wahrscheinlich vom Meister des W-Portal-Petrus, ein schönes Beispiel für die Endphase des Weichen Stiles. An der W-Wand des Mittelschiffes: 2 Reiterfiguren, die hll. Martin und Georg, um 1330, unter oberrheinischem Einfluß. Die Martins-Gruppe zeugt von ungleich höherer plastischer Begabung. Schöne Konsolen. – Die nördl. Turmhalle bewahrt eine Reihe von Skulpturen, die zum großen Teil aus anderem Zusammenhang stammen und ehemals am Außenbau des Domes ihren Platz hatten. Darunter eine Heimsuchungsgruppe, um 1340, ein innig empfundenes Werk der »mystischen« Zeit; ein hl. König aus einer Anbetungsgruppe, um 1390, dem Parlerschen Stil eng verwandt; Torsen von Maria und Johannes unter dem Kreuz, um 1330; Vesperbild um 1510–20.

Aus der reichen Zahl der *Grabdenkmäler* seien hervorgehoben: das des Bischofs Heinrich v. Absberg (1492; nördl. Nebenchor), wahrscheinlich von dem Straubinger Bildhauer Erhart, und das Bronze-Epitaph der Margareta Tucher (1521; N-Chor) mit dem Relief Christus und das kananäische Weib, aus der Peter-Vischer-Werkstatt, Nürnberg. – Inmitten des Langhauses erhebt sich das Denkmal des Kardinals Herzog Philipp Wilhelm: Auf marmorner Tumba kniet die bronzene Figur des Verstorbenen vor dem hohen Kruzifix. Errichtet 1606–11 auf Geheiß Herzog Maximilians I. Der Künstler ist der Münchner Hans Krumper.

Reichhaltiger *Domschatz* mit bedeutenden Werken aus dem hohen Mittelalter. (**Domschatzmuseum,** 1974 eröffnet.)

Dom-Umgebung. Den Dom umsteht eine Zahl interessanter kirchlicher Bauwerke:

Im NO dehnt sich der **Kreuzgang,** ehemals angrenzend an das nördl. Seitenschiff der roman. Dombasilika. (Betretbar durch das Kapitelhaus.) Seine Anlage umschreibt ein unregelmäßiges Rechteck, das ein breiter Mittelgang in 2 Binnenhofgruppen zerlegt. Ältester Teil ist wahrscheinlich die O-Hälfte. Die Erweiterung nach W fand noch in roman. Zeit statt (etwa 2. Hälfte 11. Jh.). Um 1150 wurde der Mittelgang, der den roman. Dom mit der Stephanskirche verband, verbreitert und als *Mortuarium* ausgestaltet. Einwölbung der ursprünglich flach gedeckten Kreuzgangsarme 1410–30 (3 Joche im östl. S-Flügel um 1470). Zuletzt, um 1520, unter dem Dombaumeister Erhard Heydenreich, hat man größere Fenster eingebrochen. Von besonderem Reiz sind die Fensterleibungen im Mittelgang, besetzt mit Wulsten und Säulchen in renaissancehafter Formensprache und mit je 2 Apostelfigürchen. Auch die Fenstergewände im übrigen Kreuzgang tragen pilasterartige Rahmenbildungen. – Der S-Flügel, dessen Außenwand die nördliche des roman. Domes ist, enthält im Kellergeschoß einen Nebenraum mit roman. Schmuckgliedern.

Die große Zahl von *Grabdenkmälern* vermittelt das Entwicklungsbild der Regensburger Reliefplastik vom 14. bis 18. Jh. Zu würdigen sind die Wappenreliefs Haitfochus (1310, N-Flügel, Fensterseite), Notangst (1426, N-Flügel, N-Wand) und Preysing (1497, Pilaster des Mittelganges, O-Reihe); von den Bildnissteinen: Ulrich v. Aw (1326, N-Flügel,

Fensterseite; vom Meister des Verkündigungsaltars im Dom), Wolfgang Ebner (um 1410, N-Wand; vom Meister des Straubinger Kastenmayer-Epitaphs), unbekannter Kanoniker (um 1490, daneben; von einem jüngeren Straubinger Meister), Seb. Klueckhammer (vor 1546, am Ende derselben Reihe) und August Hoyler (1685, 5. Epitaph derselben Wand). – Reste spätgot. Wandgemälde.

An den breiten Mittelgang grenzt gegen O die **Allerheiligenkapelle.** Bischof Hartwich II. (1155–64) hat sie sich als Begräbnisstätte errichten lassen. Von strenger Erscheinung ist ihr Außenbau: entwickelt aus einem Würfelkörper, der an 3 Seiten halbrunde Apsiden entsendet und in 8eckiger Kuppel gipfelt. Lisenen und Bogenfriese beleben und gliedern das sorgsam geschichtete Quaderwerk. Man vermutet das Mitwirken lombardischer Werkleute, da enge stilistische Verwandtschaft zu den Bauten des Gebietes um Como vorliegt. Die klassisch zu nennende Harmonie kehrt im Innenraum wieder.

Hier überrascht die Vollständigkeit der roman. *Ausmalung* (um 1150 bis 1160, 1897 restauriert und ergänzt). Das Thema umkreist die Epistel des Allerheiligenfestes (Apokalypse VII). Mittelpunkt ist das Brustbild Christi im Kuppelscheitel, umgeben von 8 Engeln. Zweiter Akzent ist der Engel über der aufgehenden Sonne im Halbrund des O-Chores. Dazwischen breitet sich eine reiche Symbolwelt über alle Raumteile. Die Farbigkeit ist auf Rot, Blau, Gelb und Weiß abgestimmt. Knappe lineare Umgrenzung. – Der ebenfalls um 1150–60 entstandene *Altartisch* wiederholt oberitalienische Formen. In Deutschland hat er nur eine Parallele, im Dom zu Braunschweig.

Gegen N zielt der Mittelgang der Kreuzhofanlage, das Mortuarium, auf ein roman. Säulenportal. Es führt in die **Kirche St. Stephan** (auch »Alter Dom« genannt; wahrscheinlich frühes 11. Jh.), einen Rechteckraum, dessen starke Wände von halbrunden Nischen gehöhlt werden. Im W teilt ihn eine Empore in 2 Geschosse.

Der Altartisch, ein mächtiger Kalksteinblock, ist im unteren Teil durchfenstert. Dieses Unikum wird dem 10. Jh. zugeschrieben.

Den Kreuzgangsbereich gegen S verlassend, durchquert der Besucher (nochmals) das **Domkapitelhaus.** Es lehnt sich an die ehem. N-Wand des roman. Domes: ein 2geschossiger Trakt aus der Frühzeit des 16. Jh.

Im W-Abschnitt des Untergeschosses eine langgestreckte, spätgotisch gewölbte *Halle.* Sie birgt zahlreiche Grabdenkmäler, die z. T. aus dem Dom stammen. Gegen O folgt die *Ratskapelle* mit steinerner Anna-selbdritt-Gruppe (um 1330) und etwa gleichzeitigem Vesperbild. Am O-Ende des Traktes: *Friedhofskapelle St. Michael* mit engmaschigem Netzgewölbe von 1502. – Im Obergeschoß, zu dem aus der W-

Halle eine Treppe hinaufführt, reihen sich einzelne, im 16. und 17. Jh. ausgestaltete Räume bis zum *Kapitelsaal* mit barocken Deckengemälden von 1699 und klassizist. Wandfresken um 1780. – Der *Verbindungsgang* zur Domsakristei im W der Raumflucht trägt zierliche Gewölbe um 1506.

Dem Kapitelhaus vorgelagert, grünt als **»Domgarten«** der ehem. Domfriedhof. Hier **Lichtsäule,** 1341, und **Ölberggruppe,** spätes 15. Jh. Gegen S begrenzt ihn die profanierte

ehem. St.-Ulrichs-Kirche, einstige Dompfarrkirche. •

Die älteste urkundliche Nachricht stammt von 1263. Der stilistische Befund deutet auf eine Bauzeit um 1230–50. Das Barockzeitalter hat Ovalfenster eingebrochen und eine neue Vorhalle geschaffen. Diese und der alte S-Turm verfielen 1859 dem Abbruch. 1903 Erneuerung der Decke.

Das Äußere verwächst mit dem »Römerturm« zu wirkungsvoller Baugruppe. Ein Strebesystem strafft den Körper. Das S-Portal zeigt im Bogenfeld eine Halbfigur Christi, von Engeln getragen. Die W-Fassade hat mit dem Verlust von Turm (geplant waren 2) und Vorhalle ihr urspr. Gesicht eingebüßt. In der Mitte des Obergeschosses rundet sich ein maßwerkgeziertes Rosenfenster, nach dem Vorbild Laon. Das breitbogige Hauptportal ist von schlanken Säulen mit kräftig gebildeten Kelchkapitellen gerahmt. Bogenfeldrelief neu. – Das Innere zeigt eine merkwürdige Mischung von Basilikal- und Zentralideen. Ein saalartig breiter, flach gedeckter Mittelraum wird von 2geschossigen Seitenschiffen umzogen. Das mittlere Joch im O später (vielleicht 1688) zugunsten des hohen, schmalen Altarraumes ausgebrochen. Die unteren Seitenräume wurden zugesetzt. Im W tieft sich die 3schiffige Emporenanlage durch 2 Joche. Alle den Mittelsaal umgebenden Raumgeschosse sind gewölbt. Auch für den Saal waren Wölbungen vorgesehen. Ihre Ausführung unterblieb. Das ornamentale Detail an Kapitellen, Konsolen, Schlußsteinen und Basen ist eng verwandt mit den Dekorationsformen im N- und W-Flügel des St.-Emmeram-Kreuzganges. Im Architektonischen sind Einflüsse aus Nordfrankreich unverkennbar. Die Raumgliederung hat Vorläufer in den Doppelkapellen roman. Burganlagen (Nürnberg z. B., auch Gotthardkapelle am Dom zu Mainz). Veranlaßt hat sie das eng umgrenzte Baugelände, das der wachsenden Gemeinde hinreichend Platz bieten sollte. – Wandmalereien von 1571.

Nördlich der Dom-W-Fassade liegt die **Stiftskirche St. Johann.**

Eine Taufkirche ging voraus, erstmals genannt im 11. Jh. Seit 1127 war ihr ein Chorherrenstift beigegeben. Der Domneubau forderte 1380 den Abbruch. Aus dieser Zeit stammt die erste Anlage am heutigen Platz.

Was von ihr in die 1766 durchgeführte Neugestaltung einbezogen wurde, stehe dahin. Dach und Decke hat man nach Brand 1887 erneuert, auch große Teile der Einrichtung und den Außenbau.
Got. Turm. – Im Inneren 2 spätgot. Tafelbilder, um 1490, ein Altarkreuz des 14. und ein roman. Leuchter des 13. Jh. Das Gemälde der Muttergottes ist eine nach 1518 gemalte Kopie Albrecht Altdorfers nach dem Gnadenbild der *»Schönen Maria«* (→ Neupfarrkirche), das wohl seinerseits auf die sog. Lukas-Maria (des frühen 13. Jh.) der Alten Kapelle zurückgeht.

Weitere kirchliche Bauten

● **Ehem. Benediktinerkloster St. Emmeram** (Emmeramsplatz)
St. Emmeram ist eines der frühesten Klöster Bayerns, bis in den Ausgang seiner rd. 1100jährigen Geschichte eine der wirkungsreichsten geistlichen Kulturstätten. Bis ins späte 10. Jh. besetzen seine Äbte im regelmäßigen Wechsel mit den Kanonikern des Domstiftes den Bischofsstuhl; erst Bischof Wolfgang trennt Dom und Kloster (973). Im 13. Jh. gewinnt es die Reichsstandschaft, die es bis zuletzt (1803) behauptet.
Im 7. Jh., angeblich 652, wird der westfränkische Wanderbischof Emmeram, nach 3jährigem Wirken in Regensburg, bei Kleinhelfendorf (Obb.) getötet, im nahen Aschheim begraben, doch wenig später nach Regensburg gebracht und in einer Georgskirche südwestlich der Römermauer beigesetzt. In dieser Georgskirche wird, wohl zu Recht, eine spätrömische Friedhofskirche vermutet. Die zeitliche Stellung der im nördl. Seitenschiff der Klosterkirche freigelegten Pfeilerfragmente (ohne Mörtelverband) ist noch ungeklärt; römische Provenienz möglich, doch spricht die Wahrscheinlichkeit für karoling. Entstehung. Die erste Nennung der wohl im frühen 8. Jh. begründeten Klosterkirche, um 730, übermittelt den doppelten Weihetitel: St. Georg und St. Emmeram. Um 740 läßt der Abtbischof Gaubald die Gebeine Emmerams aus dem Grab (im südl. Seitenschiff) erheben und in der von ihm erbauten (erhaltenen) Ringkrypta unter dem O-Chor beisetzen. Ob damals auch an der Kirche gebaut wird, ist fraglich. Wir wissen nur, daß der Abtbischof Sindpert 783 Kloster und Kirche erneuert. Teile des Sindpert-Baues stecken noch in den Umfassungsmauern. – Das Kloster erfreut sich, 100 Jahre später, der besonderen Förderung durch Kaiser Arnulf, der es mit dem Ornat seiner Pfalzkapelle beschenkt (erhalten: Codex aureus und Arnulf-Ziborium, jetzt in der Bayerischen Staatsbibliothek, München, bzw. in der Schatzkammer der Münchner Residenz) und sich in nächster Nähe eine neue Pfalz errichtet. Eine Vermutung geht dahin, daß sich diese Arnulf-Pfalz (meist bei St. Ägidien gesucht) auf dem Platz des nördl. Vorhofes der Klosterkirche befand, der sich eben dadurch erklären würde. – Um 920 wird das Kloster in die von Herzog Arnulf erweiterte Stadtmauer einbezogen. Wachsende Bedeutung unter dem von Bischof Wolfgang aus Trier (St. Maximin) berufenen Abt Ramwold, dem Mittler der von Gorze (Lothr.) ausgehenden benediktinischen Reform. Ramwold baut die nach ihm benannte Krypta östlich der alten Ringkrypta (980), in der er auch

1001 beigesetzt wird. – 1052 werden die Gebeine des eben jetzt kanonisierten Bischofs Wolfgang (in dem Bayern einen seiner volkstümlichsten Heiligen gewinnt) in die von Papst Leo IX. geweihte W-Krypta übertragen. Papst Leo bestätigt auch die Echtheit des kurz vorher aufgefundenen Leibes des hl. Dionysius Areopagita, die sich allerdings trotz heißem Bemühen, v. a. des schreibbeflissenen Mönches Otloh, nicht gegen die älteren (auf die Waage gelegt, auch nicht viel besser gegründeten) Ansprüche des Pariser Klosters (St-Denis) durchsetzt. Um diese Zeit entstehen die – als frühe Urkunden der Steinplastik – so hochbedeutenden Reliefs über dem N-Portal, dem damals noch eine bis zum äußeren (frühgot.) Tor reichende Halle (der Arnulf-Pfalz?) vorliegt.
Ein schwerer Brand 1166 bringt die Mauern der Sindpert-Basilika zum Einsturz. Nun Erneuerung der Hochschiffswände, der Wölbungen der Seitenschiffe und der nördl. Vorhalle. – Ins 13. Jh. fallen: Teile des Kreuzganges und die (jetzt nur noch 2 Joche tiefe) Vorhalle. Im 15. Jh. entsteht die Klosterpfarrkirche St. Rupert, an der N-Seite der Klosterkirche, im 16. der frei stehende Glockenturm. – 1642 brennen die Dächer ab; Gewinn dieses Unglückes ist die Kassettendecke des westl. Querschiffes. 1731–33 erfolgt, nach den Plänen des Linzer Baumeisters Johann Michael Prunner, die zeitgemäß barocke Modernisierung der Räume; die reiche Ausstattung liegt in den Händen der beiden Asam. Eine der letzten Baumaßnahmen des Reichsklosters ist die Aufsetzung der Turmhaube, 1777. – Die Säkularisation 1803 setzt den Schlußstrich. Die Klosterkirche besteht als Pfarrkirche fort; die Klostergebäude kommen 1810 an die Fürsten von Thurn und Taxis, die seither hier residieren.

Die **Klosterkirche** spiegelt die Abfolge der erlebten Zeiten. Früh- und hochroman. Teile stehen neben frühgotischen, diese wieder neben barocken, die heute allerdings, wenn auch nicht das Außenbild, doch das Innenbild beherrschen. ●
Der weithin sichtbare, alleinstehende *Glockenturm* ist eine den roman. Vorgänger ersetzende Schöpfung des Münchner Steinmetzen Matthias Pech von 1575–79 (restauriert 1966–68). Sein wuchtiges Viereck mit paarweise gekoppelten Schallöffnungen trägt dem roman. Genius loci Rechnung. Die rahmende Rustikaquaderung folgt dem Renaissance-Geschmack. Auf den Konsolen der Obergeschosse haben sich Teile des Figurenschmuckes erhalten, darunter die Statuen Heinrich und Kunigunde. Dachbalustraden, Uhrengeschoß und Kuppellaterne 1777.
Nach N (zum Emmeramsplatz) öffnet sich der Zugang in den heiligen Bezirk. Ein im 19. Jh. errichtetes **Pfarrhaus** verstellt die Sicht. An seinem Platz erhob sich bis 1890 die doppelgeschossige roman. Friedhofskapelle St. Michael. Rechter Hand folgt eine Schaufront: das *Portal zur Vorhalle*. Diese 2geschossige Torwand ist ein Beispiel früher deutscher Gotik um 1250. ●

Eine zarte Spitzbogengalerie im oberen Geschoß. Das Untergeschoß ist durch 2 Tore gegliedert. Wir betreten durch die Toröffnungen den Rest einer groß geplanten, 2schiffigen *Vorhalle.* Erhalten sind: die westl. Rückwand mit einer Reihe von Bogenblenden und 2 Joche über den Eingängen zur Abteikirche. Gegen O lehnt sich die spätgot. Rupertuskirche an. Die ausgedehnte Vorhallenanlage ist nach dem Brand von 1166 entstanden. Die Kapitellformen unter schwerer Kämpferplatte erweisen Verbindung mit der Schottenkirche St. Jakob.

Zahlreiche Bildwerke besetzen die Wandflächen, u. a. ein steinerner Christophorus um 1320–30 neben einem Ölbergrelief um 1430 (beide am Beginn der O-Wand). Von den Epitaphien interessiert besonders das des bayerischen Historikers und Humanisten Aventinus (W-Wand), der 1534 hier beigesetzt wurde, eine Arbeit des Lenhard Sinninger, in enger Anlehnung an den Burgkmairschen Celtis-Holzschnitt von 1507. – Das doppelte Nischenportal im S stammt aus der Bauzeit des W-Chores, 11. Jh. Am Mittelpfeiler ein steinernes Bildwerk des *Thronenden Christus.* Zu seinen Füßen das Medaillonbild des Stifters, Abt Reginward, mit den Schriftzeilen »Abba Reginwardus hoc fore iussit opus«. Das bedeutet Entstehung um 1050. Der göttlichen Majestät sind an den Seitenpfeilern die Kirchenpatrone Emmeram und Dionysius beigeordnet. Diese 3 Reliefgestalten sind älteste deutsche Großplastik.

Inneres. Von den beiden Zugängen führt der linke in das Langhaus. Durch den rechten betritt man das *W-Querschiff mit dem Dionysiuschor.* Abt Reginward ist Bauherr; Weihe 1052. Da ist der weite Raumkubus des Querschiffes, das um ein weniges über die karolingischen Langhauswände vorspringt; da öffnet sich gegen W das eingezogene Chorrechteck hinter weitgespanntem Triumphbogen. Es liegt auf hohem, ins Querhaus vorspringendem Unterbau, der die Wolfgangskrypta einschließt. W-Fenster barock.

Bemalte Felderdecke 1642. Reste roman. *Wandmalereien* berichten im Chor aus dem Leben Petri und des Dionysius Areopagita. Am besten erhalten ist die Ausmalung der Triumphbogenleibung: im Scheitel Bundeslade, seitlich Brustbilder von Heiligen und Engel. Der Kreuzaltar ist ein Werk aus der Mitte des 17. Jh. Nebenaltäre 1665 und 1710. Aus den Grabdenkmälern ragt der pompöse Barockaufbau für Alex. Ferd. v. Thurn und Taxis hervor, entworfen von Simon Sorg 1774.

Treppen führen beiderseits hinunter in die *Wolfgangskrypta,* einen fast quadratischen Raum, 5schiffig, 5jochig, getragen von schlanken, teils runden, teils 8kantigen Säulen. Die gratigen Wölbfelder decken ein breiteres Mittelschiff, beiderseits je 2 Seitenschiffe und gegen O einen Querarm, hinter dem sich die Seitenschiffe fortsetzen. Die Wände der 3 W-Joche sind halbrund genischt. Schlicht ist das Schmuckwerk: Würfelkapitelle, von denen 3 in ihren Schildblenden knappes Ornament tragen. Auf ihnen die schweren Deckplatten und hohen Kämpfersteine.

Ostwärts in der Mitte: der Hauptaltar (1613) vor 3 übereinandergesetzten Grabkammern. Die beiden unteren gehören der Erbauungszeit um 1050 an, die dritte wurde gegen 1211 geschaffen und trägt die Mensa des darüberliegenden Kreuzaltars im Dionysiuschor. Die Mittelnische der W-Wand umrundet einen steinernen Bischofs- oder Abtstuhl (gen. »Heinrichsstuhl«) aus dem 10. (Zeit Herzog Arnulfs?), spätestens wohl dem 11. Jh.; am heutigen Ort erst seit 1894 (früher vor dem N-Portal).

Gegen N stößt ein kapellenartiger Raum mit viereckiger Mittelstütze an die Kryptenhalle. In seiner O-Nische: Steinsarg des hl. Dionysius. Darüber liegt die *Magdalenenkapelle,* ein 7fach genischtes Raumquadrat mit schlanken, vor die Wände gerückten Säulchen; die Wölbung wurde im frühen 19. Jh. zerstört. Diese beiden Raumquadrate sind Unterbau eines Turmes, der nur als Stumpf (mit Ergänzungen des 19. Jh.) überkommen ist. – Aus dem W-Querschiff leiten 5 Tore in das *Langhaus.* Hinter barockem Überschwang verbirgt sich die Kernstruktur der karolingischen Basilika. Sie hatte bereits 1166 eine Umgestaltung erfahren. 1642 verzehrte das Feuer ihre roman. Holzdecke und große Teile der alten Einrichtung. Neu (1731–33) sind also Gewölbe, Wanddekoration und Altarausstattung. 1731 wurde auch die Hauptapsis durch eine Quermauer abgetrennt. Karolingische Kernmauern stecken insbesondere im O-Abschnitt und in den äußeren Umfassungswänden. Die Hochschiffswand mit ihren Pfeilerarkaden gehört der 2. Hälfte des 12. Jh. an.

Ausstattung. Abt Anselmus Godin hatte 1731 die Brüder Asam aus München berufen. Egid Quirin ist Meister des Entwurfes und Schöpfer der plastischen Teile. (Der auffällige, gern so genannte »Letzte Mönch«, der sich über der Brüstung des letzten Fensters nordwestlich zeigt, ist der Kloster-Cellarius und spätere Fürstabt J. B. Kraus.) Cosmas Damian unterstützte den Bruder als Maler. Durch Tieferziehen der Deckenregion und Aufblenden einer Pilasterordnung wurde räumliche Zusammenfassung erstrebt. An der Hochschiffswand erscheinen die Figuren von Heiligen und Seligen des Benediktinerordens im Wechsel mit gemalten Szenen aus dem Wirken St. Emmerams. Phantastische Vasenbildungen krönen das Gebälk. Stuckranken und -bänder füllen die Fensterkappen. Die Gewölbe öffnen sich in 2 großen Farbkompositionen: Exemtion des Klosters durch Papst Leo IX. und Christenmarter (Langhaus), Glorie St. Benedikts (Chor). – Der Hochaltar umschließt ein Gemälde von Joachim Sandrart, Tod des hl. Emmeram, 1666. Sein rahmender Aufbau wurde von E. Qu. Asam verändert und mit Stuckfiguren geschmückt (St. Peter und Paul, Himmelskönigin). Nebenaltäre, Kanzel, Orgelprospekt, Eisengitter kamen in den 1730er Jahren hinzu (nicht von Asam).

● Der hohe Rang des Klosters hat auch in der Grabmalplastik Ausdruck gefunden. Im südl. Nebenchor, über der ersten Grabstätte des Titelheiligen *Emmeram,* hat man diesem um 1350 ein Denkmal errichtet: 4 Säulen tragen eine marmorne Deckplatte, unter welcher die Gestalt des Heiligen ruht. Die Figur ist von scharfer, kantiger Formgebung. Ihr Schöpfer scheint die Skulpturen der Straßburger Katharinenkapelle gekannt zu haben. – Im südl. Seitenschiff wurde um die gleiche Zeit dem hl. Wolfgang ein Grabdenkmal gesetzt. – Das Hochgrab für den sel. Tuto, Abtbischof vor und bis 930, dessen Bezüglichkeit freilich nicht so sicher ist, besteht aus einem »Tisch«: rechteckige Platte auf 4 Stützen, deren Kapitelle in die Reginward-Zeit des 11. Jh. verweisen. 1733 wurde es verkürzt; die Stützen wurden damals verstellt. – Im N-Schiff das berühmteste der Grabdenkmäler (in ungünstiger Aufstellung; ehemals lag es jedenfalls auf einer Tumba), das – wahrscheinlich – der

● *Königin Hemma,* der 876 gestorbenen Gemahlin König Ludwigs d. Deutschen (nach anderer Überlieferung der Königin Uta, Gemahlin Arnulfs von Kärnten), um d. J. 1280 gesetzt wurde. Aus dieser schönen, so ganz in sich beschlossenen stillen Frauengestalt leuchtet noch der Adel staufischer Kunst. (Die Tumben für Kaiser Arnulf [† 899] und Ludwig d. Kind [† 911] wurden 1642 vernichtet.) – Das Hochgrab Herzog Arnulfs († 937) ist 100 Jahre älter und gleicht in seiner Tischform dem Tuto-Grabmal. Die Deckplatte trägt reicheres Schmuckwerk (Stützen erneuert). – Heinrich d. Zänker († 995) gilt ein anderes Grabdenkmal, geschaffen um 1330. Die jugendliche Gestalt des Herzogs ist von stiller Verhaltenheit. – Weicher Stil ist das Grabbild des Grafen Warmund von Wasserburg († 1010), um 1400 (Unterbau 17. Jh.). – Hochgrab der *sel. Aurelia.* Die Legende berichtet von ihr, sie sei vom Hof ihres Vaters, des Grafen Hugo von Paris, geflohen, um einer Heirat zu entgehen. Als fromme Klausnerin sei sie zu St. Emmeram 1027 entschlafen. Das Grabmal schuf um 1330 der Meister der Herzog-Heinrich-Tumba. – Die anstoßende Wand trägt ein vorzügliches Relief des Marientodes, um 1420–30, vom Meister des Domportals. Von derselben Hand ein ähnlich gerahmtes Ölbergrelief von 1429. Beide Werke als Epitaphien verwendet. – Auf die hohe Zahl weiterer Grabdenkmäler aus dem 14.–18. Jh. kann nur hingedeutet werden.

Die *Hauptapsis* ist als »Winterchor« vom Langhaus getrennt und in 2 Geschosse unterteilt. Ihre Fundamente gehören dem karolingischen Bau an. Aus dieser Zeit, um 740, stammt auch die *Emmeramskrypta,* ein gewölbter Gang, der dem Außenrund der Apsis folgt. Eine Öffnung gestattet Einblick in die Grabkammer des Heiligen, über der sich einst der Hauptaltar erhob. – Östlich verbindet ein gewölbter Gang mit der *Ramwoldkrypta* (»cryptica ecclesia« in noch zeitgenössischer

Regensburg. St. Emmeram. Grabmal der Königin Hemma (Detail)

Benennung), die der von Bischof Wolfgang aus Trier berufene Abt Ramwold als Reliquien- und Grabkapelle 980 (Weihe) errichten ließ. Der breitrechteckige, ursprünglich durch 2 Säulen 3schiffig unterteilte Raum mit östl. Apside und 2 seitlichen Rechteckannexen (Nischen) wurde 1773–75 weitgehend erneuert (Austausch der Stichkappentonnen, Beseitigung der in der SO-Achse stehenden Säulen); doch blieb das alte Gefüge der Raumwände. 1960–62 wurde diese Außenkrypta – in gleicher Höhe mit der Ringkrypta Emmerams – von Entstellungen befreit und außen und innen restauriert.

In der südl. Rechtecknische steht der Sarkophag des 1000 oder 1001 verstorbenen Ramwold.

An das N-Schiff der Emmeramskirche lehnt sich die alte Pfarrkirche der Abtei, **St. Rupert,** erstmals genannt im 12., erneuert im 15. Jh., barockisiert um 1750, unter Mitwirkung des Freskomalers Otto Gebhard aus Prüfening.

Sakramentstürmchen um 1450. Hochaltar 1690, Nebenaltäre frühes 18. Jh.; schöne Halbfigur der Muttergottes, Sandstein, um 1330.

Neben dem nördl. Seitenchor der Basilika: Sakristei von 1615. Sie birgt hochbedeutende Schätze an mittelalterl. Altargerät.

● **Ehem. Klosterbauten,** heute **Schloß Thurn und Taxis**

Ende des 12. Jh. – nach dem Brand 1166 – beginnt die Bautätigkeit in den 3 östl. Jochen des Kreuzgang-N-Flügels. Um 1220–40 werden die Arbeiten in westl. Richtung fortgesetzt. Die 3 N-Joche des W-Flügels sind gleichzeitig. Erst um 1260–70 wird der Bau weitergeführt, der S-Flügel erst im 14. Jh. vollendet. (O-Flügel im 18. Jh. beseitigt.) – Seit 1812 ist das Kloster Schloß der Fürsten v. Thurn und Taxis. Die gesamte Anlage wird 1889 umgestaltet und erweitert.

Das weite Geviert des **Kreuzganges** schließt an die S-Wand der Emmeramskirche an. Hier, im W-Teil des N-Flügels, klingt erstmals frühe Gotik auf. Säulenbündel mit Knospenkapitellen, wulstige Rippenbänder, schließlich die »normannisch« gezackten Bogenleibungen des Kirchenportals erheben diese Raumpartie zum Reichsten der frühen Gotik in Regensburg. Wahrscheinlich kamen die Werkleute aus Nordfrankreich. Eine 5teilige Fenstergruppe auf Säulenpaaren mit Radfenster darüber betont den Mittelabschnitt des Ganges. Vermutlich war dieser besonderen mönchischen Versammlungen vorbehalten. In den Teilen ab etwa 1260 zeigen die Einzelformen ein Nachlassen der schöpferischen Kraft. – Das Mauerwerk des **Alten Konventbaues** ist noch im Kern romanisch. Der O-Flügel wurde 1731–33 neu erstellt. Alles übrige verändert. *Ehem.*

Regensburg. Kloster St. Emmeram. Kreuzgang-Nordwestecke

Refektorium 1689, südlich davon roman. *Küche* (Ende 12.) und *Kellerei* (Anfang 13. Jh.). Im 1737 von J. M. Prunner geschaffenen, 1812 klassizistisch übermalten *Bibliothekssaal* wurden Fresken C. D. Asams freigelegt, Darstellungen des hl. Benedikt, König Salomos und, wahrscheinlich, Christi, in den 3 den Raum deckenden Kuppeln. Gegen O der **Neue Konventbau,** begonnen 1666.

Im Schloßhof **Arnulfsbrunnen,** 1578. (Im angrenzenden Schloßpark befand sich eine klassizist. Kostbarkeit: die Villa Theresienruhe von 1807; sie ging 1945 zugrunde.) – Im W **Marstall** von Jean-Baptiste Métivier, 1828. (**Marstallmuseum**.)

Alte Kapelle / Stiftskirche Unserer Lieben Frau zur Alten Kapelle (Alter Kornmarkt) ●

Schon 967 als »Alte Kapelle« bezeichnet. Die Regensburger Tradition nennt sie den »anvanck aller Gotzhäuser in Bayrn«. Sicher ist sie die Pfalzkapelle der agilolfingischen Herzöge. Kaiser Heinrich II., der sie seinem Bamberger Bistum überließ, veranlaßte 1002–04 die Wiederherstellung der verfallenen Kirche. Das 12. Jh. brachte umfangreiche Reparaturen. 1441–52 wurde ein neuer, tiefer Hochchor angeschlossen.

Regensburg. Alte Kapelle. Inneres gegen den Chor

Nebenkapellen traten hinzu. 1747–65 zog das Rokoko in die ehrwürdigen Mauern ein. – Das angegliederte Kanonikatsstift – seit karolingischer Zeit nachweisbar – hat die Säkularisation überdauert.

Das Äußere zeigt, bei spätbarocken Fensteröffnungen, noch die alte Struktur einer 3schiffigen Basilika mit Querschiff und abgerücktem W-Turm. Deutlich hebt sich der nach 1441 geschaffene Chor ab. Interessant das Vorhandensein eines östl. Querhauses, das den alten Regensburger Baugewohnheiten widerspricht. Seine Anlage geht zweifellos auf karolingische Planung zurück. Ehemals scheint auch ein Westwerk bestanden zu haben. Es wurde wohl bei den Wiederherstellungsarbeiten im späten 12. Jh. abgestoßen. An karolingischen Elementen sind verblieben: der Grundriß, die W-Wand und der gequaderte Turmunterbau. Die beiden roman. Portale liegen hinter barocken Vorbauten.

Den Zugang im N ziert eine Sandsteinverkleidung von 1752. Beiderseits roman. Portallöwen wohl des 12. Jh. In den Seitenfeldern der Torwand 2 Steinfiguren der Zeit um 1200, ein ikonographisches Unikum, darstellend wahrscheinlich die Taufe Kaiser Konstantins (nach der Vita S. Silvestri). – Beim Eintritt von S her durchquert der Besucher die 1481 gewölbte Gnadenkapelle (darüber *Kapitelstube*) mit Stuck von 1693. Auf dem Altar, zwischen den Figuren des hl. Kaiserpaares Heinrich und Kunigunde und in Rokoko-Rahmen, das Gnadenbild, eine stark übergangene italienische Schöpfung des 13. Jh. nach byzantinischem Vorbild. Über dem roman. Kirchenportal Gemälde von Hans Mielich: Christus im Grab, 1544.

Das Innere prunkt im Reichtum spätbarocker Zierfreude. Aus der 3schiffigen Querschiff-Basilika des frühen Mittelalters und dem spätgot. Chor ist eine berückende Einheit geworden.

Flackernde Rocaillen, durchsetzt mit pflanzlichem und figürlichem Schmuckwerk, umspielen Gliederung und Gemälde. Zarte Farbstimmungen neben blendendem Weiß und glitzernder Goldfassung. Meister des *Stuck*-Gewandes ist Anton Landes aus Wessobrunn. Besonderen Reichtum hat er über die Chorteile ausgegossen. Prächtig die beiden Doppeloratorien (1761/62), bekrönt von den porzellanfarbenen Allegorien der Erdteile; im Hauptgesims die 3 Tugenden Glaube, Hoffnung, Liebe und die Sinngestalt der Kirche. Vasen charakterisieren die 4 Elemente. Die *Fresken* schufen Christoph Thomas Scheffler (Langhaus und Querschiff) und Gottfried Bernhard Götz (Chor). Sie behandeln u. a. Themen aus der legendären Geschichte des Heiligtums und aus dem Wirken von Heinrich und Kunigunde; im Chor die Verehrung der Hl. Dreifaltigkeit. – Der mächtige Aufbau des Hochaltars wurde, nach Entwürfen von G. B. Götz, 1762–72 ausgeführt. Das Figürliche (Muttergottes, Heinrich und Kunigunde) schuf Simon Sorg. Die zahlreichen Nebenaltäre entstammen der Zeit zwischen 1730 und 1780. Desgleichen das Chorgestühl. Orgelprospekt klassizistisch, 1791. – Die 2 Kapellen am N-Schiff wurden 1944 zerstört und später durch einfache Neubauten ersetzt. – Im »Winterchor« hinter dem Hochaltar: Muttergottesfigürchen des späten 13. Jh. – Die spätgot. Sakristei wurde um 1600 eingewölbt. Darüber *Kapitelsaal.*

Kreuzgang 1624 verändert. An seinen O-Flügel stößt die (später verkürzte) **Zantkapelle** von 1299. – Im S 6eckige **Friedhofskapelle,** um 1477.

Ehem. Obermünster (südlich der Obermünsterstraße)
Die Gründung im 8. Jh. ist vermutlich auf das Emmeramskloster zurückzuführen. Seit 1002 Reichsstift (bis 1803). 1010 wurde der Neubau des Frauenstiftes geweiht, eine 3schiffige Pfeilerbasilika mit W-Querhaus und Nonnenchor. Ein Brandunheil verursachte 1020 deren Wiederherstellung. 1704 wurde der alte O-Chor zum Orgelchor verwandelt. Die gesamte Anlage fiel dem 2. Weltkrieg zum Opfer.
Einziger Überstand – außer einigen Fragmenten (Arkadenteilen des frühen 11. Jh.) – ist der isoliert stehende **Turm** des 12. Jh.

● **Niedermünster** (Niedermünsterplatz, östlich des Domgartens)
Der Boden hat Reste römischer Bebauung aus der Mitte des 4. Jh. freigegeben. Die 2. Hälfte des 7. Jh. setzt darauf eine kleine Saalkirche (22:9 m) mit rechteckigem Chor, welche die Grablege des Wanderbischofs Erhard aus Aquitanien und seines irischen Freundes, des Erzbischofs Albert, aufnimmt. Spätestens Mitte des 9. Jh. läßt sich hier ein adeliges Damenstift nieder, beurkundet 889/891, für das ein neuer, zweiter Kirchenbau (ähnlich, doch größer, 33:10 m) entsteht. Dieser Zeit gehört auch die östlich gelegene Erhardi-Krypta (Erhardigasse). Der dritte Bau, gefördert von Herzog Heinrich I., Bruder Ottos d. Gr., bringt um die Mitte des 10. Jh. eine Basilikalanlage (wiederum größer, 45:18,5 m), die der Bauherr und seine Gemahlin Judith zum Bestattungsort wählen. 1006 wird hier auch Gisela von Burgund, die Gemahlin Herzog Heinrichs d. Zänkers, beigesetzt. Der Sohn, der als Heinrich II. Kaiserwürde erringt, gibt dem Stift 1002 die Reichsunmittelbarkeit. 50 Jahre später werden die Gebeine des kanonisierten Erhard feierlich erhoben. Dann, 1152, legt ein Brand die Kirche in Asche. Der Neubau bedient sich in einzelnen Teilen älterer Reste. Ausbau der Vorhalle und Einwölbung erfolgen erst im 17. Jh., Stuckdekoration um 1730.
Die hochwichtigen, früheste Bauspuren vorlegenden, die bisher noch dunkle spätrömisch-frühmittelalterl. Baugeschichte teilweise klärenden *Grabungsergebnisse* blieben unterirdisch zugänglich.

Das Äußere zeigt in herben Formen den 3schiffig-basilikalen Aufbau, querschifflos, mit westl. Turmpaar und barocker Vorhalle, über der eine 1730 ausgezierte Kapelle sitzt. Fensteröffnungen im 17. Jh. vergrößert. Das S-Portal erinnert an normannische Bildungen (vgl. Schottenkirche). Das Hauptportal in der Vorhalle weist auf lombardischen Einfluß, der im roman. Kirchenbau Bayerns eine Rolle spielt. – Das Innere ist von ruhiger Klarheit. Die Arkadenpfeiler tragen barocke Ummantelung. Barocke Wölbformen mindern die urspr. Höhenwirkung des ehemals flachgedeckten Raumes. Zwischenwände trennen die rechteckigen Nebenchöre vom Hauptchor. Im östl. Joch sind sie romanisch und von gekoppelten Rundbogenöffnungen durchbrochen. Der schlichte Anlagetypus hält sich im wesentlichen an das lange geübte bayerische Kirchenbauschema der Romanik.

Ausstattung. Im Hauptchor Reste von Wandmalerei aus der 2. Hälfte des 12. Jh. Fresken im nördl. Nebenchor um 1510–20. Die barocke Stuckierung um 1730 ist kaum spürbar. – Hochaltar 1763. Seitenaltäre um 1650. – Die *Grabstätte des hl. Erhard* (nördl. Seitenschiff) wurde um 1330 mit einem 3teiligen steinernen Baldachin ausgezeichnet. Die Altartische darunter gewähren durch spitzbogige Arkadenöffnungen Einblick auf die Figuren der hll. Erhard und Albert, Schöpfungen des Meisters der Wolfgangs-Tumba in St. Emmeram, um 1350. Die dritte Figur ist späte Zutat. – Bronzenes Taufbecken um 1300. – Ein bedeutendes Werk süddeutscher Bronzeplastik um 1625 ist der *ehem. Kreuzaltar,* heute an der Chor-N-Wand: Magdalena am Kreuzesstamm, vermutlich von Georg Petel in Augsburg. – An Einzelfiguren verdienen Hervorhebung: »Schwarze Muttergottes«, ein streng geformtes, noch roman. Holzbildwerk aus dem frühen 13. Jh.; steinerne Muttergottesfigur des späteren 14. Jh.; Kreuzigungsgruppe in der südl. Turmhalle, Holz, um 1320; spätgot. Relief des Marientodes. ●

Die barocken **ehem. Stiftsbauten** (jetzt **Bischöfliches Ordinariat**) nördlich der Kirche enthalten einen Rest des roman. **Kreuzganges.**

Die **St.-Erhards-Kapelle** (**»Erhardi-Krypta«;** Erhardigasse, östlich des Niedermünsters) ist ein – der z. Z. seiner Entstehung wohl noch aufrechten östl. Kastellmauer angelehnter – kleiner Bau, der, stets Besitz des Niedermünster-Klosters, wahrscheinlich in die 2. Hälfte des 10. Jh. (Zeit der Herzogin-Witwe und Äbtissin Judith) zurückgeht. Die Beziehung auf den hl. Erhard (Regensburger Bischof des 8. Jh.?) ist fraglich. Der fast quadratische 3schiffige Raum ist mit Tonnen überwölbt, die auf 6 Pfeilerstützen mit abgeschrägten (trapezseitigen) Kapitellen und gleich, nur flacher geformten Basen ruhen. 1803 profaniert, wurde die 1,50 m unter Straßenniveau liegende, als Reliquienmemorie zu deutende »Krypta« 1892 wieder dem Gottesdienst übergeben. Damals entstand die schmale Vorhalle. Ein anscheinend altes Obergeschoß wurde 1953 abgetragen.

Ehem. Johanniterkirche St. Leonhard (St.-Leonhards-Platz). Der kleine gewölbte Hallenbau auf Rundstützen, mit eingezogenem Chor und abgerücktem Glockenturm, ist um die Mitte des 12. Jh. entstanden (Fenster barock, W-Fassade 1885). Das Hallensystem gehört in die Nachfolge der Langhausanlage von Prüll. Die um 1880–90 aufgedeckten Wandmalereien wurden durch unsachgemäße Restaurierung entstellt. Von Interesse ist der *rechte Seitenaltar,* eine spätgot. Schreinanlage mit guten Schnitzwerken, 1505.

Regensburg. Ehem. Schottenkirche St. Jakob. Nordportal (Detail)

Ehem. Schottenkloster (Jakobstraße, im W der Altstadt)
Seit und besonders in frühmittelalterl. Zeit wanderten viele Irenmönche (peregrini) durch den Kontinent. Um d. J. 1067 kam Marinus mit seinen Gefährten in die Stadt und schuf sich bei Weih-St.-Peter sein Kloster. Um 1075 entstand – auf anderem Platz, vor dem W-Tor – ein größeres, rasch zunehmendes Kloster, das »Schottenkloster«, wie es aber erst seit 1515 (infolge der sich durchsetzenden Konkurrenz der Schotten) genannt wurde. Schon runde 30 Jahre später wurde es durch einen Neubau ersetzt, dessen Hauptbauzeit in die beiden ersten Jahrzehnte des 12. Jh. fiel. Weihen sind für 1111 und 1120 überliefert. Nach 1150/60 und bis etwa 1200 erwuchs der bestehende Kirchenbau, der vom Vorgänger nur die beiden O-Türme mit ihren Apsiden übernahm. – Zur Erklärung dieser monumentalen Kirche: Die irischen Mönche erfreuten sich einer (in vielen fürstlichen, aber auch bürgerlichen Schenkungen ausgedrückten) Popularität, welche an die der im 13. Jh. nachfolgenden Bettelmönche erinnert, die ihnen in ihrer Stadt- und Volksbezogenheit nahestanden. Erstaunlich die Wirkungsbreite des Regensburger Klosters, bezeugt durch die – alle in Regensburg wurzelnden, alle schon kurz vor und nach Mitte des 12. Jh. besiedelten – Irenklöster in Würzburg, Nürnberg, Eichstätt, Wien (nur diese zu nennen). – Um 1278 vernichtete ein Brand den inneren, doch nicht den äußeren steinernen Bestand des Klosters. Im frühen 16. Jh. wurde es durch schottische Benediktiner neu besetzt. Erst 1862 erfolgte die Lösung aus dem Verband schottischer Klöster.

Kath. Pfarrkirche St. Jakob, ehem. Schottenkirche. Bis auf einige Eingriffe durch das 19. Jh., die besonders der Beseitigung barocker Zutaten galten, ist das roman. Baugefüge in schöner Vollständigkeit überkommen. – Das Äußere zeigt einen Aufbau, der mit östl. Turmpaar und W-Querhaus den Regensburger Baugewohnheiten entspricht. Klar kommt das Gefüge der 3schiffigen Basilika zum Ausdruck. Den Hauptchor umzieht eine Blendarkatur mit wechselndem Kapitellschmuck. Bogenfriese folgen der Hochschiffswand und kehren im W-Bau zwischen gliedernden Lisenen wieder. Das Mauerwerk ist aus sorgfältig behauenen Quadern geschichtet. Nur Türme und Nebenapsiden bedienen sich einer derberen und kleinteiligeren Bruchsteinfügung: es sind die Teile, die aus dem ersten, 1120 geweihten Kirchenbau beibehalten blieben. Der übrige Bau erwuchs in der 2. Jahrhunderthälfte. Hochbedeutendes Denkmal roman. Plastik in Bayern ist das *N-Portal.* Die 3teilige Gliederung der Portalwand erinnert an Westfranzösisches (Poitiers), die Art der plastischen Einzelteile an Lombardisches.

Am Sinngehalt des *bildnerischen Programms* wurde viel herumgerätselt. Was die Zeit sofort verstehen konnte, entzieht sich unserer Kenntnis. Wir sehen als Mittelpunkt Christus zwischen den hll. Jakobus und

Johannes im Bogenfeld. Wir gewahren ihn ein zweites Mal inmitten der Apostel im Bildfries über den Bogenläufen. Fabelwesen werden als Dämonen (Menschenpaare und Sirenen als Symbole sinnlicher Lust etc.) gedeutet, welche die Kirche abwehrt und besiegt. Die z. T. kerbschnittartig ausgeführten Ornamentbänder, überaus vielgestaltig, lassen Lombardisches aufklingen.

Der Innenraum, Säulenbasilika mit Parallelapsiden, entwickelt eine beachtliche Höhe (ähnlich Prüfening). Doch fluchtet der Raum auch stark in die Tiefe. Die Chorjoche werden durch Vierkantstützen gekennzeichnet. Neu, unter Verwendung ursprünglicher, aus dem Kreuzgang stammender Säulchen sind die Chorschranken. Die Langhaussäulen tragen vorzüglichen Kapitellschmuck. Figürliche Bildungen wechseln mit pflanzlichen. Die Flachdecke wurde 1647 erneuert. Auch die Seitenschiffswölbungen gehören dem 17. Jh. an. Eine Empore unterteilt das W-Querhaus. Sie trägt die Merkmale der Zeit gegen 1200.

Ausstattung. Altareinrichtung 19. Jh. Chorstühle um 1690. – Die *Kreuzigungsgruppe* im Triumphbogen scheint ursprünglich am Chorbeginn über dem Kreuzaltar gestanden zu haben; Schnitzarbeit um 1180. Der Gekreuzigte ist noch »rex triumphans«. Ähnlich der etwa gleichzeitige Kruzifixus im S-Schiff. – Das erste Pfeilerpaar des Chores trägt 2 Steinfiguren um 1370: Maria und Jakobus. Im N-Schiff: steinerner Christophorus um 1390.

Ehem. Klosterbauten (**Klerikalseminar**). Der gegen S anliegende **Kreuzgang** ist bis auf das O-Joch an der Kirchenwand barockisiert. Zackende Bogenläufe überfangen die roman. Kirchenpforte und verraten den (in St. Emmeram wiederkehrenden) normannischen Einfluß. Das Portal zum Refektorium im S-Flügel mit 3 Gewändestufen und Bogenwülsten kann um 1210 entstanden sein. Die **Brunnenkapelle** des frühen 13. Jh. ist barock gewölbt.

Ehem. Dominikanerkloster (Beraiterweg)

1230 erhielten die Dominikaner ihren Baugrund. Im nächsten Jahrzehnt wird von reger Bautätigkeit gesprochen. Sie kam erst gegen Ende des Jahrhunderts zum Abschluß. Beteiligung von Albertus Magnus (1236–40 in Regensburg, 1260/61 Bischof) ist unerwiesen und auch unwahrscheinlich. Ablässe 1246 und 1248. Eine Weihe (doch nicht des Hochaltars) ist 1251 bezeugt. Ob der Bau schon vor 1255 fertig ist, steht in Frage. Der Baubestand erfuhr nur geringfügige Veränderungen. Einige barocke Zutaten wurden (mit Ausnahme der Orgelempore von 1727) im 19. Jh. beseitigt. 1886 wurde restauriert. 1967 erneute Restaurierung, die sich das Ziel setzte, die »historisch fundierte Raumfarbigkeit« zurückzugewinnen.

● **Ehem. Dominikanerkirche St. Blasius.** Die Kirche ist eine der mächtigsten und kennzeichnendsten des Ordens in Deutschland. Der strenge, karge Bau tritt in wirksamen Gegensatz zum Dom. Gegen die mönchische Einfachheit des Volksprediger- und Bettelordens steht der nach außen gewendete Reichtum einer Kathedralkirche. Beschränkung auf die wichtigsten Gliederungsmittel und sparsame Verwendung dekorativer Einzelformen geben dieser Predigerkirche die einfache, große Erscheinung. So weist es das Äußere im Ebenmaß des steilen, schmal verstrebten Chores oder in der klaren Fügung einer 3teiligen W-Front mit mächtigem Maßwerkfenster und einfach, doch nicht schmucklos gerahmtem Doppelportal (Nische barock, Figur des hl. Dominikus um 1420–30). Auch das Erscheinungsbild des Inneren ist, bei betonter Schlichtheit, harmonisch. Das 3schiffige Langhaus ruht auf Achteckpfeilern, aus denen sich Rundvorlagen zum Arkadenbogen oder zum Wölbsystem entwickeln. Als schlanke Dienste überspannen sie die Hochschiffswand, Verkörperung architektonischer Linienströme. Schmaler sind die Chorjoche. Die Dienste streben aus hornartig gekrümmten Konsolen empor. Dann schließt, eckig, die Chordreiheit. Schlanke, steile Fenster schlitzen die Wände des Hauptschlusses (in 5 Seiten des Achtecks). Wohl gedeiht, wie in Bettelordenskirchen überhaupt, die Wandauflösung nicht über ein gesetztes Maß hinaus. Aber der Höhendrang ist mächtig. Das schmückende Beiwerk beschränkt sich auf wenige Dienstfiguren und -kapitelle (N-Chor).

Ausstattung. Reste von Wandmalerei aus dem 14. und 15. Jh. – Hochaltar 19. Jh. Nebenaltäre, z. T. barock. Chorgestühl spätes 15. Jh. Am nördl. Chorpfeiler Schutzmantelmaria, Ende 15. Jh. – Aus den *Grabdenkmälern* ragt das für L. Lamprechtshauser hervor (N-Schiff): eine thronende Muttergottes unter reichem Baldachin, Salzburger Arbeit gegen 1500. Am 2. N-Pfeiler von O die ritterliche Relieffigur des Jörg Schenk v. Neideck († 1504), signiert vom Passauer Jörg Gartner.

Ehem. Klosterbauten. Der **Kreuzgang,** aus der Erbauungszeit der Kirche, trägt Wölbungen des frühen 15. Jh. Neben der *Sakristei* im NW *Albertuskapelle,* der ehem. Hörsaal des großen Scholastikers Albertus Magnus (in den 30er Jahren des 13. Jh. hier tätig); darin spätgot. Sitzbänke und Katheder, um 1450–60.

Ehem. Minoritenkloster, jetzt **Museum der Stadt Regensburg** ●
(Dachaupl. 2)

Neben den Dominikanern wirkte als anderer Bettelorden seit 1221 jener der Franziskaner, Barfüßer oder Minoriten. Er errichtete seine Kirche um 1250–70 und setzte daran im frühen 14. Jh. einen langgestreckten neuen Chor. Im Kloster lebte und starb (1272) einer der größten deutschen

Prediger, der Bruder Berthold. – Seit 1932 (1949) Museum (kunst- und kulturgeschichtliche Sammlungen).

● **Ehem. Minoritenkirche.** Die große, flachgedeckte Basilika wirkt mit ihren starken Säulen und glatten Hochschiffswänden altertümlicher als die der Dominikaner. Es ist, als wolle die herbe Wucht ihrer Mauern das Ideal mönchischer Armut zur Anschauung bringen. Um so lichter öffnet sich der gewölbte Chor, das Werk der wändeaufreißenden Gotik um 1330. Ehemals trennte ein Lettner ihn vom Langhaus. 1724 wurde der mittlere Teil desselben abgebrochen. Es verblieben die Seitenteile, äußerlich schlicht, im Inneren durch spätgot. Rippensterne gewölbt.

Im Chor Kreuzigungsgruppe aus St. Emmeram, 1513.

Ehem. Klosterbauten. 2 Flügel des **Großen** und einer des **Kleinen Kreuzganges** sind überkommen, 14. und 15. Jh. Sie, wie *Sakristei* und *Refektorium,* dienen heute dem Museum als Schauräume.

Ehem. Deutschordenskirche St. Ägidien (oder St. Gilgen; Ägidienplatz, nordwestlich von St. Emmeram). Das Langhaus ist ein kleiner got. Hallenbau, dessen Mittelschiff in die Zeit um 1250–60 verweist. Seitenschiffe und W-Joch hat das 14. Jh. hinzugefügt. Der Chor stammt von 1396. Um dieselbe Zeit mag auch die zierliche W-Empore entstanden sein. Im frühen 15. Jh. erhielten die Seitenschiffe ihre Wölbung.

Gegen S und W schließen sich die **ehem. Komtureibauten** an, Ende 17. und frühes 18. Jh.

Ehem. Kirche St. Peter und Paul (Kolpingstraße). Die (profanierte) frühere Pfarrkirche von Niedermünster ist ein kleiner frühgot. Bau aus der Mitte des 13. Jh. mit geringfügigen Änderungen durch das 16. und 17. Jh.

Ev. Oswaldkirche (Weißgerbergraben, Donau-Ufer am Eisernen Steg). Der Bau wurde im frühen 14. Jh. für den Karmeliterorden errichtet, der 1367 nach Straubing übersiedelt. Nur Chor und Umfassungsmauern haben einiges von dem Charakter ihrer Bauzeit bewahrt. Heute ein emporenbesetzter Saalraum, den Erfordernissen einer seit 1553 dort wirkenden prot. Pfarrei angepaßt. Schöne ornamentale Arbeiten in Stuck und Schnitzerei, 1708, von Wessobrunner Künstlern.

An der S-Seite des Langhauses spätroman. **Hausturm** um 1220–30.

Kath. Kirche St. Kassian, Pfarrkirche zum Stift der Alten Kapelle (Kassiansplatz). Unter Verwendung karolingischer Bestandteile erhielt die Kirche 1477 ihre endgültige Struktur: 3schiffige Anlage, ohne Belichtung des Hochschiffes mit 3 vieleckigen Chören. Entscheidend für ● das Raumbild wurde die glänzende Barock-Ausstattung von 1749–60 durch die an der Alten Kapelle beschäftigten Künstler: den Stukkateur Anton Landes und den Freskomaler Gottfried Bernhard Götz. Der im 19. Jh. demolierte Hochaltar konnte nach vorhandenem

Modell und unter Benützung originaler Teile neu errichtet werden. Im südl. Seitenaltar steht die Schnitzfigur der *»Schönen Maria«*, eine bedeutende Leistung des Landshuters Hans Leinberger, um 1520. Der nördl. Seitenaltar, ein Schreinaufbau von 1498 und ehemals Mittelpunkt des Hauptchores, ist eine einheimische Arbeit von Rang; im Schrein thront die Figur des *Hl. Kassian*, ein vorzügliches Schnitzwerk der späten Gotik.

Ev. Neupfarrkirche (Neupfarrplatz, südwestlich vom Dom)

Am Platz der abgebrochenen Synagoge sollte sich die Wallfahrtskirche »Zur Schönen Maria« erheben. Ein zeitgenössisches Modell und Michael Ostendorfers Holzschnitt vermitteln von dem geplanten Kirchenbau eine Anschauung. Hans Hueber aus Augsburg war Baumeister. 1519 wurde der Grundstein gelegt. Während der Bauarbeiten entschloß man sich zu weitgehender Vereinfachung unter Verzicht auf die als W-Teil vorgesehene Rotunde. Das noch unvollendete Gebäude kam 1542 an die Protestanten, die dem Marienkult an dieser Stelle ein Ende bereiteten. 1560 konnten die Türme fertiggestellt werden. 1586 erfolgte die Einwölbung. Erhöhung des N-Turmes 1595. Das Innere erfuhr 1796 eine durchgreifende Instandsetzung. 1860 wurden die Türme einander gleichgemacht und der W-Chor angefügt.

Äußeres. Gleich dem Dom erwächst der Kirchenbau über einem Terrassensockel. Der verstrebte O-Chor folgt spätgot. Aufbauprinzipien. Neben das Langhaus treten niedrige, seitenschiffartige Kapellen, die vom Turmpaar beiderseits aufgefangen werden. Gegen W wendet sich ein Chorvieleck des 19. Jh. – Das 1schiffige Innere vermengt renaissancehaftes Raumempfinden mit Elementen aus der nachlebenden Gotik. Die Wölbrippen nehmen ihren Ausgang von antikisierenden Kapitellen. Auch die Fenster sind zwiespältig: rundbogig, mit »reduziertem« Maßwerk. Das Ausgeführte bleibt an Bedeutung weit hinter der originalen Idee des (im Museum der Stadt verwahrten) Modells zurück.

Schlichte Einrichtung, zum großen Teil aus dem 17. Jh. Das Altarblatt ist Leistung des Rubens-Schülers Joh. Wiwernitz.

Ev. Dreieinigkeitskirche (Gesandtenstraße)

Die Anlage entstand als zweite prot. Pfarrkirche 1627–33. Der Baumeister kam von Nürnberg, Johann Carl.

Es wurde die Form eines tonnenüberwölbten Saalraumes gewählt, mit eingezogenem, flach geschlossenem Chor und östl. Turmpaar. Die Formensprache birgt viel nachlebende Gotik, was besonders in der Gewölbestruktur zum Ausdruck kommt: ein Zwischending zwischen Rippensternen und Kassettengliederung. Die im prot. Kirchenbau beliebten hölzernen Emporen verleihen dem Raum Behaglichkeit.

Die Einrichtung gehört vorherrschend der Mitte des 17. Jh. *Altar* 1637 nach Entwurf des Regensburgers Georg Jakob Wolf mit bekrönendem Engel von Leonhard Kern; Altarblatt, Abendmahlsdarstellung, wohl von einem Augsburger dieser Zeit; Predellentafel mit Taufe Christi. Kanzel 1656, Gestühl aus der Erbauungszeit, Orgelprospekt 1758.

Der enge, umgebende **Kirchhof** zeigt eine Reihe stattlicher Barock-*Epitaphien* des späten 17. und des 18. Jh., meist von evangelischen Abgeordneten des »Immerwährenden Reichstages« und adeligen Emigranten.

Klosterkirche St. Klara (Ostengasse)

Ehem. Kapuzinerkirche; seit dem 19. Jh. im Besitz der Klarissen, die 1809 bei der Beschießung der Stadt durch die Franzosen ihr Kloster verloren hatten.

Schlichte Raumanlage im Typus der Kapuzinerkirchen im 17. Jh.; verlängert 1700 (Chor) und 1889 (Eingangsjoche). Der prächtige Altar im Frauenchor, von Johann Bapt. Dirr, 1753, stammt aus der Alten Kapelle.

Ein interessantes Denkmal barocker Frömmigkeit ist die **Eremitage** im Klostergarten von 1712: eine Grottenarchitektur mit illusionistischer Einstreuung bekleideter Holzfiguren.

Kath. Karmelitenkirche (Alter Kornmarkt)

1641–60, Fassade 1673, Turm 1681.

Eine streng gegliederte *Giebelfront* römischen Charakters erhebt sich in der O-Flucht des Alten Kornmarktes (Nischenfiguren der hll. Joseph, Therese und Johannes vom Kreuz 17. Jh., Freifiguren der hll. Heinrich und Kunigunde sowie Vasenschmuck Mitte 18. Jh.). Der 1schiffige Raum mit Querhaus und Seitenkapelle entspricht den Bauvorschriften des Ordens. Wuchtige Pilastergliederung bindet die Raumgrenzen zusammen. – Der stattliche Hochaltar von 1690 wurde 1837 aus dem Dom überführt, desgleichen die etwa 50 Jahre älteren Nebenaltäre (wohl Salzburger Arbeiten).

Dominikanerinnenkloster Hl. Kreuz (Nonnenplatz, im W der Altstadt)

Das Kloster entwickelte sich bereits im 13. Jh. Die Kirche geht teilweise auf got. Zeit zurück, was aber das Barockgewand von 1751–56 kaum mehr erkennen läßt.

Klosterkirche. Der Innenraum, 1schiffig, mit gerundeten Ecken und eingezogenem Chor, wirkt durch die feine Dekoration und Ausstattung. Als Architekt des Umbaues wird Leonhard Matthäus Gießl vermutet. Stukkateur ist Johann Bapt. Modler, Freskomaler Otto Gebhard (Kreuzesglorie und Quis-ut-Deus). Der reiche Hochaltar von Simon Sorg umfängt einen Kruzifixus der Mitte des 13. Jh. Darunter interessante Tabernakel-Architektur. Von Sorg stammt auch die kostbare Kanzel.

In den südlich anstoßenden **Klosterbauten** mengt sich Spätgotisches mit Barockem. Der **Kreuzgang** trägt barocke Wölbungen. Seine got. Maßwerkfenster enthalten Reste guter Glasgemälde. In der **Kilianskapelle**

Wandgemälde um 1350. Der Rest einer Bogenfeldskulptur um 1280 und Assistenzfiguren einer Kreuzigungsgruppe um 1300 stammen aus älterem Kirchenbestand (alles im Kloster, Klausur).

Kirchen des 20. Jh.

Die kirchliche Baukunst des 20. Jh. brachte in d. J. 1920–40 an bedeutsamen Beispielen die **kath. St.-Pius-Kirche** (Prüfeninger Str. 86) des Brüderkonvents von Albert Boßlet, die **kath. Kirche St. Anton** (Furtmayrstr. 22) von Karl Schmidt und **St. Wolfgang** (im Stadtteil **Kumpfmühl**, s. d.) von Dominikus Böhm.

Ab 1950 trat der Architekt Hans Beckers hervor mit den Kirchen **St. Thaddäus** am Stadtrand, **Hohes Kreuz** (Hoher Kreuzweg 9) und mit der **kath. Pfarrkirche** von **Regensburg-Ost.**

Die **ev. Matthäuskirche** (Graf-Spee-Str. 1) ist ein Werk von Adolf Abel, 1954.

Profanbauten

Bis zur Erlangung der Reichsfreiheit der Stadt sind Herzogs- und Bischofshof die politischen Mittelpunkte. Die Reichsstadt verkörpert sich in ihrem Rathaus.

Herzogshof (östlich vom Dom; Alter Kornmarkt)

Nördl. Rest des karolingisch-ottonischen Königshofes (vorher Herzogspfalz), dessen Großteil im 10./11. Jh. durch Königsschenkungen entfremdet wurde. Nur dieser N-Teil konnte sich – als »Herzogshof« (seit 1192 der wittelsbachischen Herzöge, bis 1803 als bayerische Exklave in der Reichsstadt) – behaupten.

Die Mauern stammen aus dem 12. und 13. Jh. Das erweist der nach S gerückte Turmvorbau wie der stattliche Saal im Inneren mit seinen gekoppelten Fenstergruppen auf gekanteten Marmorsäulchen (um 1200). Die große bemalte Holzdecke ist gotisch. Seit 1600 erfuhr das Gebäude Umgestaltungen, die sein roman. Erscheinungsbild verschleiern. 1909 erneuert; Freilegung der roman. Fensterarkaden 1940 beendet. – Ein Schwibbogen verbindet über die Straße hinweg mit dem sog.

Römerturm. Der in großen, starken Granitquadern aufgeführte Unterbau wurde als römisch, karolingisch, staufisch angesprochen. Vielleicht trifft frühstaufisch, 2. Hälfte 12. Jh., zu. Die über dem Buckelquadergeschoß sitzende glattquadrige Mauer (ebenfalls Granit) des 2. Geschosses deutet (Steinmetzzeichen) ins 13. Jh. Die in Bruchstein aufgeführten 3 Hochgeschosse sind wohl spätestens ins 14. Jh. zu setzen. Dieser wuchtige Viereckturm stand auf der Grenze des Pfalzbezirkes zur bischöflichen Stadt.

Der **Bischofshof** (heute Hotel; Krauterermarkt 3) erstreckt sich nördlich des Domes. Die spätgot. nördl. Umfassungsmauer (an der Straße Unter den Schwibbögen) schließt die römische **Porta Praetoria** ein. Der W-Flügel öffnet sich in einem Portal des 13. Jh.; sonst herrscht, wie im S-Trakt, die Renaissance (1560–90) vor. (O-Flügel nach Brand 1887 erneuert.)

Altes Rathaus mit **Reichstagsmuseum** (Neue Waaggasse)

● Als eigentliches »**Altes Rathaus**« gilt der westl. Teil, der, aus der Neuen Waaggasse rückspringend, die Stirnwand zum Rathausplatz wendet. Sein südl. Mauerverband enthält Teile einer vorausgehenden Kapelle des 11. Jh. Im ganzen entstand dieser Trakt um die Mitte des 14. Jh. Sein Äußeres ist durch hohe Treppengiebel ausgezeichnet. Zwischen 4teilig gekoppelten Fenstergruppen im 1. Obergeschoß der Hauptfront tritt der fialengeschmückte Ratserker hervor. Das Untergeschoß enthält Läden und Lagerräume.

Ehemals trug die Fassade Freskomalereien von Melchior Bocksberger, 1573. An der NO-Ecke schiebt sich ein **Treppengebäude** vor mit reich geziertem *Portal* aus dem frühen 15. Jh. Über den beiden Stadtwappen erscheinen Kriegsknechte, drohend mit einem Streithammer bzw. zum Steinwurf ausholend. – Hier eintretend, gelangt man durch würdevolle Vorhallen zum *Reichssaal* im Obergeschoß, einem breiten Raumgebilde mit kräftiger Balkendecke von 1408. Die Ausmalung geschah im 16. Jh. Reste der alten Ausstattung berichten vom »Immerwährenden Reichstag«, der hier 1663–1806 seine Sitzungen abhielt. Der kaiserliche Thronbaldachin wurde im späten 16. Jh. gefertigt. Die Fahnen (noch 4) wurden von Herzog Bernhard von Weimar, nach der schwedischen Einnahme 1633, an die Kompanien der Stadt verliehen. Eine Restaurierung des Saales (bis 1980, Teilabschluß) erbrachte Wandmalereien, die wohl, wenn wirklich ins 13. Jh. zu datieren, zu den ältesten bayerischen der Gotik gezählt werden müssen. Im NO-Eck führt eine Treppe zum *»Fürstenkollegium«,* einem 1652 eingerichteten Raum. Über einen Altan können die *Fürstenzimmer* erreicht werden, eines mit Kassettendecke von 1652, das andere mit reich gestalteter Säule um 1630. Diese Räume liegen im westl. Erweiterungstrakt des späteren 16. Jh. Im 2. Obergeschoß: *»Reichsstädtisches Kollegium«,* ausgestaltet 1563. – Gegen O schiebt sich als älteres erhaltenes Bauglied der **Ratsturm** aus der Mitte des 13. Jh. Er umfängt im 1. Obergeschoß das *Kurfürstliche Nebenzimmer* mit reichen Vertäfelungen von 1551. An dieses stößt das *»Kurfürstliche Kollegium«.* Von hier verläuft gegen N ein längerer Trakt, der 1563 aus einem »öden Stadel« gewonnen wurde und das *Archiv* beherbergt.

Gegen O folgt das sog. »**Neue Rathaus**«, eine Vierflügelanlage von 1661 mit Portalschmuck von 1723 und Hofarkaden.

Brunnen 1662. – Die Innenräume haben zum großen Teil ihre Holzdecken aus der Erbauungszeit bewahrt. Die berühmten Bildteppiche werden im Museum der Stadt gezeigt. – In einem Raum des *Ratskellers* jetzt Abformungen der im Original verlorenen »Dollinger-Plastik«, monumentale Stuckfiguren des späten 13. Jh., Zweikampf des Regensburger Bürgers Dollinger mit dem Hunnen Krako, hl. Oswald, König Heinrich I., ehemals im großen Saal des abgebrochenen Dollingerhauses am Haidplatz. (Abformungen auch im Bayerischen Nationalmuseum München, eine originale Statue und Fragmente im Museum der Stadt Regensburg.)

Neue Waag, ehem. Herrentrinkstube (Haidplatz, südwestlich vom Alten Rathaus). Die Kernmauern des Turmes gehören dem 13. Jh. an. 1572 erhielt der S-Flügel eine gewölbte Halle. Bald darauf geschah die Errichtung des stilvollen Arkadenhofes inmitten der Vierflügelanlage.

Im Untergeschoß des Turmes *Hauskapelle St. Christoph.* In den Obergeschossen klassizist. Emporenanlage, ehemals für die Stadtbibliothek. – Das Gebäude war 1541 Ort des Religionsgespräches zwischen Melanchthon und Eck.

Regierung der Oberpfalz (Emmeramsplatz). Umgestaltung eines älteren Gebäudes durch Joh. Sorg 1792, mit schön stuckierter O-Fassade. Im Inneren ein nobler klassizist. Festsaal.

Sog. **Residenz,** ehem. Dompropstei (Dompl. 6). Erwachsen aus mehreren Domherrenhöfen, bezeugt seit dem Hochmittelalter, im Äußeren geprägt durch den Umbau des fürstlichen Baumeisters Johann Sorg um 1800. 1803–10 Residenz des Fürstprimas Karl Theodor v. Dalberg, 1809 Quartier Napoleons. 1853 in städtischem Besitz, dann an Private veräußert.

Stadttheater (Bismarckpl. 7). 1804 von Emanuel Joseph d'Herigoyen; nach Brand 1849 von der urspr. Form abweichend wiederhergestellt. 1971 restauriert.

Ehem. Präsidialpalais (Bismarckplatz), 1805 – gleichfalls von d'Herigoyen – auf der S-Seite des Platzes als Palais des französischen Gesandten errichtet; ein besonders gelungener Monumentalbau des Klassizismus.

Ehem. Königliche Villa (Adolf-Schmetzer-Straße, im Park nördlich des Ostentores)

Von König Maximilian II. errichtet (daß der König auch hier, in dieser ältesten Stadt, sein Haus habe). Architekt war der Münchner Ludwig Foltz, 1854/55.

Der die Donau-Uferhöhe blickgünstig überragende Bau (ehemals Areal der Ostenbastei) ist ein Exempel des vom König eben in diesen Jahren in München (Maximilianstraße) inaugurierten Stiles.

Wohnbauten

Keine andere Stadt Deutschlands hat in ihren Straßenzügen so sehr den Charakter des hohen Mittelalters bewahren können wie diese. Die Blüte im 13. und 14. Jh. hat sich besonders auf den Hausbau ausgewirkt. Der nachfolgende Niedergang ließ es nur selten zu einschneidenden Umgestaltungen kommen. Erst die Zeit des Barock und Klassizismus hat mit einzelnen Veränderungen und Neubauten in den vorherrschend spätroman. und frühgot. Bestand eingegriffen. Zunächst waren es die bischöflichen und fürstlichen Absteigequartiere, die das Gesicht der häufig zu Kirchenversammlungen und Reichstagen erwählten Stadt zeichneten. Da gab es u. a. den Bamberger, Passauer und Salzburger Hof – heute nur noch dem Namen nach oder aus Fragmenten im Museum der Stadt bekannt. Die Höfe fremder Staaten und Städte reihten sich in der nach ihnen benannten »Gesandtenstraße«. Seit Mitte des 13. Jh. erwachsen als Zeichen reichsstädtischer Macht zahlreiche **Patrizierhäuser.** Räumliche Enge erfordert beträchtliche Höhenentwicklung. Dem burgähnlichen Bautypus gibt zumeist ein massiger *Turm* das Gepräge. Auch die *Hauskapelle* durfte nicht fehlen. Für Schmuckwerk findet sich wenig Platz; es sammelt sich um die Fensteröffnungen, seltener um Portale. Wo Erker auftreten, sind sie flach und rechteckig, meist von Konsolen getragen. – Beispiele:

a) Aus dem 13. und 14. Jh. stammen: **Kanonikatshof** der Alten Kapelle am Kornmarkt (Kapellengasse 2) mit roman. Fenstergruppen im schmalen W-Flügel, um 1230. – Etwas jünger sind der Turm des **Hauses Wiedamann** (Bruckstr. 4) und die besonders schöne 3teilige Fenstergruppe des sog. **»Bär an der Ketten«** (Gaststätte Brandlbräu; Ostengasse 16). – Beklagenswert ist der Umbau des **Dollingerhauses** (Rathauspl. 3, jetzt Zieroldspl. 3), das ehemals einen prächtigen 2schiffigen Saal enthielt mit hochbedeutsamen Stuckreliefs eines frühgot. Meisters. (Eine Rekonstruktion des alten Dollingersaales wurde im Verband des »Ratskellers« [→ »Neues Rathaus«] eingerichtet.) – **Baumburgerhaus** (Watmarkt 4) mit dem *»Hochapfelturm«*. Die frühgot. Fensterformen weisen in die Zeit um 1250. – **Haymo-** oder **Wallerhaus** mit dem *»Goldenen Turm«* (Wahlenstr. 16). Vierflügelanlage mit späteren Veränderungen; Kapelle im Erdgeschoß profaniert; Mitte 13. Jh. – **Zanthaus** (Gesandtenstr. 3), zusammengewachsen aus ehemals 2 Anwesen. Daher auch Reste zweier Türme. 2schiffige Halle mit starken Wölbrippen. Spätes 13. Jh. – Das **Gravenreuterhaus** (Hinter der Grieb 8) ist eine Vierflügelanlage, deren Hauptteile in der 2. Hälfte des Jahrhunderts entstanden. An der Hofseite treten 2 massige Türme in Erscheinung. Im Erdgeschoß: *ehem. Dorotheenkapelle.* Die interessante Häusergruppe an der Straße Hinter der Grieb (= Grube) setzt sich fort bis zum **Haus der Löbl** mit einem weiteren mächtigen Turm, dessen Untergeschoß die *Kapelle St. Simon und Juda* umschließt; Ende 13. Jh. – **Kastenmayerhaus** (im Block zwischen Wahlenstraße und Unterer Bachgasse) mit sog. *Haymannsturm.* – Das **Kepler-Gedächtnishaus** (Keplerstr. 5), 1630 das Sterbehaus Johannes Keplers, bildete mit dem Nachbarhaus Nr. 3 (seit dem 19. Jh. **Gasthof Goldene Krone**) eine Geschlechterburg; an deren S-Seite noch der frühgot. Turm mit Treppengiebel. 1959–61 saniert, erscheint das Haus in der alten Gestalt von 1540. – Am **Runtingerhaus** (Keplerstr. 1), seit dem 19. Jh. so genannt, im 16. Jh. Gasthof Goldene Krone, hat die Sanierung 1963–65 die zeitlich verschiedenen Bauabschnitte, vom spätroman. Wohnturm mit Zinnengiebel an, erschlossen. – Ein 6geschossiger zinnenbesetzter Turm gehört dem Haus **Zum blauen Hecht** (Keplerstr. 7), genannt nach einer Gaststätte des späten 16. Jh. – Das **Goliathhaus** (Watmarkt 5) leitet den Namen von seiner Fassadenbemalung her. Eine Vierflügelanlage mit gedrungenem Turm, dessen Zinnenkranz erhalten ist. – **Gasthof Goldenes Kreuz** (Haidpl. 7) mit 7stöckigem Turm.

b) Aus dem 14. Jh.: **Haus Heuport** (Dompl. 17). 4flügelige Binnenhofanlage um 1330–50 mit gegen den Hof zu offenem Treppenhaus. An dessen NO-Ecke 2 Konsolfiguren: Törichte Jungfrau und Versucher. Der Festsaal im N wurde in der 2. Hälfte des Jahrhunderts hinzugefügt. – Aus der gleichen Zeit stammen u. a. das **Steyrerhaus** (Untere Bachgasse 5), die **Alte Münze** (Glockengasse 16) und das **Haus zum Pelikan** (Keplerstr. 11).

c) Die Spätgotik ist nur schwach vertreten, etwa im **Deggingerhaus** (Wahlenstr. 17). – Zahlreiche **mittelalterl. Hauskapellen** (im frühen 17. Jh. waren es 60!) sind profaniert oder nur in Fragmenten überkommen. Zu den bereits erwähnten seien genannt: *Georgskapelle* (Am Wiedfang) mit ehemals 3schiffigem Untergeschoß aus dem späten 12. Jh.; *ehem. Galluskapelle* aus dem 13. Jh. im sog. **Einsfelder Hof** (Schwarze Bärengasse) mit roman. Gewändeportal; *Thomaskapelle* (Am Römling), spätes 13. Jh. (1646 in 2 Geschosse unterteilt); *Dorotheenkapelle* (Frauenbergl) aus dem frühen 14. Jh.; *ehem. Salvatorkapelle* im **Weißen Hahn** (Unter den Schwibbögen 1), 1476.

d) Die Renaissancezeit begnügt sich mit einzelnen Umgestaltungen, die insbesondere die Anlage von Laubenhöfen betreffen. So im **Lerchenfelderhof** (Untere Bachgasse 12–14) 1551 oder im etwa gleichzeitigen **Thon-Dittmer-Haus** (Haidpl. 8; heute u. a. **Stadtbücherei;** Fassade von 1809).

e) Ähnliches gilt vom 17. Jh., aus dem nur die Hauskapelle eines ehem. Domherrenhofes (**Dompl. 4**) genannt sei: die *Maria-Läng-Kapelle* von 1678 über damals aufgefundenen römischen Resten, vermeintlichen »Katakomben«. – Der Barock ist, abgesehen von einigen Innenraumgestaltungen, vertreten im Haus **Neupfarrpl. 14** (jetzt Bank), um 1733, einer tiefen Binnenhofanlage hinter würdevoll-knapper Fassadenzier. – Außerhalb des Altstadtbereiches ist der Umbau des Neuenhausener Wasserschlosses zum barocken **»Pürkelgut«**, 1728, von Interesse.

f) Unter den klassizist. Bauten der Zeit um 1800 findet sich manches Bedeutende: Die **Villa Lauser** auf dem Oberen Wörth (Lieblstr. 2) ist ein Werk von Johann Sorg 1795 im freundlich-noblen Landhauscharakter. An Innenräumen sind ein elegantes Stiegenhaus und der kostbare Festsaal zu nennen mit Malereien von 1810–20. – Das sog. **Württembergische** oder **Herzogspalais** (Am Prebrunntor 4; **Naturkundemuseum**) geht auf Pläne von Emanuel Joseph d'Herigoyen zurück, 1804. Eine Schöpfung von großer Einfachheit, doch feingestimmt. Fassadenrelief in antikisierender Haltung vermutlich von Christoph Itelsberger. – Gute Fassadenzier haben **Ostengasse 13** (1789), **Jakobspl. 5** (1792) und das (→ »d«) Thon-Dittmer-Haus.

Die **Brunnen** gehören fast durchweg dem 17. Jh. an. Sie sind weniger von künstlerischer als von städtebaulicher Bedeutung. Die stattlichste Anlage ziert den Haidplatz: **Justitiabrunnen,** 1656, von Leopold Hilmer.

● **Denkmäler** und **Anlagen.** Grünanlagen bergen die Altstadt im Halbkreis (von Donau zu Donau) ein; sie sind Gründung des Fürsten Carl Anselm v. Thurn und Taxis 1779–81 auf den Ödflächen der aufgelassenen Fortifikationen. Hier haben die meisten Denkmäler – die namhaftesten werden genannt – ihren Standort gefunden. – So steht hier auch das Denkmal des Stifter-Fürsten **C. A. v. Thurn und Taxis,** ein 1806 von Emanuel Joseph d'Herigoyen geschaffener Obelisk. – Von d'Herigoyen auch das 1808 aufgeführte **Kepler-Monument** (nördlich des Hauptbahnhofes), ein Säulenpavillon, der offenbar durch das – von Kepler selbst gezeichnete – Titelbild seiner »Rudolfinischen Tafeln« (1629) angeregt wurde. In der Mitte die von Friedrich Döll geschaffene Büste; das allegorische Relief des Sockels ist ein Werk Johann Heinrich Danneckers. – Unweit des Hauptbahnhofes ferner das 1868 gesetzte Denkmal des von seinem König so hoch verehrten Bischofs **Johann Michael Sailer.** – 1931 wurde das 1901/02 auf dem Domplatz errichtete Reiterdenkmal **König Ludwigs I.** (Bronze, von Ferdinand v. Miller) in den Grünring versetzt. – Das so einfache wie edle Denkmal des **Grafen Schlitz-Görtz** ist ein Werk Leo v. Klenzes von 1824. In der Ädikula die Büste des Gefeierten von Ludwig Schwanthaler. – Das aufwendig-prätentiöse Denkmal des Generals **Fr. Joh. v. Zoller,** 1821, ist ein beachtliches Zeugnis des sich um die Wende zum 19. Jh. (sub signo Martis) für einige Jahrzehnte auch in der Hochkunst ansiedelnden Eisengusses.
In den Grünanlagen am ehem. Peterstor die **Predigtsäule.** Der etwa 8 m hohe Säulenschaft trägt Darstellungen von Auferstehung und Gericht und gipfelt in einer Kreuzigungsgruppe (Kopie). Die erste Anlage entstand im frühen 14. Jh., großenteils erneuert um 1420–30. – **Wegsäule** beim Jakobstor, 1459, im 19. Jh. restauriert.

Der Verlauf des alten **Stadtberinges** wurde in der Einleitung gekennzeichnet. Von den spärlichen Resten ist das **Ostentor** zu nennen, eine kraftvolle Anlage der Zeit um 1300 mit viereckigem Mittelturm und 8eckigen Flankentürmchen. Die seitlichen Pfeiler enthielten das Geläufe eines Fallgatters. Gußerker im 2. Obergeschoß. – Die Reste von **Jakobs-** und **Prebrunntor** sind unbedeutend. – In der Nähe von St. Ägidien ragt ein **Wehrturm** des 14. Jh. – Von Interesse ist das **Brücktor** im N (vor der Steinernen Brücke), 14. Jh., im 17. und 18. Jh. ausgebessert. Die große Königsstatue in der Mitte stellt den hl. Oswald dar, eine schöne Arbeit des späten 13. Jh. (Kopie, Original im Museum). Die übrigen Figuren gehören der Zeit um 1200 an.

Steinerne Brücke

•

Baubeginn 1135. Der Turm über dem 3. Pfeiler am nördl. Anstieg der Brücke wurde 1810 (französische Beschießung der Stadt) ruiniert und dann abgetragen. Bis 1934 (Bau der stromabwärts liegenden Nibelungenbrücke, nahe der östl. Altstadtgrenze) einzige Regensburger Donau-Brücke. Im 2. Weltkrieg schwer beschädigt; wiederhergestellt.

Die beide Donau-Arme überspannende Brücke zählt zu den größten technischen Leistungen des Mittelalters. Im organischen Ansteigen und Absinken über einer Folge gestraffter Bögen ist die Funktion einer Brücke in schönster Weise verkörpert.

Das reiche Brückenensemble des Mittelalters zeigt der Merian-Stich von 1644 (die Dreitürmigkeit schon auf dem Siegel des Brückmeisteramtes von 1307). – Das vielgenannte *»Brückenmandl«* über der westl. Brüstung ersetzte in der Erneuerung 1851 das ältere von 1579 (Torso im Museum), das seinerseits auf eine Setzung des Spätmittelalters zurückging. Wahrscheinlich ist das zur Sonne aufblickende Männlein (auf dem Spruchband: Schuch wie heiss) als Pusterich eines Bades (am Brückenpfeiler) zu deuten.

In das stadtwendige Gesicht der Brücke stellen sich – als wirkungsvolle, breit und schwer lagernde, auch schwer dachbelastete Massengewichte seitlich des Brücktores – die beiden **Salzstadel,** der im erhaltenen Bestand jüngere von 1616–20 (Weiße Lammgasse) und der ältere (Bruckstr. 2) von 1487, der 1551 überholt wurde.

Kumpfmühl-Karthaus

Ehem. Kloster Karthaus-Prüll

Der Name deutet auf ein (herzogliches) Tiergehege. 794 kommt Prüll über Karl d. Gr. an St. Emmeram. – Wahrscheinlich 997 stiftet Bischof Rapoto auf dem ihm von St. Emmeram überlassenen Landbesitz ein benediktinisches Doppelkloster, das in den Reichswirren um 1100 zugrunde geht. Doch dank Bischof Hartwig erhebt es sich 1105 wieder aus den Trümmern. Die Vollendung des 1110 geweihten Neubaues wird wohl noch einige Jahrzehnte in Anspruch genommen haben. 1147 datiert die päpstliche Schutzbulle. Spätestens 1154 tritt der Frauenkonvent ab; das Männerkloster hält sich – trotz eines kostspieligen Abtes – noch bis ins späte 15. Jh. Dann (1484) ziehen die Benediktiner ab und die (Nürnberger) Kartäuser ein, die sich 1498 ff. auf ihre Weise in den Klosterbaulichkeiten einrichten. Sie bauen einen neuen Chor, auch einen neuen Kreuzgang, dem sie die von ihrer Regel gewollten Kartausen hinzufügen. 1605 ff. wird die Ausstattung der Kirche zeitgemäß abgewandelt. 1803 ergreift der Staat Besitz; 1834 kauft der Regierungsbezirk und richtet hier in der Folge (1852) die noch bestehende Heil- und Pflegeanstalt ein.

● **Ehem. Klosterkirche.** Der Außenbau ist nicht imstande, über die Anlageform der Kirche Genaueres auszusagen. Eindrucksvoll ist die *W-Fassade*: 2 hohe, schlanke Türme, aus quadratischem Unterbau ins Achteck wechselnd, rahmen eine breitbogig geöffnete Vorhalle. Die Herkunft dieser Anlage deutet nach dem deutschen Norden (Niedersachsen, Gandersheim etwa). Abzuziehen vom urspr. Erscheinungsbild sind die verputzten Obergeschosse des frühen 17. und die Spitzhelme des 19. Jh. – Das Innere ist eine 3schiffige roman. Halle, die gegen O in einen spätgot. Chor mündet, ein früher und wohl aus heimischen Voraussetzungen abzuleitender Vertreter dieser Raumform (vgl. Regensburg / St. Leonhard, Nabburg / St. Nikolaus, Augsburg / St. Peter, Bergen), bedeutend auch durch die Wölbung der querrechteckigen Joche, eine der ersten Großwölbungen in Süddeutschland. Der spätgot. Chor folgt einem gebräuchlichen Schema seiner Zeit.

Durch die um 1605 erfolgte *Stuckdekoration* kommt ein renaissancehaftes Element zum Klingen, das in der Dreieinigkeitskirche seine Parallele hat. Im Netzrippendekor lebt die Gotik nach, wenn auch im einzelnen (Rundfelder, Eierstäbe, Engelsköpfchen) ein zeitgemäßer Formenschatz zur Anwendung gelangt. – Im südl. Schildbogen der W-Empore ein (1900 aufgedecktes) hervorragendes *roman. Wandgemälde:* Mariae Verkündigung und das Symbol des Lebensbrunnens, um 1200. – Der um 1605 von Herzog Wilhelm gestiftete, 1640 nach einer Teilzerstörung renovierte *Hochaltar* ist dem zu Prüfening eng verwandt. Als Werk deutscher Spätrenaissance nimmt er eine Vermittlerstellung zwischen spätgot. Schreinaufbau und barockem Prunkretabel ein. Aus gleicher Zeit das Chorgestühl. Darüber ein Zyklus von Ölgemälden um 1650.

Die **ehem. Klosterbauten** (16. Jh.) folgen den Grundsätzen des Kartäuserordens: 7 **Eremitenhäuschen,** die sich an den **Kreuzgang** lehnen. Durch Einbauten verändert. Die SW-Trakte mit Räumen der klösterlichen Gemeinschaft (1612) haben nur ihr äußeres Erscheinungsbild bewahrt. Desgleichen die **kath. Pfarrkirche St. Vitus** im N.

● **St. Wolfgang** (Bischof-Wittmann-Str. 24a). Diese Kirche, von Dominikus Böhm 1938–40 auf der Höhe des Talrandes errichtet, zählt zu den beachtlichsten Leistungen ihres Architekten. Der durch den Wechsel von Kalkstein- und Ziegelschichten farbig belebte Bau reckt sich steil auf; ein Dachreiter überwächst die Kreuzung; ein klein gehaltener Glockenturm verbindet sich mit den niedrigen Seitenschiffen; große Rosen durchbrechen die sonst geschlossenen Wände. Das Hochgrab des hl. Wolfgang ist Nachbildung des in St. Emmeram stehenden Originals.

Prüfening

Benediktinerkloster

Das Kloster – wenige Kilometer westlich der Regensburger Altstadt – zählt zu den bedeutendsten Leistungen benediktinischer Kunst. Sein Gründer ist Bischof Otto I. von Bamberg (1109). Als erster Abt wirkt dort Erminold von Hirsau, ein Vertreter der cluniazensischen Klosterreform. Unter ihm kann 1119 die Weihe der Kirche stattfinden, um die sich ein Komplex von Klosterbauten, Nebenkirchen und Kapellen entwickelt. Nachfolger Erminolds ist Abt Erbo I. (1121–62). Seine Regierung bringt Prüfening zu höchster Blüte; Wolfger schreibt sein prächtiges »Glossarium Salomonis«, Boto schafft seine scholastischen Commentarien. Zugleich erhält die Kirche ihr z. T. erhaltenes Festgewand. Erst das 17. Jh. bringt Veränderungen im Baugefüge. Nachdem 1608 die Klosterbauten instand gesetzt und der (verschwundene) Kreuzgang gewölbt worden ist, erhalten auch das bisher flachgedeckte Lang- und Querhaus ihre Gewölbe. Die mittlere Apsis muß einem tieferen, polygonalen Chorschluß weichen. Um 1660–70 erfolgt die Abtrennung des südl. Querschiffarmes und seine Umgestaltung zu Sakristei (unten) und Mönchschor (oben). Daran schließen sich Neubauten von einzelnen Klostertrakten. 1718 beseitigt man die Paradies-Vorhalle vor dem W-Portal und setzt an ihre Stelle die bestehende Fassade, hinter deren Obergeschossen sich Gastzimmer des Klosters verbergen. – 1803 verfällt das Kloster der Säkularisation. Die Kirche wird Pfarrkirche, die Gebäude kommen an den Fürsten v. Thurn und Taxis. Seit 1953 wieder Benediktinerkloster.

Klosterkirche St. Georg. Das Äußere hat bis auf die Fassade von 1718 im wesentlichen das Bild des frühen 12. Jh. bewahrt: 3schiffige Basilika mit östl. Querhaus und 3 Chorapsiden, deren mittlere sehr viel jünger (frühes 17. Jh.) ist. Die beiden Seitenschiffe tragen über ihren Chorjochen einfache, quadratische Turmbauten. Querschiff und O-Türme sind in Bayern ungewöhnlich. Der enge Zusammenhang mit Hirsau bietet die Erklärung. Ehemals hatten auch die Querschiffarme östl. Apsiden. Sie sind bei den Umbauten des 17. Jh. verschwunden. An die Stelle der 7 kleinen, roman. Fenster im Langhaus traten im 17. Jh. runde Oculi. Auch die Fensterfolge der Seitenschiffe wurde damals verändert. Nur karges Schmuckwerk belebt das Äußere: Deutsches Band unter dem Dachanschnitt (N), Blendbogenfries und gedoppelte Schallarkaden an den Türmen. Gegen N hebt sich der quadratische Anbau der *Michaelskapelle* hervor, der im 15. Jh. ausgeführt wurde. Im W hat sich ein altes Portal mit 3mal gestufter Leibung erhalten. – Das Innere der Pfeilerbasilika zeigt hohe, steile Raumverhältnisse. Barocke Kappengewölbe überspannen Langhaus und Querschiff anstelle der roman. Flachdecke. Von höchstem

Interesse sind die O-Teile nach dem Querschiff, dessen S-Arm durch die barocken Einbauten von Mönchschor und Sakristei um seine urspr. räumliche Wirkung gebracht wurde. Das Chorjoch hat seine roman. Einwölbung in Haupt- und Seitenteilen bewahrt. Diese sind mit ihm durch je eine schlanke Arkade und ein gedoppeltes Fenster mit Mittelsäule verbunden.

Die Bemalung der Langhaus-Flachdecke stammt wie die der Seitenschiffe von Johann Gebhard um 1710 (Märtyrerszenen, St. Helena und Maria).

● Das großartigste sind die (1897 aufgedeckten) *Wandmalereien,* die zwischen 1130 und 1160 entstanden sind. Noch bevor die Ausmalung der gesamten Wandflächen begann, wurden an einzelnen Stellen Inschriften angebracht, die über Titel und Weihe des nächstgelegenen Altars Auskunft geben. Sie liegen z. T. unter der wenige Jahrzehnte später angebrachten Malschicht, können also nur zwischen 1119 und 1125 entstanden sein. Die besterhaltene Weihinschrift findet sich an der N-Wand des Querschiffes (durch den barocken Altar teilweise verdeckt). – Als zentrale Sonne gleichsam erscheint im Gewölbe des *Hochchores* eine thronende, gekrönte weibliche Figur mit Kreuzfahne und Erdscheibe in Händen: Ecclesia, in der Umschrift »virgo perennis« (ewige Jungfrau) genannt und damit als Maria charakterisiert. In den Gewölbezwickeln die Symbole der Evangelisten, Mensch, Löwe, Stier und Adler. Die Seitenwände sind jeweils in 4 Streifen von Darstellungen zerlegt, in denen sich die Figuren von Propheten und Märtyrern reihen. Im oberen Streifen der N-Wand sind deren 3 (von 5) namentlich gekennzeichnet (Zacharias, Daniel, Ezechiel). Überdies erläutert das Spruchband »Te prophetarum laudabilis numerus« (die Dich lobpreisende Zahl der Propheten). Prächtig gesäumte Mäntel und Untergewänder verleihen den heiligen Männern königliche Würde. Ihnen entspricht an der S-Wand die Gruppe der Märtyrer – teils in weltlicher, teils in geistlicher Gewandung–, gekennzeichnet durch die Siegespalme und durch den Text »Te martirum candidatus laudat exercitus« (Dich lobpreist das tugendreine Heer der Märtyrer). Im darunterliegenden Streifen folgen beiderseits geistliche und weltliche Personen, an der S-Wand wieder mit Märtyrerpalmen; im nächsten Streifen darunter 4 hll. Mönche im N und 4 hll. Anachoreten im S. In der unteren Zone schließlich findet sich je eine Figur im Gestus der Anbetung, beide ohne Nimbus. Die Figur der N-Wand trägt kaiserlichen Ornat: Kaiser Heinrich V.; die der S-Wand Hirtenstab und Mitra: Otto I. von Bamberg. Das Programm des Chores ist das Tedeum der Allerheiligenlitanei. Doch hat – mit der Apsis – der geschilderte Figurenkreis sein Zentrum verloren. Dort, in der Apsiswölbung, ist die Majestät Christi zu denken, thronend über den Aposteln. – Auch die beiden *Nebenchöre* tragen Wandgemälde. Der nördliche, dem Täufer geweiht, trägt das bis zur Unkenntlichkeit entstellte Bild seiner Enthauptung (?), darüber vermutlich Grablegung (Sarg) und Verklärung: Seine Seele wird gen Himmel getragen zu Christus inmitten seiner Engel (Archivolte), dem im Gewölbe das

Regensburg: Prüfening. Klosterkirche
Ecclesia. Deckenmalerei im Hochchorgewölbe

Symbol des Gotteslammes im Mauerbering des Himmlischen Jerusalem folgt. Die Farbreste an den Seitenwänden sind zu fragmentarisch, um eine Deutung zu gestatten. Vermutlich handelt es sich um Szenen aus dem Leben des Täufers. Die Verehrung des hl. Benedikt formte das Programm des südl. Nebenchores (oben). In der Apsis deuten Reste auf eine Darstellung von Benedikts Verklärung: Seine Seele wird auf strahlender Bahn gen Himmel erhoben. Darüber, in der Archivolte, erscheint Christus im Segensgestus zwischen Engeln, während sich in der Kuppel die 12 Apostel zur Verehrung des göttlichen Lammes im Mauerring der himmlischen Stadt versammelt haben. Im Schildbogen der N-Wand eine Szene aus dem Leben Benedikts: ein Mönch naht dem Heiligen, um ihm Gift zu reichen. – Bruchstücke der Malereien lassen an den Querschiffswänden Gruppen stehender Heiliger vermuten. Die 4 Innenseiten der Vierungspfeiler haben Malereien bewahrt, deren Inhalt in 2 Fällen zu rekonstruieren ist. So am nordöstl. Pfeiler: Unter turmbesetzter Bogenarchitektur, über deren mittlerer Rundung ein weiblicher Kopf (Ecclesia?) erscheint, verleiht der thronende Petrus einem geistlichen und einem weltlichen Fürsten das Schwert der herrscherlichen Gewalt. Gemeint sind König und Bischof, die Verleihung der geistlichen und weltlichen Macht durch das Papsttum. Man glaubt in den beiden seitlichen Figuren Kaiser Konstantin und Papst Silvester, die Urbilder christlich-abendländischen Herrschertums, zu erkennen. Unter ähnlicher Architektur erscheinen am südöstl. Pfeiler 3 hll. Männer, am nordwestlichen 3 hll. Frauen (?) unter dem Brustbild Christi. Nur das Gemälde am südöstl. Vierungspfeiler läßt wieder einleuchtende Deutung zu: Mariae Verkündigung. – Es ist im Rahmen dieser Darstellung nicht möglich, auf die Vielfalt der Ornamente einzugehen, welche die Architektur schmükken und gliedern. Entwicklungsgeschichtlich führt von Prüfening der Weg über Perschen (2. Hälfte 12. Jh.) nach Walderbach (Ende 12. Jh.). Als Malgrund wurde Kalktünche verwendet, welche die Konturen der Grundzeichnung festhielt. Die *nach* Trocknen des Malgrundes aufgetragenen Farben waren in höherem Maße der Zerstörung ausgesetzt (und wurden in den meisten Fällen ergänzt).

Der *Hochaltar* ist eine hervorragende Schöpfung von 1610, der Seitenaltar im N-Querschiff von 1710, der im Mönchschor um 1750. – Ein bedeutendes Werk ist das *Hochgrab* des ersten Prüfeninger Abtes *Erminold.* 1283 ließ der Regensburger Bischof für die Gebeine des Seligen (der anscheinend allzu Strenge war von einem seiner Mönche erschlagen worden) die Grabplatte anfertigen, die vor dem Vierungsbogen ihre Aufstellung fand. Majestätische Starre prägt das lockenumkränzte Haupt; feierliche Gewandmassen umhüllen die Gestalt. Der am Oberrhein (Straßburg, Basel) geschulte »Erminold-Meister« ist einer der großen und ganz eigenartigen Bildhauer der deutschen Frühgotik (Verkündigungs-Gruppe im Dom, Hl. Petrus im Museum der Stadt). – Zu erwähnen bleibt endlich die Tafel einer Weihinschrift am südwestl. Vierungspfeiler: »Anno domini 1119, 4. idus mai, consecratum est hoc monasterium . . .«

Von den **Klosterbauten** hat die Säkularisation vieles beseitigt. Erhalten blieb das Gebäudeviereck um den Kreuzgarten, errichtet im 17. Jh. mit einigen Stuckzierarten des frühen 18. Jh. in seinem Inneren. (Reste der Bauplastik vom roman. Kreuzgang [etwa Mitte 12. Jh.] bewahrt das Regensburger Museum.) Erhalten blieben aus dem 12. Jh. südwestlich der Kirche ein **Brunnenhäuschen** und die profanierte **Andreaskirche,** eine ursprünglich flachgedeckte 1schiffige Anlage mit O-Turm.

Kath. St.-Bonifatius-Kirche, 1967–70 von Kurt und Klaus Oberberger, Regensburg, gebaut. Über einem quadratischen, an den Ecken schräg eingebrochenen Unterbau aufragende Rotunde mit versenktem Zeltdach. An der Seite, freistehend, ein durchbrochener Pfeilerturm.

Stadtamhof

Schon 981, als »Scirestat«, *bezeugt, durch den Strom getrenntes »suburbium« Regensburgs mit einem (im Namen fortlebenden) Hof des Königs, 1135 durch die Steinerne Brücke mit der Stadt verbunden, seit 1196 in der Hand der Herzöge, die mit diesem Besitz ante portas die Reichsstadt peinlich behindern. Schon zu Zeiten Ludwigs d. Bayern mit Mauern bewehrt, rückt die wohl längst stadtgleiche Siedlung doch erst 1493 zu vollen Stadtrechten auf. Seit 1925 ist sie ein Stadtteil Regensburgs.*

Anlage. Kern ist die Schierstadt des frühen Mittelalters um und nächst dem Spital; er setzt sich gegen das sonst regelmäßige, wohl im 13. Jh. begründete Rechteck der Stadtumfassung unregelmäßig ab, dessen beherrschende, von N nach S gerichtete Achse, der Markt (Stadtamhof), auf die Donau-Brücke trifft. Preiswürdige Perspektive: durch diese typisch altbayerisch breite, trotz Brand 1809 noch gut bewandete Marktstraße (nach Entwurf des Maurermeisters Johann Nepomuk Liebherr) über die Brücke und den Brückenturm hinweg auf die ragende Masse des Domes.

Kath. Stadtpfarrkirche St. Mang (Magnus), ehem. Augustinerchorherren-Stiftskirche (Andreasstraße)

Eine Kapelle dieses Titels besteht schon 1134, wahrscheinlich aber bereits im 11. Jh. 1138 nimmt sie der Domherr Gebhard zum Anlaß, hier die Kirche zu stiften. Sie ist noch 1146 im Bau. Ihr Hauptpatron ist jedoch nicht St. Mang, sondern St. Andreas. Man weiß, daß oberitalienische Werkleute an ihr tätig waren. 1643 geht sie im baulichen Bestand völlig verloren. 1697 wird gebaut, was seitdem steht; nur der Turm kommt noch 1875 hinzu.

1schiffig, mit eingezogenem Chor. Guter Rocaillestuck der Zeit um 1740–50 belebt das einfache Raumbild. Die Ausmalung besorgte Matthias Schiffer: im Chor die Berufung Petri und Matthäi, im Langhaus Andreas und Magnus vor Maria und der Trinität. Wandgemälde im Chor berichten aus dem Leben des hl. Magnus und von der Klosterstiftung. Der schöne Hochaltar ist um 1720 entstanden.

Spitalkirche St. Katharina (ehem. St. Michael). Die 6eckige Zentralanlage der Zeit um 1230 diente bis zur Zerstörung der alten Spitalkirche als Friedhofskapelle. 1287 wurde das 2jochige Langhaus hinzugefügt. Der Chor fand 1489 seine Erneuerung. 1623 fügte man nördlich vom Langhaus eine Zentralkapelle an. Bei der Stilreinigung 1858 wurde der spätgot. Chor abgebrochen und völlig neu aufgeführt. Aus dieser Zeit stammt die gesamte Einrichtung. (Das einst dort verwahrte berühmte Tafelbild Albrecht Altdorfers von 1510, »Die beiden Johannes«, heute im Museum.) – **Spitalbauten** nach Brand 1809 wiederhergestellt.

Steinweg

Auf dem Geiersberg, oberhalb des Vorortes St., stand im 13. Jh. eine herzogliche Veste, die aber schon 1259 abging. Seit 1715 steht hier die

Dreifaltigkeitskirche, vom Bierbrauer Michael Schlecht als Pestvotiv gestiftet. 1837 (damals im »byzantinischen Stil«) und dann nochmals 1933 erweitert. Durch einen **Passionsweg** ist sie mit der Siedlung unterhalb verbunden.

REGNITZLOSAU (OFr. / Hof K2)

Ev. Pfarrkirche. Die Kirche ist ein in der Grundlage spätgot., 1668/69 und noch einmal 1701–05 weitgehend erneuerter Steinbau ohne Aufwand, von einfacher Beschaffenheit in Grund- und Aufriß: Rechteck, das auch den nur nördlich etwas breiter ausladenden Chor einschließt. Starker quadratischer 5geschossiger Turm im O.

● Der Bau bedeutet nicht viel, aber viel bedeutet die ganz aus dem Holz gewonnene Ausstattung, die, stilgeschichtlich barock, wesentlich deutsch ist. Holz, der eingeborene Bildstoff, entband auch stets, bis in diese Spätzeit hinein, die bodenständigen Bildnerkräfte am reinsten. – Eine 2geschossige *Empore* auf N-, W- und S-Seite; die obere überbrückt auch noch die Chorseite. Balustersäulen nehmen die Stichbögen der Öffnungen auf, Drehsäulchen trennen die Felder der Brüstung. Kräftige farbige Fassung: die Grundfarbe Weiß, die Farbe der Säulen und der Deckbretter der Brüstung Rot. Rot ist auch die Grundfarbe des Kirchengestühls, klingt in den Bildern, heraldischen und biblischen, der Brüstungen an und klingt nach in den biblischen der *Kassettendecke,* die insbesondere diesen in sich so schlichten Raum mit dem Anschein einer warmen Fülle ausstattet. Der westl. Teil der Decke, über dem Gemeindehaus, der durch 2 Unterzüge in 3 Felder geteilt ist, dürfte gelegentlich des Umbaues 1668/69 entstanden sein. Der östliche (ohne Unterzüge, die hier durch die Kassetten verdeckt sind) wurde 1744–47 von einem Hofer, Johann Nikolaus Walther, bemalt. Zu dieser bunten Ausstattung kommt nun ein *Kanzelaltar,* der 1743 von einem anderen Hofer, Wolfgang Adam Knoll, aufgerichtet wurde. 4 Säulen, 2 mit glatten, 2 mit gewundenen Schäften, tragen ein starkes Gebälk; aus dessen offener Mitte wölbt sich die Kanzel; zwischen die Säulen treten die Evangelisten Matthäus und Markus; Johannes und Lukas gesellen sich auf dem Gebälk hinzu, die Auferstehung Christi besetzt den Auszug, den die Dreifaltigkeit beschließt. – Nicht in den Einzelheiten, die stets nur bescheiden mittelmäßig sind, liegt der Wert dieser Ausstattung, sondern in der liebenswürdigen Gesamtheit, die man eher der Volkskunst als der »hohen« zuteilen wird. – Die beiden Bildgrabsteine an der O-Wand halten das Gedächtnis zweier Gutsherren von Regnitzlosau-Hohenberg, der Patronatsherren der Pfarrkirche, fest; der des Christoph v. Reitzenstein ist eine verhältnismäßig gute Bildhauer-Leistung in einem sonst nur karg mit dergleichen aufwartenden Lande und in einer alles andere als kunstgünstigen Zeit (1655).

Das auf der Höhe nordöstlich benachbarte **Schloß Hohenberg,** eine Anlage des 18. Jh., ist Gemeindebesitz.

REHAU (OFr. / Hof K2)

Pilgramsreuth (K2)

Die kleine **ev. Pfarrkirche** ist ein wenig aufwendiger spätgot. Bau; der Chor entstand 1415, das Schiff 1474; seine Wölbung wurde 1507 geschlossen. – Was dieser bescheidenen Landkirche Rang verleiht, ist ihre barocke, 1692 mit dem Pfarrstuhl begonnene, 1721 mit dem Taufstein beendete Ausstattung. Kanzel und Altar sind bedeutende Werke des Bayreuther Bildhauers Elias Räntz, typisch barocke und doch unverwechselbar eigenartige Werke einer zutiefst deutschen Bildschnitzkunst. Die 1694 in Auftrag gegebene *Kanzel* ruht auf einem Moses als der Symbolgestalt des Alten Bundes; die durch ziervolle Pilaster gefelderten Flächen des 8eckigen Corpus und der in geradem Lauf ansteigenden Treppe sind mit den Trägern des Neuen Bundes, Christus und den Zwölfen, besetzt; es folgen im kronenartigen Baldachin des Deckels die Evangelisten und, als Gipfel, die Figur eines Engels mit offenen Schwingen. Bei aller Fülle der dekorativen Bestandteile hält sich die Kanzel doch an das seit der Renaissance des 16. Jh. herkömmliche Schema. Das kann auch vom 1706–10 aufgeführten *Altar* gesagt werden, dessen Bindungen an italienisch-barocke Voraussetzungen auf der Hand liegen, der aber auch lotrecht in beharrlichen altdeutschen Traditionen wurzelt. Das ist das Überraschende: wie sich Altes und Neues, Deutsches und Italienisches zu einer Einheit verbinden, die im Letzten doch wieder deutsch ist. Sieht man sich nach Verwandtem um, so wird man es am ehesten in den Jahrzehnten um die Wende des 16. Jh., etwa in den Überlinger Altären des Jörg Zürn oder den Augsburger des Johann Degler, antreffen. Der Altar wächst in der Mitte des 3seitigen Chorschlusses bis zur Wölbung, steil und schmal. 4 Drehsäulen rahmen die Mitte, die sich zu einer perspektivischen Bühne eintieft; auf der Bühne das Abendmahl Christi. Großfigurige Assistenten sind die beiden Apostelfürsten zwischen den Säulen. Im Sprenggiebel über der Mitte das markgräfliche Wappen. Dann ein hoher, in sich wieder mehrteiliger Aufsatz mit der Kreuzigung und der Auferstehung übereinander, endend in einer den Auferstehenden einhegenden Strahlenglorie. Dieser Aufsatz, zu dessen quirlend überquellender Fülle noch mehrere diensttuende Engel beitragen, kann nur mit den Gesprengen spätgot. Altäre verglichen werden. Das Deutsch-Gotische (des Geblüts) überwältigte das Italienisch-Barocke (der Lehre). Bemerkenswert auch die kräftige (in ihrer Ursprünglichkeit erhaltene) Fassung, die der Bayreuther Heinrich Schärtel 1711 besorgte: die Figuren versilbert und vergoldet, bis auf die Inkarnate der nackten Teile, die ornamentalen

Zierate vergoldet, die Säulen marmoriert, die Gebälke und Gesimse »auf Schildkrot« gefaßt, die Hintergründe der szenischen Darstellungen, Abendmahl und Kreuzigung, realistisch bemalt. Auch diese starke sinnliche Farbigkeit ist noch altes Erbe. – Der *Taufstein*, der zuletzt, 1719–21, hinzukam, aus der Hand des Hofer Bildhauers und »Staffierers« Christian Kahleis, ein kugeliges, mit Reliefs (Leben Christi) beschriebenes Steingebilde, kann sich nicht mit den Schöpfungen von E. Räntz messen, sei aber auch nicht in seiner Bedeutung für den Chorraum unterschätzt.

REICHENBACH (OPf. / Cham L7)

Ehem. Benediktinerkloster

Auf eine Bergzunge oberhalb des Regen-Tales stellte der Nordgaugraf Diepold II. (er gründete 15 Jahre später auch das Kloster Waldsassen) 1118 das Kloster. Benediktiner aus dem cluniazensischen Reformkloster Kastl wurden angesiedelt. An ihrer Spitze stand Abt Witigo. Doch erst seinem Nachfolger und Bruder blieb der Kirchenbau vorbehalten. Die Weihe geschah 1135. Der Bau zog sich bis gegen 1200 hin. Das späte 13. Jh. setzte vor die roman. Pfeilerbasilika ein »Paradies«, eine Vorhalle. Um 1400 sorgte Abt Johann Strolenfelser für die Einwölbung der Seitenschiffe. Ein neuer Kreuzgang entstand, eine Marienkapelle; neue Klostergebäude traten an die Stelle der alten. 1546 wurde auf Geheiß des Pfalzgrafen Ottheinrich die Reformation eingeführt. Es folgte ein Bildersturm, der die Ausstattung vernichtete. Im 17. Jh. zogen die Jesuiten ein, die das Kloster 1669 den Benediktinern zurückgaben; St. Emmeram zu Regensburg schickte sie. Der Abt führte den Neubau der verfallenen Klostergebäude zu Ende. Die Barockisierung der Kirche dauerte bis 1741. 1803 kam die Säkularisation. Seit 1891 Heil- und Pflegeanstalt der Barmherzigen Brüder. Schäden durch Brandlegung 1959 wurden behoben.

● **Ehem. Klosterkirche Mariae Himmelfahrt.** Wuchtiges Quaderwerk hat im Äußeren die Formen der querschifflosen roman. Basilika bewahrt. Ihre O-Türme tragen got. Bekrönungen des frühen 15. Jh., blieben aber sonst unberührt. Zwischen ihnen, anstelle der roman. halbrunden Apsis, ein got. Chor. Ihm hat man auch die Seitenapsiden geopfert. Wie die Fensterfronten des Langhauses verraten, hat die Barockisierung einiges verändert. An der W-Front faßt eine 2geschossige *Paradiesvorhalle* die 3 Basilikalschiffe wuchtig zusammen. Das 18. Jh. hat sie mit Pilasterordnungen und Säulenportal verkleidet.

Das Querrechteck der Vorhalle überzieht farbig getönter Stuck in Bandwerk, Netzfiguren und pflanzlichen Motiven (1730–40). 2 Altäre an den Schmalseiten wurden 1733 aufgestellt.

Ein weiteres Portal führt in das Innere der Pfeilerbasilika.

Unter dem Barockgewand hat sie ihre roman. Struktur bewahrt. 5 (ehemals 6) rundbogige Arkaden säumen die Straße zum Hochaltar. Hinter oratorienbesetztem Vorjoch führen 4 Stufen in den spätgot. Chor: 2 Joche tief, von 3 Seiten eines Sechsecks beschlossen. Mittelalterliche Formenkraft klingt noch verhalten aus den farbigen, stuckberieselten Wänden. Eine barocke Pilasterordnung folgt den Arkadenpfeilern. Auf ihren Gebälkteilen ruhen die Stichkappen des Gewölbes, welche die geschwungenen, balustradengeschmückten Fenster des Lichtgadens umrunden.

Phantasievolle Vasengebilde über der Attika. Eine Vorhangdraperie rafft sich im Triumphbogen. Die Flächenstukkatur vermengt Laub- und Bandwerk mit frühen Rocailleformen und Netzmotiven. Farbige Fassung der Ornamentmotive führt über blasse Tönungen zu kräftigen Brokatnetzen in den Kartuschenfeldern. – Stärkstes farbiges Leben entwikkeln die *Fresken* des Regensburgers Andreas Gebhard. Das Chorgewölbe hat Mariae Reinigung und Christi Darstellung im Tempel zum Thema. Im Langhaus schildert der Maler Christi Geburt, Anbetung der Hirten und Epiphanie. Wandgemälde reihen Szenen aus der Klostergeschichte, die durch ihren Begleittext erläutert werden. – Um 1745–50 wurde der Hochaltar errichtet, in dem Ideen des Osterhofener Altars E. Qu. Asams anklingen. Das Gemälde, Mariae Himmelfahrt, schuf A. Gebhard. Die Chorwände sind, unten, von einer im 18. Jh. gemalten Leinwandtapete überspannt. Unter den Nebenaltären fallen 2 durch ihre frühklassizist. Form auf. – Die W-Empore trägt spätgot. Chorstühle aus dem frühen 15. Jh. Ehemals im Presbyterium vor dem Hochaltar aufgestellt, wanderten sie um 1700 in den neu ausgestalteten Mönchschor auf der Empore, wo sie auch ihre barocken Bekrönungen erhielten. – Am nordwestl. Arkadenpfeiler ist ein Meisterwerk des Weichen Stils, um 1420, aufgestellt, eine Sandsteinfigur der *Muttergottes*. Die tönerne Marienfigur im nördl. Seitenaltar (als Gnadenbild verehrt) gehört einer späteren Stilstufe an, um 1460. ●

Die nordöstl. Seitenkapelle bewahrt die Grablege der Stifterfamilie, Markgraf Diepolds II. 4 liegende Löwen tragen den Wappenstein. Das Monument wurde bei Übertragung der Gebeine aus dem Kapitelsaal in die Kirche, 1304, angefertigt. – Darüber, in die N-Wand eingelassen, das Rotmarmor-Epitaph des Wittelsbachers Johann v. Mosbach († 1486). Das im 15. Jh. nicht seltene Memento-mori-Bild eines verwesenden Leichnams ist von wappenhaltenden Löwen umgeben, die ehemals die Platte auf ihren Häuptern trugen. – In der W-Wand der Kapelle die um 20–25 Jahre ältere Rotmarmorplatte seines Vaters, Herzog Ottos I. v. Mosbach. Das Relief zeigt den Verstorbenen als kraftvolle Herrschergestalt, unter dem Prunkmantel geharnischt, in gepanzerter Faust das Rautenbanner führend.

Ehem. Klostergebäude. Starke **Befestigungsanlagen,** turmbewehrte Mauern umziehen, heute noch kenntlich, die Klosteranlage. Sie haben viel von ihrer alten Wehrhaftigkeit eingebüßt. Nordöstlich der Kirche erhebt sich der viereckige »**Mathematische Turm**«; ehemals von doppelter Höhe, diente er wohl astronomischen Beobachtungen. S- und O-Flügel der **Klosterbauten** wurden 1897 von einem Brand heimgesucht, so daß sich nur wenig von den urspr. Innenräumen erhalten hat. Das *Refektorium* im O-Flügel trägt noch feine Stukkaturen von 1744.

RIENECK (UFr. / Main-Spessart C3)

● **Burg**

Um 1160 baut Ludwig v. Rieneck auf ehemals mainzischem Boden die Burg. 1559 kommt sie an das Erzstift Mainz, das sie 1673 an die Grafen Nostiz-Rieneck ausgibt, die sie aber nicht bewohnen. Sie verfällt. Neugot. Wiederherstellung im 19. Jh. – Seit 1952 beherbergt die von der Christlichen Pfadfinderschaft übernommene Burg Kindererholungsheim, Jugendführerschule und Fremdenheim.

Die Burg liegt auf einem Höhenrücken über der Sinn. In der Anlage und in den erhaltenen alten Teilen ist sie romanisch und darf wohl mit rd. 1170 angesetzt werden. – Ein Vorhof am Bergfuß mit den **Wirtschaftsgebäuden** leitet ein. Im N des Beringes ein Halsgraben. Wiederhergestellte, in der Anlage wahrscheinlich spätgot. Gebäude schließen die Hauptburg gegen die Vorburg, in die eine Bastion eingreift, ab. Die **Ringmauer** ist nur noch in Teilen erhalten. Die Strecke nördlich der Kapelle, bis zum Bergfried, ist noch romanisch, wohl auch die Strecke westlich. Die **Kapelle:** eine gewölbte Halbrundapsis legt sich an ein rechteckiges Schiff. Dieses einfach, nur die W-Seite aufwendiger: Pfeiler rahmen die (später übergiebelte) Stirnfläche, 2 innere Pfeiler das Rundbogentor; über dem Tor, in die Mauer eingesetzt, 2 Hochreliefs mit deutungsbedürftigen Figuren. Von hohem Interesse der an der N-Spitze der Hauptburg liegende **Bergfried,** dessen Grundriß ein Siebeneck beschreibt; mächtige Buckelquadern. Die Mauerstärke beträgt unten 4 m und wächst noch im 2. Obergeschoß, begründet durch eine hier aus der Mauermasse ausgesparte *Kapelle,* deren Grundriß ein Quadrat mit an 3 Seiten anliegenden Apsidiolen bildet; Quadrat und Apsidiolen überwölbt, das Quadrat mit Rippen. Ein 2., stark erneuerter **Turm** 8eckigen Umrisses steht an der S-Seite.

Rimpar: Maidbronn. Ehem. Klosterkirche
Tilman Riemenschneider: Beweinung Christi (zu S. 416)

RIMPAR (UFr. / Würzburg D4)

Mit der seit 1209 Stift Haugschen Vogtei gelangt R. 1347 an Hans v. Grumbach, bei dessen Geschlecht es bis 1593 bleibt. In diesem Jahre kauft Bischof Julius Echter Schloß und Dorf.

Schloß. Nur wenig erhöht liegend, wirkt dieses Burg-Schloß durch die Wucht seiner in Rundtürmen ausbuchtenden Mauermasse. An den spätgot. S-Flügel legt sich der östl. Julius-Bau, mit seinen 3 Rundtürmen, deren 2 das Tor einschließen.

● Ein Prunkstück der Julius-Renaissance ist das *Portal* der Hofseite, Rustika, über dem Gebälk große Inschriftkartusche mit dem fürstbischöfl. Wappen. – Im älteren S-Flügel 2 auf Bischof Julius zurückgehende *Säle* mit reicher Stuckausstattung.

Die **kath. Pfarrkirche St. Peter und Paul** ist, bis auf den Turm, neu (1849/50). Aber sie beherbergt einige hervorragende Grumbachsche *Grabdenkmäler* aus der 1849 abgetragenen spätgot. »Ritterkapelle«, der Grumbachschen Grablege (aus der wahrscheinlich auch die Maidbronner Beweinung Tilman Riemenschneiders stammt): die des Eberhard (1487), das früheste bekannte Werk Riemenschneiders, des Konrad (1526), das nicht weniger gut ist, des Valentin (1520).

Maidbronn (D4)

Kath. Kirche St. Afra, ehem. Zisterzienserinnen-Klosterkirche

Der Würzburger Bischof Hermann v. Lobdeburg gründet das Kloster 1232, Bischof Julius hebt es Ende des 16. Jh. auf. – Zur Baugeschichte der Klosterkirche steht nur das Datum 1290 zur Verfügung; Bauzeit ist jedenfalls das späte 13. Jh. Der Turm gehört, in seiner heutigen Erscheinung, dem frühen 19. Jh. an. Der westl. Teil des Schiffes wurde 1885 abgetrennt und zum Pfarrhaus verbaut.

Einfachster, in Schiff wie Chor rechteckiger Grundriß, nur daß die Mauer des die Nonnenempore und den Turm einschließenden W-Teiles um ein Geringes ausspringt. Im Chor Rippenkreuzgewölbe auf Konsolen, im Schiff Flachdecke. – Schönster Besitz dieser anspruchslosen, zudem teilweise ruinierten Zisterzienserinnenkirche ist das auf dem Hochaltar stehende, von einem barocken Rahmen umfaßte Steinrelief ● der *Beweinung,* ein spätes, wenn nicht das letzte Werk Tilman Riemenschneiders. Urspr. Standort war vermutlich bis ins frühe 17. Jh. die Grumbachsche Grabkapelle der Pfarrkirche in Rimpar. Die Inschrifttafel, die sich auf die Bauernbrandschatzung 1525 und die Neuerrichtung eines Marienaltars 1526 bezieht, wurde erst später mit der Beweinung verbunden. In den frühen 20er Jahren wird das durch die Merkmale eines persönlichen »Altersstiles« charakterisierte, durch die eigentümliche, schwere und trübe Stimmung ergreifende Werk entstanden sein (Abb. S. 415).

RÖDELSEE (UFr. / Kitzingen E5)

Schwanberg. Der im Gesichtsfeld Iphofens liegende, die westl. Steilkante des Steigerwaldes beherrschende Berg war schon steinzeitlich besiedelt; er trug **Befestigungen** der Bronze- und eine außerordentlich große der Hallstatt-, dann der La-Tène-Zeit, später eine durch Abschnittswall gesicherte **Fliehburg** des frühen Mittelalters.

RÖDENTAL (OFr. / Coburg G2)

Schloß Rosenau. Das Sommerschloß der Coburger Herzöge ist ein reizvolles Gebäude früher Romantik, 1809–17 (unter Verwendung älterer Mauerreste), in großzügiger englischer **Parkanlage.**

ROSSTAL (MFr. / Fürth G6)

Die sehr alte Siedlung, 954 als »urbs Horadel«, »Rosadal castellum« *bezeugt, die im frühen 11. Jh., jedenfalls als Schenkung Heinrichs II., an das Bistum Bamberg gelangt, ist im 13. Jh. in der Hand der Nürnberger Burggrafen, die dank königlicher Bewilligung 1328 befugt sind, R. in eine befestigte Stadt zu verwandeln.*

Ev. Pfarrkirche

Der roman. Bau, auf den die Krypta unter dem O-Teil des Langhauses der bestehenden Kirche zurückführt, dürfte im Umfang des Castellums noch vor Mitte des 11. Jh. gebaut worden sein, gestiftet wahrscheinlich von der Gräfin Irmingard v. Hammerstein, einer Schwägerin der Kaiserin Kunigunde. Ihr Grab ist noch im 16. Jh. bezeugt.

Das Langhaus scheint im frühen 13. Jh. erneuert worden zu sein, der Turm im späten 14., der Chor um oder nach Mitte des 15. Jh. Ein Brand (1627) führt zum Einbau der Holztonne und der Emporen. Geschichtlich bedeutend das in den Aufbau des Altars eingeschlossene »Reformationsgemälde«: Luther und Melanchthon, protestantischen Fürsten das Abendmahl reichend. – Von hoher kunstgeschichtlicher Bedeutung die Hallenkrypta: 5 Joche tief, 4 Joche breit, mit Stichkappentonne auf quadratischen Pfeilern, ursprünglich vielleicht unter einem Querschiff situiert, das dem bestehenden langgestreckten, westlich an den Turm anlaufenden 1schiffigen Bau abgeht.

Ein weiteres sehr beachtliches Baudenkmal ist das südwestlich benachbarte (erste) **Pfarrhaus,** das, wahrscheinlich um die Mitte des 15. Jh. errichtet, zu den ältesten erhaltenen Vertretern des Fachwerkbaues gehört: 2geschossig, im Erdgeschoß massiv, mit steilem, giebelseitig geschopftem Walmdach.

ROTH (MFr. / Roth G7)

Ursprünglich Abenberger, dann Heidecker Besitz, kommt R. 1292 an die Nürnberger Burggrafen. Seit 1361 ist es Stadt.

Eine N-S-Straße (Nürnberg–Augsburg) ist die organisierende Achse des einem Rednitz-Knie anliegenden **Stadt**körpers, an die die Kirche herantritt und die sich etwa in der Mitte zum Hauptplatz erweitert.

● In der SW-Ecke liegt das markgräfliche **Schloß Ratibor,** das Georg d. Fromme 1535–37, wahrscheinlich durch den Ansbacher Baumeister Sixt Kornburger, aufführen ließ und mit dem schlesischen Namen benannte. Die davon unterrichtende Bronzetafel über dem Tor lieferte der Ansbacher Liebhard Kiestler, 1538. Die für den Eindruck des Schlosses wesentlichen Türme kamen erst 1585 hinzu, sie baute der Ulmer Gideon Bacher. Das ursprünglich von einem Graben eingehegte Schloß umgreift einen Rechteckhof. Der 3geschossige Hauptbau steht westlich. Hohe Zwerchgiebel charakterisieren den wuchtigen Quaderblock, der, Renaissance, doch aus recht nordischer Wurzel wuchs.

Ev. Pfarrkirche. Der spätgot., 1510 begonnene, von Meister Endres (Emhart, d. J.) geleitete Bau verwandelte sich 1732–38 unter den Händen des Ansbacher Baumeisters Johann David Steingruber in eine Saalkirche. Ein Brand, 1878, zwang zur Abtragung des Turmes, der durch einen neuen ersetzt wurde. Spätgotik läßt sich nur noch am Außenbau ablesen.

ROTHENBURG ob der Tauber (MFr. / Ansbach E6)

Die Anfänge der Rothenburg verlieren sich in sagenhafter Frühe. Im 10. und 11. Jh. ist sie Besitz eines auf der Comburg über Schwäbisch Hall waltenden Grafengeschlechtes, das im frühen 12. Jh. zu Ende geht. Kaiser Heinrich V. zieht die Rothenburg ein, um seinen Schwestersohn, Herzog Konrad von Schwaben, den späteren König Konrad III., mit ihr zu belehnen (1116). Staufisch bleibt Rothenburg bis zum Ausgang der Staufer, König Konrad muß 1142 die vordere Burg, die Reichsfeste, erbaut, die hintere, alte Grafenburg aber den Burgvögten überlassen haben. Bei dieser staufischen Burg erwuchs der Burgflecken (1103 schon »oppidum«, Burgstadt), der dann die Burg aufzehren sollte. Angeblich 1172 legt ein kaiserliches Privileg den Grundstein zur Reichsfreiheit der nun schon zur Stadt erblühten Siedlung. Ein Erdbeben, 1356, löscht das Malzeichen der Stadtherrschaft, die Reichsburg, aus. Um die Wende zum 15. Jh. erklimmt die Stadt unter ihrem starken und kühnen Bürgermeister Heinrich Toppler die Höhe ihrer Macht. Ein beträchtliches, von einer »Landhege« gesichertes Territorium umgibt sie. 1524 bekennt sie sich zur

Reformation, und so steht sie auch im 30jährigen Krieg auf der Seite der Union. An die Eroberung der Stadt durch Tilly knüpft sich die Sage vom rettenden »Meistertrunk« des Altbürgermeisters Nusch. Aber der Krieg bricht die noch im 16. Jh. so sinnfällig lebendige Kraft der Reichsstadt. 1802 verdrängt der bayerische Rautenschild den Königsadler. Abseitslage vom modernen Verkehr hindert die Stadt, eine moderne zu werden. Sie fristet sich ohne Ehrgeiz. Dann wird sie romantisch entdeckt. Nun erfaßt sie der wachsende Strom der Reisenden, sie wird Wallfahrtsziel für alle Bildungsbeflissenen, und heute »muß« sie jeder gesehen haben. Denn keine zweite deutsche alte, alt gebliebene Stadt ist so berühmt wie diese und ist es auch mit Fug und Recht. – 1945 erleidet das östl. Stadtviertel schwere Bauverluste, die jedoch durch Rekonstruktion der Niederbrüche behoben werden können.

Die **Stadt** mag um die Mitte des 12. Jh., angelehnt an die der Burg vorliegende Burgmannensiedlung, die »Herrngasse«, als planmäßige, auf den rechteckigen Markt ausgerichtete Gründung des staufischen Stadtherrn entstanden sein. Der östl. Verlauf der ersten Stadtbefestigung läßt sich in den Punkten **Johannestor** (das nicht mehr besteht), **Inneres Rödertor, Weißer Torturm, Blauer Torturm** (der nicht mehr besteht) festlegen. Der westl. Verlauf dürfte knapp hinter St. Jakob anzunehmen sein. Im 13. Jh. ist die besiedelte Fläche bereits gut um das Doppelte über den staufischen Kern hinaus vorgedrungen. Die neue Mauerumfassung verläuft nun über die Punkte **Kobolzeller Tor** (S), **Inneres Spitaltor, Äußeres Rödertor, Würzburger Tor** (O), **Klingentor** (N), **Burgtor** (W) und wieder Kobolzeller Tor. Diesen Ring übergreift im frühen 15. Jh. nur noch südlich der »Kappenzipfel«, die Spitalvorstadt bis zum **Äußeren Spitaltor.** Das 16. und frühe 17. Jh. bringen bastionäre Verstärkungen hinzu am Äußeren Spitaltor 1547, am Klingentor 1586, am Äußeren Rödertor 1615. Aber diese Vorwerke änderten das mittelalterl. Bild der Stadtbefestigung nicht mehr ab.

Die Prägung dieses Stadtkörpers ist außen wie innen mittelalterlich, und ist das fast unvergleichlich. Daß die Lage über der tief eingefurchten, gewundenen Tauber dem sich hier hoch und offen darbietenden Antlitz der Stadt zu schönster Wirkung verhilft, braucht nicht erst gesagt zu werden. Durchstreift man die Gassen von meist gerader Führung (schon im ältesten Teil), so wird man viel mehr als das einzelne (meist schlichte) Bürgerhaus die Art seines Zusammenstehens mit den andern oder auch die Art seines Sich-Lösens von den andern bewundern. Denn trotz aller Ordnung, aller Gleichwüchsigkeit der fast stets giebelseitig zur Straße stehenden, meist schmalhüftigen **Bürger-**

1 Jakobskirche
2 Ehem. Franziskanerkirche
3 St. Johannis, Johanniterhof; Fischbrunnen
4 Blasiuskapelle; ehem. Burg
5 Wolfgangs- oder Schäferkirche
6 Kobolzeller Kirche
7 Ehem. Dominikanerinnenkloster; Reichsstadt-Museum
8 Ehem. Spital; Spitalkirche Hl. Geist; Hegereiterhaus
9 Rathaus
10 Fleisch- oder Tanzhaus; St.-Georgs-Brunnen
11 Sog. Baumeisterhaus
12 Altes Gymnasium
13 Plönlein
14 Tauber-Brücke
15 Topplerschlößchen
16 nach Detwang

a Inneres Rödertor
b Weißer Torturm
c Kobolzeller Tor
d Siebersturm
e Äußeres Rödertor
f Würzburger Tor
g Klingentor
h Burgtor
i Äußeres Spitaltor

Rothenburg ob der Tauber, Lageplan

häuser ist doch die individuelle Besonderung groß, bei im Grunde gleichem Habitus gleicht doch keines dem anderen, und die Geradläufigkeit des Gassenganges hemmt doch die Wandung der Zeile nicht an freierer, zuweilen wohl auch eigensinniger Bewegung, zumal da, wo das natürliche Gefälle des Baugrundes Zuschuß leistet, wie etwa an der abwärts geneigten Schmiedgasse und sonderlich an ihrem Ende, am **Plönlein,** am **Siebersturm,** oder im steilen Abwärts zum Kobolzeller Tor. Das »monumentale« Rothenburg präsentiert sich selbstverständlich da, wo die Herzkammer des Stadtwesens ist, am Markt und der ihm zugehenden, ihm räumlich auch schon zugeordneten breiten Herrngasse (Herrnmarkt). Der die Obere Schmiedgasse Heraufkommende ergreift die große vielteilige schmuckreiche Masse des Rathauses, stößt aber zugleich auch schon, an den beiden Giebelstirnen vorbei, in die Herrngasse vor, die ihrem Namen fast Haus für Haus – stattliche, selbstbewußte Häuser, und doch kaum je mehr bietend als das vom Zweck Geforderte – Ehre macht.

Ehem. Burg

Die Burg erlag 1356 einem Erdbeben. Kaiser Karl IV. überließ sie, auf Wiederaufbau verzichtend, der Stadt.

Übriggeblieben ist die **Kapelle** (St. Blasius), ursprünglich wohl eine Doppelkapelle wie die Nürnberger Burgkapelle. Die prächtige Quadermauerung (Buckelquadern) ist ins späte 12. oder frühe 13. Jh. zu datieren.

Ev. Jakobskirche, ev. Stadtpfarrkirche •

Eine ältere Kirche (St. Kilian?), abhängig von der Pfarrkirche in Detwang, muß in der 2. Hälfte des 12. Jh. entstanden sein. Sie kam 1258 (mit Detwang) an den Deutschen Orden, der sie (noch im 13. Jh. mit dem Pfarrecht begabt) bis zur Reformation innehatte. – Der große Neubau nahm, lt. Inschrift neben der Ehetür, 1373 seinen Anfang. Der Chor muß allerdings, nach Aussage der Stilformen, schon im frühen 14. Jh. entstanden sein. 1388 bischöfliche Genehmigung zum Niederlegen des Langhauses (der älteren Kirche). In den 20er Jahren des 15. Jh. schlossen sich die 4 O-Joche des Langhauses; in den 30er Jahren dürften die westl. Teile fertig geworden sein. Nur die Hl.-Blut-Kapelle, die, wie ein Gegenchor, die W-Seite beschließt, kam 1453–71 hinzu; auch die Türme, deren nördlicher die Fundamente des roman. Vorgängers nützen konnte, erreichten erst nach der Mitte des Jahrhunderts ihre Endhöhe. Eine Weihe fand 1464 statt. Die am Bau beteiligten Meister kennen wir nicht vom ersten an; Konrad Heinzelmann, der 1438/39 hervortritt, war wohl schon der dritte. Dieser bedeutende Meister übernahm dann die Bauführung von St. Lorenz in Nürnberg; in Rothenburg ersetzte ihn ein nicht minder guter, der ältere Nikolaus Eseler, der sich schon an den großen Stadtkirchen von Nördlin-

gen und Dinkelsbühl erprobt hatte. Seit 1471 leitete der Nürnberger Hans Müllner den schon weitgehend vollendeten Bau. – Das im Laufe der Zeiten hinzugekommene Inventar räumte der Restaurator des 19. Jh., Heideloff, großenteils wieder hinaus.

Äußeres. St. Jakob ist eine 2schiffige Basilika mit 1schiffigem, 4 Joche tiefem, 5seitig geschlossenem Chor, an dessen Flanken die beiden Türme stehen, die, stattlich schon durch ihre Zweiheit, doch dem sehr langen, durch *eine* Firstlinie bestimmten Zug von Hochschiff und Chor nicht als überlegene Steilbildungen entgegentreten. In schweren, geschlossenen Würfelgeschossen aufsteigend, öffnen sie sich erst in den beiden Obergeschossen, deren südliche durch die gereihten Blenden schön geschmückt sind, um dann in die Steinpyramiden der ungleich hohen Helme einzustrahlen. Nur Streben und (am Langhaus) Strebebogen gliedern, im übrigen wirkt der mächtige Bau durch seine Fügungen, die an die karge Schlichtheit der großen Bettelordenskirchen erinnern. Auch die Pforten prunken nicht, reicher ist nur die (südöstliche) *Ehetür,* der ein kielbogig geschlossenes Vorzeichen Rang verleiht. Der Baustein ist Sandstein, Kalk brachte erst der Restaurator hinzu. – Inneres. Hohe Arkaden, deren Spitzbogen absatzlos den Pfeilern entwachsen, reihen sich, durch die wieder absatzlos die Gurte des Kreuzgewölbes aufnehmenden Runddienste getrennt, aneinander; die leicht zurückgesetzte Wand des Hochgadens ist kahl, nur in kleinen, in die Dachräume der Seitenschiffe führende Rechteckluken aufgebrochen. Westlich eine von 2 Bogen unterfangene Empore, über die hinweg der Blick in die durch eine Durchfahrt gehobene *Hl.-Blut-Kapelle* vordringt; diese 5seitig schließend wie der Chor und mit einem reichen Netzgewölbe gedeckt. Der Eindruck des großartigen, schlicht-monumentalen Raumes wird durch die steilen Verhältnisse bestimmt, die Senkrechte herrscht, keine Waagrechte konkurriert.

Ausstattung. Einige Werke hohen Ranges entschädigen für die vom Restaurator hinterlassene Leere. Die ausgezeichnete Stein-*Muttergottes* in der sog. Häuptleinkapelle (einer der dem Langhaus anliegenden 4 Seitenkapellen) dürfte, um 1360 zu datieren, aus dem Vorgängerbau herübergekommen sein. Das *Sakramentshaus* (Nische) an der N-Wand des Chores mit reicher Rahmenarchitektur gehört der Zeit um 1400 an; die großen Statuen seitlich des Gnadenstuhles über der Nische tragen Nürnberger Stilprägung. – Hervorragende Leistungen des mittleren und späten 15. Jh. sind die *Glasscheiben* der 3 Chorfenster; die des mittleren dürften, trotz älterer Stilistik, doch erst in die 80er Jahre des 14. Jh. gehören. – Der *Hochaltar* steht unter den berühmten der deutschen

Spätgotik. 1466 geschaffen, ist er einer der frühen großen Schrein-Flügelaltäre. Die Schreinplastik (der Schrein ist das Werk des Nördlinger Schreiners Hans Waidenlich) – der Gekreuzigte zwischen Maria und Johannes in der überhöhten Mitte, Jakobus und Elisabeth (links), Leonhard und Antonius Eremita (rechts) – weist in den Kreis des Ulmer Meisters Hans Multscher; die gemalten Tafeln der beiden beweglichen Flügel sind (inschriftlich beglaubigte) Werke des Nördlinger Stadtmalers Friedrich Herlin, rühmliche Leistungen der im Banne der großen Niederländer stehenden altdeutschen Tafelmalerei der 2. Hälfte des 15. Jh.; die Ansicht des Rothenburger Marktes auf einer der Jakobus-Legenden ist eine der ältesten städtebaulichen Bildurkunden, die wir besitzen. Berühmter noch als dieser Flügelaltar ist der 1965 an seinen urspr. Standort, die Hl.-Blut-Kapelle (W-Empore), zurückversetzte *Hl.-Blut-Altar* Tilman Riemenschneiders. 1499 nahm der Rothenburger Schreiner Erhart Harschner das Gehäuse in Angriff, doch ist anzunehmen, daß Riemenschneider, der 1501 für das Schnitzwerk beigezogen wurde, die eigentümliche Kapellenarchitektur der Schreinrückwand vorzeichnete. 1505 ist Riemenschneider fertig. Thema des Flügelaltars ist die Passion, das Abendmahl in der Mitte. Der Altar (Lindenholz) ist – und war das auch stets – ungefaßt, wenn auch nicht ohne Verzicht auf Lasuren, Tönungen, leichte Farbauftragungen. Im Sprengwerk hat das Hl.-Blut-Reliquiar, Arbeit eines oberrheinischen Goldschmieds des späten 13. Jh., seinen Platz.

Ehem. Franziskanerkirche, ev. (Herrngasse)

1285 wurde sie begonnen, 1309 der Chor geweiht. In der nächsten Folge, jedenfalls in der 1. Hälfte des 14. Jh., entstand das Langhaus.

Die Kirche ist ein einheitlich frühgot. Bau. Der lange, doch auch sehr hohe Chor zählt 6 Schmaljoche und schließt 3seitig. Das 3schiffige Langhaus ist flach gedeckt; breite und hohe Arkaden, deren Bogen ohne Trennung den Rundpfeilern entwachsen, verbinden die Schiffe. Ein spätgot. Lettner stellt sich zwischen Langhaus und Chor. Daß keines der franziskanischen Kirchenspezifika fehle, entwächst der N-Mauer des Langhauses an der Grenze zum Chor ein 8eckiger Dachreiter, dessen Steinkörper nun allerdings Schmuck – Blenden, Wimperge, Friese, Krabben – zuteil geworden ist, auch ein spätgot. Nachzügler.

Aus einem einst sehr reichen Bestand an *Grabsteinen* sind einige gute übriggeblieben, wie der des Hans und der Margarethe v. Beulendorf (1496, 1504) oder der des Dietrich v. Berlichingen (1484). – Beachtliche Steinbildwerke sind die *Muttergottes* an der N-Seite (um 1400) und der hl. Liborius am Lettner (1492). Der gute Franziskusaltar, vor dem Lettner, ist um 1490 anzusetzen.

Kath. Pfarrkirche St. Johannis (Obere Schmiedgasse). Die 1393–1403 errichtete Kirche des **Johanniterhofes** (der, bis auf das roman. Portal,

1718 in die heutige Erscheinung gebracht wurde) wird im Inneren 1604 ff. umgestaltet. Nur das Äußere zeigt noch den alten got. Körper, dem der südlich vorliegende barocke **Fischbrunnen** zu anmutiger Zier gereicht.

Ev. Wolfgangs- oder **Schäferkirche** (Mergentheimer Straße). Sie steht an der Stadtmauer beim Klingentor, selbst ein Teil der Stadtmauer. Ein Netzgewölbe deckt den 1schiffigen Raum; breit gespannte Maßwerkfenster öffnen die S-Seite. Lt. Inschrift neben der Tür wurde sie 1475 begonnen.

Kath. Kobolzeller Kirche (im Tal unter der Stadt), ein Wallfahrtskirchlein, 1472–79 gebaut, im 16. Jh. profaniert und 1853 von Heideloff restauriert. Der doppelte Wendelstein im Treppenturm ist eine originelle Probe spätgot. Steinmetzenkönnens.

Das **ehem. Dominikanerinnenkloster,** das 1813 seine Kirche verlor, beherbergt heute in den erhaltenen spätmittelalterl. Gebäudeteilen das **Reichsstadt-Museum** (Klosterhof 5).

Ehem. Spital (Spitalgasse). Von der mittelalterl. Anlage (1281 außerhalb der Mauern errichtet) hat sich, außer der Kirche, wenig erhalten; auch die **Spitalkirche** (ev. Heiliggeistkirche) deren runder, oben 8eckiger Turm (an der N-Seite des Chores) zu rühmen ist, steht, 1591 erneuert, nicht mehr in der Ursprünglichkeit der Gründung.
Der große 3geschossige **Spitalbau** ist Werk des Stadtbaumeisters Leonhard Weidmann, 1574–78. Der einfache, sparsam behandelte Block entschließt sich nur im Portal zur Architekturgebärde. Im Inneren gibt es eine bemerkenswerte Wendeltreppe und im Obergeschoß 2 vorzügliche steinerne Renaissance-Portale. Auch der große getäferte Saal sei beachtet. – Im Hof (die vielteilige Anlage ist noch rings ummauert) steht eine der baulichen Kostbarkeiten Rothenburgs, das auch hinlänglich berühmte **Hegereiterhaus** (Haus des Spitalbereiters), das, 1591 begonnen, auch ein Werk des Stadtbaumeisters ist. Ohne viel Aufwand, wirkt es doch stark durch die Zusammenstellung der Teile: des Hauses, das ein 2geschossiger Würfel ist, des hohen Zeltdaches, das dem Würfel aufgesetzt ist, des runden Treppenturmes mit der bekrönenden offenen Laterne, der ihm vorgelegt ist.

● **Rathaus** (Marktplatz). Nur wenige unter den deutschen Rathäusern können sich mit ihm vergleichen. Daß der Doppelbau 2 verschiedenen Zeiten angehört, liegt vor Augen, und doch verbinden sich beide zwanglos zu einer Gruppe. Der vordergründige Renaissance-Bau, der die Aufmerksamkeit kraft stärkerer Dimension, mehr noch kraft seiner reichen Gliederungen zunächst auf sich lenkt, zeigt sich in seiner Giebelfront doch noch erstaunlich gleichartig der des angrenzenden älteren (ins 13. Jh. zurückreichenden), got. Baues: man streife ihm das Dekorum ab, und man wird eines ganz gleich geformten Hausgesichtes gewahr werden.

Rothenburg ob der Tauber. Rathaus

Ein Brand des vorderen Saalbaues legte 1501 den Platz für den Neubau frei, der aber erst 1572 in Angriff genommen wurde. Die Visierung, die 1568 Leonhard Weidmann, der spätere Stadtbaumeister, vorlegte und die 1570 der eben am Schweinfurter Rathaus bauende Nikolaus Hofmann begutachtete, dürfte dem Bau zugrunde gelegt worden sein, den bis 1573 der Nürnberger Wolf Löscher, dann der Steinmetz Hans von Annaberg leitete (denn Weidmann wurde erst 1575 Meister; er arbeitete als Steinmetz mit, ein bedeutender Teil der Bauplastik ist auch von seiner Hand).

Starke Horizontalen gliedern den Block, die gereihten, meist zu Paaren gruppierten Fenster mit ihren gleichläufigen Gesimsverdachungen verstärken das »Liegen« der Geschosse; dann aber sorgen der »stehende« Körper des Treppenturmes (der nicht in die genaue Mitte gestellt ist) und der 3geschossige

Erkerturm doch wieder für die alte Steilung, die ihre ganze Befriedigung in dem der Giebelfront des älteren got. Anliegers schlank entwachsenden, oben ins Achteck übergehenden Turm erfährt. Bringt der ältere Bau die im jüngeren enthaltenen Hochstrebungen zum Abschluß, so kommt auch seiner harten, kargen Mauerstirn ein steigernder Wert zu; denn sie erst läßt den Reichtum des jüngeren Hauses so reich erscheinen. Die 1681 vorgelegte Rustika-Altane hat wohl den »altdeutschen« Charakter dieses Meisterwerkes deutscher Renaissance (durch ihr anderes, nun strenges Verhältnis zur Symmetrie) etwas abgeschwächt, hat aber den Umriß der Gruppe noch einmal bereichert. – Im I n n e r e n sei auf den reizvollen Wendelstein (des Treppenturmes) und auf den *Großen Saal* (im got. Bau) mit der feinen Gerichtsschranke von der Hand Weidmanns hingewiesen.

Fleisch- oder **Tanzhaus** (Marktpl. 9). Die Erdgeschoßhalle mit ihren auf stämmigen Säulen ruhenden Kreuzgewölben darf in die 1. Hälfte des 13. Jh. gesetzt werden. Das schöne frühe Fachwerk der Obergeschosse gehört in die 1. Hälfte des 15. Jh.

● Sog. **Baumeisterhaus** (Obere Schmiedgasse 3). 1596 baut es der Stadtbaumeister Leonhard Weidmann für den Ratsherrn Michael Wirsching. Eines der wenigen Häuser, die mit höherem Anspruch, mit Architektur-Ehrgeiz auftreten, hält es sich doch an die hergebrachte Ordnung der Straßenzeile. Verbindet es sich, als hoher Giebelbau, im Wuchs mit seinen Nachbarn, so entfaltet es nun seinen Reichtum neumodisch-antikischer Art, seine Renaissance, in der Gliederung der massiven Sandstein-*Fassade,* die durch die starken horizontalen Gesimse, die enge Reihung der Fenster und durch die die Fenster rahmenden, die Gesimse stützenden Karyatiden (die 7 Tugenden und die 7 Laster) charakterisiert ist. Die sonst enge Symmetrie lockernd, tritt das Portal aus der zu erwartenden Mitte auf die linke Seite.

Altes Gymnasium (Kirchpl. 13). Werk des Stadtbaumeisters Leonhard Weidmann, entsteht es 1589–91. Horizontale Gesimsbänder trennen die 3 Geschosse, deren unteres sich in 2 feinen Portalen öffnet. Die Fenster sind paarig geordnet, das hohe Satteldach ist mit vielen Gauben besetzt. Damit die Senkrechte nicht fehlt, tritt ein 8eckiger, schräg befensterter, mit Welscher Haube bedeckter Treppenturm vor die Front.

St.-Georgs-Brunnen (Marktplatz), 1608 errichtet, ein wesentlicher Faktor im Platzgefüge des Marktes: Über 12seitigem Becken steigt die Säule auf, die der Drachenkämpfer beschließt.

Topplerschlößchen. 1388 baute es – im Tauber-Grund – der Bürgermeister Heinrich Toppler. Der Rat begründete den Bau mit der besseren Überwachung der Tauber-Mühlen; er verfügte genau: Toppler solle »einen steinernen Sitz zwei Gaden hoch und ein Haus darauf bauen«.

Diesen Angaben entspricht die Erscheinung des »Schlößchens«: auf 2geschossigem massivem Unterbau ein Oberbau in Fachwerk.

Die in die Talansicht der Stadt wirkungsvoll einbezogene **Tauber-Brücke,** 1945 gesprengt, ist – mit verkleidetem Betonkern und Verbreiterung der Fahrbahn um etwa 1 m (jetzt teilweise 6,40 m) – wiederaufgebaut. Sie gehörte schon als Doppelbrücke zu den bedeutendsten Monumenten mittelalterl. Brückenbaukunst. Die untere Bogenreihe datierte um 1330, die obere um 1400. Die Wiederherstellung konnte den urspr. Aspekt wenigstens auf der der Stadt zugekehrten Seite bewahren.

Detwang (E6)

Wenig unterhalb an der Tauber liegt D., dessen Kirche die Mutterkirche Rothenburgs ist. Das Dorf war Reichslehen der Herren von Nortenberg, die es 1383 an die Stadt Rothenburg überlassen müssen.

Ev. Kirche (St. Peter und Paul). Die im Mauerkern noch roman. Kirche – inmitten des Friedhofes, den man durch ein auch noch roman. Tor betritt – öffnet ihren vom Turm überbauten Chor in 3 got. Arkaden ins flachgedeckte Langhaus. Die mittlere Chorarkade gibt den Blick auf den Riemenschneiderschen *Kreuzaltar* frei, der zunächst in einer Rothenburger Kirche stand, wahrscheinlich in der (im 19. Jh. abgetragenen) Michaelskapelle bei St. Jakob, und erst 1653 hier seinen Platz fand. Teile gingen bei der Übertragung verloren. Statt der entstellenden Braunbeizung denke man sich das helle Lindenholz. Zeitlich ist dieses Werk des großen Meisters nach den Altären in Rothenburg und Creglingen, um 1515, anzusetzen. ●

ROTHENFELS (UFr. / Main-Spessart C4)

Stadtrechte dürfte R. im frühen 15. Jh. erworben haben. 1803 kommt es an die Wertheim-Löwenstein-Rosenberg, nach deren Mediatisierung 1806 an das Fürstentum Aschaffenburg, 1814 an Bayern.

Burg ●

Ein Grumbach baut 1148 auf dem Grund des benachbarten Klosters Neustadt die Burg, die er und seine Erben dann als (nicht mit Freude gewährtes) Klosterlehen besitzen. Nach dem Erlöschen der Grumbach 1243 folgen die Rieneck. Da sich diese seit 1315 vom Hochstift Würzburg belehnen lassen, kann sich dieses nach dem Abgang der Rieneck-Rothenfels, zunächst allerdings nur teilweise, 1387 aber ganz, in Besitz setzen. Seit 1474 ist Rothenfels Sitz eines Amtmannes. – Die Burg ist seit 1919 Besitz des Bundes Quickborn, seit 1939 der »Vereinigung der Freunde der Burg Rothenfels«, die sie als Jugendherberge und Tagungsort nützt.

Die auf keilförmig zugeschnittenem Höhenzug über dem Main-Tal liegende, südlich und östlich durch Steilhänge geschützte, ausgedehnte Wehranlage besteht aus vorgreifender Haupt-

und zurückliegender Vorburg. **Ringmauer** und **Bergfried,** romanisch, können auf die Grumbachsche Gründung des 12. Jh. zurückgehen. Roman. Mauern stecken auch noch im **Palas**. Die den Hof umstellenden, unterschiedlich zu den Bukkelquadermauern des Hochmittelalters in Bruchstein aufgeführten **Wohngebäude** entstammen dem frühen 16. Jh. Das reizvolle, aber allzu leichte Haupttor ist ein Supplement des späten 16. Jh. (auch die seitlich angrenzenden Gebäude). Die **Vorburg** ist durch einen nur kleinenteils erhaltenen, 1934 großenteils zugeschütteten Halsgraben gegen den Bergrücken gesichert. Auch sie lag im Schutz einer wohl erst im 16. Jh. errichteten Ringmauer, die sich im NO und SO durch etwas ältere Wehren mit der Stadt unten verband.

Im Einschluß der Vorburg, mit westl. Zugang (Torhaus), eine Reihe von **Wirtschaftsgebäuden,** die im Kern, nicht mehr in der Haut, ins 16. und 17. Jh. zurückgehen. Nur das **Amtshaus** an der O-Seite, behäbig stabiler 2geschossiger, mit Mansarde behaubter Bau der Seinsheim-Zeit (1755/79), hat noch unverfälschtes Zeitgesicht.

Die kleine **Stadt** in der Enge zwischen Berg und Strom, die kleinste ● Bayerns, erfreut durch gute Gassenblicke. – Das **Rathaus** vergleicht sich mit dem von Lohr und wurde auch, 1598/99, nach einem Riß des gleichen Meisters, Michael Imkeller, gebaut: 3geschossiger, geschweift begiebelter Block, verputzt, mit Buntsandsteingliederungen, das Erdgeschoß mit aller Lust der (doch ganz altfränkischen) Renaissance geschmückt.

Die **kath. Pfarrkirche Mariae Himmelfahrt** wurde 1610/11 unter Bischof Julius von Grund auf erneuert; der Steinmetz Peter Meurer baute sie. Turm 1750. Die Ausstattung hat Proben bester »nachgot.« Steinmetzenkunst vorzuweisen: das Sakramentshaus von 1613, die Kanzel von 1616 und den Taufstein von 1613, alle von gleicher Würzburger Hand.

RÖTHLEIN (UFr. / Schweinfurt E3/4)

Heidenfeld (E4)

Ehem. Augustiner-Chorherrenstift

Gräfin Alberada (aus dem Hause der Markgrafen von Schweinfurt) und ihr Gatte, Graf Hermann v. Habsberg, stiften es um 1069, der Würzburger Bischof übernimmt es. 1802 säkularisiert, verschwindet die Kirche. Doch bleiben die Konventsgebäude, erbaut nach Plänen Balthasar Neumanns 1723–32. Seit 1910 im Besitz der Barmherzigen Schwestern von Würzburg, die 1935 die durch den Kirchenabbruch entstandene Lücke mit einem Krankenhaus schließen.

Das Geviert des Klosters legte sich an die S-Seite der Kirche an. Der imposante O-Flügel (**Propstei**) fluchtet in 21 Achsen und setzt mittlich und seitlich flache, durch große Pilaster gegliederte Risalite vor; über dem mittleren sitzt ein Giebel, über den seitlichen sitzen Mansarden. Putzfläche steht gegen den Buntsandstein der Gliederungen.

Im Inneren bemerkenswert das *Stiegenhaus*: 1armige freitragende Treppe mit schmiedeeisernem Geländer; die Decke reich stuckiert. Der große, auch vortrefflich stuckierte Saal (im 2. Obergeschoß) ist jetzt *Kapelle*. – Der wie die Propstei gegliederte N-Flügel (1733 dat.) birgt das durch feine Stukkaturen ausgezeichnete *Refektorium*.

Die **kath. Pfarrkirche St. Laurentius** ist Neubau d. J. 1906, doch sind Altäre und Kanzel gute, 1791 geschaffene Werke Peter Wagners.

RÖTTINGEN (UFr. / Würzburg D6)

Schon im späten 13. Jh. als Stadt bezeichnet. Nach 1336 dürfte die gut erhaltene Ummauerung entstanden sein. Doch wurde die Stadt 1438, zur Burg hin und sie umfassend, erweitert. Von den Toren hat nur das Neutor der Stadterweiterung das 19. Jh. überlebt.

Die ehem. hohenlohesche **Burg** geht, mit der Stadt, 1345 an Würzburg über. Älteste Teile 13. Jh.; im übrigen ein Konglomerat verschiedener Bauzeiten.

Die **kath. Pfarrkirche St. Kilian** wurde, überwiegenden Teils, in der 2. Hälfte des 13. Jh. errichtet. In die Vokabeln der frühen Gotik sind noch romanische eingekreuzt.

Das **Rathaus** ersetzte 1750 einen älteren Vorgänger. Der 3geschossige Bau belebt sich in der Mansarde und dem der aufgegiebelten Mitte entwachsenden Dachreiter.

SCHEINFELD
(MFr. / Neustadt a. d. Aisch - Bad Windsheim F5)

Ende des 8. Jh. zeigt sich die »villa Skeginfeldon«. *Im 12. Jh. nennen sich Edelfreie nach ihr, die wohl auch auf der nördlich ansteigenden Randhöhe des Steigerwaldes die »Swarcenburc« (so erstmals 1150) gründen. Über die Castell und Hohenlohe gelangt die Herrschaft 1385 an die Herren von Vestenberg. Schon 1405 setzt sich Erkinger v. Seinsheim fest, der den Großteil der von ihm 1429 in die Lehenschaft des Kaisers gestellten Herrschaft erwirbt; was noch fehlt, erwerben Söhne und Enkel. – Sch., 1415 mit Markt- und Stadtrecht ausgestattet, ist bis 1806 Verwaltungsmittelpunkt der seit 1670 »gefürsteten Grafschaft« Schwarzenberg.*

Die Mauerwehr der Stadt hat sich nur in Resten erhalten, doch steht noch der stabile **Torturm** am O-Ende der Marktstraße.

Die **kath. Pfarrkirche Mariae Himmelfahrt** wurde 1766–71 nach den Plänen des Würzburger Hofbaudirektors Johann Philipp Geigel gänzlich erneuert, in spürbarer Hinneigung zum Klassizismus. Doch steht die ausgezeichnete *Altarausstattung,* vom Bamberger Martin Mutschele (1778 vollendet), noch voll in der Tradition des Spätbarock.

● **Schloß Schwarzenberg**

Die Geschichte des Schlosses deckt sich in den Grundzügen mit der oben berichteten: Namengebender Stammsitz der von Erkinger v. Seinsheim ausgehenden Freiherren (seit 1429), Grafen (seit 1566, im noch blühenden rheinischen Zweig seit 1599), Fürsten (seit 1670) von Schwarzenberg. – Die Burg brannte 1607 ab und wandelte sich jetzt in ein schon durch seine Höhenlage ausgezeichnetes Schloß. Wieweit die von Elias Holl gelieferten Visierungen die Ausführung bestimmten, ist fraglich. Wahrscheinlich ist der Anteil der beiden Nürnberger Jakob Wolff, Vater und Sohn, höher zu veranschlagen. Der Bau wurde 1616 zu Ende gebracht. Doch folgte der N-Flügel noch in den 50er Jahren. Der hoch überragende »Schwarze Turm« wurde, zur Erinnerung an die Verleihung des Reichsfürstenstandes, 1672–74 nach Plänen des Ansbachers Melchior Beck und des Würzburgers Wilhelm Schneider vom Graubündner Paul Platz neu errichtet.

Das den Horizont der Landschaft krönende Schloß ist eine vielfältige, 3 Höfe (Schloß-, Wirtschafts-, Beamtenhof) umgebende Baugruppe. Die einheitlich durchgestaltete S-Seite, ein Langblock mit 4 Giebelaufsätzen in der Rahmung zweier polygonaler Erker, beherrscht den Talblick. Mehrere Türme – neben dem schönen, rustizierten, mit viereckiger Kuppelhaube gedeckten Hauptturm, dem »Schwarzen« – sorgen für lebendigen Umriß. Auch die Giebelfront der 1615/16 aufgeführten **Schloßkirche** bereichert das bei aller Renaissance noch gut altdeutsche Konglomerat.

SCHESSLITZ (OFr. / Bamberg G4)

Die Siedlung ist alt. Karl d. Gr. läßt hier eine der 14 Wendenmissionskirchen errichten. Im 12./13. Jh. andechs-meranischer, seit 1248 truhendingischer Besitz, kommt Sch. (mit Giech) erst 1390 an das schon seit dem 12. Jh. um diesen Jurabesitz bemühte Hochstift Bamberg. Um diese Zeit bewehrt sich die Stadt mit Mauern und Türmen; davon blieb nichts übrig.

Aber das **Ortsbild** hat noch guten Schnitt, es steht noch schönes Fachwerk, z. B. das **ehem. Zunfthaus der Bräuer und Büttner** (Hauptstr. 33), 1662, das durch seinen bekuppelten Erker und viel Schnitzerei ausgezeichnet ist, Arbeit des Zeiler Zimmermeisters Jörg Hoffmann.

Kath. Pfarrkirche St. Kilian

Der Chor entsteht im frühen 15. Jh. 1449 ist das Langhaus fertig, wird aber erst 1623/24 durch Giovanni Bonalino gewölbt. Turm 1571.

Das 3schiffige, in der Mitte überhöhte, im Mittelschiff fensterlose Langhaus bestimmt den äußeren Umriß durch das mächtige Satteldach. Der schwerfällige Raum mit nachgot. Langhauswölbung öffnet sich in den lichten Chor, der nach 2 Jochen 5seitig bricht und mit Rippengewölben gedeckt ist.

Die Ausstattung ist einheitlich barock, 2. Hälfte 18. Jh., meist von guten Bamberger Meistern (Hochaltar und Kanzel von Joh. Bernh. Kamm) geschaffen. – Beachtlich die ungewöhnlich kleine Bildgrabplatte des Friedrich v. Truhendingen und seiner Tochter (?), etwa 1350.

Kath. Spitalkirche St. Elisabeth. Die 1766/67 von Joh. Jak. Michael Küchel gebaute Kirche erfreut durch die Spätrokoko-Ausstattung, die insbesondere dem Bamberger Martin Mutschele verdankt wird.

Südlich der Stadt, über dem Steilabfall der Fränkischen Alb, die Burgruine Giech und die Gügel-Kapelle, bereichernde Blickpunkte der Landschaft:

Burg Giech

Im 12. Jh. Besitz der Grafen von Andechs, im 13. der Truhendinger, bis Bamberg, ein lange angestrebtes Ziel endlich erreichend, 1390 an deren Stelle tritt. 1599–1609 erneuert und stattlich ausgebaut, verkommt die Burg erst im 19. Jh. zur Ruine. In den 1970er Jahren restauriert.

Der gequaderte Bergfried noch aus dem 13. Jh. Die Ringmauer samt Rundtürmen und Bastionen und die den Hof umgebenden Wohnbauten entstanden um die Wende des 16. Jh.

Die **Gügel-Kapelle (kath. Filial- und Wallfahrtskirche St. Pankratius),** der Burg Giech östlich benachbart, ist gleichfalls Rückstand einer Burg. Ins 14. und 15. Jh. zurückreichend, verdankt sie ihr heutiges Erscheinungsbild einem Umbau von etwa 1620 durch den hier »nachgotisch« bauenden Italiener Giovanni Bonalino.

SCHILLINGSFÜRST (MFr. / Ansbach E7)

Der Name tritt erstmals in einer Urkunde Kaiser Ottos III. für Würzburg i. J. 1000 als Grenzort eines Wildbannes hervor. 1156–1262 begegnen adelige Träger des Namens. Spätestens 1313, aber wahrscheinlich schon geraume Zeit vorher, ist Sch. hohenlohisch. Gelegentlich verpfändet (1338 an Nassau, 1398 an Rothenburg), bleibt es seit 1424 Besitz der Hohenlohe, seit 1553 der Linie Hohenlohe-Waldenburg.

Schloß

Die Burg, auf einem Sporn der Frankenhöhe, wird 1316 von König Ludwig d. Bayern zerstört, ein anderes Mal 1525 von den Bauern und ein drittes Mal 1632 von den Kaiserlichen. Sie bleibt nun lange als Ruine liegen. Ein 1660 aufgeführter (1817 wieder abgetragener) Wohnbau muß sie ersetzen. Erst Graf Philipp Ernst beginnt – nach Anfängen 1708 ff. – 1724 ff., das Schloß neu aufzurichten; um 1750 kann es bezogen werden.

Die Pläne gab der Darmstädter Hofarchitekt Louis Remy de La Fosse. Renovierung, zunächst des Äußeren, 1973–81.

Der Hauptbau besetzt die westl. Spitze der tragenden Berghöhe, ein starker 3geschossiger Block mit ausgreifenden Flügeln nördlich und südlich, deren Fassaden, wie die des (westl.) Haupttraktes, durch Pilaster und Mittelrisalite gegliedert sind.

Der **Hofgarten,** östlich, geht ins frühe 18. Jh. zurück; im 19. Jh. anglisiert. Hier das **Phönix-Denkmal,** das den hohenloheschen Wahlspruch »Ex flammis orior« allegorisch ausdrückt.

Die Siedlung unter der Burg, wohl älter als diese, hieß ursprünglich Frankenheim. *Im 18. Jh. wurde sie durch Fremde, meist wohl fahrende Leute, aufgefrischt; deren eigenes »jenisches« Sprechen wurde noch im 20. Jh. gehört.*

Kath. Pfarrkirche Kreuzerhöhung

1673 berufen die (kurz zuvor zur alten Kirche heimgekehrten) Hohenlohe die Franziskaner, deren Kirche 1683 geweiht und 1726 erweitert wird. Der Turm kommt erst 1835 hinzu. – Gruftkirche der Grafen, seit 1744 Fürsten Hohenlohe.

Halben Weges zwischen Schloß und Markt aufgeführt. Die Ausstattung entstammt der Zeit um 1700 (Altäre, Kanzel) und um 1728 (Orgel, Gestühl).

Die neugot. **Gruftkapelle,** rückseits des Schlosses, wurde erst 1892 durch Fürst Chlodwig, 1894–1900 Reichskanzler (auf dessen Spuren man in den Räumen des Schlosses geht), errichtet.

Die **ev. Pfarrkirche** (St. Kilian) entstand 1823–25. (Eine ältere Kirche befand sich im Friedhof.)

Bemerkenswert das nur im N-Flügel erhaltene, Ende des 18. Jh. erbaute **Hoftheater** (Neue Gasse 1).

SCHNAITTACH (MFr. / Nürnberg-Land H6)

Rothenberg (H6)

Festung

Ursprünglich burggräflich, dann, 1360, böhmisch, seit 1401 kurpfälzisch, seit 1478 Besitz einer Ganerbenschaft des fränkischen Adels (mit 44 Teilhabern) unter kurpfälzischer Oberhoheit, schließlich, seit 1601, bayerisch. 1673 ff. erwächst, nach Plänen des in Ingolstadt tätigen Ingenieur-Baumeisters Christoph Heidemann, die bastionäre Festung. Im Spanischen Erbfolgekrieg vom Feind genommen und geschleift (1703), 1715–43 als starke, doch in ihrer Höhenlage wenig zeitgemäße Festung von Oberst Pierre de Coquille wiederaufgebaut. Seit 1838 dem Verfall überlassen, dem erst in neuerer Zeit Einhalt geboten wird.

Die massiven **Kurtinen** und (kasemattierten) **Bastionen** wohlerhalten, ohne sonderliche architektonische Auszeichnung, es sei denn das Portal an der N-Seite, doch großartig in der kahlen Wucht der Mauermassen, die im Blick der unten vorbeiziehenden Autobahn Nürnberg–Bayreuth wie die Schroffen einer Felskrone wirken.

Die zugehörige kleine Stadt, eine Pflanzung der böhmischen Zeit, mit einer Pfarrkirche St. Wenzel, wurde 1449 von den Nürnbergern zerstört. Dann überwuchs sie der Wald.

SCHONUNGEN (UFr. / Schweinfurt E3)

Mainberg (E3)

Schloß

1305 kaufen die Grafen von Henneberg die an einem Main-Knie nahe Schweinfurt postierte reichslehnbare Burg samt ausgedehnter Herrschaft. Die 1525 von den Bauern niedergebrannte, 1527 unter Beihilfe der nachbarlichen Reichsstadt wiederaufgebaute Burg geht 1552 im Tausch gegen Meiningen an Würzburg über. Mit dem Oberamt Mainberg kommt sie 1814 an Bayern. In den Jahren nach 1822 baut ihr Käufer, der Schweinfurter Fabrikant W. Sattler (Hersteller des »Schweinfurter Grün«) die inzwischen stark verwahrloste Burg wieder auf. In der Folge wechselnde, mehr oder wenig romantisch gestimmte Besitzer.

Die Bauten sind, bis auf den älteren Bergfried, spätgotisch, z. T. auch nachgotisch. Spätgotisch ist der (um 1485 errichtete) N-Flügel; in ihm die Kapelle und der Hauptsaal. In der Anlage auch der S-Flügel; in ihm die 2schiffige gewölbte Dürnitz. – Auf der Talseite, durch die Steilböschungen der Höhe natürlich geschützt, schnürte nur östlich ein Graben ab. Der **Hauptbau** umhegt in 4 Flügeln einen malerischen Innenhof. Der das Geviert überragende quadratische, in Bruchsteinmauerwerk aufgeführte **Bergfried** dürfte ins 13. Jh. zurückreichen.

Das **ehem. Fürstbischöfliche Amtshaus** am Fuß des Schloßberges wurde 1702 errichtet, ein 2geschossiger Zweiflügelbau, gut gegliedert durch Pilaster (unten) und Lisenen (oben). Über dem Portal das Wappen des Fürstbischofs J. Ph. v. Greiffenklau (1699–1719). Als Baumeister ist Joseph Greising zu vermuten.

SCHWABACH (MFr. / G6/7)

1117 bezeugt, kommt »Suabach« *nach Mitte des 12. Jh. durch staufische Schenkung an das Kloster Ebrach, das aber 1281 einen Teil an den Kaiser verkauft; der kaiserliche Teil wird 1364 burggräflich. Aus ihm entwickelt sich die Stadt. Aber auch im anderen Teil hat Ebrach schließlich nur noch kirchliche Rechte. Stadt im 14. Jh., geht Schw. in den Jahren des 30jährigen Krieges abwärts, erholt sich aber dann dank Zuzugs von Exulanten in den 40er bis 60er Jahren des 17. Jh. und insbesondere der Einbürgerung französischer Hugenotten ab 1686, die schon der Industrialisierung des*

19. Jh. vorgreifen. Doch spart die Industrie – nicht nur die alte, auch die neue – den Stadtkern aus.

Stadt. Der Stadtkörper liegt in annähernd runder Umfassung, von deren Toren, Türmen und Mauern nur wenige Reste geblieben sind. Die Schwabach hälftet das Stadtgebiet. Der Fluß ließ an seinen Ufern schon im Mittelalter ein reges Gewerbe (u. a. Goldschläger) erblühen. Beide Hälften sind durch W-O-Achsen beherrscht; die der S-Hälfte, ein breiter Straßenzug (Königstraße), dehnt sich an der Kirche zum Platz:

● Der Königsplatz darf dank seiner guten alten Bebauung zu den besten Platzräumen des Landes gezählt werden. Giebelfront und Fachwerk charakterisieren. – Fachwerk, nur das Erdgeschoß ist massiv, bestimmt auch das **Rathaus,** das, zwischen Kirche und Platz, das Areal des vor das Mönchstor verlegten Friedhofes besetzt. 1528 errichtet, wurde es später wiederholt verändert; so kam das Obergeschoß erst 1799 hinzu (das Obergeschoß des N-Flügels 1902). – Unter den den Platz umstellenden »altdeutschen« Bürgerhäusern tritt mit höherem Anspruch hervor die **ehem. Fürstenherberge** (einst Gasthaus zur Goldenen Gans), die 1726–28 einen älteren Bau ersetzte: hoch aufragend, 4geschossig, von Mansarde gedeckt, ist sie durch flach gegiebelten Risalit und Portikus ausgezeichnet. – Ein Denkmal des markgräflichen Regiments ist der den Platz schmückende **Schöne Brunnen,** der 1716/17 gesetzt wurde. Der Entwurf gehört dem markgräflichen Baudirektor Johann Wilhelm v. Zocha; die Bildhauerarbeit (nicht mehr original) schuf der Hofbildhauer Johann Josef Fischer. Über bewegt umrissenem Brunnenbecken steigt, reichem Sockel entwachsend, ein den brandenburgischen Adler tragender Obelisk. Neben dieser prächtigen barocken Brunnenschöpfung behauptet sich doch noch der in der NW-Ecke des Platzes postierte kleine klassizist. **Pferdebrunnen,** der 1823, nach Entwürfen Karl Alexander v. Heideloffs, aufgerichtet wurde.

● Ev. Pfarrkirche

Der Neubau der (schon im 11. Jh. bezeugten, dem Täufer geweihten) Pfarrkirche beginnt 1469; der betraute Meister ist wahrscheinlich Heinrich Kugler (auch Echser genannt) von Nördlingen, der später in Nürnberg, Ansbach, Nördlingen anzutreffen ist. 1480 stehen die Pfeiler in halber Höhe, 1488 bis zum Gewölbefuß. 1471 entsteht der Turm. 1495 wird geweiht. 1503 kommt die Sakristei am O-Ende des nördl. Seitenschiffes, um 1509 die vom markgräflichen Münzmeister Hans Rosenberger gestiftete Annakapelle am O-Ende des nördl. Seitenschiffes hinzu. Die folgenden Zeiten (1525 bekennt sich die Stadt zur Reformation) rühren wenig an Bau und Ausstattung.

Der Querschnitt der 3 Schiffe ist basilikal, doch sind die Hochwände des Schiffes blind befenstert; das große Dach reicht von der Langhaus-Firsthöhe bis zur Seitenschiff-Trauflinie herab und bestimmt wesentlich den Eindruck des Außenbaues, der nur im Turm an der NW-Ecke des Langhauses und im Chor Steilbahnen durchsetzt. Der in 5 Seiten des Achtecks gebrochene Chor ist in hohen 3teiligen Fenstern geöffnet und von Streben umstellt. Der *Turm* geht in 4 Rechteckgeschossen auf, setzt auf das vierte noch ein verjüngtes Kurzgeschoß und endet dann im polygonen kupferbeschlagenen Helm, der sich unter der Spitze (nach Nürnberger Muster) in einer Durchbrechung öffnet. Schmuck ist an den Sandsteinquadern wenig aufgeboten, kaum viel mehr als die Trennungsfriese der Turmgeschosse. 5 Spitzbogenpforten lassen ein. – Inneres. Die Scheitel der Kreuzrippengewölbe liegen im Chor, der bis zum Polygonschluß 2 Joche tief ist, und im Mittelschiff, das 6 querrechteckige Joche zählt, gleich hoch. Sehr stämmige Rundpfeiler nehmen die Scheidbogen auf, freien Einblick in die Seitenschiffe gestattend, deren ebenfalls kreuzgewölbte Joche gleichzählig, doch quadratisch, deren Fenster meist 5teilig sind. Gegen Dunkel und Schwere des Mittelschiffes steht hell der hoch befensterte Chor. Der kaum mehr merkliche Knick seiner flach gesprengten Wölbungen dämpft allerdings auch hier den Aufstieg der Senkrechten. Der Spitzbogen hat eine Neigung rund zu werden, wie sich die Fenster der Rosenberger-Kapelle (1504–09), die aus 1 Joch mit $^5/_8$-Schluß besteht, dann auch zum Rundbogen bekennen.

Die Ausstattung ist sehr reich. Der zu 16 m aufsteigende *Hochaltar* wurde 1507 »bestellt und kaufft von Meister Michel Wolgemuth von Nürnberg um 600 fl.« und »gesezt an der Kirchweyhung Anno octavo«. Er ist einer der bedeutendsten Schreinaltäre der letzten Spätgotik; für den Beauftragten kann aber nur das Gemalte, nicht das Geschnitzte in Anspruch genommen werden. Stilistisch lassen sich für ihn zudem nur die Flügel des Sarges sichern. Alle anderen (gemalten) Tafeln müssen einer jüngeren Kraft (Sebastian Dayg?) zugeschrieben werden. Der Schnitzer der Schreinplastik (Krönung Mariae zwischen Johannes Bapt. und Martin) und der Flügelreliefs muß aus der Lehre des Veit Stoß gekommen sein; mehr läßt sich von ihm, der ein bedeutender Könner war, nicht sagen. – Veitsaltar (um 1450), Katharinenaltar (um 1465), Altar der Schönen Maria (Figur um 1475, Flügelgemälde 1520, von Hans von Kulmbach), Schusteraltar (1510), Sebastiansaltar (um 1490), Sippenaltar (um 1510), Kreuzaltar (um 1500), Speisealtar (1534 errichtet, doch ist der hervorragende Kruzifixus älter, um 1520), das von Hans Rosenberger gestiftete, von Marx Schön gemalte Rosenkranz-Bild – die rasche Aufzählung soll nur hindeuten auf einen reichen Besitz. Das über 14 m hohe *Sakramentshäuschen* von 1505, eine weitere Stiftung Rosenbergers, ist nicht von Adam Krafft, behauptet sich aber in Ehren. Die seitlich in die Wand des Chores eingelassene, 1907 gesetzte Gedenkplatte mit dem Reliefporträt Adam Kraffts erinnert an seinen Tod an einem der ersten Tage d. J. 1509 im Spital zu Schwabach, wohin ihn Hans Rosenberger in Sachen seiner (noch vor der Wölbung stehenden)

Kapelle berufen hatte. Daß die Kirche sehr viele »Altdeutsche«, einzelne Gemäldetafeln des späten Mittelalters, besitzt, sei noch angemerkt (Beispiele: die beiden Flügeltafeln – ehemals vom Dürerschen Paumgartner-Altar – mit den hll. Barbara und Katharina, Arbeiten des Dürer-Jüngers Hans Baldung). – Unter den Grabsteinen sei der sehr gute des hochverdienten Hans Rosenberger (1510) hervorgehoben. Beachtlich auch der des Hans v. Wallenrod und seiner Frau an der Wand des südl. Seitenschiffes, der um 1459 (Todesjahr der Frau) oder wenig später entstanden sein dürfte. – Außen sei der Ölberg von 1484 nicht vergessen.

Die **Spitalkirche** (St. Anton und St. Elisabeth) wurde 1404 geweiht; das Langhaus 1755/56, der Dachreiter über dem Chor 1885 durch einen Turm ersetzt.

Die **»Franzosenkirche«** wurde für die von Ansbach nach Schwabach transferierte Gemeinde der reformierten Réfugiés 1686/87 errichtet (der Turm 1724/25).

Die **Friedhofskirche** entstand 1607–09.

Die **kath. Pfarrkirche St. Sebald** wurde 1848–50 gebaut, 1925/26 erweitert.

SCHWANFELD (UFr. / Schweinfurt E4)

Ehem. Zisterzienserinnenkloster Heiligenthal

Gründung einer Jutta v. Fuchsstadt um 1234 in »Bonebach«, das so zum Heiligenthal wird. Um die Mitte des 13. Jh. beginnt die erste steinerne Kirche aufzuwachsen. 1287 ist sie wohl fertig. Das nie florierende Kloster zieht Bischof Julius zugunsten seines Spitals 1579 ein.

Die **Kirche** trägt die Merkmale der Frauenkirchen des Ordens: lang gestreckt, 1schiffig. Der Chor schließt 7seitig. Nur er ist gewölbt; das heute profanierte Langhaus blieb (gegen die Absicht) ungewölbt. Die Einzelformen sind frühgotisch. Von den 5 Jochen des Langhauses sind die 3 westlichen durch eine Mauer als Nonnenempore abgeriegelt. Diese ist 2geschossig; das untere Geschoß (die »Gruft«) besitzt noch die urspr. Flachdecke.

Die **Klostergebäude,** auf der S-Seite, sind abgegangen. Der an Stelle des W-Flügels stehende Bau ist, auf dem Julius-Wappen, 1610 datiert.

SCHWARZACH a. Main (UFr. / Kitzingen E4)

Münsterschwarzach

Benediktinerabtei

Stiftung des frühen 9. Jh. (spätestens 817). Im 8. Jh. steht in nächster Nähe (auf Königsgut) ein Frauenkloster, das bis 877 währt. Das an seine Stelle tretende benediktinische Männerkloster, das seit 993 (dank kaiserlicher Schenkung) würzburgisch ist, blüht im 11. Jh. (gewinnt auch erst jetzt seine Patronin St. Felicitas) und leistet Bedeutendes durch seine Bindung an die Gorzer Reform. Im hohen und späten Mittelalter bis ins frühe 17. Jh. von kaum abreißenden Nöten heimgesucht, kann es sich erst nach dessen Mitte wieder zu überörtlicher Bedeutung aufschwingen. Nun erweist es auch seine Geltung durch die großartigen Neubauten der von Joseph Greising und Valentino Pezzani geschaffenen Klosteranlage (1718–26) und der Kirche (1727–43), die Balthasar Neumann aufführt, eines seiner mächtigsten Werke: kreuzförmig, mit hoher, zu 52 m aufsteigender Kuppel über der Vierung und Zweiturmfassade. Beste Meister der Zeit besorgen die Ausstattung: Johannes Ev. Holzer (Deckengemälde), Johann Georg Üblherr (Stuck). 1803 verliert das Kloster seine Existenz; 1821–37 werden Kirche und – meistenteils auch – Kloster niedergerissen. – 1913 lassen sich die Benediktiner wieder in Münsterschwarzach nieder. 1935 kann die neue große, von Albert Boßlet entworfene Kirche begonnen werden; 1938 wird sie geweiht.

Man hat das neue **Münster** ein fränkisches Speyer genannt. Das Wort ● trifft die Quelle der Inspiration, die roman. Dome am Rhein. Die Aneignung und Nutzbarmachung des Vorbildes läßt sich aber in keiner Weise mit der (nachahmenden) des Historismus vergleichen. Denn dieser Münsterbau ist im besten Sinne modern.

SCHWEINFURT (UFr. / E3)

In geringer Entfernung südöstlich der Stadt lag der Stammsitz des im 10. Jh. blühenden, 1057 erloschenen Geschlechts der Grafen (Markgrafen) von Schweinfurt, verbunden mit einem Kloster. Diese »Altstadt« kam 1112 an Eichstätt, dem sie durch die Lehensträger (Henneberg und Reich) wieder entglitt. Ein täglicher Markt besteht schon im 13. Jh., wahrscheinlich auch schon da, wo 1258 die neue Stadt angelegt wird. Die Burgsiedlung dürfte im 16. Jh. abgegangen sein. Grundherren waren Henneberg und Würzburg. Doch konnte auch der König grundherrliche Ansprüche stellen, die junge Stadt über den Grafen und den Bischof hinweg zur Reichsstadt aufsteigen. Schon für Rudolf v. Habsburg ist sie 1282 »vnser vnd des richs Statt«, und so figuriert auch schon im ältesten Stadtwappen (1309) der Königsadler. Die Verleihung des Blutbannes, 1443, schließt die rechtliche Entwicklung ab. Das Sch.er Stadtrecht wird für einen Kranz fränkischer Städte Mutterrecht. Im 16. Jh. Bollwerk des Protestantismus, 1554 im Markgrafenkrieg zerstört, im 17. Jh. im Verfolg der Pläne Gustav Adolfs seine mittelalterl. Grenze überwachsend, beendet Sch. die Geschichte seines reichsstädtischen Daseins 1802. Seit 1814 ist es bayerisch. Im 19. Jh. (Anfänge schon 1780) entwickelt es sich zur Industriestadt. Schwerste Heimsuchung 1943–45; mehr als die Hälfte des Gebauten geht zugrunde.

Die Stadt. Der Grundriß der durch günstige Verkehrslage an einem Main-Bogen an einer Main-Furt ausgezeichneten Stadt ist nicht überall, aber doch vielfach regelmäßig. Eine mainparallele Transversale durch-

Schweinfurt. Rathaus. Marktseite

schneidet den Stadtkörper, eine schwächere kreuzt. Am Schnitt liegt der leicht ansteigende große rechteckige Markt, über dem, durch einen Häuserblock abgeriegelt, die ev. Pfarrkirche steht. Das ihm südlich anliegende Rathaus fand erst im 16. Jh. diesen Standort. – Der **Mauergürtel** hat sich in wenigen Teilstrecken westlich und östlich erhalten. Die bastionäre Befestigung des 16./17. Jh. ist dem Industriegeist des 19. Jh. zum Opfer gefallen. – Altes Gesicht hat Schweinfurt nicht mehr. Doch wird man sich immer noch an der Platzweite des Marktes erfreuen und an seinem Rathaus, das eines der erstzunennenden der Renaissance ist.

● Ev. Stadtpfarrkirche St. Johannis

Die älteste Pfarrkirche, St. Kilian, lag nordöstlich der Stadt (in der »alten Stadt«). Ihre Rechte gingen 1387 auf die Johanneskirche über, die spätestens im 12. Jh. entstanden war. – Im frühen 13. Jh. beginnt die gegenwärtige Kirche vom Chor her aufzuwachsen. In den 30er Jahren ist das Querschiff in Bau; das Langhaus nimmt die 2. Hälfte des Jahrhunderts in Anspruch. Um 1400 wird der Chor ersetzt (Weihe 1411), Mitte des 15. Jh. das südl. Seitenschiff erneuert. Seit 1542 protestantisch, büßt die Kirche im Markgrafenkrieg ihren Turm ein, der 1560 ff. durch einen Neubau ersetzt wird. Nach teilweiser Zerstörung im 2. Weltkrieg 1945–51 wiederhergestellt.

Die Kirche ist eine 3schiffige Kreuzbasilika. Der 1schiffige spätgot. Chor wird nördlich von einem Turm flankiert (dessen südl. Bruder steckenblieb). Die beiden Treppentürme an der W-Front datieren 1620. Außen ist die gegen den nahen Markt gerichtete S-Seite des Querschiffes die bevorzugte; die 2geschossige, von einem Giebel beschlossene Wand folgt in den betont horizontalen Gliederungen einem noch ganz roman. Flächengefühl, der Rundbogenfries begleitet die Horizontalen.

Das Querhaus-S-Portal ist ein rundbogiges Stufenportal mit reichem, in der Haltung auch noch typisch spätroman., von Tieren durchwachsenem Blattwerkornament in Kämpfer und Archivolten; die auf den rahmenden Wandpfeilern stehenden Statuen der beiden Johannes frühes 14. und (Johannes Ev.) 19. Jh. – Beachtlich das Portal an der Langhaus-S-Seite mit dem maßwerkgefüllten Wimperg und den von Tieren bekrochenen Bogenkehlen, um 1300 (wie auch das einfacher gehaltene W-Portal).

Das *Querschiff* ist der älteste und zugleich bedeutendste Bauteil: spätromanisch-frühgotisch. Es ist (seltener Fall) 2schiffig. Die 6 Joche sind querrechteckig, mit gebusten Kreuzrippengewölben gedeckt; die Gurte und Rippen sind rechteckig profiliert; die Konsolen zeichnen sich durch beste Steinmetzenarbeit (Laubwerk und Figürliches) aus. – Das 3schiffige, flachgedeckte *Langhaus* ist, bei sehr hohen Seitenschiffen (deren südliches doppelte Breite hat), im Mittelschiff ohne eigenes Licht. Nur die beiden westl. Arkaden sind noch mittelalterlich; die beiden östlich folgenden wurden 1739 in eine verwandelt. Die W-Empore, welche die 3 Schiffe überbrückt, entstammt der Spätzeit des 15. Jh.

Im N-Querschiff steinerne Muttergottes, um 1300. Der Hochaltar ist frühklassizistisch (ursprünglich in Kloster Heidenfeld). Die reiche Kanzel entstand 1694. Bemerkenswert der 1367 datierte Taufstein mit urspr. Bemalung. – Bedeutende Grabmäler: das (stark zerstörte) des Konrad v. Seinsheim (1369), im Inneren, und das des Berthold Rucker (1377).

Zum modernen kath. Kirchenbau in Schweinfurt trug Hans Schädel Gutes bei: **St. Anton** (1949) ist ein Zentralbau (Beton). – **St. Kilian** (Friedrich-Ebert-Straße; 1951–53) läßt das Langhaus zum Altar hin konvergieren; Stahlbetonstützen entlasten die Ziegelwände; ein Riesenfenster (von Georg Meistermann) öffnet die Altarwand. – Durch die vom starken Wachstum der industriekräftigen Stadt geforderte Teilung der Pfarrei St. Kilian entstand im NW die neue Pfarrei **St. Michael** mit Pfarrzentrum (1964–68, von H. Schädel mit Fritz Ebert). Die Kirche hat bei annähernd quadratischem Grundriß eine ringförmige Sitzordnung um den Altar; ein Wabendach deckt; hohe Farbverglasungen von Ludwig Schaffrath.

Die **kath. Pfarrkirche Christkönig** entstand als Tochterkirche von St. Joseph für die neuen Stadtteile Oberndorf und Bergl. Baumeister war der Schweinfurter Heinz Günther Mömken. 1962 wurde das umfassende Pfarrzentrum begonnen, 1964/65 die Kirche errichtet. Wie bei vielen Kirchengestaltungen der Zeit war auch hier der Zelt-Gedanke leitend. Der Bau ist 1schiffig, geht rasch in die aufsteigenden Dachschrägen über, zeigt viel warmes Holz und buntes Glas. Dem Außenbau, sehr gewichtig durch die steile, hohe Dachung, assistiert der glatte, 40 m hohe Glockenturm.

Ev. Auferstehungskirche, Pfarrkirche, Werk von Olaf Andreas Gulbransson, 1957. Zentrale Anlage, bei der sich 2 steil-hohe Rechteckkörper im Kreuz durchdringen.

● **Rathaus** (Abb. S. 438)

Begonnen 1570, vollendet 1572. Sein Baumeister ist Nikolaus Hofmann aus Halle. Nach Brandschaden, 1959, wiederhergestellt.

Aus 2 sich rechtwinklig treffenden Flügeln bestehend, wendet es seine repräsentative nördl. Schauseite dem Markt zu. Hier legt sich einem mittleren Vorbau ein Altan vor, dem ein mit der Kuppel den Giebel übersteigender 5seitiger Turmerker aufsitzt. Renaissance im symmetrischen Aufriß, auch in der Gestaltung des Portals, nachlebende Spätgotik in den steilen Verhältnissen, in den Giebeln, in den Fensterumrahmungen: eine der glücklichsten Verbindungen »altdeutschen« Erbgutes mit den Reichnissen des Südens.

Städtisches Museum (Martin-Luther-Pl. 12) in einem Bau d. J. 1582, dem ehem. Gymnasium.

SESSLACH (OFr. / Coburg G3)

»Sezelacha« *tritt im 9. Jh. hervor. 1335 wird es Stadt.*

Die spätmittelalterl. **Befestigung,** mit 3 Tortürmen, steht noch rings. Auch das Ortsbild ist noch gut. Es gibt schöne **Fachwerkhäuser,** und es gibt auch einige prätentiöse Bauten wie die **ehem. fürstbischöfliche Salzfaktorei** von 1714.

Die spätgot. **kath. Pfarrkirche St. Johannes d. T.** wurde Mitte des 18. Jh. in einer den heutigen Eindruck des Inneren bestimmenden Weise umgestaltet. – Die **Kreuzkapelle** auf dem Friedhof wurde 1705–08 errichtet.

SINZING (OPf. / Regensburg K8)

Mariaort (K8)

Wenig stromaufwärts von Regensburg, am Einfluß der Naab in die Donau.

Wallfahrtskirche Mariae Himmelfahrt

Die wahrscheinlich schon im 14. Jh. begründete Wallfahrt ist 1433 erstmals bezeugt. Hätte die Legende recht, ginge sie auf eine von den ikonoklastischen Rhomäern ins Schwarze Meer gestürzte steinerne Muttergottes zurück, die auf einem Wacholderstrauch die Donau heraufgeschwommen und hier an Land gebracht worden sei.

In der Sakristei hat sich die erste got. Kirche erhalten. Die heutige Kirche ist ein geräumiger Bau d. J. 1774–76 mit bedeutenden *Fresken* des steirischen Malers Matthias Schiffer. Gute barocke Ausstattung – Altäre, Kanzel – aus der Erbauungszeit. Das Gnadenbild im Hochaltar ist ins späte 14. Jh. zu setzen. Viele, doch nicht über das 18. Jh. zurückgreifende Votivtafeln; beachtlich insbesondere die von 1741 mit der Ansicht der Stadt Kelheim.

Die östlich benachbarte, auf die Anhöhe gesetzte **Kalvarienbergkirche,** die ihren Anreger in der Hl. Treppe des Laterans hat, wurde schon 1724 errichtet: einfaches Rechteck mit gebrochenem Schluß, ein Saal mit den 3 Treppen.

SOLNHOFEN (MFr. / Weißenburg-Gunzenhausen G9)

Ehem. Benediktiner-Klosterkirche, Sola-Basilika

Aus der Zelle des hl. Sola, die einer (lt. Befund der Grabungen 1961 ff.) ins 7. Jh. zurückreichenden kleinen Kirche anlag, entwickelte sich eine Propstei des Klosters Fulda, das hier dank Übergabe der Gründung des hl. Sola († 794) Fuß faßte. Die 819 geweihte Kirche dürfte sich bis ins späte 18. Jh. (1782) großenteils erhalten haben.

Die Sola-Basilika war ursprünglich ein 3schiffiger, flach schließender Bau. Die Grabungen konnten die Fundamente der nördl. Umfassung, auch einen kleinen Teil der westlichen, ferner Teile des Aufgehenden – Wand des nördl. Seitenschiffes und W-Abschnitt der nördl. Arkaden – zurückgewinnen. Überstand der karolingischen Basilika ist auch der aus kleinteiligen Quadern aufgemauerte *Turm* (der 1783–85 in die **ev. Pfarrkirche** einbezogen wurde). Den 4 westl. Arkaden sitzt noch ein Streifen der Hochwand auf.

Die *Kapitelle* der Säulen variieren den korinthischen Typ; die reich profilierten Kämpfer verbreitern sich zum Bogenfuß. – Die im Seitenschiff stehende aufgemauerte *Tumba* kann wohl die sein, in die der Heilige 836 bei seiner Erhebung gelegt wurde. (Eine Spolie der Sola-Basilika ist auch das Rundrelief des hl. Sola [Leihgabe im Bayerischen

Nationalmuseum], ein Zeugnis vorroman. Steinplastik.) Bruchstücke eines Rahmenbogens aus Gips sind erster Hinweis auf die Verwendung dieses Surrogatmaterials hierzulande.

SOMMERHAUSEN (UFr. / Würzburg D5)

Winter- *und* Sommerhausen, *links und rechts des Mains, gehören ursprünglich zusammen und heißen* Ahausen. *Reichsgut, gelangen sie gegen Ende des 13. Jh. und im frühen 14. Jh. pfandweise an die Hohenlohe, in der 1. Hälfte des 15. Jh., an die Reichsschenken von Limpurg, die bis 1705 (Endjahr des Geschlechtes) im Besitz bleiben.*

Der mit allen altfränkischen Reizen ausgestattete ackerbürgerliche Markt ummauert sich im 15. und 16. Jh. und steht noch heute im Ring seiner **Mauern,** der sich in den 3 **Toren** öffnet.

Die **ev. Pfarrkirche** (St. Bartholomäus), im Langhaus ein Bau von 1740, wird von einem mittelalterl., ins 13. Jh. zurückreichenden Turm überragt. Ihr bester Ausstattungsbesitz ist die *Kanzel* von Georg Brenck, 1621, der auch das Webersche Epitaph (1622) arbeitete.

Das ansehnliche **Rathaus** mit Treppengiebel entstand 1558.

Das **Schloß,** ältestenteils aus dem 15. Jh., steht mit seinem nach Mitte des 16. Jh. aufgeführten Giebelbau beherrschend über seinem bürgerlichen Umwesen.

SONNEFELD (OFr. / Coburg H2)

Ehem. Zisterzienserinnenkloster

Das von Heinrich v. Sonneberg 1260 nächst Ebersdorf gegründete, von Maidbronn aus besiedelte Frauenkloster wird nach einem Brand 1287 in das klostereigene Dorf Hofstädten *(jetzt Sonnefeld) verlegt. Wohlfundiert, besteht es bis zur Reformation, 1525. – Die Kirche entsteht in der 1. Hälfte des 14. Jh.*

Ev. Pfarrkirche, ehem. Klosterkirche. Der Bau folgt dem Schema der Frauenkirchen des Zisterzienserordens: 1schiffig, langgestreckt, mit tiefem, Laienraum und Altarhaus einbegreifendem Chor. Das wie üblich von Gruft und Nonnenempore besetzte, gegen den Laienraum durch eine Quermauer abgeriegelte Schiff wurde um 1380 durch einen Brand geschädigt und damals erneuert. Die unglücklichen Baumaßnahmen von 1856 beseitigten Gruft und Nonnenempore, verkürzten das Langhaus um 7 m, schufen die neue W-Fassade und setzten den Dachreiter auf. – Der im ganzen wohlerhaltene *Chor* überragt das Schiff bedeutend; von Streben umstellt, in steilen Fenstern geöffnet, die 3 Joche 5seitig schließend; die Kreuzrippen der Wölbungen auf Diensten, die durch Konsolen abgefangen sind.

Die Ausstattung (der wahrscheinlich einmal das über Scheuerfeld in die Sammlungen der Veste Coburg gelangte große Vesperbild des frühen 14. Jh. angehörte) hat nicht mehr viel Gutes, doch ein Bestes vorzuweisen: den um 1363 anzusetzenden *Bildgrabstein* der (1353 ins Kloster eingetretenen) *Anna v. Henneberg,* Tochter des Grafen Heinrich VII., ein Werk verwandt den berühmten des (Würzburger) Wolfskeelmeisters, doch kaum von dessen Hand, wahrscheinlich vom Bildhauer des Bambergers Friedrich v. Truhendingen (Dom). Nicht gleichen Ranges, aber beachtlich auch die Bildgrabsteine eines Schaumberg und einer Edelfrau, vermutlich der Gattin, aus den 70er oder 80er Jahren des 14. Jh.

Vom ehemals nördlich anliegenden **Kloster** steht noch das an den Chor grenzende, wohl gleichzeitige *Dormitorium* mit dem *Kapitelsaal* darüber (vermutlich Mitte 15. Jh.), dessen – wie in der *Sakristei* – tief fußende Kreuzrippengewölbe einer mittleren Rundstütze anfallen.

SPALT (MFr. / Roth G7)

Gründung des die Siedlung bringenden Klosters, wahrscheinlich auf Königsgut, im letzten Jahrzehnt des 8. Jh. 1297 fällt das »oppidum« an Eichstätt, dem es bis 1803 verbleibt. Der befestigte Markt entwickelt sich im 14. Jh. (nach 1341) zur Stadt. Ihr Ernährer war und ist der Hopfen.

Gut erhalten fränkisch, legt sich die **Stadt** um die sie in wirkungsvoller Gruppe überragenden beiden Stiftskirchen. Die wohl im 14. Jh. geschaffene **Befestigung** steht nur mehr in Teilen und von den beiden Toren nur das südliche. Größere Mauerstrecken auf W- und S-Seite, hier auch noch der Zug des Stadtgrabens, häufig verbaut, wahrhaft pittoreske Veduten bietend. – Die breite Marktstraße führt zur Rezat abwärts; schlicht gute Bebauung bestellt die Zeilen. Prächtiges Fachwerk in der sog. **Hopfensignierhalle** des späten 15. Jh.: über massivem Erdgeschoß 2 Fachwerkgeschosse, deren oberes vorkragt, steiles, mit Gauben in 3 Reihen besetztes Satteldach. Rühmenswerte **Fachwerkbauten** (Giebelfachwerk über massiven Geschossen) jenseits der Rezat. Die vom Hopfenbau geforderten Trockenböden veranlaßten steile Dachbildung. Der etwa 2 km westlich (seitlich der Windsbacher Straße) liegende **Hof Mühlreisig** (1746) mit seinem 5fach gestaffelten Dach ist bestes Beispiel.

Kath. Pfarrkirche, ehem. Stiftskirche St. Emmeram

Spalt ist schon im 8. Jh. Besitz von St. Emmeram in Regensburg, das 810 ein Salvatorkloster gründet. Dieses wird im 9. oder 10. Jh. Kanonikerstift, dem 1292 durch den Burggrafen Konrad ein zweites hinzutritt. Beide Stifte teilen sich zunächst in die Kirche, bis sich das jüngere eine eigene errichtet. 1619 verschmelzen die beiden Stifte – Emmeramsstift und Nikolausstift – zu einem.

Die Anlage der Emmeramskirche trifft ins 12. Jh. Von der kreuzförmigen Basilika ist nicht viel geblieben; am vernehmlichsten spricht noch die Halbrundapsis die Sprache des 12. Jh., auch der Strunk des S-Turmes. Der korrespondierende N-Turm ist um eine Reihe von Jahrzehnten später, etwa in den 20er Jahren des 13. Jh., entstanden. Starke Bauschäden, Einstürze, nötigten Mitte des 17. Jh. zu Reparaturen, die besonders die Apsis und den O-Giebel des Schiffes betrafen. Wahrscheinlich wurde damals auch das Querschiff beseitigt und wohl auch die Krypta (von der sich nur wenige Teile, 12. Jh., erhalten haben). Entscheidend für die Erscheinung der Kirche wurde dann der vermutlich vom Eichstätter Hofbaumeister Jakob Engel geleitete Umbau 1698/99. Die Seitenschiffe wurden erneuert, ihre Umfassungen vorgeschoben, die Kirche wurde in allen Teilen gewölbt. Wohl 1791 erhält der N-Turm Obergeschoß und Haube; 1795 wird der S-Turm abgetragen. – So bietet sich heute die Stiftskirche als eine wesentlich barocke Kirche, wenn auch die Abfolge der rundbogigen Arkaden noch an die Frühgestalt erinnert.

Die Ausstattung gehört überwiegend der Zeit um 1700 an.

● **Ehem. Stiftskirche St. Nikolaus**

Im frühen 14. Jh. erhält das 1294 gegründete Stift seine eigene Kirche. Im 18. Jh. (1767ff.) wird sie vom Ellinger Deutschordensbaumeister Matthias Binder nahezu von Grund auf neu gebaut.

Neben der Emmeramskirche wirkt nun diese dank der resoluten Erneuerung ganz einheitlich. Sie ist 1schiffig; der Chor, leicht eingezogen, schließt 3seitig. Wandpfeiler mit Pilastern gliedern. Eine Stichkappentonne deckt das Langhaus, eine Kuppel mit hoher Laterne das Chorquadrat, eine Halbkuppel den Chorschluß. Westlich stehen 2 (im Kern ältere) Türme, zwischen denen sich eine durch Portal, Nische mit dem hl. Nikolaus, Fenster und dekorative Fensterbekrönungen (im »Ellinger Stil«) geschmückte Fassade ausspannt.

Stukkaturen und Fresken tragen die Ausstattung; die Fresken vom Münchener Franz Kirzinger (1769).

SPEINSHART (OPf. / Neustadt a. d. Waldnaab K4/5)

Prämonstratenserkloster

Aus der frühen Geschichte des Klosters ist nicht viel mehr überliefert, als daß es auf die 1145 erfolgte Gründung eines fränkischen Edlen Adelvolk v. Reifenberg zurückgeht. Die Reformation hat 1556 das klösterliche

Leben ausgelöscht. 1661 wird Speinshart von Steingaden aus wieder mit Prämonstratensern besiedelt, 1691 zur Abtei erhoben. Sofort setzt rege Bautätigkeit ein. Es wird »die alte Closter-Kirchen eingeleget« und völlig neu errichtet. Baumeister ist Wolfgang Dientzenhofer aus Amberg. Der Rohbau steht 1696 so weit, daß die Dekorateure mit der Arbeit beginnen können, die Brüder Lucchese aus Melide im Tessin, Wanderkünstler; Carlo Domenico Lucchese ist Stukkateur, sein Bruder Bartolomeo Maler. Der Vertrag sieht 1700 als Vollendungsjahr vor. 1706 findet die Weihe statt. 1674 hat schon der Neubau des Klostergevierts um den Kreuzhof begonnen; zunächst entsteht der S-Trakt; ihm folgen der östliche und der nördliche (dieser 1803 abgebrochen) und endlich, 1713, der westliche. 1803 säkularisiert, wird das Kloster 1921 dem Orden zurückgegeben, der es heute noch besitzt. Seit 1923 ist es wieder Abtei. Durchgreifende Restaurierung aller Teile 1959.

Klosterkirche Unbefleckte Empfängnis. Äußeres. Der Kirchenbau bildet den N-Trakt der viereckigen Klosteranlage. Seine Fassade trägt merkwürdig profanen Charakter. Nur ein prunkendes Portal und das zurückgesetzte Turmpaar verraten etwas von der Würde des Gotteshauses. Eine Vorhalle, flankiert von 2 rechteckigen Kapellen, läßt ein. – Inneres. Ein Fortissimo quellender Stuckformen ist der erste Eindruck. Bald klärt sich die Raumform: emporenbesetzte Wandpfeileranlage zu 3 Jochen mit eingezogenem, durch doppelt emporenbesetzte Abseiten erweitertem Presbyterium und querrechteckigem Chor. W. Dientzenhofer schuf hier Besseres als im nahegelegenen Michelfeld. Die Wandgliederung ist präziser. Die Emporenregion ist über das Gebälk hinaufgerückt, die Seitenkapellen sind höher, die Stichkappen tiefer. Die Triangulatur ist die Grundlage einer feinsinnigen Proportion.

Ausstattung. Außerordentliches hat der Stukkateur C. D. Lucchese geschaffen. Als stark plastisches Geschlinge von Kartuschenformen, Muscheln, Blütenkränzen und Gehängen, belebt mit Puttenfiguren, liegt der *Stuck* über den Gewölben zwischen den rippenartig durchgeführten Stichkappengraten, die auf volutengezierter Zwickelzone aufsitzen. Im Chorgewölbe verzichtete Lucchese auf die architektonische Linie und durchwirkte die Gruppe umkränzter Rahmengebilde mit Blattzweigen und Palmwedeln, zwischen denen sich Putten tummeln. Vollplastische Figuren regen sich auf dem Gebälk des Langhauses, Allegorien der christlichen Tugenden. Vor dem Chorbogen auf hohem Gesims Mariae Verkündigung. Tiefer, vor den Pilasterpaaren, erscheinen Heilige und Selige des Prämonstratenserordens in pathetischer Geste. Unerschöpfliche Phantasie ist aufgeboten. Kräftige Formen in Langhaus und Kapellen; zartere, leichtere Motive schmücken Emporen und Chorgewölbe. Die Farbigkeit entspricht der Stilstufe um 1700, weiß auf zartgelb getöntem Grund. Auch ist die Vielzahl von Bildrahmen Kennzeichen

Speinshart. Klosterkirche. Dekoration

des ausgehenden 17. Jh.: im Gewölbescheitel des Langhauses größere Ovale, um die sich kleinere gruppieren, im Chor kleinere. B. Lucchese bemalte sie mit *Fresken.* Im Sanctissimum tragen sie Szenen aus dem Marienleben, umgeben von Propheten, Kardinaltugenden und Illustrationen zur Lauretanischen Litanei in den Abseiten; im Langhaus Themen aus der Geschichte des Prämonstratenserheiligen Norbert, umgeben von Papstbildnissen. Die Deckengemälde beziehen sich auf die Heiligen der Altäre. Das Gewölbe der Vorhalle schildert die Klostergründung durch Adelvolk v. Reifenberg. – Die Altäre sind um 1717 entstanden. Im Hochaltarblatt Maria Immaculata. Besonders reich sind die Wangen der Kirchenstühle (Anfang 18. Jh.): Akanthuslaub umschlingt Symbole der christlichen Tradition.

Klostergebäude. Viereckanlage um den **Kreuzgang.** Der in farbig getönten Feldern gegliederte Putz gibt dem Äußeren einen fröhlichen Klang. Über der Kirchenvorhalle 3 *Gastzimmer* mit Rokoko-Stuck des 18. Jh. Auch andere Räume tragen Barockdekorationen, so der *Bibliothekssaal.* – Von N führt ein 2türmiges **Klostertor** von 1746 in den von **Wirtschaftsgebäuden** umstandenen Vorhof.

Nordwestlich der **ehem. Klosterkeller.** Der Felsenkeller wurde 1712 angelegt, das schöne Kellerhaus 1736/37; ein seltenes Beispiel derartiger Bauten.

STADTLAURINGEN (UFr. / Schweinfurt E3)

Wetzhausen (E2)

Namengebender Besitz des alten fränkischen Geschlechts der Truchseß v. Wetzhausen, seit dem frühen 14. Jh. und heute noch.

Das **Schloß** wurde im Bauernkrieg zerstört, dann, sehr mächtig, wiedererrichtet. Ehemals von Wassergräben umgebener Vierflügelkomplex, allseits 4geschossig. Am O-Flügel 2 polygone Ecktürme und ein 3geschossiger Erker. Reizvoller Hof mit Treppenturm, Holzgalerie und Erker.

In der 1707/08 gebauten **ev. Pfarrkirche** 31 Truchseß-Epitaphien (ab 1461), darunter so gute wie die der beiden Dietze (1481, 1517) und des Erhard (1524). Bemerkenswert auch die große Anzahl der im herrschaftlichen Oratorium hängenden Totenschilde.

STADTPROZELTEN (UFr. / Miltenberg B4)

Im 12. Jh. erwächst auf der rechtsseitigen Höhe des Main-Tales die Burg, unter ihr am Main-Ufer die sich gegen Ende des 13. Jh. zur Stadt entwickelnde Siedlung, die 1355 förmlich mit dem Stadtrecht (von Gelnhausen) begabt wird. Aus dem Besitz der Deutschherren kommen Burg und Stadt 1484 tauschweise an Mainz.

Burg •

Die ältesten Teile, der nördliche der 2 Bergfriede und der östl. Palas, lassen sich ins 12. und 13. Jh. zurückführen. Die Ringmauer, der Torbau, der südl. Bergfried, der westl. Wohnbau traten im 15. Jh., vor 1484, in der

Zeit des Deutschordens, hinzu. Die kurmainzische Burg wurde wahrscheinlich Ende des 17. Jh. durch französische Truppen zerstört.

Die »Henneburg«, nicht groß, aber stark, ist auf 3 Seiten durch die Steilhänge des Bergrückens natürlich geschützt; die W-Seite durch einen Ringgraben verstärkt, die offene N-Seite durch einen Halsgraben gesichert. Der an der SO-Flanke entlangführende Burgweg trifft an der SW-Ecke auf den **Torbau.** Einem etwas älteren inneren Tor liegt ein äußeres vor; dieses ist durch einen Rundturm bewehrt. Nach dem Durchschreiten eines Zwingers wird ein kleiner Torhof erreicht. Ein Torgang im westlich angrenzenden **Palas** läßt in den schmalen Innenhof zwischen dem Palas und einem langgestreckten Wohngebäude ein. Das **Wohngebäude** liegt zwischen den beiden **Bergfrieden,** dem jüngeren, in Bruchstein gemauerten, südlichen und dem älteren, in Buckelquadern aufgeführten, sehr wuchtigen (roman.) nördlichen. Die umfassende Ringmauer ist durch Rundtürme verstärkt; ihrer westl. Teilstrecke liegt innen ein unterirdischer Wehrgang vor. Die ehemals Burg und Stadt verbindenden Mauern haben sich nur in wenigen Resten erhalten. – Die Henneburg ist eine der wirkungsvollsten, im Kern ältesten Höhenburgen Frankens. Beherrschend die beiden den Umriß charakterisierenden Bergfriede. Die kleinere Burg des hohen Mittelalters, deren Zeuge der mächtige nördl. Bergfried ist, wurde erst durch den Deutschorden auf die gegebene Ausdehnung gebracht.

Kath. Pfarrkirche St. Barbara und St. Georg, ehem. Spitalkirche

Die urspr. Pfarrkirche wurde 1809 abgebrochen; die Pfarrechte gingen auf die Kirche des 1319 von Neubrunn hierher verlegten Spitals über.

Chor und Turm (unteren Teils; oberen 1628) entstammen der 2. Hälfte des 14. Jh., im Kern wohl auch das im 17. Jh. erhöhte und westlich verlängerte Schiff, das 1936 noch einmal verlängert und neu gewölbt wurde. Die Ausstattung ist vorwiegend modern. Beachtlich die Sandsteinfigur einer Heiligen, das »Burgfräulein von Henneberg«, aus der Spätzeit des 13. Jh.

STAFFELSTEIN (OFr. / Lichtenfels G3)

Im 9./10. Jh. gehört St., in dem aber schon eine der von Karl d. Gr. veranlaßten Wendenkirchen zu suchen ist, dem Kloster Fulda. 1130 gewährt Kaiser Lothar dem jetzt dem Bamberger Domkapitel zuständigen Ort das Marktrecht. 1418 ist er Stadt. Ihr meistgenannter Bürger ist der 1490 geborene Adam Riese.

Die Zier des auf der Fußschwelle des Staffelberges liegenden Städtchens ist das nach 1684 gebaute **Rathaus.** Auf dem von einem spätgot. (1473 errichteten) Vorgänger übernommenen massiven Erdgeschoß sitzen 2 Fachwerkgeschosse und ein steiles, an der Marktseite von einem Zwerchhaus durchkreuztes Satteldach; reiches Fachwerk auch an den beiden Giebeln. – Das ansehnliche **Amtshaus** (Lichtenfelser Str. 9) datiert 1724. – Die 1422 begonnene Stadtbefestigung hat nur noch einen **Torturm** vorzuweisen.

Kath. Pfarrkirche St. Kilian und Georg

St. Kilian als Patron weist auf vorbambergische Gründung. Der spätgot. Bau wurde in der 2. Hälfte des 15. Jh. errichtet, 1727–31 umgestaltet und 1871 »gereinigt«.

Das 3schiffige gewölbte Langhaus ist in der Mitte überhöht. Die Emporen über den Seitenschiffen sind Einschübe d. J. 1724. Der Chor schließt polygon. Der nördlich stehende Turm setzt einen hohen Spitzhelm auf, den 4 Ecktürmchen umstellen: beliebtes Turmmotiv im Bamberger Umland.

Staffelberg

Der die Maintallandschaft beherrschende Staffelberg darf mit der von Ptolemäus aufgeführten Burgsiedlung »Menosgada« gleichgesetzt werden. Die starken Wälle einer Abschnittsbefestigung lassen auf ein ausgedehntes spätkeltisches »oppidum« schließen.

Die 1525 bezeugte, damals zerstörte **Adelgundiskapelle** führt ins Mittelalter zurück. Das heutige Kirchlein entstand 1653.

Banz (G3)

Ehem. Benediktinerkloster ●

Der Banzer Berg trägt schon in fränkischer, karolingischer Zeit nördlich des Klosters eine seine Höhe umschließende ausgedehnte Ringwallbefestigung, eine den Banzgau (Untergau des Grabfeldes) schützende Volksburg. Die Schweinfurter Grafen setzen im 10. Jh. an die S-Spitze des Berges eine Höhenburg. Gräfin Alberada, eine der Erbtöchter des letzten »Markgrafen« von Schweinfurt, verwandelt 1069 diese Burg in ein Benediktinerkloster, das sie reich dotiert und 1071 dem Bamberger Bischof übergibt, dem es künftig im Weltlichen, wie dem Würzburger im Geistlichen, untersteht. Bischof Otto I. von Bamberg restauriert das Kloster und weiht 1114 die Kirche (Patron St. Dionysius). Schwere Heimsuchungen durch Brand und Plünderung im 16. Jh. Kulturelle Hochblüte in der 2. Hälfte des 17. und im 18. Jh., bedeutender Ruf dank gelehrter Mönche und der von ihnen begründeten wissenschaftlichen Anstalten. Die Säkularisation vernichtet ein blühendes Kloster. Erwerbung der Herrschaft Banz 1814 durch Herzog Wilhelm in Bayern rettet den baulichen Bestand. 1920 ziehen Trappisten ein; 1933 folgt ihnen die Gemeinschaft von den hl. Engeln. Seit 1978 im Besitz der Hanns-Seidel-Stiftung.

Die befestigte Klosteranlage des Mittelalters ging in der des 18. Jh. unter – ein durch die Großartigkeit der Neuschöpfung mehr als aufgewogener

Verlust. Die Baudaten: Spätestens 1698 sind die Klostergebäude Johann Leonhard Dientzenhofers im Bau. Die Kirche wird 1709 von Johann Dientzenhofer, dem jüngeren Bruder, anders, neu konzipiert. 1714 bis zur Stuckausstattung gediehen, ist der Kirchenbau 1718 im wesentlichen fertig; 1718 steht auch die Fassade; 1719 Weihe. Vom Kloster an N- und O-Seite der Kirche entsteht das lange, kirchenparallele, dem tiefer liegenden Wirtschaftshof zugewendete Abteigebäude bis 1704; es folgen die Quertrakte in der Mitte und östlich, seit 1707 unter dem jüngeren Dientzenhofer; der sog. Bischofsbau schließt 1726 den 3 Höfe umfassenden

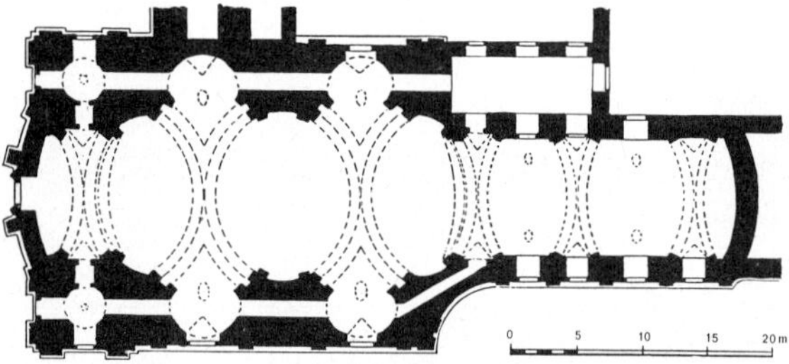

Staffelstein: Banz. Ehem. Klosterkirche. Grundriß

Komplex westlich ab. In diesem Jahr stirbt Johann Dientzenhofer. Erst jetzt fällt die alte Kirche (östlich der neuen). Auf ihrem Areal entsteht 1732 der Konventbau, talseitig begrenzt durch die schon 1728 gebaute Terrasse. Um 1750 erwächst der große Wirtschaftshof nach den von Balthasar Neumann übergangenen Plänen des Staffelsteiners Johann Thomas Nißler. 1770–75 ist der ebenfalls Staffelsteiner Sebastian Weber tätig; er führt die Abteirampe und die monumentale Mitte des Abteitraktes auf. – 1979 ff. Restaurierung des klösterlichen Baubestandes.

● **Kath. Pfarrkirche St. Peter und Dionysius,** ehem. Klosterkirche. Äußeres. Die Kirche liegt nur an 2 Seiten offen: Die gegen das Tal gekehrte südl. Langseite, unmittelbar über der Böschung und also keiner Nahsicht ausgesetzt, begnügt sich mit geringstem Gliederungsaufwand. Mehr mit Fern- als Nahsicht rechnet auch die Fassade, deren verhältnismäßig schmal zusammengefaßter, in der Mitte geschwellter Stirn die beiden hochbekuppelten Türme entwachsen. Einprägsam der Umriß: die dreifache Aufwärtsstaffelung von Chor, Schiff, Turmpaar als Aufgipfelung der breit gelagerten Klostertrakte. Der Plan Neumanns, die Fassade mit einer Terrassenanlage auszustat-

Staffelstein: Banz. Ehem. Klosterkirche. Inneres Gewölbezone nach Osten

ten, blieb unausgeführt; eine Freitreppe mußte genügen. Die gute Fassadenplastik gab Balthasar Esterbauer 1713. – Inneres. Das Grundrißrechteck des Schiffes umschließt ein durch die 4 Eckpfeiler abgestecktes Längsoval. Die auf hohem, stark profiliertem Kämpfer aufruhende, in ihren gestelzt oder gedrückt gespannten Gurtbögen stärkste Bewegung ausdrükkende Wölbung zerlegt sich in eine Reihe von Sphäroiden, die sich einer Zentralkuppel zuordnen. Die nur mühsam gebändigten Kurven führen, die vom Aufriß der Wand her nicht vorauszusehenden Gewölbegurte knüpfen ein Netz überraschender Bewegungsbahnen, die den Raummantel bildenden Wände und Pfeiler begrenzen einen Raum, den man mit Höhle oder Schlucht vergleichen mag. Der unter der Höhe und auch der Breite des Schiffes zurückbleibende Chor, dessen Absetzung durch den Chorbogen kaum empfunden wird, verbirgt seine Tiefe durch den nah an den Chorbogen herangerückten Altar, der sich aber in der Mitte zum Durchblick auf den Hauptaltar im Chorschluß öffnet. Die kunstgeschichtliche Ableitung führt nach Böhmen; Werke des Christoph Dientzenhofer, eines Bruders des Banzer Baumeisters, wie die Klosterkirche Břevnov über Prag, sind das Verwandteste.

Die einheitliche Ausstattung teilweise nach Dientzenhofers Entwurf. Die *Stuckarbeit* leistete Johann Jakob Vogel, die *Fresken* der Decke wahrscheinlich Melchior Steidl; das zentrale Thema ist die Ausgießung des Hl. Geistes, der (westlich) die Bekehrung Pauli vorangeht und (östlich) Abendmahl (über dem Hochaltar), Opfer des Melchisedek und Anbetung des Lammes (Chor) folgen. Der *Hochaltar* zwischen Chor und Langhaus wurde von Balthasar Esterbauer 1714 ausgeführt (Tabernakel um 1760). Der *Choraltar* stammt vom gleichen Würzburger Künstler (nur Tabernakel, 1728, von Johann Thomas Wagner), der auch die *Kanzel,* nach dem Modell Dientzenhofers, schuf (1719–24). Das hervorragende *Chorgestühl* arbeitete, zwischen 1731 und 1768, Johann Georg Neßtfell in Wiesentheid.

● **Klostergebäude.** In der Monumentalität der Anlage nur mit Größtem, wie Melk, vergleichbar, jedenfalls in der bindenden Anlage des Komplexes, wenn das in der Ausführung auch nur für das vordergründige Abteigebäude gilt. Alle anderen Trakte zählen zum Anteil des Kirchenbaumeisters Johann Dientzenhofer. Mitwirkung Balthasar Neumanns an der Gestaltung des großen Hofes, der ein wesentlicher Koeffizient der durch das bergseitige Tor zugänglichen Anlage ist, steht ja wohl fest; in der Gestaltung der Toranlage glaubt man den Geist des großen Dekorateurs Johann Jakob Michael Küchel zu spüren. – Der Blick von der Bergseite her umgreift das gestufte, vom hohen (höheren) Abteibau beherrschte Gesamtbild; das niedrig gehaltene, doch reich und mit allem Charme des Rokoko geschmückte Tor an der von Eckpavillons mit geschwellten Dachhauben flankierten Front ist Auftakt. Der große Wirtschaftshof fängt die durch die Treppenrampe ausgezeichnete Fassade des Abteigebäudes auf, die J. Th. Nißler (nach eigenem Entwurf?) 1752 dem Trakt J. L. Dientzenhofers hinzufügte.

Im Inneren noch einige vorzüglich ausgestattete Räume, der *Kaisersaal* mit feinen Stukkaturen J. J. Vogels und dem auf die Stifter-Geschichte bezüglichen Gemälde des Bambergers Sebastian Reinhard (1710) und die ebenfalls von Vogel stuckierte *Abtskapelle.* Im östlich anschließenden Refektoriumsflügel die Haupttreppe.

Frauendorf (G3)

Kath. Pfarrkirche St. Aegidius

Patronat hatten die Giech. 1757–60 vom Staffelsteiner Johann Thomas Nißler gebaut, kam sie erst 1826 zu Pfarrechten.

Die nicht große und doch stattliche bambergisch-fränkische Landkirche im Lautergrund ist ein gut in sich geschlossener Sandsteinquaderbau mit beherrschendem, der Front entwachsendem Turm, dem eine füllige, durch mehrere Einschnürungen gegliederte Helmkuppel des Bambergers Joseph Clemens Madler aufsitzt. Einheitliche Ausstattung der 1760er Jahre von Stephan Goldwitzer (Bamberg, Kanzel) und Franz Klose (Kronach). Die Seitenaltäre von Pankraz Fries sind schon sanft vom Klassizismus berührt.

Vierzehnheiligen (G3)

Wallfahrtskirche Mariae Himmelfahrt ●

Ausdrückliches Begehren der 14 Nothelfer, die dem Langheimer Klosterschäfer auf einem Acker nahe dem Klosterhof Frankental wiederholt, 1445 und 1446, erscheinen, führt zur Errichtung einer Wallfahrtskapelle auf der gewiesenen Stelle, die im Bauernaufruhr, 1525, abgeht und durch einen zweiten Bau (Weihe 1543) ersetzt wird, der bis ins 18. Jh. besteht. Frequenz der Nothelferwallfahrt läßt den Langheimer Prälaten den Entschluß zu einem Neubau fassen. Doch schaltet sich der Fürstbischof, Friedrich Karl v. Schönborn, bestimmend ein. Der vom Langheimer vorgeschlagene (prot.) weimar-eisenachische Landbaumeister Gottfried Heinrich Krohne, der seit 1738 den Neubau der Langheimer Klosterbaulichkeiten leitet, wird vom Fürstbischof abgelehnt. Nun tritt, 1742, Balthasar Neumann als Beauftragter seines Fürsten auf; sein Entwurf findet Beifall. Doch bleibt die Leitung (die Ausführung hat der tüchtige Staffelsteiner Maurermeister Johann Thomas Nißler) des am 23. 4. 1743 grundgelegten Baues bei Krohne, der sich eigenmächtige Eingriffe in das Neumannsche Projekt gestattet. Die durch ihn verschuldete Zurückschiebung des Chores schließt die Vierung als (beabsichtigten) Standort des Gnadenaltars aus; Standort kann jetzt nur das Langhaus sein. An dieser wohl oder übel zu bewältigenden Zwangssituation entzündet sich nun Neumann (Krohne scheidet aus, vom Langheimer vorgelegte Pläne Maximilian v. Welschs finden keinen Anklang), der zuvor einen nicht eben überraschenden Basilikalbau zu Papier gebracht hatte. Nach Neumanns noch einmal neu entworfenen Plänen beginnt Nißler 1744, die Kirche aufzuführen. Der 1756 eingedeckte, erst 1772 ganz fertige Bau bezieht seine hohen Raumwerte aus dem Spannungsverhältnis zwischen basilikalen und zentralen Richtungstendenzen. – Die Säkularisation (1803) vertat den Kirchenschatz. 1835 vernichtete ein Brand Turmhelme, Dachungen, Orgel. Erst zu Anfang dieses Jahrhunderts gewannen die Türme wieder Helme alter Form. Einige Schäden richteten (wohlmeinend natürlich) die seit 1839 die Wallfahrt betreuenden Franziskaner an, die 1848 ff. die Fresken übermalen ließen (1915–18 wieder freigelegt) und die Altarblätter gegen neue austauschten.

Äußeres. Die Achse zielt genau auf das gegenüberliegende Banz, und das nicht zufällig, der Langheimer Abt wollte es so. Nicht so hoch thronend wie Banz, auf halber Höhe der zu Tal gehenden Berglehne, bringt der mächtige Kirchenbau seine hohe und doch auch breite Fassade zu um so wirksamerer Geltung. Die natürliche Szenerie der hinterfangenden Bergzüge, die sich südlich zum Staffelberg aufrecken, der »stromdurchglänzten Au«, der drüben ansteigenden Randhöhen des Grabfeldes mit dem durch eine Spannung verbundenen Banzer Kloster, rahmt unvergleichlich. – Die äußere Umfassung der Kirche ist die einer kreuzförmigen Basilika. Betont setzt sich das Querhaus ab, dessen Arme wie das Chorhaus 3seitig schließen. Aller Anspruch sammelt sich in der im Sinne des Wortes »ansprechenden« *Fassade,* denn ansprechen, werben, locken soll sie, will sie weit ins Tal hinaus. Der durch ein starkes Gesims in 2 Hochgeschosse unterteilten, in der Mitte zu leichtem und doch kraftvoll gespanntem Bug vorschwellenden Front entwachsen die ihr zunächst als starke Rahmenpfeiler eingebundenen *Türme,* die sich in den hohen Freigeschossen zu plastisch geformten Körpern entwickeln und in den wie gedrechselten, in leichten schlanken Laternen ausstrahlenden Helmen beschließen. Rustizierte Lisenen gliedern das Untergeschoß, Pilaster, auf hohen Stühlen, das zweite; vollrunde Säulen flankieren die geschwellte Mitte und auch die Ecken der Freigeschosse der Türme. Beide Geschosse öffnen sich in doppelten Fensterreihen. Die Mitte unterbricht die untere, kleiner gehaltene Fensterreihe durch das *Portal*; sie läßt das mittlere Fenster der 3. Reihe auf dem großen Teilungsgesims fußen und setzt schließlich einen *Giebel* auf, der mit Relief gefüllt und von Statuen bestanden ist. Statuen stehen auch in den Nischen, welche die 4. Fensterreihe seitlich der Mitte unterbrechen; sie

Staffelstein: Vierzehnheiligen. Wallfahrtskirche
Fassadenplanung Januar 1744
Zeichnung Balthasar Neumanns (Sammlung Eckert 84)

waren einmal vergoldet, denn leuchtkräftig sollten sie sein, leuchtkräftiger noch als der durch einen warmen Ockerton ausgezeichnete »zart schöne Stein« (mit Neumann zu reden), der Sandstein der Landschaft.

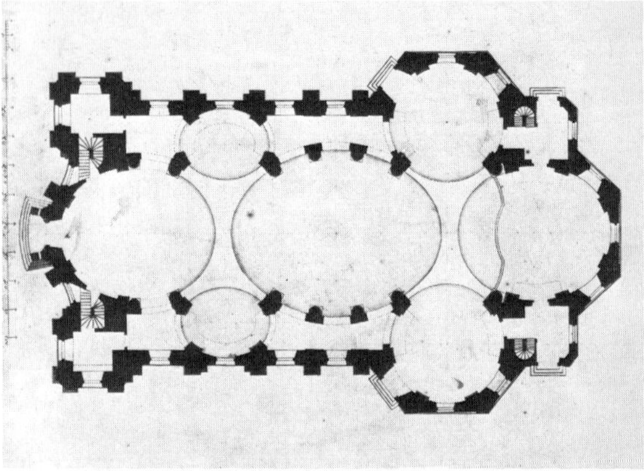

Staffelstein: Vierzehnheiligen. Wallfahrtskirche
Grundrißzeichnung Balthasar Neumanns (Sammlung Eckert 83)

Inneres. Erwarten ließe sich ein basilikaler Raum, wenn nicht mit Seitenschiffen, dann mit Seitenkapellen. Man erinnere sich, daß Neumann durch die Eigenmächtigkeit des Bauleiters Krohne (d. h. aber auch: des äbtlichen Bauherrn) in eine Zwangslage versetzt worden war; er mußte die O-Partie, nicht so von ihm gewollt, in der Grundlegung hinnehmen. Er schuf nun nachträglich in die starre Umfassung einen der bewegtesten Räume hinein, löste ihn durch Pfeilerstellungen vom Zwang der Orthogonalen und gab ihm die Kurve und immer wieder die Kurve als Begrenzung. Der Gnadenaltar (über dem Ort der Erscheinung), dieses zentrale und also auch zentral zu legende Heiligtum, konnte infolge der Chorverschiebung nicht mehr in die Vierung gesetzt werden. Neumann zieht ihn ins Schiff, kreist ihn in ein großes Oval ein und richtet die Kirche statt auf die Vierung auf dieses Oval aus. Diesem schickt er

Staffelstein: Vierzehnheiligen. Wallfahrtskirche
Inneres mit dem Gnadenaltar

westlich ein kleines Oval voraus und läßt ihm östlich im Chorraum ein drittes folgen. Das große Oval drängt in die Vierung über, das Choroval ihm entgegen; über die Vierung kurven, »windschief«, die Gurte der Wölbflächen der Ovale. Das Raumwunder Vierzehnheiligen begibt sich in dem zentralen Oval um und über dem Gnadenaltar, das mit Säulen bestirnte Freipfeiler umstellen, zwischen die sich Emporen spannen; hier, in diesen Anräumen, wohnt das Licht, Lichträume umfassen den hl. Bezirk der Mitte.

Den *Gnadenaltar,* dieses so ganz freie, von allen Zwängen der Tektonik befreite, nur noch als Ornament faßliche Gebilde, führten – nach den Angaben eines Küchelschen Vorentwurfes – Johann Michael (II) Feichtmayr und Johann Georg Üblherr aus (1763). – Die Ausstattung bezieht zunächst einmal ihren Glanz aus den von stuckierten Muschelwerkrändern wellig umspielten *Deckenfresken* Giuseppe Appianis; im 19. Jh. (1849–71) übermalt, wurden sie 1915–18 größtenteils von den Überschichtungen befreit, mußten zu einem (kleinen) Teil allerdings rekonstruiert werden (so über dem südl. Querarm, über den Seitenaltären nördlich und südlich, unter den Seitenschiffemporen und der Orgelempore). Die Hauptthemen: Glorie der Nothelfer (über dem Gnadenaltar), Verkündigung und Geburt Christi (im Chor). Zu den zarten Farben der Fresken kommen die von Gelb zu Grün zu Grau zu Rot spielenden der Marmorierungen und das Gold, Blaßblau, Ocker der *Stukkaturen,* aufblühend über der Weißfolie der Wandflächen. Beschäftigt sich nun der Blick, aus den »Sphären« der Decke in die Tiefe zurückkehrend, mit den Altären, so wird er sich immer wieder an den von entzückender Balustrade umfahrenen Gnadenaltar mit den ihn umstellenden Nothelfern und dem vierfachen Christkind auf der Spitze des Baldachins verlieren. Aber die leichte, jegliche Form zum Ornament zerkräuselnde Hand des Rokoko hat auch die anderen Altäre geschaffen, auch den groß und breit, doch leicht und licht im Chor ragenden *Hochaltar*; zu beklagen ist nur der Verlust ihrer urspr. Gemälde (Appianis). Um so vollkommener ist die *Kanzel,* eine der phantasievollsten der Zeit, Arbeit von Franz Jakob Vogel und Johann Peter Benkert 1740: Engelchen tragen schwebend den Kanzelkörper mit den von Muschelwerkzier umwucherten Reliefs der Evangelisten; der Schalldeckel ist eine Strahlenkugel. – Beschreibend stößt man auf eine Grenze, in das Wort geht die Fülle dieser Kirche nicht mehr ein.

Franziskanerkloster (seit 1839), ehem. Propstei. Um die NO-Seite der Kirche legt sich, den Brechungen des Chores folgend, das nach Neumannschem Konzept von Krohne 1743 begonnene, doch schon noch im gleichen Jahr von Johann Jakob Michael Küchel übernommene und 1746 von ihm vollendete Propsteigebäude, das die von ihm und der Kirche gebildete Gasse vorzüglich bewandet.

Bad STEBEN (OFr. / Hof I2)

Erst 1374 bezeugt, aber vielleicht doch, später Überlieferung zu glauben, ins 11. Jh., in die Frühbesiedelung des Frankenwaldes zurückreichend. Der Orlamünder Besitz geht im 14. Jh. an die Burggrafen-Markgrafen über. Die radioaktiven Heilwasser sind schon 1444 faßbar. Der im 18. Jh. aufblühende, doch nicht lange währende Bergbau auf Spateisenstein ließ 1792–97 den preußischen Oberbergmeister Alexander v. Humboldt hier (Humboldthaus, Badstr. 2) Wohnung nehmen. Heute ist das Bad ein vielbesuchter Kurort.

Die **alte ev. Pfarrkirche** (ehemals St. Walburg), längst außer Dienst gestellt, verlor 1910 das Langhaus und ist jetzt auf den spätgot., mit Rippengewölben gedeckten Chor beschränkt, dem ein Wehrgeschoß aufsitzt. (Die alte Bewehrung ist auch auf dem Friedhof kenntlich.) Das Sakramentshäuschen im Chor ist 1498 datiert. *Malereien* an Wand und Decke wurden 1912 freigelegt; ihr Ansatz um 1510/20 ergibt sich aus ihrem Verhältnis (mit z. T. genauen Übereinstimmungen) zu den 1517 datierten Wandgemälden im Chor der Pfarrkirche von Presseck (Kr. Kulmbach). Sie dürfen also einem frankenwäldischen Maler zugeschrieben werden (daß es sich um Hans Maler, den Vater Lucas Cranachs, handeln könnte, ist gewagte, höchstens durch die örtliche Nähe Kronachs gerechtfertigte Hypothese). Die Themen sind u. a. Wurzel Jesse, Passion, Jüngstes Gericht.

Die **neue ev. Pfarrkirche** ist ein Bau des Hofer Architekten Richard Neithardt von 1909/10.

SUGENHEIM
(MFr. / Neustadt a. d. Aisch - Bad Windsheim EF5)

Ullstadt (F5)

Erstbezeugung im Zusammenhang mit dem (von Münsterschwarzach beerbten) Kloster Megingaudshausen, 816. Die Dorfherrschaft ist im späten 14. Jh. bei den Seckendorff, die sie 1662 an die (vordem im Odenwald beheimateten) Franckenstein verkaufen. Seither ist U. Besitz der Freiherren v. Franckenstein und so, wie es heute dasteht, auch ganz ihre Schöpfung.

Schloß ●

1718 verschwindet die Wasserburg der Seckendorff, um einem zeitgemäßen Schloßbau Platz zu machen, den der Bamberger Hofbaumeister Johann Dientzenhofer plant und auch aufführt; 1725 vollendet. Der Bamberger Fürstbischof Philipp Anton v. Franckenstein, Sohn von Dientzenhofers Bauherrin Franziska, läßt 1747 durch seinen Baumeister, den Ingenieurhauptmann Johann Jakob Michael Küchel, die Pläne für eine monumentale Gestaltung des Vorhofes ausarbeiten, die dann auch seit 1750, in den nächsten 3 Jahren, ihre Ausführung finden.

Erst die Initiative des Fürstbischofs gab der Anlage ihre schöne runde Gesamtheit. Dientzenhofers Schloß ist ein ganz stattlicher, doch nicht reicher Bau – Viereck mit einem Höfchen in der Mitte, 3geschossig –, der allerdings im 19. Jh. sein gutes Portal und auch seine (gebrochene) Dachgestalt verlor. Dieser Block steht jetzt in der Tiefe eines Cour d'honneur, der in seinen 2 Flügeln bis zum Graben vorgreift. Die im Interesse des Hauptgebäudes niedrig gehaltenen (2geschossigen) Flügel verleugnen die bewegliche heitere Phantasie ihres Autors, des hochbegabten Dekorateurs Küchel, nicht. Nicht der letzte Wirkungsträger dieser liebenswürdigen Architektur ist das Dach, sind diese voluminösen Dachhauben mit ihren Gauben, die sich in gewellten Giebellinien beschließen.

Ferdinand Dietz, einer der besten Bildhauer der Zeit, leistete Küchel Beistand. Die beiden allegorischen Gestalten in den hohen Nischen, welche die Fronten der Flügelkopfbauten wirkungsvoll gliedern, sind von seiner Hand und auch die Trophäen und Urnen auf den Pfeilern des Gitters, das den Hof, vor dem Graben, schließt.

Dieses kostbare Schloß verwahrt auch noch kostbare Inhalte: ein *Archiv,* das 92 Kaiser- und Königsurkunden (ab 1251) vorzuweisen hat, eine *Bibliothek* von rd. 20000 Bänden, eine Anzahl vorzüglicher *Möbel* des 18. Jh., eine ausgezeichnete Sammlung von (meist Frankenthaler und Höchster) *Porzellanen.*

Der in den 30er Jahren des 18. Jh. gestaltete **Park** läßt die urspr. Ordnung nur noch in einigen Grundlinien ahnen; er schließt ein **Salettl** ein, das, außen mit Architekturmalerei geschmückt, innen einen durch die beschwingtesten Rokoko-Stukkaturen Wessobrunner Prägung (1764) bezaubernden Raum anbietet (1949 glücklich restauriert).

SULZBACH-ROSENBERG (OPf. / Amberg-Sulzbach IK6)

Die Grafschaft, Teil der von Kaiser Heinrich II. zertrümmerten größeren Grafschaft auf dem Nordgau, kommt nach dem Ausgang der Sulzbacher 1188 an die verwandten Grafen von Hirschberg, 1305 an den Herzog. 1329 fällt sie der pfälzischen Linie des Herzogshauses zu, die sie an Kaiser Karl IV. verliert. Nun Kerngebiet von »Neuböhmen«, kehrt sie doch bald, noch zu Lebzeiten Karls, zu Bayern zurück. 1505 fällt Sulzbach an Pfalz-Neuburg, von dessen Stamm sich im frühen 17. Jh. eine eigene Linie Sulzbach abspaltet. Der letzte dieser Linie, Karl Theodor, erbt 1742 alle pfälzischen Länder, womit dann auch das kleine Sulzbach aufhört, fürstliche Residenz zu sein. – Die der Burg zugewachsene Siedlung bringt es schon im 13. Jh. zu Marktrechten. Karl IV. stattet 1354 die gleichzeitig in ihren Privilegien bestätigte Stadt mit dem Recht des Bergbaues im Sulzbacher Gebiet aus. Das Eisen war, und ist auch noch, ihr bester Ernährer. – Seit 1934 ist Sulzbach mit dem benachbarten Rosenberg vereinigt.

Stadt (Sulzbach). Ein schmaler, von O nach W verlaufender Jurarücken trägt auf dem ansteigenden W-Teil das aus der Stammburg der Grafen (Gründung des mittleren 11. Jh.) erwachsene Schloß. Die Siedlung liegt östlich. Anfänglich nur den oberen (östl.) Teil, das Marktviertel bis zur Hafnergasse (älter »Hafnergraben«) umfassend, erweitert sie sich wahrscheinlich in den böhmischen Jahren um Rosenberger Straße, Neumarkt und Bühlviertel, Pfarrgasse (nördlich) und Bacherviertel (am Fuße des S-Hanges). Die Tore, ehemals 4, fehlen. Die aus Bruchsteinen aufgeführte spätmittelalterl. **Mauer** hat sich noch allseitig erhalten. – Die von O hereinkommende Rosenberger Straße erweitert sich zum Marktplatz und hält vor dem Schloßberg an. Hier die

Kath. Pfarrkirche Mariae Himmelfahrt ●

Ein älterer, vermutlich roman. Bau (ein Pfarrer zeigt sich schon 1252) macht um die Mitte des 14. Jh. (Ablässe 1346, 1354, 1367) einem got. Neubau Platz, den Kaiser Karl IV., der die Kirche 1355 mit Reliquien beschenkt, wesentlich fördert. Zunächst entsteht allerdings nur der Chor. Das Langhaus folgt erst im frühen 15. Jh.; Baubeginn, lt. Inschrift am südöstl. Strebepfeiler, 1412. Nach 1431 werden die Altäre an N- und S-Seite geweiht. Lt. einer weiteren Inschrift (über dem N-Portal) kommen 1488 die nördl. und südl. Anbauten hinzu. 1526 entsteht die W-Empore (»fürstliche Bohrkirche«), 3schiffig, mit 2 Wendeltreppen, wenig später am W-Ende des nördl. Seitenschiffes die ehemals wohlbestellte »Biblioteca«. 1692–96 errichtet der Graubündner Johann Rampino den Kirchturm neu; die typisch oberpfälzische Kuppel kommt erst 1796 hinzu. – Seit 1652 dem »simultaneum exercitium« überlassen; erst seit 1957 (Errichtung der ev. Christuskirche) wieder ausschließlich katholisch.

Das Äußere zeigt schlichte Formen. Von fester Geschlossenheit ist der von Strebepfeilern gestützte Chor (nach 1355).

Die Porträtfigur des Stifters, Karls IV., steht auf got. Blattwerkkonsole am südöstl. Chorpfeiler, den Figuren des Schönen Brunnens in Nürnberg eng verwandt.

Durch das S-Portal betritt man den Innenraum. Die dunkle Hochschiffwand zwischen den niedrigen Seitenschiffen deutet auf das in der Oberpfalz beliebte Hallenschema: die 3 Schiffe werden von *einem* hohen Dach zusammengefaßt, sind aber nicht höhengleich, wie es die reine Halle will. Schlanke Achteckpfeiler tragen die Scheidbogen der 3 Langhausjoche. Die Kappengewölbe des Hochschiffes und des Chores wurden 1691 geformt. Nur 2 Seitenschiffjoche im S haben ihre alten Rippengewölbe bewahrt. Die 1488 hinzugefügten Seitenkapellen sind 2geschossig und z. T. mit kräftigen Rippengewölben versehen. Die 1526 eingezogene Fürstenempore durchquert alle 3 Schiffe im westl. Vorjoch. Ihre Unterwölbung wurde 1693 im mittleren Sektor erneuert, in den Seitenteilen belassen. Fast alle Fenster tragen Maßwerkfiguren des 14. und 15. Jh.

Ausstattung. Der stattliche Hochaltar wurde um 1710 nach einer Entwurfszeichnung des Pfalzgrafen Theodor Ludwig aufgeführt. Das Altarblatt (Mariae Himmelfahrt) ist ein Werk des Asam-Vaters Hans Georg, der seine Tage 1711 in Sulzbach beschloß und hier begraben wurde. Der nördl. Seitenaltar etwa gleichzeitig, der südliche Mitte 17. Jh. Das Chorgestühl datiert 1689. Nachlaß des Spätmittelalters ist der *Taufstein* mit feiner Reliefdekoration, Blendenfries und Laubwerkband.

● **Schloß**

Es geht auf einen (angeblichen) Gründungsbau Graf Gebhards I. aus der Mitte des 11. Jh. zurück. Aus dieser Zeit hat sich nichts erhalten. Erst Herzog Ottheinrich II. von Pfalz-Sulzbach betrieb den umfangreichen Neubau seit 1589. Seine Nachfolger setzten ihn fort. Neue Veränderungen brachte die Zeit zwischen 1768 und 1794, als die Pfalzgräfin Franziska Dorothea von Zweibrücken-Birkenfeld hier ihren Witwensitz aufschlug. Im 19. Jh. wurde das Schloß unterschiedlichen Verwendungszwecken zugeführt.

Von O führt die Auffahrt durch einen Querbau mit got. Tor, an langgestreckten **Wirtschaftsbauten** vorbei, durch ein weiteres Tor der Bauzeit 1618–20. Gegen N umbiegend, betreten wir den Schloßhof. Rechts steht ein Bau des 15. Jh., der die Schloßkapelle enthielt, später profaniert und verbaut wurde. Im SO folgt das **Saalgebäude** von 1582 mit polygonem Treppenturm und schönem Portal. Der **Fürsten- und Gästetrakt** von 1618 legt sich gegen N an (im 19. Jh. stark verändert). Gegen NW schließt das **ehem. Kanzleigebäude** an, wohl von 1582, wieder mit einem Treppentürmchen.

Der **Schloßbrunnen** mit dem pfälzischen Löwen wurde auf Geheiß des Herzogs Christian August 1701 geschaffen.

● **Rathaus.** Ende des 14. Jh. wurde der bedeutende Bau begonnen. Seine prächtige Giebelfront beherrscht von O her den Marktplatz. Ein »Chörlein« betont die Mittelachse über dem Portal. Darüber erhebt sich auf zierlichem Gesims der hohe Giebel, dessen Staffelung durchbrochen und mit kleinen Fialen bekrönt ist. Ein reich profiliertes Rundfenster und das pfalz-bayerische Wappen darüber führen die Mittelachse über die Dreiecksfläche weiter. Hinter dieser reizvollen Front liegt der **Saalbau.** In rechtem Winkel zu ihm stößt ostwärts der weit schlichtere **Rathausstubenbau,** der an seiner O-Front einen Erker trägt.

Der große *Festsaal* hat neuzeitliche Ausgestaltungen erfahren. Lediglich der Erker hat auch innen sein urspr. Bild im wesentlichen bewahrt. Einige got. Balkendecken haben sich im Rathausstubenbau erhalten.

Brunnen auf dem Luitpoldplatz. Der steinerne Löwe auf einem Postament, das Fratzen der 4 Temperamente trägt, aus dem frühen 18. Jh.

Wallfahrtskirche St. Anna auf dem Annaberg. Für eine ältere Rundkapelle entstand 1676 der 1schiffige Bau mit halbrundem Chor. Der Turm kam erst 1827 hinzu. 1904 wurde die Kirche nach W verlängert. – Die Altäre hat das ausgehende 18. Jh. geschaffen. Der Hochaltar trägt das Wallfahrtsbild, eine Anna-selbdritt-Gruppe des frühen 16. Jh.

SULZDORF a. d. Lederhecke (UFr. / Rhön-Grabfeld F2)

Sternberg i. Grabfeld (F2)

Schloß

Im 16. und 17. Jh. im Besitz der Truchsesse v. Wetzhausen, geht Sternberg 1695 an das Hochstift Würzburg über. Das neue Schloß entsteht in den 60er Jahren des 17. Jh.

Ein Quadrat, mit ausspringenden quadratischen Ecktürmen, deren Zwiebelhauben den Umriß des einfach geschichteten Blockes erwärmen und beleben, folgt das Schloß dem in Aschaffenburg vorgebildeten, erst um die Wende des 17. Jh. außer Kurs gesetzten Schloßbauschema der späten Renaissance.

SULZFELD a. Main (UFr. / Kitzingen DE5)

Ortsbild. Eine der bezeichnend fränkischen Dorf-Städte (ohne Stadtrechte), besitzt Sulzfeld alle Reize einer bewahrten, in den Grundzügen mittelalterl. Vergangenheit. Die mit vielen, rechteckigen und runden Türmen bewehrte **Ringmauer,** fast ganz erhalten, dürfte im 14. oder frühen 15. Jh. entstanden sein. Nördlich und westlich ist auch noch streckenweise der Graben da. 3 **Tore** lassen ein. – Inmitten der schlichten, doch häufig mit Heiligenstatuen bestellten **Ackerbürgerhäuser** steht sehr mächtig das Bischof Julius zu dankende, 1609 vollendete **Rathaus**: hoher, nur durch die Fenster gegliederter 3geschossiger Block, geschmückt nur in den Portalen und im gestaffelten Giebel. Baumeister war der Kitzinger Peter Meurer. ●

Die im Kern spätgot. **kath. Pfarrkirche St. Sebastian** wurde unter Bischof Julius »mehrerteils von Neuem gebaut«.

SULZHEIM (UFr. / Schweinfurt E4)

Schloß

Sulzheim ist alter Besitz des Klosters Ebrach, das hier in den ersten Jahrzehnten des 18. Jh. (bis 1728) seinen Amtshof errichtet. Seit 1818 gehört das »Schloß« den Fürsten Thurn und Taxis. Der Baumeister ist nicht bekannt.

2 kurze Flügel flankieren den in der Mitte um 1 Geschoß erhöhten Hauptbau, der auf beiden Seiten durch kräftige Rustikapilaster betont ist. Im Mittelbau die in 2 Läufen aufsteigende *Treppe,* deren Haus vortreffliche Stukkaturen und ein 1716 datiertes Fresko besitzt. Im O-Flügel die auch gut stuckierte *Kapelle.*

SÜNCHING (OPf. / Regensburg L9)

● **Schloß**

Der Herrensitz ist schon im 8. Jh. bezeugt. Nach Erlöschen der Sünchinger ging der Besitz an andere Geschlechter und schließlich, 1573, an die Freiherren und späteren Grafen v. Seinsheim über. Die Wasserburg ist vermutlich Ende des 17. Jh. entstanden. 1758–60 wurde der öst. Teil einschließlich Kapelle, unter Leitung Johann Leonhard Gießls, durch einen Neubau ersetzt. Die Direktion der Innenausstattung (1760–62) hatte François Cuvilliés d. Ä.

Die Anlage, merkwürdig geformt, bildet ein Achteck mit Binnenhof. – Von hoher künstlerischer Bedeutung ist der 2geschossige, von Cuvilliés entworfene Festsaal. Reizvolle Rocaille-*Stukkaturen* überspielen lokker seine Wandflächen mit dünnem, blütenumwundenem Rahmenwerk, in dessen Mitte sich Putti tummeln, mit fensterbekrönenden Kartuschen und Emblemen. Ihr Meister ist Franz Xaver Feichtmayr (I), den sein Schwiegersohn Jakob Rauch unterstützte. Beide kommen aus Augsburg, wie der Freskomaler Matthäus Günther. Er fügte dem *Gemälde* das Datum bei, das für die ganze Raumausstattung verbindlich sein wird, 1761. In duftigen Farben schildert er die Götterwelt des Olymp, umgeben von den 4 Jahreszeiten. Aus der dichteren Rahmenzone entwickelt sich seine Komposition in die himmlischen Fernen der Mitte. Die beiden Fama-Figuren über den Spiegeln sind Arbeiten Ignaz Günthers (für die Cuvilliés Modelle geliefert hat). – Das Treppenhaus-Fresko gab Johann Adam Schöpf (1760). An den Seitenwänden Paneele mit musizierenden Putten von I. Günther. Feingeschnitzte Konsoltische, 2 Ahnenporträts über den Rotmarmorkaminen (Adam Friedrich v. Seinsheim, Fürstbischof von Bamberg-Würzburg, und sein Bruder Graf Josef Franz Maria), schimmernde Kristall-Lüster. – Die Nebenräume überführen, einfacher, die festlich-repräsentative Haltung in privatere Bezirke. Ein paar Kachelöfen aus der Zeit um 1670 sind hier überkommen, während das fortgeschrittene 18. Jh. mit Wandmalereien in die Fêtes galantes à la Watteau einstimmt oder mit Chinoiserie-Tapeten aufwartet.

● Der 2geschossige Kapellenraum birgt wieder ein Kleinod der Rokoko-Dekoration (um 1761). Seine teilvergoldeten Stukkaturen verraten ebenfalls die Hand Feichtmayrs, das *Deckenfresko* die des M. Günther. Der Maler schildert die Trinität. Zu dieser aufblickend, breitet im Altarrelief die entschwebende Maria ihre Arme über der leeren Tumba aus, um die sich die Apostel scharen. Dieses Meisterwerk der Schnitzkunst stammt von I. Günther. Von ihm auch die feine (von Cuvilliés entworfene) Balustrade.

THERES (UFr. / Haßberge F3)

Obertheres

Burgsitz der sog. älteren Babenberger, deren letzter, Adalbert, hier 906 enthauptet wird. 1010 kommt »Tareisa« *(älteren Namens* »Sintherishusun«*) als Schenkung Heinrichs II. an Bamberg.*

Ehem. Benediktinerkloster

Bambergs 2. Bischof, Suidger, gründet zwischen 1041 und 1046 das Benediktinerkloster zu Ehren der hll. Stephan und Veit; als Papst Clemens II. bestätigt er es 1047. Das Kloster, nicht groß, aber keineswegs unbedeutend, besteht bis zur Säkularisation, 1802. Der erste private Eigentümer trägt die Kirche ab, das Kloster wird »Schloß«. (Die Klosterkirche ging in ihrem letzten, von Joseph Greising besorgten Bau auf d. J. 1715–29 zurück; sie hatte, und folgte darin wohl einem roman. Vorgänger, 1 W- und 2 O-Türme.)

Schloß, ehem. Klostergebäude. Die einen Hof umfassenden 3 Klostertrakte, ehemals südlich der Kirche, sicher ebenfalls von Greising errichtet, entstanden in den 20er und 30er Jahren, bis 1743. Die ansehnlichen 3geschossigen Flügel, deren südlicher Fassade ist, sind durch Pavillons und Risalite gegliedert; Mansarden markieren noch einmal die Gliederung. Das Portal, an der W-Seite, durch eine kleine Freitreppe gehoben.

Die **Wirtschaftsgebäude** nördlich der ehem. Klosterkirche. Ein 2geschossiger **Torbau** läßt von N her ein. Die sog. **Alte Abtei,** nordwestlich, ist ein Bau des späten 17. Jh.

THURNAU (OFr. / Kulmbach H3)

Der Name ist urkundlich 1137 belegt. Das vermutlich die Burg im 12. Jh. begründende Geschlecht der Förtsche (v. Thurnau) gehört zur andechs-meranischen, nach 1248 zur burggräflichen (markgräflichen) Ministerialität. 1564 erlischt es. Erben sind die Giech, Künßberg und Fuchs v. Rügheim. Die Fuchs scheiden durch Abfindung aus. 1589–1731 ist Th. geteilter Besitz der Giech und Künßberg, seit 1731 ausschließlicher der (im gleichen Jahr zu Reichsgrafen erhöhten) Giech. Seit Erlöschen des Geschlechts 1939 ist Th. Besitz der schlesischen Freiherren v. Gaertringen auf Reppersdorf.

Schloß. Die Burg, die sich im 16. Jh. zum Schloß entwickelte, ist eine weitläufige Anlage, ein Konglomerat verschieden alter Bauteile, doch charakterisiert durch die »altdeutschen« des 16. Jh. Die Sockel des noch burglich-trotzig ansprechenden, doch durch die geschweiften Dachformen freundlich aufgelockerten Schlosses sind gewachsener Fels. 2 Höfe unterteilen den Komplex in Unteres und Oberes Schloß. ●

Das **Untere Schloß** umfaßt mit 3 Flügeln das schmale Viereck des Hofes. Der O-Flügel, die sog. **Kemenate,** ist im Kern noch mittelalterlich (das schon im 13. Jh. bezeugte »Haus auf dem Stein«), wurde aber Ende des 16. Jh. gründlich erneuert; ein turmartig hochgereckter Bau, dessen Zier der mit dem Monogramm des Hans Schlachter bezeichnete Erker (1581) ist; zwei 8eckige Treppentürme, mit »Schnecken«, bereichern den Umriß (1583, 1591). Älter auch der in **Archivbau** und **Wohntrakt** geteilte N-Flügel und die beiden (1675 teilweise erneuerten) sog. **Künßbergflügel** der W-Seite. Der zwischen diesen Trakten und der Kemenate liegende, im Kern ebenfalls spätmittelalterl. **Storchenbau** enthält die Tordurchfahrt (Ende 16. Jh.). Nördlich des Hofgeviertes die hohe, von einem Wehrgang abgeschlossene, von 3 Türmen bestandene **Zwingermauer.**

Oberes Schloß. 3geschossiges, von Giebeln erhöhtes **Torhaus** (16. und 17. Jh.; 1833 teilweise erneuert), durch eine Mauer mit dem östl. Eckturm des Zwingers verbunden. Der im Kern spätmittelalterl. (1600 und 1710 erneuerte) **Hans-Georgen-Bau** schließt neben dem Tor die östl., der **Kutschenbau** (1714, 1781) die südl., der (1729–31 errichtete) **Karl-Maximilians-Bau** die westl. Seite. Ein 8eckiger Treppenturm, mit Spindel, und 2 Vierecktürme – **Weißer Turm** und **Zehntturm** – kräftigen dic im übrigen durch das 18. Jh. bestimmte Ansicht des Hofes.

Ein Rokoko-**Brunnen** (1750, vielleicht vom Bayreuther Johann Gabriel Räntz) schmückt die Hoffläche.

● **Ev. Pfarrkirche.** Die Kirche ordnet sich durch einen die Straße überquerenden Brückengang, der den östl. Zwingerturm mit der Empore verbindet, dem Schloß zu. Der den Chor einschließende Turm ist noch spätgotisch. Das Langhaus entstand 1700–06 neu. Der annähernd quadratische Baukörper (Sandstein) durch Pilaster gegliedert, in 3 Portalen geöffnet. Der mit einem Muldengewölbe gedeckte Raum ist durch die *Doppelempore* bestimmt, die ihn auf 3 Seiten (N, W, S) umzieht und auch noch auf die Chorbogenwand (SO) übergreift.

Ausstattung. Stukkaturen von Bernardo Quadro, Deckenbilder von Gabriel Schreyer. Vorzüglich der in die W-Empore eingefügte *Herrenstand* des Elias Räntz, der, entsprechend der bis ins 18. Jh. doppelten Herrschaft, doppelgeschossig ist, mit reichem, schwerem Schnitzwerk (Akanthus, Engelsköpfe etc.) in Schwarz-Gold-Fassung. Ein Schmuckstück für sich ist der Baldachinstuhl des Obergeschosses, 1612 geschaffenes Werk des Bayreuther Schreiners Endres Erhart (?). Der gute, von

6 Säulen bestandene Altar darf E. Räntz zugeschrieben werden. Die Stuckkanzel gehört Quadro. Der in die Mitte des Jahrhunderts zu setzende Orgelprospekt vermutlich vom Sohn des E. Räntz, Johann Gabriel.

Thurnau bietet noch eine beträchtliche Anzahl älterer **Häuser** (16. bis 18. Jh.). Am Ende der »guten alten Zeit« entstand, 1792, das **Rathaus,** ein vortrefflicher frühklassizist. Quaderbau, vielleicht vom letzten der Bayreuther Hofbaumeister, Carl Christian Riedel. – Rühmenswerte Zier des Marktplatzes der **Neptunbrunnen**: ovales Becken mit wasserspeienden Delphinen, auf dem Pfosten darüber der Wassergott; die Stilmerkmale deuten in die Nähe des Elias Räntz.

TIRSCHENREUTH (OPf. / Tirschenreuth L4)

Alter Waldsassener Stiftsbesitz. Eine erste Beurkundung datiert 1134, die Erhebung zum Markt 1306, die zur Stadt 1364. Eine Feuersbrunst hat 1814 weite Teile der Stadt verwüstet. Heute ist T. von betriebsamem industriellem Leben erfüllt.

Das regelmäßig gewachsene Ortsbild, ein rechtwinklig gespanntes Straßennetz um den länglichen Marktplatz, hatte niemals eine vollständige Ummauerung und lag daher – abgesehen von einigen Wassergräben – fast völlig offen.

Kath. Pfarrkirche Mariae Himmelfahrt. Die 3schiffige, gewölbte Pseudobasilika (ohne Lichtgaden) ist – wohl auf älteren Fundamenten – um die Mitte des 17. Jh. entstanden. Der mit einem Rippennetz gezierte Chor wurde 1475 errichtet, 1487 nach Brand wiederhergestellt und vom Neubau übernommen. Der Turm, ebenfalls von 1487, erhielt im 17. Jh. seine mächtige Barockhaube. Im Chor: Heimsuchungsrelief, um 1500. – Aus dem südl. Seitenschiff betritt man die 1722/23 errichtete **Wallfahrtskapelle zur Schmerzhaften Muttergottes,** einen kleinen, flach überkuppelten Bau mit feinem Stuckwerk und reich funkelndem Altar. Die Kapelle besitzt auch einen spätgot. *Flügelaltar* mit der vom geistlichen Schauspiel beeinflußten Darstellung des Kalvarienberges. Als eines der seltenen Zeugnisse spätgot. Schnitzkunst in der nördl. Oberpfalz ist der Altar von Interesse.

Vor der Kirche, im S, dem schön gestalteten Äußeren der Kapelle benachbart: **Dreifaltigkeitssäule** (Pestsäule), 18. Jh.

Das **Rathaus** hat seine Fassade von 1582/83 bewahrt.

Ostwärts, außerhalb der Stadt, liegt der **Fischhof,** ein ehem. Ökonomiegebäude des Klosters Waldsassen, erbaut um 1680, mit einer Zugangsbrücke von 1748–50.

TRAUSNITZ (OPf. / Schwandorf L6)

Burg Trausnitz (»im Tal«)

Die Burg ging 1271 aus dem Besitz der Waldthurner (Ministerialen der v. Ortenburg) an die Wittelsbacher. 1322–24 saß hier Herzog Friedrich d. Schöne von Österreich, der Gegenkönig Ludwigs d. Bayern, in ritterlicher Haft.

Die blockhafte Burg über dem Tal der Pfreimd gehört als Bau, so trutzig wie er dasteht, im wesentlichen dem 13. Jh.: 3 karg durchfensterte **Wohntrakte** und ein viereckiger **Bergfried** ordnen sich um einen schmalen schluchtartigen Hof. Die mächtige Mauerfügung gab Sicherheit; auf einen Bering wurde verzichtet. Nur ein Halsgraben trennt von den (jüngeren) **Wirtschaftsbauten.**

TREBGAST (OFr. / Kulmbach I3)

Ev. Pfarrkirche

Eine Wehrkirche des hohen Mittelalters steht am Anfang; sie wird 1492–1522 erneuert. Der spätgot. Bau weicht dem erhaltenen d. J. 1742–44, den die Kulmbacher Johann Georg Hoffmann und Johann Matthäus Gräf aufführen.

Der schon durch seine Hochlage herausgehobene Quaderbau umschließt eine sehr gute »markgräfliche« Ausstattung. Die Stukkaturen gab der hochbegabte Franz Hieronymus Andrioli; leichtes heiteres Rokoko. Die Empore wurde vom Hofer Heinrich Samuel Lohe bemalt. Der *Kanzelaltar,* 1748 geschaffenes Werk des Johann Friedrich Fischer, darf zu den besten des Bayreuther Landes gestellt werden. 2 Säulen rahmen, halbrund schwingt die Kanzel vor, auf der Mensa, neben dem älteren Abendmahlsgemälde (um 1700), die großen Schnitzfiguren der beiden Apostelfürsten, auf dem Schalldeckel das markgräfliche Wappen. (Die zunächst – am Chorbogen links – belassene spätgot. Steinkanzel heute in der Friedhofskapelle.) Das Orgelgehäuse arbeitete Johann Gabriel Räntz.

Von der spätmittelalterl. **Wehrmauer** der Kirche haben sich Teile erhalten. An den **Torbau** (mit der Jahreszahl 1604) lehnt sich östlich die **Rochuskapelle** an, die als Totenkapelle im frühen 16. Jh. entstanden sein dürfte. – In der **Friedhofskapelle** jetzt die spätgot. *Steinkanzel,* 1517, aus der Pfarrkirche. Vor den 5 Wandungen des Kanzelkörpers stehen auf Wappenkonsolen die kleinen Figuren der hll. Sebastian, Leonhard, Wolfgang, Georg und Lorenz. Fraglich, wie die Initialen AW aufzulösen sind und ob dieser Steinmetz AW (vielleicht Adam Wagner in Kulmbach) in der über die Brüstung der Treppe gebeugten Figur gesucht werden darf.

Das stattliche **Pfarrhaus,** ein 2geschossiger Quaderbau, trägt die Jahreszahl 1730 und das Wappen des Markgrafen Georg Friedrich.

TRIEFENSTEIN (UFr. / Main-Spessart C4)

Ehem. Augustiner-Chorherrenstift (Schloß Löwenstein-Wertheim-Freudenberg)

Die Gründung des Klosters, das zu den Reformklöstern zu zählen ist, wohl kurz vor 1102, geht auf einen Dekan des Würzburger Neumünsterstiftes, Gerung, zurück. Ursprünglich reich begütert, verliert es im Spätmittelalter den Großteil seines Besitzes an die benachbarten Wertheimer Grafen. Die bestehende Kirche wird 1687–1715 von Valentino Pezzani und Joseph Greising aufgeführt; die Klostergebäude errichtet Pezzani 1696ff. 1803 säkularisiert, fällt das Kloster an die Fürsten Löwenstein-Wertheim-Freudenberg, die es im 19. Jh. als Schloßsitz bewohnen.

Die 2türmige, dicht an die Steilböschung des Main-Tales herangestellte **ehem. Klosterkirche** ist Blickpunkt der schönen Stromlandschaft zwischen Lengfurt, gegenüber, und Homburg, wenig talabwärts (in die sich nun die Industrie, mit dem Zementwerk Wetterau, eingeschoben hat). Der in Anbetracht des mageren Klosterbesitzes reiche Bau ist ein Saal mit polygon geschlossenem Chor, den die beiden unterenteils noch roman. Türme flankieren. 1978 im Inneren restauriert. •

Die Kirche wurde noch kurz vor Torschluß (Säkularisation 1803) mit einer ausgezeichneten frühklassizist. Ausstattung beschenkt, besorgt von so namhaften Meistern wie Materno Bossi (Stuck), Januarius Zick (Fresken) und Peter Wagner (Hochaltar, Chorgestühl, Kanzel). Bossi legte den Wänden starke Halbsäulen vor und diesen hohe Gebälke auf und spannte von Gebälk zu Gebälk die die Joche scheidenden korbbogigen Gurte. Die farbige Wirkung des Raumes steht auf Weiß – das die Führung hat –, Grün und Ocker. Die der Geschichte des Titelheiligen, St. Peter, gewidmeten Fresken Zicks haben sich noch nicht von den Illusionsabsichten des hohen 18. Jh. gelöst, liegen aber schon im Beschluß isolierender Rahmen. Die Seitenfiguren des von Säulenpaaren begrenzten, stilistisch zwiespältigen Hochaltars, der ein älteres Gemälde von Oswald Onghers (1694) umschließt, die hll. Kilian und Augustin, Aquilinus und Valentinus, sind Peter Wagner zuzuschreiben. Wagner ist sicher auch der Urheber des Chorgestühles, das eng mit dem Ebracher verwandt ist.

Die **ehem. Klostergebäude** westlich der Kirche umschließen als 3geschossige Trakte einen auf der S-Seite offenen Hof. Ohne Anspruch im Einzelnen, treten ihre talseitigen Trakte mit der Kirche zu wirkungsvoller Baugruppe zusammen.

Homburg a. Main (C4)

Auf steilem Muschelkalkfels, nahe den Main-Übergängen Lengfurt und Urphar und den sie nützenden Fernstraßen, zum Schutze dieser Straßen gegründet. Um die Mitte des 8. Jh. kommt H. aus Königshand an Würz-

burg, dem es dann Karl d. Gr. zugunsten des Klosters Neustadt a. Main entfremdet, dem es aber 993 dank Kaiser Otto III. wieder zufällt, seine westlichste Bastion. Der Burgort am Fluß ist bereits Anfang des 14. Jh. Markt, 1332 Stadt. Sitz mehrerer hochstiftischer Ämter, verliert es im Zeitalter der Schienenwege seine Bedeutung. Doch wächst nach wie vor an den Muschelkalkhängen ein vielgerühmter Wein, der Kallmuth.

Burg. Der Bergfried der durch Steilabfälle 3seitig geschützten, nicht großen Burg ist im Unterbau noch romanisch (12. Jh.); das 18. Jh. setzte ihm das Achteck auf. Die Wohnbauten, Fachwerk, datieren 1561. – **St.-Burkardus-Grotte.** Eine Tropfsteinhöhle des Burgberges soll der Sterbeort St. Burkards († 754) sein, unter dem Homburg an das Bistum kam. Der 1721 in die Grotte gesetzte Altar enthält ein Alabasterrelief des Ölbergs von 1623.

Im Ort die **kath. Pfarrkirche St. Burkard,** neuromanisch. – Die **ehem. Zehentscheuer** (jetzt Burkardusheim) geht auf Bischof Julius (1614) zurück. – Ein die übliche Größe überragender **Bildstock** des mittleren 18. Jh. (an der Straße nach Remlingen), bekrönt vom Winzerheiligen Urban, zeigt die Reliefdarstellung des hl. Wendelin.

Lengfurt (C4)

Das Schloß Triefenstein gegenüber liegende, einen Flußübergang im Namen tragende L. kommt 1612 aus Wertheimschem Besitz an Würzburg.

Kath. Pfarrkirche St. Jakobus d. Ä.

Der Bau geht im Langhaus in die Juliuszeit (1613 ff.), in Chor und Turm in d. J. 1700–02 zurück.

● Bestes ist der *Hochaltar,* der, 1779 von Peter Wagner für die Würzburger Juliusspitalkirche geschaffen, erst 1807 hierher kam. Die Säulenstellungen folgen dem Rund der Chorapsis, 4 Bögen schwingen zu einer Baldachinkrone auf; in der Mitte, durch den Tabernakel erhöht, die Gruppe der Taufe Christi, auf die sich eine Gottvater-Glorie herabsenkt; seitlich die hll. Nikolaus und Elisabeth. Ein vorzügliches Elfenbeinschnitzwerk ist das *Altarkreuz* von etwa 1720, wahrscheinlich Arbeit eines Wiener Künstlers, das, zunächst im Besitz des kaiserlichen Rates Johann Joseph v. Neuff, 1747 in die Kirche gelangte: der Gekreuzigte in äußerster Verzerrung des Antlitzes und der Glieder.

Die **Dreifaltigkeitssäule** auf dem Marktplatz, Werk des Jakob van der Auvera, 1728, ist eine Stiftung des Ritters v. Neuff; auf dem von einer Balustrade umgebenen Sockel mit den Statuen der hll. Joseph, Johannes Bapt., Sebastian und Rochus die in Wolken aufgelöste, die Dreifaltigkeitsgruppe tragende Säule. – Auch der benachbart aufgestellte **Hl. Johannes Nepomuk** ist Stiftung Neuffs.

VEITSHÖCHHEIM (UFr. / Würzburg D4)

Schloß und Park

Ein erster Schloßbau (Kernbau des erhaltenen) entsteht 1680–82, wahrscheinlich nach Plänen Antonio Petrinis. Ein »Tiergarten« kommt hinzu. Um die Mitte des 18. Jh., unter Fürstbischof Karl Philipp v. Greiffenklau, beginnt sich Veitshöchheim zu dem zu entwickeln, was es werden sollte und, bei allen Verlusten, noch ist. Nach Plänen Balthasar Neumanns erweitert sich das Schlößchen um die beiden seitlichen Pavillons, gleichzeitig wandelt sich, nach den Ideen des Böhmen Prokop Mayer, der Park, der schon wesentliche Linien absteckt; die Gartenplastik arbeitet Johann Wolfgang van der Auvera. Endgültige Erscheinung gewinnt die Anlage unter Fürstbischof Adam Friedrich v. Seinsheim. Die 1763 beginnende Neu- oder besser Umgestaltung liegt in der Hand des Bauamtmanns Johann Philipp Geigel, das Bildhauerische leistet – glückliche Wahl! – Ferdinand Dietz; Peter Wagner löst ihn ab. Der gartenfreudige Fürstbischof Adam Friedrich (vgl. auch Seehof bei Bamberg) stirbt 1779. Mit ihm endet die positive Geschichte von Veitshöchheim. Die kommenden Zeiten wissen nur zu mindern. Die Statuen, ursprünglich durch Anstrich geschützt, verwittern, viele treten ab, der Park verwildert, wo er sich nicht, als Gemüseproduzent, nützlich macht. Doch fristet er sich dank der ihm geneigten Könige Ludwig und Max. Endlich nimmt ihn die Denkmalpflege in ihre Obhut und restauriert ihn glücklich. Das Bombengewitter verschont auch ihn nicht ganz; empfindlichster Verlust: die Kaskade.

Das **Schloß** liegt exzentrisch, an der NO-Ecke des Komplexes. 2geschossig, dank der 4 Erkerrisalite des älteren Kernbaues und der seitlichen Pavillons Neumanns von bewegtem Umriß, der um so wirksamer ist, als sich das in Schweifungen gefallende Dach an der Bewegung beteiligt. Die Wände verputzt, nur die Gliederungen zeigen den Stein.

Eine *Balustrade* umgürtet das Schlößchen, die mit 20 Vasen und ebenso vielen Kindergruppen besetzt ist: leichtes anmutiges Rokoko, von Peter Wagner, 1775–77, der zuvor die Würzburger Kindergruppen (Hofgarten) geschaffen hat. (Jetzt Kopien.) – Das in den beiden Appartements (N und S) 1931/32 an Hand der Inventare rekonstruierte, vorwiegend von Antonio Bossi stuckierte Innere birgt im Obergeschoß – zugänglich durch das einfach-gefällige *Stiegenhaus* Neumanns mit (nun schon klassizist.) Marmorstatuen Wagners – eine Reihe von Repräsentationsräumen, meist des Rokoko (Appartement links der Treppe), doch spricht auch noch einiges Ältere (aus dem späten 17. Jh.) und Jüngeres, Klassizistisches (rechts der Treppe) mit.

Der **Park** ist einer der wenigen »französischen«, die sich genau genug erhalten haben, um einen anschaulichen Begriff barokker Gartenkunst zu vermitteln. Zeitlich schon an der Grenze zum Klassizismus (d. h. zum englischen Gartenstil), bindet er

Veitshöchheim. Schloßpark. Ferdinand Dietz: Der Frühling (Original im Mainfränkischen Museum Würzburg)

sich doch noch in der geometrischen Ordnung seiner Quartiere wie in der stereometrischen seiner Naturelemente an das Gartenideal André Le Nôtres, das er nun allerdings, ganz im Sinne des Rokoko, ins Leichte, Graziöse, Intime abwandelt. Bezeichnend für die Lockerung der Gebärde ist die verschwenderisch eingesetzte *Gartenplastik,* die das mythologisch-allegorische Personal jeglichen Kothurns beraubt, um es aufs heiterste zu vermenschlichen.

Der Park, südlich des am Rande liegenden, von einem Parterre umgebenen Schlößchens, zerfällt der Länge nach in 4 Zonen, die durch Hauptwege geschieden sind. Von den querteilenden Wegachsen greift stärker nur die in der Mitte durch, die einerseits auf den Großen See, andererseits auf die (zerstörte) Kaskade trifft und mittwegs das Rondell (»Zirkus«) schneidet. – Der **Große See,** in der westl. 1. Zone, ein gelängter Vierpaß, ist das Herzstück der Anlage, der *»Parnaß«* der betelsten Insel mit dem aufbäumenden *Pegasus* auf der Spitze seine größte plastische Gruppe (Dietz). – Die an Breite zurückstehende 2. Zone ist ein durch Wege und Kreuzungsplätze gegliedertes Boskett, mit dem **Rondell,** »Zirkus«, in der Mitte, den 8 *Statuen* (die Erdteile, ein Tänzer-, ein Schäferpaar; reizvolle Werke von Dietz) und 4 schon klassizist. *Vasen* (Wagner) beleben. Fontänen, Pavillons, Heckenplätze bereichern die seitlichen Abschnitte. – Die 3. Zone, ursprünglich Irrgarten, ist durch die erwähnte Querachse gehälftet, die auf den Zirkus trifft (im Blick der Pegasus über dem Großen See) und gegen die Kaskade anlief. Anmutiger Besitz der Hälften sind die beiden **chinesischen Pavillons** (Dietz, 1768). – Die 4. Zone, sehr schmal, ein spitzes Dreieck auf südl. Basis, ist durch das **Grottenhaus** (1773) ausgezeichnet: doppelgeschossiges Achteck, Grotte unten, Belvedere oben; barocker Einfall, doch klassizistisch gewandet.

Nur die große Gliederung ließ sich andeuten. Beiseite bleiben muß die Fülle: die Mannigfaltigkeit der Wege, Gänge, Plätze, Kabinette und die zahlreiche Gesellschaft der die grüne Architektur (ehemals marmorweiß oder farbig à la porcelaine und vergoldet) bevölkernden *Steingestalten* der großen und kleinen Götter und Allegorien und der Kindlein, die nicht die letzten Stimmungsträger dieser selig in sich beschlossenen, in ihr Phantasiespiel verlorenen Gartenwelt sind. (Mehrere Figuren durch Kopien ersetzt; einige Originale im Mainfränkischen Museum in Würzburg.)

VELBURG (OPf. / Neumarkt i. d. OPf. I7)

Otto II. v. Velburg (aus österreichischem Geschlecht) errichtete ein »castrum«, dem er 1154 die Talsiedlung »Altenveldorf« *beigab. Seit 1217 Besitz der Herzöge. Unter Ludwig d. Strengen (1253–94) kam es zur Gründung des »Neuen Marktes«* Neuveldorf, *dem Ludwig d. Bayer 1310 Stadtrechte verlieh. 1505 zogen die Pfalz-Neuburger ein. 1507–74 saßen dort die Wispeck. Dann wurde die Stadt, nun »Velburg«, wieder pfalz-neuburgisch.*

Die ungefähr trapezförmige Anlage wird von breiter Marktstraße durchschnitten, in deren Mitte einst (anstelle der Schule) das Rathaus stand. – Von der **Stadtbefestigung** sind weite Strecken erhalten. Sie stammen wohl aus dem frühen 14. Jh., ebenso das nördl. Stadttor (**Hinteres Tor**); zu Beginn des 16. Jh. wurde es durch ein Vortor erweitert.

Die **kath. Pfarrkirche St. Johannes Bapt.** (restauriert 1959) besitzt aus ihrer ersten Bauzeit, Mitte 13. Jh., noch den Turmunterbau. Mittelschiff und Presbyterium gehören dem späten 15., das nördl. Seitenschiff dem 16. Jh. Der wohl im 15. Jh. erhöhte Turm erhielt 1665 die Barockhaube. 1717–21 trat, im Rahmen durchgreifender Barockisierung, das südl. Seitenschiff hinzu. Chor und Langhaus wurden mit Stukkatur überzogen, Akanthus- und Girlandenwerk, und mit Freskomalerei geziert. Auch der stattliche Hochaltar wird um diese Zeit, wenn nicht früher, entstanden sein, mit ihm die Kanzel. Der St. Joseph geweihte südl. Nebenaltar verzichtet, nach oberpfälzischer Art, auf architektonischen Aufbau, eine rein ornamentale Komposition um 1700. Marienaltar 1744. Die geschnitzte Anna-selbdritt-Gruppe (rechts, an einem Pfeiler) ist um 1530 anzusetzen. Epitaph des Georg v. Wispeck, 1518 (an der N-Wand).

Gottesackerkirche St. Anna. Der einfache Bau des frühen 17. Jh. (mit Einbeziehung got. Chormauern) trägt ein Stuckgewand der Zeit um 1720. 3 gute Altäre aus den ersten Dezennien des 16. Jh. zeichnen das Kirchlein aus.

Burgruine. Nach Erlöschen der Velburger kam die Burg 1215 an Wittelsbach. Seit dem 17. Jh. ist sie dem Verfall preisgegeben. Erhalten hat sich einiges aus dem Bering, Umfassungsmauern und ein geringer Teil des Bergfrieds; darunter einiges Mauerwerk aus dem 12. Jh.

Wallfahrtskirche Herz Jesu (westlich von Velburg auf dem Kreuzberg). Hier erbauten 2 Eremiten 1730 eine Rundkapelle zum Hl. Grab. Der 1schiffige Anbau d. J. 1770 wurde 1791/92 westlich zum Rund ausgeformt.

Sankt Wolfgang (I7)

Ehem. Wallfahrtskirche

Die Inschrift an der W-Seite nennt den Baumeister: Peter Maurer von Weiden, 1467. Veränderungen im späten 17. und im 18. Jh. betrafen Turmhaube und Ausgestaltung des Langhauses. Dieses erhielt 1757 durch Johann Georg Haemerl Freskenschmuck.

Der Chor hat auch innen seine spätgot. Form bewahrt. Die Langhaus-Fresken zeigen Szenen der Wolfgangs-Vita und der Geschichte der Wallfahrt. Gute spätgot. *Altarausstattung* gibt der Kirche Bedeutung. Im Hochaltarschrein St. Wolfgang zwischen Sebastian und Willibald, als Flügelbilder die Evangelisten, an der Predella Christus und Apostel, rückseits Maria und Schmerzensmann (in Graumalerei), gute Arbeiten heimischer Meister. Von derselben Hand sind wohl auch die Seitenaltäre (Muttergottes zwischen den Flügelreliefs der beiden Johannes bzw. hl. Katharina zwischen Christophorus und Georg).

Habsberg (I7)

Die Burg der Grafen von Sulzbach ist schon im 14. Jh. abgegangen.

Eine **Gnadenkapelle** besetzte 1682 die Stelle der Burg; sie wurde 1730 erweitert und 1747 neu geweiht. Hier das Gnadenbild, eine geschnitzte Muttergottes um 1680. – Wachsender Wallfahrerzustrom forderte den Bau eines neuen Heiligtums, der großen

Wallfahrtskirche Mariae Himmelfahrt, 1761–73, eines Raumrechteckes mit Flachtonnenwölbung und eingezogenem, flach überkuppeltem Chor. Der feine Rokoko-Stuck stammt von Josef Dietmayer aus Wessobrunn. Johann Michael Wild schuf die Freskomalerei, 1764: Himmelfahrt und Glorie Mariens. Da auch die gesamte Altarausstattung (bis auf wenige Ausnahmen) der Erbauungszeit angehört, ergibt sich ein schönes, einheitliches Bild des Rokoko.

VILSECK (OPf. / Amberg-Sulzbach K5)

Das 905 bestätigte Kammergut wird 1012 durch Kaiser Heinrich II. Bamberg übereignet; später Lehensbesitz der Staufer, 1268 wieder bambergisch, dann oftmals verpfändet, u. a. an den Kurfürsten von der Pfalz; seit 1802 bei Bayern.

Das malerische **Städtchen** mit breiter Marktstraße und diese senkrecht berührender Querachse ist von wohlerhaltenen Resten seines 1330 begonnenen **Beringes** annähernd 5eckig umzogen. Es stehen noch 3 Tore; hervorzuheben: das **Obertor.** – An der NO-Spitze des Beringes liegt das

ehem. Schloß auf den Resten der bambergischen Burg des 12. Jh. Im 15. Jh. wurden unter den pfälzischen Fürsten umfangreiche Neubauten errichtet, weitere 1729–32. Was sich heute um den Bergfried des 14. Jh. gruppiert, gehört der letzten Bauperiode des 18. Jh. an. Überaus malerische Anlage.

Kath. Pfarrkirche St. Ägidius. Der Zentralbau des Langhauses von 1751–53 legt sich an einen langgestreckten spätgot. Chor des 15. Jh. Dieser Zeit entstammt auch der Turmbau auf roman. Fundamenten. Die Sakristei bewahrt eine Kreuzigungsgruppe in Porzellan, Nymphenburg, nach dem Modell des Franz Anton Bustelli, um 1760. – Teile des spätgot. Hochaltars im **Pfarrhof:** 6 geschnitzte Reliefs aus dem Marienleben, um 1510–20, in Anlehnung an Dürer.

VOHENSTRAUSS (OPf. / Neustadt a. d. Waldnaab L5)

Im 12. Jh. Besitz der Sulzbacher Grafen, dann, 1188, der Staufen, über deren Letzten, Konradin, V. 1268 an den bayerischen Herzog kommt, der zwar den Ansprüchen des Reiches nachgeben muß, indessen 1309 V. als Reichspfandschaft zurückgewinnt. 1329 fällt es an die Pfalz. Die wechselvolle Geschichte im Spätmittelalter sei hier übergangen. Aus dem Landshuter Erbe kommt V. 1505 an Pfalz-Neuburg, 1615 fällt es an Neuburg-Sulzbach, 1777 an Pfalz-Bayern.

● **Schloß Friedrichsburg**
Das stattliche Schloß trägt den Namen des Erbauers, Pfalzgraf Friedrich, 4. Sohn des Pfalzgrafen Wolfgang von Zweibrücken-Veldenz. 1586 wurde es unter Leitung von Leonhard Greineisen aus Burglengenfeld in Angriff genommen. Die Ausführung verdingte er einem Meister Reicholt aus Weiden. Um 1590 wird der Bau vollendet gewesen sein.
Das imponierende Bauwerk wirkt durch seinen hohen, geschwungenen Staffelgiebel zwischen den Ecken und Seitenwände besetzenden Rundtürmen (ursprünglich 5; der 6., mittlere, der S-Wand kam 1903 hinzu). Das Innere hat durch verschiedene Umgestaltungen seinen urspr. Charakter eingebüßt. Nur einige Gewölbe im Erdgeschoß und Balkendecken im Obergeschoß blieben erhalten. Eine hohe Mauer mit gedrungenem Rundturm im SO umfängt den Schloßhof. Er öffnet sich gegen die Ortschaft als Ziel der breiten, diese durchquerenden Marktstraße.

VOLKACH (UFr. / Kitzingen E4)

Erste Nennung in einer Urkunde König Ludwigs d. Kindes 906, die sich aber auf Schenkung des Königsgutes Volkach an Fulda schon durch den Vater, Kaiser Arnulf, bezieht. 1230 ist Volkach offenbar noch nicht, 1258 ist es Stadt. Bis ins 16. Jh. teilen sich in den Besitz Castell und Würzburg; 1520 wird der Bischof Stadtherr.

Die Stadt. Die Lage am Scheitel einer östlich gegen den Steigerwald vorgreifenden Main-Schleife an der Kreuzung zweier Verkehrsstraßen begünstigte ihr Gedeihen. Die Marktstraße ist die herrschende Achse des annähernd rechteckig umschlossenen, vermutlich im 13. Jh. geschaffenen kleinen Stadtkörpers. Im Schnitt mit einer kreuzenden schwächeren Achse liegen Markt und Kirche. – Der **Mauergürtel** des späten Mittelalters steht nur mehr in Teilen aufrecht. Von den ehemals 4 **Tortürmen** stehen noch 2, der **Gaibacher** und der mit einem Schnörkelgiebel geschmückte **Sommeracher,** beide 13. Jh., doch im späten 16. Jh. verändert. Das Straßenbild ist gut, die Anzahl alter **Bürgerhäuser** (des 16.–18. Jh.) groß. Neben dem **Rathaus** (1544 ff.), einem 3geschossigen Block mit Freitreppe, Vorhalle und polygonem Erker in der Mittelachse (an der W-Seite des südlich von der Pfarrkirche überragten Marktes), sei das **Schelfenhaus** angemerkt (Schelfengasse 1, jetzt als **Heimatmuseum** eingerichtet), ein 2geschossiger Barockbau (1719/20), dessen Auszeichnung die beiden reichen Portale sind.

Kath. Pfarrkirche

Die Pfarrei ist seit 1158 bezeugt. Erste Seelsorgekirche des Landes um die Main-Schleife war aber die auf dem Kirchberg. Das 1158 genannte Patrozinium des hl. Georg wird im Spätmittelalter durch das des hl. Bartholomäus verdrängt. – 1413 wird der Chor begonnen, 1442 der Hochaltar geweiht. Erst 1472 scheint das Langhaus begonnen worden zu sein. Als Meister ist Friedrich Reuss bezeugt. 1513ff. baut der Würzburger Dommeister Hans Bock den Turm, bis auf das 1597 hinzugefügte Achteck. Im 18. Jh. (1754) wird das Langhaus umgestaltet.

In der jetzigen Gestalt ist das Langhaus mit einem Spiegelgewölbe (Holz) geschlossen; ihm liegt ein schmaler, tiefer, mit Netzrippengewölben gedeckter Chor an. Seitlich der hohe, von einem schlanken Treppentürmchen begleitete Turm.

Die Ausstattung des hellen, ganz dem Rokoko des 18. Jh. anverwandelten Raumes ist gut, ja reich. Stukkaturen von Nikolaus Huber (1754) und Fresken von Johann Michael Wolcker (1753) schmücken die Decke. Die 5 Altäre treten zu wirkungsvoll gestaffelter Gruppe zusammen. Der Hochaltar wurde 1727–39 vom Wiesentheider Kunstschreiner Johann Georg Neßtfell und vom Haßfurter Bildhauer Volkmar Becker errichtet, doch 1792 von Peter Wagner umgestaltet; die beiden Figuren über den Durchgängen, Bartholomäus und Kilian, sind wahrscheinlich dem Kitzinger Bildhauer Reutel (1771) zuzuschreiben, die beiden Heiligen an den Flanken des Altars Peter Wagner; das Gemälde gehört dem Thüngersheimer Sebastian Urlaub (1726/27); der Tabernakel kam erst 1823 hinzu. Die bewegten und gelösten Seitenaltäre schuf 1759 der Kitzinger Rainer Wierl. Die Kanzel gab Wagner (1792), das Orgelgehäuse der Sommeracher Matthias Sporer (1726), das Chorgestühl Reutel (1771).

Die **Friedhofskapelle St. Michael,** im Kern spätgotisch, wurde nach einem Brand 1862–64 weitgehend erneuert. Das originale *Portaltympanon* mit dem Relief der Marienkrönung lehnt sich eng an das Tympanon gleichen Themas der Würzburger Marienkapelle an.

Ein **Stationsweg** (noch stehen 3 spätgot., 1521 datierte Stationen) verbindet die Stadt mit der

Wallfahrtskirche St. Maria im Weingarten (auf dem Kirchberg, der in den nordwestl. Horizont tretenden Höhe).

In frühe fränkische Zeit zurückreichend, im Frühmittelalter Pfarrkirche, im 11., spätestens 12. Jh. von Volkach abgelöst. Im 13. oder frühen 14. Jh. entsteht die Kirche einer Beginenklause, die aber kaum länger als 100 Jahre existiert. Spätestens um die Mitte des 15. Jh. beginnt die durch das Gnadenbild einer Schmerzensmutter erweckte Wallfahrt zu blühen. – Rückstand eines frühgot. Baues ist die Sakristei an der S-Seite des Chores (ursprünglich wohl Erdgeschoß eines Turmes). Die heutige Kirche wird um die Mitte des 15. Jh. im Chor begonnen; Ende des Jahrhunderts ist sie wohl großenteils, völlig fertig aber erst gegen 1520. Der Dachreiter wird

1750 aufgesetzt. 1880 wird sie purifiziert, doch 1954/55 von den Spuren dieser Reinigung wieder befreit.

An ein flachgedecktes Schiff stößt ein eingezogener gewölbter Chor. Beide Teile bilden eine durch verschiedene Höhen und Dachformen reizvoll differenzierte Gruppe, die auch nicht geringen Gewinn aus der landschaftlichen Situation zieht. Hoher, steiler Dachsattel über dem Schiff, höher als der Chor, dessen von den Streben gestraffter, in schlanken Fenstern aufgebrochener Steinkörper doch wieder den des Schiffes überragt. Ein rundes Treppentürmchen legt sich an die südlich vortretende Sakristei. Portale an S- und W-Seite; schmuckreich das an der S-Seite, mit Vorhalle, die eine Spitzbogentonne mit Netzrippen deckt. – Der Raum ursprünglich 3schiffig geplant, doch als einfacher Rechtecksaal ausgeführt.

● Ausstattung. Der schönste Besitz der Kirche ist die *Rosenkranz-Muttergottes* Tilman Riemenschneiders, eines seiner letzten Werke, angeblich 1521–24 geschaffen. 1954 von schlechter Neufassung befreit; 1962 gestohlen, dank privater Munifizenz zurückerworben, mußte sie erneut restauriert werden. Wie ursprünglich, hängt sie nun wieder frei von der Decke. – Zu nennen sind auch das gute Holzbildwerk der Anna selbdritt von etwa 1510 an der O-Wand des Schiffes, das Vesperbild Weichen Stiles an der O-Wand, den Holz-Kruzifixus des frühen 15. Jh. an der gleichen Wand (nördlich) und den steinernen Kruzifixus an der N-Wand, der die Signatur TK (Thomas Kistner) mit d. J. 1555 verbindet. Die gemalten Glasscheiben sind Stiftungen des Michael v. Schwarzenberg aus der Spätzeit des 15. Jh.

Die **Hallburg** (südwestlich von Volkach, eine halbe Gehstunde talabwärts, am linken Ufer des Mains) ist 1252 Castellscher Besitz, im 14. Jh. Zollnerscher, 1665–1801 der Grafen Stadion. 1806 kommt sie auf dem Kaufwege an Schönborn-Wiesentheid. Der quadratische **Bergfried** geht noch ins 13. Jh. zurück, die **Burgkapelle** ins 14. oder 15., das übrige ins 16. Jh.

Astheim (E4)

Ehem. Kartäuserkloster Pons Mariae

»Maria Bruck zu Ostheim« tritt 1409 als Stiftung des Erkinger v. Seinsheim und seiner Gattin Anna v. Bibra ins Leben. Das Kloster wächst zögernd heran; die Kirche steht erst 1469 fertig, der Kreuzgang erst gegen Ende des Jahrhunderts. Der Bauernkrieg setzt der Kartause hart zu. Tatkräftige Prioren des späten 16. und frühen 17. Jh. geben ihr (1583 ff.) die heutige Gestalt, die nun freilich nur mehr ein Fragment ist; der Kreuzgang mit den Kartausen fehlt. 1803 säkularisiert, gelangt die Klosterkirche durch Kauf an die Fürsten Schwarzenberg. Seit 1954 ist sie Besitz der Gemeinde, die sie, und anschließend auch die Johanneskapelle, 1957 restaurieren läßt und 1958 im Prokurat ihr Rathaus einrichtet.

Ehem. Klosterkirche. Der langgestreckte 1schiffige Bau ist nachgotisch, d.h. noch oder wieder gotisch wie so manche Kirche dieser Zeit im Würzburger Sprengel. Ihr bester Schmuck sind die Reihungen (Rippennetze) der flach gesprengten Tonne. Der nur über dem Dach in Erscheinung tretende, sonst ins Innere eingeschlossene Turm ist Ersatz des 1867 abgetragenen, etwa in der Mitte des Schiffes postierten ursprünglichen. Ein feines Werk der Zierarchitektur ist der die 4 Joche des 3seitig geschlossenen Chores von den 4 Jochen des Schiffes trennende *Lettner,* dessen Bühne eine Maßwerkbalustrade beschließt.

Der barocke Hochaltar entstand 1723/24, das trotz Renaissance-Formen noch im Spätmittelalter wurzelnde Chorgestühl 1606 (mit Ergänzungen von 1724).

Von der **Klosteranlage** blieb das sog. **Prokurat** (1583) südlich der Kirche, der **Verbindungsbau** (gleichzeitig) und die anhängende 2geschossige **Johanneskapelle,** die 1584 an Stelle des ersten »Chorkirchleins« erbaut wurde und im Obergeschoß einen Saal enthält. Das heute in den Verbindungsbau einlassende Renaissance-Portal stand bis 1867 an der S-Wand des Langhauses.

Die **Vogelsburg** (westlich von Astheim, in vom Main umfaßter Spornlage) gründet vorgeschichtlich. Der westlich den Rücken abschneidende Wall ist der Überstand eines keltischen Oppidums. Im 7., spätestens 8. Jh. stellen die Franken einen ihrer Königshöfe auf diese freie beherrschende Höhe. Als Schenkung Kaiser Arnulfs gelangt die Fugalespurc 879 an Fulda. 1282 gründet Graf Hermann v. Castell ein **Karmelitenkloster,** das, nie bedeutend, 1803 säkularisiert, nur die bescheidene spätgot. **Kirche** zurückließ.

Gaibach (E4)

Schloß •

1580 gelangt der Sitz Gaibach »mit Zwinger, Gräben und Zugehör« an Valentin Echter v. Mespelbrunn, der das Schloß aufführen läßt. Baumeister war wahrscheinlich der Volkacher Jobst Pfaff. 1650 kommt Gaibach an die Schönborn. Kurfürst Lothar Franz baut 1694–1710 das Schloß teilweise um. Der verantwortliche Meister ist jedenfalls Johann Leonhard Dientzenhofer, wenn auch Mainzer und Wiener Ratschläge eingeholt werden. Im frühen 19. Jh. wandelt sich die Ausstattung klassizistisch, der Park englisch. Auch der wehrhafte Charakter, der ihm immer noch anhing, wird beseitigt. Nur die beiden Kanonentürme der NO- und SW-Bastion erinnern noch an die Fortifikationen. – Seit 1949 beherbergt das Schloß (noch Schönbornscher Besitz, aber auf 99 Jahre verpachtet) das Franken-Landschulheim. Die Ausstattung kam nach Pommersfelden.

Das Schloß ist eine Vierflügelanlage mit quadratischem Binnenhof, 2geschossig. Die Straßenfront liegt in der Rahmung zweier Rundtürme. Das Hauptportal, in der Mittelachse der Front, trägt im Scheitelstein ein Wappenschildchen mit mehreren Steinmetzzeichen und den Initialen J. P., die auf Jobst Pfaff zu deuten sind. Zum Hof hin öffnen sich die Flügel in Arkaden. Im N-Flügel die in 2 Läufen aufsteigende Treppe. Raumausstattungen von etwa 1820. Ein gutes Beispiel später klassizist. Dekoration ist der doch wohl von Leo v. Klenze redigierte *»Konstitutionssaal«*. Älter nur die Stuckausstattung der profanierten, jetzt verbauten *Schloßkapelle*, wahrscheinlich vom Bamberger Johann Caspar Vogel, um 1700.

● Im **äußeren Park** auf dem schönste Rundsicht gewährenden Sonnenberg die von Klenze entworfene, 32 m hohe **»Konstitutionssäule«**, 1821–28 aufgeführtes Denkmal der 1818 von Max I. Joseph gegebenen Verfassung.

● Kath. Pfarrkirche Hll. Dreifaltigkeit

Der Bauherr ist Fürstbischof Friedrich Karl v. Schönborn, der Baumeister Balthasar Neumann, die Bauzeit 1742–45.

Der Grundriß der mit der 3teiligen, durch Pilaster (die mittleren schräg gestellt) gegliederten Fassade der Straße zugewendeten Kirche zeichnet ein Kreuz mit 3 kurzen Armen, Konchen, östlich, die sich, westlich durch das O-Joch des Schiffes ergänzt, der Vierung zuordnen. Sphärisch gekrümmte Gurte, wie sie dann Neumann wenig später in Vierzehnheiligen anwendete, schließen die Gewölbeschalen ein oder weichen ihnen aus, denn der Eindruck ist, je nach Standort, der eines Vordringens der Konchenwölbungen in das zentrale Ellipsoid der Vierung oder, umgekehrt, des der Vierung in die der Konchen. Kreuzgewölbe decken das Schiff. Der Turm (im Untergeschoß älter, Anfang 17. Jh.) steht im Scheitel des Chores.

Die Ausstattung schlägt keine vollen Akkorde an; die architektonische Fügung spricht um so stärker. Wenig Stuckzier. Die Altäre schuf 1747/48 Antonio Bossi, das Gemälde des Hochaltars (Dreifaltigkeit mit Schönborn-Familie) Franz Lippold, die Kanzel (plastischen Teils) der Kitzinger Rainer Wierl, der auch, mit Martin Gutmann, an der Orgel arbeitete.

Kapelle Hl. Kreuz

1697/98 läßt sie Kurfürst Lothar Franz v. Schönborn auf dem Sonnenberg an der O-Seite des Schloßparkes errichten, vermutlich von Johann Leonhard Dientzenhofer.

Das Rund des Zentralbaues, außen nur durch ein Portal geschmückt, umfährt ein Quadrat, dem an jeder Seite eine der Mauerstärke abgewonnene Rechtecknische vorgelegt ist. Eine hohe Kuppel mit Laterne schließt das Rund; Tonnen decken die halbrund geöffneten Nischen.

WAISCHENFELD (OFr. / Bayreuth H4)

Ein Freiadeliger des Namens W. bringt Burg und Land 1216 an die im Frankenjura stark begüterten Herren v. Schlüsselberg. Deren letztem, Konrad, verdankt der kleine Burgort an der Wiesent die Erhebung zur Stadt, 1315. Nach Schlüsselberg (1347) kommt die Herrschaft an den Bamberger Bischof.

Die einmal umfangreiche **Burg** (Ruine auf dem »Steinernen Beutel«) hat nicht viel Getrümmer hinterlassen.

Die spätgot. **kath. Pfarrkirche St. Johannes Bapt.** ist 1schiffig, aber 2chörig. Der 2. Chor kam erst im 16. Jh. als Stiftung eines namhaft gewordenen Waischenfelders, des Wiener Weihbischofs Friedrich Grau-Nausea, hinzu.

Die **St.-Anna-Kapelle** hinter der Kirche, Gottesackerkapelle über Beinhaus, ist in der erhaltenen Form um 1660 entstanden. – Aus der gleichen Zeit vermutlich die **Laurentiuskapelle,** die einen überreichen Hochaltar, 1701, von Johann Michael Doser (Auerbach) besitzt.

Burg Rabeneck

Wie Rabenstein (→ Ahorntal) wahrscheinlich eine Gründung der Schlüsselberg. 1348 fällt Rabeneck an Bamberg, ist dann in der Hand der Rabenstein, der Stiebar, kehrt 1620 zu Bamberg, 1715 zu den Rabenstein zurück und kommt nach deren Ausgang, 1742, an die Grafen Schönborn.

Auf einem Fels über der Wiesent (sie treibt die im 18. Jh. in ihre letzte Gestalt gebrachte **Rabenecker Mühle**) steht Rabeneck. Die (spätmittelalterl.) Hauptburg besteht aus dem quadratischen **Torturm** und dem 3geschossigen **Wohnbau;** ein Graben trennt sie von der östlich liegenden Vorburg. – Nordöstlich der Hauptburg, etwas tiefer, steht die **Burgkapelle des hl. Bartholomäus,** die, im frühen 15. Jh. errichtet, innen in den 30er Jahren des 18. Jh. erneuert wurde. Der Altar ist 1717, die Kanzel 1734 datiert. – Am nordwestl. Rand der Burgfläche das 4geschossige, wohl im späten 16. Jh. gebaute sog. **Schütthaus.**

WALDERBACH (OPf. / Cham L7)

Ehem. Zisterzienserkloster

Anfänglich sitzen hier am Regen Augustinerchorherren; Burggraf Otto I. von Regensburg, heißt es, habe sie angesiedelt. Doch bald habe er an ihre Stelle Zisterzienser gesetzt. 1143, kurz nach dem Tode des Stifters, erfolgt die Einführung der neuen Mönche. Diese seien aus Maulbronn gekommen, weiß die Klosterchronik. Jedenfalls haben sie den bestehenden Kirchenbau in der 2. Hälfte des 12. Jh. errichtet. 1428 spielen ihm die Hussiten übel mit, doch erholt sich das Kloster. Da bereitet ihm ein neuer Schlag 1556 das Ende: Reformation und Bildersturm. 1669 ziehen wieder Zisterzienser ein. Diesmal kommen sie aus Aldersbach. Bald entstehen neue Klostergebäude. Auch die Kirche erfährt Änderungen. 1748 erhält sie einen neuen Chor, Altäre und zuletzt einen Turm. 1803 wird der Konvent aufgelöst, die Kirche der Pfarrei übergeben.

● **Kath. Pfarrkirche St. Maria und St. Nikolaus,** ehem. Klosterkirche. Das äußere Erscheinungsbild erhielt zur Zeit des Barock seine Akzente: Über die Klostertrakte des 17. Jh. erhebt sich die Zwiebelhaube des Turmes von 1779. Auch die Formen des Chores sind barock, 1748. Breite, neuzeitliche

Walderbach. Ehem. Klosterkirche
Romanische Dekoration am Gewölbe der Westempore

Fenster sitzen im alten Mauerverband des Langhauses. Doch ein Schritt in die Turmvorhalle führt ins 12. Jh.; ein *Rundbogenportal* mit gestuftem Gewände öffnet das Langhaus. Je 2 Säulen tragen die gerundeten Wulste der Archivolten. Vertikale, schräge und geschraubte Kanneluren schmücken sie. Das innere Säulenpaar ist durch (ergänzte) Schaftringe und Blattkapitelle bereichert. – Inneres. Schmale Seitenschiffe, deren Gewölbescheitel nur wenig unter dem des Mittelschiffes liegt, begleiten dieses. 8 Joche ordnen sich zur Bahn nach dem Chor, dessen Apsidendreiheit dem Neubau von 1748 geopfert wurde. Eine gewisse Rhythmisierung faßt 5 Joche zusammen, indem sie durch engere Triumphbogenstellungen die beiden ersten Joche sowie das unmittelbar an den Chor stoßende (barock veränderte) ausscheidet. Das Verhalten der Scheidbögen erweist Schwankungen im Baufortgang von O nach W. Sie spitzen sich in den 5 westl. Jochen merklich zu. Als kräftige Stützen ordnen sich eckige und runde Vorlagen um die quadratischen Pfeiler. Die Rundvorlagen sind mit attischen Basen und Eckknollen verziert. Ihre Kapitelle zeigen Würfel- und Kelchform, auch Voluten, Blattwerk, Rankengeschlinge, Masken und Schlangen oder Vögel. Schwere Rippengewölbe über dem Mittelschiff, gratige Kreuzgewölbe über den Seitenschiffen. – Die Dreischiffigkeit der Empore – kein zisterziensisches Typikon – ist in der heimischen Baukunst vorgebildet. Auch das ungewöhnliche Hallensystem der Kirche hat heimische Wurzeln. Vergleichsweise sei auf Karthaus-Prüll und St. Leonhard in Regensburg hingewiesen.

Ausstattung. Ein *farbiges Dekorationssystem* überzieht Rippen und Gurte. Es wurde 1888 unter der Tünche hervorgeholt. Rötliche Farben auf dünnem, hellgrauem Grund verbinden sich zu Ornamentfiguren von feiner dekorativer Wirkung. Auch die Unterwölbung der W-Empore (im 18. Jh. durch einen Balkon erweitert) zeigt derartige Bemalungen, die zu den Seltenheiten im Bestand roman. Kirchenbauten gehören. – Zarter Rokoko-Stuck im Chor, um 1730–35. Die *Altarausstattung* ist Werk des mittleren 18. Jh., desgleichen Kanzel- und Orgelprospekt. Am 1. Pfeiler links vor dem Chor die feine Kalksteinätzung des Epitaphs Hofer zu Lobenstein, 1606.

Die **ehem. Klostergebäude,** um 1669, südlich der Kirche, haben in mehreren Innenräumen (wie im gut erhaltenen *ehem. Refektorium*) ihre alten Rahmenwerkstukkaturen bewahrt.

WALDSASSEN (OPf. / Tirschenreuth L3)

Zisterzienserinnenkloster

Gründung des Markgrafen Diepold III. v. Vohburg 1131, besiedelt vom thüringischen Zisterzienserkloster Volkenrode. Rasche Entfaltung des (mit seinem »Stiftsland«) wohldotierten, in dieser kaum besiedelten Randzone des Nordgaues aufs tätigste kolonisierenden, auch die böhmische Nachbarschaft in sein Interesse ziehenden Klosters, das 1143 Sedletz und 1194 Ossegg besiedelt. Ein Privileg König Konrads III. 1147 – Verleihung des Königsschutzes, Befreiung von fremder Gerichtsbarkeit, freie Wahl des Schirmvogtes – öffnet den Weg zur Reichsunmittelbarkeit, der durch Urkunden Friedrichs I. und Heinrichs VI. entscheidend gefördert wird. In der Bestätigungsurkunde Kaiser Sigismunds, 1439, erscheint der Abt als »Fürst«. Der Übergang der Schirmherrschaft, zunächst bei der Krone Böhmen, an Kurpfalz im frühen 15. Jh., wirkt sich schädlich aus; die Reichsfreiheit geht dahin. Kurpfalz führt 1556 die Reformation ein; 1571 wird das Kloster aufgehoben. Der Übergang der Oberpfalz an Kurbayern ändert die Lage: 1669 zieht der Orden, mit Fürstenfelder Mönchen, wieder in Waldsassen ein. 1690 regiert wieder ein Abt. Erneute Blüte, der erst die Säkularisation 1803 ein Ende macht. 1863 kommen die Klostergebäude auf dem Kaufwege an die Zisterzienserinnen von Seligenthal. Seit 1925 ist Waldsassen wieder Abtei.

Klosterkirche St. Johannes Ev. •

Auf den Gründungsbau von 1133 folgt bald eine größere Basilika; sie wird 1179 in Gegenwart Kaiser Friedrichs I. geweiht. 1430 und 1433 hussitische Heimsuchungen; 1504, im Landshuter Erbfolgekrieg, brandschat-

zen die Markgräflichen. Die Reformation bringt einen Bildersturm (1565). 1633 und 1648 Schwedennot. Aber nun wendet sich das Geschick zum Besseren. Der Orden kehrt 1669 zurück und geht nun daran, die baufälligen Relikte des Klosters abzutragen. 1681 wird zur neuen Kirche der Grund gelegt; 1695 können Stukkateure und Freskomaler ihre Arbeit beginnen. 1697 wächst die Zweiturmfassade empor. 1704 sind Kirche und Kloster fertig. Der »Grundt Burger und Maurer Master der Königl. Newen Stadt Prag« Abraham Leutner ist der entwerfende Architekt; auch hat er bis 1690 die Bauleitung. Sein Werkmeister ist 1685–89 Georg Dientzenhofer, der zugleich die nahe gelegene Kappel errichtet. Sein Bruder Christoph ist als Maurermeister tätig. 1691 übernimmt Bernhard Schießer den Bau und führt ihn zu Ende. Sein Werk ist die Fassade. Als Stukkateur wird Giovanni Battista Carlone verpflichtet, als Freskomaler Jakob Steinfels aus Prag. – Restaurierung 1954–57, Kreuzgang 1979. »Basilika«-Titel 1969.

Das Äußere zeigt einen Bau von starker Längenausdehnung. Große Fenster reihen sich in gleichmäßigen Abständen. Das Langhaus ist von 2 niedrigeren Baukörpern begleitet, ein Querschiff tritt hinzu, Stumpf eines Turmes im N. Länge und gerader Abschluß gehören zu den wenigen zisterziensischen Eigenheiten, die der barocke Bau übernommen hat. Die 2türmige W-Fassade 2geschossig, durch Pilaster gegliedert. Ein mächtiger Segmentgiebel vereint die 3 Achsen des Untergeschosses, ein Dreieckgiebel die des oberen. Die Türme geduckt im Verhältnis zur Masse der Kirche; Zwiebelkuppel und Laterne schließen sie ab. – Inneres. Ein langer, hoher Raum (82:24 m bei nur 13½ m Schiffbreite) umfängt den Eintretenden. 3jochig das Langhaus, von 2geschossigen Kapellen begleitet. Jedes der 3 Joche trägt eine Ovalkuppel. In mächtiger überkuppelter Vierung durchschneidet das Querhaus. 3 Joche des Mönchschores leiten zum rechteckigen Altarraum. Die Kunst Oberitaliens befruchtete diese Anlage, doch nicht so eindeutig wie etwa in Münchens Theatinerkirche, sondern abgewandelt, z. B. in den 2geschossigen Ovalkapellen. Dieser freiere Typus kam über Prag und erfuhr im Passauer Dom eine andere großartige Ausprägung.

Ausstattung. Von starker Formkraft sind die *Stukkaturen* G. B. Carlones. Bei aller Üppigkeit herrscht klarste Disposition. Quellendes Blattwerk, reich gestaltete Kartuschen, eine unübersehbare Zahl figürlicher Motive. Über der Attika der Chorwand tragen je 8 Engelsfiguren reich gerahmte Bildmedaillons. 12 Propheten auf dem Gebälk des Hochschiffes erläutern in Textbändern die Fresken der Gewölbejoche. Über den Kapellenbogen christliche Tugenden (in Beziehung zu den Altären). Ein Putto zu ihren Füßen trägt jeweils ihre Embleme. Die persische und phrygische Sibylle haben an der westl. Emporenbrüstung

ihren Platz gefunden, und die Vierung beherrschen unten die überlebensgroßen Figuren der 4 Kirchenväter. Schwere Gewandmassen verstärken das Pathos der Gestalten. Ihre Formung hat Bernini und Michelangelo zu Ahnherren. – Der *Freskenzyklus* von J. Steinfels behandelt im Chor die Sage vom Einsiedler Gerwich, dem Freunde Diepolds v. Vohburg. Die Begegnung des frommen Büßers mit Diepold soll das Kloster veranlaßt haben. Die Fresken im Langhaus erzählen aus dem Leben Christi und Mariae, das der Vierungskuppel gibt Einblick in die himmlischen Welten: Heiligenchöre (darunter v. a. Zisterzienser) im Schutze Mariens. Die Zwickelkartuschen zeigen die 4 ersten zisterziensischen Ordensheiligen: Bernhard, Stephan, Alberich und Robert. Ein anderer Künstler hat das Gemälde an der Stirnwand des Chores geschaffen (Waldsassens Weihe durch St. Johannes): Claudius Mono.
Der *Hochaltar*-Aufbau aus schwarzem und rotem Marmor ist eine Schöpfung Carlones, 1696. Die Seitenfiguren sind St. Benedikt und Bernhard, im Auszug Moses und Johannes Bapt. Mono fertigte die Gemälde: Kreuzigung Christi (unten) und Gottvater (oben). Das seltsame Tabernakel, dessen Sakramentarium als Weltkugel gebildet zwischen den Figuren der Verkündigung Mariae eingebettet ist, lieferte ein einheimischer Künstler, Karl Stilp, 1690. Das Antependium, reich mit versilbertem Rankenwerk übersponnen, entstand 1715. Die Altäre des Querschiffes wurden 1708 aufgestellt. Andreas Wolff (Marienaltar im N) und Andreas Maisthuber aus München (Bernhardaltar im S) malten die Altarblätter. Die Altäre des ersten Kapellenpaares entstanden um 1740, die übrigen 1725–27. Von hoher ornamentaler Erfindungsgabe zeugen die rankenüberspielten Wände der Kanzel, um 1717. Unerhörten Reichtum zeigt das *Chorgestühl,* 1696. Martin Hirsch ist sein Meister. Mono fügte 1701 die Gemälde hinzu (alttestamentliche Motive). Apostelfiguren erscheinen zwischen den akanthusumlaubten ovalen Rahmen. Bewegte Puttenfiguren spielen vor den Baldachinstützen; die Wangen des Dorsale sind aus Akanthusbüscheln geformt. – Die Stukkaturen der ehem. Sakristei südlich des Chores hat Carlone in d. J. 1696/97 ausgeführt.

Klosterbauten. Im S der Kirche gruppieren sich 3 Flügel um den quadratischen Kreuzhof, errichtet zugleich mit dem Kirchenneubau 1681 bis 1704. Der **Kreuzgang** wurde 1688 von Domenico Quadro aus Bayreuth stuckiert.
Zu den hervorragendsten Räumen des deutschen Barock zählt die 1724–26 ausgestattete Bibliothek. Peter Appiani besorgte die Stukkierung. Die figürlichen *Schnitzarbeiten* lieferte Karl Stilp und die Gemälde Karl Hofreiter. Am reich geschnitzten Portal (N-Seite, urspr. Hauptzugang, jetzt innerhalb der Klausur) die Figuren des Glaubens (Fides) und der Wissenschaft (Minerva), Hinweise auf die Inhalte der Bibliothek. Um den flach gewölbten Saal läuft eine geschnitzte Galerie, nur die Fensterwand freilassend. Sie wird von burlesken Atlanten getragen. Humorvolle Einfälle finden ihre Darstellung: wenn die Haube in Form eines Storches ihren Träger in die Nase zwickt, wenn aus dem Rauschebart die Mäuse hervorkommen, wenn die große Zehe aus dem

zerfetzten Schuh ragt. Nach heute meist zitierter, aber ganz ungesicherter Deutung illustrieren die Trägerfiguren die Herstellung des Buches vom Papiermacher bis zum Leser. Der Lumpensammler, der den Rohstoff für das Papier liefert, tritt auf; ihm folgt der Getreidemeister, der für den Kleister sorgt; dann der Papiermüller, ferner Metzger und Schweinehirt, von denen das Leder der Einbände bezogen wird, schließlich der Verleger, der Autor, der Buchhändler, Rezensent und Leser. Eine jüngste Deutung sucht den Schlüssel im »Narrenschiff« Sebastian Brants, und es könnte schon sein, daß hier Narrenweisheit der durch den Glauben geklärten des großen Ordensheiligen (»Meine Weisheit ist es, Christus zu kennen«) gegenübersteht. Die grotesken Szenen im durchbrochenen Relief der Galeriebrüstung beziehen sich auch wirklich, neben dem »Froschmeuseler« Rollenhagens, auf das »Narrenschiff«. Ihr Schnitzer ist nicht Stilp, sondern der Meister des Geschränks, der Klosterschreiner Andreas Witt. Stilp gehören aber jedenfalls noch die Karyatiden (mit den den »wühlenden« Gelehrten persiflierenden Maulwurfspfötchen) und die Büsten heidnischer Weiser im Aufsatz des Geschränks, die zu den (gemalten) christlichen Weisen, den Kirchenvätern an der Decke, überleiten. Fein geschnitzte Rahmungen umgeben das Schrankwerk. Appianis Stuckornamentik schwingt locker über das Gewölbe, Bandwerk mit eingestreuten Ranken und Vögeln. Die Gemälde schildern St. Bernhard (von N), wie ihn der Gekreuzigte umarmt, wie ihm Christus und Maria erscheinen, wie er im Reimser Konzil über Gilbert de la Porée obsiegt und wie er sich in »Jesu dulcis memoria« versenkt.

Kappel (L3)

● Wallfahrtskirche Hl. Dreifaltigkeit

Auf dem Glasberg bei Münchenreuth nächst der böhmischen Grenze steht angeblich schon im 12. Jh. eine Kapelle. Wallfahrtsziel wird sie wohl erst im 15. Jh.; 1527 läßt sie sich als solches fassen. Stärkerer Zustrom im 17. Jh. führt zum Neubau, der, 1684 begonnen, dem Eifer des Pfarrers Paulus Eckhardt von Münchenreuth und des Superiors von Waldsassen zu danken ist. Der vom Pfarrer empfohlene, eben in Waldsassen tätige Baumeister Georg Dientzenhofer verehrt »alle angewandte Mühe und Arbeit samt den Abrissen denjenigen«, »zu wessen Ehr und Gottesdienst diese neuangefangene Kapellen erbaut wird«. – Teilrestaurierung 1953 bis 1960.

Die Kirche liegt in einsamer, waldumgürteter Flur, mit weitem Blick über die Wälder. Der auffällige Grundriß ist Beisteuer des Pfarrers, der vorhatte, das »Mysterium Sanctissimae Trinitatis, per omne Trinium, in den Kirchenbau zu adumbrieren«. Dientzenhofer hatte sich mit dem Trinium – der Grundzahl Drei – so gut es gehen wollte abzufinden. Er erzielte ein hochoriginelles Kirchengebilde. Außen und Innen tragen gleicherweise die heilige Drei der heiligsten Dreifaltigkeit vor. –

Waldsassen: Kappel
Wallfahrtskirche
Schnitt und Grundriß

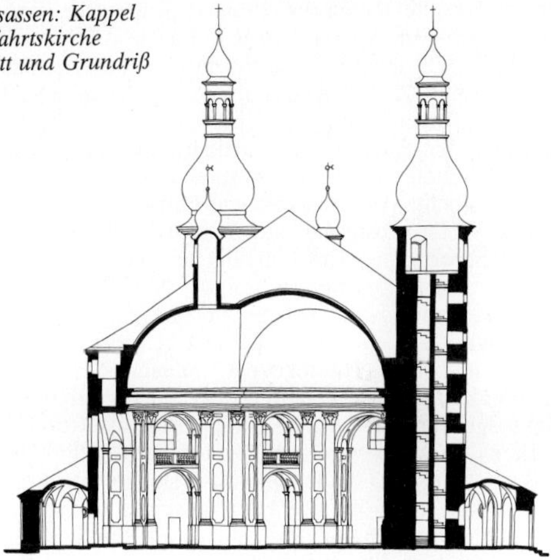

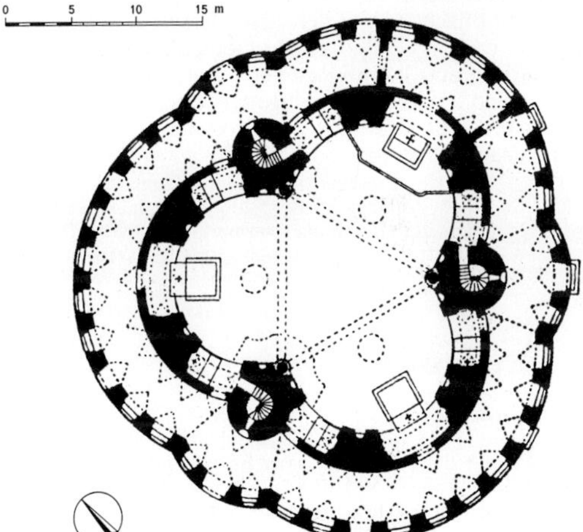

Äußeres. 3 pralle Rundschwellungen gruppieren sich zum Dreipaß, 3 auch ganz korpulente Rundtürme drängen sich in die Zwickel des Dreipasses, 3 Dachreiter auf den Zeltdächern der Schwellkörper (Konchen) leisten ihnen Sukkurs. Die Zwiebeln, die den Türmen und Türmchen aufsitzen, bewirken in ihrer Häufung den Eindruck des Östlich-Slawischen, aber mit slawischen Kirchen hat diese oberpfälzische nichts zu tun. (Eine ganz ähnliche Symbolgestalt war übrigens kurz zuvor für eine andere Wallfahrtskirche, auf dem Armesberg bei Kemnath, versucht worden.) Ein Umgang, ein gedeckter Prozessionsweg, umzieht – abermals dreifältig – den Dreipaß als eine äußere Sockelstufe. – Inneres. Raumgrundlage ist ein (gedachtes) gleichseitiges Dreieck, dem sich die 3 Konchen, breite, tiefe, halbrunde Raumkörper, anlegen, deren Kuppelschalen sich dem gern so genannten Triangel über dem (nun sinnfällig ausgedrückten) Dreieck zuneigen. Starke Rundsäulen, in die Ecken des Dreipasses eingebunden, fangen die Füße des Triangels ab. Jede der 3 Konchen lockert sich in 3 rechteckigen Nischen, die bis zur Höhe des Hauptgesimses hinaufreichen. Die jeweils mittlere ist ungeteilt, ausgefüllt durch einen fast gleich hohen Altar; die seitlichen sind unterteilt, in Kapelle unten und Empore oben. Pilaster und Gebälk leisten die Gliederung der Wandflächen. Vor der westl. Ecke des Dreipasses wölbt sich frei die Orgelempore. Ein Gefüge gleitender Rundungen, eine Komposition kreisender Raumhöhlungen, so etwa möchte man kurz diese »erklügelte«, und doch glücklich gelöste, volkstümliche und auch vom Volk bewunderte Wallfahrtskirche charakterisieren.

Ausstattung. Daß die Fresken der Hauptwölbung (des Prager Malers Anton Smichäus, Anfang der 20er Jahre des 18. Jh.) durch neue ersetzt werden mußten, sei als Kummer vermerkt. – Altarbauten und Figürliches sind den Leistungen der Carlone zumindest verwandt. Orgelprospekt 1735–38. Anzumerken: die getriebenen und versilberten Antependien.

WEIDEN i. d. OPf. (OPf. / L5)

Ein erster Mauergürtel wird ins 13. Jh. zu setzen sein, denn 1298 ist W. bereits »oppidum«. Im 14. Jh. geht die Stadt als Pfandschaft durch die Hände verschiedener Eigentümer, darunter Bayern, Böhmen, Sachsen, Nürnberg und Leuchtenberg. 1421–1703 ist es dem Fürstentum Pfalz-Sulzbach zugehörig. Verheerende Brände 1536 und 1540 vernichten das mittelalterl. Stadtbild. 1575 entsteht ein äußerer Mauergürtel (Rest:

Flurerturm). Die Spannungen des Reformationszeitalters – nach Einführung der Lehre Luthers 1542 – wirken sich im 30jährigen Krieg besonders hart aus. Rekatholisierung 1627, Eroberung durch die Schweden 1634, durch die Kaiserlichen 1635 und wieder durch die Schweden 1648. Brandschatzungen und Seuchen spielen der Stadt übel mit. Sie erholt sich nur langsam und erreicht erst seit 1863 als Eisenbahnknotenpunkt und durch Ansiedlung von Industrie (Porzellan, Glas, Textilien) ihren Wohlstand.

Die Anlage der **Altstadt** entspricht dem Typus bayerischer Städtegründungen des 13. Jh.: Ein Straßenmarkt, dessen Mitte, freistehend, das Rathaus besetzt, ist Rückgrat. Rechtwinklig münden die Nebenstraßen, abseits steht die Pfarrkirche. Von einer älteren Vorläuferin der Stadt (im W) rührt wohl die Unregelmäßigkeit her, die es nicht zum Viereck kommen läßt.

Ev. Pfarrkirche (St. Michael)

Ein roman. Bau geht voran (Reste im nördl. Turmstumpf). Nach einem Brand um 1400 beginnt der Neubau aufzuwachsen, dessen Chor 1448 und dessen Langhaus 1469 fertig stehen. Die Inschrifttafel über dem Hauptportal saß ursprünglich im Chorbau, auf den sich das Vollendungsdatum 1448 bezieht. Neues Brandunheil 1536 gebietet durchgreifende Wiederherstellungen im 16. Jh. 1543 ist der Chor zu Ende gebracht, 1565 folgt das Langhaus, 1576 der Turm. Dieser stürzt 1759 ein und zerstört die Gewölbe. Neuwölbung und Turmbau, zugleich eine Barockisierung sind 1761 abgeschlossen.

Eine Halle auf Rundpfeilern, doch sind die Seitenschiffe wesentlich niedriger. Gewölbe und Fenster wurden fast alle barock verändert. Den eingezogenen Chor flankieren 2 Türme. Doch nur der südliche ist ausgebaut; er zeigt sich heute in den Formen des Spätbarock.

Der stattliche *Hochaltar* wurde 1791 aufgestellt; seine Formensprache ist meisterlich, doch für das späte Datum etwas rückständig. Das gilt auch von der Kanzel (1787). Der Orgelprospekt von 1565 mußte einige Überarbeitungen über sich ergehen lassen.

Neben der Kirche das **Alte Schulhaus,** ein mächtiger 7geschossiger Bau von Michael Ermweig, 1566. Unter einem gemeinsamen Dachstuhl (der als Kornspeicher diente) sind 8 selbständige Reihenhäuser zusammengefaßt, deren jedes einen eigenen Treppenaufgang besitzt. Die beiden Eckhäuser enthielten die Deutsche Schule (am Pfarrplatz) und die Lateinschule (an der Schulgasse). Dazwischen Wohnungen für Lehrer, Pfarrer und Mesner.

Von den 5 Bautafeln an der der Kirche zugewendeten Seite meint die älteste den Vorgängerbau, 1529. – Das mittelalterl. *Lichthäuschen* (links) stammt aus dem ehem. Friedhof.

Kath. Kirche St. Sebastian. Der einfache Bau, 1486 gestiftet, erfuhr im ausgehenden 17. Jh. eine Wiederherstellung. Aus St. Michael das *Epitaph,* das Pfalzgraf Friedrich v. Vohenstrauß 1590 seinen beiden Kindern setzen ließ. Im oberen Drittel stehen die kindlichen Prinzen, barfuß und doch in höfischer Tracht.

Kath. Kirchenbauten des 20. Jh.: **Stadtpfarrkirche Herz Jesu,** 1933/34, von Otho Orlando Kurz und Eduard Herbert; **St. Elisabeth** (mit Unterkirche), 1954, von H. Meckler; **St. Johannes,** 1955, von Friedrich Haindl, aus einem Industriebau gewonnen.

In der **Arkade bei der Städt. Sparkasse** 8 beachtenswerte *Epitaphien* aus dem ehem. Friedhof bei der Kirche zum Hl. Geist.

Rathaus

1539–48 entstand, auf Resten eines Vorgängers, der Neubau. Das äußere Erscheinungsbild wurde 1915 beeinträchtigt (Giebel, Freitreppe).

Der Achteckturm beherrscht den langgestreckten Straßenmarkt. Die kreuzförmig angelegten Durchgänge im Erdgeschoß (ein Arm später abgemauert) erklären sich aus dem ehem. Verlauf des Stadtbaches in der Längsachse, dem man aus Gründen der Brandbekämpfung besondere Aufmerksamkeit schenkte.

Über der Treppe ein Maskenstein aus dem 13. Jh.; an der N-Ecke Reste des Prangers mit Standplatte und 3 (erneuerten) Halseisen; unten am Turm die mittelalterl. Stadtmaße Schuh und Doppelelle.

Zahlreiche **Wohnhäuser** haben den Charakter des 16. und 17. Jh. bewahrt. Ihre zur Straße gewandten Giebel prunken mit gestaffelten Schmuckformen, mit kleinen Pilastern, Gesimsen und gerundeten Giebeln. Das Eckhaus Marktplatz/Thürlgasse besitzt einen schönen Erker von 1583.

Von der **Stadtbefestigung** blieb nur wenig erhalten; Fragmente wurden in Wohnbauten einbezogen. Im SW (Judengasse–Thürlgasse) sind Teile des **Wehrganges** erhalten. Außerdem an den Eingängen zur Altstadt die beiden **Tore;** in den Grundlagen wohl noch 13. Jh., doch später mehrfach verändert.

WEIDENBACH (MFr. / Ansbach F7)

Ev. Pfarrkirche

Ehem. Hofkirche der Markgrafen von Ansbach; 1735/36 nach den Plänen Leopold Rettis errichtet.

Ein guter Quaderbau mit straffer 2geschossiger Gliederung und 3geschossigem Turm am Chorrund; innen östlich und westlich geschrägt, apsidial geschlossen, mit Spiegelgewölbe gedeckt; seitlich doppelte Emporen, westlich Fürstenlogen. Der Kanzelaltar ist mit der Orgel kombiniert. Überraschend in dieser kühl-klassizist., prot. Umgebung das

Altargemälde, *Anbetung der Hll. 3 Könige,* ein gutes Stück venezianischer Malerei des frühen 18. Jh., das eine markgräfliche Laune hierher gebracht haben wird.

Vortrefflich auch das nördlich benachbarte, 1737 ersichtlich vom gleichen Baumeister geschaffene **Pfarrhaus** und sein gleichgearteter Korrespondent südlich, die **Gemeindekanzlei;** für die Bindung beider Gebäude an die Kirche sorgt auch die gemeinsame straßenseitig abgrenzende Brüstungsmauer.

Triesdorf (F7)

Das zu Teilen ursprünglich Heilsbronnische, zu anderen Seckendorffsche Tr. ist seit 1600 markgräflich.

Sommerschloß ehemals der Markgrafen von Ansbach ●

1682 beginnt mit dem Bau des Weißen Schlosses inmitten eines Tiergartens die Sommerresidenz heranzuwachsen, ein weitläufiges Konglomerat von Baulichkeiten, die, wenn auch nicht durch hohe Architekturwerte ausgezeichnet, doch schätzenswerte, liebenswürdige Relikte der Markgrafenzeit sind. Seit 1846 beherbergt Triesdorf eine landwirtschaftliche Schule.

Die Schloßanlage ist ab ovo durch einen starken Einschuß von Ländlichkeit charakterisiert. Ihre Bestandteile:

Das **Weiße Schloß** steht mit seinem Kernbau (1682) an der Spitze. In der 1. Hälfte des 18. Jh. wurde es ergänzt und erweitert, eine Mehrheit unregelmäßig gruppierter Teile, die der Treppenturm beherrscht.

Das 1730–32 als Reiher- und Falkenhaus von Karl Friedrich v. Zocha errichtete, 1758 zu fürstlicher Wohnung adaptierte **Rote Schloß** ist ein 2geschossiger, in der Straßenfront durch einen 3seitigen Mittelrisalit gegliederter Rohziegelbau, dem rückseitig einen Hofraum umschließende 1geschossige Nebengebäude zugeordnet sind.

Die 1744–46 nach Entwürfen Leopold Rettis gebaute **Reitschule** zeigt eine durch Lisenen gegliederte Front, die ein dem hohen Dachwalm vorgesetzter Dreiecksgiebel beschließt. – Der östlich der Meierei anliegende **Marstall,** 1762–65 nach den Entwürfen Johann David Steingrubers aufgeführt, ist durch die Rundbogennischen seitlich des auch hier übergiebelten Mittelrisalits mit den Sandsteinreliefs Delphine reitender Tritonen gekennzeichnet. – Die ebenfalls Steingrubersche **Hofgärtnerei** ist dem Küchengarten zugeordnet. Auch hier sorgt wieder ein Mittelrisalit, mit auf Freitreppe zugänglichem Portal, für die Gliederung des langgestreckten, seitlich in Flügeln ausgreifenden, mit dem typischen Walm gedeckten Gebäudes. – Auch das **Jägerhaus** (1759–64) und das **Forstamt,** das erste sicher, das zweite wahrscheinlich, sind Bauten von Steingruber.

Die **Villa Sandrina** (Alessandrina, nach dem Markgrafen Alexander) ist ein »italienisch« gemeintes Kasino, 1geschossig, langgestreckt, mit einem hohen Zwerchgiebelhaus über der Mitte, das durch eine Holzsäulchenbalustrade bizarr-lustig geschmückt ist. Das Baujahr dieser

Villa, 1785, und das des **Meierstadels,** 1789, liegen schon nahe dem Ende der Markgrafenzeit; das der **Meierei,** 1795, fällt bereits in die Preußenzeit (1792–1806).

Noch der Frühzeit der vielschichtigen Anlage zugehörig sind die kleinen **Kavaliershäuser** an der Straßenkreuzung nächst der Meierei, ganz einfache und doch reizvolle Kreationen Gabriel Gabrielis von 1695–97.

Nur in wenigen Resten erhalten ist die **Rote Mauer** von 1783, die den umschließenden, von Alleen durchzogenen Tiergarten einhegte.

WEILERSBACH (OFr. / Forchheim H5)

Reifenberg (H5)

Kath. Kapelle St. Nikolaus (»Vexierkapelle«)

Auf dem Platz einer längst abgegangenen Burg, ursprünglich der Herren von Reifenberg (deren letzte auf der Kreuzfahrt 1190 blieben), dann des Hochstiftes Bamberg. Die Kapelle wurde im frühen 17. Jh. erneuert.

Der Bau, ein heller Blickpunkt der Landschaft westlich der Wiesent, ist durch einen starken Turm und eine kräftige Helmkuppel ausgezeichnet.

WEISSENBURG i. Bay. (MFr. / Weißenburg-Gunzenhausen G8)

Ein Römerkastell (»Biricianis«*) steht am Eingang der Geschichte von W. »am Sand«. Das Limeskastell (westlich des Bahnhofes), das vom späten 1. bis ins mittlere 3. Jh. besteht, geht in den Alemannenstürmen zugrunde. Ein ungewöhnlich reicher Schatz an Bronzegegenständen des 3. Jh., 400 m außerhalb des Lagers versteckt, ist 1979 wieder zutage gebracht, 1977 auch eine Thermenanlage freigelegt worden. Die frühmittelalterl. Siedlung wird 867 faßbar. Der Aufstieg zur Reichsstadt vollzieht sich im 14. Jh. Die kaiserliche Schenkung des Reichswaldes, 1338, schafft eine gute wirtschaftliche Grundlage. Die Verleihung des Blutbannes 1431 und das Recht, ihren Amtmann zu ernennen, freit die Stadt gänzlich. – Die Platzbezeichnung »Am Hof« dürfte auf den karolingischen Königshof zurückweisen, und der Stadtplan läßt auch deutlich erkennen, daß sich um diese Keimzelle herum (im NW-Teil der Stadt) die älteste Siedlung anlegte; ihrem Bereich gehört auch noch die Andreaskirche zu. Diesem Kern schloß sich östlich die zur Stadt heranwachsende Bürgersiedlung an. Ihr ältester, wohl im 12. Jh. angelegter Bering blieb südlich beträchtlich hinter dem des Spätmittelalters zurück; das Spitaltor weist die alte Grenze. Die Stadterweiterung geschah mit kaiserlicher Bewilligung 1372; sie kam fast einer Verdoppelung des Stadtareals gleich und griff auch weiter aus als nötig, denn die Neustadt blieb sehr locker bebaut. Der Anlage ihrer Befestigung folgte bald eine Erneuerung der älteren; sie ist Anfang des 15. Jh. beendet. Nur die Vorwerke der Tore kamen im frühen 16. Jh. hinzu.*

Weißenburg i. Bay.
Ellinger Tor. Feldseite

Der **Mauergürtel** umzieht noch, mit vielen Türmen, in geschlossenem Ring die Stadt, einer der besterhaltenen. Von den Toren stehen noch 2: das **Ellinger Tor** (N), das die von Nürnberg kommende Straße einläßt, und das **Spitaltor** (S), das Tor der ältesten Stadtbefestigung, das die Augsburger Straße einließ, ehe ihm das vorgeschobene (nicht mehr bestehende) Frauentor diese Aufgabe abnahm. Das Spitaltor geht unterenteils noch ins frühe 14. Jh. zurück, oberenteils datiert es 1729. Das Ellinger Tor läßt für den Turm auch noch das 14. Jh. in Anspruch nehmen, nur das Vorwerk entstand später, 1520. Der hohe Reiz dieser Toranlage gewinnt noch durch die Nähe des Pfarrkirchturmes, der, kommt man von außen, bereichernd ins Bild tritt.

Ev. Pfarrkirche St. Andreas (Martin-Luther-Platz) ●

2 Bauzeiten haben die Kirche geschaffen. 1294 wurde das Langhaus begonnen; 1327 (Inschrift rechts des Brautportales) wurde sie geweiht, doch nur der Turm am O-Ende des nördl. Seitenschiffes dürfte in diese Jahrzehnte zurückführen. 1425 wurde ein neuer Chorbau geweiht. Seine starke südl. Abdrehung von der Achse des Schiffes dürfte erweisen, daß ihm ein Schiff gleichen Maßes folgen sollte. Aber schon während des Chorbaues scheint das Unternehmen fraglich geworden zu sein; denn in den westl. Jochen näherte sich die Achse des Chores wieder der des Langhauses an; man hatte sich entschlossen, das alte Langhaus zu belassen. Der Verzicht schloß aber nicht den eines Turmes ein. Der an der N-Seite erschien wohl zu gering. So wurde nun, an ungewöhnlicher Stelle, am Scheitel des neuen Chores, ein mächtigerer errichtet, 1459 begonnen, stand er 1484 bis auf das letzte Geschoß, das 1520 folgte. Restaurierungen 1836–39, 1892/93 und 1958–60; die zweite führte den noch ausstehenden Fenstergaden des Langhauses hoch, die letzte befreite das Raumbild von den Zuschüssen des 19. Jh.

Das Äußere ist durch die Gruppe des hohen, steil bedachten Chores und des ihm vorgesetzten, in 2 recht- und 3 achteckigen Geschossen aufsteigenden Turmes charakterisiert. An Langhaus und N-Turm ist wenig Schmuck gelegt. Auch der Chor ist noch wortkarg. Nur die ihm südlich anhängende doppelgeschossige *Michaelskapelle* (gleichen Alters, im Untergeschoß Taufkapelle) ist dank ihres Vorhallenportals (»Brautportal«) reicher. Ein Wimperg krönt den äußeren Torbogen, dicht gereihtes Gestäb umfährt den inneren, dessen Bogenfeld ein Relief (Tod und Krönung Mariae, älter als die Kapelle, um 1430), einschließt. Das Treppentürmchen an der W-Seite der Kapelle tut dann noch ein übriges, um diese Schauseite zu bereichern. – Das Innere ist durch das Gegeneinander des älteren (aber erst Ende des 19. Jh. vollendeten) basilikalen Langhauses und des jüngeren Hallenchores bestimmt. Die Schiffe sind flach gedeckt (nur die beiden östl. Joche des nördl. Seitenschiffes wurden 1448 überwölbt). Aus 8kantigen Pfeilern fahren, ohne Absatz, die Scheidbogen heraus. Ein breit gespannter, schwach geknickter Spitzbogen überbrückt den Einblick in den *Chor,* der nun seine helle Raumweite ausbreitet. Seine Außenwand bricht in 7 Seiten des Zwölfecks; die innere, den Umgang abgrenzende Pfeilerreihe steckt 5 Seiten des Zehnecks ab. Die Pfeiler sind rund, schlank, die Rippen des mit vielen (insgesamt 59) reliefierten Schlußsteinen ausgestatteten Netzgewölbes schneiden sie an; es ist nicht so, als stiegen sie von ihnen auf, sondern als griffen sie zu ihnen herab. Aus hohen Fenstern einströmend, tastet das Licht sie modellierend ab. Möglich, daß der (wennschon um ein Jahrhundert ältere) Nürnberger Sebalduschor vorbildlich war. Der Raumeindruck ist freilich ein anderer; dieser Hallenraum ist nüchterner, trotz der Rundpfeiler nicht mehr weichen, sondern eckigen Stiles, im Charakter bürgerlicher, einer der achtbarsten der deutschen Spätgotik.

Die Ausstattung weist noch einige gute *Altarwerke* auf: den Hochaltar, um 1500, mit der Schreinfigur des Titelheiligen, den Sebaldusaltar (in der Sebalduskapelle, N-Seite des Chores), 1496, mit Muttergottes zwischen den hll. Benedikt (?) und Rochus, den Marienaltar (an der S-Wand des Chores), um 1490, mit Strahlenkranz-Muttergottes im Kastenschrein. Die *Kanzel,* Spätrenaissance mit Verwendung spätgot. Teile, ist 1566 datiert. Unter den Grabsteinen ist der des Pfarrers (und Eichstätter Weihbischofs) Dr. Leonhard Pilhamer († 1475; Chor-N-Seite, neben der Sebastianskapelle) hervorzuheben. Sehr beachtlich (N-Seitenschiff) das große Gemälde der »Confessio Augustana«, zu der sich die Stadt schon 1530 bekannt hatte, 1566 datiert; abhängig von der bekannten Cranachschen Formulierung des Themas in Wittenberg.
Die Sakristei verwahrt ein spätroman. Vortragekreuz (Bronze) und 8 Ton-Apostel des frühen 15. Jh., nächst Verwandte der berühmten Nürnberger.

Ehem. Karmelitenkirche (jetzt Kinderlehrkirche). Das Stiftungsjahr des Klosters, 1325, mag den Beginn des Kirchenbaues anzeigen. Die kleine bescheidene Kirche besteht aus Schiff, einem Seitenschiff und Chor. Nur dieser zeigt noch die alte got. Prägung; das Langhaus trägt den Stempel einer Erneuerung von 1711 und 1791. – Ein 1914 aufgedecktes *Fresko* an der N-Wand des Chores, etwa 1390, erfreut durch die Erhaltung seiner kräftigen Farben; auch sein Inhalt, die Kümmernis-Legende, fesselt.

Die **ev. Spitalkirche** (am Spitaltor) wurde um 1450–60 gebaut. 1729 wurde der nordwestlich stehende, von der Achse leicht abgedrehte (also ältere) Turm erhöht. Zugleich wurde das Innere, wahrscheinlich unter Leitung Gabriel Gabrielis, im Sinne der Zeit erneuert. Zarter Bandelwerkstuck. Die ältere Ausstattung um 1850 beseitigt. Ein achtbares Relikt ist die Kanzel von 1675. – An den Flanken des westlich einlassenden Kielbogentörchens 2 Steinfiguren, Muttergottes und hl. Barbara, die, um 1450–60 entstanden, doch offensichtlich Exempeln des 13. Jh. folgen.

Die neugot. **kath. Pfarrkirche St. Willibald** wurde 1869/70 errichtet.

Das **Rathaus** (1470–76, nur der Turm später, 1567) steht in vorzüglicher Position an einem Angelpunkt des alten Stadtverkehrs. Die Breitseite (S) wendet es dem Marktplatz zu, die O-Seite dem Holzmarkt, die W-Seite der engen, sehr fränkischen Rosengasse, die der vom Ellinger Tor kommende Verkehr passiert. Ein 3geschossiger Block, mit Giebelflanken, ohne viel Zier, bis auf die Giebel, deren östlicher mit seinen den Dachschrägen folgenden Fialen und dem Firsttürmchen besonders reich ist.

Der Bestand an **Häusern** ist noch weithin gut, wenn auch nicht sehr alt, meist 17. und 18. Jh. Aber die alte Giebelstellung behauptete sich. Fachwerk (bis ins 18. Jh. sicher in der Vorhand) tritt stark zurück, hat aber auch noch schätzbare Vertreter.

● **Wülzburg** (ca. 5 km östlich)

Das bis ins 16. Jh. auf dieser weitblickenden Berghöhe über Weißenburg stehende Benediktinerkloster führte – kaum zu Recht – seine Gründung auf Karl d. Gr. zurück, wozu ja wohl die »Fossa Carolina« beigetragen hat, der berühmte Versuch Kaiser Karls, Altmühl und Rezat, also die Flußsysteme von Main-Rhein und Donau, zu verbinden (woran noch das Profil des Grabens und der Name des unweit südlich gelegenen Dorfes Graben [Stadt Treuchtlingen] erinnert). Doch fiel die Gründung wahrscheinlich erst ins späte 11. Jh. Das durch Plankstettener Mönche besiedelte, im 12. und 13. Jh. von den Staufen bevogtete Kloster St. Peter und Paul stand im Spätmittelalter in schlechtem Ansehen, kam zudem kaum je aus den Streitigkeiten mit der Reichsstadt Weißenburg heraus, erholte sich auch als Stiftsherren-Propstei nicht mehr und verfiel 1537 der Aufhebung durch die schon seit langem schutzherrlich übergeordneten Markgrafen.

1588 beginnt Markgraf Georg Friedrich, auf dem Areal des Klosters eine Festung zu errichten, nach den Plänen seines Baumeisters Georg Berwart. Die Wahl des Platzes erstaunt: der Festungsbau der Zeit sucht nicht mehr Berge auf. Nach Berwart leitet der brandenburgische Baumeister Kaspar Schwab den Bau, dann Gideon Bacher (bis 1601), zuletzt der jüngere Berwart, Blasius. – Bemerkenswert, daß die starke Festung 1631 kampflos an die Kaiserlichen übergeben wird. Erst 1648 kommt sie an den Markgrafen zurück, der sie 1659 instand setzen läßt. 1687 hört sie auf, Festung zu sein. – Ihr Plan war Ende des 16. Jh. der modernste; das Fünfeck galt als die ideale Festungsfigur. Das Antwerpener Kastell hatte das Vorbild geboten.

Daß sie noch da ist, erhebt diese Festung schon zu Rang; Festungen dieser Frühzeit sind selten. Umwandert man den Trockengraben, der das Fünfeck umschließt, so wird es mit wachsender Freude geschehen. Denn dieser reine Zweckbau spricht in seinen mächtigen Mauerfronten, in den kantigen Klötzen der Bastionen das ästhetische Gefühl an, stärker als das in der Umwallung befindliche **Schloß,** das allerdings in der 2. Hälfte des 17. Jh. seiner Zierden entkleidet und im frühen 19. Jh. durch Zusetzen seiner in 3 Geschossen gereihten Arkaden entstellt wurde. Daß auch eine Festung nicht auf jedes Dekorum verzichten wollte, erweist das repräsentative Portal an der S-Seite.

WEISSENOHE (OFr. / Forchheim H5)

Ehem. Benediktinerkloster

Das Kloster ist eine Gründung des bayerischen Pfalzgrafen Aribo (II.) wahrscheinlich gegen Ende des 11. Jh.; sicher belegt erst im frühen 12. Jh. Die Herrschaft ist lange bei Kurpfalz, zeitweise bei Nürnberg, seit 1632 bei Kurbayern. 1556 mit der Oberpfalz reformiert, erst 1661 dem Orden zurückgegeben, seit 1695 wieder Abtei, 1802 säkularisiert.

Kath. Pfarrkirche St. Bonifatius, Wunibald und Walburga, ehem. Klosterkirche. Der Bau wurde 1690 begonnen und 1707 geweiht; Planer war Wolfgang Dientzenhofer. Die Kirche, nicht groß, aber ansehnlich, besetzt die N-Seite des (in Teilen erhaltenen) Klostergeviertes; ein gestrecktes Rechteck, der Chor flach geschlossen (O-Teil im 19. Jh. abgebrochen). Wandpfeiler besorgen die Gliederung, eine Stichkappentonne deckt. Die Fresken Johann Gebhards (1726–33) nur in Teilen erhalten; die heute den Raum bestimmenden sind Spätlinge, 1888. Der Hochaltar 1721, der nördl. Seitenaltar annähernd gleichzeitig, der südliche nach Mitte des Jahrhunderts. Der ausgezeichnete Stuckaltar der nördlich anliegenden Kreuzkapelle erinnert an Egid Quirin Asam, könnte wohl auch von ihm sein.

Das 1692 gleichfalls nach Plänen W. Dientzenhofers aufgeführte **Kloster** verlor um die Mitte des 19. Jh. S- und O-Flügel. Der an die durch den gequaderten Turm ausgezeichnete Kirchenfront anschließende W-Flügel (**Abtei**), 1725–27, wenig aufwendig, doch gut in seinen Gliederungen.

WENDELSTEIN (MFr. / Roth H6/7)

Kleinschwarzenlohe (H7)

Ev. Kirche (Allerheiligen) •

Zwei Bauern stiften »in der Lohe« die Allerheiligenkapelle, die um 1448 im Bau ist. Der Turm kommt 1513 hinzu. – 1463 stiften die Rieter v. Kornburg eine Frühmesse; sie übereignen sich das Patronat und erweisen sich als die sorglichsten Patronatsherren; der reiche Inhalt dieses kleinen, sonst gar nicht auffälligen Gotteshauses ist ihnen zu danken, und wenn sie es im frühen 17. Jh. (1600–22) erneuern lassen, dann mit dem erstaunlichsten Respekt vor dem »altfränkischen« Erbe der Väter. Hans Rieter, der diese schonende Erneuerung bewerkstelligt, ist allerdings (vgl. Kalbensteinberg → Absberg) ein laudator temporis acti. – Seit 1632 ist Allerheiligen Rietersche Grablege. Nach dem Ausgang des Geschlechtes, 1753, fällt es an die Hl.-Geist-Stiftung in Nürnberg.

Die massive Sandsteinkirche ist einfach: Das Schiff ein Rechteck mit Flachdecke, die auf einer (1605 datierten) Mittelstütze ruht; der Chor, mit Kreuzrippengewölbe, im östlich stehenden Turm, an den sich nördlich die gleichaltrige Sakristei anlegt. – Der Raum des durch einen breit geschlagenen Spitzbogen in den Turmchor geöffneten Schiffes ist bestimmt durch das warme Holzwerk der Decke und der Emporen an der N-Wand und in der SW-Ecke; hier die köstliche Herrschaftsempore

(1605) mit der nachgot. Maßwerkbalustrade. Dazu spätgot. Gestühl im Schiff und jüngeres des frühen 17. Jh. im Chor.

Überblicken wir, die kleine vergitterte Sakramentsnische von 1473 im Chor vorausnehmend, die in seltener Fülle erhaltene Ausstattung. Der *Choraltar,* Stiftung Peter Rieters und seiner Frau Maria Imhof (1491), birgt ein Schnitzwerk, Hochrelief, der im Nürnbergischen ungewöhnlichen, sicher aus dem Bambergischen zugetragenen Apostelteilung. Auf den Flügeln, außen, gemalt, das Pfingstwunder. Der Engel mit den Wappen Rieter und Imhof auf der Rückseite des Schreines deutet auf den Erneuerer Hans Rieter (1608). Der gemalte *Katharinenaltar,* rechts vom Chorbogen, mit der Verlobung der Heiligen in der Mitte, ist durch das Stifterpaar Peter Rieter und Klara Grundherr 1418–20 datiert, ein feines zartes Werk der frühen Nürnberger Tafelmalerei. Der ebenfalls gemalte *Kreuzigungsaltar* von 1480 ist – was wieder die Freude an altfränkischer Kunst beleuchtet – Erwerbung d. J. 1620 (aus Tucherschem Besitz). Zu nennen sind – auslesend – noch das Reliquienaltärchen des späten 15. Jh. im Chor; die Memorientafel mit dem Erbärmdemann (1462) Peter Rieters und seiner Hausfrau Barbara v. Seckendorf; schließlich der Grabstein des geharnischten Philipp Rieter († 1635) und die Steintumba des Rieterschen Geschlechtes über dem Grufteingang im Chor, der noch die 9 Totenschilde des 16. und 17. Jh. an den Wänden hinzuzufügen sind.

WERNECK (UFr. / Schweinfurt DE3/4)

Schloß (Krankenhaus)

Vorläufer war ein von Bischof Julius 1600 errichtetes Schloß, das im Bauernkrieg abging. Fürstbischof Friedrich Karl v. Schönborn findet die Örtlichkeit für ein Sommerschloß geeignet. 1733 plant Balthasar Neumann, 1735 baut er die Gartenseite, 1737 ist der Hauptbau nahezu fertig, das »Vorgebäu« steht 1744 noch nicht ganz. Die Vollendung der Ausstattung muß der (1746 abtretende) Bauherr seinen Nachfolgern überlassen. Die spätere Verwendung nach 1856 hat von ihr wenig übriggelassen.

Schon der Grundriß läßt einen bei aller Vielteiligkeit klaren und schönen Organismus erkennen. Die nördl. Frontflügel der beiden äußeren (Wirtschafts-)Höfe legen sich der (hierher verlegten) Wern an; sie öffnen sich in der Mitte zu einer tiefen Einfahrt in den Vorhof, der sich in leichter Verengung gegen den vom Hauptbau des Schlosses in 3 Flügeln umstellten inneren (Ehren-)Hof absetzt; 2 Türme, deren einer durch die hier anliegende Schloßkirche motiviert ist, betonen die Absetzung. – Der von der Einfahrt her der Längsachse folgende Blick durchmißt den Vorhof, tritt durch das vorgreifende Flankenpaar der Türme in den Ehrenhof ein und trifft auf die Fassade

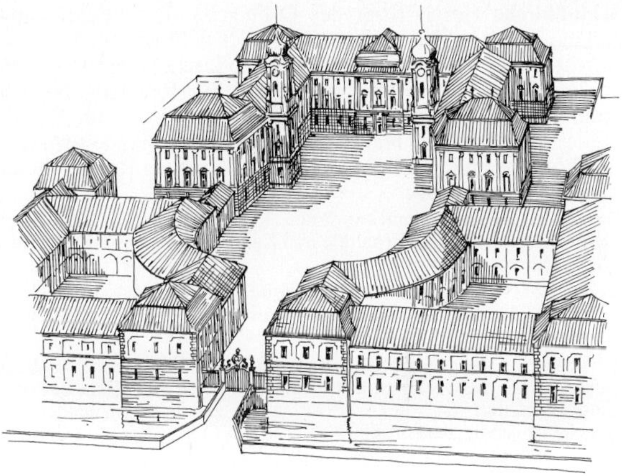

Werneck. Schloß

des Corps de logis. Der die Ansicht dieser glücklichen Anlage bestimmende Faktor ist steigernde Gruppierung: Die der Gutswirtschaft dienenden **Vorgebäude,** die durch das (von Johann Georg Oegg prächtig begitterte) Pfeilertor einlassen, halten sich in Abmessung wie Aufwand zurück, doch aufs schönste fängt der Hof in seiner nördl. Ausrundung den Gegenstoß des **Schlosses** auf; dieses, in der Rahmung der den Flügeln vorgesetzten Türme, präsentiert sich reich im Mittelpavillon, der massiv sandsteinern ist und den ein geschweiftes Kuppeldach auszeichnet; die Dächer sind nicht zuletzt zu rühmen, wie so oft bei Neumann. – Vom Garten (S) her bietet das Schloß einen anderen, in gelängter Front gesammelten Aspekt. Stärker tritt hier der Mittelpavillon vor die Flucht, und an den Enden rahmen, gleich starken Vorsprungs, die beiden Eckpavillons. Jeder Bauteil hat eigenes Dach: Mansarden über den seitlichen Pavillons, Kuppeldach über dem mittleren, Satteldach über dem Hauptbau; daß sich die *Dächerlandschaft* noch bereichere, überragen die Zwiebeln der Türme am Ehrenhof die Firstlinie. Werneck ist eine der gelungensten und auch »deutschesten« Schloßanlagen des reifen 18. Jh. – Das längst entzauberte Innere bewahrt die

● **Schloßkirche** (im N-Kopf des O-Flügels). Eine Beteiligung Johann Lukas v. Hildebrandts steht hier in Frage. Nach außen spricht sie sich (wie die Würzburger Hofkirche) nicht aus. 1744 ist sie vollendet, 1745 wird sie stuckiert. Ein Rechteck, fast ein (zum Trapez verschobenes) Quadrat. Doch eingestellte Wandpfeiler schreiben ein Oval ins Rechteck; die Abstände zwischen den Pfeilern sind muldige Nischen, der atmende Raum scheint sie erzeugt zu haben.

Das leichte gelöste Schmuckwerk des Hochaltars schuf Antonio Bossi (der auch stuckierte), Seitenaltäre und Kanzel, schon klassizistisch (um 1786), Materno Bossi.

Der große, südlich anliegende **Park** wurde im 19. Jh. anglisiert. Nur das *Parterre* gibt noch Hinweis auf die einstige, geometrisch gebändigte Gartengestalt.

Kath. Kirche Mariae Himmelfahrt, 1967/68 vom Würzburger Dombaumeister Hans Schädel mit Fritz Ebert errichtet, ein Ziegelbau mit Sandsteinplatten. Die die Ausrichtung der Stühle bestimmende östl. Konche ist schräg gestellt, der südl. Teil der O-Wand groß verglast.

WIESENTHAU (OFr. / Forchheim H5)

Der den Namen der Wiesent tragende Ort erscheint erstmals 1062. Seit 1127 begegnet das Geschlecht der Herren v. Wiesenthau, das bis 1814 blüht.

Schloß

Die Anlage dürfte in den ältesten Teilen (S-Flügel) ins 14. Jh. zurückgehen. 1525 von den Bauern verwüstet (vgl. Inschrift über dem Tor des S-Flügels), entstand es in der Folge großenteils neu. 1561–66 wird die äußere Befestigung gebaut, wahrscheinlich auch der O-Flügel. Das Pförtnerhaus tritt 1786 hinzu.

Das wuchtige, im besten Quaderwerk aufgeführte Schloß ordnet 2 nördlich ausgreifende Flügel einem südl. Hauptbau zu. Starke, die wehrhafte Erscheinung bestimmende Rundtürme flankieren den Hauptbau; ein runder Treppenturm steht an der Hofseite des O-Flügels, dessen Ecke in einem Polygonturm ausspringt, ein Rundturm an der W-Ecke des W-Flügels. Hohe, steile Satteldächer, Kuppel- und Spitzhelme charakterisieren den Umriß.

Die **kath. Pfarrkirche St. Matthäus** grenzt an das Schloß an; sie ging aus der Schloßkapelle hervor. Nur noch kleinenteils (Turm, W-Front) spätgotisch; das Langhaus ist neugotisch (1846; 1901 verlängert); der Chor wurde 1901 erneuert.

Walpurgiskapelle

Die südöstlich des Ortes aufwachsende, so eindrucksvoll geformte (von Dürer in der Radierung der »Großen Kanone« festgehaltene) Ehrenbürg wurde schon in der Hallstattzeit fortifiziert. Die Kelten der späten La-Tène-Zeit bauten den Berg zu einer mächtigen Wallburg aus. Auch germanische Siedlungsspuren wurden festgestellt. Indessen zeigt sich die sicher sehr alte Kapelle, die dem Berg seinen volkstümlichen Namen, Walberla, zubrachte, erst 1300.

Der heutige kleine, anspruchlose Bau, Ziel der Walpurgis-Wallfahrt am 1. Mai, datiert frühestens ins 16. Jh.

WIESENTHEID (UFr. / Kitzingen E4)

Der Ort, 918 »Wiesenheida«, *gehört seit dem 13. Jh. den Grafen von Castell. Seit 1547 ist er Erblehensbesitz der Fuchs v. Dornheim. Durch Heirat kommt er an Graf Johann Otto v. Dernbach; unter ihm wird W. 1692 zu reichsständischer Grafschaft erhoben. Die Witwe Dernbachs heiratet 1704 Rudolf Franz Erwein v. Schönborn. Seither ist W. schönbornisch.*

Kath. Pfarrkirche St. Mauritius •

Ein 1681–84 von Antonio Petrini errichteter Neubau wurde, bis auf den Turm abgetragen, 1727–32 durch die bestehende Kirche ersetzt. Der Plan Balthasar Neumanns, nach dem der Bau von dem Wiesentheider Werkmeister Johann Georg Seitz ausgeführt wurde, lag im Dezember 1726 vor. Bemerkenswert, daß Neumann auch den Entwurf für eine der Glocken gab (1728), die noch erhaltene »Balthasar-Neumann-Glocke«.

Der Außenbau von schönster Geschlossenheit, in der hohen 2geschossigen, mit Säulen, Nischen, Giebeln gegliederten Fassade aufgereckt und vom Frontturm (Petrinis) bekrönt. Das Innere (Abb. S. 502) ist ein flachgedeckter Saal mit stark eingezogenem Chor, der sich in einem Triumphbogen ins Schiff öffnet.

Die Raumwirkung beruht aber nicht zuletzt auf den *Wand- und Deckenmalereien* des Giovanni Francesco Marchini (1728), die eine Scheinarchitektur schwerer barocker Prägung aufbauen. Das Gemälde der Spiegelwölbung gewährt die Illusion eines überkuppelten Kirchenpalastes von römischer Wucht; ein imaginärer Raum konkurriert mit dem wirklichen. Eines der nicht zahlreichen Beispiele italienisch-barocker Architekturmalerei in der Art des Andrea Pozzo. – Der ausgezeichnete *Hochaltar,* ein 6säuliger Aufbau in Stuckmarmor, wurde vom Dettelbacher Marmelierer Johann Christ. Mayer gearbeitet (1728/29); die Statuen schuf Jakob van der Auvera, der auch die Seitenaltäre ausstattete.

Schloß •

Seit 1704 ist Wiesentheid Schönbornscher Besitz. Der Umbau des älteren Schlosses (der Fuchs v. Dornheim) beginnt sogleich. Bauleiter ist der Jesuitenpater Nikolaus Loyson. Die Stukkateure sind meist Bamberger, die Vogel an der Spitze.

Wiesentheid. Kath. Pfarrkirche St. Mauritius. Inneres (zu S. 501)

Das Schloß umstellt mit seinen Flügeln ein Viereck. Ältester Bestandteil ist der das SW-Eck bildende 3geschossige sog. Fuchsenbau von 1576 ff.; alles andere ist frühes 18. Jh. Die langgestreckte 2geschossige Front östlich mit flachem Portalrisalit in der Mitte (Segmentbogengiebel, Streifenrustika) liegt zwischen 2 Rundtürmen an den Ecken. (Ihr schräg gegenüber, jenseits der Straße, liegt die Pfarrkirche.) Die Innenräume mußten sich mit dem Geschmack der Zeit wandeln. Doch sind noch sehr gute Stuckausstattungen der 20er Jahre des 18. Jh. erhalten.

Kreuzkapelle (Schönbornsche Gruft)

Graf Otto v. Dernbach errichtet sie 1687–92 als Oktogon; Baumeister ist Antonio Petrini. Rudolf Franz Erwein Graf v. Schönborn läßt sie 1712 ff. um die Kreuzflügel erweitern.

Die Kapelle ist nun ein Achteck mit 4 Kreuzarmen. Über dem Zentrum eine Kuppel, über den Armen Flachdecken. Die Gliederung, korinthische Säulen, Kranzgesims, ist in Stuck aufgetragen. Eine kassettierte Scheinkuppel ist der des Achtecks aufgemalt; der Sepulkralcharakter der Kapelle gab den Gedanken ein, sie als einstürzende darzustellen. Der Maler ist Giovanni Francesco Marchini. Die Kreuzigungsgruppe des in die Mitte gesetzten Altars schuf Jakob van der Auvera.

Der **Ort,** 1682 zum Markt erhoben, erfreut durch eine Reihe guter barocker **Häuser.** Hervorzuheben: das 1741 gebaute **Rathaus,** das noch in die 1. Hälfte des 17. Jh. zurückführende **»Templerhaus«,** die um 1740 errichtete **Apotheke** und die 1729/30 aufgeführten Häuser der **Schönbornschen Domanialkanzlei.**

Rühmenswert die steinerne **Kalvarienberg-Gruppe** zwischen Pfarrkirche und Pfarrhaus, lt. Inschrift Stiftung des einheimischen Kunstschreiners Johann Georg Neßtfell (des Urhebers so ziemlich aller Schreinerarbeiten in Pfarrkirche und Kreuzkapelle), Werk des Lucas van der Auvera, 1766.

WIESENTTAL (OFr. / Forchheim H4)

Streitberg

Unterhalb Muggendorf nächst der Wöhrmühle wendet sich das noch enge Wiesent-Tal im scharfen Knick südwestlich. Angelpunkt der Drehung ist Burg Neideck. Schräg gegenüber schiebt sich der starke, fast 3seitig freie Dolomitklotz der Streitburg vor. Zwischen den beiden Burgen weitet sich das Tal zu einem westlich offenen Kessel, der als eine der schönsten, Gewachsenes und Gebautes glücklich verbindenden Landschaften der Fränkischen Schweiz (die im 19. Jh. gewählte und nun fest gewordene Bezeichnung) zu rühmen ist.

Burgen

Burg des Streites, Eck des Neides, deutet Scheffel die beiden Burgen am Ausgang der Talenge. Indessen ist in Streit ein Rodungswort, in Neid ein Lagewort zu vermuten. Von Streit und Neid weiß allerdings die

Geschichte der beiden Horste häufig zu berichten. Streitberg, 1124 erstmals bezeugt, ist bis 1347 Besitz der schon fast fürstengleichen Edelherren v. Schlüsselberg (sie nennen sich nach einer Burg bei Waischenfeld). Die »von Streitberg« sind Schlüsselbergsche Ministerialen. Besitz, ja doch wohl Gründung der Schlüsselberg ist auch die erst spät, 1303, bezeugte Neideck. Auf ihr sucht sich der letzte Schlüsselberg, Konrad, 1347 gegen die ihn befehdenden Fürsten, die Bischöfe von Bamberg und Würzburg und den Nürnberger Burggrafen, zu halten. Er fällt, und seine Besitzungen kommen an die Sieger. Die Neideck kommt an Bamberg und bleibt bambergischer Amtssitz bis zur Zerstörung im Markgrafenkrieg 1553. Die Streitberger Burg kommt nach 1347 ebenfalls an Bamberg, dem sie aber im frühen 16. Jh. (1507, 1538) an die Markgrafen entgleitet. 1553 hart heimgesucht, wird sie 1563–65 von Caspar Vischer, dem Baumeister der Plassenburg, wieder aufgeführt.

Als bester Zeuge der starken, auch durch Gräben und Basteien geschützten **Streitburg** (seit 1811 Ruine) steht noch das äußere Tor mit dem markgräflichen Wappen über dem rundbogigen Einlaß. – Die größere **Neideck,** deren Hauptburg auf dem ins Tal vorgreifenden Riff (»Eck«) rückwärts 2 Vorburgen anliegen, hat noch den unmittelbar dem Riff entwachsenden Bergfried vorzuweisen, die Blickachse der ihn umkreisenden Tallandschaft.

Die **ev. Pfarrkirche,** »Markgrafenkirche« einfachster Art, gut an den Hang gelehnt, wurde 1752–57 errichtet.

Niederfellendorf

Streitberg schräg gegenüber stand hier St. Laurentius, die Vorgängerin der Streitberger Pfarrkirche, unterhalb des **Friedhofes,** auf dem nach wie vor die Gemeinde ihre Toten begräbt.

Bad WINDSHEIM
(MFr. / Neustadt a. d. Aisch - Bad Windsheim E6)

Die »villa regia« W., deren Martinskirche 841 an Würzburg fällt, muß mit Kleinwindsheim identifiziert werden. Eine nahe liegende Straßenkreuzung, verbunden mit einem Aisch-Übergang, läßt, vermutlich in salischer Zeit, einen königlichen Stützpunkt entstehen, der wieder die Siedlung, W., entstehen läßt. 1190 wird eine Kirche gebaut, St. Kilian zu Ehren und dem Würzburger Bischof zu eigen. Der Würzburger gründet im frühen 13. Jh. den Markt. Dank einer Reihe königlicher und kaiserlicher Begnadungen kann die Stadt (als solche ist sie seit rd. 1280 zu bezeichnen) das Ziel »freie Reichsstadt« angehen; 1344 ist sie es, trotz der sehr um sie bemühten Markgrafen. 1525 bekennt sie sich zur neuen Lehre. – Im 14. Jh. weitet sie sich aus; die Wallgärten lassen den erreichten Stadtumfang ermessen. Im 16. Jh. verlieren die hier kreuzenden Straßen an Gewicht, die Stadt stagniert. Eingeschlossen in markgräfliches Gebiet, kann sie auch keine Flügel mehr ausbreiten. Um so erstaunlicher wirkt das quasi fürstliche

Rathaus (1717), befremdlicher Widerspruch zu dem, was man ist, Reichsstadt freilich immerhin, woran auch der Brunnen mit der Statue des geharnischten Kaisers Karl VI. erinnert. 1733 verheerender Stadtbrand. Über Preußen (1792) kommt W. 1810 an Bayern.

Ev. Pfarrkirche •

Die Kilianskirche des 12./13. Jh., im 15. Jh. neu gebaut, erfuhr nach einem Brand 1730 durch Johann David Steingruber eine gründliche Wiederherstellung, die nicht viel alten Bestand übrigließ.

Die spätgot. Hallenkirche zählt 8 Joche. Die Anordnung östl. Türme am Ende der Seitenschiffe spricht für die Fortdauer eines roman. Grundrisses. Von den beiden Türmen gewann nur der nordöstliche Höhe. Dieser einheitlich barock, 3 hohe Würfelgeschosse und ein Oktogon darüber, von starker plastischer Gliederung. Der südliche, 8eckige, untcrcnteils noch spätgotisch. Der Chor, der mit seinem Schluß an den Markt herantritt, mit schwerer barocker Dachhaube gedeckt. Das Raumbild ist durch die doppelgeschossigen Emporen bestimmt, die zwischen die je 7 Freipfeiler eingespannt sind.

Die Ausstattung meist von Johann Friedrich Maucher, nach 1730.

Die **ev. Spitalkirche** wurde 1318 gestiftet. – Die **Marienkapelle »am See«** entstand um 1400 als bürgerliche Stiftung. 1980 auf altem Grundriß und mit Emporen zu einem ev. Gemeindehaus umgebaut. Als Altar dient eine Kopie des Riemenschneiderschen Zwölfbotenaltares.

Rathaus •

1713–17 errichtet, 1733 erneuert, erinnert es aufs nächste an die Art des Ansbach-Eichstätter Baudirektors Gabriel Gabrieli. 1713 schloß die Stadt mit Johann Michael Aspacher ab, einem Ansbacher Werkmeister, der auch den Riß lieferte. Wie weit der Planungsanteil des (unter Gabrieli tätigen) Poliers Johann Rigaglia, eines Graubündners, geht, ist fraglich.

Mehr Palast als Rathaus. Das rustizierte Erdgeschoß öffnet sich in Arkaden; ionische Pilaster übergreifen in großer Ordnung die beiden Obergeschosse und das beschließende Halbgeschoß. In den Rahmenaufsätzen der Fenster des 1. Obergeschosses Nischen mit Büsten. Portal, mit Balkon auf Zwillingssäulen, in der Mitte, die auch durch Uhrhaus und Dachreiter betont ist.

Der gemeißelte Bauschmuck wurde vom »Bildhauer von Virnsberg«, Johann Friedrich Maucher, geleistet.

Der reichsstädtische **Bauhof** ist ein beachtlicher Fachwerkbau des späten 15. Jh. – Die heutige **Stadtbibliothek** ist der frühere Chor der ansonsten 1581 abgetragenen ehem. Klosterkirche der Augustinereremiten, Gründung des späten 13. Jh.

WOLFRAMS-ESCHENBACH (MFr. / Ansbach F7)

Erstmals nach Mitte des 11. Jh. bezeugt, läßt sich Eschenbach gegen Ende des 12. Jh. im Besitz der Grafen Wertheim feststellen. Diese verkaufen es 1316 an den Deutschen Orden, der schon im frühen 13. Jh. hier Fuß gefaßt hatte, spätestens 1304 eine Komturei einrichtet und bis zur Mitte des 14. Jh. seinen Besitz in und um Eschenbach arrondiert. Kaiser Ludwig macht Eschenbach 1332 zur Stadt, Karl IV. fügt 1347 das Befestigungsrecht hinzu. Der Mauerring umwächst die Stadt im 14. Jh. – Seit 1917 benennt sich Eschenbach zum Gedächtnis an den großen Träger seines Namens Wolframs-Eschenbach. Daß der Ritter-Sänger in der Pfarrkirche begraben liegt, bezeugen Nachrichten des 15. und noch des 17. Jh. Ein Burgstall südöstlich der Stadt dürfte an den Sitz des Geschlechtes der Eschenbach erinnern, das, gering begütert, schon im frühen 14. Jh. erlosch.

Der **Mauerring** steht noch im ganzen Umfang. Südlich und westlich begleitet ihn ein Zwinger. Auch der Graben ist noch da. Es stehen noch die beiden **Tore**: das nach Mitte des 13. Jh. aufgeführte **Obere** mit einem Vorwerk von 1463, das **Untere,** um 1400 gebaute, das ebenfalls ein Vorwerk hat.

● Kath. Pfarrkirche Mariae Himmelfahrt

Anfang des 13. Jh. gelangt sie an den Deutschen Orden, der auch gleich zu bauen beginnt. Voraus entsteht der Turm, dann um die Mitte des 13. Jh. der Chor, etwas später das Langhaus. Zisterziensische Anregungen (flacher Chorschluß, Halle), vielleicht durch Heilsbronn vermittelt, sind anzunehmen. 1719 hat eine nach Vorschlägen des Ellinger Baumeisters Franz Joseph Roth durchgeführte Erneuerung – Barockisierung – statt, an der dessen Bruder, der Maler Ignaz Roth, entscheidend mitwirkt, und 1749 baut der Ellinger Polier Matthias Binder die Kapelle der Schmerzhaften Muttergottes an der S-Seite. Diese wenigstens verschont die Stilreinigung von 1876, welche die Kirche ihres nichtgot. Inventars beraubt.

Die in Quadern errichtete 3schiffige Halle (die früheste fränkische) hat einen flach schließenden Chor und einen westlich ins Mittelschiff hereingezogenen Turm; auf 3 roman. Geschosse setzt er 2 gotische und läuft in einen Spitzhelm aus. Der 2jochige Chor hat Kreuzrippengewölbe, die auf abgefangenen, sehr schlanken gebündelten Diensten ruhen; Kapitelle und Konsolen mit Laubwerk in zartem Relief überschrieben. Das Langhaus hat spitzbogige Arkaden auf Rundpfeilern, die nicht mehr ganz ursprünglich sind. Der Restaurator des 19. Jh. zog auch die Decke (anstelle der barocken Wölbung) ein. Die Hauptzugänge liegen in den W-Wänden der Seitenschiffe; alt (frühgotisch) ist das südliche, das nördliche neu. Von den Sakristeien zu seiten des Chores ist die mit Tonne gedeckte südliche früh-, die nördliche, mit Netzrippengewölbe, spätgotisch.

Die Ausstattung beherbergt neben dem 1751 geschaffenen Altar der Marienkapelle noch den kleinen Schreinaltar mit der Reliefdarstellung der Kreuzauffindung von etwa 1490 und die figurenreiche Rosenkranztafel von etwa 1510, die beide erst spät, aus Kottingwörth (OPf.), zugekommener Besitz sind.

Ehem. Deutschordensschloß (seit 1859 **Rathaus**), 1623 gebaut. Sein Habitus ist der des späten 16., frühen 17. Jh.; späte, vom »horror vacui« befreite, in Flächen und mehr noch, in Massen denkende Renaissance gestaltete den breiten 3geschossigen gegiebelten Block mit seinen beiden Achteck-Erkern an den Kanten, der sich, steinern, doch verträglich an die schlichtere, Fachwerk bevorzugende Gesellschaft der Bürgerhäuser stellt.

Westlich angrenzend an das Schloß einer der schönsten Fachwerkbauten, die **ehem. Ordensvogtei,** die noch spätmittelalterlich ist, abgerechnet die Renaissance-Bearbeitung des Erdgeschosses (Anfang 17. Jh.).

Das **Alte Rathaus,** an der S-Seite der Kirche, beherrschend dem Markt zugekehrt, ist nicht jünger, das Tor 1471 datiert; einfaches konstruktives, nur durch Ständer, Streben, Schwellen sprechendes Fachwerk.

Das **Pfründehaus** (»Arche Noah« im Volksmund; Färbergasse 23) sei als besonders gutes Beispiel spätmittelalterl., nur aus dem Zweck entwikkelten, anspruchslos-schönen Hausbaues zitiert.

Wolfram-Denkmal. Das von König Maximilian II. auf den Markt gesetzte Bronzedenkmal des Ritter-Sängers, steht seit 1861.

WOLFSEGG (OPf. / Regensburg K8)

Von hohem malerischem Reiz, überragt der niedere, doch steile Burghügel das kleinteilige Häusergewinkel. – Die **Burg,** 1358 als Eigentum des Markgrafen Ludwig von Brandenburg genannt, ist heute Privatbesitz. Von blockhafter Wucht sind die ragenden Mauern des 14. Jh. Der fast ovale Mauergürtel ist großenteils erhalten. Ein 3geschossiger Palas beherrscht das Gefüge der Anlage, trotzig, verschlossen, mit kleinen Fensteröffnungen. Eine Spindeltreppe verbindet die Geschosse, deren oberes tonnengewölbte Räume birgt.

WONSEES (OFr. / Kulmbach H4)

Sanspareil (H3/4)

Felsengarten der **Burg Zwernitz** •

Unter der (erstmals 1163) bezeugten Burg, Stammsitz des edelfreien Geschlechtes der Walboten v. Zwernitz, seit 1290 burggräflich, läßt Markgraf Friedrich, angeregt durch seine Gemahlin Wilhelmine, 1744 bis 1746 einen Naturpark anlegen.

Der unter Nutzung der natürlichen Gegebenheiten eines mit Felstrümmern bestreuten Buchenwaldes gestaltete Landschaftspark ist, als ein frühes Beispiel romantisch-sentimentaler Parkanlagen, ja wirklich fast »ohne Gleichen«. Von den literarisch beziehungsvollen (durch den »Télémaque« des Fénelon inspirierten) Grotten, Denkmälern etc. hat sich freilich nicht viel mehr erhalten als ein aus Felshöhle und künstlicher Ruine komponiertes **Naturtheater.** Von den Baulichkeiten, die 1746 der eben erst nach Bayreuth berufene Joseph Saint-Pierre schuf, steht noch der **Speisesaal,** ein Achteck mit anliegenden Zimmern, umgeben von einem Hof, den Kunst-Ruinen beschließen.

WÖRTH a. d. Donau (OPf. / Regensburg M8)

In der 2. Hälfte des 8. Jh. besteht ein mit der Peterskirche verbundenes Benediktinerkloster, Eigenkloster der Regensburger Bischöfe, das aber schon im 10. Jh. strandet. Die Grundherrschaft gehört zu den ältesten Besitzen des Hochstiftes; sie kann sich dank des anhängenden Forstes zu unmittelbarer Reichsherrschaft (mit dem Fürstenrang für die Bischöfe) entwickeln. 1803 fällt sie an das Dalbergsche Fürstentum Regensburg, 1810 an Bayern. 1812–48 ist W. ein Patrimonialgericht der Thurn und Taxis. Seit 1954 ist es Stadt.

● **Schloß**

Vom mittelalterl. Bestand ist der Bergfried überkommen. Alles andere entstammt im wesentlichen dem frühen 16. Jh., der Zeit des Administrators Pfalzgraf Johann (1507–38). Um 1570 ist man noch mit dem Ausbau der Wohntrakte beschäftigt. 1616 fügt Bischof Albert v. Törring Kapelle und N-Trakt hinzu.

Zugang im O durch den **Torbau** von 1605. Weiter führt der Weg zum **Haupttor** von 1525, das von 2 dicken Batterietürmen flankiert wird. Eine Wappentafel vereinigt die Wappen Hochstift Regensburg und Pfalz-Bayern (Art des Loy Hering). Weitere runde Batterietürme sichern die übrigen 3 Ecken der Anlage. Im Inneren winkelt sich links die Wohnung des Torwarts; rechts längt sich das Gebäude der **Dürnitz.** Gewölbte Räume des frühen 15. Jh. Hat man den Trakt nach N umschritten, so enthüllt sich der mächtige mittelalterl. **Bergfried** als massiger Wohnturm, der ehemals Rüstkammer und Gefängnisse geborgen hat. Seine Bedachung erneuerte das frühe 17. Jh. Diesen Gebäuden, die der Fortifikation und dem Gesinde zu dienen hatten, gegenüber liegt der 3flügelige **Fürstenbau,** entstanden unter Pfalzgraf Johann und Albert v. Törring im frühen 16. und im frühen 17. Jh. Die doppelgeschossige Quergalerie der Mitte entstammt dem 17. Jh. Das mittlere Portal öffnet den Zutritt zu den Wohnräumen.

Hervorzuheben sind das *ehem. Schlafgemach* mit seiner schönen Holzdecke (1616) wie das *Rondellzimmer* mit seiner Gewölbemalerei von 1676 (Geschichte von Prokris und Kephalos) und gleichzeitiger Stukkatur. Auch der Ofen ist ein Prunkstück dieser Zeit. Die Räume des N-Flügels sind als Dienerschaftswohnung einfach. Der S-Flügel enthält den *Festsaal,* einen langgestreckten Raum mit Stichkappenwölbung auf Pilastern. Er stößt an die

Schloßkapelle St. Martin. Diese ist ein 1schiffiger Bau von 1616 mit Kreuz- und Kappengewölben auf Renaissance-Konsolen. Im Scheitel des Langhausgewölbes das Wappen Törring.

In der Hofmitte der **Schloßbrunnen** mit dem Törring-Wappen, 1636.

Kath. Pfarrkirche St. Peter. Baunachrichten liegen so gut wie keine vor. Die 3schiffige Basilika dürfte auf Fundamente des späten 13. Jh. zurückgehen. Das nördl. Seitenschiff kann erst im 14. Jh. hinzugefügt worden sein. Der Turm an der N-Wand wurde wohl gemeinsam mit dem N-Portal 1464 errichtet. Die wechselnden Gewölbefigurationen des südl. Seitenschiffes deuten auf das Ende des 15. Jh. Der Chor wurde um 1600 durch den bestehenden Neubau ersetzt. Barockisierung und Regotisierung haben unter den Einrichtungsgegenständen aufgeräumt. Nur über dem gedoppelten N-Portal erhielt sich ein steinerner Petrus (1464).

WUNSIEDEL (OFr. / Wunsiedel i. Fichtelgebirge K3)

Der erstmals 1163 genannte Ort lag im Egerland, das damals noch das Fichtelgebirg in sich einschloß, 1080 als Reichslehen an die Grafen v. Vohburg gelangte, doch 1146 vom Reich zurückgenommen wurde. W. kommt 1285 auf dem Kaufwege an die Nürnberger Burggrafen, die um diese Zeit beginnen, ihr später so genanntes Sechsämterland auf Kosten des Egerlandes (dessen südl. Teil 1322 als Pfandschaft an Böhmen verloren geht) zu begründen. 1316 ist W. Markt, 1326 Stadt. Im 15. Jh. ist es eine der 6 Hauptmannschaften, 1613 Vorort des Sechsämterlandes. Sein Wohlstand beruht auf der schon im Spätmittelalter betriebenen Fabrikation verzinnten Bleches.

Die Stadt. Schwere Brände (1731 und 1834) haben der Stadt die älteren Züge fast ganz geraubt. Der von München gesteuerte Wiederaufbau nach 1834 hat ein einfaches und klares, sympathisches Stadtbild geschaffen. – Am Jean-Paul-Platz reicht das Haus **Nr. 1** in d. J. 1515–21 zurück (1731 erneuert); **Nr. 5** ist das Geburtshaus Jean Pauls; auf dem Platz sein **Denkmal,** Werk Ludwig Schwanthalers von 1845. – Von den Toren steht (in der Straße gleichen Namens) noch das Ende des 15. Jh. gebaute, nach 1834 erneuerte **Koppentor.**

Ev. Stadtpfarrkirche (Jean-Paul-Platz)

Die nach 1731 von Johann Richter, vermutlich nach Bayreuther Plan (des Johann David Räntz?), großenteils neu aufgeführte Kirche wurde nach Brand 1903 wiederhergestellt.

Ein spätgot. Bau steckt noch im Chor. Der wie das Langhaus durch Granitquaderwerk ausgezeichnete Turm datiert in den beiden Untergeschossen 1737/38, im Obergeschoß 1770.

Ehem. Spital (Sigmund-Wann-Straße)

Gründer war der reiche, auch in Eger tätige Kaufmann Sigmund Wann, 1449. Die von einem Hans Steinmetz gebaute Kirche war 1464 vollendet. Ein Neubau ersetzte sie 1731–33.

Die **ev. Spitalkirche** ist ein rechteckiger Saal mit 3seitigem Chor und westlich stehendem Turm.

Das **Spital** ist ein im Kern spätgot., mehrmals erneuertes 3geschossiges Gebäude. Die 1693 datierte *Brüderstube* im SO-Eck des Erdgeschosses sei als ein guter alter Raum hervorgehoben: 4 Kreuzgratgewölbe über rundem Mittelpfeiler. Auch der Rauchfang in der Rauchkammer verdient erwähnt zu werden. – Im Spital befindet sich jetzt das (1908 eröffnete) **Fichtelgebirgsmuseum** (Spitalhof 1–2).

Ev. Gottesackerkirche (Hl. Dreifaltigkeit)

Standort ist der zu Anfang des 17. Jh. begründete Friedhof außerhalb der Stadt. 1628 begonnen, wahrscheinlich von Veit Lippert, wurde sie doch erst 1672 geweiht.

Rechteckiges Schiff mit eingezogenem polygonem Chor, ein 8eckiger Treppenturm am SW-Eck. – Bemerkenswert die Reihe der Bildnisse der mit 1568 einsetzenden Wunsiedler Superintendenten, die im späten 17. Jh. begonnen wurde.

● Der **Friedhof** ist reich an älteren, mit dem späten 16. Jh. einsetzenden *Grabsteinen;* Material ist Kalkstein, der »Wunsiedler Marmor«. Beachtlich insbesondere die Grabsteine des Michael Meinel (1718), wahrscheinlich vom Bayreuther Meister Elias Räntz, und der des Georg Hoyer (1723), wahrscheinlich vom jüngeren Räntz, Johann Gabriel. Unter den *Gruftkapellen* ragt die 1779 errichtete Schmidsche hervor. Die Haassche an der N-Mauer sei wegen des Grabsteins des Johann Adam Haas (1719) genannt, der vermutlich auch dem E. Räntz gegeben werden darf.

Luisenburg. Im Granitgetrümmer des Felsengartens (im Mittelalter Standort der Lugsburg) werden schon Ende des 17. Jh. Spiele aufgeführt; die – in Erinnerung an einen Besuch der Königin Luise so genannten – Luisenburg-Festspiele sind die sommerliche Attraktion der Fichtelgebirgsstadt.

WÜRZBURG (UFr. / D4/5)

Der Name nennt die Burg. Die Burg zeugte die Stadt, und die Burg ist bis zum heutigen Tag der bestimmende Faktor der Stadtlandschaft geblieben. Auf dem beherrschenden Berg über der geräumigen Maintalung saßen schon Kelten. Die vorgeschichtliche, dann germanische (alemannische, thüringische) Volksburg »Uburzisburg« (so beim »Geographen von

Ravenna«, Ende 7. Jh.) wurde im 6. Jh. fränkisch, Sitz der fränkisch-thüringischen Herzöge, deren letzter, Hetan II., 704 »in castro wirteburch« urkundet. – Wenig früher, angeblich 689, hat in W. der irische Glaubensbote Kilian sein Martyrium erlitten. Spätestens um die Mitte des 8. Jh. erhebt er sich zum großen Heiligen W.s, seither als Bringer der Christgläubigkeit, der erste in der Reihe der Bischöfe verehrt. Doch kanonisches Bistum wird W. erst durch Bonifatius, 741/42, der den ersten (kanonischen) Bischof, den Angelsachsen Burkard, ordiniert. Der Sprengel des durch Herzog Karlmann reich dotierten Bistums reicht sehr weit; er greift den Großteil der Francia orientalis, kurz gesagt Frankens, ein, vom Spessart bis zu den Main-Quellen; erst die Stiftung des Bamberger Bistums drängt ihn über den Steigerwald zurück. Der Besitz mehrerer Grafschaften läßt die Bischöfe früh zu landesfürstlicher Gewalt aufsteigen, die sich wahrscheinlich schon im 11. Jh. mit dem dann von Kaiser Friedrich I. 1168 förmlich anerkannten Anspruch auf den »ducatus Franciae orientalis« verbindet. Das Symbol der (faktisch auf die Würzburger Territorien beschränkten) Herzogsgewalt, das Schwert, das schon in den Siegelbildern des 11. Jh. begegnet, eignet den bischöflichen Grabsteinen seit dem frühen 14. Jh., der »dux«, »Herzog zu Franken« rückt aber doch erst im frühen 15. in die Titulatur ein. – Die Laiengewalten – wie die Grafen von Henneberg, Castell, Wertheim, Hohenlohe, Rieneck – können sich nur zu beschränkten Größen entwickeln, keine zu einer, die sich mit jener der Nürnberger Burggrafen im Bamberger Sprengel in Parallele setzen ließe. Indessen ist diese Gegenwirkung, vorab von seiten der bis ins 13. Jh. mit der Würzburger Burggrafschaft belehnten Henneberg, in den Zeiten des Faustrechtes bedrohlich genug.

Die Bischöfe, zunächst auf das Gebiet des 783 errichteten Salvator-Domes beschränkt, erobern im 10. und 11. Jh. mit der Gerichtshoheit die Souveränität über die zuvor königliche Stadt. Seit dem 13. Jh. stehen sie im scharfen Gegensatz zu dem sich aufreckenden Gemeinwesen. Aber die Befreiungsversuche einer sich ihres Wertes bewußten Bürgerschaft scheitern; die Schlacht bei Bergtheim 1400 und der Ausgang des Bauernkrieges 1525 besiegeln das Schicksal der Stadt; sie wird stets ihren Bischöfen gehorchen.

Die schweren Erschütterungen der geistlichen Herrschaft im Jahrhundert der Reformation enden mit der Gegenreformation, deren starker Anwalt Bischof Julius Echter v. Mespelbrunn (1573–1617) ist, einer der befähigtsten und tatkräftigsten Regenten des Hochstiftes. Julius beginnt auch das Bild der Stadt durch seine immer großzügigen Bauten neu zu prägen. »Zahllos« die im Hochstift errichteten oder erneuerten Kirchen, Rathäuser, Schlösser. – Auf die so hohen Maßes förderliche Juliuszeit folgen die Elendsjahre des Großen Krieges mit 5 Jahren schwedisch-sächsischer Okkupation (1631–35). Nach Kriegsende, 1648, beginnt der erste der 3 Würzburger Schönborn-Bischöfe, Johann Philipp (1642–73, ab 1647 auch Erzbischof von Mainz), Stadt und Burg zeitgemäß zu befestigen; der Marienberg ist jetzt »Reichsveste«. Mit dem Trientiner Antonio Petrini beginnt die große Zeit des barocken Bauens, die unter den beiden Schönborn-Bischöfen Johann Philipp Franz (1719–24) und Friedrich

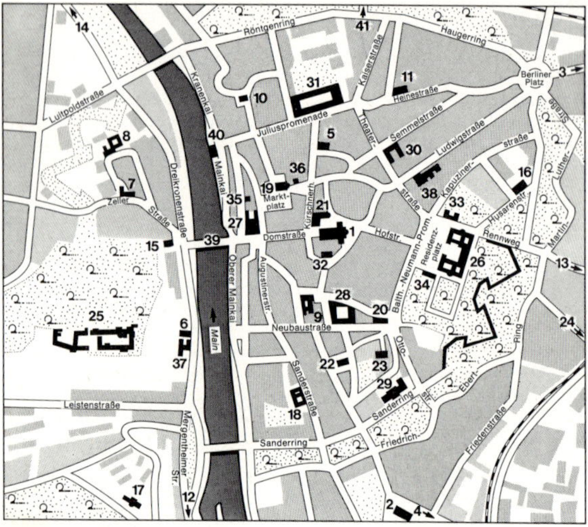

1 Dom St. Kilian
2 St. Adalbero
3 nach St. Albert
4 nach St. Alfons
5 Augustinerkirche
6 St. Burkard
7 Deutschhauskirche
8 Don Bosco, ehem. St. Jakob, Schottenkirche
9 Franziskanerkirche
10 St. Gertraud
11 Stift Haug
12 nach Heidingsfeld: Hl. Familie, St. Laurentius
13 nach Herz Jesu
14 nach Himmelspforten
15 Ehem. Hofspitalkirche
16 Johanniskirche
17 Käppele (Mariae Heimsuchung)
18 Karmelitenkirche, Reuererkirche
19 Marienkapelle
20 St. Michael
21 Neumünster
22 St. Peter
23 Stephanskirche
24 nach U. L. Frau
25 Festung Marienberg, Marienkirche, Mainfränkisches Museum
26 Residenz, Hofkirche, Martin-v.-Wagner-Museum, Staatsgalerie
27 Rathaus, Grafeneckart
28 Alte Universität, Universitätsbibliothek, Ehem. Universitätskirche, Neubaukirche
29 Neue Universität
30 Bürgerspital und -kirche Hl. Geist
31 Juliusspital
32 Burkardushaus
33 Rosenbachhof
34 Gesandtenbau
35 Rückermainhof
36 Haus zum Falken
37 Ehem. Frauenzuchthaus, Jugendherberge
38 Stadttheater
39 Alte Main-Brücke
40 Alter Kranen
41 zum Hauptbahnhof

Würzburg. Innenstadt-Lageplan

Karl (1729–46) in den 3 Jahrzehnten Balthasar Neumanns gipfelt. – 1802 ist das Hochstift St. Kilians am Ende. Bayern ergreift Besitz, muß aber seinen Löwen 1804 wieder abnehmen, da Napoleon W. zum Großfürstentum eines Habsburgers, Ferdinand von Toskana, bestimmt. Dessen Existenz währt freilich nur kurz. 1814 kehrt Bayern, jetzt für die Dauer, zurück.

Die Stadt

Die Anfänge der Siedlung liegen unterhalb der Burg, linksmainisch, wo der erste Bischof, Burkard, ein Kloster, St. Andreas (später St. Burkard), gründet. Spätestens im 8. Jh. wird sich aber auch schon rechtsmainisch um einen fränkischen Saalhof und die Grabkapelle des angeblich hier ermordeten Kilian ein Siedlungskern als eigentliche Wachstumszelle der (erstmals 1030 als »civitas« bezeugten) Stadt herausgebildet haben.

Der Grundriß der *ältesten Stadt* wird südlich von der Neubaustraße, östlich von Hofpromenade (Balthasar-Neumann-Promenade) und Theaterstraße, nördlich von der Juliuspromenade, westlich vom Main begrenzt. Der bis ins 19. Jh. kaum überschrittene Umfang der *spätmittelalterl. Stadt* ergab sich aus dem Zuwachs der Vorstädte, insbesondere südlich (Sandervorstadt) und nördlich (Pleichach). Um diese, gern mit einer Bischofsmütze verglichene, etwa ein Halbrund beschreibende Fläche legte sich im 17. Jh. (seit 1656) der bastionäre Festungsgürtel, der erst nach 1866 – bis auf die den Hofgarten östlich und südöstlich begrenzenden Teile – aufgelassen wurde; das **Glacis,** der die Altstadt umzirkelnde Anlagengürtel, erinnert an seine Existenz. Doch vermitteln die erhalten gebliebenen, mit dem Marienberg ein Ganzes bildenden **Fortifikationen** des »Main-Viertels« noch eine Vorstellung der barocken Stadtbefestigung. – Das Organisationszentrum der Stadt ist der Dom, ihre Achse die den Dom mit der steinernen Main-Brücke verbindende Straße. Das Gewirr meist schmalläufiger und vielwendiger Gassen öffnet sich nur zu einem größeren, ja nun großen Platz, dem Markt, der aber erst durch die Zerstörung des Judenviertels 1348 ermöglicht wurde. Auch der sehr weite Residenzplatz im O, im Raum zwischen mittelalterl. Stadtgrenze und neuzeitlicher Fortifikation, ohne organischen Anschluß an den Stadtkörper, ist erst ein später Gewinn (18. Jh.). – Die Signatur des Stadtbildes ist, trotz der spürbar gebliebenen mittelalterl. Grundlegung, barock. Barocke Massen wie die Kuppeln von Stift Haug und Neumünster, der Block des Juliusspitals, der Turm der Neubaukirche und nicht zuletzt der riesige Komplex der Residenz bestimmen Eindruck wie Vorstellung, auch jetzt noch, nach der Zerstörung vom

16. März 1945, die große Teile des Stadtkörpers niedergelegt hat. Die schon totgesagte Stadt hat sich in erstaunlicher Tatkraft aus den Trümmern erhoben. Das *neue Würzburg* konnte sich noch so viel des Wesentlichen vom alten einverleiben, daß ihm der geprägte persönliche Charakter geblieben ist.

Kirchliche Bauten

● **Dom St. Kilian** (Kiliansplatz)

Der 788 in Anwesenheit König Karls geweihte Dombau nahm noch den Platz über der Grablege des Blutzeugen Kilian, d. h. den Platz der Neumünsterkirche ein. Dieser Salvator-Dom brennt 855 ab. Sein Nachfolger, nun des Titels St. Kilian, entsteht auf dem neuen Platz südlich des alten, 855–892. Auch er brennt, vermutlich 918, aus und wird unter Bischof Thioto (908–931) wieder instand gesetzt: eine 3schiffige Basilika von kürzerer O-W-Erstreckung und auch geringerer Breite als die bestehende, mit von 2 Rundtürmen flankiertem Westwerk. Wie weit Bischof Heinrich (996–1018) in diesen Bestand eingreift, steht offen; sicher nur, daß er die westl. Grenze vorrückt und daß der doppeltürmige W-Bau, mit Michaelskapelle über der Eingangshalle und Empore darüber, in der Anlage auf ihn zurückgeht, erfährt er auch die endliche Gestalt erst in den 30er Jahren des 11. Jh. unter Bischof Bruno, einem der großen (hll.) Bischöfe Würzburgs, dessen entscheidender, die bleibenden Merkmale festlegender Neubau – 1045 Weihe der Krypta – in der 2. Hälfte des 11. Jh. vollendet wird. Die O-Teile, Chor und Querschiff, sind wohl in diese Bauzeit zu setzen. Um 1133 dürfte Bischof Embrico das Langhaus erneuert haben; eine (freilich nicht zweifelsfreie) Urkunde beschenkt uns auch mit einem Baumeisternamen, Enzelin. Auch diese Teil-Erneuerung zieht sich lange hin; das Weihejahr 1187 scheint sie noch nicht beendet zu haben: Baumaßnahmen sind noch für das letzte Jahrzehnt des 12. Jh. bezeugt. In den 30er Jahren des 13. Jh., unter Bischof Hermann v. Lobdeburg (1225–54), werden Chor und Apsis (neu) gewölbt, die Giebel des Querschiffes höhergeführt und die beiden östl. Türme errichtet.

So weit die Baugeschichte des frühen und hohen Mittelalters. 11. und 12. Jh. haben den Dom geprägt; das 13. Jh. hat ihn bereichert. Spätere Zeiten konnten nur versuchen, seine Gegebenheiten ihren Architekturidealen gefügig zu machen. Spätgot. Zutaten sind oder waren die Helmabschlüsse der W-Türme (1418), die Wölbungen der Seitenschiffe (1498 ff.), die Streben des nördlichen. Im 1. Jahrzehnt des 17. Jh. werden Langhaus und Querschiff von Lazaro Augustino gewölbt (vollendet 1608). Das beginnende 18. Jh. beschafft die Stuckverkleidung sämtlicher Raumteile, eine Riesenleistung des Mailänders Pietro Magno (1701–04). 1702 wird die Krypta, westl. Teils, unter der Vierung, demoliert und zugeschüttet, 1749 der Chorboden über dem östl. Teil um 2,80 m gesenkt. – Der schwere, strotzend reiche Stuckmantel wandelt das Dominnere ins Barocke. Die Absicht, die Fassade durch eine barocke zu ersetzen, findet keine Verwirklichung. Erst der Restaurator d. J. 1879–85 greift hier ein;

das ihm allzu rauh erscheinende Gefüge der Front muß sich eine Glättung, Regularisierung der Asymmetrien gefallen lassen.
Nun der letzte Abschnitt der Baugeschichte. Am 16. 3. 1945 brennt der Dom aus; die Ausstattung geht großenteils, soweit nicht gesichert oder entfernt, zugrunde. 1946 stürzt die N-Wand des Mittelschiffes ein; sie nimmt auch die Wölbungen (Mittelschiff und nördl. Seitenschiff) mit. 1956 wird aus statischen Gründen die südl. Hochwand abgetragen und neu aufgeführt. Das Mittelschiff ist, so wie es heute dasteht, bis zu den Pfeilerarkaden herab, ein Neubau. Alt sind die im Kern frühroman. Umfassungen der Seitenschiffe, alt ist auch noch die (spätgot.) Wölbung des südlichen. Geht die Tendenz des Bauherrn und seines Architekten zunächst dahin, den Dom auf seine roman. Grundgegebenheiten zurückzuführen und also den in Chor und Querschiff immer noch gut erhaltenen Stuckmantel P. Magnos einschließlich der ebenfalls von Magno geschaffenen Querhausaltäre preiszugeben, so setzt sich schließlich doch die Forderung, zu erhalten, was sich erhalten ließ, durch: der Stuckdekor der östl. Raumteile bleibt. Nach den Sicherungsarbeiten 1945–60 wird der Dom in den folgenden Jahren bis 1967 (Domweihe) unter den Architekten Hans Schädel und Hans Döllgast wiederhergestellt.

St. Kilian steht nicht unter den berühmtesten Domen, aber nicht nur groß, auch großartig sind schon seine Abmessungen (lichte Länge des Schiffes 98, Breite des Querschiffes 58 m), und der nüchterne, streng, schlicht und straff gegliederte Bau darf hohen Rang beanspruchen. Der Grundriß ist der einer geosteten 3schiffigen Kreuzbasilika mit Zweiturmfassade, die, bis auf einige ältere und einige jüngere Teile, in der 2. Hälfte des 11. und 1. Hälfte des 12. Jh. entstanden ist. Ältere Teile sind die 1045 geweihte *Krypta* unter dem Chorhaus, die aber westl. Teils dem nivellierenden Eingriff des frühen, östl. Teils dem des mittleren 18. Jh. zum Opfer fiel – die bestehende östliche geht auf Neumann, die westliche, mit Betondecke über 4 roman. Säulen, auf die Rekonstruktion der 1960er Jahre zurück –, und die beiden *W-Türme,* die, in der Breite das Mittelschiff nur wenig übergreifend, einem älteren Grundriß des W-Abschlusses verpflichtet sind; früher als ins frühe 11. Jh. wird man sie allerdings kaum setzen dürfen. In diese Zeit weisen auch die von Geschoß zu Geschoß, bis ins achte, vermittelnden Treppen mit ihren steigenden Tonnendecken, die in Würzburg selbst in den wohl nur wenig jüngeren Türmen von St. Burkard wiederkehren. Der Stirnbau zwischen den Türmen, erneuert, setzt Vorhalle, Michaelskapelle und »Kaiserloge« (beide ursprünglich mit Tonnen gedeckt) übereinander. Jüngere Teile sind: die beiden Obergeschosse der W-Türme, wahrscheinlich aus der 2. Hälfte des 12. Jh., die wohl ebenso zu datierende

Tonnenwölbung des Chorarmes und die beiden östl. Türme, sie, wie auch die Wölbung des Chorarmes, 30er Jahre des 13. Jh. – Das Baumaterial der Wandungen ist Kalkstein, das der Glie-

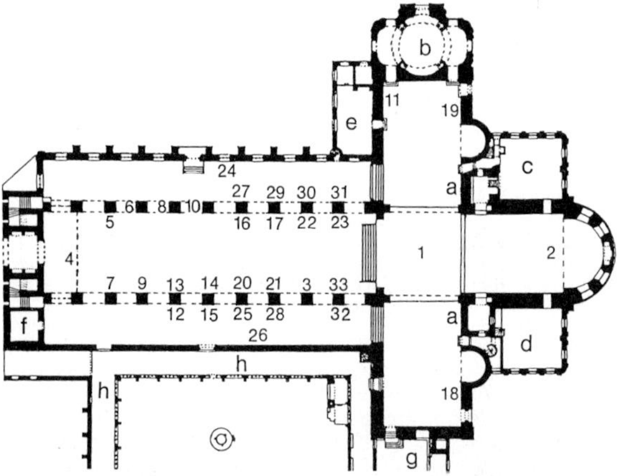

1 Altarbezirk
2 Bischofs-Kathedra, Zelebranten- und Presbyteriumssitze
3 Kanzel
4 Ehem. Chorgitter

Bischofsgrabmäler und -kenotaphe:

5 Gottfried v. Spitzenberg
6 Mangold v. Neuenburg
7 Gottfried III. v. Hohenlohe
8 Wolfram v. Grumbach
9 Otto v. Wolfskeel
10 Albrecht v. Hohenlohe
11 Gerhard v. Schwarzburg
12 Johann v. Egloffstein
13 Johann v. Brunn
14 Gottfried Schenk v. Limpurg
15 Johann III. v. Grumbach
16 Rudolf v. Scherenberg
17 Lorenz v. Bibra
18 Konrad v. Thüngen
19 Konrad v. Bibra
20 Melchior Zobel v. Giebelstadt
21 Friedrich v. Wirsberg
22 Julius Echter v. Mespelbrunn
23 Gottfried v. Aschhausen
24 Philipp Adolf v. Ehrenberg
25 Christoph Franz v. Hutten
26 Adam Friedrich v. Seinsheim
27 Franz Ludwig v. Erthal
28 Georg Karl v. Fechenbach
29 Georg Anton Stahl
30 Johann Valentin Reißmann
31 Franz Joseph Stein (Erinnerungstafel)
32 Adam Friedrich Groß v. Trockau
33 Ferdinand v. Schlör

a Zugang zur Krypta
b Schönborn-Kapelle
c Sakristei
d Paramentenkammer
e Küsterhaus, Liboriuskapelle
f Taufkapelle
g Sepultur
h Kreuzgang

Würzburg. Dom. Grundriß

Würzburg. Dom von Osten

derungen Buntsandstein. Die Wandflächen zwischen den Gliederungen sind verputzt. Die spätroman. O-Türme setzen sich durch Schichtwechsel roten und grünen Sandsteins ab.

Der Außenbau konnte durch die Jahrhunderte seinen roman. Charakter bewahren; er wirkt auch heute noch, oder wieder, einheitlich. Daß die dem langen, breiten, auf die Main-Brücke zuhaltenden Straßenzug zugekehrte schmalhüftige Front wieder in der Einhegung flankierender Wände liegt, daß auch die vom Freilegungseifer des 19. Jh. geforderte Lücke zum benachbarten Neumünster hin wieder geschlossen ist, sei als Gewinn angemerkt. Großartig v. a. die *Chor-Querschiff-Gruppe:* ein mächtiges Aufragen, karg, fast kahl, aber heiter auflockernd die sehr schlanken, aus dem Viereck ins Achteck übergehenden, breiter als die westlichen gestellten Türme in den Chor-Querschiff-Winkeln, die in den Geschossen über der Trauflinie, das Tabernakelmotiv der Türme von Laon vortragen. Der Blick auf die O-Gruppe ist um so lohnender als er zugleich über die dem N-Arm des Querschiffes anliegende Schönborn-Kapelle hinweg die vielfältige Baugruppe vom Neumünster ergreift. – Im Inneren ist der wiedergewonnene Bau jetzt in 2 gegensätzliche Raumhälften geschieden: Gegen die barocke Schmuckfülle der O-Teile – Chor und Querschiff – setzt sich der nackte »roman.« Raumkubus des Mittelschiffes ab. Daß die Liturgie dieser Zeit in Altar, Ambo, Tabernakel (in der Vierung) ihr Recht behauptete und hier der moderne Künstler den Sukkurs leistete, wird man unter die Positiva und nicht unter die Negativa dieser Wiederbringung des Würzburger Domes stellen müssen. – Das (gänzlich erneuerte) flachgedeckte Mittelschiff zählt 10 rundbogige Pfeilerarkaden, denen ebenso viele Rundbogenfenster entsprechen. Die Wölbung des nördl. Seitenschiffes erneuert, nur die Wappenschlußsteine alt. (Alle Schiffe waren bis ins 15. bzw. 17. Jh. flach gedeckt.) An die quadratische Vierung legt sich das längsrechteckige, durch die halbrunde Apsis beschlossene Chorhaus, an die O-Wände der Querschiffarme je eine Apsidiole. Auffällig die starke Ausladung des Querschiffes, offenbar durch die Klosterkirche von Hersfeld eingegeben.

Dekoration. Der Raumeindruck war seit dem 18. Jh. durch den schweren, gut eingepaßten, den vorgegebenen Gliederungen folgenden Stuckmantel P. Magnos bestimmt; der der O-Teile wird es noch. Das tragende Motiv der *Stukkaturen* ist der zeitgemäße Akanthus. Stark mitsprechend Figürliches in der Vierung (hier die der Glorie in der Mitte zugeteilten Evangelisten) und im Chor (Maria und die Apostel). Magno war die gestellte Aufgabe, den roman. Dom in einen barocken zu verwandeln, voll gelungen.

Die mit dem Bau verbundene Ausstattung wurde weitgehend zerstört. Von den zahlreichen *Altären* stehen nur noch die beiden großen an den Stirnwänden der Querschiffarme, Arbeiten P. Magnos (1704); sie sind jetzt mit Gemälden Jacopo Amigonis (Leihgabe der Bayerischen Staatsgemäldesammlungen, N) bzw. Johann Andreas Wolffs (S) ausgestattet. Die schwer beschädigte *Kanzel* (Sandstein und Alabaster) konnte in bewundernswerter Feinarbeit (bis auf den verbrannten Dekkel) wiedergewonnen werden. Stiftung des Würzburger Rates, 1609/10, ist sie ein exemplarisches Werk letzter deutscher Renaissance (aus unverkennbar got. Wurzel), die bedeutendste Arbeit ihres Bildhauers, Michael Kern; die Evangelisten und Kirchenväter besetzen die Voluten und Nischen des Stützpfeilers, Reliefdarstellungen der Passion die Arkadenfelder des 8seitigen Corpus. Ein prächtiges Relikt der alten Ausstat-

Würzburg. Dom
Tilman Riemenschneider: Grabdenkmal Rudolf v. Scherenbergs (Detail)

tung ist das jetzt westlich das Langhaus (vordem den Chor) sperrende, in den äußeren Teilen ergänzte schmiedeeiserne *Gitter* Markus Gattingers von 1750–52.

Berühmtester Besitz war und ist noch die lange, geschichtlich wie kunstgeschichtlich hochbedeutende Reihe der bischöflichen Grabdenkmäler, der sich nur die des Mainzer Domes vergleichen läßt. Sie umspannt runde 700 Jahre. Nach z.T. schwierigen, aber geglückten Instandsetzungen in ihrer zeitlichen Folge aufgestellt, ist sie ein sinnfälliger Catalogus episcoporum, zugleich exemplarische Darstellung der Stilentwicklung vom späten 12. bis ins frühe 19. Jh. – Beginnend (am 2. Pfeiler des Mittelschiffes, nördlich) der noch roman., schmal-hohe Stein des Gottfried v. Spitzenberg (1190) mit in den Kastenrahmen gleichsam eingepreßter Figur. Als nächster, nach einem Vakuum von rd. 100 Jahren (das 13. Jh. war kein ergiebiges für Würzburg), der Stein des Mangold v. Neuenburg (1303, 3. Pfeiler nördlich), der erste, der das fränkische Herzogsschwert trägt, ein in seiner Blockschwere typisches Werk der Jahrhundertwende, doch im Kopf später, vermutlich im 17. Jh., überarbeitet. Es folgt der des Gottfried v. Hohenlohe (1322, 2. Pfeiler südlich), dessen archaisierende Stilgebärde den Verdacht zuläßt, er könnte erst viel später gesetzt (erneuert) worden sein. Dann der bedeutende des Wolfram v. Grumbach (1333, 4. Pfeiler nördlich), der in den Vokabeln der Faltensprache schon auf den nächsten, *Otto v. Wolfskeel* (1345, 3. Pfeiler südlich), zuführt, ein Gipfelwerk der Bildhauerkunst des 14. Jh., beispielhaft für die asketische Haltung der Hochgotik der Jahrhundertmitte wie das Denkmal des Nachfolgers, Albrecht v. Hohenlohe (1372, 5. Pfeiler nördlich), für die Stilstufe der ersten Spätgotik, die, gegensätzlich, wieder den plastisch fülligen Körper hervorkehrt. Dann das Grabdenkmal des *Gerhard v. Schwarzburg* (1400, am alten Standort an der NW-Ecke des Querschiffes), das schon, auch in der beschatteten Stimmung des Antlitzes, vom Weichen Stil geprägt ist, und das von ihm abhängige, weniger bedeutende des Johann v. Egloffstein (1411, 4. Pfeiler südlich). Das des Johann v. Brunn (1440, am gleichen Pfeiler), spiegelt, wieder exemplarisch, die Stilstufe des mittleren 15. Jh., die das hart Starre an die Stelle des weich Flüssigen setzt. Folgt das Denkmal des Gottfried Schenk v. Limpurg (1455, 5. Pfeiler südlich), das, vermutlich Arbeit eines Bildhauers Linhart Remer, schon auf den »eckigen Stil« zuhält, bescheidene Vorstufe des in Salzburger Rotmarmor ausgeführten Denkmals des *Rudolf v. Scherenberg* (1495, 6. Pfeiler nördlich), das, Werk Tilman Riemenschneiders, eine der absoluten Höhen deutscher und darüber europäischer Bildhauerkunst ist. Das des *Lorenz v. Bibra* (1519, 7. Pfeiler nördlich), Spätwerk Riemenschneiders, spiegelt die Begegnung mit der neuen »welschen Manier«, zu deren Bewältigung der wurzelhaft spätgot. Meister vermutlich einen dieser Manier kundigen Helfer (bezeugt durch eine Zeichen-Signatur des Puttenkranzes) beizog. Die nächstjüngeren Epitaphien der Bischöfe Konrad v. Thüngen (1540) und Konrad v. Bibra (1544) befinden sich an der O-Wand des Querschiffes; das erste (südlich) von Loy Hering, der das neue (Schule machende) Motiv des vor dem Kruzifixus knienden, von seinem Schwertträger begleiteten Bischofs einführt, das zweite, ähnlich komponierte (nördlich) vom älteren Peter Dell. Auch das des Melchior Zobel v. Giebelstadt (1558, 6. Pfeiler südlich), Arbeit des jüngeren P. Dell, folgt diesem Exempel, kehrt aber von der kleineren Breit- zu der größeren Hochform zurück; eine Besonderheit ist die im Relief des Hintergrundes dargestellte Ermordung des Bischofs. Das wieder die alte konventionelle Linie haltende Grabmal des Friedrich v. Wirsberg (1573, 7. Pfeiler südlich) ist eine Arbeit des Eichstätter Bildhauers Wilhelm Sarder, das des Julius Echter (1617, 8. Pfeiler nördlich) mit der in eine Nische gestellten sehr würdevollen Figur des tatkräftigen Bischofs eine des Nikolaus Lenkhart. Das Grabmal des Gottfried v. Aschhausen (1622, letzter Pfeiler nördlich) ist ein achtbares Werk von M. Kern. Das stark beschädigte, 1669 errichtete Denkmal des (1631 verstorbenen) Philipp Adolf v. Ehrenberg (Wand des nördl. Seitenschiffes) ist eine niederländisch inspirierte Arbeit, in Marmor und Alabaster, des Bildhauers Philipp Preiß. Nach einem (abgesehen von den Denkmälern der Schönborn in ihrer Kapelle) nur schwach besetzten Jahrhundert folgt das Grabmal des Adam Friedrich v. Seinsheim (1779, Wand des südl. Seitenschiffes), ein barock klassizistisches, mit allem »pompe funèbre« ausgestattetes Marmordenkmal Johann Peter Wagners. Erst 1825 gesetzt wurde das Bronzedenkmal des letzten Fürstbischofs Georg Karl v. Fechenbach († 1808, 7. Pfeiler südlich), der die Säkularisation des Hochstiftes 1802 erleben und erleiden mußte. – Es sei hier noch das sehr anspruchsvolle Grabmonument eines Laien angefügt, des Sebastian Echter, Bruder des Fürstbischofs (1575, 1. Pfeiler südlich), Werk des in Mainz tätigen Peter Osten von Ypern, mit der halb liegend, schlafend dargestellten Figur des Edelmannes, den dieses Prunkmonument in Buntsandstein und Alabaster zu quasi fürstlichem Rang erhob. Das Grabdenkmal des Domdekans Georg H. v. Stadion (1716, S-Wand des Querschiffes) ist im Rahmen von 1706 ein Werk P. Magnos.

Nun noch Hinweise auf die bedeutendsten Einzelkunstwerke, deren Zahl immer noch beträchtlich ist: 1963 wiederaufgefundenes Steinkreuz mit einem bärtigen Kopf in der Mitte, noch frühmittelalterlich (W-Wand der Krypta); 1257 gesetzte Tumba des Bischofs Bruno, nun wieder mit der Grabplatte des 11. Jh. vereinigt (Krypta); 2 spätroman. Knotensäulen, ehemals wohl Stützen der (1644 abgetragenen) Vorhalle, inschriftlich »Booz« und »Jachim« (die ehernen Tempelsäulen Salomos) bezeichnet (W-Schluß des südl. Seitenschiffes); Statuengruppe der Muttergottes und der Hll. 3 Könige in wiederaufgedeckter alter Fassung, noch der Frühgotik (Straßburg-Freiburger Provenienz) verhaftetes Werk der Würzburger Plastik, die sich erst jetzt, um die Wende des 13. Jh., breiter zu entfalten beginnt (Mittelschiff, 3., 4., 5. Pfeiler nördlich); Bronzetaufbecken in der (1967 so gestalteten) Taufkapelle im Erdgeschoß des südwestl. Turmes, 1279 datiertes Werk eines Meisters Eckard von Worms, eine durch Strebepfeilerchen gegliederte Rundkufe mit 7 Reliefdarstellungen des Christuslebens; Statue einer Muttergottes von etwa 1320, ehemals am Scherenbergtor der Feste Marienberg, jetzt mit einem modernen Steinmal (nordöstl. Apsidiole des Querschiffes) verbunden; erst in neuerer Zeit erworbene, mit einem eisernen Kerzenhalter kombinierte kleine Pietà (Holz) des frühen 15. Jh. (W-Wand des nördl. Seitenschiffes); das im südl. Seitenschiff über der Kreuzgangspforte eingesetzte Tympanon mit dem Relief des Jüngsten Gerichtes, das, Mitte des 15. Jh. entstanden, noch eine Formulierung des 14. Jh. festhält; vielfigurige Gruppe des Marientodes (Sandstein), ein ausgezeichnetes Werk Weichen Stiles von typisch mittelrheinischer Prägung (um 1430, im nördl. Zugang der Krypta); Riemenschneidersche Statuen Christi und der Apostel Petrus und Andreas, 1502–06, ehemals an den Streben der Marienkapelle, jetzt mit einem modernen baumartig verzweigten Steinmal (südöstl. Apsidiole des Querschiffes) verbunden; der 3. Apostel, Johannes, im nördl. Seitenschiff (4. Pfeiler); ebenfalls Riemenschneiderscher Diakon mit dem Evangelienbuch, vor der Chortreppe rechts. – Aus der Reihe *moderner Ausstattungsstücke*: Bronzetüren von Fritz Koenig (Hauptportal), Otto Sonnleitner (Kiliansportal, N-Seite), Helmuth Weber (Marienportal, NO-Seite), Karl Potzler (Portal des südl. Querarmes), Heinrich Söller (Kreuzgangpforte im südl. Querarm); Holztüren Karl Schneiders (Sepulturpforte im gleichen Querarm); von Albert Schilling entworfene Ausstattung von Vierung und Chor (Altar, der den Schrein der 3 Frankenheiligen einschließt, Ambo, Tabernakelpfeiler); die schon erwähnten Steinmale in den Querschiffapsidiolen von Hubert Elsässer und H. Weber.

Annexe

Die beiden symmetrisch angeordneten **Sakristeien** in den Chor-Querschiff-Winkeln, deren südöstliche 1945 abging (wiederaufgebaut), sind Zutaten Balthasar Neumanns (1749–54) und auch ganz seines Geistes; schon ihre Einpassung in die mittelalterl. Baugruppe ist bewundernswert.

Werk Neumanns, wenn auch nicht gänzlich, so doch im Letzten und in der Ausführung, ist auch die dem N-Arm vorgesetzte

● **Schönbornsche Begräbniskapelle.**

Von Fürstbischof Johann Philipp Franz 1721 begonnen und im Rohbau auch (1724) vollendet; die Ausstattung besorgte Fürstbischof Friedrich Karl; Weihe 1736. Der Dies ater d. J. 1945 streifte sie nur; sie wurde innen und außen restaurierend überholt.

Ein überkuppelter Rundraum mit 2 seitlich angesetzten, in den Kreis einschneidenden Ovalen. Eine typische Kollektivplanung der Zeit: die grundlegende Idee gab wohl der Mainzer Baudirektor Maximilian v. Welsch, aber auch der Wiener Johann Lukas v. Hildebrandt war im Spiel und natürlich Neumann, der für die Zusammenschmelzung der verschiedenen Einfälle zu sorgen hatte. Der Außenbau, ausgezeichnet durch den schönen gelben Main-Sandstein, zu dem das Kupfergrün der Kuppel vorzüglich steht, verschweigt hinter rechteckigen

Würzburg. Dom
Schönborn-Kapelle
Schnitt
und Außenansicht

Begrenzungen die Kurvaturen des Inneren. Sehnig straffe Gliederung verbindet sich mit einer insbesondere die Portalfront schmückenden Ausschüttung plastischen Besatzes.

Der Außenschmuck hat – wie die Bildhauerarbeiten im Inneren – den eingebürgerten Franzosen Claude Curé zum Autor. Werke seiner Hand sind die Seitenaltäre und die Grabdenkmäler der Schönborn-Bischöfe: Johann Philipp (1673, Bischof von Würzburg, Erzbischof von Mainz), Lothar Franz (1729, Bischof von Bamberg, Erzbischof von Mainz), Johann Philipp Franz (1724, Bischof von Würzburg), Friedrich Karl (1746, Bischof von Würzburg und Bamberg). Die ausgezeichneten Stukkaturen gab Antonio Bossi, die Fresken (Jüngstes Gericht in der Kuppel, 1735) Johann Rudolf Byß, der auch das Altarblatt mit der Auferstehung Christi (1734) malte. Die Gitter sind die Beisteuer des großen Schmiedes Johann Georg Oegg (1734/35).

Der dem Langhaus südlich anliegende 4flügelige **Kreuzgang,** nach Anhalt der Wappenschlußsteine zwischen 1423 und 1453 auf dem Platze des älteren romanischen aufgeführt, beherbergt noch einige hervorragende *Grabdenkmäler* wie das des Heinrich v. Seinsheim (1360, S-Flügel) und das aufwendige des 1621 am Weißen Berg gefallenen ligistischen Obristen Johann Jakob Baur v. Eiseneck, eine Arbeit Michael Kerns (O-Flügel). Die große Kreuzigungsgruppe (Sandstein) in der SW-Ecke ist ein Werk des Lucas van der Auvera, 1761–63.

Die der S-Stirn des Querhauses angrenzende **Sepultur,** eine raumschöne 2schiffige Pfeilerhalle, 1458–66 errichtet, wurde 1945 schwer beschädigt und 1953–55 wiederhergestellt. Der einmal große Bestand an *Grabmälern* hat sich gelichtet, ist aber immer noch ansehnlich. Das Obergeschoß, in seiner letzten Gestalt von Antonio Petrini, wurde gänzlich erneuert (jetzt **Diözesanarchiv**).

Das an der Stelle des alten »Bruderhofes« stehende **Burkardushaus** an der S-Seite des Kreuzganges ist ein Neubau Hans Schädels, 1957.

Dom-Umgebung. Die neuere Zeit hat die klaffende Lücke geschlossen, welche die Freilegungssucht des 19. Jh. zwischen Dom und Neumünster gerissen hatte. Der (im Kern spätgot.) »Kürschnerhof«, der ehemals die Lücke schloß, band aber nicht nur die beiden Kirchen zusammen, er sperrte auch die Domstraße seitlich ab, die so, ganz ohne Wahl, die Domfassade annehmen mußte. Was zwischen den beiden Kirchen lag, war der »Leichhof« (jetzt Kiliansplatz). Auf ihn traf von O her die erst im 18. Jh. durchgebrochene Hofstraße, die nun allerdings keinen Anschluß mehr an die Hauptader des Verkehrs (zwischen Dom und Brücke) finden konnte.

● **Neumünster, kath. Pfarrkirche** (Kiliansplatz)

Über dem Grabe St. Kilians und seiner Gefährten Totnan und Kolonat erwuchs im 8. Jh. die Würzburger Bischofskirche. Sie erlag 855 einem Brand und wurde durch einen Neubau an südlich benachbarter Stelle, eben da, wo heute noch der Dom steht, ersetzt. Doch wird der vom Blute der Märtyrer getränkte Boden kaum ohne Kultstätte geblieben sein. Mit einiger Sicherheit können wir die Geschichte des »neuen Münsters« nur bis ins späte 10. Jh. zurückführen. Das damals aufgeführte, offenbar noch bescheidene, wenig später von Bischof Heinrich (995–1018) um den O-Chor erweiterte Kirchlein wich kurz nach Mitte des 11. Jh. (um 1056) einem stattlicheren, jetzt mit einem Kollegiatstift verbundenen Kirchenbau in der Ehre Mariens, von dem sich die unteren Teile der Umfassungs-

mauern des Langhauses und die Wände des W-Abschnittes der Kreuzkrypta (unter der Vierung) erhalten haben. 1223–47 erhielt die Kirche ihre heutigen Abmessungen (wenigstens nahezu), und von diesem spätroman. Umbau stehen auch noch beträchtliche Teile aufrecht: die Umfassungsmauern des Langhauses, des Querschiffes, des O-Chores, der östl. Teil der W-Krypta (ohne die mittlere Säulenreihe), der Turm. Die um die Mitte des 13. Jh. vollendete Kirche war eine flachgedeckte Pfeilerbasilika mit 5 Arkaden im Mittelschiff, 2 Chören, mit Krypten, und 2 Querschiffen. Statt der geplanten (?) Türme über den O-Schlüssen der Seitenschiffe wurde nur einer, an anderer Stelle, an der NO-Ecke des westl. Querschiffes, errichtet. Das Material ist Bruchkalkstein, nur die Gliederungen roter oder grüner, der Turm roter Sandstein.
Dieser Bau erfuhr 1710 ff. seine barocke Umgestaltung. Über dem westl. Querschiff entstand, unter Einbeziehung des 1. Langhausjoches, der mächtige, im Grundriß ein Quadrat umschreibende, innen eckgeschrägte und an den Schrägen in Nischen (für Kapellen östlich, für die Kryptazugänge westlich) geöffnete, doppelschalig gewölbte Kuppelbau, gegen W die in das (1894 zerstörte) Raumgehege des »Kürschnerhofes« einbezogene Fassade, die eine der schönsten Frankens ist. Die beibehaltenen roman. Bauteile östlich der Kuppelrotunde wurden im Inneren angeglichen, durch Gliederungen (Pilaster, Gebälk) und Gewölbe (Stichkappentonnen) barockisiert; die westl. Krypta (Kiliansgruft) entstand völlig neu, die östliche verlor die mittlere Säulenreihe und wurde neu gewölbt. Der Baumeister der Kuppelrotunde ist Joseph Greising, der wichtigste Würzburger Baumeister zwischen Petrini und Neumann; die 1716 vollendete Fassade wird jetzt – unter Berufung auf die entsprechende Fassadengliederung des Fuldaer Domes (Übersetzung ins Konkave) – Johann Dientzenhofer zugeschrieben. Das Statuenwerk der Fassade schuf Jakob van der Auvera. Die vortreffliche Freitreppe kam 1719 hinzu.
Der 16. März 1945 verwandelte auch Neumünster in eine Ruine. In bewundernswerter Leistung wurde es wiederaufgebaut. Aber der Verlust eines Großteiles der wertvollen, von besten Meistern wie den beiden Zimmermann, Johann Bapt. und Dominikus, und J. van der Auvera besorgten Ausstattung konnte nicht mehr eingebracht werden.

Mit der Neumünster-*Kuppel* erhielt das Stadtantlitz einen seiner starken Akzente. Wie sie mit dem schlanken, schmuckreichen Achteckturm (des 13. Jh.) an der N-Seite, mit den südl. benachbarten Domtürmen und der Kuppel der Schönborn-Kapelle zusammensteht, erprobe man von einem Standort östlich des Domchores. Die dreimal, einmal groß in der Mitte, zweimal seitlich einkurvende *Fassade* liegt nun, nach Schließung der 1894 gerissenen Lücke zum Dom hin, wieder in der unerläßlichen Rahmung geschlossener Straßenwandung. Die starke Plastik der Gliederungen verbindet sich mit dem schönen, warmen Rot des Buntsandsteins. Die Wände von Langhaus, Querschiff und Chor liegen, bis auf die Hausteingliede-

Würzburg. Neumünster. Fassade

rungen, unter Putz; sie zeigen noch (einige Änderungen und Glättungen abgerechnet) die alte roman. Struktur; der Chor schließt im apsidialen Halbrund. – Der Raum »schluchtet«, der Blick rastet nicht in der Rotunde, die Reihung der rundbogigen Arkaden des Mittelschiffes drängt ihn in die Tiefe, dem durch die Krypta emporgehobenen, Vierung und Chor einschließenden Presbyterium zu; der Raum erschiene steil, zöge nicht das Gebälk eine starke, den Stoß der Tiefenachse beschleunigende Horizontale.

Von der Fresken-Ausstattung blieb (stark erneuert) das Kuppelbild der Rotunde (Verehrung der Trinität), Werk des Münchners Nikolaus Gottfried Stuber, 1736. Die Fresken Johann Bapt. Zimmermanns im Langhaus mußten weitgehend erneuert werden; nur das in der Gewölbeschale der Apsis erhielt sich leidlich, wie auch, glücklicherweise, die Ausstattung der Chorapsis in Stuckmarmor durch den Bruder, Dominikus (1724), eine den Hochaltar einschließende farbige Rahmenarchitektur, die in einer Strahlenglorie mit der Immaculata gipfelt. – Es sind nun hier nicht die sonstigen Residua der barocken Ausstattung, wohl aber die des *Mittelalters* aufzuzählen, die fast alle bedeutend sind: die ins späte 8. Jh. zu setzenden Grabkisten des hl. Kilian und des Bischofs Megingaud († 785) in der W-Krypta, die auch noch einen frühgot., von 16 Säulchen umstellten Kastenaltar besitzt; der durch das (noch nicht gedeutete) Motiv der unter die Brust herabgenommenen Arme auffällige Gekreuzigte (Holz) von etwa 1330 in der nordöstl. Nische der Rotunde; die 1417 datierte Anna selbdritt (Stein) in der W-Krypta; die großartige (steinerne) Muttergottes Riemenschneiders von 1493 in der südöstl. Nische der Rotunde; das auch Riemenschneidersche Grabbild des Schottenabtes Trithemius von 1516 (ehemals in der Schottenkirche); die Tafeln eines 1514 datierten Marienaltars in der Kapelle links der Eingangshalle, zu den wenigen Zeugnissen der Würzburger spätgot. Malerei zählend.

Im Hof nördlich der Kirche wurde 1953 die erhaltene *Arkadenreihe* des spätroman. **Kreuzganges,** wohl der 20er Jahre des 13. Jh., wiederaufgestellt. Im Kreuzgang von Neumünster, der eben hier lag, dem **»Lusamgärtlein«,** fand Walther von der Vogelweide seine Grabstätte.

Kath. Pfarrkirche St. Burkard (Burkarderstraße) ●

Linksmainisch, unterhalb der Marienburg, gründet der erste Bischof, Burkard, ein Kloster des Titels St. Andreas, der sich, nach Überführung der Gebeine des Gründers aus Neumünster (um 984), in St. Burkard umändert. In den 30er Jahren des 11. Jh. entsteht an anderer, etwas nördlich abgerückter Stelle ein Neubau (die Weihe erfolgt 1042), der sich in Langhaus und Türmen erhalten hat. In der 1. Hälfte des 13. Jh. werden die beiden östl. Joche des Mittelschiffes, damals noch Chorjoche (erst im 15. Jh. dem Langhaus zugeschlagen) gewölbt, entsteht die Portalvorhalle an der N-Seite und, zuletzt wohl, das Paar der Turmoktogone. 1464 wandelt sich das Kloster in ein Ritterstift; wenig später hält man es für nötig, den O-Bau zeitgemäß und in weiteren Abmessungen zu erneuern. Chor und Querschiff stammen aus dieser Zeit; Wölbung des Chores aber erst 1663–65, des Querschiffes gar erst 1894. In den 60er Jahren des 17. Jh. Beseitigung des W-Teiles des Schiffes und des mit ihm verbundenen Turmes. 1857/58 wird der S-Turm im Obergeschoß abgebrochen und neu aufgeführt. Seit 1803 ist St. Burkard Pfarrkirche.

St. Burkard ist kein einheitlicher Bau; roman. und got. Teile schließen sich zu wirkungsvoller, durch die stärkeren Dimensionen der jüngeren, spätgotisch bestimmter Gruppe zusammen. – Der roman. Teil ist eine 3schiffige Basilika mit 6 Arkaden; die Stützen (Pfeiler, Säule) wechseln. Vom O-Chor hat sich nur der westl. Teil des Chorhauses erhalten; die Wölbungen dieser 1½ Joche, mit rechteckig zugeschnittenen Rippen, kamen im 13. Jh. hinzu. Auch das gute, reich, doch ohne Aufwand gegliederte Portal mit der breit geöffneten Vorhalle an der N-Seite kann nicht früher als ins 13. Jh. gesetzt werden. Die beiden den Seitenschiffen östlich vorgesetzten Türme ruhen auf älteren Sockelgeschossen (des 11. Jh.), deren in der Tonne überwölbte Treppen mit denen der östl. Domtürme zu vergleichen sind. – Der spätgot. Teil: das ungewöhnlich breite und auch stark ausladende Querschiff, dessen Arme sich in Doppelarkaden in die Vierung öffnen, und der aus 1 Joch und 5seitigem Schluß bestehende Chor, dessen Bodenfläche beträchtlich über der des Querschiffcs und des (noch einmal ticfer gestuften) Schiffes liegt, da er die Straße unter sich hindurchlassen muß.

Die Ausstattung (neugot. Hochaltar, barocke Altäre im Querschiff) enthält noch eine Anzahl vorzüglicher Gegenstände; die besten: um die Mitte des 15. Jh. gearbeitetes, gegen Ende des 18. allerdings zu Teilen erneuertes Chorgestühl; 3 Steinbildwerke: der aus einer spätroman. Säule und einem frühgot. Kapitell, mit 4 feinen Reliefdarstellungen, kombinierte »Opferstock« von etwa 1290 (vor der Treppe zur Vierung), das den Stil des mittleren 14. Jh. paradigmatisch aufweisende Kreuzigungsrelief (nördl. Querschiff), die nicht minder charakteristische Muttergottes von etwa 1380 (südl. Seitenschiff); spätgot. Holzbildwerke: die Muttergottes von rd. 1460 (nördl. Querschiff) und die andere, halbfigurige, von 1500, die Riemenschneider gegeben wird (südl. Querschiff); Flügelaltar von 1593 (S-Wand des Querschiffes), der das von der Spätgotik überkommene 3teilige Bauschema durch ein Rahmengefüge von Vertikalen und Horizontalen stabilisiert; in gleicher Weise »nachgotisch« sind auch die dem Marienleben gewidmeten Reliefs.

Stephanskirche, ev. Pfarrkirche (Stephanstraße)

Bischof Heinrich gründet um d. J. 1000 ein Kanonikerstift, das Bischof Adalbero (1045–88) mit Benediktinern besetzt. Ursprünglich außerhalb der Mauern, bezieht es die gegen Ende des 12. Jh. durchgeführte Stadterweiterung in die Mauer ein. Der anfängliche Titel St. Peter wird im 12. Jh. durch den des hl. Stephan verdrängt.

Der im 2. Weltkrieg stark angegriffene Kirchenbau gehört, größtenteils, dem späten 18. Jh. an. Doch haben sich die W-Teile der (doppelchörigen und doppelquerschiffigen) frühroman. Anlage im Mauerbestand erhalten: der W-Chor mit der unter ihm liegenden 3schiffigen Hallenkrypta und die ihn flankierenden, außen viereckigen, innen runden Ansätze der Türme.

Kath. Pfarrkirche St. Peter (Petersplatz)

Gründung durch das Benediktinerkloster St. Stephan im späten 11. oder frühen 12. Jh. Der Neubau 1717–20 lag in den Händen Joseph Greisings. Im 2. Weltkrieg schwer beschädigt. Die zur Hälfte zertrümmerte Fassade wurde 1953/54 mit dem Äußeren wiederhergestellt, das Innere 1976 restauriert.

Vom roman. Bau stehen noch die beiden W-Türme. Der Chor ist frühgotisch. Greisings 3schiffiger Hallen-Emporenbau hatte diese alten Gebäudeteile beibehalten. Sehr steile 3geschossige Fassade.

Ehem. Kirche St. Jakob, »Schottenkirche« (Schottenanger)

In den 30er Jahren des 12. Jh. entstand die Kirche des von Bischof Embrico gestifteten Schottenklosters. Sie war eine 3schiffige Basilika mit (ursprünglich 3) östl. Apsiden und 2 Türmen über den O-Jochen der Seitenschiffe; Hauptchor und N-Turm frühgotisch. Ein westl. Querhaus wurde 1699 beseitigt. Der 2. Weltkrieg hat die Kirche niedergelegt.

Nur die Türme und der Chorschluß haben die Katastrophe überstanden. Auf dem Platz des Langhauses entstand 1955/56, von Albert Boßlet und Erwin van Aaken errichtet, die moderne **kath. Kirche Don Bosco** mit dem **Salesianerheim.**

Ev. Deutschhauskirche (Zeller Straße)

Seit 1219 in Würzburg bezeugt, errichten die Deutschherren in oder neben dem ihnen vom Bischof geschenkten Haus zunächst den Turm mit (1226 geweihter) Kapelle im 1. Geschoß und beginnen um 1250 mit dem Bau der Kirche, der 1288 bis zu der von der Stadt erzwungenen Durchfahrt und dem ihr aufgesetzten W-Joch fertig und 1296 vollendet ist. Der in die 1220er Jahre fallende, von der Achse der neuen Kirche abgedrehte spätroman. Turm, an den sich die Komturei (das bestehende Gebäude von Antonio Petrini) anlehnt, wird beibehalten. – Die Kirche, im 19. Jh. profaniert, ist seit 1922 ev. Pfarrkirche.

Der 1schiffige Bau, dessen 6 Kreuzgewölbe-Joche (schmalrechteckige, bis auf das größere und »verzogene« westliche) durch den 3seitigen Chor abgeschlossen werden, der erste gotische in Würzburg, zeichnet sich durch eine schlanke und straffe Hochwüchsigkeit aus – bestimmend die enge Reihung der Fenster und Streben –, die zudem Gewinn aus der natürlichen Aufsockelung des Geländes zieht.

Die Steinmetzarbeit an den Konsolen und Kapitellen der Dienste und den Schlußsteinen – Laubwerk, Masken, Figürliches, u. a. eine Marienkrönung – darf bester frühgotischer zugerechnet werden. Das über Treppe zugängliche Portal, in der Rahmung zweier mit Maßwerkblenden geschmückter Streben, und das Treppentürmchen an der N-Seite sind von feiner Zierlichkeit.

Franziskanerkirche (Franziskanerplatz)

1221 kamen die Franziskaner nach Würzburg. 1250 begannen, gegen 1280 vollendeten sie ihre alle Merkmale der Ordensarchitektur tragende Kirche. Bischof Julius ließ im letzten Jahrzehnt des 17. Jh. das Langhaus wölben; er erneuerte auch, wahrscheinlich durch Lazaro Augustino, die der S-Seite des Chores angelehnte (erhaltene) Valentinskapelle. 1945 brach die Kirche bis auf den Chor, die Umfassungsmauern und die beiden östl. Pfeiler des Langhauses zusammen. Sie wurde 1959/60 ausgezeichnet wiederhergestellt.

Die Kirche wurde als 3schiffige Basilika mit hohen, weit geöffneten, auf Rundpfeilern ruhenden Arkaden errichtet, zunächst nur im flachschlüssigen Chor, mit Kreuzrippen, gewölbt. Jetzt öffnet sich über dem Mittelschiff das Gestänge des eisernen Dachstuhles, der auf sehr schlanken Stahlrohren ruht; über den Seitenschiffen zeigt sich das Holzwerk der Pultdächer. – Die dem Chor anliegende *Valentinskapelle* ist Addidament von 1612/13. Ihre Auszeichnung ist das posthum got. Netzgewölbe. Von Adel und Bürgerschaft häufig in Anspruch genommene Grablege, beherbergt die Kirche immer noch, nach vielen Verlusten, eine lange

● Reihe guter, z. T. hervorragender *Bildgrabsteine.* Zeitlich voran steht der des Grafen Gottfried v. Rieneck (1389), der (lange verstellt) erst 1945 wieder ans Licht trat, Werk des Bildhauers, der wenig später das Schwarzburg-Grabmal des Domes schuf. Es folgt das der Anna Zingel (1407), einer der schönsten Grabsteine Weichen Stiles, dann der Stein des Balthasar v. Zindel (1496) und der des Weihbischofs Georg Antworter (1499), der des Michael Truchseß v. Wetzhausen (1513) aus dem Umkreis Riemenschneiders und der des Hans v. Grumbach-Estenfeld (1529) von Jörg Riemenschneider, Sohn Meister Tills, schließlich (um nur die besten aufzuzählen) der des Jörg v. Fronhoffen (1548) und seiner Gattin Sybille, Werk des älteren Peter Dell, sowie der des Hans Zobel v. Giebelstadt (1581) und seiner Gattin Apollonia mit Söhnen und Töchtern, Werk des Peter Osten, Neffe des Johann Robin von Ypern, der das Grabmal des Heinrich Zobel v. Giebelstadt (1589) und seiner Gemahlin Amalie (1606) mit Söhnen und Töchtern schuf.

Klostergebäude. Die *Klosterpforte* in der Mauer seitlich der Kirchenfront ist im Gemeißelten (Stigmatisation des hl. Franz) eine Arbeit Michael Kerns, 1613. – Südlich an die Kirche anschließend der in 4 Flügeln einen Hof umschließende **Kreuzgang.** Der nördl. Flügel abgetragen und 1959/60 wiederaufgebaut. Der *östliche* noch frühgotisch, mit Gewölben der Juliuszeit. Die 2 anderen Flügel (der S-Flügel um 1400) heute flach gedeckt.

Augustinerkirche, ehem. Dominikanerkirche (Dominikanerplatz)

Bis 1803 gehörte die Kirche den Dominikanern, die sich schon 1228 in der Stadt niederließen. 1266 legte Albertus Magnus angeblich den Grundstein, 1270 wurde geweiht, doch offenbar nur der Chor; der Bau des Langhauses zog sich noch hin. 1741 ff. baute Balthasar Neumann die Kirche um. 1813 kam sie an die Augustiner.

Neumann behielt die Umfassungsmauern des Chores bei, wölbte ihn aber neu und befensterte ihn anders. Das Langhaus erneuerte er in der Ausdehnung des alten von Grund auf. Was zustande kam, ist eine 3schiffige gewölbte Basilika mit 1schiffigem, tiefem Chor, den allerdings (bis 1945) der Hochaltar abriegelte. Das Äußere schlicht, die 2geschossige Fassade durch Pilaster gegliedert. Das Innere in der Raumwirkung – hohe steile Rundbogenarkaden – durch den Grundriß des Vorgängers bestimmt. »Die Kirche, daß sie so hoch muß werden, obligiert der schöne alte, gut gewölbte Chor« (Neumann).

Die reiche Ausstattung (Rokoko) verschlang der Krieg. Doch blieben die Stukkaturen Antonio Bossis im Chor; auch das Gemälde des Hochaltars, von Nikolaus Treu, 1771, überdauerte.

Marienkapelle (Marktplatz) •

Der Platz, der »Grüne Markt«, wurde durch die Austreibung der Juden 1349 gewonnen. An die Stelle der Synagoge trat ein Marienkirchlein. An dessen Stelle begann sich seit 1377 die erhaltene Marienkapelle – tatsächlich eine Kirche – als Unternehmung der Bürgerschaft zu erheben, die 1393 im Chor fertig war. Langhaus und Turm beanspruchten noch 8 Jahrzehnte; das Schlußjahr ist 1479. Baumeister waren Meister Weltz, angeblich 1434–41, also am Langhaus tätig, Eberhard Friedeberger aus Frankfurt, seit 1441, Lienhart Strohmaier (auch als Bildhauer bekannt), seit 1454, Hans von Königshofen, seit 1470; die beiden letzten arbeiteten am Turm, den Friedeberger begonnen haben dürfte. – Weitere Daten: 1711 Zerstörung des Turmhelmes durch Blitzschlag, 1713 Wiederherstellung, Aufsetzung des getriebenen feuervergoldeten Marienbildes, das heute noch die Helmspitze krönt, Arbeit des Goldschmieds Martin Nötzel. 1843–53 Restaurierung des Äußeren. 1856–58 Aufbau des Turmhelmes, anstelle des barocken von 1713, nach dem Muster des der Esslinger Frauenkirche. 1864 Restaurierung des Inneren, Austausch des barocken Inventars durch ein neugotisches. Die schweren Kriegswunden von 1945 sind geheilt.

Die Marienkapelle ist *die* spätgot. Kirche Würzburgs, Denkmal einer hoch planenden, aber schließlich vom bischöflichen Stadtherrn niedergezwungenen Bürgerschaft. Der Bau ist eine 3schiffige, 5jochige Halle mit 1schiffigem, 4jochigem Chor.

Würzburg
Marienkapelle
Muttergottes
(ehemals
am Westportal)

Netzgewölbe im Mittelschiff, Kreuzgewölbe im 3seitig geschlossenen Chor und in den Seitenschiffen; 8kantige Pfeiler. Der nach 4 quadratischen Geschossen zum Oktogon übergehende Turm lag noch nicht im Plan des Langhauses und dürfte erst nach dessen Fertigstellung von den durch die Turmkolosse anderer Städte beeindruckten Bürgern beschlossen worden sein. Westlich, südlich und nördlich öffnen sich aufwendig geschmückte Portale.

Deren Ausstattung mit Steinplastik gedieh allerdings – abgesehen von der etwas jüngeren Maria, früher am Hauptportal – nicht über die Reliefs der Bogenfelder – Weltgericht im westlichen, Krönung Mariae im südlichen, Verkündigung im nördlichen – hinaus. Das Relief der *Verkündigung* bringt ein ikonographisches Kuriosum: die sinnfällig durch eine schlauchartige Zuleitung von Mund zu Ohr dargestellte Verbindung Gottvaters mit der Jungfrau. (Das Marktportal hatte 1491–93 an den begrenzenden Streben die Statuen des Urelternpaares von der Hand Riemenschneiders erhalten [jetzt im Mainfränkischen Museum]; er stellte auch die 14 Statuen für die Tabernakel der Strebepfeiler her [jetzt im Dom und im Museum].) – Eine Statue der *Muttergottes,* ein ausgezeichnetes Werk Weichen Stiles mittelrheinischer Prägung der 20er Jahre des 15. Jh., ehemals am Mittelpfosten des Hauptportals (W), ist jetzt im Inneren (S-Wand) geborgen. Hier auch einige vorzügliche *Grabdenkmäler,* deren hervorragendstes, neben dem des Martin v. Seinsheim (1434), das Riemenschneidersche des *Konrad v. Schaumberg* (1499) ist.

Karmelitenkirche, Reuererkirche (Sanderstraße)

1627 bezogen die Unbeschuhten Karmeliter das seit 1564 verlassene Magdalenenkloster der Reuerinnen. 1660 gingen sie an den Neubau der Kirche, die 1669 geweiht wurde. Ihr Baumeister war Antonio Petrini, der mit ihr das erste Exempel italienisch-barocken Kirchenbaues in Würzburg statuierte, sich aber in Grund- und Aufriß an die typischen Bauformulierungen der Karmeliten des 17. Jh. hielt. Die Katastrophe 1945 zerstörte die Gewölbe (sie wurden rekonstruiert) und die reiche spätbarocke Ausstattung.

Die in die Gassenwand eingefügte 2geschossige, von einem flachen Giebel abgeschlossene *Fassade* will und darf, nach den Grundsätzen des Ordens, keinen Aufwand treiben. Sie wirkt durch die Gliederungen, vorzüglich durch die – Portal unten, Fenster oben zwischen sich nehmenden – Pilasterpaare, durch die Plastik der Kapitelle, des Gebälkes, der Gesimse.

Käppele, kath. Wallfahrtskirche Mariae Heimsuchung •

Auf dem Nikolausberg, südlich des Marienberges und von ihm durch den Leistengrund geschieden, entsteht, veranlaßt durch ein kleines Vesperbild, 1653 eine Kapelle. Sie wird 1684 vergrößert und bleibt als Annex der neuen Kirche erhalten. Diese wird 1747–50 nach den Plänen Balthasar Neumanns aufgeführt. Neuere Restaurierung innen 1974/75.

Mit seiner heiter blickenden Fassade voll der Stadt zugekehrt, ist das Käppele einer der schönen, wichtigen Bergakzente der Würzburger Stadtlandschaft. Eine zentrale Anlage mit nördl. Zweiturmfassade, südl. Chor und 2 – wie der Chor – korbbogig geschlossenen Kapellen an den Flanken. Über der mittleren Rotunde wölbt sich eine von der Laterne überhöhte Kuppel. – Die 1778 von Johann Georg Ickelsheimer stark veränderte alte *Gnadenkapelle* ist ein Rechteck mit geschrägten, innen gerundeten Ecken und korbbogigem Chor.

Ausstattung. Die *Stukkaturen* aus den frühen 50er Jahren des 18. Jh. sind vermutlich von einem Wessobrunner, den der Maler der *Deckenfresken,* der Augsburger Matthäus Günther (1752), mitgebracht haben dürfte. Von Günther auch das Fresko der Gnadenkapelle, deren Ausstattung um oder bald nach 1778 entstand und, wie der erst 1797–99 errichtete *Hochaltar* des Neumannschen Chores, eine prätentiöse Säulen-Baldachin-Anlage, und die wohl gleichzeitige Kanzel klassizistisch ist. Altar und Kanzel fügen sich ohne fühlbare Spannung in das spätbarocke Raumganze ein. Seitenaltäre 1768 vollendet. Das *Orgelgehäuse* auf der in der Mitte vorschwingenden Empore, um 1750, reichstes, blühendes Rokoko.

Stationsweg. Die Fassade der durch die Häufung reizvoll geschweifter Dachgauben belebten Baugruppe wendet sich dem Stationsweg zu, einer doppelläufigen Treppenanlage, die von Terrasse zu Terrasse ansteigt, deren jede mit bekuppelten **Pavillon-Kapellen** besetzt ist, in deren Inneren sich die in den 60er Jahren des 18. Jh. gearbeiteten *Stationsgruppen* Peter Wagners befinden.

● **Stift Haug, kath. Pfarrkirche** (Bahnhof-/Heinestraße)

Das nach einer Örtlichkeit vor den Mauern (»im Haug«) benannte Stift ist eine um d. J. 1000 anzusetzende Gründung des Bischofs Heinrich. Infolge nördl. Erweiterung der Stadtbefestigung Mitte des 17. Jh. siedelt es in die Stadt über. 1670 wird der Grundstein zur neuen Kirche gelegt, 1691 wird sie geweiht. Baumeister ist Antonio Petrini, Bringer und Lehrer des italienischen Barock in Würzburg-Franken. Das Stadtbild beginnt sich durch ihn ins Barocke zu wandeln. Mit der Hauger Kuppel setzt er einen der stärksten städtebaulichen Akzente. – Die schweren Schäden d. J. 1945 sind behoben.

Wandpfeilerkirche mit Kapellen zwischen den Pfeilern, stark ausladendem Querschiff und tiefem, 5seitig geschlossenem Chor, entfaltet der Bau seine Mächtigkeit besonders außen, in der 3geschossigen *Fassade,* die sich zwischen den beiden Türmen ausbreitet und deren Untergeschosse dank gleicher Nischen- und Pilastergliederung noch in sich einbezieht, in den 3fach gestuften, kurzen Oktogonen aufruhenden Turmhelmen und v. a. in der über der Vierung auf hohem 8seitigem Tambour aufragenden *Kuppel.* Wuchtig ist aber auch das Innere. Wenig geschmückt, doch starke gehäufte Profile, insbesondere in der Kämpferzone, kahle, nur durch die elementare Fügung der Kreuzkappen sprechende Gewölberegion.

Die Ausstattung aus der Spätzeit des 17. Jh. ging – bis auf den Hl. Lukas am südwestl. Vierungspfeiler und das Denkmal des Stifterbischofs Heinrich (von Balthasar Esterbauer, 1706) – zugrunde. Das große Kreuzigungsgemälde Jacopo Tintorettos, 1585 (ehemals in der Münchner Augustinerkirche), vor der Chorapsis ist Leihgabe der Bayerischen Staatsgemäldesammlungen.

Kath. Seminarkirche St. Michael, ehem. Jesuitenkirche (Neubaustraße)

Die 1765–98 nach den Plänen Johann Philipp Geigels und Johann Michael Fischers gebaute Kirche verlor 1945 ihre gesamte Innenausstattung; nur der (1953–55 wieder ausgebaute) Raummantel blieb erhalten.

Eine große Wandpfeilerkirche mit schmalen Abseiten und Emporen zwischen den Pfeilern, Querschiff, ebenfalls mit Emporen, die auch die ersten beiden Joche des halbrund geschlossenen Chores begleiten, und durch Rundkuppel betonter Vierung. Spätbarocke und frühklassizistische Gestaltungstendenzen treffen zusammen, doch sind die spätbarocken die stärkeren. Das Raumgefüge ist immer noch hochdifferenziert; die »niedere Geometrie« hat den Organismus in vielen Einzel-, aber noch nicht in den Grundformen angegriffen. Noch dominiert die (allerdings schon etwas lahme) Kurve. Der Standort an der Stilwende äußert sich auch an der *Fassade,* deren hoher doppelgeschossiger Aufbau, mit starken Säulenpaaren in der Mitte, in den gehäuften kleinen Fenster- und Türöffnungen eine Störung des Proportionsgefühls erkennen läßt.

Ehem. Hofspitalkirche (westlich der Alten Main-Brücke)

Die 1498 geweihte Kirche (der 14 Nothelfer) wurde 1793 durch die bestehende nach den Plänen des Hofarchitekten Adam Salentin Fischer ersetzt. Seit 1968 Ausstellungsraum.

Der kleine, mit der klassizistischen Fassade der Brücke zugekehrte Bau ist durch ein frühes Aufgreifen neugot. Formen (Spitzbogenfenster) merkwürdig.

Neuere Kirchen

Die neuroman. **kath. Pfarrkirche St. Adalbero** (Weingartenstraße) wurde 1896/97 nach Entwürfen Franz Joseph Denzingers von Joseph Schmitz erbaut.

Die **kath. Herz-Jesu-Kirche** der Mariannhiller Mission (Mönchberg; Mariannhillstraße), 1927/28, und die **kath. Kirche U. L. Frau** (Frauenlandplatz), 1936, sind beides Bauten Albert Boßlets.

Würzburg. Ev. Johanniskirche. Fassade

Kath. Kirche St. Alfons (Gartenstadt Keesburg; Matthias-Ehrenfried-Straße). Die Pfarrkirche der Redemptoristen, 1952–54 von Hans Schädel, ist ein Trapez mit zum Chor ansteigendem Dach und freistehendem Glockenturm in hoher, talbeherrschender Lage (schräg gegenüber Heidingsfeld). Das große Fresko schuf Georg Meistermann.

Die neugot. **ev. Johanniskirche** (Hofstallstraße), im letzten Jahrzehnt des 19. Jh. errichtet, wurde 1945 bis auf einen Strunk des Turmes zerstört. 1954–57 führte Reinhard Riemerschmid den Bau neu auf: rechteckiger Raum, mit eingezogenem, sich verjüngendem Chor, durch eine Folge von Betonträgern gegliedert; der Turmstrunk als Memento belassen, doch in den Flankenschutz zweier hoher Spitzhelme gestellt; die Turmgruppe tritt, von NO her, überraschend in den Blick des Schloßplatzes.

Die **kath. Kirche St. Albert** mit Gemeindezentrum (Lindleinsmühle) ist einer der modernen Kirchenbauten von Hans und Jürgen Schädel, 1970–72. Vielfach gegliederter Bau in Blockkörpern mit hohen Fensterflächen. Sichtbeton, teilweise farbig.

Residenzen

Marienberg, Schloß und Festung ●

Der ins Main-Tal vorspringende, 3seitig abgeböschte, nur westlich »schwache« Bergrücken ist schon von den Kelten befestigt. Eine germanische Volksburg wird im 6. Jh. fränkisch, im 7. und bis ins frühe 8. ist sie Sitz fränkisch-thüringischer Herzöge. Des letzten Tochter tritt sie an den ersten Würzburger Bischof, Burkard, ab, der sich hier einrichtet, aber bald die Talsiedlung vorzieht. Erst im endenden 12. Jh. gewinnt die Burg für die Bischöfe Bedeutung, im 13. bezieht sie Bischof Hermann v. Lobdeburg, und nun behaust sie die Bischöfe bis ins beginnende 18. Jh. Im späten 16., frühen 17. wandelt sie sich zu Schloß und Festung. 1648 erhält sie den Rang einer Reichsveste, und Festung ist sie noch in bayerischer Zeit. 1866 wird sie von den Preußen beschossen. Der 2. Weltkrieg schädigt sie durch Brände.

Die Burg des 12. und 13. Jh. dürfte bereits das Areal der erhaltenen Hauptburg, bis an den Halsgraben, eingenommen haben. Älteste, roman. Teile stecken noch im O-Teil des N- und im N-Teil des O-Flügels. Der **Rundturm** im Hof, um 1200, ist der älteste Wehrbau. Ins frühe 14. Jh. reicht der **»Sonnenturm«** an der SO-Ecke zurück. Auch die das Geviert umgebende, mit 11 Türmen bewehrte **Ringmauer** gehört noch diesem Jahrhundert. An Bischof Rudolf v. Scherenberg, der in der 2. Hälfte des 15. Jh. diese noch wohlerhaltene (nur östlich durch den im späten 17., frühen 18. Jh. angelegten »Fürstengarten« verdrängte) Mauer erneuert und verstärkt, erinnert das nach ihm benannte, 1482 datierte **Scherenbergtor,** westlich. Auch das Geviert wird von ihm gutenteils neu gestaltet. Sein Nachfolger Lorenz v. Bibra legt 1511 dem O-Flügel die *»Bibratreppe«* vor, einen der reizvollen Wendelsteine später Gotik. Entscheidend, das Erscheinungsbild der Burg endgültig bestimmend, betätigt sich Bischof Julius Echter. Der O-Teil des S-Flügels (1578), der ganze N-Flügel (1600), der **Marienturm** an der NO-Ecke, die **Vorburg** (wahrscheinlich auf älterer Grundlage) gehören ihm. Wandelt er die Burg zum Schloß, so wandelt sich die doch noch keineswegs entrechtete Burg unter Fürstbischof Johann Philipp v. Schönborn zur Festung. Das beginnt 1648 und währt bis tief ins 18. Jh. Es entstehen die wuchtigen Mauerstirnen der **Bastionen**: kahler und doch großartiger Sockel der nur wenig von den Ecktürmen überragten, horizontal gelagerten Burgmasse. Unter den Festungsbaumeistern sei Antonio Petrini genannt, der um 1658 aus Mainz geholt wird. 1709 entsteht westlich der Vorburg das **Neue Zeughaus,** nach den Plänen des Artilleriehauptmanns Andreas Müller, dann, als Letztes, der dem Leistengrund so wohl anstehende **Maschikuliturm** und an der N-Seite die **Teufelsschanze,** beide durch Balthasar Neumann. Seitdem verharrt die Burg Marienberg bei dem, was sie hat, nur daß 1865 der W-Teil des S-Flügels durch einen Neubau ersetzt wird.

Die wichtigsten Teilbereiche und Teile der Burg: Im O die **Hauptburg.** Die Wandungen der den H o f umgebenden Gebäude (bis ins 19. Jh. mit Zwerchgiebeln der Juliuszeit geschmückt) bieten nicht viel auf. Um so wirkungsvoller die Gruppe von **Bergfried, Kapelle** und **Brunnenhaus.** Dieses, ein Achteck, ein im 19. Jh. eingemanteltes, erst 1938 wieder freigelegtes feines Zierstück der Juliuszeit. Der 106 m tiefe Brunnenschacht ist mittelalterlich. ● Die **Marienkirche,** deren Patronin Berg und Burg schon früh den Namen gab, ist »uralt«; trifft das (erst spät überlieferte) Jahr 706 zu, ist sie der älteste östlich des Rheines erhaltene Kirchenbau Deutschlands. (Neuere Forschung denkt allerdings an ein Jahr um die Jahrtausendwende.) Urkundlich ist die innerhalb der Burg zu Ehren der hl. Maria errichtete Basilika 822 faßbar. Der Grundriß der 3,65 m starken Umfassungsmauer beschreibt ein Rund mit 6 in der Mauerstärke liegenden Halbrundnischen. Über dem 12,55 m klafternden Rund eine Tambourkuppel; die Nischen sind mit Halbkugeln überwölbt. Am Äußeren ein wohl spätroman. Rundbogenfries. Der rechteckige Chor (dem ein durch Grabungen nachgewiesener frühmittelalterlicher voranging) ist

Würzburg. Festung Marienberg. Hof
Marienkapelle, Brunnenhaus, Randersackerer (Sonnen-)Turm

eine Zutat des Bischofs Julius. – Die Ansicht der Hauptburg ist durch die **Türme** bestimmt: den got. **Randersackerer** oder **Sonnenturm** an der SO-, den **Marienturm** (der Juliuszeit) an der NO-, den (mittelalterl., in der Juliuszeit erneuerten) **Kiliansturm** an der NW-Ecke. Die zwischen die Türme eingespannten Fronten sind wortkarg. – Auch die mit 3 Flügeln einen Hof umfassende **Vorburg,** westlich, ist sparsamen Aufwandes; aber reich, prunkend, ist das der W-Seite (Echterbastei) vorgelegte

● *Portal.* – Das (nun das **Mainfränkische Museum** beherbergende) **Neue Zeughaus,** westlich der Vorburg, ist gute repräsentative Architektur: 2geschossig, mit Pilastergliederung im Buntsandstein, das Erdgeschoß in Einfahrtstoren geöffnet.

Die **bastionäre Befestigung** wurde (1648) an der O-Seite begonnen. Die des Schutzes bedürftigste W-Seite wurde in den 80er Jahren des 17. Jh. und noch im beginnenden 18. Jh. mit weiteren Werken verstärkt. **Teufelsschanze** nördlich und **Maschikuliturm** südlich beendeten die Festung, die Zweckbau ist und nicht mehr sein will (und doch »schön« ist in der elementaren Erscheinung der Mauerwuchten) und nur die **Tore** schmückend auszeichnet: das **Neutor,** durch das man eintritt in den Bering, mit dem Wappen des Johann Philipp v. Schönborn, ein vorzügliches Exempel des frühen Barock der Mitte des 17. Jh., das **Schönborntor,** durch das man eintritt in den inneren Bering, mit dem Wappen des gleichen Schönborn, das **Innere Höchberger Tor** (nordwestlich des Neuen Zeughauses) mit dem Wappen des Fürstbischofs Johann Gottfried v. Guttenberg (1684) und das **Äußere** mit den Initialen des Fürstbischofs Johann Philipp v. Greiffenklau.

Burg, Schloß, Festung: in dieser Dreiheit steht der Marienberg fast unvergleichlich da. Und sein herrscherliches Verhältnis zu Talstadt und Stromlandschaft ist nicht genug zu rühmen.

● **Residenz** (Residenzplatz)

Bis ans 18. Jh. heran residieren die Fürstbischöfe auf dem Marienberg. Johann Philipp v. Greiffenklau läßt endlich in der Stadt, am Rennweg, im Raum zwischen alter und neuer Stadtbefestigung nach Plänen Antonio Petrinis ein Schlößchen errichten, das aber, schlecht gebaut, nicht bezogen werden kann. 1719 kommt Johann Philipp Franz v. Schönborn zur Regierung. Er entschließt sich rasch zum Bau eines großen, sehr großen Schlosses, im gleichen Raum wie das nun zum Abbruch verurteilte Petrini-Schlößchen, in gerader Ausrichtung auf die Spitze einer der östlich angrenzenden Bastionen. 1720 wird der Grundstein gelegt. Es wächst rasch der N-Flügel heran; 1723 betätigen sich bereits die Bildhauer (Claude Curé, Jakob van der Auvera, Balthasar Esterbauer u. a.). Doch

1724 stirbt Schönborn. Sein nicht vom »Bauwurm« besessener Nachfolger Hutten läßt nur den N-Flügel wohnbar machen. 1729 tritt Friedrich Karl v. Schönborn ins Regiment, der das Unternehmen seines Bruders – für ihn wie für den Mainzer Onkel, Kurfürst Lothar Franz, ein gemeinhin Schönbornsches – bereits mit starkem Anteil begleitet hatte. Unter ihm kann das Riesenwerk baulich vollendet werden. 1730 beginnt der S-Flügel aufzusteigen, 1732 steht dessen Stadtfassade. 1737 kann der Mittelpavillon in Angriff genommen werden, 1738 steht seine Gartenfassade. 1740 ist der O-Flügel, südl. Teils, im Bau. 1742 schließt sich die Wölbung des Kaisersaales und beginnt sich die des Treppenhauses zu schließen. Mit dem Ovalvorstoß des N-Flügels ist der Bau 1744 vollendet. – Die Ausstattung der fürstlichen Wohnung im S- und der Paradezimmer im O-Flügel geht noch auf Friedrich Karl zurück, die des Treppenhauses und des Kaisersaals läßt sein Nachfolger Karl Philipp v. Greiffenklau (1749–54) ausführen. Auch der nächste Fürstbischof, Adam Friedrich v. Seinsheim, stattet eine Reihe von Räumen aus. Unter ihm erfährt der westlich voranliegende weite (Residenz-)Platz die monumentale Gestaltung. – 1802 sinkt die Glorie des Hochstiftes dahin. 1806 zieht der Großherzog Ferdinand von Toskana ein; er modelt die fürstliche Wohnung (und andere Räume) im Geschmack der Zeit (»Empire«) um. 1814 geht das Schloß an die Krone Bayern über. 1821 wird ihm eine Wunde geschlagen: Abbruch des den Ehrenhof schließenden Gitters. 1945 geht der größte Teil der reichen Ausstattung zugrunde. Doch bleibt der Bau und in ihm das Treppenhaus, der Weiße Saal, der Kaisersaal, die Kirche. Die (frühklassizistischen) Räume des N-Flügels können wiederhergestellt, die sog. Paradezimmer des S-Flügels wieder mit dem alten, großenteils geretteten Mobiliar besetzt werden.

Die Baumeisterfrage: *Die Residenz ist nicht das Werk eines einzelnen, auch sind die Bauherren bei nicht geringer Architekturerfahrung zu eigenwillig, um den planenden Meistern nicht immer wieder ins Konzept zu greifen. Der Bauleiter ist Balthasar Neumann, bei Beginn des Planes noch ein Unbekannter. Indes legt doch ein von ihm, unter Mitwirkung des Bauherrn, ausgearbeitetes Konzept das Schema der einen Ehrenhof und mehrere Binnenhöfe umschließenden Dreiflügelanlage fest. Dieses Konzept wird dann in Mainz, unter tätigster Anteilnahme des Kurfürsten Lothar Franz, von dessen »Baudirigierungsgöttern«, an der Spitze Maximilian v. Welsch, bearbeitet. Die Mainzer Bearbeitung des Neumannschen Konzeptes ist der Plan, nach dem der Bau begonnen und, im Grundriß wenigstens, auch durchgeführt wird. Früh, schon 1719, wird auch der Wiener Johann Lukas v. Hildebrandt, der Architekt des Reichsvizekanzlers Friedrich Karl v. Schönborn, beigezogen. Der Aufriß der Flügelfronten ist sein Beitrag. 1723 hält es der Fürstbischof für gut, zwei Pariser Autoritäten, Robert de Cotte und Germain Boffrand, befragen zu lassen. Ihre Änderungsvorschläge hinterlassen aber nur geringe Spuren. Die Einschränkung des (doppelt so groß geplanten) Treppenhauses geht zu Lasten de Cottes. 1730, mit dem Regierungsantritt Friedrich Karls, tritt Hildebrandt in den Vordergrund. Die Aufrißgestaltung des Ehrenhofes wie die der Gartenseite können nur mit seinem Namen verbunden werden.*

Er entwirft auch das Ehrenhofgitter und die Altarausstattung der Hofkirche. Trägt nun der Bau in der Grundfügung der Blöcke das Signum des Mainzer Baudirektors Welsch (der auch die Ovalvorstöße an den Flanken in den Plan brachte), so in den Formen seines Mantels, weitgehend jedenfalls, den Hildebrandts. Was bleibt für Neumann? Immer noch viel. Einmal das Verdienst der grundlegenden Planidee, dann aber die fugenlose Einpassung der von Mainz, Wien, Paris beigesteuerten Baugedanken, endlich seine unbestreitbar eigensten Leistungen, das Treppenhaus und die Hofkirche.

Äußeres. Den gegen W hin geöffneten Ehrenhof umlagern 3 Baublöcke, von denen die seitlichen je 2 Innenhöfe umschließen. Die Platzfronten der *Flankenblöcke,* nördlich und südlich, sind 2geschossig, lassen aber jedem der Geschosse noch ein Halbgeschoß folgen. Die Erdgeschosse sind rustiziert; Pilaster teilen die wenig vorspringenden, mit Flachgiebeln besetzten Eckrisalite in je 3 Felder auf. Portikusportale treten vor die Mitten. Die seitlichen Außenfronten, nördlich, südlich, ebenfalls durch Eckrisalite eingefaßt, wölben sich mittlich zu den breit entwickelten Halbovalen vor, deren nördliches anfänglich der Hofkirche zubestimmt war. Die dem (65 m) tiefen Ehrenhof zugekehrten Innenfronten der seitlichen Blöcke lassen je 2, nun aber stärkere Risalite vortreten; die ihnen vorgesetzten Portikusbalkone sind der merklichste Niederschlag der Pariser Zusteuer. Die Gliederung nimmt jetzt auf die des zurückliegenden *Mittelbaues* Bezug. Hier häufen sich die Akzente, hier blüht das sonst mit Maß ausgeteilte, vom Bildhauer geleistete Dekorum. Über dem 3achsigen Eingangsrisalit (ohne Halbgeschosse) kurvt sich der mit dem fürstbischöflichen Wappen, von der Hand Johann Wolfgang van der Auveras, gefüllte Giebel, Halbsäulen gliedern die seitlichen Rücklagen, die Fensterumrahmungen sind reich, die Öffnungen des oberen Halbgeschosses nicht rechteckig, sondern oval. – Die *Gartenfront* fluchtet langhin (167 m); flache Eckrisalite mit Portikusbalkonen rahmen, der Mittelpavillon tritt kräftig vor und sammelt die stärkeren Akzente: Balkonportikus unten, Halbsäulen vor dem in hohen Rundbogenfenstern geöffneten Obergeschoß, Hermenpilaster vor der Attika, der ein Kurvengiebel aufsitzt. – Das Schloß umwandernd, wird man auch die vielfältig bewegte Schieferlandschaft der Dächer aufnehmen, deren Aufhöhungen den Betonungen des Baukörpers in Grund- und Aufriß entsprechen. Halte man sich endlich auch die ursprüngliche farbige Erscheinung vor Augen: Der gelbe Sandstein vertiefte seinen Goldton noch durch einen Auftrag von

Würzburg. Residenz. Treppenhaus (mit Europa-Fresko)

Ocker, die Gliederungen setzten sich in einem hellen Grau dagegen ab, die Skulpturen auf der Dachbalustrade standen marmorweiß darüber. Denke man sich auch das großartige Ehrenhofgitter Hildebrandts, J. W. van der Auveras und Johann Georg Oeggs hinzu, das, als notwendige Schranke, der andringenden Platzweite entgegenstand.

Innenräume im Corps de logis. An der 3schiffigen Einfahrtshalle liegt östlich der Gartensaal (Sala terrena), ein Rechteck, doch durch die Abschrägung der Ecken und den Kranz eingestellter, einen Umgang absondernder Säulen einem Oval nahe. Das Spiegelgewölbe fand sein Erfinder, Neumann, »kuriös«. Die Stukkaturen machte Lodovico Bossi, die Fresken Johann Zick (1750). – Die Einfahrtshalle öffnet
● sich nördlich in das große Treppenhaus, das größte und schönste des in Treppen schwelgenden Zeitalters. Der urspr. Plan ging aber auf eine Verdoppelung: gleich großer Treppenraum auch auf der S-Seite der Einfahrtshalle; er scheiterte am Einspruch der französischen Autoritäten. Der rechteckige Raum durchgreift die ganze Höhe des Gebäudes; *ein* Spiegelgewölbe (30:18 m) überdeckt ihn, schon technisch eine ungewöhnliche Leistung, deren sich Neumann rühmen durfte. Zunächst in einem Lauf ansteigend, teilt sich die Treppe dann doppelläufig, um den Umgang in der Höhe des Obergeschosses zu erreichen. Es war ein Glücksfall, daß für die *Ausmalung* der grandiosen Raumschöpfung Neumanns der genialste Freskomaler, der Venezianer Giovanni Battista Tiepolo, gewonnen werden konnte. In der Mitte der Decke Apoll und die Olympischen, am Rande ringsum die Erdteile; bei Europa sieht man Neumann und die beiden Tiepolo, Vater und Sohn (Giovanni Domenico, der beiständig war), und darüber, brustbildlich, den Fürstbischof J. Ph. v. Greiffenklau, der 1750 Tiepolo geworben hatte. Die Statuen auf der Treppenbrüstung schuf Peter Wagner (bis 1775). Die Stuckierung »à la grecque« führte, nach 1764, L. Bossi aus. Bossi und Wagner: früher Klassizismus; 2 Jahrzehnte früher ausgestattet, würde sich dieser Raum des Rokoko-Barock glücklicher befinden. Nur der große Maler kam zur rechten Stunde. – Aus dem Teppenhaus gelangt man oben in die »Salle des gardes«, den »Weißen Saal«, dessen blühende Stuckierung Antonio Bossi gab (1744), und weiter in den östlich angrenzenden, die ganze Breite des gartenseitigen Mittelpavillons einnehmenden
● »Kaisersaal«. Ein in den Ecken abgeschrägtes Rechteck, in halber Höhe durch das den kannelierten Halbsäulen aufsitzende Gesims geteilt, darüber ein kuppeliges Spiegelgewölbe, in das die Ovalfenster des Mezzanins mit Stichkappen eingreifen, verbindet dieser wahrhaft »prachtvolle«, Neumann und Hildebrandt zu dankende Saal eine strahlende Dekoration mit den glücklichsten Raumverhältnissen. Die Stukkaturen von A. Bossi (1749–51), die *Fresken* von G. B. Tiepolo (1752). Ihre Themen sind der mittelalterl. Geschichte Würzburgs entnommen: Brautfahrt der Beatrix von Burgund im Sonnenwagen des Apoll, ihre Trauung mit Friedrich Barbarossa (1156), Bestätigung der herzoglichen Gewalt der Bischöfe durch Barbarossa (1168). Raum, Stuck und Bild stehen im engsten Verband. Die Fresken mit ihrer Wolken- und Architekturlandschaft weiten den Raum über seine Grenzen.

In den Seitenflügeln jetzt auch die beiden Museen: im N-Flügel die
● **Staatsgalerie** (Filialgalerie der Bayerischen Staatsgemäldesammlungen, vorwiegend Venezianer), im S-Flügel das **Martin-von-Wagner-Museum** (Antikensammlung, Gemäldegalerie, Graphische Sammlung).

Würzburg. Residenz. Hofkirche. Inneres

Hofkirche (Residenz-S-Flügel)

Zunächst an anderer Stelle (N-Flügel) geplant, stimmt Fürstbischof Friedrich Karl ihrem von Neumann vorgeschlagenen Einbau in den westl. S-Flügel zu. 1733 schließt sich die Wölbung, 1735 wird, nach den Entwürfen A. Bossis, stuckiert, im gleichen und im nächsten Jahre bemalt Johann

Rudolf Byß die Decke. An der reichen Ausstattung ist Hildebrandt stark beteiligt, der auch die Entwürfe des Byß für den Hochaltar redigiert. Die Architektur gehört aber einzig Neumann. Kriegsschäden wurden 1959ff. behoben, die Stukkaturen und Deckengemälde (betroffen v. a. die N-Seite) restauriert.

In ein die ganze Höhe des Schlosses einnehmendes Rechteck ist mit Hilfe von Wandpfeilern eine komplizierte Raumgestalt eingefügt. 3 Ovale legen sich an- oder auch ineinander. Der Aufriß ist 2geschossig, ein kräftiges Gesims teilt in halber Höhe, kurvig geführte Emporen, auf Säulen, treten vor Altar- und Eingangsseiten, Kuppeln überwölben die Ovale, sphärisch gekrümmte, »verbogene« Gurte mit Stichkappen fangen sie auf. An den Langseiten je ein sich rund vorwölbendes Oratorium. Da nur die S-Wand in Fenstern geöffnet werden konnte, ist der Raum nicht voll durchlichtet; die ungewöhnliche Wucht der Einzelformen, der Säulen insbesondere, erfährt keine Entschwerung durch die lösende Kraft des Lichtes, das hier, in der Einseitigkeit seines Weges, zu scharfen Hell-Dunkel-Kontrasten führt.

Die Ausstattung ist glänzend. Stuckmarmor bekleidet die Wandflächen. Der farbige Eindruck ist durch Rot und Gelb, Weiß und Gold bestimmt. In den Stukkaturen tummeln sich Putten. Die (1945 hart angegriffenen) Fresken bringen die Marter des hl. Kilian und seiner Gefährten, die Marienkrönung, die Evangelisten, den Engelssturz. Der *Hochaltar* ist ein (vom Bauherrn so gewollter) Doppelaltar von eigenartiger Komposition, elegant und reich; unten die Kreuzigung, oben die Immaculata (Stuckmarmor). Die *Seitenaltäre* liegen in der Rahmung schwerer, gedrehter Marmorsäulen. Ihre Gemälde, Himmelfahrt Mariae und Engelssturz, sind Meisterwerke Tiepolos (1752). Die Kanzel ist klassizistisch, eine Stuckmarmorarbeit Materno Bossis.

Hofgarten. Östlich des Schlosses blieb zwar, bei der Nähe der Fortifikation, nicht mehr viel, doch immer noch genügend Raum zur Anlage des Parkes, der 1732 begonnen, doch nur zögernd fortgeführt wurde. Erst Fürstbischof Adam Friedrich, der auch südlich noch Terrain hinzunahm, griff ihn entscheidend an; der Hofgarten ist vorzüglich sein Werk. Unter ihm bevölkerte sich der Park mit der Gesellschaft kleiner und großer *Statuen*, die alle in den 70er Jahren P. Wagner schuf. Im 19. Jh. wurde der Park stark verändert, fast alle Skulpturen wurden durch Kopien ersetzt (Originale im Würzburger und im Bayerischen Nationalmuseum München). Der große Reiz des Gartens liegt in seiner glücklichen Verbindung mit der ihn östlich abschließenden **Bastion,** die sich als architektonisches Element antrug und dank ihrer breiten Plattform in die gärtnerische Planung einbezogen werden konnte. Die prächtigen
● *Tore* nördlich (am Rennweg) bzw. südlich (zwischen Residenz und Gesandtenbau) sind in ihren Gittern Werke des unvergleichlichen

Johann Georg Oegg, der auch noch das in den von Franz Ludwig v. Erthal angelegten südl. Parkteil führende Tor schuf.

Der Residenzplatz wurde um 1770 gestaltet. Als nördl. Flankenbau wurde der **Rosenbach-Hof** (Rennweg 1), von Antonio Petrini bereits um 1700 errichtet, einbezogen. An der S-Flanke, als genau entsprechendes Gegenüber, baute Johann Philipp Geigel 1767 ff. den **Gesandtenbau.** Die **Kolonnaden** – mit den Vergitterungen von Johann Georg Oegg – und die beiden vorgesetzten mächtigen **Freisäulen** wurden 1769–71 gegen W angeschlossen. – Der **Franconia-Brunnen** in der Achse des Ehrenhofes wurde 1894 als Geschenk des Prinzregenten Luitpold errichtet. Am Sockel die Statuen Matthias Grünewalds (der in Würzburg geboren wurde), Walthers von der Vogelweide (der in Würzburg starb) und Tilman Riemenschneiders (der jung nach Würzburg kam, hier lebte und starb).

Öffentliche Bauten, Bürgerbauten

Rathaus (Domstraße) •

Erwachsen aus dem Hof des bischöflichen Schultheißen Billung, 1212 bereits nach dessen Sohn »Graf Eckartshof« benannt, seit 1316 im Besitz der Stadt, entwickelt sich um den alten, verschiedentlich um- und ausgebauten Hof ein Konglomerat von Baulichkeiten, das noch im 19. Jh. (1822, 1898) erweitert wird.

Der 4geschossige **Grafeneckart-Bau** ragt steil auf und gewinnt noch an Steilheit durch den der SO-Ecke aufgesetzten *Turm.* Erd- und 1. Obergeschoß sind spätromanisch; der Turm ist oberen Teils (vom 4. Geschoß des Hauptbaues ab) spätgotisch (1453). Aufstockung des 3. und 4. Geschosses des Hauptbaues 1593/94. Im 1. Obergeschoß der große (nach dem Kaiserbesuch von 1397 so benannte) *Wenzelsaal,* ein 2schiffiger Raum des frühen 13. Jh. Spätromanisch-frühgotisch sind auch die an der Front der unteren Turmgeschosse erscheinenden Formen (man beachte die vortreffliche Tierplastik in den Rundbogen seitlich des Doppelfensters im 1. Geschoß und die Kopfkonsolen der Rundbogen). – Im südlich anschließenden sog. **Kellerbau** (des frühen 15. Jh.) die längst profanierte *Ratskapelle,* 1399 geweiht, ein Rechteck mit 3 Rippenkreuzgewölben. – Westlich, nordwestlich des Grafeneckart-Baues, steht der 1659/60 errichtete **»Rote Bau«,** ein ausgezeichnetes Werk spätester Renaissance, im schönsten Rotsandstein aufgeführt, 2geschossig, mit rustizierten Pilastern im Obergeschoß und auch im 3mal gestuften Giebel.

Vortreffliche Besetzung des Platzes vor dem Rathaus (Beim Grafeneckart) kurz vor dem Anstieg zur Alten Main-Brücke ist der **Vierröhrenbrunnen,** eine mit Bildhauerarbeit reich geschmückte Pyramide, die Lucas van der Auvera entwarf und Peter Wagner 1763–66 ausführte.

Alte Universität (Neubaustraße, Eingang Domerschulstraße)

Die Julius-Universität wird von Bischof Julius Echter v. Mespelbrunn ins Leben gerufen. Das Gebäude wird 1582 nach Plänen Georg Robins aus Mainz begonnen und spätestens 1592 vollendet; O- und S-Flügel sind 1584 fertig, 1585 wächst der N-Flügel auf. – Heute u. a. Sitz der **Universitätsbibliothek.**

Die weitläufige Anlage umschließt einen etwa quadratischen, südlich von der Kirche begrenzten Hof. Die erste planvoll regelmäßige Gebäudegruppe in Würzburg zehrt doch noch von älteren Traditionen; zu der Lockerung der Grundrißsymmetrie treten die exzentrisch angeordneten Portale, deren reiche Steinmetzzier gegen die Folie ungegliederter Wandflächen steht, und die mehrfach aufgestockten Giebel, die als Aufsteilungen mit der horizontalen Lagerung der Trakte konkurrieren. Alle Merkmale dessen, was man unter »Juliusstil« versteht, sind vorhanden. Die farbige Erscheinung beruht auf dem Gegensatz heller Putzflächen zu den roten Hausteinrahmungen der Fenster und Tore.

● **Ehem. Universitätskirche, Neubaukirche** (Neubaustraße)

1583 begonnen, wird die »Neubaukirche« 1591 geweiht. Baumeister ist auch hier Georg Robin. Schon in den 20er Jahren des 17. Jh. ist infolge Bauschäden eine Restaurierung nötig. Der Turm muß bis auf das Sockelgeschoß abgetragen und (1628 ff.) neu aufgeführt werden. Die S-Mauer wird durch 6 Pfeiler verstärkt. Der 30jährige Krieg verzögert den Abschluß der Wiederherstellung. Das Langhaus steht lange unbedacht. Erst 1696 wird die Arbeit wieder aufgenommen. Antonio Petrini, der sie leitet, baut neu das 2. Turmgeschoß und das ihm aufsitzende Oktogon. Den 6 von ihm restaurierten Pfeilern an der S-Seite fügt er 3 weitere hinzu, dann wölbt er das Schiff. Die Ausstattung entsteht neu. 1713 wird die Kirche geweiht. 1803 wird sie profaniert, doch 1851 ihrer Bestimmung zurückgegeben. Der 2. Weltkrieg setzt ihr hart zu; mit vielen Wunden übersteht sie ihn. 1977 Erneuerung der Turmkuppel.

Der Außenbau ist durch die im schönsten Buntsandstein aufgeführte, wirkungsvoll gegen die breite Neubaustraße gestellte Turmfassade beherrscht, Werk Petrinis in den Obergeschossen, älter nur im Sockelgeschoß mit dem Hauptportal, das auch noch Teile (Säulen, Figuren) seines Vorgängers, der Juliuszeit, enthält. 3 Fensterreihen gliedern N- und S-Wand; die zusätzlichen Pfeiler des frühen und des späten 17. Jh. straffen die S-Wand. Die rundbogigen, durch je 2 Pfosten geteilten Fenster bekennen sich in ihren Maßwerkfüllungen zu jener

»posthumen« Gotik, die eines der sichtlichsten Elemente des »Juliusstils« ist. Beispielhaft für diese Altes und Neues, Gotik und Renaissance mischende Stilhaltung auch die *Rose* über dem W-Portal. Frei von solchen Reminiszenzen ist der Innenbau. Der Querschnitt ist der einer 3schiffigen Halle mit in der Wölbung überhöhtem Mittelschiff und sehr schmalen Seitenschiffen. Die doppelgeschossigen, viel mehr schließenden als öffnenden Emporen lassen aber den Eindruck »Halle« kaum aufkommen; der bestimmende Eindruck ist der eines von 8 Kreuzgewölben überdeckten, von dreifach übereinandergestellten Arkaden begrenzten Saales. Die Elemente der Gliederung, wie die den Pfeilern vorgesetzten kannelierten Säulen mit ihren die 3 Ordnungen befolgenden Kapitellen, sind antikisch; der Raum dieses »templum academicum« leitet sich aber doch von heimisch deutschen, spätgot. Vorformen (wie etwa der Heiliggeistkirche in Heidelberg) ab. Trotz dieser Zwiespältigkeit ist die Universitätskirche doch einer der wirklich »modernen« Bauten des Zeitalters, das *Raumbild* (die Bildhaftigkeit sei betont) ist neu und nur aus einem neuen, perspektivischen Sehen abzuleiten.

Bürgerspital zum Hl. Geist (Semmel-/Theaterstraße)

Stifter ist der Würzburger Johannes vom Ster, das Jahr ist 1319. Die Kirche wurde 1371 geweiht. Im Krieg stark ruiniert, wiederaufgebaut.

In der kleinen **Spitalkirche** ein hervorragendes Bildhauerwerk, das *Grabmal des Ekro vom Ster* (1343, S-Wand des Schiffes), wohl eine erste Arbeit des »Wolfskeelmeisters«. ●

Die **Spitalgebäude** sind nachmittelalterlich. Bemerkenswert ist der **»Rote Bau«,** eine Dreiflügelanlage mit offenen Arkaden im Erdgeschoß, charakterisiert durch die Rot und Gelb wechselnde Sandsteinrustika, 1717/1718 errichtet und Joseph Greising zuzusprechen.

Juliusspital (Juliuspromenade) ●

Segensreiche Gründung des großen Bischofs Julius Echter und bis heute (als Krankenhaus und seit 1785/86 auch als Pfründnerhaus) lebendig geblieben. 1576 wurde die große Anlage am N-Rand der Stadt begonnen, 1580 wurden Kirche und Spital geweiht. Dieses erste (vermutlich von Johann Robin entworfene) Spital, das, wie das bestehende, mit 4 Flügeln einen Innenhof umstellte, wurde 1699 von einem Brand heimgesucht, der einen Großteil des N-Flügels zerstörte. Dieser Flügel wurde durch Antonio Petrini bis 1714 neu aufgeführt. Der Mittelbau brannte 1745 erneut ab, erhielt sich aber im Bestand, so daß Balthasar Neumann, der 1746–49 die Wiederherstellung leitete, die Fassade übernehmen konnte. Da 1789 auch der S-Flügel, nach den Plänen Johann Philipp Geigels, neu gebaut wurde, steht vom Spitalbau des Gründers nichts mehr aufrecht. Aber auch die Gebäude des 18. Jh. wurden 1945 (19. Februar und v. a. 16. März) durch die Brand- und Sprengbomben des Luftkrieges zu einem großen Teile zerstört. Nur ein Zehntel etwa des großen Komplexes blieb vom Feuer verschont. Daß es gelang, die Ruine in wenigen Jahren wiederaufzubauen, kann nicht hoch genug gewürdigt werden. Der historische Bestand wurde respektiert, soweit es die Erfordernisse der dem Leben dienenden Anstalt zuließen. Die nur teilweise zerstörten Fassaden des Fürstenbautraktes wurden in ihrer Gänze zurückgewonnen, nur die des Traktes an der Juliuspromenade – durch Aufstockung der 2geschossigen Flügel zwischen dem Mittelbau und den Eckpavillons – wesentlich verändert.

Mit dem sehr einfachen klassizistischen S-Flügel an die Juliuspromenade grenzend, beschreibt das Spital ein rechteckiges Geviert. S- und N-Flügel, durch kurze Trakte miteinander verbunden, umschließen einen Hof, den der im Mittelbau (*»Fürstenpavillon«*) die starken Akzente sammelnde N-Flügel Petrinis beherrscht. 3 Durchfahrten öffnen das Sockelgeschoß des Fürstenpavillons, breite Pilaster greifen die beiden Obergeschosse zusammen, ein Attikageschoß schließt ab: ein gedrungener, doch straff durchgeordneter, durch das Relief seiner Gliederungen reich wirkender Block.

Der die Mitte einnehmende Fürstensaal wurde 1788/89, wahrscheinlich durch Geigel und Materno Bossi, in eine Kirche umgewandelt: ein die beiden Obergeschosse durchgreifender Saal mit umlaufender, auf Säulen ruhender Empore, mit Spiegelwölbung gedeckt; nun (nach der Brandzerstörung 1945) durch Tieferlegung der Decke, Entfernung der Empore und Versetzung des Altars an die O-Wand umgestaltet. – Eine kulturgeschichtliche Kostbarkeit ist die im Erdgeschoß befindliche Apotheke mit wohlkonservierter, nach Mitte des 18. Jh. geschaffener Einrichtung.

Garten. Nördlich des N-Flügels erstreckt sich der Garten, der sich bis ins frühe 19. Jh. in die Landschaft öffnete. – In der Mitte, im Schnitt der beiden Hauptachsen, ein **Brunnen** von der Hand Jakob van der Auveras (1706–08): Gruppe von 4 Flußgöttern (die Flüsse Frankens), die das Greiffenklau-Wappen überragt. – Am östl. Ende der Querachse der ● 1705–14 gebaute, 1726 der Anatomie überlassene Pavillon (**»Alte Anatomie«**), der wohl ganz Joseph Greising gegeben werden muß: eine kleine originelle Architekturschöpfung, von plastischer Gliederung in den mehreren Vor- und Rücksprüngen des durch Pilaster gestrafften Sandsteinkörpers, charakterisiert durch die beiden seitlich der Dachschwellung aufsitzenden bekuppelten Türme (die ursprünglich einen dritten, mittleren zwischen sich hatten), ausgezeichnet durch die differenzierte Gestaltung der geschieferten Dachhaut, die in ihren Reliefbändern die Gliederung des Steinkörpers reflektiert.

Rückermainhof (Karmelitenstr. 20)

Der Amtshof des Stifters St. Burkard wird 1715–23 neu gebaut, nach den Plänen des Hofzimmermanns Meister Joseph Greising. 1945 stark beschädigt, hat der Bau heute sein Gesicht zurückgewonnen.

Die 3geschossige Straßenfront des sehr stattlichen Gebäudes zählt 15 Achsen. Plastische Gliederung durch Doppelpilaster und gepaarte Rahmenfenster. Stärker akzentuiert die Mittelachse: Portal, mit Figuren besetzter Sprenggiebel, Frontongeschoß. – Der Baumeister, Greising, steht zwischen Petrini und Neumann; er verdeutscht den italienischen Barock, freut sich an kleinteiliger Häufung, weiß aber doch eine große Baumasse vorzüglich durchzuordnen.

Haus zum Falken (Marktpl. 9; heute Stadtbücherei, Fremdenverkehrs- und Kulturamt) ●

Der Kaufmann F. Th. Meissner erwirbt das ältere Haus 1735; seine Witwe richtet es zur Bewirtung hoher und vornehmer Gäste ein, als Gasthaus also, und gibt ihm 1751 die endgültige Gestalt. Im Krieg schwer beschädigt, 1950 wiederhergestellt.

Die *Fassade* ist von 3 gewellten Giebeln überhöht. Die in virtuoser Stuckarbeit ausgeführte Dekoration beschränkt sich auf die Rahmungen der Fenster und die Stirnflächen der Giebel, erweckt aber, bei der engen Reihung der Fenster, den Eindruck einer reichen ausgebreiteten Fülle. Die Art dieser Flächenschmückung möchte eher auf einen bayerischen (Wessobrunner?) als einen fränkischen Stuckbildner schließen lassen.

Ehem. Frauenzuchthaus (Burkarderstr. 44; heute Jugendherberge) ●

1809/10 von dem aus Mannheim gekommenen Peter Speeth errichtet.

Das Bauwerk neben St. Burkard, woran es südlich unmittelbar anschließt, ist eine beachtliche, originelle Leistung des Klassizismus. Der 3geschossige Block ist durch die schwere Bossenquaderung des Erdgeschosses, die geschlossene Mauerstirn des 1. Obergeschosses und die gereihten Rundbogenfenster des 2. charakterisiert; die Mitte durch den Halbkreis des Tores betont, dem, über dem starken Gesims, eine Attika aufsitzt; ihre 10 Säulchen sollen die 10 Gebote bedeuten: Hinweis auf die Eigenschaft des Hauses, die der Bau schon deutlich genug ausdrückt.

Neue Universität (Sanderring 2). Starker, plastisch gegliederter, durch Eckpavillons begrenzter Bau, dessen Hausteinfassaden den Einfluß des 18. Jh. spüren lassen. Baumeister war Rudolf Ritter Horstig d'Aubigny, Baujahre 1892–96. 1945 Vereinfachungen der Dachregion.

Bürgerhäuser. Der Altbestand erlitt durch den 2. Weltkrieg starke Einbußen. Seitdem – vielfach schon in den 1950er Jahren – konnten die klaffenden Lücken durch Teil- oder auch Ganzerneuerungen wieder geschlossen werden. Hingewiesen sei auf einige der doch immer noch da und dort Wertvolles enthaltenden Straßen: Burkarder-, Kapuziner-, Theater-, Neubaustraße, die baulich durch die auf Einheitlichkeit der Straßenzeilen bedachten Planungen Balthasar Neumanns bestimmt waren, es in wenigen Teilen auch noch sind.

Alte Main-Brücke ●

Sie besteht, steinern, schon im 12. Jh., Werk angeblich eines Dombaumeisters Enzelin. 1473 beginnt die erhaltene zu entstehen; 1488 sind die Pfeiler gesetzt. Die Wölbung wird erst 1543 fertig. Werkmeister bei

Baubeginn ist Hans von Königshofen. In den 20er und 30er Jahren des 18. Jh. bevölkert sich die Brücke mit Heiligenstatuen, gemacht von den Brüdern Johann Sebastian und Volkmar Becker (südl. Teils, 1725–29, und 2 der N-Reihe. St. Joseph und St. Johannes Nepomuk) und Claude Curé.

Nur die Prager Moldau-Brücke mag sich mit der Würzburger vergleichen lassen. Auch nach den Zerstörungen des Krieges ist dieses Schauspiel geblieben: die Brückenprozession vor der mittelalterl. vieltürmigen Stadt, die mit ihrer Hauptachse (Domstraße) auf sie Richtung nimmt. Die Sandstein-Brückenstatuen (Totnan, Kilian, Immaculata, Kolonat, Burkard, Bruno, Pippin, Friedrich, Joseph, Johannes Nepomuk, Karl Borromäus und Karl d. Gr.) sind heute durch Kopien ersetzt.

Am Kranenkai der **Alte Kranen,** der 1772/73 nach Plänen Franz Ignaz Michael Neumanns als ein mit Kuppel gedecktes Rund aufgeführt wurde.

Heidingsfeld

Die 1930 eingemeindete Stadt, eine knappe Wegstunde südlich der Würzburger Altstadt, am linken Main-Ufer, hat eine lange und wechselvolle Geschichte. Einer ältesten Siedlung um den karolingischen Königshof im Umkreis der Pfarrkirche St. Lorenz wächst eine bischöfliche Siedlung zu; beide ummauern sich, der »Zwischengemäuerbach« trennt, eine Brücke verbindet. 1368, in seiner böhmischen Zwischenzeit, mit dem Stadtrecht begabt, 1525 bauernverbündet und mit Verlust seiner Freiheiten bestraft, erleidet H. seine schwerste Heimsuchung 1945, die von der alten Stadt nicht viel läßt.

Die **kath. Pfarrkirche St. Laurentius** (Kirchplatz) aus dem 12. Jh. ging bis auf Turm und Krypta (beide romanisch) dahin. Ein Neubau Hans Schädels (1948) steht an ihrer Stelle. Aus der alten Ausstattung: Chorbogen-Kruzifixus zwischen Maria und Johannes sowie (in neuen Gehäuse) Ölberggruppe, beide Werke aus der Werkstatt Tilman Riemenschneiders um 1510/20.

Die **kath. Pfarrkirche Hl. Familie** (Frau-Holle-Weg, im neuen Viertel westlich), ebenfalls nach Plänen Schädels errichtet (1954/55), Zelt über quadratischem Grundriß, steht mit Turm und Nebengebäuden in guter Gruppe zusammen.

Zellerau

● **Karmelitinnenkloster Himmelspforten,** ehem. Zisterzienserinnenkloster (Mainaustraße)

Das 1231 vom Bischof in Himmelsberg (bei Karlstadt) gegründete Kloster der Zisterzienserinnen wird 1250 in das Vorland Würzburgs verlegt. Heute umschließt es ein moderner Stadtteil. 1804 säkularisiert, gehört das Kloster seit 1844 den Karmelitinnen. – Die Klosterkirche entsteht in den 60er und 70er Jahren des 13. Jh. 1945 hart in Mitleidenschaft gezogen; bis 1967 wiederhergestellt.

Die 1schiffige, turmlose, betont anspruchslose **Klosterkirche** trägt das Signum des Reformordens. Langes Schiff, dessen mehr als die Hälfte der Nonnenchor besetzt, platt schließender Chor, mit Rippenkreuzgewölben, die dem Langhaus versagt blieben. An der S-Seite eine reizvoll gegliederte Spitzbogenpforte. Der von der Nonnenempore überdeckte westl. Teil des Schiffes ist die *»Sepultur«*: eine vorzügliche Raumschöpfung erster Frühgotik; die schweren rechteckig profilierten Gurte und Rippen auf 8eckigen Stützen. Eine Absonderlichkeit ist der dem mittleren O-Joch der Sepultur aufgestockte Turm, der, allseitig frei, den Raum des Schiffes durchwächst, um über dem First als Dachreiter zutage zu treten.

Ein Steinmetzenzierstück ist das 1612 datierte, Spätgotik und Renaissance kreuzende polygone *Treppentürmchen*, das den Zugang zu der in Holz aufgeführten, ebenfalls nachgot. Vorempore vermittelt.

Das den Kreuzgang umfassende **Kloster** lehnt sich nördlich der Kirche an; der erhaltene Bestand geht ins späte 16., frühe 17. Jh. zurück. Nur der **Kreuzgang** ist mittelalterlich, der S-Flügel noch frühgotisch, auch in der Wölbung; die im O-Flügel entstand später, im 14. Jh., die Wölbung der beiden anderen Flügel kam erst 1592 ff. hinzu.

Der Kreuzgang birgt eine Anzahl von *Grabdenkmälern*, die zum Besten got. Plastik in Würzburg-Franken gehören: Elisabeth (1383), Katharina (1415), Ludwig (1414), alle v. Hutten, Karl v. Grumbach (1497). ●

ZELL a. Main (UFr. / Würzburg D4)

Ehem. Prämonstratenserkloster Oberzell ●

Die Gründung wird durch einen Würzburger Besuch des Ordensstifters Norbert 1126 veranlaßt. Die im späten 12. Jh. errichtete Kirche tauscht um 1600 ihren Chor gegen einen neuen aus und erhält gleichzeitig das wohl schon im urspr. Plan vorgesehene Doppelpaar der Türme an dessen Flanken; wenig später (nach 1614) wird die Kirche gewölbt. 1696 entsteht die W-Fassade. Die Ausstattung, Stuck und Fresko, fällt in die Jahre zwischen 1710 und 1738. Das Klostergebäude wird 1744–53 von Balthasar Neumann – sicher im W- und wohl auch im S-Flügel – aufgeführt, dann bis 1760 vom Sohn Franz Ignaz Michael, jedenfalls nach den Plänen des Vaters, zu Ende gebracht. – 1803 wird auch Oberzell säkularisiert. Der Staat veräußert es 1817 an die (sich bedeutend entwickelnde) Schnellpressenfabrik König & Bauer. 1838 müssen Chor und Türme verschwinden. Erwerbung durch die Kongregation der Dienerinnen der hl. Kindheit Jesu, 1901, rettet Kirche und Kloster. König & Bauer siedeln auf das rechte Main-Ufer über. Wenig später gewinnt die Kirche den zerstörten O-Bau, Chor und Türme, zurück.

● **Klosterkirche St. Maria.** Das Äußere ist wenig auffällig, bis auf die beiden (neuen) Türme, die sich der Tallandschaft entgegenstellen, und die barocke *Fassade,* die anspruchsvoll ist: 2geschossig, unten 3teilig, mit gliedernden Säulen, Statuennischen und krönendem Sprenggiebel. – Die Kirche ist eine 3schiffige Kreuzbasilika, die ihren roman. Kern bewahrt hat. Der Schritt der 7 Rundbogenarkaden ist noch der alte; die Säulen fußen auch noch auf den (attischen) Basen, die Würfelkapitelle stecken unter Stuckverkleidungen, sind aber noch kenntlich genug. Statt der hoch liegenden Fensterreihe denke man sich eine etwas tiefer liegende, statt der Stichkappentonne eine Flachdecke.

Die Ausstattung des 18. Jh. vermied starke Akzente; stärkeren Gewichtes nur das den Hochgaden abgrenzende Gesims. Der Akanthus- und Bandwerkmotive mischende Stuckdekor überspielt in leichtem Relief die Wandflächen; die Freskenfelder (weitgehend erneuert) sprechen wenig mit.

Der gesamte, auch das Querschiff einschließende O-Bau ist letzte Zutat. Alter Bestand ist die westl. Vorhalle; die mit Kreuzrippengewölben gedeckten seitlichen Joche sind Annexe von 1622; das mit Kreuzgratgewölbe gedeckte mittlere Joch ist noch romanisch. Diesem ursprünglich von einer Kapelle überhöhten Laieneingang westlich entsprach der Klostereingang südlich, der sich, stark restauriert allerdings, auch erhalten hat, ein von ornamentalem Rechteckrahmen umfahrenes, breit geschwungenes Rundbogenportal. – Hier, südlich angefügt, also das

● **Kloster.** Sein Bereich wird durch das schöne roman. *Hoftor* mit dem großen Bogen für den Fahr- und dem kleinen für den Fußverkehr betreten. Rahmen ist eine seitlich von Lisenen, oben von einem Rundbogenfries umfaßte Rechteckfläche; von Säulchen getragen, umkreist jeweils ein äußerer Bogen einen tiefer gestuften inneren. Kostbares, weil sehr seltenes Relikt einer roman. Klosteranlage. – Das Kloster umschließt 2 Innenhöfe, deren nördlicher offen blieb. Die 3geschossigen Trakte durch Risalite gegliedert. Neben einfachen Putzfronten reichere in Haustein. Hervorgehoben durch großzügige, plastische Gliederung der Fassade der *W-Flügel* (der nicht vollendet wurde). Über rustiziertem, sockelhaft gehaltenem Erdgeschoß »große Ordnung«: Hauptgeschoß und Mezzanin zusammengreifende Säulen und Pilaster, reich gerahmte Fenster einschließend; der schöne Sandstein wirkt steigernd mit.

Das nicht große, doch raumweit wirkende *Treppenhaus* in der Mitte, 1760 datiert, geleitet auf 2 mehrfach gebrochenen, sich auf einem Podest treffenden Läufen, unter flacher Spiegeltonne, ins Obergeschoß. Vortäuschung eines Umganges durch Blendbalustraden, wie im nächst vergleichbaren, doch großartigeren Ebracher Treppenhaus. Die Stukkierung, Rocaille im letzten reifsten Ausblühen, von Antonio Bossi, der auch die 4 Stuckstatuen in den Ecken (Virtutes) leistete. Bossi dürfte auch die übrigen *Klosterräume,* soweit geschmückt, geprägt haben. In einem der beiden (nicht zugänglichen) Refektorien Gemälde von Johann Zick (1755). In einem der Korridore (S-Flügel, Obergeschoß) schmiedeeiserne Gitter, wohl vom Hofschlosser Johann Georg Oegg. Der Würzburger Hof hatte seine Besten ins Zeller Kloster abgeordnet.

Ein durch 2 bekuppelte Eckpavillons begrenzter **Terrassengarten** beschließt rahmend die Talansicht des Klosters.

Ehem. Prämonstratenserinnenkloster Unterzell

In der 1. Hälfte des 13. Jh. wird der ursprünglich mit Oberzell verbundene Frauenkonvent der Prämonstratenser nach Unterzell verlegt. Im Bauernkrieg zerstört, wird das Kloster 1562 aufgelassen, doch 1606 wiederhergestellt. 1609 wird die bestehende Kirche durch den Italiener Lazaro Augustino aufgeführt, 1611–13 auch das Kloster. Die Säkularisation profaniert Kirche und Kloster.

Die Unterzeller **Klosterkirche** ist eine typische Schöpfung des Würzburger »Juliusstils«. Sie ist 1schiffig; das Schiff zählt 6, der eingezogene, in 3 Achteckseiten schließende Chor 2 Joche. Die Wölbungen sind Stichkappentonnen mit unterlegtem Rippennetz. Der Turm ist in 4 Geschossen spätromanisch.

Das **Kloster** umzieht in 3flügeliger Anlage einen der S-Seite der Kirche angelehnten Innenhof. An der südöstl. Ecke eine noch gut erhaltene **Kapelle,** der ein (1720–30 stuckierter) Saal aufgestockt ist.

ANHANG

FACHWORT-ERLÄUTERUNGEN

Ädikula (lat. aedicula = Häuschen, Tempelchen). Rahmender Aufbau um Portale, Reliefs (bei Grabdenkmälern z. B.) und Gemälde (so im Altarauszug).

Akanthus. Der Name des gegen Ende des 5. Jh. v. Chr. von den Griechen geschaffenen Blattornaments kommt von einer mittelmeerländischen Akanthus-(Distel-)Art. Die ornamentale Prägung des ungestielten gezähnten, gezackten oder gelappten Blattes ist aber nicht von der genannten Naturform abhängig. Ausgang des seit der Antike nicht mehr verlorenen, in Renaissance und Barock wieder frisch auflebenden Motivs ist die *Palmette.*

Altarauszug → Auszug.

Antependium. Das (lat.) »Davorhängende«, eingeschränkt auf die Altarverkleidung. Das A. bekleidet den Altartisch meist an seiner Front, zuweilen auch an den Schmalseiten. Es tritt oft als gesticktes Tuch auf, im Mittelalter u. a. als Treibarbeit, auch gemalt und später häufig geschnitzt oder in Einlegetechnik.

antikisch. Das von Antike genommene Adjektiv drückt die Absicht einer mehr oder minder engen Nachahmung antiker Formen aus. Naivität der Nachahmung, die den eigenen Zeitstil nicht ausschließt, kennzeichnet den Begriff.

Apsis. Das griech. Wort bedeutet Bogenrundung, und der Halbkreis ist auch das Merkmal der A., die, aus dem römischen Profanbau übernommen, das Mittelschiff der Basilika an einer der Schmalseiten, meist der östlichen, als eigener Raumkörper, Halbzylinder mit Halbkuppelwölbung, beschließt. Urspr. für den Altar, den Sitz des Bischofs (Kathedra) und den der Presbyter bestimmt, verliert die A. mit der Ausdehnung der Choranlage (durch Querschiff und Chorarm) diese Bestimmung im frühen Mittelalter. Doch bleibt sie wesentlicher Bestandteil der roman. Kirchenarchitektur. Erst die Einbeziehung des Chorschlusses in den größeren Organismus der Choranlage in der Gotik verneint ihre Geltung. Sie ist nicht unbedingt an den Halbkreisgrundriß gebunden (polygonale Apsiden im 12. und 13. Jh.), bleibt ihm aber eng verhaftet. In der nachmittelalterl. Architektur ist die Anwendung des Begriffs von diesem Merkmal abhängig zu machen. – Die mittelalterl., roman. A. kann in Mehrzahl vorhanden sein: etwa jedem der Schiffe, dem Hauptschiff an beiden Enden, dem Querschiff zugeordnet.

Architrav. Das waagrechte »Gebälk« über den Säulen, Pfeilern oder Pilastern der antiken und nachmittelalterl. von der Antike abhängigen Architektur.

Archivolte. In erster Bedeutung die abgesetzte Rahmenleiste eines Rundbogens, in weiterer die Innengliederung der Bogenleibung, d. h. die den Gewändegliederungen (Pfeiler, Säulen usw.) entsprechenden plastischen Bogenläufe. Hauptbeispiele an spätroman.-frühgot. Portalen.

Arkade. Das Wurzelwort ist das lat. arcus, Bogen. Das abgeleitete *arcatura* meint die Kombination einer Stütze (Säule, Pfeiler) mit einem Bogen beliebiger Form. Die geschichtlichen Voraussetzungen liegen in der hellenistisch-römischen Antike. Die frühchristlich-roman. A. schließen in direkter Abfolge an sie an. In vielfacher Abwandlung blieb die A. dem christlichen Kultbau bis heute verbunden.

Atlant. Abgeleitet von Atlas, dem Himmelsträger der Griechen, meint A. den menschlich (männlich) gebildeten, scheinbaren oder wirklichen, Träger eines lastenden Architekturteiles. Die griechisch-römische Antike gibt das Motiv an das Mittelalter weiter, das es aber verhältnismäßig selten verwendet. Häufig in Renaissance und Barock neben der nun allerdings bevorzugten Herme. Die weibliche Entsprechung ist die *Karyatide.*

Atrium. Vorhof. Das lat. Wort bezeichnet urspr. den Haupt-(Herd-) Raum, später den Eingangs-Raum des römischen Hauses mit stark erweiterter Regenöffnung (*impluvium*) des Daches. Die konkurrierende Bezeichnung *Paradies* scheint auf eine zweite, östliche Wurzel, auf den Tempelvorhof hinzuweisen. Atrien, Vorhöfe mit Säulenhallen (Portiken) auf drei Seiten und Brunnenanlage in der offenen Hofmitte gehören zum Bestand der frühchristlichen und noch der frühmittelalterl. Basilika. Ältestes nachgewiesenes deutsches Beispiel: Lorsch, 767–774. Nachblüte des A. in den Klöstern der cluniazensischen Reform.

Attika. Aufmauerung über einem Gesims; im Barock zuweilen als eigenes, doch vermindertes Geschoß durchgeführt. Hier immer über dem Kranzgesims.

Auszug, Altarauszug. Kleines Obergeschoß des Altaraufbaues. Der A. (auch *Aufzug*) nimmt seit der Renaissance die Stelle des got. Sprengwerkes ein und umfängt als zweiter, kleinerer Schrein oder Rahmen (über dem größeren) eine Figurengruppe oder ein Gemälde.

Baldachin. Ein kostbarer Seiden- oder Brokatstoff, dann, übertragen, der aus diesem Stoffe gemachte »Himmel« (Thronhimmel). Der B. ist tragbar (Prozessionshimmel) oder fest (Altar-, Statuen-B. usw.). Der Antike unbekannt, gewinnt der erst im 15. Jh. so genannte B. wachsende Bedeutung im Mittelalter. Als Statuen-B., der den Entfaltungsraum der Statue oben beschließt (wie die Konsole unten), entwickelt und vollendet er sich in spätroman. und frühgot. Zeit. Die nachmittelalterl. Stilperioden kennen ihn kaum.

Bandelwerk oder *Bandwerk* ist ein zeitlich eng begrenztes Ornament, etwa der Jahre 1715–40, das, von französischen Künstlern, Jean Berain an der Spitze, unter Verwendung älterer Ornamentformen (Arabeske, Groteske) entwickelt, sehr rasch auf Deutschland übergreift. Das Charakteristikum des B. ist ein Schlingwerk von Bändern. Die Stilstufe ist die in Frankreich »Régence« genannte, die zum Rokoko überleitet.

Baptisterium. Taufkirche. Stets einer Bischofskirche zugeordnet; meist über zentralem Grundriß mit mittlerer Taufgrube. Aus frühchristlicher Zeit herkommend; in Deutschland auf das Frühmittelalter eingeschränkt.

Barbakane. Begriff des Befestigungswesens: ein Vorwerk, Außentor.

Basilika. Das Wort ist sicher griech. Herkunft, doch fraglich in der Ableitung. Die sich seit dem frühen 2. Jh. entwickelnde römische B., zunächst wohl eine Geld- und Bankgeschäften, später auch Gerichts- und Marktzwecken dienende Halle, ist ein Langbau meist mit Seitenschiffen und einer apsidalen »*Tribuna*«. Die frühchristliche B. ist eine vorwiegend 3-, aber auch mehrschiffige Säulenhalle mit flacher Dekke. Längsrichtung und apsidialer Schluß (meist, doch nicht notwendig, östlich), Höhenstufung der Schiffe (Haupt- und Nebenschiffe) sind und bleiben die Wesensmerkmale der B., die bei allen Abwandlungen (etwa in der Kathedrale oder in den zentralisierten Kirchen des Barock) nie als *die* Bauform des christlichen Kultbaues aufgegeben wurde.

Bergfried. Sprachliche Ableitung wie erste Bedeutung des Wortes (Berchfrit) unsicher. Im eingebürgerten Gebrauch bezeichnet es den lediglich zur Verteidigung bestimmten, als letzte Zuflucht gedachten inneren Hauptturm der mittelalterl. Burg.

Beschlägwerk. Das Wort ist eine späte kunstwissenschaftliche Prägung aus dem Ende des 19. Jh. Gemeint ist ein an Metallbeschläge erinnerndes Ornament, das auch Motive des → Rollwerks verwendet. Der Erfinder (der sich hier einmal nennen läßt) ist der Niederländer Jan Vredeman de Vries (1527–1604). Die Blütezeit des B. ist das späte 16. und das frühe 17. Jh. Gegen Ende dieser Zeit dringt die »Ohrmuschel« als erweiterndes Motiv in das B. ein, das sich dann im Fortgang des Jahrhunderts mit dem → Knorpelwerk verbindet und in dieser Verbindung bis in die Spätzeit des Jahrhunderts vorhält.

Blende. Unter der B. einer beliebigen Architekturform ist die »blinde«, aus dem Raum in die Fläche, ins Relief übertragene Fassung dieser Architekturform in dekorativer Verwendung zu verstehen. So kann die Arkade zur Blendarkade, zum Relief einer Arkade, das Fenster zum Blendfenster, zum Scheinfenster, werden, um einige der üblichsten Blendformen zu nennen. Die zeitliche Geltungsdauer der Blendformen ist nicht zu begrenzen, wenn ihnen auch das Mittelalter höheren Rang einräumt als etwa der Barock.

Bozzetto. (Plastischer) Bildhauerentwurf.

Chor. Das griech. Wort bezeichnet einen Platz für Reigen und Gesang, dann, übertragen, Reigen und Gesang selbst. Diese Doppelbedeutung behält das Wort auch im Mittelalter und weiterhin. Der Chor des christlichen Kirchengebäudes ist, genaugenommen, der für den Sänger-Chor bestimmte Raum, also nicht, wie, ungenau, schon im 15. Jh., der Altarraum einschließlich seiner Annexe. Im üblichen Gebrauch ist jetzt der Chor der für den Altardienst oft durch Schranken ausgeschiedene, meist, doch nicht notwendig, östliche Raumteil des Hauptschiffes.

Chorus minor. Raumteil der den »Gewohnheiten« der Hirsauer Benediktiner folgenden Klosterkirche. Als »kleiner Chor« vom »großen«

(Querschiff, Chorquadrat, Presbyterium, Apsis) unterschieden: dieser der Raum des priesterlichen Klerus, der Patres, jener der dienenden Brüder, Fratres; durch Pfeiler gegen die Säulenreihen des Mittelschiffes abgesetztes letztes westliches Joch vor dem *Chorus maior*.

Chronogramm. Inschrift, in der besonders hervorgehobene lateinische Großbuchstaben zugleich als römische Ziffern zu lesen sind, die zusammengezählt eine bestimmte Jahreszahl ergeben.

Ciborium. Steinerner Altarbaldachin auf Säulen. Häufig im frühmittelalterl. Italien. In Deutschland nur vereinzelt. Got. Beispiele in Regensburg (Dom), Wien (St. Stephan).

Confessio → Krypta.

Corps de logis. Mittelbau einer barocken Schloßanlage, in größeren Dimensionen und oft mit reicherer Fassadenzier als die übrigen Trakte, für Repräsentationsräume und das Treppenhaus vorgesehen.

Cour d'honneur. Der von 3 Flügeln eines Schlosses gebildete Ehrenhof.

Dach. Die wichtigsten D.-Formen sind: *Sattel-D.*, bestehend aus 2 schrägen, gegeneinander geneigten und im First zusammenstoßenden D.-Flächen, die an ihren Enden durch Giebel begrenzt werden. Sind bei rechteckigen Gebäuden auch die Giebelseiten mit schrägen D.-Flächen versehen, so ist ein *Walm-D.* gegeben; die D.-Flächen der Schmalseiten anstelle der Giebel heißen Walme, und die Traufkante umzieht das ganze Gebäude. Bei gleicher Ausführung über quadratischem Grundriß treffen alle 4 D.-Flächen in einem Punkt zusammen, und es entsteht das *Zelt-D.* oder *Pyramiden-D.,* das bei steilem Neigungswinkel der D.-Flächen als Turm-D. (Helm) beliebt ist. Wird der Walm bei Dächern über rechteckigem Grundriß nicht bis zur Traufkante herabgeführt, so daß noch ein Giebelrest erhalten bleibt, entsteht das *Krüppelwalm-D.* Beim *Mansard-D.* werden die D.-Flächen gebrochen, um eine günstigere Ausnützung des D.-Raumes für Wohnzwecke zu erreichen. Diese seit dem ausgehenden 17. Jh. bekannte D.-Form leitet ihren Namen von dem französischen Baumeister François Mansart ab, der sie jedoch nicht erfunden hat. – Eine örtlich begrenzte, wesentlich süddeutsche D.-Form ist das *Graben-D.,* auch »versenktes« D. genannt, das zwischen den aus Gründen des Feuerschutzes hochgezogenen Umfassungsmauern (»Vorschüssen«) liegt; im 15. Jh. aufkommend, im 16. und 17. Jh. verbreitet, kommt es im späten 19. Jh. rasch ab, wenn auch die äußere (Würfel-)Form des Hauses häufig beibehalten wird.

Dachreiter. Türmchen, meist für Glocke oder Uhr bestimmt, das, ohne sichtbaren Unterbau, dem Dach aufzusitzen scheint. Seit dem 11. Jh. bezeugt, häufiger werdend im 12. und besonders im 13. Jh., dank der den großen Turm ablehnenden Reformorden der Zisterzienser, Franziskaner, Dominikaner etc. Im Spätmittelalter auch profanen Bauten, wie Schloß, Rathaus, eigentümlich.

Deutsches Band, Kachelfries. Fries aus übereck gestellten kleinen Steinen, häufig in Verbindung mit dem Rundbogenfries, dann meist über diesem, als paralleles Zierband gesetzt. Vorherrschend im 12. und frühen 13. Jh. Mit besonderer Vorliebe vom Backsteinbau aufgegriffen und von ihm auch länger, bis in die Spätgotik, bewahrt.

Diamantschnitt. Eine dem Schliff des Diamanten ähnliche Steinbearbeitung. Die roman. Baukunst kennt ihn in kleinster Form, zu Friesbändern gereiht. Renaissance und Barock wenden ihn, nun größeren Formats, auf den Quader (als Bosse, Rustika) an.

Dienst. Die Bezeichnung ist eine Einführung der Kunstwissenschaft des 19. Jh., auf allgemeine Geltung in der Bauhütte des Mittelalters kann sie sich nicht berufen. Gemeint ist eine Wandvorlage, ein Stab (die bei Dürer begegnende Bezeichnung) für die Gurte und Rippen des Gewölbes. Die Unterscheidung *»alter« und »junger«* D. trifft die größere und geringere Durchmesserstärke. Teil des im 12. Jh. begründeten, in der Gotik entwickelten Gewölbesystems, v. a. des Kreuzrippengewölbes, ist der D. auf das hohe und späte Mittelalter eingeschränkt.

Dom. Domus ist zunächst (schon im 6./7. Jh.) das Haus der Kleriker, nicht die Kirche, und meint auch, in zweiter Bedeutung, die Bewohner des Hauses, die Gemeinschaft der Geistlichen, das »Kapitel«. Die mhd. Form thum, thumb erhält sich bis ins 18. Jh. Die Übertragung des Wortes auf die Kirche des Kapitels vollzieht sich offenbar unter dem Anstoß des frz. »dôme« im 15. Jh. »Dom« ist stets die Bischofskirche, nie eine andere.

Dorment, Dormitorium. Gemeinsamer klösterlicher Schlafraum.

Dorsale. Die hochgeführte Rücklehne, Rückwand des Chorgestühles.

Dürnitz. Großer, meist gewölbter Saalraum im Erdgeschoß einer Burg, für Mannschaft und Gesinde.

Ebenist. Kunstschreiner des 17. und 18. Jh. Die Ableitung von »Eben«-holz deutet auf die damals hoch entwickelte Technik der Einlegearbeit.

Eckblatt (-knolle, -sporn). Blattartige Verzierung an den 4 Ecken der Säulenbasis, die den zwischen dieser und der quadratischen Fußplatte (Plinthe) vorhandenen Zwickel ausfüllt. Diese Ecklösung beginnt mit der Wende vom 11. zum 12. Jh.

Empore. Eine Galerie auf Freistützen oder Obergeschoß der Seitenschiffe, des Chorumganges, der Vorhalle. Frühchristlicher (orientalischer) Herkunft mit Bestimmung als Frauenaufenthalt, spielt die E. im Abendland zunächst eine geringe Rolle. Erst im 12. Jh. räumt ihr die Architektur eine hohe Bedeutung ein. Die Gotik schaltet sie wieder aus. Nur da, wo sie ein Zweck fordert (in den Kirchen der Frauenklöster, *»Nonnen-E.«*), bleibt sie erhalten, doch nur als West-E., die sich kaum von der im Spätmittelalter aufkommenden *Orgel-E.* (meist auf Freistützen) unterscheidet. Die Spätgotik führte die auf Stützen ruhende umlaufende *Balkon-E.* ein. Häufige Verwendung wieder in der Renaissance, häufigere noch im Barock. Der protestantische Kirchenbau bevorzugt die auf Stützen gestellte, meist in Holz errichtete *Frei-E.*

Enfilade. Folge von Räumen, deren Eingänge auf einer Achse liegen. Der Durchblick läßt sie wie an einem Faden (frz. fil) aufgereiht erscheinen.

Epitaph. Gedächtnistafel mit Inschrift und bildlicher Darstellung an Wand oder Pfeiler, meist über dem Grab des Verstorbenen.

Eselsrücken. Kielbogen, eine Bogenform der späten Gotik.

Fächergewölbe → Gewölbe.

Fassade. Das »Gesicht«, die Eingangs- oder Schauseite des Gebäudes, die meist den Querschnitt des Inneren spiegelt, den sie aber auch gänzlich ignorieren kann. Mehrheit von F. an einem Gebäude ist möglich (Front-, Seiten-, Rück-F.), doch wird stets eine unter mehreren den Vorrang als Haupt-F. beanspruchen.

Fassung. Die meist über Grundierung aufgetragene, mehr oder weniger deckende farbige Bemalung plastischer, vorzüglich Holz-, aber auch Steinbildwerke.

Feston. Girlande, aus Blumen, Früchten, Zweigen gebildet. Ornamentform der Renaissance und des Barock; aus der Antike übernommen. Häufig in der Stuckdekoration barocker Kirchen- und Schloßräume.

Fiale. Spitzes, türmchenartiges Zierglied der got. Baukunst, oft als Bekrönung von Strebepfeilern, aber auch von Altären.

Fischblase. Spätform des got. Maßwerks, eine, verglichen mit dem geometrischen Maßwerk der hohen Gotik, verzogene, der Blase eines Fisches ähnelnde Form, die als Leitornament der späten Gotik des 15. Jh. bezeichnet werden darf. Die frz. Bezeichnung der Letztgotik *»Flamboyant«* leitet sich vom Eindruck des Züngelns, den die F. erwecken kann, ab.

Fletz. Flur oder Vorraum. Gebräuchlich in der bürgerlichen und bäuerlichen Wohnbaukunst.

Formstein. Zierglied- oder Ornamentstein, von der üblichen Rechteckform abweichender Mauerstein.

Fresko, von it. *»al fresco«,* d. h. auf den frischen Verputz aufgetragenes Gemälde. Die Farben, Wasserfarben, gehen während des Trocknens eine feste Verbindung mit der Kalkschicht des Verputzes ein und sind daher von besonderer Haltbarkeit. Gegenteil: *»al secco«,* die auf die trockene Wand aufgetragene (weniger haltbare) Malerei.

Fronton, Frontispiz. Giebeldreieck als vorspringende Tür- oder Fensterbedachung oder über Mittelrisalit.

Gaden. Altdeutsche Bezeichnung für ein kleines Haus, in der Architektur das Obergeschoß einer Wandgliederung; z. B. Fenster-G.

Gaube (Gaupe). Dachausbau mit Walm oder Giebel zur Belichtung und Belüftung des Dachraumes. In der Renaissance oft reich verziert und im Barock vielfach unter der elegant vorgeschwungenen Dachhaut als sog. *Fledermaus-G.* ausgeführt. Daneben gibt es noch seit dem Mittelalter bei Steildächern die *Schlepp-G.*, bei der die Dachhaut über der niedrigen Fensteröffnung gleichsam emporgehoben und von der Fensterwand unterstützt wird.

Gebundenes System → Vierung.

Gesprenge, Sprengwerk. Die hoch»springende« Bekrönung des got. Altarschreines. Sie besteht meist aus offenen Türmchen (Fialen) und ornamental geführtem Stabwerk. Vielfach mit Figuren besetzt.

Gewände. Die Schrägleibung des Portal- oder Fenstereinschnittes mit seinen Gliederungen. Sind die Schrägwände ungegliedert, spricht man besser von *Leibung,* die sonst bei Rechtwinkligkeit der die Maueröffnung begrenzenden Wände zutrifft. Die Vorzugszeit des G. ist das hohe und späte Mittelalter.

Gewölbe. Die grundlegende Wölbform ist das *Tonnen-G.* Sein Querschnitt kann einen Halbkreis, einen Segmentbogen, Korb- oder Spitzbogen bilden. Wird ein über quadratischem Grundriß erstelltes Tonnen-G. mit Halbkreisquerschnitt durch 2 Diagonalschnitte in 4 Teile zerlegt, so entstehen 2 Wangenstücke und 2 Kappenstücke. Durch Zusammensetzen von 4 Wangenstücken wird das *Kloster-G.* gebildet, bei dem am Zusammenstoß der Wangen kein Grat, sondern eine zurückspringende Kehllinie vorhanden ist. Werden bei einem Kloster-G. 2 gegenüberliegende Wangen auseinandergezogen, so daß statt des Firstpunktes eine Firstlinie entsteht, spricht man von einem *Mulden-G.* Es kann aber auch durch Einfügen einer Wange an beiden Schmalseiten eines Tonnen-G. auf Rechteckgrundriß gebildet werden. Wird dagegen der Grundriß eines Kloster-G. nach beiden Seiten verbreitert, so entsteht statt der Firstlinie eine horizontale Fläche, die, *Spiegel* genannt, der nun entstehenden Wölbform den Namen gibt. Tonnenstreifen kleinen Querschnittes, die sich rechtwinklig mit dem Tonnen-G. durchdringen, führen zur Bildung der sog. *Stichkappentonne,* die dort bevorzugt wird, wo auf die Anbringung hoher Fenster bei tonnengewölbten Räumen nicht verzichtet werden soll. Durch Zusammensetzen von 4 Kappenstücken entsteht das *Kreuz-G.,* das man geometrisch auch aus der rechtwinkligen Durchdringung von 2 Tonnen-G. gleichen Querschnittes ableiten kann. Die Durchdringungslinien heißen Grate; daher ist auch die Bezeichnung *Kreuzgrat-G.* üblich. Treten an die Stelle der Grate Rippen, so können die Kappen in einem gesonderten Bauvorgang dünnwandiger ausgeführt werden, und es entsteht das *Kreuzrippen-G.* Der G.-Schub wird hier wie beim Kreuz-G. auf 4 Stützpunkte abgeleitet. Werden die Rippen nicht mehr durchgehend angeordnet, sondern sternartig verzweigt, so entsteht das in der Spätgotik beliebte *Stern-G.* Beim *Fächer-G.* streben die Rippen von einer Stütze allseits fächerförmig empor. Beim Stern- und Fächer-G. bleibt im Gegensatz zum *Netz-G.* aber die Jochfolge gewahrt. Dort überziehen die Rippen netzartig eine aus dem Halbkreis oder Spitzbogenquerschnitt entwickelte tonnenartige Wölbschale.

Grabendach → Dach.

Gurt. Der mehr oder weniger stark markierte Bogen, der 2 Gewölbejoche voneinander trennt, rund- oder spitzbogig, allen Stilperioden eigentümlich.

Halle. Das Charakteristikum dieser im Spätmittelalter in Deutschland herrschenden Raumform ist die gleich hohe Scheitellage der 2, 3 oder (seltenen Falls) auch 4 oder 5 Schiffe, die meist *ein* Dach überdeckt. Ausstoßung des Querschiffes und Angleichung der Choranlage an das Langhaus durch Umführung der Seitenschiffe um den Schluß des

Mittelschiffes sind weitere, aber nicht wesentliche Charakteristika. Vorform der Hallenkirche ist die im 10. Jh. aufkommende Hallenkrypta. Der erste größere Hallenbau ist die Bartholomäuskapelle in Paderborn (1010–20). Hauptverbreitungsgebiet der spätroman.-spätgot. H. ist Westfalen. Um die Mitte des 14. Jh. setzt sich die H. als vorherrschende Raumform in Deutschland durch.

Hängezwickel. Wölbflächen, meist sphärische Dreiecke, die vom Viereck des Unterbaues zur Kuppel vermitteln.

Herme. Abgeleitet von der antiken Säule des Gottes Hermes, deren Oberteil als Statue (Kopf des Gottes) gebildet ist, deren Unterteil als Vierkant aus schmaler Basis, sich nach oben verbreiternd, aufsteigt. Hermensäulen oder Hermenpilaster sind stützende oder auch nur schmückende Architekturglieder.

Inkrustation. Die »Überkrustung« von Wandflächen mit Stuckornamenten; seit dem 16. Jh. gebräuchlich und in der Architektur des 17. und 18. Jh. fast unentbehrlich.

Intarsia. Einlegearbeit in Holz, Stein, Stuck (Scagliola) und anderen Werkstoffen. Verschiedenfarbige und (gegenüber dem *Mosaik*) verschieden große Partikeln werden zu Bild- oder Ornamentfeldern zusammengesetzt. Hohe Vollendung dieser Technik im 16. und 17. Jh.

Joch. Der einem Gewölbefeld entsprechende Abschnitt eines mehrere Gewölbefelder enthaltenden und sie längs oder quer reihenden kirchlichen oder profanen Raumes.

Kachelfries → Deutsches Band.

Kaffgesims. In der Gotik übliches, oben abgeschrägtes Gesims, das unterhalb der Fensterzone horizontal verläuft und um die Strebepfeiler gekröpft sein kann, zuweilen auch an den Absätzen der Strebepfeiler angebracht.

Kämpfer. Die einen Pfeiler oder eine Säule am Übergang zum Auflager abschließende, zugleich dieses aufnehmende, einfache oder profilierte Platte. Älteste Beispiele in der Spätantike. Seither stetigen Vorkommens.

Kanon, klassischer. Die unter Berufung auf den antiken Bau-Theoretiker Vitruv (1. Jh. v. Chr.) von den Architekten der Renaissance und des Barock festgesetzte »Säulenordnung«; sie teilt die dorische oder toskanische Säule dem Untergeschoß eines Bauwerks, die ionische dem mittleren und die korinthische oder komposite dem Obergeschoß zu. In gleicher Weise unterliegen diesem »Kanon« auch die Pilaster.

Kapitell. Das Kopfglied, wörtlich »Köpfchen«, der Stütze (Säule, Pfeiler, Pilaster), gegen das Auflager (Gebälk, Bogen) absetzend und zugleich zwischen Stütze und Auflager vermittelnd. Etwa so alt wie der monumentale Steinbau, in der griechischen Architektur zu den Grundformen des dorischen, ionischen und korinthischen K. entwikkelt, tritt das K. auch in Deutschland mit dem ersten Steinbau, in karolingischer Zeit, auf, in Anlehnung an das korinthische, um sich dann von der antiken Vorlage mehr oder weniger stark zu lösen

(*Würfel-K.* der reifen Romanik) und in der Gotik eine eigene neue Form (*Blatt-K.*) zu finden. Renaissance, Barock und Klassizismus greifen auf die K.-Formen der Antike zurück.

Kapitelsaal. Versammlungsstätte der klösterlichen oder stiftsgeistlichen Gemeinschaft zu Beratungen oder zu den nicht an die Kirche gebundenen Feierlichkeiten. Der K., ein hallenartiger Raum, liegt in der Regel an der O-Seite des Kreuzganges.

Kappe ist die durch den Schnitt der Grate ausgesonderte, durch die Grate begrenzte Teilfläche eines Gewölbes, *Stichkappe* ein in eine Tonne einschneidendes sphärisches Dreieck.

Karner. 2geschossige Friedhofskapelle der roman. und got. Epoche, meist rund oder vieleckig. Das Untergeschoß ist Beinhaus, das Obergeschoß, meist dem Seelenwäger St. Michael geweihte, Totenkapelle. Häufig im bayerischen und österreichischen Donaugebiet.

Kartusche. Ornamental gerahmtes Feld der Flächendekoration des 16.–18. Jh. Das Feld kann durch Inschrift oder Malerei gefüllt sein, der Nachdruck liegt auf dem Rahmengebilde (aus Rollwerk, Akanthus, Rocaillen o. ä.).

Karyatide → Atlant.

Kathedrale. Von der Kathedra, dem Sitz des Bischofs, abgeleitet und auch nur Bischofskirchen (Frankreichs, Englands) treffend.

Kemenate. Im Mittelalter massiver, heizbarer Steinbau einer Burg.

Kenotaph. Wörtlich, aus dem Griechischen übersetzt: leeres Grab. Nicht Grabmal, sondern Grab*denk*mal, doch in Form eines Grabmals (Tumba, Sarkophag), das, meist ohne Zusammenhang mit der Grabstätte des Verstorbenen, nur an diesen erinnern will.

Klangarkade, Schallarkade. Bogenöffnung im Glockengeschoß eines Kirchturmes.

Klostergewölbe → Gewölbe.

Knorpelwerk. Ein in den mittleren und späteren Jahrzehnten des 17. Jh. vorherrschendes, durch knorpelartige Verknotungen gekennzeichnetes, symmetrisch komponiertes, etwa einer zentralen Maske entwachsendes vor- oder frühbarockes Ornament.

Kompositkapitell ist die aus einer Vereinigung von ionischen und korinthischen Merkmalen (Voluten und Blattwerk) gewonnene Kapitellform. Abgeleitet aus der römischen Antike. Häufig in der Barockbaukunst.

Konche. Das (griech.) Wort, Muschel bedeutend, meint zunächst die Kuppelschale der Apsis, dann, übertragen, diese selbst. Der kunstwissenschaftliche Gebrauch beschränkt sich auf die »Dreikonchenchöre«, die 3 Halbrundapsiden zu einer Dreipaßfigur zusammenstellen. Beispiel: St. Aposteln in Köln.

Krabbe. Mehr oder minder realistisch geformtes Blattornament (»Kriechblume«), das die Schrägen oder Bogenläufe got. Architekturglieder (Wimperg, Fiale, Giebel) als lockernde Begleitung besetzt. Geltungsdauer ist der gesamte Zeitraum der Gotik bis ins 16. Jh.

Kreuzgang. Das Geviert meist überwölbter Gänge, das den Stifts- und Klosterkirchen in der Regel auf der S-Seite, und einen Hof (Kreuzhof) umgebend, zugeordnet ist. Schon in karolingischer Zeit bezeugt. Reichste Beispiele spätromanisch-frühgotisch: Öffnung der Hofseiten in Arkadengruppen (Berchtesgaden, Heiligenkreuz). Die nachmittelalterl. Epochen haben zum K. keinen eigenen Beitrag mehr geliefert.

Kreuz-, Kreuzgrat-, Kreuzrippengewölbe → Gewölbe.

Krüppelwalmdach → Dach.

Krypta. Unterkirche, aus der *Confessio* erwachsen, die ein Märtyrergrab unter dem Hochaltar mit einem Ringgang umfängt. Im 10. Jh. entwickelt sich die Hallen-K. unter dem Chor, dessen Boden durch die K. über das Niveau der Schiffe emporgehoben wird. Die Zweckbegründung dieser oft sehr geräumigen, zuweilen auch Vierung und Querschiff einbeziehenden Unterkirchen ist im Reliquienkult des frühen und hohen Mittelalters zu suchen. Die Gotik scheidet die (schon von den Reformorden des 11./12. Jh. abgesetzte) K. aus.

Kuppel. Die runde oder ovale Gewölbeschale eines runden, ovalen, quadratischen oder vieleckigen Raumkörpers, dem sie unmittelbar oder mittelbar aufsitzt. Mittelbar: das Mittel ist dann der sie emporhebende Zylinder, der Tambour (Trommel). Der Scheitel der K. ist meist von einer Rundöffnung durchbrochen, über der dann schützend ein kleiner türmchenartiger Aufbau, die Laterne, steht. In der Entstehung hellenistisch und, vor allem, römisch, geht die K., in technischen Abwandlungen, durch alle Stilperioden; im Rückgriff auf die römische Antike (Pantheon) entfaltet sie sich, im Mittelalter bes. den Vierungstürmen eigentümlich, erneut in Renaissance, Barock und Klassizismus, jetzt auch der profanen Sphäre zugeeignet.

Kurtine. Bezeichnung für meist geradläufige Teilstrecken der Festungsmauer, 16.–19. Jh.

Laibung → Leibung.

Lambrequin. Der gelappte Seitenbehang eines Baldachins. Das Motiv wird im Barock aus der Textilkunst in das geschnitzte oder stuckierte Bauornament übernommen.

Langhaus → Schiff.

Laufgang. Der durch Mauerrücksprung ermöglichte Gang, meist an der Basis der Fensterhochwand, der aber auch in die Mauer selbst eingelegt sein kann und dann die Leibung der Fenster durchbricht. Beispiele v. a. in der normannischen und rheinischen Architektur des 11.–13. Jh.

Lavabo. Becken für die Handwaschung des Priesters in der Messe.

Leibung (auch *Laibung*) bezeichnet die Wandungen des Mauereinschnittes von Tür oder Fenster. Über die Unterscheidung von »Gewände« s. d.

Lettner, Lectorium. Die für die Lesung der Evangelien bestimmte Bühne, die, zwischen Schiff und Chor eingestellt, den Chor vom »Laienhaus« abtrennt, nur durch eine Pforte Einlaß gewährend. Die Plattform der Bühne, auch für Sängerchöre verwendet, ist durch Spindeltreppen zugänglich. Erstes deutsches Beispiel des meist Bischofskirchen eigentümlichen L.: Naumburg/Saale. Letzte Beispiele im frühen 16. Jh.

Lisene. Eine senkrechte, schmale, flache Mauerverstärkung, die aber weniger verstärken als gliedern will. Sie ist die einfachere Form des → Pilasters, der sich durch Basis und Kapitell von ihr unterscheidet. Die L. ist an keine bestimmte Zeit gebunden, wenn ihr auch das Mittelalter, vorzüglich das romanische, eine oft wesentliche Rolle in der Gliederung des Wandkörpers zuerkennt.

Lukarne. Dachluke, Dachfenster.

Lünette. Halbkreisförmig oder von einem Kreissegmentbogen begrenztes Feld über Türen und Fenstern, oft mit Malerei oder Reliefschmuck ausgefüllt.

Mandorla. Mandelförmiger Glorienschein, der, im Gegensatz zum kleineren, nur das Haupt eines Heiligen umstrahlenden *Nimbus,* die ganze Figur umrahmt.

Mansarde. Dachgeschoß, das eine Knickung des Dachumrisses hervorruft, also das Dach selbst in Geschosse zerlegt; benannt nach dem Baumeister François Mansart (1598–1664).

Mansarddach → Dach.

Maschikuli → Pechnase.

Maßwerk. Der Ausdruck deutet auf Messen. Zirkelkonstruktion kennzeichnet das aus Kreisen und Kreissegmenten gewonnene M., das ein rein geometrisches Ornament ist. Der Platz, an dem es sich entwikkelt und der sein Vorzugsaufenthalt bleibt, ist der Fensterbogen. Anlaß zu seiner Erfindung und Entwicklung bot die Einstellung kleinerer Fensterbogen in einen übergreifenden großen, dessen Restfläche gefüllt werden sollte. Einfache, kreisförmige Vorformen im späten 12. Jh. Erst die Gotik bringt das echte M.; früheste Beispiele am Chor der Kathedrale in Reims, 1210–20. Die zunehmend reiche Aufgliederung führt zu entsprechend reicher Gestaltung der M.-Figuren, deren Variabilität eine schier unermeßliche ist. Hohe Blüte um 1300 (Köln). Die Spätgotik führt zu Wirrungen und Wucherungen, zu asymmetrischen Formen wie der im 15. Jh. beliebten → Fischblase.

Mensa. Das lat. Wort für Tisch bezeichnet in der kirchlichen Kunst die Platte des Altartisches.

Metope → Triglyphe.

Mezzanin (von it. mezzo = halb). Halbgeschoß: ein Stockwerk, das niedriger ist als die übrigen. Die geringere Höhe kommt außen durch kleinere Fensteröffnungen zum Ausdruck.

Miserikordie. Kleine Konsole auf der Unterseite der hochklappbaren Sitze eines Chorgestühls. Sie erlaubt bei langem Stehen ein Stützen des Körpers.

Muldengewölbe → Gewölbe.

Münster. Das lat. *monasterium* (Kloster) ist die sprachliche Wurzel des Wortes, dessen Begriffsgeltung keine eindeutige ist. M. meint stets eine Großkirche, ist aber nicht mit Dom (Bischofskirche) gleichzusetzen, haftet auch an großen Stadtpfarrkirchen (Ulm, Freiburg, Bern). Sein örtlicher Geltungsbereich ist auf Rhein und Rheinnähe beschränkt.

Netzgewölbe → Gewölbe.
Nimbus → Mandorla.
Nonnenempore → Empore.
Oculus, Ochsenauge. Rundfenster in der Baukunst des 16.–19. Jh.
Ossarium, Ossuarium. Beinhaus. Raum an einer Kirche oder Gebäude auf einem Friedhof zur Aufnahme der bei Neuanlagen aufgefundenen Gebeine.
Palas. Wie Pfalz auf lat. *palatium* zurückgehend. Der Wohn-, besser Saalbau der (größeren) mittelalterl. Burg, meist 2geschossig, mit dem Saal im Obergeschoß.
Palladio-Motiv. 3teilige Säulenstellung (z. B. für Fenster), die Mittelöffnung unter Halbrundbogen, die niedrigeren Seitenöffnungen unter geradem Abschlußgebälk. Vom italienischen Architekten Andrea Palladio (1508–80) häufig verwendetes, wenn auch nicht erfundenes Architekturmotiv der Renaissance, auch später und v. a. im englischen Kunstkreis beliebt.
Palmette → Akanthus.
Paradies → Atrium.
Parament ist das kirchliche Bekleidungsstück: die Bekleidung des amtierenden Priesters, die Bekleidung des Altars (Antependium z. B.) und der Kanzel. Die P.-Farbe ist für die verschiedenartigen kirchlichen Feierlichkeiten vorgeschrieben. In den P. gab die Textilkunst der christlichen Epochen ihr Bestes (kostbare Webarbeit, Stickerei.)
Pavillon. Abgeleitet aus der frz. Bezeichnung für ein großes Rechteckzelt (papillon = Schmetterling) und auf kleine, freistehende Gartenbauten übertragen. In der barocken Schloßbaukunst werden unter P. auch die mehr als nach nur einer Seite (Risalit) hervortretenden Gebäudeteile verstanden (Mittel- und Eck-P. z. B.)
Pechnase (Maschikuli). Erker oder Vorsprung der Wehrmauer, durch dessen Bodenöffnung heißes Pech auf Angreifer gegossen werden konnte.
Pfalz. Das Palatium, der Palast des Königs, auf diesen oder seinen Statthalter (Herzog, Bischof) eingeengt. Nur dem frühen und hohen Mittelalter eigentümlich.
Pietà, Vesperbild. Darstellung Mariens mit dem Leichnam Christi auf dem Schoß. Bildformulierung des späten 13. Jh.
Pilaster. Ein flacher Wandpfeiler (an Außen- oder Innenwand) mit Basis und Kapitell, antiker Abkunft. Im Mittelalter hinter die Lisene zurücktretend. Von hoher Bedeutung in den Wandgliederungssystemen der Renaissance, des Barock und des Klassizismus.
Portal ist ein repräsentativer, durch Größe oder Schmuck hervorgehobener Eingang, im Deutschen am ehesten mit Tor zu übersetzen. P. gehören zum vornehmen Bestand jeder mit Ansprüchen auftretenden Architektur. Seine glänzendste Verwirklichung fand das P. im roman. und got. Kirchenbau des Abendlandes.
Predella, auch *Sarg* oder *Staffel,* ist der Untersatz oder das Fußstück eines got. Altarschreines.

Putto, Putti, verdeutscht »welsche Kindlein« (16. Jh.). Italienischer, zuletzt antiker Herkunft, stets nackt, feist und drollig, profane Verwandlungen der Engelskinder des Spätmittelalters, Verkörperungen der glücklichen Lebenslust.

Pyr. Stilisierter Pinienzapfen römischen Herkommens, Wappenfigur der Stadt Augsburg.

Pyramidendach → Dach.

Querhaus, Querschiff. Der das Langhaus der Kirche, Basilika oder (seltener) Halle im rechten Winkel kreuzende Querarm, der sich unmittelbar vor den Chor legt oder durch ein Chorhaus, Chorquadrat, von ihm geschieden ist. Schon in der frühchristlichen Basilika eingeführt, dient das Qu. zu wesentlicher Bereicherung von Raum und Körper des Kirchengebäudes. Die Verdoppelung der Chöre zieht häufig ein zweites Qu. nach sich. Die Bedeutung des Qu. nimmt erst im Spätmittelalter ab. Sie bleibt in den folgenden Stilperioden verhältnismäßig gering.

Radialkapelle. Die an den Radius des Chorschlusses angeschlossene, mit anderen ihresgleichen einen Kranz um den Umgang des Chorschlusses bildende Chorkapelle. Eigentümlich französisch (romanisch, gotisch), blieb die R. in Deutschland Ausnahme. Beispiele: Hildesheim, St. Godehard; Magdeburg, Dom; Lübeck, Marienkirche.

Refektorium. Der Speisesaal der Mönche, meistens der S-Seite des Kreuzgangs vorgelagert. Als *Laien-R.* wird der Speisesaal der »Brüder« (Fratres) von dem der »Väter« (Patres) unterschieden.

Régence. Epochen- und Stilbezeichnung für die Zeit der Regentschaft des Herzogs Philipp von Orléans bis zur Thronbesteigung Ludwigs XV. von Frankreich. Der Begriff umfaßt allerdings eine etwas weitere Spanne als nur die Regentschaftsjahre 1715–23.

Retabel. Urspr. Tafel (tabula) hinter und über dem Altartisch. Die einfache Bildtafel entwickelt sich im Spätmittelalter zum Schrein mit Flügeln, in Renaissance und Barock zu hohen, prunkvollen Architekturen. Die Bezeichnung R. trifft aber vorzüglich die frühe einfache Tafelform.

Rippe. Der in einem Bogensegment gekrümmte, gemauerte Stab, der im Querschnitt rechteckig, rund oder spitzbogig, glatt oder profiliert, den Gratlinien des Kreuzgewölbes oder der Fläche des Tonnengewölbes anliegt. Die R. kann konstruktive Bedeutung haben, das Gerüst des Kreuzgewölbes, dessen Kappen dann nur Füllungen des Gerüstes sind, ist aber meist ohne technische Funktion, lediglich dekorativ lineare Gliederung der Wölbflächen. Sie kommt im späten 12. Jh. aus Nordfrankreich (das sich ihrer seit rd. 1140 zu bedienen beginnt) nach Deutschland, hält sich als das wesentliche Deckengestaltungsmittel der Gotik bis ins frühe 16. Jh. und kehrt noch einmal mit der Nachgotik (um 1600) und der Pseudogotik (um 1700) zurück.

Risalit (it. risalto). Im Sinne des Wortes »vorspringender« Teil eines Gebäudes, doch nicht an beliebigen, sondern den durch die Symmetrie zugelassenen Stellen, also vorzugsweise an der Mitte und an den

Ecken. Reliefbetonung des Baukörpers, ein plastisches Gliederungsmotiv der nachmittelalterl. Stile, insbesondere des Barock.

Rocaille. Das frz. Wort für Muschelwerk (rocaille) bezeichnet das Leitornament des späten Barock, der eben danach *Rokoko,* in Frankreich *style rocaille* genannt wird. Die Geltungsdauer des Muschelornamentes läßt sich etwa in die Jahre 1740–70 einklammern.

Rollwerk. Ornament des späten 16. und frühen 17. Jh., meist in enger Verbindung mit dem → Beschlägwerk. Einrollungen von Bändern und ähnlichen Streifenbildungen bestimmen den Eindruck.

Rundbogenfries. Reihung von glatten oder ornamentierten kleinen Halbrundbogen. Der R. begleitet die teilenden oder abschließenden Gesimse der Wand des roman. Baukörpers, wenn er nicht selbst schon Gesims ist, häufig durch das → Deutsche Band bereichert. Erstes Auftreten des ausschließlich roman. R. in Deutschland im 10. Jh., letztes Vorkommen im 13./14. Jh.

Rustika. Roh behauene, »bossierte«, d. h. in der Bosse belassene Quaderung, mit oder ohne Randbeschlag des Quaderbuckels. Bereits in der römischen Antike verwendet, auch gelegentlich im (karolingischen) Frühmittelalter. Kennzeichnend für den Burgenbau des späten 12. und 13. Jh. Erneute Bevorzugung in Renaissance und Barock, v. a. in den Sockelgeschossen von Profanbauten.

Sakramentshäuschen → Tabernakel.

Sarg → Predella.

Satteldach → Dach.

Scagliola. Farbiger, polierter → Stuck, zu Bildern oder Ornamenten gefügt.

Schallarkade → Klangarkade.

Scheidbogen ist der ein Joch des Mittelschiffes von dem ihm jeweils entsprechenden Joch des Seitenschiffes trennende Bogen. Bezeichnung, die nur auf die Architektur des Mittelalters Anwendung findet.

Schiff. Raumbezeichnung, meist im Kirchenbau. Unterschieden werden Mittel- oder Hauptsch. und die durch Säulen oder Pfeiler abgetrennten Seiten- oder Nebensch., die insgesamt das *Langhaus* bilden. Auch dem → Querhaus können Seitensch. zugeordnet sein.

Sedilie. Kirchenstuhl des höheren Klerus, im Mittelalter gern in eine Nische gesetzt.

Secco → Fresko.

Sepultur. Gemeinsame Grabstätte geistlicher oder weltlicher Personen in einer Kirche, meist in deren äußeren Bereichen (Kreuzgang), deren Konvent oder Kapitel sie angehört oder um die sie sich durch Stiftungen verdient gemacht haben.

Sgraffito. Eine in der oberitalienischen Renaissance entwickelte Putztechnik. Eine dunkelfarbige Putzschicht (meist rötlich, grau oder schwarz) wird mit hellfarbener Tünche überzogen. Diese wird, noch vor ihrem Trocknen, mit geritzten Zeichnungen versehen, durch die der dunkle Grund wieder hervortritt.

Spiegel → Gewölbe.

Spitzbogen. Die Bogenform der Gotik, Kombination zweier sich schneidender Kreissegmente. Im Norden Frankreichs kurz vor Mitte des 12. Jh. aufkommend (St-Denis), dringt der Sp. in Deutschland bald nach 1200 ein, um sich bis ins frühe 16. Jh. zu halten und in Nach- und Pseudogotik noch einmal aufzuleben.

Sprengwerk → Gesprenge.

Staffel → Predella.

Stallen. Die gereihten Sitzplätze des Chorgestühls.

Statue. Die St., als freie Rundplastik, verbindet sich mit der Architektur zuerst in der Frühgotik des französischen Kronlandes, vornehmlich im Organismus der großen Portale, aber auch innerhalb der Strebewerke, Lettner usw. In Nordfrankreich geschulte Steinmetzen bringen sie in den 20er Jahren des 13. Jh. nach Deutschland (Magdeburg, Straßburg usw.). Solange die Gotik währt, gibt es auch statuarische Plastik im Verbande der Architektur, wenn auch in zunehmender Ermattung in der Spätphase. Die Architektur der nachmittelalterl. Epochen geht vergleichlich enge Verbindung mit der St. nicht mehr ein, sie verstattet ihr meist nur Nebenplätze, in Nischen oder auf Balustraden usw.

Sterngewölbe → Gewölbe.

Stichkappe → Kappe.

Stipes. Unterbau des Altartisches, in den Reliquien versenkt sind; Träger der Mensa.

Strebewerk. Das im 12. und 13. Jh. an den Kathedralen Nordfrankreichs entwickelte System der äußeren Abstützung der Wände und Wölbungen, bedingt durch die zunehmende Höhe der durch die Fensteraufbrechungen auch zunehmend entkörperlichten Wände. Das Str. besteht aus den senkrechten, in Stufen aufsteigenden Strebepfeilern und den von ihnen zur Hochwand von Schiff oder Chor geschlagenen Strebebogen, die auch gedoppelt verwendet werden. Im frühen 13. Jh. zur Reife gebracht, setzt sich das Str. in Deutschland nur an einigen Großbauten durch (Köln, Straßburg, Lübeck, Ulm usw.). Der Strebepfeiler muß meist ausreichen, und kann das, da die Entkörperlichung der Wand auch meist geringeren Grades ist.

Stuck. Eine aus Gips, Kalk, Sand, auch Strohbeimengungen, zusammengesetzte, zunächst teigige knetbare Masse, die, rasch erhärtend, rasche und sichere Bearbeitung erfordert. In der Antike bekannt, im deutschen Kulturbereich in karolingischer Zeit nachweisbar, als Material für bildliche Plastik besonders in spätroman. Zeit eine Rolle spielend (Beispiele in Niedersachsen), tritt der St. seit dem 16. Jh. in eine nun erst wirklich enge Verbindung zur Architektur, deren Flächenschmuck er im Barock, besonders Spätbarock, entscheidend übernimmt. Als geglätteter polierter Farbstuck (*stucco lustro;* Italien ist der Anreger des nachmittelalterl. St.) verkleidet er, Marmor ersetzend oder vortäuschend, Pfeiler, auch ganze Wandflächen. In den 70er Jahren des 18. Jh. endet seine große Zeit.

Stützenwechsel. Säule und Pfeiler in rhythmischem Wechsel nach dem Schema a b a oder a b b a. Gliederungsmotiv roman. Arkaden (besonders in Niedersachsen), in enger Beziehung zum »gebundenen System«: Pfeiler auf den Quadratecken des Joches, Säule auf den Unterteilungen der Quadratseite.

Supraporte. Das über einem Türsturz, meist in den gleichen Breitenmaßen, angebrachte Zierstück in Stuck, Schnitzerei oder Malerei.

Tabernakel. Aufbewahrungsort von Kelch und Hostie, des Allerheiligsten im katholischen Kirchenraum. Das mittelalterl. *Sakramentshäuschen* wird in Renaissance und Barock durch das T. ersetzt, das nun die Mitte des Hochaltars bildet.

Tambour (Trommel). Der eine → Kuppel tragende, über die Dachzone des Gebäudes aufsteigende zylindrische, ovale oder polygonale Unterbau.

Terrakotta. Gebrannter, unglasierter Ton. Er findet in der Bauornamentik des 16. und frühen 17. Jh. anstelle des Stucks Verwendung, auch als Bildstoff für Plastik seit dem späten Mittelalter.

Tonne. Die im Halbkreis oder Kreissegment geführte, stereometrisch einem halbrunden oder (selten) einem im Scheitel gespitzten Halbzylinder entsprechende Wölbung. – *Tonnengewölbe* → Gewölbe.

Travée. Die frz. Bezeichnung für Joch trifft im kunstwissenschaftlichen Gebrauch das querrechteckige Schmaljoch, das einer Arkade entspricht. Die Wirkung der, vorzüglich hochgot., Tr. ist die Beschleunigung des durch das Joch gegebenen Raumschrittes.

Tribuna → Basilika.

Triclinium. Liegebank, auch 3 Bänke U-förmig aneinandergestellt, im Freien unter einer Pergola oder in einem Raum. Schließlich dieser Raum selbst als Ort für gemeinsame Gelage.

Triforium. Ein schmaler, wirklicher oder auch nur scheinbarer (dann Blend-)Laufgang am Fuß der Hochwand des Mittelschiffes, mit 3 (Name!), doch auch mehreren schlanken Bogenstellungen in den einzelnen Abschnitten, die sich ins Mittelschiff öffnen. Wesentliches Gliederungsmotiv der got. Kathedrale, zunächst noch mit der Empore als 3. Zone eines 4gliedrigen Wandaufrisses verbunden, dann die Empore verdrängend, nun Mittelglied des 3gliedrigen Systems der reifen Kathedrale. In Deutschland (Hauptbeispiele Köln, Straßburg) meist ausgelassen. In Frankreich bis in die Spätgotik an den meisten Großbauten verwendet. Ohne praktischen Zweck, nur in der Funktion einer räumlichen Auflockerung des Wandkörpers. Zuweilen in der Rückwand aufgebrochen und hier farbig verglast.

Triglyphe. Das 3mal gekerbte Zierstück eines Frieses tritt zum erstenmal in der griechischen Klassik auf, zunächst als Dekoration der Balkenköpfe im Architrav und immer im Wechsel mit *Metopen,* d. h. glatten oder mit figürlichen Reliefs gezierten Friesfeldern. In der hellenistischen und nachantiken Baukunst geht die architektonische Bedeutung verloren. Die Tr. wird reines Schmuckwerk.

Triumphbogen. Eine Bogenstellung in ganzer Höhe des Mittelschiffes der Kirche, meist, als Chorbogen, auf der Grenze zwischen Mittelschiff und Chor.

Trommel → Tambour.

Tympanon. Die das Bogenfeld des Portales füllende Steinplatte, häufig mit ornamentalem oder figürlichem Relief geschmückt. Das T., dessen Vorstufen karolingischer Zeit angehören, hat die Geltungsdauer der Portale des roman. und got. Mittelalters.

Vesperbild → Pietà.

Vierung. Der durch den Schnitt zweier Schiffe, eines Lang- und eines Querschiffes, ausgeschiedene Mittelraum des Raumkreuzes, *»ausgeschieden«* im strengen üblichen Sinne allerdings nur bei gleicher Breite und Höhe der Schiffe und irgendwie, meist durch Bogenstellungen, markierter Begrenzung. Die ausgeschiedene Vierung ist die Maßeinheit der roman. Kirche des (eben durch das Quadrat) *»gebundenen« Systems.*

Walmdach → Dach.

Wandpfeilerschema. Kirchlicher Raumtypus der Renaissance und des Barock, der zeitweise, v. a. im 17. und 18. Jh., die älteren Raumformen, Basilika und Halle, verdrängt. Wesentlich die starken, den Umfassungswänden vorgelegten Pfeiler (Wandpfeiler), die Nischen oder, bei entsprechender Tiefe, Kapellen ausscheiden, die dann häufig mit Emporen besetzt sind. Frühes und fruchtbar fortwirkendes Beispiel: St. Michael in München. Ein Sonderschema der Wandpfeilerkirche entwickeln die vorarlbergischen Baumeister des späten 17. Jh. durch Kombination mit Querschiffen und Hallenchören.

Weicher Stil. Ein Abschnitt der deutschen spätgot. Plastik und Malerei etwa in den Grenzen der Jahre 1390 und 1430. Ein flüssiges, nie eckiges Gleiten der stets reich gehäuften Faltenbahnen verbindet sich mit einem fraulich zarten Gefühlsausdruck.

Welsche Haube. Mehrfach geschweifte Turmbekrönung, bei der 2 glokkenförmige Hauben durch ein laternenähnliches Zwischenstück verbunden sind.

Westwerk. Die Bezeichnung ist späte Einführung der Kunstwissenschaft. Frühe mittelalterl. Bezeichnung: *turris* (Turm), *castellum* (Burg). Turmartige oder turmgleiche Gestaltung eines angeschobenen Baukörpers an der W-Seite großer Kloster- und Bischofskirchen. Über einer gewölbten Eingangshalle ein meist groß in das anschließende Mittelschiff geöffneter, von Emporen umgebener Hauptraum. Der Zweck ist umstritten: Heiligtum (»Burg«) der Engel, Königsempore, Gerichtsstätte? Diese Verwendungen sind bezeugt. – Verbreitungsgebiet der Kernraum des Karolingerreiches beiderseits des Rheines. Bis ins 12./13. Jh. in Abwandlungen (Elsaß, Westfalen) in Geltung, doch nur in Deutschland.

Wimperg. Urspr. Windberg. Dreieckiger Giebel über Portal und Fenster, meist mit Krabben besetzt und in Kreuzblume endigend. Ein Vorzugsmotiv der Gotik und so langlebig wie sie.

Zahnschnitt. Fries mit regelmäßiger Abfolge von rechteckigen Steinklötzchen und meist gleich großen Zwischenräumen.

Zeltdach → Dach.

Zentralbau ist jedes auf eine Mitte, ein Zentrum bezogene, zentripetal bestimmte Gebäude, kreisförmigen, ovalen, viereckigen (quadratischen) oder vieleckigen oder auch gleichschenkelig kreuzförmigen Grundrisses. Byzanz und der benachbarte Vordere Orient sind die Vermittler des Z.-Gedankens an das Abendland, das aber stets den »orientierten« Langbau bevorzugt.

Zwerch- oder *Zwerggalerie.* Ein in den Mauerkörper gelegter, in Säulenarkaden geöffneter, meist mit Tonne überwölbter horizontal (zwerch) geführter Umgang unter der Traufinie, vornehmlich an Apsiden, doch gelegentlich auch auf die Umfassungsmauern der Schiffe übergreifend. Vorform an der westlichen Chorfront des Trierer Domes (nach Mitte 11. Jh.). Reif am Speyerer Dom (um 1090), hier offenbar älter als in Oberitalien, das neben Deutschland die Z. im 12. und 13. Jh. vorzugsweise anwendet. Die Z. ist romanisch. Die Gotik kennt sie nicht.

Zwerch- oder *Zwerggiebel.* Das in der deutschen Renaissancebaukunst beliebte Motiv, häufig in Reihung auftretend, ist Gliederungsmittel der Dachregion. Der kleine Sondergiebel sitzt über der horizontal (zwerch) verlaufenden Traufinie. Sein Satteldach wird von der Dachschräge, vor die er gesetzt ist, diagonal durchschnitten.

QUELLENNACHWEIS DER ABBILDUNGEN

Bayerisches Landesamt für Denkmalpflege, München: 119, 145, 153, 215, 407. – Aus: Bayerische Kunstdenkmale 10, Die Stadt Nürnberg (»Kurzinventar«, 1961): 321, 341

Bayerische Verwaltung der staatlichen Schlösser, Gärten und Seen, Museumsabteilung, München: 41, 107, 135, 262, 316, 539, 543

Deutscher Kunstverlag, München: 162, 283 (Helga Schmitt-Glassner), 385, 390

Photo-Gundermann, Würzburg: 415

Hermann Heßler, Frankfurt am Main: 148, 231

A. F. Kersting, London: 77, 95, 386, 446, 451, 457, 545

Bildarchiv Foto Marburg, Marburg: 169, 287, 326, 331

Erich Müller, Kassel: 502

Heinrich Reclam, Stuttgart: 70, 472

Diözesanmuseum Regensburg (mit Genehmigung des Landbauamtes Regensburg): 372

Dr. Alexander von Reitzenstein, Eggstätt: 201

Verlag Schnell & Steiner, München: 238 (Dr. Hugo Schnell; entnommen dem Werk Hoff-Muck-Thoma, Dominikus Böhm), 241 (Dr. Johannes Steiner)

Theodor Schwarz, Urbach: 20, 62, 177, 312, 366, 420, 512

Wilkin Spitta, Zeitlarn: 256

Dorothea Zwicker, Würzburg: 536

Eberhard Zwicker, Würzburg: 526, 532

Verlagsarchiv: 22, 29, 35, 51, 57, 67, 72, 140, 147, 156, 193, 250, 251, 305, 323, 343, 359, 368, 383, 425, 438, 450, 455, 456, 482, 487, 493, 499, 516, 517, 519, 523. – Eine Anzahl Strichzeichnungen stammt von Werner Meyer, München, und Marianne Haelssig, Stuttgart.

Eine Reihe von Stadtverwaltungen, Verkehrsämtern und Verkehrsvereinen hat zur Vorbereitung der Neubearbeitung dieses Bandes Informationsmaterial zur Verfügung gestellt. Mit Dank zu nennen sind hier vor allem Amberg, Ansbach, Aschaffenburg, Bamberg, Bayreuth, Coburg, Ellingen, Erlangen, Nürnberg, Regensburg, Rothenburg ob der Tauber und Würzburg.

KÜNSTLERREGISTER

A	= Architekt, Bau-, Werk-, Maurermeister, Bauleiter	GA	= Gartenarchitekt	Org	= Orgelbauer
Al	= Altarbauer	Gl	= Glasmaler	Schn	= Schnitzer
B	= Bildhauer, Steinmetz, Plastiker	Go	= Gold-, Silberschmied	St	= Stukkateur, Gipser
FA	= Festungsarchitekt	Ing	= Ingenieur	Te	= Teppichwirker
G	= Gießer	Ksch	= Kunstschlosser, -schmied	Ti	= Kunsttischler, Kistler, Schreiner
		Kst	= Kupferstecher	Zi	= Zimmermann
		M	= Maler, Zeichner		

Seiten, auf denen Künstler mit eigenen Werken genannt sind, wurden in **fetter Schrift** hervorgehoben. Monogrammisten und Meister mit Notnamen stehen am Schluß des Registers.

Monogrammisten

Meister mit Notnamen

ORTSVERZEICHNIS

mit Objektverzeichnissen der denkmälerreichen Städte

Die Namen der Orte mit eigenem, alphabetisch eingeordnetem Ortsartikel sind in **fetter Schrift** gesetzt. In Klammern genannt sind der Regierungsbezirk und – sofern der Ort nicht kreisfrei ist – der Kreis sowie das Planquadrat, in dem der Ort auf den Übersichtsplänen dieses Bandes eingetragen ist. Orte in den Planquadraten A1–G9 finden sich auf dem westlichen Kartenteil (vorn), solche in den Quadraten H1–O9 auf dem östlichen Kartenteil (hinten).

INHALT

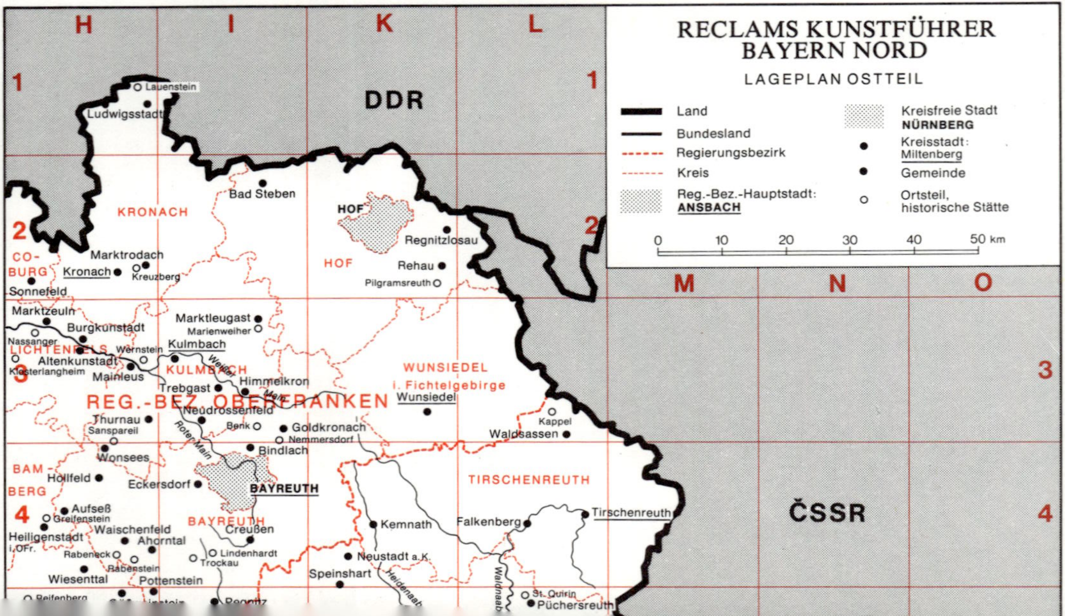
RECLAMS KUNSTFÜHRER
BAYERN NORD
LAGEPLAN OSTTEIL
Land
Bundesland
Regierungsbezirk
Kreis
Reg.-Bez.-Hauptstadt: ANSBACH
Kreisfreie Stadt NÜRNBERG
Kreisstadt: Miltenberg
Gemeinde
Ortsteil, historische Stätte
0 10 20 30 40 50 km
H I K L M N O
1 2 3 4
DDR
ČSSR
REG.-BEZ. OBERFRANKEN
KRONACH
HOF
KULMBACH
LICHTENFELS
CO-BURG
BAM-BERG
BAYREUTH
WUNSIEDEL i. Fichtelgebirge
TIRSCHENREUTH
Lauenstein
Ludwigsstadt
Bad Steben
HOF
Regnitzlosau
Rehau
Pilgramsreuth
Marktrodach
Kronach
Kreuzberg
Sonnefeld
Marktzeuln
Burgkunstadt
Nassanger
Wernstein
Altenkunstadt
Klosterlangheim
Mainleus
Marktleugast
Marienweiher
Kulmbach
Weißer Main
Trebgast
Himmelkron
Main
Wunsiedel
Neudrossenfeld
Thurnau
Sanspareil
Benk
Goldkronach
Nemmersdorf
Kappel
Waldsassen
Roter Main
Wonsees
Bindlach
Hollfeld
Eckersdorf
BAYREUTH
Aufseß
Greifenstein
Heiligenstadt i. OFr.
Waischenfeld
Ahorntal
Creußen
Rabeneck
Rabenstein
Lindenhardt
Trockau
Kemnath
Falkenberg
Tirschenreuth
Neustadt a. K.
Speinshart
Heidenaab
Waldnaab
Wiesenttal
Pottenstein
St. Quirin
Püchersreuth